江苏省重要矿产资源潜力评价成果系列丛书

是集体劳动的成果!

江苏省重要矿产资源潜力评价成果系列丛书

是集体智慧的结晶!

谨以此书献给

长期耕耘在江苏地质勘查、科学研究及

教育岗位上的广大地质工作者!

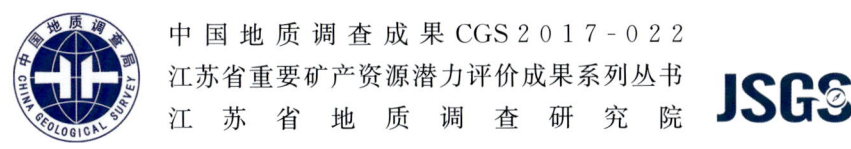

中国地质调查成果 CGS 2017-022
江苏省重要矿产资源潜力评价成果系列丛书
江苏省地质调查研究院

江苏省重要矿产资源潜力评价

JIANGSUSHENG ZHONGYAO KUANGCHAN ZIYUAN QIANLI PINGJIA

黄建平 黄 震 等著

内容简介

"江苏省重要矿产资源潜力评价"以"板块构造"及"成矿系列"理论为指导,围绕煤炭、铁、铜、铅、锌、金、磷、钼、银、硫铁矿、萤石11个矿种,系列开展了成矿地质背景、成矿规律、重力、磁测、化探、遥感、自然重砂、综合信息集成、矿产预测等专题研究与编图。采用矿床模型综合地质信息预测的技术方法,对上述11个重要矿种进行了定量预测和资源潜力分析。本书是近年来江苏省重要矿产资源区域成矿规律研究和深部潜力预测方面最新的一部专著,适合地质矿产规划、资源勘查、科研、教学和管理部门相关人员使用,对于矿产勘查具有重要的参考价值。

图书在版编目(CIP)数据

江苏省重要矿产资源潜力评价/黄建平,黄震等著. —武汉:中国地质大学出版社,2017.6
(江苏省重要矿产资源潜力评价成果系列丛书)
ISBN 978-7-5625-4027-4

Ⅰ.①江…
Ⅱ.①黄…②黄…
Ⅲ.①矿产资源-资源潜力-资源评价-研究-江苏
Ⅳ.①F426.1

中国版本图书馆 CIP 数据核字(2017)第 091060 号

江苏省重要矿产资源潜力评价			黄建平 黄震 等著
责任编辑:胡珞兰 赵颖弘	选题策划:毕克成 刘桂涛 赵颖弘		责任校对:周旭

出版发行:中国地质大学出版社(武汉市洪山区鲁磨路388号)	邮编:430074
电　　话:(027)67883511　　　　传　　真:(027)67883580	E-mail:cbb@cug.edu.cn
经　　销:全国新华书店	Http://www.cugp.cug.edu.cn

开本:880毫米×1230毫米　1/16	字数:860千字　印张:27
版次:2017年6月第1版	印次:2017年6月第1次印刷
印刷:武汉中远印务有限公司	印数:1—1500册
ISBN 978-7-5625-4027-4	定价:280.00元

如有印装质量问题请与印刷厂联系调换

江苏省重要矿产资源潜力评价领导小组
（第一阶段：2006—2010年）

组　　长：陶培荣　江苏省国土资源厅党组书记　厅长
副 组 长：刘　聪　江苏省国土资源厅副厅长
　　　　　孙大亮　江苏省地质矿产勘查局副局长
　　　　　潘树仁　江苏煤炭地质局副局长
　　　　　许建荣　江苏省有色金属华东地质勘查局副局长
　　　　　毛凤鸣　中石化江苏石油勘探局副总经理
成　　员：郑锡泉　江苏省国土资源厅勘查处处长
　　　　　向绍荷　江苏省国土资源厅财务处处长
　　　　　崔德庚　江苏省国土资源厅储量处处长
　　　　　钱智敏　江苏省国土资源厅科技处处长
　　　　　李如海　江苏省国土资源厅规划处处长
　　　　　袁晓军　江苏省地质调查研究院院长

项目办公室成员

主　　任：刘　聪
成　　员：郑锡泉　陈火根　刘　勇　刘沈衡　张新华　王传礼　夏　延　陈汉永

江苏省重要矿产资源潜力评价领导小组
（第二阶段：2010—2013年）

组　　长：夏　鸣　江苏省国土资源厅党组书记　厅长
副 组 长：祖耀升　江苏省国土资源厅副厅长
　　　　　孙大亮　江苏省地质矿产勘查局巡视员
　　　　　潘树仁　江苏煤炭地质局副局长
　　　　　许建荣　江苏省有色金属华东地质勘查局副局长
　　　　　毛凤鸣　中石化江苏石油勘探局副总经理
成　　员：顾迅建　江苏省国土资源厅规划处处长
　　　　　黄克蓉　江苏省国土资源厅勘查处处长
　　　　　王黎明　江苏省国土资源厅资源处处长
　　　　　崔　娟　江苏省国土资源厅科技处处长
　　　　　孙卫东　江苏省国土资源厅财务处处长
　　　　　朱锦旗　江苏省地质调查研究院院长

项目办公室成员

主　　任：祖耀升
成　　员：黄克蓉　陈火根　吴加和　刘沈衡　张新华　夏　延　邱祖林　郑锡泉

《江苏省重要矿产资源潜力评价成果系列丛书》
编辑委员会

主　　任：袁晓军　朱锦旗

副 主 任：陈火根　张登明　王传礼

主　　编：黄建平　黄　震

编　　委：(以姓氏笔画为序)

王海欧　王丽娟　朱静苹　苏一鸣　杨用彪　来又东

肖书明　金永念　贾　根　黄顺生　魏邦顺　魏　芳

《江苏省重要矿产资源潜力评价》

著　者：黄建平　黄　震　贾　根　金永念　魏邦顺

黄顺生　苏一鸣　朱静苹　魏　芳　王海欧

来又东　杨用彪　王丽娟

序

江苏省位于中国东部沿海,长江、淮河下游,是我国重要的金融、航运、贸易、经济、文化、教育中心,在我国的国民经济建设中占有举足轻重的地位。

江苏省被称为"中国地质工作的摇篮",地质矿产调查工作开展得较早,早在1924年刘季辰、赵汝钧等就对江苏全境进行了区域调查,著有《江苏地质志》。尔后,李毓尧、朱森、李捷、李四光、谢家荣、程裕淇、孙健初、陈恺等老一辈地质学家先后在本区地质矿产各个领域开展了调查,积累了大量资料。新中国成立后为了社会经济建设发展的需要,本区地质工作也迅速开展,地质、冶金、石油、煤炭、建材等系统在本区开展了大量地质普查找矿和勘探工作,先后发现了一批具工业价值的矿产,为本区工业发展提供了矿产资源和能源保障。

随着地方经济建设的高速发展,对矿物原料的需求逐年上升,人均资源占有量严重不足,供需矛盾十分突出。为贯彻落实《国务院关于加强地质工作的决定》中提出的"积极开展矿产远景调查和综合研究,科学评估区域矿产资源潜力,为科学部署矿产资源勘查提供依据"的要求和精神,国土资源部部署了全国矿产资源潜力评价工作,并将该项工作纳入国土资源大调查。

江苏省矿产资源潜力评价由江苏省地质调查研究院组织实施,江苏长江地质勘查院、华东有色地质矿产勘查开发院、江苏省地质矿产调查研究所、江苏省地质资料馆等单位协作。项目总体目标任务是全面开展江苏省矿产资源潜力预测评价,在现有工作程度的基础上基本摸清江苏省矿产资源的"家底",为矿产资源保障能力和勘查部署决策提供依据。

自2007年6月正式启动以来,项目的各项工作严格按国土资源部、中国地质调查局的技术要求和统一部署进行。根据本区已有地质工作程度、成矿地质背景条件、矿产分布特征,选择煤炭、铁、铜、铅、锌、金、磷、钼、银、硫铁矿、萤石11个矿种开展资源潜力评价工作,累计完成各类图件编制2007张、图件数据库建设1623个,编写图件说明书1623份,编制各类成果报告49份,全面完成了预期的目标任务,取得了丰硕成果。

(1)首次以板块构造理论为基础,编制了江苏省大地构造图,为区域成矿地质作用研究和矿产预测奠定了坚实的地质基础和依据,进一步提高了江苏省区域地质研究程度。

(2)首次系统地利用地质、矿产、物探、化探、遥感、自然重砂等多学科资料,针对铁、铜、金等10个矿种及不同矿床类型,系统地建立了全省35个典型矿床的成矿模式、综合找矿模型和41个预测工作区区域成矿模式及区域找矿模型,丰富和发展了省内区域成矿理论,提升了综合信息矿产预测技术水平。

(3)系统总结了利用重磁组合异常直接判别铁矿异常、金铜多金属矿的控矿要素评价解释方法;利用磁法、化探资料开展了全省铁矿、铜矿的定量预测与研究;利用典型岩石剖面测量成果,采用面积、厚度加权方法获得了全省及三大地质构造单元元素丰度值;采用地质衬值法,编制了全省39个元素地球化学衬值异常图,极大地丰富了金、铜、铅锌、钼等多金属矿找矿信息。

(4)系统地利用地质、物探、化探、遥感、自然重砂等综合信息,全程应用GIS技术进行了全省重要矿产资源潜力评价与预测研究,估算了资源量,圈定了一批重要找矿预测区。

（5）系统对江苏省聚煤规律进行了科学总结,以煤田地质理论为指导,深入开展了全省煤炭资源禀赋规律研究,建立了典型煤田成煤模式;以构造控煤作用研究为核心,揭示不同构造背景煤炭资源的聚集和赋存规律,对指导深部找矿发挥了重要作用。

（6）首次系统建立了江苏省完整的地学数据库,实现了矿产资源潜力预测研究全程信息化、工作手段计算机化,为江苏省矿产资源总体规划和专项规划、找矿突破战略行动以及国土资源"一张图"工程打下了坚实的基础。

江苏省矿产资源潜力评价在基础地质、典型矿床与成矿规律研究、预测方法、数据库建设中取得了一系列创新性成果,总体达到国际先进水平。项目成果是制订江苏省国民经济中长期发展规划,研究制定矿产资源战略,加强宏观调控的重要依据;是科学规划合理部署、努力实现找矿重大新突破、缓解资源瓶颈的基础工作;是发展和推广利用成矿新理论、勘查新技术新方法,促进科研与调查密切结合的重要举措。该项成果的及时转化应用,必将为江苏省社会经济发展、地学研究和地质找矿实现新突破发挥重要作用。

中国工程院院士
2017 年 2 月 20 日

前　言

"江苏省及上海市矿产资源潜力评价"在江苏省已有地质工作程度的基础上,结合成矿地质背景条件、矿产分布特征,选择煤炭、铁、铜、铅、锌、金、磷、钼、银、硫铁矿、萤石11个矿种开展资源潜力评价工作。经综合研究选取的典型矿床有35个,划分的矿产预测类型预测工作区有41个。围绕11个矿种、35个典型矿床、41个预测工作区,系统开展了成矿地质背景、成矿规律、重力、磁测、化探、遥感、自然重砂、综合信息集成、矿产预测等专题的综合研究与编图。

研究成果,一是进一步提升本区矿产资源综合研究的程度,有效提高已有基础地质与矿产勘查成果资料的综合信息化水平;二是为省级"地质找矿战略突破行动计划"实施方案编制,省级矿业权设置方案编制,省级"十二五"地质勘查规划编制,矿产远景评价专项、省级地质勘查基金项目的设置提供了重要依据,有效指导后续矿产资源勘查的规划部署,为实现本省深部找矿的重大突破提供强有力的技术支撑和信息服务;三是培养了一批综合型地质矿产人才。

本书是在《江苏省及上海市矿产资源潜力评价成果报告》的基础上进一步精炼而成,研究成果首先是集体智慧的结晶,同时也是各参加单位、各专题组和撰写人员精诚合作、辛勤工作的成果。中国地质调查局、中国地质科学院矿产资源研究所、南京地质调查中心、江苏省国土资源厅、江苏省地质调查研究院、江苏省地质资料馆、华东有色地质矿产勘查开发院、江苏地质矿产调查研究所等单位的各级领导与专家,对本项目实施、本书的编著给予多方面的支持和技术指导,在此一并表示衷心的感谢!

由于时间匆忙,再加上笔者水平有限,文中难免有疏漏之处,敬请读者批评指正。

著　者
2017年3月

目　　录

| 第一章　绪　言 | (1) |

第一节　目标任务及研究意义 …………………………………………… (1)

第二节　技术思路和工作过程 …………………………………………… (2)

第三节　任务完成情况及取得的主要成果 …………………………… (4)

第四节　致谢及编写分工 ………………………………………………… (11)

第二章　地质工作程度 ……………………………………………………… (13)

第一节　区域地质调查及研究 …………………………………………… (13)

第二节　物化遥自然重砂调查及研究 …………………………………… (16)

第三节　矿产勘查及研究 ………………………………………………… (18)

第四节　成矿规律与矿产预测评价 ……………………………………… (21)

第三章　成矿地质背景 ……………………………………………………… (23)

第一节　沉积岩建造组合与构造古地理 ………………………………… (23)

第二节　火山岩岩石构造组合 …………………………………………… (32)

第三节　侵入岩岩石构造组合 …………………………………………… (35)

第四节　变质岩岩石构造组合 …………………………………………… (40)

第五节　大型变形构造 …………………………………………………… (41)

第六节　大地构造相与大地构造分区 …………………………………… (41)

第四章　区域地球物理、地球化学、遥感、自然重砂地质解释 ………… (55)

第一节　重力资料地质解释 ……………………………………………… (55)

第二节　磁测资料地质解释 ……………………………………………… (62)

第三节　地球化学资料地质解释 ………………………………………… (73)

第四节　遥感资料地质解释 ……………………………………………… (83)

第五节　自然重砂资料地质解释 ………………………………………… (90)

第五章　典型矿床及成矿规律 ……………………………………………… (95)

第一节　重要矿产资源概况 ……………………………………………… (95)

第二节　矿产预测类型划分及其分布 …………………………………… (108)

第三节　典型矿床及成矿规律 …………………………………………… (109)

第六章 矿产预测 (216)
第一节 预测工作流程 (216)
第二节 预测方法及预测过程 (217)
第三节 铁矿磁法定量预测研究 (259)
第四节 铜矿地球化学定量预测研究 (264)

第七章 矿产预测成果汇总 (284)
第一节 铁矿预测成果 (284)
第二节 铜矿预测成果 (291)
第三节 铅锌矿预测成果 (297)
第四节 金矿预测成果 (302)
第五节 银矿预测成果 (307)
第六节 钼矿预测成果 (309)
第七节 磷矿预测成果 (312)
第八节 硫铁矿预测成果 (315)
第九节 萤石矿预测成果 (318)
第十节 煤炭预测成果 (320)
第十一节 江苏省重要矿产预测成果统计分析 (326)

第八章 区域成矿规律总结 (334)
第一节 成矿区(带)及矿集区的划分 (334)
第二节 各区(带)成矿特征及成矿规律 (334)
第三节 矿床成矿系列及成矿谱系 (356)
第四节 区域成矿规律总结 (361)

第九章 勘查部署工作建议 (376)
第一节 总体部署原则 (376)
第二节 勘查工作部署建议 (376)

第十章 未来开发工作预测 (379)
第一节 矿产资源供需分析 (379)
第二节 矿产资源开发现状及未来开发预测 (382)

第十一章 数据库建设 (389)
第一节 基础数据库维护 (389)
第二节 成果数据库建设 (391)
第三节 数据库质量 (402)

第十二章 结 论 (404)

主要参考文献 (409)

第一章 绪 言

为了贯彻落实《国务院关于加强地质工作的决定》"积极开展矿产远景调查和综合研究,科学评估区域矿产资源潜力,为科学部署矿产资源勘查提供依据"的要求和精神,国土资源部部署了全国矿产资源潜力评价工作,并将该项工作纳入国土资源大调查项目。"江苏省及上海市矿产资源潜力评价"是"全国矿产资源潜力评价"计划项目的工作项目,由江苏省地质调查研究院承担,工作周期2006—2013年。

第一节 目标任务及研究意义

一、总体目标任务

全面开展江苏省及上海市矿产资源潜力预测评价,在现有工作程度的基础上基本摸清江苏省及上海市矿产资源"家底",为矿产资源保障能力和勘查部署决策提供依据。

(1) 在现有地质工作程度的基础上,充分利用我国基础地质调查和矿产勘查工作成果与资料,充分应用现代矿产资源评价理论方法和GIS评价技术,开展江苏省及上海市煤炭、铁、铜、铅、锌、金、磷、钼、银、硫铁矿、萤石等的资源潜力评价,基本摸清矿产资源潜力及其空间分布。

(2) 开展江苏省及上海市成矿地质背景、成矿规律、物探、化探、遥感、自然重砂、矿产预测等项工作的研究,编制各项工作的基础和成果图件,建立江苏省及上海市矿产资源潜力评价相关的地质、矿产、物探、化探、遥感、自然重砂空间数据库。

(3) 培养一批综合型地质矿产人才。

二、研究意义

江苏省及上海市是我国经济最为发达的地区,同时又是资源贫乏的地区,近年来国民经济高速发展,对矿物原料的需求量逐年上升,人均资源需求严重不足,供需矛盾十分突出。

江苏省及上海市矿产资源潜力评价是本区矿产资源潜力的一次重要国情调查,是一项基础性的系统工程。其目的是通过系统总结地质调查和矿产勘查工作成果,全面掌握矿产资源现状,科学评价未查明矿产资源潜力,建立真实准确的矿产资源数据库,满足矿产资源规划、管理、保护和合理利用的需要。搞好全省矿产资源潜力评价,是编制江苏省国民经济中长期发展规划,研究制定江苏省矿产资源战略,加强宏观调控的重要依据;是科学规划合理部署,努力实现找矿重大新突破,缓解资源瓶颈的基础工作;是发展和推广利用成矿新理论、勘查新技术和新方法,促进科研与调查密切相结合的重要举措。

第二节 技术思路和工作过程

一、技术思路

以成矿理论为指导，加强区域成矿规律研究，加强与成矿有关的基础地质研究工作，最大限度地深入分析与各矿种有关的地质构造、沉积岩、岩浆岩（火山岩）和变质岩的成矿信息，以Ⅲ级成矿区（带）为单位，深入全面总结主要矿产的成矿类型，剖析典型矿床，研究以成矿系列为核心内容的区域成矿规律；全面利用物探、化探、遥感、自然重砂所显示的地质找矿信息；运用体现地质成矿规律内涵的预测技术，全面全过程地应用GIS技术，在定性和定量Ⅳ级、Ⅴ级成矿区内圈定预测区的基础上，实现江苏省及上海市矿产资源潜力评价。

在矿产资源潜力评价过程中，要求全面利用地质构造、综合信息、成矿规律研究成果。根据某一矿种的某一矿床类型的典型矿床及区域成矿规律研究成果，建立区域成矿模式；应用已知矿床的区域成矿模式，全面解析区域地质构造，主要控矿因素，物探、化探、遥感、自然重砂等综合信息，矿化特征，确定预测要素，建立预测模型，对未知区进行类比预测，圈定预测区、预测矿床数、估算资源量。

本次采用的矿床模型综合地质信息预测技术是根据陈毓川院士的"成矿系列"理论。该理论的核心思路是：根据"成矿系列"理论，把成矿作用视为地质作用的重要组成部分，通过深入研究模型区成矿特征以及控制成矿的地质要素（建造和构造），全面解析统一技术标准下获得的区域调查、区域物探、区域化探资料，精细研究地质构造、矿产、物探、化探、遥感、自然重砂等信息，通过编制各类区域专题图件的途径，对预测区进行关联，并实现类比预测，解决信息不对称问题。通过模型区地质构造、矿产、物探、化探、遥感、自然重砂等信息的精细研究，归纳预测要素，采用定性（先）和定量（后）相结合的途径，运用GIS技术以及数学方法进行数据定量化处理，解决知识驱动与数据驱动不协调的问题。

二、主要工作内容

根据项目的总体工作部署与技术要求，结合江苏省及上海市成矿地质背景条件与成矿作用特征，江苏省及上海市矿产资源潜力评价的主要工作内容如下：

（1）充分收集江苏省及上海市基础地质调查、矿产勘查和地质科研工作成果和资料，落实项目组织机构和项目组人员。全程参加全国项目办、各专题汇总组组织的各类技术培训，熟练掌握并充分应用现代矿产资源评价理论方法和GIS评价技术，为本项目顺利实施提供技术准备、资料基础和人员的保障。

（2）按照项目工作任务书要求，选择煤炭、铁、铜、铅、锌、金、磷、钼、银、硫铁矿、萤石11个矿种（组）开展本次潜力评价工作。编写江苏省及上海市矿产资源潜力评价总体设计、年度实施方案，各专题总体设计与年度实施方案。

（3）根据最新的地质矿产、物化遥（物探、化探、遥感）自然重砂等资料，开展江苏省及上海市1∶20万地质图空间数据库及1∶50万地质图空间数据库、重力数据库、矿产地数据库、工作程度数据库、自然重砂数据库、航磁及地磁数据库、遥感影像图数据库、区域地球化学数据库九大类基础数据库的维护与更新。

(4)在充分收集研究以往1∶25万、1∶20万、1∶5万区域地质调查资料的基础上,开展江苏省及上海市1∶25万分幅实际材料图与建造构造图的图形库与属性库建设,开展江苏省及上海市1∶50万沉积建造构造图、火山岩性岩相构造图、侵入岩浆构造图、变质建造构造图、大型变形构造图等省域建造构造专题底图的图形库与属性库建设,开展省域1∶50万大地构造相图的图形库与属性库建设。

(5)根据矿产预测类型及其空间分布特征,合理选择预测方法类型,开展41个矿产预测类型预测工作区地质构造专题底图(侵入岩浆构造图、变质建造构造图、火山岩性岩相图、大地构造相图/综合建造构造图等)的图形库与属性库建设。

(6)在全面总结分析研究本区成矿地质背景、典型矿床及区域成矿规律的基础上,进一步细化成矿区(带)划分,厘定矿产预测类型及其分布。经过综合研究,选取的典型矿床有35个(其中铁矿12个、铜矿5个、铅锌矿3个、金矿5个、磷矿2个、钼矿2个、银矿2个、硫铁矿3个、萤石矿1个),矿产预测类型预测工作区有41个(其中铁矿12个、铜矿5个、铅锌矿4个、金矿8个、磷矿2个、钼矿3个、银矿2个、硫铁矿4个、萤石矿1个),在此基础上开展典型矿床与矿产预测类型预测工作区成矿要素图、成矿模式图、预测要素图、预测模型图等图形库与属性库建设。

(7)物化遥自然重砂等专题,一是开展省级基础性系列图件的图形库与属性库建设;二是开展与铁、铜、铅锌、金、磷、钼、银、硫铁矿、萤石等矿产资源潜力评价有关的典型矿床、矿产预测类型预测工作区系列图件的图形库与属性库建设;三是开展省级磁性矿产定量预测、省级铜矿地球化学定量预测工作。

(8)开展41个矿产预测类型预测工作区(其中铁矿12个、铜矿5个、铅锌矿4个、金矿8个、磷矿2个、钼矿3个、银矿2个、硫铁矿4个、萤石矿1个)的最小预测区圈定与优选、资源量估算,在此基础上开展省级单矿种预测成果汇总及成果报告编制,提出本区未来铁、铜、铅锌、金、磷、钼、银、硫铁矿、萤石矿勘查部署建议,并对未来勘查开发工作进行预测。

(9)开展煤炭资源潜力评价,一是以煤炭资源储量数据库为基础,编制煤炭资源勘查开发现状图,摸清江苏省及上海市煤炭资源现状;二是深入开展全省以及重点矿区的赋煤规律研究,编制系列图件,为煤炭资源潜力评价提供依据;三是以地表至2000m以浅为主要预测评价范围,完成全省煤炭资源总量预测及评价工作,基本查清全省煤炭资源潜力及其空间分布;四是结合评价预测的煤炭资源内外部条件及勘查开发潜力,提出煤炭资源勘查开发部署意见;五是建立江苏省及上海市煤炭基础资料和成果数据库。

(10)综合信息集成专题,一是开展九大类基础数据库的维护与更新;二是为其他专题数据库建设提供技术支撑与服务。

(11)开展省级矿产资源潜力评价总体成果汇总及成矿地质背景、成矿规律、物化遥自然重砂、矿产预测、综合信息集成等专题成果的汇总。协助南京地质调查中心开展华东地区矿产资源潜力评价的汇总工作。

(12)开展省级矿产资源潜力评价成果的转化应用与常态化更新维护,加强对地质矿产综合型年轻人才的培养。

三、工作过程

自2006年7月正式启动以来,本项目各项工作严格按照国土资源部、中国地质调查局的统一安排和部署进行,完成了预期的工作任务和年度工作目标。总体工作分为技术培训、资料收集整理研究、设计编审、项目组织实施、成果编审5个阶段,其中技术培训、资料收集整理、综合研究贯穿于项目执行的始终。

根据国土资源部和中国地质调查局的总体部署与统一安排,本次矿产资源潜力评价工作分3个阶段。

第一阶段(2007—2010年):全国部署煤炭、铀、铁、铜、铅、锌、金、钨、锑、稀土、铝、钾、磷13个矿种的资源潜力评价工作。

江苏省及上海市结合本区已有地质工作程度、成矿地质背景条件、矿产分布特征,选择煤炭、铁、铜、铅、锌、金、磷7个矿种开展了资源潜力评价工作。

第二阶段(2011—2012年):全国部署锰、镍、锡、铬、钼、银、硼、锂、硫铁矿、萤石、菱镁矿、重晶石12个矿种的资源潜力评价工作。

江苏省及上海市根据全省情况,选择钼、银、硫铁矿、萤石4个矿种开展资源潜力评价工作。

第三阶段(2013年):按照全国矿产资源潜力评价各专业汇总技术要求,开展江苏省及上海市成矿地质背景、成矿规律、重力、磁测、化探、遥感、自然重砂、矿产预测、数据集成等各专业成果的深化和提升,完成省级各专业汇总报告,提交验收;在通过验收的省级单矿种(组)潜力评价成果的基础上,开展各预测矿种(组)潜力评价成果的综合与汇总,完成省级矿产资源潜力评价总体成果报告和工作报告,提交验收。

第三节　任务完成情况及取得的主要成果

一、完成的工作量

江苏省及上海市矿产资源潜力评价严格按照技术规范与数据模型要求,各专题完成了煤炭、铁、铜、铅、锌、金、磷、钼、银、硫铁矿、萤石11个矿种(组)的省级基础性图件、预测工作区系列图件和典型矿床系列图件编制及数据库建设,完成了预测工作区最小预测区的圈定与优选、资源量估算,完成单矿种预测成果的省级汇总与成果报告的编制,完成省级矿产资源潜力评价总体成果汇总及成矿地质背景、成矿规律、物化遥自然重砂、矿产预测、综合信息集成等专题成果的汇总。

累计完成的主要工作有:收集整理研究各类成果报告847份,维护与更新九大类基础数据库,编制各类图件2007张、建设图件数据库1623个、编写图件说明书1623份,编制各类成果报告49份。

二、取得的主要成果

1. 地质背景研究

开展了本区成矿地质背景的综合研究,按照矿产资源潜力评价工作总体技术要求对省级范围地层、构造、岩浆岩重新进行了清理,在此基础上编制完成了1∶25万标准分幅实际材料图与地质建造构造图(包括过渡图件)、各类矿产预测工作区地质构造专题底图、省级地质构造专题底图及大地构造相图。

(1)按照"五统一"的要求全面开展并完成了5幅1∶25万分幅实际材料图的编制工作(南京市幅、常州市幅、上海市幅、徐州市幅、连云港市幅)。

(2)全面开展并完成了11幅(南京市幅、常州市幅、上海市幅、徐州市幅、连云港市幅、淮安市幅、盐城市幅、滨淮农场幅、南通县幅、吕四镇幅、川沙县幅)1∶25万分幅建造构造图的编制、图件的数据库建设与说明书编写工作。

(3)完成了41张(199幅)与铁、铜、铅锌、金、磷、钼、银、硫铁矿、萤石矿预测有关的工作区地质构造专题底图的图形库、属性库建设及说明书编写。其中侵入岩浆构造图 137 幅、变质建造构造图 4 幅、火山岩性岩相图 24 幅、综合建造构造图 34 幅,为成矿规律研究和矿产预测提供了基础资料。

(4)对省域大地构造相进行了研究划分,开展省域 1∶50 万建造构造图的编制,完成了 1∶50 万沉积建造构造图、1∶50 万火山岩建造构造图、1∶50 万侵入岩建造构造图、1∶50 万变质建造构造图、1∶50 万大型变形构造图的图形库及属性库建设,在此基础上完成了省域 1∶50 万大地构造相图图形库、属性库的建设与说明书的编写。

(5)完成了《江苏省及上海市矿产资源潜力评价成矿地质背景研究专题报告》的编制。

2. 重力

全面系统地收集整理、分析研究了江苏省及上海市已有的物性资料及重力资料,建立了相应的数据库。

(1)按华北陆块区江苏构造域、秦祁昆造山系江苏构造域、扬子陆块区江苏(含上海市)构造域三大构造单元和 13 个预测工作区 2 个层次,总结了不同岩石、地层密度特征,为利用重力资料开展矿产资源潜力评价工作奠定了物性基础。

(2)建立重力基础数据库 1 个,江苏省及上海市 1∶100 万、1∶20 万重力成果数据(GravityData.mdb)4 项及 1∶5 万重力调查、大比例尺重力勘查布格重力异常图数字化成果 6 项。

(3)按省级、预测类型工作区和典型矿床 3 个层次,编制各类图件 287 张、说明书 287 份、数据库 222 个。

(4)编制重力资料定量反演图册、典型矿床剖析图册各 1 册。

(5)利用重力资料,划分一级构造单元 3 个,分别对应华北陆块区、秦祁昆造山系和扬子陆块区,在此基础上依据重力异常特征进一步划分出 3 个二级构造单元、4 个三级构造单元和 9 个四级构造单元。

(6)重力反演盆地 37 个,反演侵入岩体 23 个,重、磁联合反演典型矿床 7 个,揭示了重力推断岩体和盆地的二维空间特征。

(7)在省级和预测工作区重力推断地质构造图上,累计推断地层 211 个、推断断裂构造 186 条、推断构造单元 9 个、推断盆地 51 个、推断岩体 72 个,大多被应用于成矿地质背景研究课题,隐伏性质的被基本利用,半隐伏性质的被参考利用。

(9)编制完成了《江苏省及上海市矿产资源潜力评价重力资料应用研究成果报告》。

3. 磁法

全面系统地收集整理、分析研究了江苏省及上海市已有的物性资料及磁测资料,建立了相应的数据库,利用磁测资料进行了各类推断解释及磁性矿产定量预测。

(1)完成了 13 个航磁工作区 1∶100～1∶5 万万剖面数据(包括 19 个剖面数据文件)和省级 1∶20 万航磁网格数据的入库工作;在对大比例尺地磁资料进行评估筛选的基础上,选择 11 份 1∶1 万～1∶2.5 万物探地面磁测纸质报告资料通过 MapGIS 矢量化后进行数字化转换,面积合计约 3500 km^2,形成文本文件,为矿产资源潜力评价提供了磁法基础数据。

(2)按省级、预测类型工作区和典型矿床 3 个层次,编制各类图件 372 张、说明书 335 份、数据库 335 个。

(3)在收集利用前人磁测资料解释成果的基础上,重点对预测工作区磁异常进行了全面推断解释,推断并圈定隐伏岩体、断裂、火山构造、火山岩地层、变质岩地层和磁性蚀变带等要素。对找矿有意义的 83 个侵入岩体,在进行定性、半定量解释的基础上,利用航磁工作区大比例尺(1∶5 万)剖面数据进行了定量解释,求取了如岩体顶面埋深、截面积、顶面投影面积等参数。

(4)结合预测工作区推断解释结果,编制了省级推断地质构造图,为地质构造编图提供了参考资料。

(5)在江苏省及上海市共筛选 1381 个航磁异常并进行了分类编号,其中甲类异常 67 个,乙类异常 134 个,丙类异常 311 个,丁类异常 869 个。

通过磁异常筛选与定性解释,确定铁矿(已知及推断铁矿)矿致航磁异常有66个,主要利用地磁(无地磁资料地区用航磁)数据,采用RGIS2010软件2.5D人机交互拟合方法进行磁性矿产资源量估算,累计估算铁磁性矿体资源量137 827.2×10⁴t,其中已查明铁磁性矿产资源储量74 486.7×10⁴t,磁性矿产预测资源量63 340.5×10⁴t,对预测资源量分别采用按方法、精度、延深、矿床预测类型进行了分类统计,分析了预测资源量可信度,明确了参与磁性矿产资源量估算的各参数依据。

(6)通过对江苏省及上海市6个Ⅳ级成矿区(带)地质背景、相关矿产地分布与磁场特征的分析,结合典型矿床研究结果,总结了铁、铜、铅、锌、银、钼、金、硫铁矿、磷和萤石共10个矿种的地球物理找矿标志,提出了预测工作区重点找矿地质构造和有利找矿地区,分析了省级磁性铁矿资源潜力。

(7)编制完成了阶段性成果报告4份,专题成果报告2份。

4. 化探

全面系统地收集整理、分析研究了江苏省及上海市已有的不同比例尺的化探资料,建立了相应的数据库,利用化探资料进行了各类推断解释及铜矿地球化学定量预测。

(1)完成了江苏省已开展过的中大比例尺地球化学测量资料以及重要异常查证资料的收集整理与数据库建设。完成已有1:20万水系沉积物地球化学测量数据库的核查补充,新增江苏省及上海市覆盖区1:25万多目标地球化学调查数据,共补充了5762件表层土壤分析数据,分析指标与1:20万水系沉积物的39项分析一致;完成了1:5万水系沉积物(或土壤)地球化学数据库的核查补充,新增样品23 485件,分析数据计458 673个;完成异常查证(或矿区)1:2.5万~1:1万土壤地球化学数据库建设,共收集样品31 096件,分析数据计266 492个,主要包括漕塘、仓山、凤凰山、西山异常二级查证,以及宁镇、宁芜重要铜金多金属矿区测量;首次建立了江苏省中大比例尺地球化学数据库。

(2)按省级、预测类型工作区和典型矿床3个层次,编制各类图件491张、说明书349份、数据库(含数据库说明书)345个。

(3)全面总结了江苏省1:20万区域水系沉积物(或预测工作区土壤)异常分布特征和地质矿产情况,共圈定23个甲类异常,39个乙类异常,29个丙类异常和16个丁类异常。对全省综合异常进行了评序、评价。

(4)在充分收集典型矿床资料的基础上,系统总结矿区水系沉积物、土壤、岩石地球化学异常特征,建立了17个典型矿床的地质-地球化学找矿模式。建立了宁镇地区铜多金属、宁镇铅锌银多金属、宁芜-溧水地区铜金及溧阳-苏州地区铅锌多金属等区域地球化学找矿模式。

(5)在充分研究地质地球化学特征的基础上,结合成矿带不同成因类型铜多金属找矿模型,建立预测模型,开展了铜地球化学定量预测,圈定铜地球化学预测区32个,其中A级预测区14个,B级预测区17个,远景区11个。预测铜资源量94×10⁴t,其中A级预测资源量42.5×10⁴t,B级预测资源量51.5×10⁴t。编制了江苏省及上海市地球化学分区图、江苏省及上海市铜地球化学定量预测区分布图、江苏省及上海市铜多金属矿地球化学找矿模式图、江苏省及上海市铜矿地球化学资源量预测成果图。

(6)依据地球化学找矿标志,结合成矿地质条件分析以及物探找矿标志,圈定了地球化学找矿预测区42个和靶区33个,其中铜矿预测区10个,靶区8个;钼矿预测区5个,靶区2个;铅锌银矿预测区9个,靶区9个;金矿预测区11个,靶区10个;硫铁矿预测区7个,靶区4个。

(7)编制完成了阶段性成果报告3份,专题成果报告1份。

5. 遥感

全面系统地收集整理、分析研究了江苏省及上海市已有的遥感资料,建立了相应的数据库,利用遥感资料进行了各类推断解释。

(1)采用Landsat-7 ETM⁺数据、ASTER数据及GEOEYE-1数据,编制完成江苏省及上海市遥感影像图61幅。

典型矿床编图资料主要使用 1m 分辨率的 GEOEYE-1 卫星数据。预测工作区编图资料主要使用 15m 分辨率的 ASTER 卫星数据，部分预测工作区选用 30m 分辨率的 ETM$^+$ 卫星数据。

(2) 按省级、预测类型工作区和典型矿床 3 个层次，编制各类图件 182 张、说明书 137 份、数据库(含数据库说明书)120 个。

(3) 利用"遥感找矿五要素"对全省进行了地质特征有针对性的解译。"遥感找矿五要素"把遥感影像中的"线、带、环、块、色"赋予了丰富的地质内涵，解译地质图斑细致、信息量大，构造划分较细、层次丰富，与找矿目标紧密联系起来，找矿线索更具有直接指示矿化或蚀变存在的意义，是遥感技术与地质找矿有机结合的一项理论和技术创新。

(4) 建立了遥感异常信息提取流程及蚀变异常的提取模型。利用遥感图像处理技术，首次采用 ETM$^+$ 遥感数据，通过 PCI 软件提取遥感羟基、铁染异常，直接从遥感图像数据中提取反映金属矿化蚀变的信息，为进一步找矿勘查提供依据。在江苏省及上海市总共提取羟基异常图斑 1161 个、铁染异常图斑 26 818 个、"羟基+铁染"组合异常图斑 1272 个。编制完成了江苏省及上海市遥感铁染异常分布图和羟基异常分布图各 35 幅，异常组合图 1 幅。

(5) 首次对江苏省及上海市进行了全面系统的遥感构造解译。共解译出断裂 767 条，其中大型断裂 27 条，中型断裂 183 条，小型断裂 557 条；脆韧性变形构造带 15 条，逆冲推覆构造 71 条，环形构造 12 个。编制完成江苏省及上海市构造解译图 51 幅。

(6) 编制完成了阶段性成果报告 3 份，专题成果报告 1 份。

6. 自然重砂

全面系统地收集整理、分析研究了江苏省及上海市已有的自然重砂资料，建立了相应的数据库，对各类自然重砂异常进行了推断解释。

(1) 系统整理了 4457 件江苏省 1∶20 万自然重砂样品数据，较好地维护了江苏省 1∶20 万自然重砂数据库；系统收集了徐州南部(及北部)、东海西部、盱眙、宜溧、宁镇、溧水、宁芜 7 个地区 38 个 1∶5 万图幅自然重砂测量数据 6642 件，自然重砂鉴定记录 93 387 条，建立了江苏省 1∶5 万自然重砂数据库。

(2) 按省级、预测类型工作区和典型矿床 3 个层次，编制各类图件 285 张、说明书 136 份、数据库(含数据库说明书)134 个。

(3) 在省级范围内选择了铜矿物、铅矿物、锌矿物、钼矿物、银矿物、砷矿物、自然金等 27 种矿物圈定单矿物自然重砂异常 555 处，其中Ⅰ级异常 97 处，Ⅱ级异常 225 处，Ⅲ级异常 233 处；圈定省级自然重砂综合异常 44 处，其中Ⅰ级异常 15 处，Ⅱ级异常 19 处，Ⅲ级异常 10 处。

(4) 圈定金矿预测工作区自然重砂异常 445 处，其中Ⅰ级异常 41 处，Ⅱ级异常 178 处，Ⅲ级异常 226 处；铜矿预测工作区自然重砂异常 172 处，其中Ⅰ级异常 22 处，Ⅱ级异常 72 处，Ⅲ级异常 78 处；铅锌矿预测工作区自然重砂异常 150 处，其中Ⅰ级异常 17 处，Ⅱ级异常 59 处，Ⅲ级异常 74 处；银矿预测工作区自然重砂异常 3 处，其中Ⅰ级异常 1 处，Ⅱ级异常 2 处；钼矿预测工作区自然重砂异常 8 处，其中Ⅰ级异常 2 处，Ⅱ级异常 2 处，Ⅲ级异常 4 处；硫铁矿预测工作区自然重砂异常 189 处，其中Ⅰ级异常 25 处，Ⅱ级异常 47 处，Ⅲ级异常 117 处；萤石矿预测工作区自然重砂异常 1 处。在此基础上，对Ⅰ级、Ⅱ级自然重砂异常进行了定性解释与评价，为矿产预测提供了自然重砂依据。

(5) 通过典型矿床研究，确定了 8 个矿种不同预测类型的自然重砂特征矿物组合。

(6) 利用自然重砂矿物组合对矿种的直接与间接指示作用，在综合异常研究的基础上，结合江苏省成矿区(带)、成矿地质条件、构造、矿产等因素，划分了 10 个自然重砂异常带和 17 个自然重砂找矿远景区。

(7) 编制完成了阶段性成果报告 3 份，专题成果报告 1 份。

7. 成矿规律

全面系统地收集整理、分析研究了江苏省及上海市已有的矿产勘查、成矿规律研究等成果资料,在此基础上,按典型矿床、预测工作区、省级3个层次开展成矿规律的综合研究及编图建库工作。

(1)在系统收集整理、分析研究已有矿产勘查、成矿规律研究成果的基础上,对全省矿产地数据库进行了更新和维护,提出了本次潜力评价的目标矿种为铁、铜、铅、锌、金、银、钼、磷、硫铁矿、萤石10个矿种(组),选择35个典型矿床(其中铁矿12个、铜矿5个、铅锌矿3个、金矿5个、磷矿2个、钼矿2个、银矿2个、硫铁矿3个、萤石矿1个)开展了典型矿床成矿规律研究。

(2)在分析目标矿种的成矿特征的基础上,对全省铁、铜、铅锌、金、银、钼、磷、硫铁矿、萤石等矿产预测类型进行了总结划分,确定本省开展矿产预测的主要铁矿预测类型为陆相火山岩型、矽卡岩型、沉积变质型;铜矿预测类型为铜井式陆相火山岩型铜矿、獾子洞式次火山热液-层控矽卡岩型铜金矿、安基山式矽卡岩斑岩型铜矿、金山式矽卡岩型铜矿;主要铅锌银矿预测类型为栖霞山式碳酸盐岩(层控热液)型铅锌银矿、五部式陆相火山岩型铅锌矿、吴宅式层控矽卡岩型铅锌银矿;主要金矿预测类型为陆相火山岩型、微细浸染型(卡林型)、铁帽型、破碎蚀变岩型、侵入岩体内及接触带型(矽卡岩型);主要钼矿预测类型为谏壁式斑岩型、铜山式矽卡岩型;主要磷矿预测类型为海州式沉积变质型、宁芜式矽卡岩型;硫铁矿预测类型主要为云台山式陆相火山岩型、铜陵式矽卡岩型;萤石矿预测类型为俞石泉式热液充填型。编制了铁、铜、铅锌、银、金、钼、磷、硫铁矿、萤石矿产预测类型分布图。

研究确定的矿产预测类型预测工作区41个(其中铁矿12个、铜矿5个、铅锌矿4个、金矿8个、磷矿2个、硫铁矿4个、钼矿3个、银矿2个、萤石矿1个)。

(3)按省级、预测类型预测工作区和典型矿床3个层次开展成矿规律的综合研究与编图建库工作,编制各类图件172张、说明书95份、数据库(含数据库说明书)95个。

(4)通过对典型矿床成矿特征、成矿要素的分析研究,完成了35个典型矿床的成矿要素图、成矿模式图的图形库、属性库建设,编制了相应的说明书及数据表。系统总结了典型矿床成矿要素及成矿模式,为开展预测工作区及省级区域成矿规律研究工作打下了基础。

(5)通过预测工作区成矿规律研究,完成了41个矿产预测类型预测工作区成矿要素图、成矿模式图的图形库、属性库建设,编制了相应的图件说明书。通过对区域矿产成矿特征、成矿背景、成矿作用、成矿时代等分析研究,总结了区域成矿要素和成矿规律,建立了区域成矿模式,为开展区域矿产预测及进一步的矿产勘查工作提供了依据。

(6)通过本次研究,在全国Ⅲ级成矿区(带)划分的基础上,江苏省及上海市共划分出5个Ⅲ级成矿区(带)(与全国统一)、7个Ⅳ成矿亚带(与大区统一)、14个与本次评价目标矿种相关的Ⅴ级成矿远景区。

(7)进一步开展全省单矿种区域成矿规律研究,完成了江苏省及上海市铁、铜、铅锌、金、银、钼、磷、硫铁矿、萤石单矿种成矿规律图的编制与属性库建设。

(8)以Ⅲ级成矿区(带)为基础,划分了省内重要矿产矿床成矿系列和亚系列,建立了区域成矿谱系,总结了区(带)成矿规律。分前寒武纪、古生代和中新生代3个时段编制了省级重要矿产成矿系列图。

(9)在单矿种成矿规律研究的基础上,总结了全省重要矿产区域成矿规律,编制了省级重要矿产区域成矿规律图。

(10)编制单矿种成矿规律研究报告5份、专题研究成果《江苏省及上海市重要矿种区域成矿规律研究成果报告》1份。

8. 矿产预测

全面系统地收集整理、分析研究了江苏省及上海市已有的矿产勘查、成矿规律研究、矿产预测等成果资料,在此基础上,按典型矿床、预测工作区、省级3个层次开展矿产预测的综合研究及编图建库工作,开展了省级预测成果的汇总,提出了未来矿产勘查部署建议。

(1)按省级、预测类型预测工作区和典型矿床3个层次,编制各类图件221张、说明书145份、数据库(含数据库说明书)145个。

(2)通过对典型矿床预测要素的分析研究,完成了35个典型矿床(其中铁矿12个、铜矿5个、铅锌矿3个、金矿5个、磷矿2个、钼矿2个、银矿2个、硫铁矿3个、萤石矿1个)的预测要素图、预测模型图的图形库、属性库建设,编制了相应的说明书及数据表。系统总结了典型矿床预测要素及预测模型,为开展工作区矿产预测打下了基础。

(3)通过对工作区预测要素的研究,完成了41个矿产预测类型预测工作区(其中铁矿12个、铜矿5个、铅锌矿4个、金矿8个、磷矿2个、钼矿3个、银矿2个、硫铁矿4个、萤石矿1个)预测要素图、预测模型图的图形库、属性库建设,编制了相应的图件说明书。通过对区域矿产成矿特征、成矿背景、成矿作用、成矿时代、物化遥自然重砂综合信息等分析研究,总结了区域预测要素,建立了区域预测模型,为开展预测工作区矿产预测提供了依据。

(4)完成全省铁、铜、铅锌、金、磷、钼、银、硫铁矿、萤石矿等矿种(组)的定量预测,对41个预测类型预测工作区进行了最小预测区的圈定与优选、资源量估算。共圈定最小预测区413个,其中A类79个、B类86个、C类248个,并对2000m以浅资源潜力进行了预测(表1-1)。

表1-1 江苏省及上海市重要矿种预测成果统计表

矿种(组)	最小预测区(个)				2000m以浅预测资源量
	A类	B类	C类	合计	
铁	31	30	68	129	$107\,957.52 \times 10^4$ t
铅锌	6	9	14	29	铅 103.79×10^4 t,锌 196.50×10^4 t
银	5	0	6	11	2175.07t
铜	10	24	35	69	125.73×10^4 t
金	8	15	62	85	96.71t
钼	4	3	19	26	80 555.6t
磷	4	0	10	14	3.06×10^8 t
硫铁矿	10	3	31	44	$15\,323.488 \times 10^4$ t(独立) $2\,242.742 \times 10^4$ t(共生)
萤石	1	2	3	6	129.629×10^4 t
总计	79	86	248	413	

(5)在最小预测区的圈定与优选、资源量估算的基础上,完成41个预测类型预测工作区预测成果图的编制、属性库建设与说明书编写,完成省级铁、铜、铅锌、金、磷、钼、银、硫铁矿、萤石矿等矿种(组)预测成果图的编制、属性库建设与说明书编写。

(6)根据预测成果,提出了全省铁、铜、铅锌、金、磷、钼、银、硫铁矿、萤石矿勘查工作部署建议,并对未来勘查开发工作进行了预测。

(7)以Ⅳ级成矿亚带为单元,对省内单矿种预测成果进行了汇总,编制了全省矿产预测类型谱系表。分别按省级、Ⅳ成矿亚带和不同矿产预测类型对本次矿产资源潜力评价的重要矿种预测成果进行了统计汇总。对各成矿亚带区域地质背景、区域矿产特征以及物化遥自然重砂综合信息进行了分析,建立了重要的矿种预测评价模型。

(8)在全省单矿种(组)资源潜力评价成果的基础上,以Ⅳ级成矿亚带为单元,将同一区域内、同一成矿系统,成矿作用相同或相近的矿种(组)最小预测区(或Ⅱ级预测区)归并划分出33个重要矿产多矿种综合预测区,其中 A 类 16 个、B 类 8 个、C 类 9 个。根据各综合预测区特征及重要矿产预测成果,提出了省内各Ⅳ级成矿亚带多矿种综合靶区勘查部署建议,编制了江苏省及上海市重要矿产综合预测成果图和重要矿产勘查部署建议图。

(10)编制完成了各类成果报告 10 份,其中单矿种资源量估算报告 9 份、江苏省及上海市重要矿种矿产预测成果报告 1 份。

9. 数据库

数据库建设内容包括基础地学数据库的维护、支撑各专题组进行专题成果数据库建设、资料性成果汇总和集成建库 4 个方面。

(1)对江苏省地质工作程度数据库、矿产地数据库、自然重砂数据库、1∶20 万地质图数据库、1∶50 万地质图数据库、区域重力数据库、区域航磁数据库、区域化探数据库和遥感影像数据库 9 个基础地质数据库,从数据资源、管理系统、软件功能等 5 类 28 个基本信息方面进行了系统总结,客观地反映了江苏省基础地质数据库建设现状,为江苏省矿产资源潜力评价工作常态化奠定了基础。

(2)在系统总结的基础上,按相关技术要求,对江苏省地质工作程度数据库、矿产地数据库、重砂数据库、1∶20 万地质图空间数据库、化探数据库进行了更新与维护,为今后的相关工作提供了基础数据。

(3)基于 GIS 技术、数据库技术,依据矿产资源潜力评价数据模型及其配套软件(GeoMAG),开展了江苏省及上海市矿产资源潜力评价数据库建设工作,探索了一套适合全省的专题数据库编图和建库的技术方法与流程,为专题数据库的建设提供了技术支撑。

(4)支撑成矿地质背景研究、成矿规律及矿产预测、物化遥自然重砂专题组完成了专题成果图件及属性数据库、元数据库建设。支撑各专题组建立了江苏省及上海市矿产资源潜力评价成果图件及属性数据库 1454 个(不包括煤炭资源潜力评价成果数据库)。其中地质背景 58 个、重力 222 个、磁测 335 个、化探 345 个、遥感 120 个、自然重砂 134 个、成矿规律 95 个、矿产预测 145 个。

(5)基于省级矿产资源潜力评价资料性成果汇总建库管理系统(GeoPEX),完成了江苏省及上海市矿产资源潜力评价成果集成数据库建设,涵盖了成矿地质背景、成矿规律与矿产预测等 7 个专题的基础编图成果和铁、铜等 10 个矿种(组)潜力评价成果。实现了江苏省及上海市矿产资源潜力评价数据成果的一体化管理,为江苏省及上海市矿产资源潜力评价数据成果的社会化服务奠定了基础,为政府宏观决策、地质调查规划部署提供了依据,实现地质成果资料共享。

(6)通过开展对江苏省及上海市矿产资源潜力评价数据库建设和汇总集成工作,推广普及了地学信息技术,培养了一批掌握 GIS 技术、地质数据库建设技术的人才。

(7)编制完成了《江苏省及上海市矿产资源潜力评价综合信息集成专题成果报告》。

10. 煤炭资源潜力评价

全面系统地收集整理、分析研究了江苏省及上海市已有的重力、磁法、煤炭勘查、煤炭成矿规律研究及矿产预测等成果资料,在此基础上,按矿区、煤田区、省级 3 个层次开展煤炭成矿规律和矿产预测的综合研究及编图建库工作,开展了省级预测成果的汇总,提出了未来煤炭勘查部署建议。

(1)在选择各煤产地和矿区的典型地层剖面、建立地层柱状图和编制含煤地层对比图、主要含煤时代不同期段岩相古地理图(含沉积断面图和沉积环境性状图)的基础上,进行了区域性含煤地层对比、划分,运用岩石地层、生物地层及成因地层学新理论和新方法,对全省华北型石炭纪—二叠纪含煤岩系和华南型二叠纪含煤岩系的地层层序、沉积环境和聚煤规律,以及聚煤期古地理和古构造对沉积环境、聚煤规律的控制等,进行了较系统的分析研究。

(2)通过对构造和沉积的综合分析研究,界定了华北和华南两个一级赋煤区在省内的界线,在赋煤区内进一步划分出 2 个赋煤带、1 个煤田及 7 个矿区或煤产地,总结出控煤构造样式,对控煤构造的成因机制等问题进行了深入探讨。

(3)开展煤的变质规律研究。根据各煤类形成的地质条件及其特征,确认了区内煤的变质因素,并探讨了煤的变质规律。

(4)在比较全面地研究和认识全省煤田地质特征、控煤构造及聚煤规律的基础上,对7个主要矿区、煤产地的深部及外围(含"白"区或"死"区)的主要煤层资源量进行了预测。共圈定最小预测区78个,预测含煤总面积1567km²,预测潜在资源总量 $53.53×10^8$ t,其中徐沛区为 $38.60×10^8$ t,占预测总量的72%;苏南区为 $14.93×10^8$ t,占预测总量的28%。分水平600m以浅至1000m预测量为 $9.62×10^8$ t,占预测总量的17.65%;1000~1500m预测量为 $25.54×10^8$ t,占预测总量的47.71%;1500~2000m预测量为 $18.54×10^8$ t,占预测总量的34.64%。

(6)根据本次资源潜力评价成果,结合煤炭需求和资源保障程度的分析研究,提出了煤炭资源勘查近期及中长期工作部署方案建议。

(7)完成了《江苏省及上海市煤炭资源潜力评价成果报告》的编制工作。

11. 省级汇总

(1)对2007年以来收集和研究形成的资料进行全面的清理、整理及分类,形成一套完整的技术资料,按资料类型分别建立文件夹,并将不同类型的资料分别进行归类,以电子版文件形式存入相应的文件夹中。

(2)省级单矿种潜力评价成果报告6份:江苏省及上海市铁矿资源潜力评价成果报告;江苏省及上海市铜铅锌金磷资源潜力评价成果报告;江苏省及上海市硫铁矿资源潜力评价成果报告;江苏省及上海市钼矿资源潜力评价成果报告;江苏省及上海市银矿资源潜力评价成果报告;江苏省及上海市萤石矿资源潜力评价成果报告。

(3)在各专题成果汇总的基础上,按项目办发〔2013〕7号文件的具体要求全面完成省级汇总工作。完成了《江苏省及上海市矿产资源潜力评价成果报告》《江苏省及上海市矿产资源潜力评价工作报告》的编制。

第四节 致谢及编写分工

江苏省及上海市矿产资源潜力评价工作是在全国矿产资源潜力评价项目办公室(以下简称全国项目办)、全国各专题汇总组、江苏省矿产资源潜力评价项目领导小组和项目管理办公室的共同支持及领导下完成的。陈毓川院士,全国项目办总工程师叶天竺教授、王瑞江教授、陈仁义教授、王全明教授、董建华教授,背景组肖庆辉教授、张智勇教授,规律组王登红教授、张德全教授、徐志刚教授,重力组张明华教授、乔计花副教授,磁法组熊盛青教授、范正国教授、黄旭钊教授,化探组向运川教授,遥感组于学政教授,重砂组李景朝教授、冯济舟教授,预测组肖克炎教授、杨毅恒教授、娄德波副教授,综合信息组左群超教授等给予本项目很多的指导和关怀;中国地质调查局、中国地质科学院矿产资源研究所、南京地质调查中心、江苏省国土资源厅、江苏省地质调查研究院、江苏省地质资料馆、华东有色地质矿产勘查开发院、江苏省地质矿产调查研究所等单位的各级领导与专家,对本项目组织实施给予了多方面的支持和技术指导,在此一并表示衷心的感谢。

《江苏省重要矿产资源潜力评价》由黄建平主持编写,各章节编写分工如下:第一章由黄建平、黄震编写;第二章由黄建平、黄震、贾根、金永念、魏邦顺、黄顺生、苏一鸣、朱静苹编写;第三章由贾根、黄建平、黄震编写;第四章由金永念、魏邦顺、黄顺生、苏一鸣、杨用彪编写;第五章由黄震、黄建平、魏芳、来又东、王海鸥编写;第六章和第七章由黄震、魏芳、王海鸥、来又东、黄建平编写;第八章由黄震、黄建平、来又东编写;第九章由黄震、黄建平、王海鸥编写;第十章由王海鸥、魏芳、来又东、黄震、黄建平编写;第十一章由朱静苹、黄建平编写；第十二章由黄建平、黄震编写。最终由黄建平、黄震完成统编定稿。

此外，参加项目工作的还有郭刚、徐士银、盛君、关艺晓、张大莲、詹雅婷、尚培颖、王丽娟、孙国曦、仲伟福、胡福培、厉建华、刘志宏、夏明飞、潘万乾、陈焕惠、陈冬、李四清、杨颖鹤、张少琴、姜辛、仇慎平、唐海燕、马秋斌、李菊、姜丽、徐蓉、许宏铭、李晓燕、冯玉玲、曲苏荣、杜维真、秦学红、翟辉等。

本书是在《江苏省及上海市矿产资源潜力评价成果报告》的基础上进一步精炼而成，研究成果首先是集体智慧的结晶，同时也是各参加单位、各课题组和撰写人员精诚合作与辛勤工作的成果。由于时间匆忙，加上笔者水平有限，书中难免有疏漏之处，敬请读者批评指正。

第二章 地质工作程度

江苏省被称为"中国地质工作的摇篮",基础地质调查、矿产勘查、地质科研程度均较高。地质矿产调查工作开展得较早,早在1924年刘季辰、赵汝钧等就对江苏全境进行了区域调查,著有《江苏地质志》一书。尔后,李毓尧、朱森、李捷、李四光、谢家荣、程裕淇、孙健初、陈恺等老一辈地质学家,先后在本区地质矿产各个领域开展了调查,积累了大量的资料。新中国成立后,随着社会主义事业发展的需求,本区地质工作也迅速发展。地质、冶金、石油、煤炭、建材等系统在本区开展了大量的地质普查找矿和勘探工作,先后发现了一批具工业价值的矿产,为本区工业发展提供了矿产资源和能源。

第一节 区域地质调查及研究

一、区域地质调查工作

1. 1:25万区域地质调查

本区1:25万区域地质调查工作自1998年大调查以来始于苏南地区开始部署,至2011年,全省共部署完成1:25万区域地质调查项目5个,已完成7个图幅的填图工作,完成填图总面积108 200 km²。上海市完成1个图幅的填图工作,完成填图总面积15 800 km²。目前尚有1:25万徐州市幅区域地质调查未部署。

2. 1:20万区域地质调查

20世纪50年代后期,江苏省地质局开始系统地按国际分幅和统一要求,开展全省1:20万区域地质调查,按纬差40′,经差1°分幅,江苏地域共跨29幅,有10个图幅因第四系覆盖厚度较大而未开展,到1978年江苏省已完成19个应测图幅中的16个图幅的1:20万区域地质调查任务(其中省区调队承测徐州市幅、新沂市幅、连云港市幅、盱眙县幅、扬州市幅、马鞍山市幅、常州市幅、无锡市幅、苏州市幅,共9个图幅;安徽省区调队承测灵璧县幅、南京市幅、宣城市幅、广德县幅,共4个图幅;山东省区调队承测枣庄市幅、临沂市幅、赣榆县幅,共3个图幅),完成填图总面积57 415.15 km²,完成图幅比例55.17%,完成面积比例55.96%,省内重要成矿区(带)均已覆盖,至1980年各图幅报告和图件均已出版。

3. 1:5万区域地质调查

江苏省1:5万区调始于20世纪50年代末期。1959年南京大学地质系在宁镇地区开展过南京市幅、汤山镇幅、上党镇幅3个图幅的1:5万地质调查;北京矿业学院煤田地质系在太湖西岸等地按国际分幅进行了1:5万地质测量,但此两份调查成果,均未正式验收和出版。1965—1973年省区调队在一些成矿有利地段开展了1∶5万区调,编制了区调报告或中间报告和相应的图件,但均未单独出版。

1977年底,为配合国内急缺矿种的普查,加速地质找矿产业的发展,在基本完成全省1∶20万区调工作的基础上,江苏省先后在宁镇、宁芜、溧水、宜溧、苏州西部及徐州等基岩出露区开展了1∶5万区域地质调查;"八五"以来,为满足国内市场经济的发展、国土资源规划、环境保护与治理及进一步找矿勘查工作的需求,江苏省又先后在苏南、苏中等大片浅覆盖区及苏北变质岩地区开展了1∶5万区域地质调查。到目前为止,江苏省重要成矿区(带)、重要经济发展地带及浅覆盖区的1∶5万区域地质调查工作已基本覆盖。据统计,全省共完成127个图幅的1∶5万区域地质调查工作,共完成填图总面积42 056.41km^2,完成图幅比例41.37%,完成面积比例40.99%。此外,为配合重要成矿区(带)成矿地质背景研究及沿海经济区区域地质调查,统一部署了7个项目的区域地质调查,涉及1∶5万图幅47幅。

4. 1∶5万区域地质调查片区总结

江苏省于20世纪90年代末开展苏南、苏北两个片区1∶5万区域地质调查工作总结。

1996—1998年12月,江苏省地质调查研究院承担完成了"苏南及沿江地区1∶5万区调片区总结"项目,工作范围包括长江以南的江苏省域及苏北江浦、六合、仪征、扬州等县市,地理坐标为东经118°20′—121°21′,北纬30°50′—32°32′,共涉及1∶5万图幅82幅,其中完整图幅60幅。

1997—2003年10月,江苏省地质调查研究院承担完成了"江苏省东北部地区1∶5万区调片区总结"项目,总结区域范围为东经118°15′—120°00′,北纬33°50′—35°10′,总面积(陆地)约12 000km^2,涉及1∶5万图幅49幅。

5. 上海市地质工作

上海市地质调查研究工作始于20世纪30年代,主要为专题研究。新中国成立之后,与国民经济建设息息相关的矿产普查、勘查工作系统展开,先后由地质、冶金、煤炭、石油、水利等部门在区内进行了物探、矿产地质、水文地质、工程地质等方面的调查研究。

1973年开始开展了1∶20万区域地质调查、水文地质调查工作,并分别编写出版了《江苏省及上海市区域地质志》《上海市区域地质志》;20世纪80年代末至1996年,上海市境内完成了以遥感技术为主的地质地貌、第四纪地质等区域地质工作。1993年江苏省和浙江省地质部门对市区内地层进行了系统的清理。2002年开展了1∶25万上海市幅区域地质调查工作。

20世纪80年代末,江苏、上海、浙江地质调查部门及上海市海洋地质调查局开展了1∶50万~1∶20万长江三角洲水文地质、工程地质和环境地质研究。结合地面沉降防治与城市建设、浦东新区开发,上海地区开展了"上海市1∶10万工程地质普查""市区及浦东新区1∶2万工程地质详查"等工作。

与矿产普查、区域地质调查相配合,进行了1∶20万~1∶5万航磁、重力测量;1984年先后进行了HQ-13线及常熟—金山卫地壳大断面测量,对区域壳幔结构提供了解释资料。自20世纪80年代先后利用美国LANDSAT卫星图像、TM图像及1∶2万彩色红外摄影图像对长江河道演变、太湖湖围及区域构造、地貌、第四纪地层等均做了较系统的解释工作。1995年提交了上海市金山县张堰铜矿床百家村矿段地质详查报告。

二、区域地质研究工作

1. 1∶25万区域地质调查研究

江苏省1∶25万区域地质调查工作始于1998年,工作较新,主要以板块构造理论体系和现代地质理论为指导,根据新的地质形势和市场需求,按照最新的《1∶25万区域地质测量规范(修正草案)》的要求,从工作区地质矿产实际情况出发,应用最新的科研成果,在对以往不同阶段、不同单位、不同认识尺度上填制的地质图件及成果进行系统全面总结的基础上,通过补充或全面的野外调查,系统地阐述了地层、岩石、构造、深部构造、矿产,以及第四纪地质、水工环地质,重新编绘了新一代的1:25万地质图、基岩地质图。

其中苏北地区1:25万连云港市幅区调是为配合超深钻的选址工作,主要以变质岩石、变质构造为主要调查内容,全面总结了苏北榴辉岩的成因特征,重点研究了苏北超高压高压变质作用与苏鲁造山带的形成演化过程,提出苏鲁造山带的形成与抬升是多期次碰撞造山作用的结果。而苏南地区则更多地强调了地质矿产、环境保护、地灾防治的需求,侧重于岩石地层系统的清理,建立了第四纪地层层序,对第四纪沉积环境和新构造运动进行了较详细的研究;对花岗岩类进行谱系划分,建立了超单元系统,论述了岩浆岩的演化体系;应用垂向物性层资料确定了区域上地壳构造界面特征,进一步运用地体理论确立了区域地质构造框架,划分了地体构造单元,并对构造旋回及演化作了简要的论述。

2. 1:20万区域地质调查研究

江苏省1:20万区调系根据1961年编制的《1:20万及1:10万区域地质测量规范(修正草案)》和1974年颁发的《1:20万区域地质调查工作暂行规范》要求进行。各图幅均系统地测制了地层剖面,进行岩石地层、生物地层研究,建立地层层序,进行区域性地层对比;对岩浆岩进行岩石学和岩石化学研究,划分了岩石类型、岩浆活动期次及火山喷发旋回,并探讨岩浆活动与内生矿产成矿关系;初步查明了调查区内的地质构造特征、构造运动表现形式,对控岩控矿构造作了研究和探讨;较系统地进行了自然重砂测量、土壤地球化学测量及部分水化学测量,圈定重砂和化探异常;对调查区内重要矿产、调查中所发现的主要异常多进行实地检查、验证,总结了区域成矿规律,并进行成矿预测。这种区域性、系统全面的地质调查成果,为普查找矿、工程施工、地质科学研究等提供基础地质资料,为江苏省经济建设有关领域制定各种规划提供了地质依据。

3. 1:5万区域地质调查研究

在1:5万区域地质调查过程中,通过全面、有重点的调查研究工作,获得了大量的野外实际资料,对江苏省地层、岩石、构造、矿产作了系统的阐述,分别建立了地层层序,划分了岩浆岩侵入期次及火山喷发旋回,阐明了地质构造特征及矿产时空分布规律,并进一步总结了成矿地质条件,开展了找矿预测,为矿产普查提供了部分基地;在苏南、苏中等大片浅覆盖区的区调工作中,较详细地研究了区内第四纪地层,地下水分布及水文、工程等地质环境,为城市规划建设、环境保护及治理、地质灾害防治、矿产资源和地质旅游业的合理开发利用提供了基础性地质资料。

在以上工作的基础上,江苏省于20世纪90年代末完成了苏南、苏北两个区域1:5万区域地质调查片区总结工作。该项工作成果代表了江苏省区域地质调查工作的最新研究成果,为本次矿产资源潜力评价工作中成矿地质背景研究奠定了良好的基础。

4. 综合地质调查研究

为了充分发挥1:20万区调成果资料在地质找矿、科研和经济建设各个领域的作用,江苏省区调队按照江苏省地质局所下达的任务,于1977年开始主持了全省区域地质调查工作总结,1980年完成并提交《江苏地质通论》。该成果全面论述了全省地层系统,建立了地层层序,创建了徐淮地区新元古界"淮河群";统一了岩石分类命名,划分了与地层区相对应的3个岩区,划分了岩浆侵入期次,较详细地研究了中新生代火山岩的喷发旋回和火山机构;对苏北地区变质岩的岩石特征、变质作用、变质相带等进行了研究;根据江苏地区构造特征,划分出若干构造体系,探讨了各体系生成和发展过程,编制了江苏省第一幅构造体系图和基岩地质图,并总结了构造体系与内生矿产形成、地震活动间的关系;系统地整理了江苏省的矿产资料,总结了各类矿产的成矿规律,圈定了成矿远景和预测区。

1981年地质部对《江苏地质通论》进行评审,提出应在此基础上,编著江苏省地质志。江苏省区调队从1981年7月至1982年6月,完成编纂任务,于1984年公开出版了《江苏省及上海市区域地质志》及其所附1:50万江苏省及上海市地质图、基岩地质图和构造体系图。这是新中国成立后全国出版的第一部区域地质志,是一本综合性基础地质科学著作,代表了20世纪80年代江苏区域地质研究的水平。

江苏省区调队于1983—1985年依据《江苏地质通论》中的矿产部分,编著了《江苏省区域矿产总结》,并附有1:50万金属矿产图和非金属矿产图,作为内部资料出版。这是江苏省第一份全面系统的矿产总结,对研究制定地质工作规划、开展矿产普查等具有重要的参考价值。

第二节 物化遥自然重砂调查及研究

一、重力

20世纪50年代末开始,针对不同勘探目的,江苏省及上海市相继开展了1:20万、1:10万、1:5万区域重力调查和1:2万大比例尺重力勘查工作。至今,1:20万重力调查基本覆盖全区;1:10万重力调查位于江苏苏北油田勘探区,面积3万多平方千米;1:5万重力调查区分布在江苏省的宁镇、宁芜北段、溧水、苏州西部和连云港等重要成矿区(带)上;1:2万大比例尺重力勘查仅局限在宁芜北段和丰沛地区。30多年来,累计完成的区域重力调查共15个。

重力工作主要在两个时间段完成,第一时间段为20世纪50年代末至60年代初,工作比例尺以1:20万和1:10万为主,自由网格,网度、精度不详;第二时间段为20世纪80年代至90年代初,除江苏省徐海地区工作比例尺为1:20万和宁芜北段工作比例尺为1:2万外,其他地区工作比例尺均为1:5万,自由网格(宁芜北段除外),网度为每平方千米4~8个观测点,精度为$(0.029\sim0.373)\times10^{-5}\,\mathrm{m/s^2}$,网度和精度均达到相应工作比例尺的要求。

上述重力调查为本次矿产资源潜力评价工作提供了基础资料,但也存在一些问题,主要体现在以下3个方面:

(1)所有的1:5万或更大比例尺重力资料均没有数据文件,仅能在纸质的异常图上进行数据提取与推断解释。部分重力资料没有按《区域重力调查技术规范》(DZ/T 0082—2006)要求进行"五统一"改算,使用重力资料时应重视。

(2)由于没有收集到具体报告和图件,20世纪50年代末至60年代初完成的1:20万和1:10万重力调查资料解释程度不详。

(3)江苏省及上海市区域,尚未进行过系统的区域性布格重力异常解释。在布格重力异常推断解释过程中,除了参考、利用已有重力调查报告中的推断解释成果外,还利用了部分物探综合研究报告和地质报告中的成果。如宁镇地区岩体的推断,主要参考利用了《江苏省宁镇地区1:5万重力测量工作成果报告》中的推断成果;郯庐断裂、淮阴-响水断裂的推断主要参考利用了《江苏省大地构造图说明书》(1:50万,孙竞雄等)中的成果。

二、磁测

本区航磁工作始于1958年。针对不同时期矿产勘查工作,原地质矿产部航空物探队、冶金航测队和江苏省航测队在全省及上海市范围内开展过多次不同区域、不同比例尺(1:100万~1:2.5万)航磁测量。首先在苏北盆地配合寻找油气开展了1:100万航磁测量。20世纪60年代开展了1:20万航磁测量,覆盖全省。1957—1960年开展了1:10万航磁测量,覆盖江苏南部(含上海市)及西北部地区。七八十年代为寻找铁矿,在江苏省苏南部、苏北新沂及徐州贾汪等地区开展了1:5万~1:2.5航磁测量。小于或等于1:20万航空磁测覆盖全省及上海市,江苏省2/3地区(除苏中地区外)已开展过1:5万航磁测量。

地面磁测工作主要是围绕找矿工作展开的。20世纪60年代以找铁为主,先后在宁芜北段火山岩盆地、溧水火山岩盆地,徐州利国、宁镇(含六合冶山)、宜溧地区,南通、苏州西部及上海金山地区寻找玢岩型铁矿、矽卡岩型铁矿及沉积变质岩型铁矿,进行1:1万~1:5000地面磁测。目前为配合东部地区"攻深找盲"及危机矿山接替资源勘查工作,在宁芜北段火山岩盆地,溧水火山岩盆地,徐州利国、宁镇(含六合冶山)等重点成矿区开展了部分高精度磁测工作。

上述磁法测量工作为本次矿产资源潜力评价工作提供了基础资料,但也存在一些问题,主要体现在以下两个方面:

(1)《省级航磁数据库管理系统》中各工区航磁数据文件没有统一调平,影响省级和各预测区航磁数据处理与资料推断解释。

(2)相当一部分地区没有1:5万航磁数据文件,仅能收集到纸质的异常图,难以对异常进行数据处理和定量解释。

三、地球化学

江苏省化探工作始于20世纪60年代。60年代中期,在苏南(苏州—镇江)开展了水化学分散流测量,面积达4630 km^2,圈出异常区8处。60年代中期至70年代末,配合以铜、多金属矿为主的普查找矿时进行了1:20万土壤金属量测量工作,工作区分布于宁镇、徐州、新沂、溧水、苏州西部等地,其中宁镇和宁芜的局部地区开展了1:2万~1:2000化探测量工作。70年代末至90年代初,化探工作进入了全面发展的高峰期。1:20万区域化探扫面完成省域可采样区面积8365 km^2,配合1:5万区域矿产地质调查开展宁镇、宜溧南部、溧水、江浦、连云港等测区同比例尺地球化学测量工作,面积计4538 km^2,为寻找金属矿,特别是金矿提供了可待查证的靶区。随后进行的异常查证达911处,异常查证效果较好,如苏州东山化探异常Ⅱ级查证发现了锡矿,填补了苏锡地区锡的空白。在此期间还开展了一些科研工作,如在徐州利国、宁镇安基山、苏州城隍山矿田开展了1:1万~1:2000地质-物化探大比例尺成矿预测研究工作与宁镇地区地球化学特征及其内生矿产关系研究等。90年代中后期,化探测量工作较少,主要开展了长江中下游化探1:50万编图以及1:20万化探数据库建设工作。

21世纪初期,江苏省多目标地球化学调查工作获得迅速发展,2001—2003年开展南京-镇江地区1:25万多目标地球化学调查示范工作,2004年后迅速在省域全面铺开,获得全省面积(10.26×10^4 km^2)54项分析指标分析数据。近些年来,尤其2010年以后,宁镇、溧水、宁芜、宜溧地区开展矿产远景调查工作进行了1:1万土壤地球化学调查工作,获得了较好的找矿线索。

四、遥感

自20世纪70年代末期遥感技术在我国开始应用以来,江苏省的地质工作者们就结合当时的地质工作任务和专题地质研究课题开始了遥感地质信息提取工作。30多年来共完成部、省级遥感项目数十项,主要有:不同精度的区域地质调查中地质构造解译及地质生态环境调查、长江中下游(江苏段)河道演变研究、长江中下游遥感地质编图及区域矿产研究、海岸带资源及岸线变迁研究、太湖围垦调查、地质灾害调查、城市土地资源现状及环境地质调查等。

上海市自20世纪80年代先后利用美国LANDSAT卫星图像、TM图像及1:2万彩色红外摄影图像对长江河道演变、太湖湖围及区域构造,地貌及第四纪地层等均做了较系统的解释工作。

大部分已完成的1:25万、1:20万、1:5万区域地质调查工作均有遥感技术配合,工作目的主要以解译地质构造为主,单独进行的遥感矿产资源调查工作较少。

遥感异常蚀变信息研究对于植被覆盖地区一般不适宜使用,其他地质体与构造的信息提取在高覆盖区也有一定的难度,因此还需要使用传统的间接解译推断找矿信息。

五、自然重砂

1984—1988 年,完成了全省 1∶20 万自然重砂测量 13 幅。共计采取自然重砂样品 3 万余件(入数据库样品数 11 480 件),施测面积约 9.53×10^4 km²,圈出自然重砂有用矿物异常 800 余处。

江苏省 1∶5 万自然重砂测量工作始于 20 世纪 80 年代,是在 1∶20 万自然重砂成果的基础上与 1∶5 万矿产调查一起进行的。开展过 1∶5 万自然重砂测量的地区有溧水、宁芜、宁镇、宜溧、盱眙、东海、徐州等,涉及 38 个 1∶5 万标准图幅,采样总数达 6642 件,矿物检出种类与 1∶20 万自然重砂测量基本一致。

第三节 矿产勘查及研究

矿产勘查工作遍布江苏全省与上海市金山地区,但相对集中、投入较多、勘查程度较高的为徐州-连云港地区、宁镇地区、宁芜溧水地区和苏州地区。在这些地区投入了大量的大比例尺矿产地质填图、矿产地质调查、物化探测量及探矿工程,对矿产资源分布特征、分布规律有了比较深入的认识,并探明了大批的矿产资源储量。

一、资源概况

新中国成立后至 2005 年间,全省已发现矿产资源 133 种,各类矿床、矿点 1400 处。经探明有一定规模资源储量的矿产有 81 种,大、小矿床 615 处,其中大型矿床 94 处,中型矿床 151 处,小型矿床 370 处。主要有煤、石油、铁、铜、铅锌、钛(金红石)、银、锶、铌钽、石灰岩、白云岩、磷、硫铁矿、岩盐、芒硝、石膏、含钾岩石、蛇纹岩、高岭土、陶土、膨润土、凹凸棒石黏土、水泥黏土、大理岩、方解石、水晶及二氧化碳气等数十种。按照矿产种类可分为能源矿产、金属矿产和非金属及其他矿产三大类,其中能源矿产 155 处,金属矿产 138 处,非金属及其他矿产 322 处。

此外,还发现和开发利用新能源矿产——地热水资源 20 余处。全省探明的固体矿产资源保有储量的潜在总值近 9000 亿元,列在前 10 位的矿产有煤、岩盐、芒硝、石膏、水泥用灰岩、铁、饰面用大理岩、熔剂用灰岩、制碱用灰岩、硫铁矿,合计潜在值占总值的 92.40%。保有储量名列全国前 5 位的矿产有 28 种,其中凹凸棒石黏土、玻璃用大理岩、二氧化碳气等 6 种矿产居于全国首位(表 2-1)。

表 2-1 江苏省及上海市矿产资源分类表

矿产分类	矿种	代表性矿床
能源矿产	煤	徐州贾汪煤田:含韩桥、权台、旗山、大黄山等煤矿 徐州九里煤田:含庞庄、夹河、张小楼、张集等煤矿 徐州丰沛煤田:含三河尖、龙固、姚桥、徐庄、张双楼、丁楼等煤矿 吴县东山煤田:包括渡村、东山北部煤矿 丹徒伏牛山煤田:含伏牛山、小力山、古洞、东昌等煤矿
	石油 天然气	高邮:真武、陈堡、富民、黄玉、沙埝等油田 金湖:闵桥油田、刘庄油气田
	地热水	东海汤庙、泰州、江浦汤泉水、江宁汤山、丹徒韦岗、张家港凤凰镇、无锡阳山等

续表 2-1

矿产分类		矿种	代表性矿床
金属矿产	黑色金属	铁	南京梅山铁矿、南京吉山铁矿、徐州利国铁矿、沛县姜梨园-魏老家铁矿、六合冶山铁矿、丹徒韦岗铁矿、江宁凤凰山铁矿、江宁麒麟山铁矿、海门王浩铁矿
		钛(金红石)	东海毛北金红石矿、新沂小焦金红石矿、新沂蒋庄金红石砂矿
	有色金属	铜	江宁安基山铜矿、江宁伏牛山铜矿、江宁大平山铜矿、江宁谷里铜矿、句容铜山铜钼矿、上海金山铜矿
		铅、锌	南京栖霞山铅锌银矿、南京大凹山铅锌矿、吴县吴宅铅锌银矿、吴县迂里铅锌银矿、吴县潭山多金属矿、句容老人峰多金属矿
		钼	镇江谏壁钼(钨)矿
	贵金属	金、银	南京栖霞山平山头银金矿、江宁铜井金铜矿、江宁汤山金矿
	稀有及稀散元素	锶、铌、钽等	溧水爱景山锶矿、苏州善安滨铌钽矿、吴县横山铌铁矿砂矿、江浦万寿山锗矿
非金属及其他矿产	冶金辅助原料矿产	灰岩、蛇纹石、蓝晶石、白云岩、萤石等	丹徒船山熔剂用灰岩矿、江宁青龙山熔剂用灰岩矿、东海许沟熔剂用蛇纹石矿、沭阳韩山蓝晶石矿、南京幕府山白云岩矿、丹徒青龙山白云岩矿、吴县尧峰山硅石矿、吴县俞石泉萤石矿、仪征长山型砂矿
	化工原料非金属矿产	硫、磷、盐矿、芒硝、制碱灰岩等	江宁云台山硫铁矿:包括母鸡山、狮子山、天台山等矿 苏北海州式磷矿:包括锦屏、陶湾、新浦、大浦、滥洪等矿 金坛盐矿:包括茅兴、陈家庄等矿 淮安岩盐、芒硝矿:包括下关、谢碾、赵集等矿 洪泽顺河集岩盐、芒硝矿 丰县师砦盐矿 徐州鸡毛山制碱用灰岩矿、铜山霸王山制碱用灰岩矿 丰县华山含钾砂页岩矿
	建筑材料及其他非金属矿产	水泥灰岩	南京青龙山石灰岩矿、江宁孔山茨山石灰岩矿、句容矽锅顶石灰岩矿、宜兴老虎山石灰岩矿、金坛金牛洞石灰岩矿、铜山焦山石灰岩矿、盱眙青峰山石灰岩矿、镇江九华山-砚山岭石灰岩矿、吴县西山文化山石灰岩矿
		石膏	邳州四户石膏矿(包括董家、楚墩、高板桥、夏墩等)、江宁周冲村石膏矿
		高岭土	苏州高岭土矿(包括阳西、观山、戈家坞等)、江宁祖堂山高岭土矿
		陶土矿	宜兴陶土矿(含黄龙村、黄龙山、青龙山、杨店等矿)、高淳秀山陶土矿
		膨润土	句容甲山膨润土矿
		凹凸棒石黏土	盱眙凹凸棒石黏土矿(包括雍小山、龙王山等)、六合小盘山凹凸棒石黏土矿
		硅质黏土	盐城郭猛硅质黏土矿
		铸石矿	六合塔山铸石矿
		珍珠岩	丹徒圌山珍珠岩矿
		大理石	宜兴白云洞大理石矿、赣榆三清阁大理石矿
		玻璃用石英砂	苏州清明山、滩宁半山、宿迁白马涧-马陵山、泗洪梅花山等石英砂矿
		硅灰石、方解石	溧阳小梅岭硅灰石、方解石矿
		蓝宝石	六合练山蓝宝石矿
		水晶	东海房山水晶矿
	其他矿产	CO_2	泰兴黄桥二氧化碳气田

省内优势矿产主要有熔剂用灰岩、熔剂用蛇纹岩、岩盐、芒硝、水泥用灰岩、石膏、膨润土、凹凸棒石黏土、高岭土、陶土、水晶、二氧化碳气和铅锌银矿等。特色矿产：南京有白云岩矿、锶矿、玢岩铁矿、铅锌银矿、雨花石和地热水；镇江有熔剂用灰岩、膨润土；宜兴、高淳有陶土；苏州有高岭土、花岗岩石料、铌钽矿；连云港有海州磷矿；东海有水晶、金红石、蛇纹岩；盱眙、六合有凹凸棒石黏土；淮安、洪泽、丰县、金坛有岩盐、芒硝及邳州的石膏等。目前大部分已开发利用，并成为当地重要的产业。

二、矿产勘查阶段

江苏省地质矿产勘查大致可分为 4 个阶段。

第一阶段（1949—1957 年）：在已知矿产的基础上采用"就矿找矿"的方法，通过矿点踏勘和矿产调查进行全省矿产资源摸底。对重点矿产地开展浅部揭露，做出远景评价。在重要的老矿区及外围采用深部勘探，提供矿山开采急需的矿产资源储量和寻找新的矿产地。新发现多处铁、硫、磷、煤矿床，并基本完成部分煤田、磷矿、铁矿、多金属矿、高岭土矿和陶土矿的普查与勘探工作。

第二阶段（1958—1965 年）：为适应国民经济发展的需要，新组建了一批地质矿产勘查专业队伍，使江苏省地质矿产工作开创了崭新的局面。省内矿产地比较多的有铁、铜、煤等 30 多种矿产，但除建筑材料资源稍好外，其他矿产与需求差距很大。因此，需要加强地质工作，开展大规模普查找矿，寻找更多的新矿产地，主攻矿种以煤、铁、铜、磷、石油、天然气等 11 个矿种为重点。加速矿区及外围普查、勘探，迅速求取矿产储量，扩大找矿远景，为矿山提供原料基地。先后发现和基本探明了一批大、中、小型铁、铜、铅锌、锶等金属矿产，硫铁矿、磷、白云岩、石灰岩、大理岩、盐矿等非金属矿产和煤矿等。

第三阶段（1966—1978 年）：矿产勘查工作的主攻矿种为煤、铁、石油、天然气、铜、铅锌、银、磷、铀等，同时开展对新发现的凹凸棒石黏土、膨润土、硬石膏、蓝晶石、制碱用灰岩等矿产普查和勘探。完成全省 1∶20 万区域地质矿产调查，开展以普查找矿为主要目的的 1∶5 万区域地质调查，加强物探、化探及综合研究，并在发现和探明一批埋藏较深的石油、天然气、煤、铁、铜、铅锌、银、锶、岩盐、石膏等矿产方面取得了效果。

第四阶段（1979 年至今）：随着大规模普查、勘探，浅部常见矿产已基本查明，找矿难度越来越大。通过大比例尺区域地质调查及成矿规律、成矿预测的研究，采用地质、物探、化探、钻探、科研等多学科和多方法相结合协同工作，运用新理论、新方法，开辟新领域，寻找半隐伏或隐伏矿床。在已知矿区深部和外围进行普查、勘探，以期扩大矿床规模，为现有矿山提供更多的矿产资源及后备基地。同时，注重新地区、新矿种、新类型、新层位的普查找矿，并根据江苏省具有非金属矿产资源优势的特征，主攻方向以非金属矿产勘查为主。新发现硅灰石、方解石、珍珠岩、沸石、（红）蓝宝石、天然碱、芒硝、二氧化碳气、氮气等新矿种。勘查评价了石膏、蓝晶石、制碱用灰岩、玻璃用石英砂岩、凹凸棒石黏土、熔剂用蛇纹岩、硫铁矿、岩盐、芒硝、磷矿、金红石等一大批大中型矿床，找到 20 余处具有工业价值的油气田以及大型的二氧化碳气田和铌钽矿。

2000 年以后，随着国土资源大调查的启动，尤其是 2006 年国务院出台《关于加强地质工作的决定》以来，江苏省启动了新一轮的深部找矿勘查工作。在重要成矿区（带）、已有老矿山的周边及深部、具备一定成矿地质条件的新区等重点地区，以国家急缺的铁、铜、铅锌、金等作为主攻的重点矿种，借助先进的勘查技术手段及数据处理技术开展勘查工作。苏州铌钽矿、东海新沂地区的金红石矿、溧水地区铁铜锶硫矿、西横山地区金矿等一批新老矿产地资源得到迅速扩大，镇江韦岗铁矿、梅山铁矿、栖霞山铅锌银矿等老矿山深部和外围找矿勘查工作取得了突破性的进展，新增资源均达到中型以上规模。

随着工农业建设和社会发展，江苏省矿产资源开发利用程度较高，已成为国民经济发展的重要物质基础，并形成以建材、能源、冶金辅助原料、化工原料以及其他非金属为主的矿产资源特色和优势。截至 2012 年底，全省非油气矿产资源共有矿山 1425 个，开发利用矿种为 45 种，矿业从业人员总数 14.06 万人,各类矿山企业年产矿石总量 22 601.88×10⁴t,矿山工业总产值 266.10 亿元,矿产品销售收入 218.57 亿元。

第四节 成矿规律与矿产预测评价

一、成矿规律研究

江苏区域成矿规律研究工作始于 20 世纪 60 年代,先后对江苏省丰沛地区铁矿、宁芜地区玢岩铁矿、宁镇地区铁铜多金属矿、苏州西部地区多金属矿、溧水地区铜金矿、溧阳地区金矿、苏北海州式磷矿的成矿地质条件和找矿方向作了专题研究,并进行成矿预测。

在原地质矿产部的统一部署下,江苏省分别于 1979—1985 年、1992—1994 年进行了两轮成矿远景区划工作。第二轮区划工作结束后,1998—1999 年江苏省又开展了第三轮区划宁镇试验工作,后因经费等方面的原因,该项目未能继续。至 20 世纪末,江苏省未再开展区域成矿规律研究工作。

1983—1986 年,江苏省地质矿产局编制了《江苏省区域矿产总结》。该总结在全省 1∶20 万区域地质调查总结的基础上,广泛搜集和利用了地质、冶金、煤炭、石油、化工、建材、科研及教学等系统的有关地质矿产资料,比较系统地总结研究了全省地质矿产工作成果。

完成于 20 世纪 80 年代末期的《江苏省铁、铜、多金属矿产资源量预测及方法研究》和《江苏省金属、非金属矿产成矿规律及预测研究》,成图比例尺 1∶50 万,其中宁芜、宁镇中西段、宜溧、苏锡、徐州及江苏北部地区分区研究有 1∶5 万成矿规律、成矿预测及资源总量预测图,研究了成矿地质条件、找矿标志及时空分布规律,总结成矿规律。1984 年完成的江苏省东北部连云港-沭阳地区海州式磷矿成矿规律及找矿研究,附图比例尺 1∶5 万。第二轮区划省级成果汇总完成的二轮区划及"九五"地质找矿工作部署图,比例尺 1∶35 万。上述各成矿规律研究图上矿产规模以小型以上矿床为主,极少数区域内具有代表性的矿点也有表示,并按矿床成因作了划分。

两轮成矿远景区划工作虽然未能严格按矿床成矿系列分类序次的概念划分矿床成矿系列,但在综合研究区域成矿规律的过程中,以先进的成矿地质理论为指导,采用先进的方法进行地质、物探、化探、遥感等多学科和多类别资料的分析处理,从中识别和提取成矿信息,在研究分析成矿规律的基础上,建立成矿模式,合理标定成矿区(带),准确圈定成矿远景区,大大地提高了江苏省矿产研究水平。

此外,国内一些著名矿床学家都在省内不同地区做过深入的科学研究工作,在与成矿带有关的基础地质、矿床地质、成矿规律等方面的研究取得了许多理论成果,如李文达、陈毓川等《宁芜玢岩铁矿》(1978),常印佛、刘湘培、吴言昌主编的《长江中下游铜铁成矿带》(1991);翟裕生、姚书振等主编的《长江中下游地区铁铜金成矿规律》(1992)和《长江中下游铜金矿床矿田构造》(1999),胡文宣、徐克勤、胡受奚、任启江编著的《宁芜和庐枞地区陆相火山喷气-沉积热液叠加改造型铁硫矿床》,为在该地区开展进一步的矿产工作奠定了理论基础,指明了进一步勘查的方向。

二、矿产预测评价

1. 第一轮成矿区划研究成果(1979—1985 年)

区划矿种:金属矿产有铁、铜、铅、锌、锶、锗、锰、铬、金、铌钽、稀土、铀等;非金属矿产有高岭土、黄铁矿、磷、膨润土、凹凸棒石黏土、蓝晶石、石灰岩、白云岩、型砂、含钾岩石、石膏、蛇纹岩、硅石、轻质建材、铸石、萤石、沸石、明矾石、硼、陶土原料等 25 种。

2. 第二轮成矿区划研究成果（1992—1994 年）

区划矿种：共选择了 13 个矿种（或矿组），有金、铅锌银、铜、优质高岭土、金刚石、磷、金红石、蛇纹岩、优质石灰岩、白云岩、盐类矿产、钨锡铌钽、新近纪砂砾与黏土。

3. 矿产资源总量预测工作成果

江苏省自 20 世纪 70 年代初开始进行成矿远景区资源量预测，至 90 年代中期已完成全省主要矿种及重要成矿带优势矿种的成矿预测工作。

1983 年，原江苏省地质矿产局根据地质矿产部成矿远景区划工作的统一部署，对全省铁、铜、多金属、金、银、伴生硫铁矿等矿产开展资源总量预测工作。《江苏省铁、铜、多金属、金矿资源总量预测及方法研究》(1984—1989)首次对全省铁、铜、多金属、金矿的资源潜力进行了科学的和系统的预测，并对预测方法开展研究。预测深度在 $-1000m$ 以浅，预测方法以主观概率法、矿床模型法为主，辅以特征分析、逻辑信息法、亲近率特征分析、成矿可能度法等预测方法，预测资源量：铁矿 E+F+G 级 $24\,970.83\times10^4$t，硫铁矿 E+F+G 级 $12\,032.20\times10^4$t，铜矿 E+F+G 级 770 906.97t，铅矿 E+F+G 级 2 162 318.08t，锌矿 E+F+G 级 3 652 412.69t，钼矿 E+F+G 级 6727.30t，银矿 E+F+G 级 3741.99t，金矿 E+F+G 级 37.33t。本次成矿预测以第一轮成矿区划为基础，所依据的地质资料较丰富、数据水平较好，预测精度和可信度较高，从而为决策机构提供了资源信息，也为矿产的普查、勘探工作部署提供了依据。

第三章 成矿地质背景

江苏省及上海市地跨华北陆块区、苏鲁造山带(秦岭造山带东段)、扬子陆块区三大地质构造单元,地质背景复杂,地质内容丰富。各单元的地质构造发展历史、岩浆活动和矿产的形成存在明显的差异:郯庐断裂带以西为华北陆块区南缘,以太古宇泰山岩群为基底,构造、岩浆岩和矿产属华北型;郯庐断裂带和响淮断裂带之间为苏鲁造山变质带南缘,分布着东海岩群、锦屏岩群、张八岭岩群、云台岩群变质岩,其变质地层、变质作用和矿产特征等可与大别-秦-祁-昆造山带相对比;响淮断裂南东为扬子陆块区,区内属下扬子陆块与江南过渡带,其基底组成、盖层沉积、岩浆活动、构造型式、矿产分布都有别于上述两地区,以扬子型为特征。

第一节 沉积岩建造组合与构造古地理

江苏省及上海市地跨华北陆块区、苏鲁造山带(秦岭造山带东段)、扬子陆块区三大地质构造单元,地层分属华北地层大区晋冀鲁豫地层区、苏鲁地层大区苏胶地层区、华南地层大区扬子地层区(图3-1),各区发育地层如表3-1所示。

一、沉积岩分布特征

1. 华北地层大区晋冀鲁豫地层区

江苏省西北部以郯庐断裂带为界,属华北地层大区,区内地层发育较完整,出露较齐全,新太古界泰山岩群组成基底,缺失古—中元古界,新元古界至古生界(缺上奥陶统至下石炭统)组成盖层沉积,与基底不整合接触,中生代与古近纪主要为断陷盆地沉积,各时代地层间呈整合或假整合关系,在徐州—铜山—邳州—睢宁一带构成低山丘陵。

区内最老的地层为新太古界泰山岩群,仅见于丰沛近东西向断隆带的钻孔中,为一套中深区域变质杂岩,岩性以斜长角闪岩、黑云变粒岩类为主,夹角闪变粒岩、透闪阳起片岩、变质砾岩和石榴石英岩等,自下而上分为孟家屯(岩)组、雁翎关(岩)组、山草峪(岩)组和柳杭(岩)组,以遭受低角闪岩相为主的区域变质为特征。

新元古界青白口系淮河群仅分布于郯庐断裂带以西的徐淮地区邳县、睢宁一带,为一套独特的未变质浅海相碎屑岩和碳酸盐岩,区域上不整合于泰山岩群变质岩之上,沉积建造自下而上为碎屑岩—碳酸盐岩—碎屑岩,岩性主要有石英砂岩、页岩、砂质泥灰岩、灰岩、白云岩等,属一套陆表海(或浅海陆架)沉积环境,总厚度达5000余米。

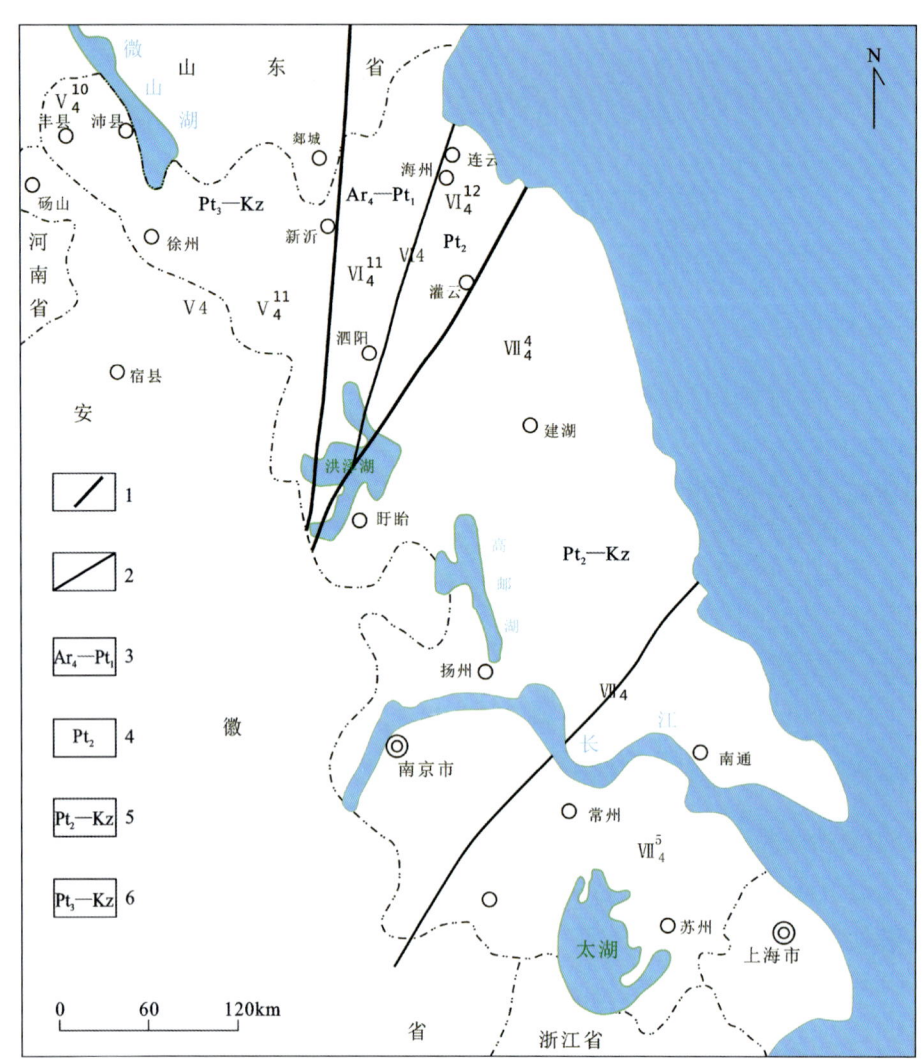

图 3-1 江苏省及上海市地层分区图(根据《江苏省岩石地层》2013 修改)

1.地层大区界线;2.地层区界线;3.新太古界—古元古界;4.中元古界;5.中元古界—新生界;6.新元古界—新生界

华北地层大区(V)晋冀鲁豫地层区(V$_4$)、鲁西地层分区(V$_4^{10}$)、徐淮地层分区(V$_4^{11}$);

苏鲁地层大区(VI)鲁东地层分区(VI$_4$)、东海地层分区(VI$_4^{12}$)、连云港地层分区(VI$_4^{13}$);

华南地层大区(VII)下扬子地层区(VII$_4$)、苏皖地层分区(VII$_4^4$)、江南地层分区(VII$_4^5$)

寒武纪—中奥陶世地层主要为碳酸盐岩夹碎屑岩沉积,发育较齐全,主要分布于徐州复式背向斜的核部或翼部,构成徐州地区的主要山体;寒武纪自早而晚主要为紫红色页岩与泥灰岩、砂岩、灰岩相互交替沉积到以碳酸盐岩为主的沉积,属海陆交互相沉积,发育地层有猴家山组、昌平组、馒头组、张夏组、炒米店组;早中奥陶世主要为碳酸盐岩沉积,属陆表海-浅海台地相沉积,总厚度达 1500m 左右,发育地层有三山子组、贾汪组、马家沟组等。

区域上缺失晚奥陶世—志留纪—泥盆纪—早石炭世地层。

区内晚石炭世—二叠纪沉积了海陆交互相含煤岩系及陆相红色碎屑岩地层,主要分布于徐州地区,地表仅见零星露头,自下而上沉积建造为海陆交互相—陆相—河湖相,区域残留厚度 800～1600m,是徐州地区主要含煤岩系,发育地层有本溪组、山西组、石盒子组、石千峰组等,其中石炭系太原组—二叠系山西组是区内主要含煤层位。

中生代晚侏罗世—白垩纪地层主要分布于丰沛东西向断隆带的两侧、铜山—邳州—睢宁地区北东向断陷盆地以及新沂-宿迁郯庐断裂带内部,主要为陆相碎屑岩及中基性夹酸性火山岩沉积,属山间断陷盆地沉积，沉积环境由早期红色类磨拉石建造、陆源碎屑岩及火山岩建造到晚期红色磨拉石建造，总厚度大约3900m。其中，晚侏罗世地层仅发育有三台组，岩性以紫红色砂岩、粉砂岩、砾岩为主；白垩系莱阳群为一套河湖相沉积，岩性以薄层状粗砂岩、砂岩、页岩为主；青山群为一套火山岩系，以中—基性与酸性火山相间为特征，间夹正常沉积岩层；王氏群为一套红色粗碎屑沉积，岩性以红色砂砾岩为主夹白色含砾砂岩、灰绿色泥岩、泥质粉砂岩。

古近系分布范围局限于丰县欢口与黄口坳陷以及四户坳陷内，属一套以内陆河湖相为主的沉积建造，沉积厚度变化较大，最大可达800余米，苏北地区的石膏、石盐矿均位于这套地层内。

新近系仅分布于丰沛、睢宁、新沂、宿迁、泗洪等地断陷槽地内，沿马陵山—重岗山可见零星出露，属一套河湖相黏土岩-粗碎屑岩沉积建造，各地厚度变化较大，一般50～120m，最大可达250余米。

第四系较发育，属徐淮黄泛平原的西北部分，分布面积约占80%。低山丘陵区外围主要分布中上更新统棕红色、褐黄色黏土，厚度一般几米至10余米。平原区主要分布全新世灰黄色亚砂土、黏土及亚黏土和粉砂，深部有更新统堆积。

2. 苏鲁地层大区苏胶地层区

苏鲁地层大区苏胶地层区位于郯庐断裂带与响淮断裂之间，区内地层发育具一老一新的特点，即主要由新太古代—元古宙变质地层和中新生代地层组成。变质地层主要由新太古代—古元古代东海岩群，中元古代锦屏岩群、张八岭岩群，中新元古代云台岩群，震旦系石桥岩组组成，共同组成区内变质基底；区内缺失古生界至侏罗系，局部断陷盆地中自白垩纪开始沉积有中、新生代地层。

新太古代—古元古代地层主要为东海岩群变质表壳岩系，出露于东海、赣榆一带，岩性主要有石英岩类、大理岩类、片岩类、变粒岩和浅粒岩等，含大山沟组、摩天岭组、演马场组和武强山组等岩组；该岩群由于变质变形强烈，原岩面貌大多已被改造，难以辨别，呈孤岛状、透镜体状、瘤状、似层状漂浮于变质深成侵入岩中，层序不清，发育厚度不明，其与变质暗色岩类、变质深成侵入岩一起构成强烈变质变形构造混杂岩——东海杂岩。东海杂岩以普遍经历了榴辉岩相-低角闪岩相变质作用改造和强烈变形为特征。

中元古界锦屏岩群地表主要见于连云港锦屏山、云台山一带，在大浦、滥洪、洋河等地钻孔中也有分布，主要为一套经历高绿片岩相变质作用的以绿色片岩系、变粒岩类为主，夹大理岩-磷灰石岩的沉积变质组合，是海州式磷矿的赋矿层位。岩性主要由白云钠长变粒岩、含磷大理岩、大理岩夹磷灰岩、绿泥云母片岩夹石英岩、石英片岩等组成，底部以含砾白云石英片岩与东海杂岩中的朐山花岗片麻岩呈构造不整合接触。

中元古界张八岭岩群主要分布于泗阳—盱眙一线，多被覆盖，出露较少，为一套浅变质岩系，分为西冷岩组、北将军岩组，其下以千枚岩、大理岩为主，其上以各种类型片岩为主，夹少量变粒岩。原岩为一套细碧-石英角斑岩，属海底火山喷发-沉积岩系，经低压绿片岩相区域变质作用。

中新元古界云台岩群分布于连云港市云台山区及南部淮阴至灌云一带，以变粒岩和浅粒岩为主夹有白云石英片岩、蓝晶石石英片岩及薄层石英岩的岩石组合，为一套中酸性—酸性火山-碎屑沉积-变质的产物，已有资料表明其叠置厚度大于3400m。云台岩群以低绿片岩相为特征，与下伏锦屏岩群为受后期韧性剪切带改造的平行不整合接触。

震旦系石桥岩组仅分布于赣榆石桥一带，为一套浅变质地层，岩性上部以变质白云长石砂岩为主，中部以变质二云长石砂岩及石英岩状砂岩为主，下部则以变质含砾长石砂岩和变质长石砂岩、二云千枚岩为主，厚度大于365m。该岩组呈透镜状、似层状漂浮于变质深成侵入岩中，以变质作用浅为特征，与元古宇其他层位关系不明。

表 3-1 江苏省及上海市岩石地层划分对比表

地质时代			年代地层			岩石地层						
代	纪	世	界	系	统	华北地层大区		苏鲁地层大区		华南地层大区		
						晋冀鲁豫地层分区				下扬子地层分区		
						鲁西地层分区	徐淮地层分区	东海地层分区	连云港地层分区	苏皖地层分区		江南地层分区
新生代	第四纪	全新世		第四系	全新统	Qh	Qh	Qh	Qh	Qh	Qh	Qh
		更新世			更新统	Qp	Qp	Qp	Qp	Qp	Qp	Qp
	新近纪	上新世		新近系	上新统	宿迁组 N_2s	宿迁组 N_2s	盐城组 $N_{1-2}y$	盐城组 $N_{1-2}y$	方山组 N_2f	方山组 N_2f	盐城组 $N_{1-2}y$
		中新世			中新统	下草湾组 N_1x	下草湾组 N_1x	盐城组 $N_{1-2}y$	盐城组 $N_{1-2}y$	雨花台组 $N_{1-2}y$ / 洞玄观组 N_1d	雨花台组 $N_{1-2}y$ / 洞玄观组 N_1d	盐城组 $N_{1-2}y$
	古近纪	渐新世		古近系	渐新统	官庄群 $E_{2-3}G$	官庄群 $E_{2-3}G$			三垛组 $E_{2-3}s$	三垛组 $E_{2-3}s$	三垛组 $E_{2-3}s$
		始新世			始新统	官庄群 $E_{2-3}G$	官庄群 $E_{2-3}G$	戴南组 E_2d	戴南组 E_2d	戴南组 E_2d	戴南组 E_2d	戴南组 E_2d
		古新世			古新统			阜宁组 E_1f / 泰州组 E_1t	阜宁组 E_1f / 泰州组 E_1t	阜宁组 E_1f / 泰州组 E_1t	阜宁组 E_1f / 泰州组 E_1t	阜宁组 E_1f / 泰州组 E_1t
中生代	白垩纪	晚白垩世		白垩系	上白垩统	王氏群 K_2W	王氏群 K_2W	王氏群 K_2W	王氏群 K_2W	赤山组 K_2c / 浦口组 K_2p	赤山组 K_2c / 浦口组 K_2p	赤山组 K_2c / 浦口组 K_2p
		早白垩世			下白垩统	青山群 K_1Q / 莱阳群 K_1L	青山群 K_1Q / 莱阳群 K_1L			甲山火山岩锥 jvb / 娘娘山火山岩锥 nvb / 上党火山岩带 svb / 姑山火山岩带 gvb / 葛村组 K_1g	甲山火山岩锥 jvb / 娘娘山火山岩锥 nvb / 上党火山岩带 svb / 姑山火山岩带 gvb / 葛村组 K_1g	寿昌组 J_3K_1s
	侏罗纪	晚侏罗世		侏罗系	上侏罗统	三合组 J_3s	三合组 J_3s			大王山组 J_3d / 龙王山组 J_3lw / 西横山组 J_3x	大王山组 J_3d / 龙王山组 J_3lw / 西横山组 J_3x	黄尖组 J_3h / 劳村组 J_3l
		早中侏罗世			下中侏罗统					象山群 $J_{1-2}Xn$	象山群 $J_{1-2}Xn$	象山群 $J_{1-2}Xn$

第三章 成矿地质背景

续表 3-1

地质时代				年代地层		岩石地层				
代	纪	世	界	系	统	华北地层大区		苏鲁地层大区		华南地层大区
						晋冀鲁豫地层分区	徐淮地层分区	苏皖地层分区	连云港地层分区	下扬子地层分区 / 江南地层分区
						鲁西地层分区		东海地层分区		
中生代	三叠纪	晚三叠世	中生界	三叠系	上三叠统					范家塘组 T_3f
		中三叠世			中三叠统					黄马青组 T_2h
		早三叠世			下三叠统					周冲村组 T_2z / 青龙组 T_1q
古生界	二叠纪	晚二叠世	古生界	二叠系	上二叠统	石千峰组 P_3sh	石千峰组 P_3sh			大隆组 P_3d / 长兴组 P_3c
		中二叠世			中二叠统	石盒子组 P_2s	石盒子组 P_2s			龙潭组 P_2l / 孤峰组 P_1g
		早二叠世			下二叠统	山西组 P_1s	山西组 P_1s			栖霞组 P_1q
	石炭纪	晚石炭世		石炭系	上石炭统	太原组 C_2t	太原组 C_2t			船山组 C_2c / 黄龙组 C_2h
		早石炭世			下石炭统	本溪组 C_2b	本溪组 C_2b			老虎洞组 $C_{1-2}l$ / 和州组 C_1h / 高骊山组 C_1g / 金陵组 C_1j
	泥盆纪	晚泥盆世		泥盆系	上泥盆统					五通组 D_3w
		中泥盆世			中泥盆统					
		早泥盆世			下泥盆统					
	志留纪	晚志留世		志留系	上志留统					茅山组 S_2m / 唐家坞组 S_2t
		中志留世			中志留统					牧头组 S_1f
		早志留世			下志留统					高家边组 O_3g / 康山组 $S_{1-2}k$

续表 3-1

地质时代					岩石地层				
					华北地层大区		苏鲁地层大区	华南地层大区	
					晋冀鲁豫地层区		苏鲁地层分区	下扬子地层分区	
代	纪	世	系	统	鲁西地层分区	徐淮地层分区	东海地层分区 / 连云港地层区	苏皖地层分区	江南地层分区
古生界	奥陶纪	晚奥陶世	奥陶系	上奥陶统				高家边组 O_3S_1g	长坞组 O_3c
								汤头组 $O_{2-3}t$	黄泥岗组 O_3h
		中奥陶世		中奥陶统	马家沟组 $O_{1-2}m$	马家沟组 $O_{1-2}m$		汤山组 O_2t	砚瓦山组 O_2yw
		早奥陶世		下奥陶统	贾汪组 O_1j	贾汪组 O_1j		牯牛潭组 $O_{1-2}g$	牯牛潭组 $O_{1-2}g$
					三山子组 O_1s	三山子组 O_1s		大湾组 O_1d	大湾组 O_1d
								红花园组 O_1h	红花园组 O_1h
								仑山组 O_1l	仑山组 O_1l
	寒武纪	晚寒武世	寒武系	上寒武统	炒米店组 ϵ_3c	炒米店组 ϵ_3c		观音台组 ϵ_3cg	超峰组 ϵ_3cf
		中寒武世		中寒武统	张夏组 ϵ_2z	张夏组 ϵ_2z		炮台山组 ϵ_2p	杨柳岗组 ϵ_2y
		早寒武世		下寒武统	馒头组 $\epsilon_{1-2}m$	馒头组 $\epsilon_{1-2}m$		幕府山组 ϵ_1m	大陈岭组 ϵ_1d
						猴家山组 ϵ_1c		荷塘组 ϵ_1ht	荷塘组 ϵ_1c
新元古界	震旦纪	晚震旦世	震旦系	上震旦统		金山寨组 Z_2j	石桥岩组 Z_1s	灯影组 Z_2d	灯影组 Z_2d
		早震旦世		下震旦统				黄墟组 Z_1h	蓝田组 Z_1l
	南华纪	晚南华世	南华系	上南华统				苏家湾组 Nh_2s	南沱组 Nh_2n
		早南华世		下南华统				周岗组 Nh_1z	休宁组 Nh_1x

续表 3-1

地质时代						岩石地层						
代	纪	世	界	年代地层 系	统	华北地层大区		苏鲁地层大区			华南地层大区	
						晋冀鲁豫地层分区		苏鲁地层分区		连云港地层分区	下扬子地层分区	江南地层分区
						鲁西地层分区	徐淮地层分区	东海地层分区			苏皖地层分区	
新元古代	青白口纪	晚青白口世	新元古界	青白口系	上青白口统		望山组 Pt_3ws 史家组 Pt_3s 魏集组 Pt_3w 张渠组 Pt_3zh 九顶山组 Pt_3jd 倪园组 Pt_3n 赵圩组 Pt_3z 贾园组 Pt_3jy 城山组 Pt_3c 兰陵组 Pt_3l (淮河群)					
中元古代	蓟县纪	晚蓟县世	中元古界	蓟县系	上蓟县统				云台岩群 $Pt_{2-3}Y$	苏院地层分区		金山岩群 Pt_2Js
		早蓟县世			下蓟县统							
	长城纪	晚长城世		长城系	上长城统				张八岭岩群 Pt_2Z 锦屏岩群 Pt_2J	埠城岩群 Pt_2P	上溪岩群 Pt_2S	
		早长城世			下长城统					?	?	?
古元古代	滹沱纪		古元古界	滹沱系				东海岩群 Ar_4Pt_1D				
新太古代			新太古界			泰山岩群 $Ar_{3-4}T$	泰山岩群 $Ar_{3-4}T$	?				
中太古代			中太古界									

白垩纪前苏鲁造山带长期隆起剥蚀,缺失沉积,白垩纪始于断陷盆地之中沉积有青山群、王氏群。

青山群局限于断陷盆地之中,主要分布于东海县欢墩埠西侧一带,为整合于王氏群之下的一套火山岩系,以中—基性与酸性火山岩相间为特征,间夹正常沉积岩层,自下而上分后夼组、八亩地组、石前庄组、方戈庄组。

王氏群广泛分布于沭阳盆地,在赣榆欢墩、墩尚、青湖等地也有零星分布,受北北东向、北东向、近东西向断陷盆地所控制,主要为一套红色粗碎屑沉积,岩性以红色砂砾岩为主夹白色含砾砂岩、灰绿色泥岩、泥质粉砂岩,其底部与青山群呈角度不整合接触,自下而上分为林家庄组、辛格庄组、红土崖组、金岗口组、胶州组。

新生代地层主要分布于沭阳盆地等局部坳陷中,古近系自下而上分为泰州组、阜宁组、戴南组、三垛组,以湖泊相碎屑岩为主,由一套细碎屑的砂泥岩等组成;新近系主要为盐城组,分布范围较渐新统有所扩大,由一套冲、湖相堆积碎屑岩组成,地层总厚度在 0～4000m 不等,与下伏地层呈平行不整合—不整合接触。区内第四系分布广泛,更新统为冲积、洪积、残坡积砂黏土、黏砂土、砂砾层,全新统为冲积、湖沼积、海积砂黏土、粉砂、砂砾层。

3. 华南地层大区扬子地层区

下扬子地层区以江南断裂为界,分为苏皖地层分区和江南地层分区,其中以下扬子地层分区地层发育较齐全,保存较好。区内最老地层为中元古界,埤城岩群(年龄约 14Ga)为一套以变中基性火山岩系为主的地层,上溪岩群[年龄(10～14)Ga]主要为一套千枚状泥砂质浅变质岩系,金山岩群(年龄 11.23Ga)为一套绿片岩-大理岩夹斜长角闪岩变质建造,它们共同组成了扬子陆块的浅变质基底;震旦系至下三叠统为浅海相碎屑岩与碳酸盐岩相间组成沉积盖层,厚度万米以上;中三叠世至中侏罗世在陆相湖盆中沉积了碎屑岩夹含煤层;晚侏罗世至白垩纪山间断陷型盆地发育,沉积了杂色碎屑岩-火山岩-红色碎屑岩;古近纪到新近纪主要于断坳盆地内沉积了大量红色碎屑岩夹火山岩。

埤城岩群在镇江埤城地区由局部钻孔揭露,岩性由斜长变粒岩、黑云斜长变粒岩、斜长黑云变粒岩、绿帘阳起片岩、长石石英片岩等组成,下部混合岩化明显,原岩为碎屑岩和基性—中酸性火山岩,属火山-浅海沉积建造,所见厚度大于 480m。

中元古界上溪岩群在区内没有揭露,据地球物理和邻区资料推测,苏州—上海一带基底主要由上溪岩群组成,为一套千枚状泥砂质浅变质岩系,其变质程度较浅,其原岩多为泥砂质沉积岩,岩石中鲍马层序发育,浊流沉积特征明显,可能为成熟度较高的弧后盆地浊流沉积。

中元古界金山岩群主要分布于上海南部地区,岩性主要由云母片岩、斜长角闪岩及斜长片麻岩、云母石英片岩组成,经历了绿片岩相变质作用,为一套绿片岩-大理岩夹斜长角闪岩、变粒岩、浅粒岩变质建造,原岩可能以浅海相碳酸盐岩、细碎屑岩为主夹玄武质凝灰岩、流纹岩等,其 Rd-Sr 等时线年龄为 1123 ± 27Ma。

区内南华系周岗组(休宁组)、南沱组(苏家湾组)主要分布于江浦及埤城等地,厚度达 1000m,其与下伏地层为不整合接触。周岗组为一套浅变质陆相砂页岩系,由千枚岩、千枚状砂岩等组成;苏家湾组为浅变质陆相冰碛岩系,以含砾砂质千枚岩为主,局部夹变质安山岩透镜体。

震旦系黄墟组(蓝田组)、灯影组主要分布于江浦、埤城及上海南部等地,厚度近 1000m,其与下伏地层呈平行不整合。黄墟组下部由粉砂质千枚岩、千枚岩、岩屑砂岩、含磷砂岩等组成;上部则为含砂泥质灰岩、灰岩(夹千枚岩);灯影组则由白云岩、白云质灰岩、灰岩等岩石组成。

寒武系主要分布于南京-镇江、宜兴-溧阳、上海南部等地,自下而上分为荷塘组、幕府山组、炮台山组、观音台组(江南地层分区为超山组、大陈岭组、杨柳岗组、超峰组)。区域上该系由泥(页)岩、硅质

（页）岩、镁质碳酸盐岩等组成，为海相沉积，地层厚度为1000~1800m，与下伏地层为平行不整合接触。

奥陶系见于南京-镇江、宜兴-溧阳、上海南部等地，地表出露不甚完整，各地岩性略有差别，自下而上分为仑山组、红花园组、大湾组、牯牛潭组、汤山组、汤头组（江南地层分区为仑山组、红花园组、大湾组、牯牛潭组、砚瓦山组、黄泥岗组、长坞组）。该系为一套碳酸盐岩等沉积，以灰岩、泥质灰岩、白云岩为主，夹页岩及瘤状灰岩，区域地层厚度在400m以上，与下伏地层呈整合接触。

志留系分布广泛，主要见于江苏省宁镇、茅山、宜溧、苏州、上海南部等地，自下而上分为高家边组、坟头组、茅山组（江南地层分区为康山组、唐家坞组），以浅海陆棚沉积为主，由一套砂、泥岩等组成。该系厚度在1800m以上，与下伏地层呈整合接触。

泥盆系主要分布于宁镇、茅山、宜溧、苏州等地。所见泥盆系仅为上统，统称五通组，由一套成熟度较高的陆相碎屑沉积组成，岩性以石英砂岩、砾岩、页岩及黏土岩为主，厚度在200m左右，与下伏地层呈平行不整合接触。

石炭系广泛分布于苏南宁镇、宜兴等地区。石炭纪初期，该区地处开阔台地，沉积了金陵组灰岩；石炭纪中期，全区地处潮坪环境，形成高骊山组砂页岩夹灰岩透镜体、和州组泥灰岩和老虎洞组白云岩；石炭纪后期，全区进入碳酸盐岩开阔台地，形成黄龙组、船山组灰岩。区域厚度近200m，其与下伏地层呈整合接触。

二叠系在苏南地区分布广泛，自下而上分为栖霞组、孤峰组、龙潭组、大隆组（江阴—宜兴一线南东为长兴组）。栖霞组、孤峰组主要由灰岩、硅质岩相间组成，龙潭组、大隆组由砂页岩及硅质岩组成，夹煤层及煤线，长兴组由灰岩、白云岩等组成。区域厚度近400m，其与下伏地层呈平行不整合接触。

苏南地区三叠系分布广泛，自下而上分为青龙组、周冲村组、黄马青组和范家塘组。青龙组由泥岩、泥灰岩、灰岩组成；周冲村组由膏溶角砾岩、泥灰岩、白云岩、石膏组成；黄马青组及范家塘组则以红色砂页岩为主，夹碳质泥岩及煤层，区域厚度2000m以上，与下伏地层呈整合接触。

本区从三叠纪末以后，便进入陆相沉积环境，早—中侏罗世接受河、湖相杂色碎屑沉积（局部有火山喷发），晚侏罗世便发生大规模火山喷发，形成多次火山活动，堆积了中—中基性、部分酸性乃至碱性火山岩。地层主要有象山群（钟山组、北象山组）、西横山组、龙王山组、大王山组等，各地岩性不尽一致，厚度也各不相同，从0~4000m不等，与下伏地层呈不整合接触。

白垩纪仍是陆相河、湖沉积环境，早期延续了晚侏罗世以来的大规模火山喷发，于火山岩盆地中堆积了娘娘山组、葛村组、上党组、甲山组、寿昌组等火山岩地层；局部则以山麓相杂色粗碎屑沉积为主，形成了葛村组；白垩纪后期，随地壳上升加快，盆地中以冲洪积及河流相粗碎屑沉积为主，形成了浦口组；晚期则以湖相为主沉积了赤山组的红色细碎屑岩。白垩系区域厚度在0~4000m之间，与下伏地层呈不整合接触。

区内古近系主要沿安徽省天长—江苏省六合—扬州一线以北广泛分布，南部则局限于断陷盆地之中，自下而上分为泰州组、阜宁组、戴南组、三垛组，以湖泊相碎屑岩为主，由一套细碎屑的砂泥岩等组成，夹多层玄武岩。厚度为0~4000m，与下伏地层呈平行不整合—不整合接触。

新近系分布范围较渐新统有所扩大，由一套河、湖相堆积碎屑岩组成。其中沿安徽省天长—江苏扬州一线以北主要为湖相沉积区，组成中新统—上新统盐城组；以南为河流相沉积区，由一套砂砾岩、泥岩夹玄武岩层组成，分洞玄观组、雨花台组、方山组等，厚度为0~500m，与下伏地层呈不整合—平行不整合接触。

区内第四系分布广泛，低山丘陵区以河流相为主，平原区以海相-海陆交互相为主，其成因类型多种多样，一般山区为残坡积，丘陵区为洪坡积和冲积，平原区为冲积、海积和海陆交互相堆积，厚度一般数米至数十米，沿海一带最大厚度可达300m。其中下更新统和中更新统分布局限，零星出露于西部低山丘陵地带，上更新统广布于山麓地带和平原地区，全新统各处均有。

二、沉积岩岩石建造组合特征

1. 晋冀鲁豫地层区

晋冀鲁豫地层区属华北板块，该区发现出露最老沉积地层为新元古代青白口纪沉积地层。整个新元古代，该区当时处于被动陆缘初始阶段，沉积了大量陆源碎屑及碳酸盐岩沉积物。南华纪之后，地壳运动以垂直升降运动为主，该区处于陆表海沉积环境。石炭纪晚期开始，陆表海环境由于持续进积作用，沉积环境逐渐萎缩，二叠纪逐渐演变为陆内坳陷盆地环境。直到三叠纪印支运动，华北板块与扬子板块碰撞拼合，江苏地区逐渐发展成为环太平洋构造体系作用下陆内盆地环境，并一直持续到现在。

2. 苏鲁地层区

苏鲁地层区大地构造位置处于华北陆块区与扬子陆块区的碰撞带位置，出露的地层以变质岩为主，沉积岩仅发育了碰撞拼合之后，燕山期以来的碎屑岩及火山岩地层。发育的大地构造单元主要有坳陷盆地，火山-沉积断陷盆地和无火山岩断陷盆地。由于印支期之后，中国华北与扬子形成统一的环太平洋构造体系，在苏鲁地区晚三叠世之后形成的陆内沉积物兼具华北与下扬子沉积岩石特征，因此对苏鲁造山带地区沉积岩石建造组合将不单独叙述。

3. 扬子地层区

江苏扬子地层区在大地构造单元中属扬子板块东部，地表出露最老沉积地层为新元古代南华纪沉积地层。从南华纪到三叠纪晚期，扬子地层区一直处于被动陆缘与前陆盆地交替的沉积环境下，留下了大量碎屑岩或碳酸盐岩沉积记录。由于印支运动影响，三叠纪末期之后，江苏地区处于环太平洋构造动力背景作用下，下扬子地层分区转化成为陆相盆地沉积环境，包括有坳陷盆地、无火山岩断陷盆地及火山岩断陷盆地，沉积了巨厚陆相沉积物，并持续到现在。

第二节 火山岩岩石构造组合

一、火山岩分布特征

江苏省内火山岩分布面积广、厚度大（图3-2，表3-2），主要发育于元古宙晋宁期和中新生代燕山期、喜马拉雅期（简称喜山期）。

元古宙晋宁期火山岩主要分布于连云港、灌云、灌南和丹阳县境内，火山活动以海底火山喷溢为主，早期为中基性—中酸性，晚期为中酸性—酸性，形成厚度较大的火山-沉积岩系，经后期区域变质作用，成为各种变质岩，组成苏鲁造山带的锦屏岩群、张八岭岩群、云台岩群和下扬子地区的埤城岩群等，构成了不同地质单元的变质基底（归入变质岩石构造组合）。

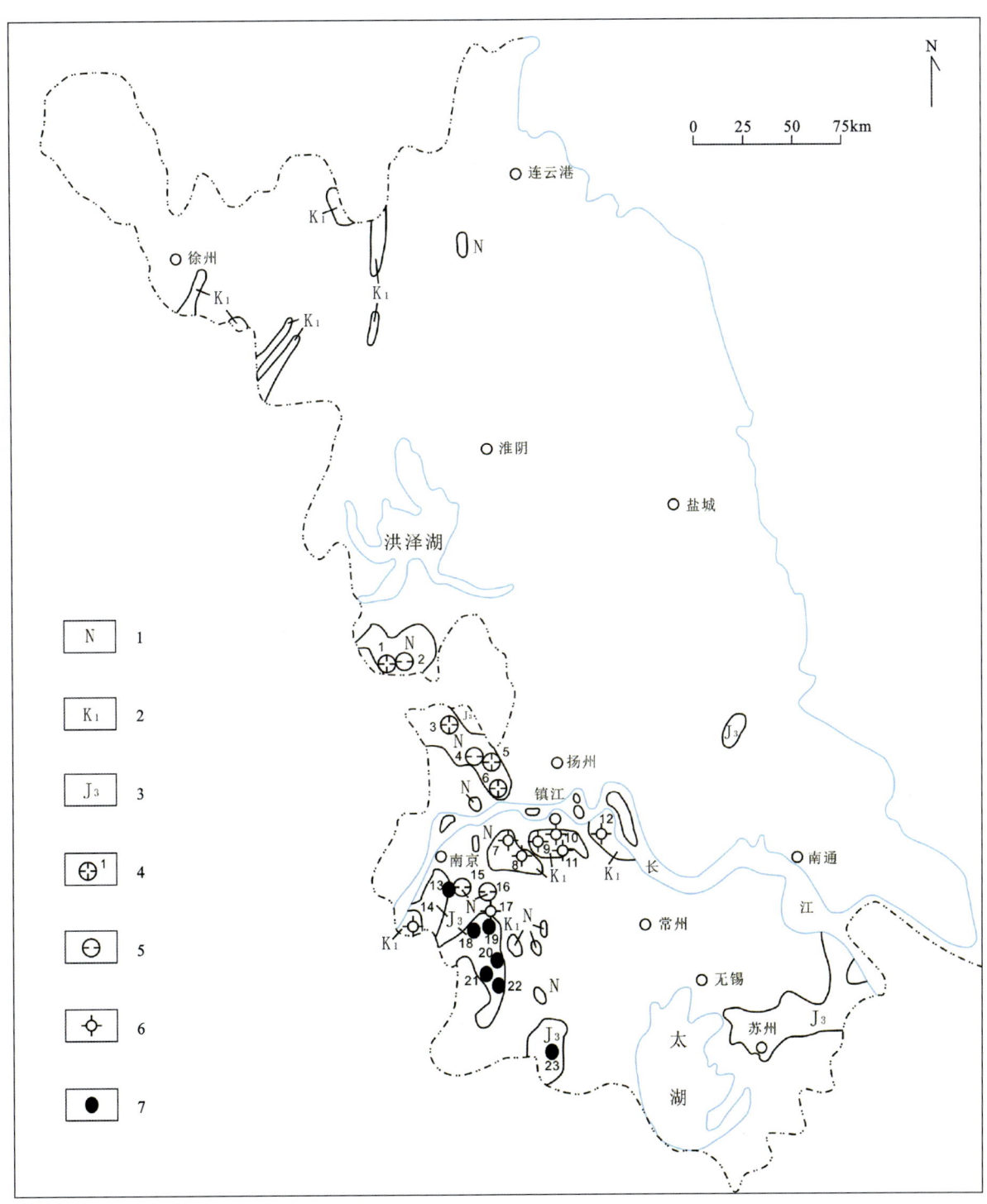

图 3-2 江苏省中新生代火山岩分布略图

1.新近纪火山岩;2.早白垩世火山岩;3.晚侏罗世火山岩;4.火山机构及编号;
5.新近纪火山机构;6.早白垩世火山机构;7.晚侏罗世火山机构

表 3-2　江苏省及上海市火山喷发作用划分对比表

喷发旋回			华北陆块区	苏鲁造山带	扬子陆块区	
			徐宿火山构造分区	新沂-东海火山构造分区	宁芜-宁镇-盱眙火山构造分区	苏锡-上海火山构造分区
喜山期	方山旋回			中心式喷发为主,弱爆发相-喷溢相发育,岩性主要为橄榄玄武岩和玄武岩、火山角砾岩		
燕山期	娘娘山旋回	葛村旋回	中心式喷发为主,包括爆发-沉积相至爆发相(爆发相、喷溢相)的活动过程,为一套中基性至中酸性火山岩系,岩性有中基性—中酸性火山碎屑岩、火山碎屑沉积岩、熔岩等		中心式喷发为主,以碱性火山岩为主,岩性有粗面质、响岩质熔岩,熔结火山碎屑岩,火山碎屑岩及火山碎屑沉积岩等	
		青山旋回				
		姑山旋回			中心式喷发为主,以钙碱性火山岩为主,岩性有石英安山岩、英安质熔岩、凝灰岩及火山碎屑沉积岩等	
	大王山旋回	黄尖旋回		裂隙式喷发兼中心式喷发。以中性至碱性火山岩为主,岩性主要为粗安质、安山质火山岩及火山碎屑沉积岩		裂隙式喷发兼中心式喷发。以中性、中酸性、酸性火山熔岩为主,岩性主要为流纹质凝灰熔岩、凝灰岩、凝灰角砾岩、流纹岩及火山碎屑沉积岩
	龙王山旋回	劳村旋回		裂隙式喷发兼中心式喷发。以中性、中偏碱性火山岩为主,岩性主要为安山质、粗安质、玄武粗安质火山岩及火山碎屑沉积岩		裂隙式喷发兼中心式喷发。以中酸性火山岩为主,岩性主要为流纹岩、流纹质凝灰岩、火山碎屑沉积岩、碎屑岩
晋宁期				海底火山喷溢作用,岩性主要为中基性—中酸性火山岩	海底火山喷溢作用,早期为中基性—中酸性火山岩,晚期为中酸性—酸性火山岩	

中生代火山活动始于早中侏罗世,盛于晚侏罗世—早白垩世,晚白垩世基本结束,以陆相火山喷溢作用为主,形成的火山岩包括爆发相的火山碎屑岩、溢流相的熔岩、喷发沉积相的沉火山碎屑岩和火山碎屑沉积岩、次火山岩相的次火山岩等。其中熔岩为主要岩类,包括中性的安山质熔岩、中酸性粗安质熔岩、酸性流纹质熔岩和碱性粗面质熔岩,局部出现响岩。它们组成晚侏罗世和早白垩世火山岩地层的主体。次火山岩主要见于江宁、溧水、溧阳、丹徒、句容、高淳、吴县境内,受构造控制明显,多沿断裂或火山管道侵入,呈岩脉、岩株、岩墙产出,规模小,一般出露面积1~3km²,最大的达17km²。岩石类型有次安山岩、次粗安岩、次玄武粗安岩、次粗面岩、流纹斑岩、假白榴石斑岩等。它们与长江中下游的铁、铜、铅、锌、金、黄铁矿关系密切。

中生代陆相火山岩喷发多发生在构造凹陷区,全省共有11个中生代火山岩盆地。其中宁芜盆地是省内规模最大、活动时间最长、岩类最复杂、成矿最有利的火山活动盆地。火山活动受北东向、北西向、近东西向几组断裂控制,有多个喷发带,活动时期从晚侏罗世至早白垩世,岩相以溢流相、爆发相、次火山岩相为主,岩性有中性、中酸性、碱性等,与区内的铁、铜、黄铁矿、金矿关系密切,形成了著名的"玢岩铁矿"等矿床。

新生代火山活动始于古新世，中新世至上新世发生强烈喷发，更新世以来，尚无火山活动记录。古新世至渐新世火山活动中心在金湖—海安一带，苏北钻孔古近纪地层中普遍见火山岩夹层，多者可达数十层，累计厚度300余米；中新世至上新世火山岩主要出露在盱眙、六合、仪征境内，其他地区也有零星分布，受北西向、北北东向断裂控制，为裂隙-中心式喷发或中心式喷发。

新生代火山岩岩类较单一，为基性熔岩、火山碎屑岩及次火山岩。熔岩类以碱性玄武岩为主，火山碎屑岩类包括火山集块岩、火山角砾岩，其成分亦多为玄武质。火山碎屑沉积岩类则主要为凝灰质砾岩和凝灰质砂岩，次火山岩有辉绿岩及橄榄辉绿岩。

二、岩石构造组合特征

江苏地区发育的火山岩岩石构造组合（表3-3）主要有：大陆伸展环境的安山岩-英安岩组合，包括的岩石地层单位有青山群、龙王山组、大王山组、黄尖组；大陆裂谷环境安山岩-粗面岩-响岩组合，包括的岩石地层单位有姑山火山岩锥、娘娘山火山岩锥；碰撞环境高钾火山岩组合，包括的岩石地层单位有上党火山岩带、甲山火山岩锥、寿昌组；大陆伸展环境碱性橄榄玄武岩组合，包括的岩石地层单位有方山组、安峰山火山岩锥。

表3-3　江苏省火山岩岩石构造组合划分表

带	亚带	岩段	岩石构造组合
鲁西构造岩浆岩带	鲁西-徐宿构造岩浆岩亚带	徐宿构造岩浆岩段	丰沛、睢宁-邳州大陆伸展环境安山岩-英安岩组合（K_1Q）
大别-苏鲁构造岩浆岩带	青岛-日照构造岩浆岩亚带	东海桃林-莒南构造岩浆岩段	安峰山碱性橄榄玄武岩组合（avc）
			临沂伸展环境安山岩-英安岩组合（K_1Q）
十万大山-幕阜山-下扬子构造岩浆岩带	长江中下游中生代构造岩浆岩亚带	沿江构造岩浆岩段	大陆伸展环境碱性橄榄玄武岩组合（N_2f）
			上党碰撞环境的高钾火山岩组合（jvb、svb）
			姑山裂谷环境的安山岩-粗面岩-响岩组合（nvb、gvb）
			大王山伸展环境的安山岩-英安岩组合（J_3d、J_3lw）
		江南构造岩浆岩段	上党碰撞环境的高钾火山岩组合（svb）
			黄尖伸展环境的安山岩-英安岩组合（J_3h）

第三节　侵入岩岩石构造组合

一、侵入岩分布特征

江苏省及上海市岩浆岩分布广泛，岩浆岩种类齐全。区域岩浆活动具有延续时间长、活动期次多、波及范围广、活动形式多样并与多种矿产关系密切的特点。

省内岩浆岩分布虽广，但由于第四系覆盖，出露面积仅4000km²左右。岩浆活动形式既有岩体的侵入，也有火山喷发，形成的岩石类型包括超基性岩、基性岩、中性岩、酸性岩、碱性岩及各种过渡岩石类型，与之有关的矿产涉及铁铜、铅锌、金银等金属矿产，凹凸棒石、膨润土、蓝宝石等非金属矿产。

江苏岩浆侵入活动主要发生在燕山期，其次为晋宁期、喜马拉雅期。岩石类型较全，从超基性岩类到酸性岩类都有，但以中酸性岩类为主。燕山期侵入岩，由于是多期次、多类型岩浆活动的综合产物，往往构成杂岩体，且多过渡类型岩类，其他几期侵入活动，岩性则较单一。据不完全统计，江苏境内具一定规模的各类侵入岩体约有 70 余个，除少数为钻孔揭示的隐伏岩体外，绝大多数岩体在地表均有不同程度的出露。

超基性岩有橄榄岩和榴辉岩两类，为晋宁期的产物，分布在东海、新沂、赣榆境内，泗洪地区钻孔中有揭示。岩石组合复杂，成群出现，多为透镜体，单个岩体规模较小，一般长数百米，宽数十米。橄榄岩多已蛇纹石化，榴辉岩多退变质，与蛇纹石、金红石、石榴石等矿产有关。

基性岩有辉绿岩和辉长岩两类，晋宁期、燕山早期及喜马拉雅期均见有，分布在铜山、邳县、睢宁、南京、宜兴、仪征、泗洪境内。岩石组合除燕山早期产物较复杂外，均较单一，多呈岩床、岩基、岩墙产出，辉绿岩多成群出现，单个岩体规模不大，大的岩体有燕子埠、马头山、埠上、牛蹄山、房村、都山、峰山、蒋王庙、解放桥等岩体，部分岩体与铁、铜矿化有关。

中性岩主要是闪长岩类，为燕山期的产物，分布广泛，在沛县、丰县、铜山、盱眙、溧水、南京、溧阳、丹徒、宜兴等地均有分布，多呈岩株、岩枝、岩盖产出，出露面积一般为数十平方米至数百平方米，大者可达数平方千米，大的岩体有利国、班井、金山里、大红山、其林铺等岩体，铁、铜、铅、锌、硫等矿产与之有关。

中酸性岩有石英闪长岩、石英二长岩、花岗闪长岩 3 类，属燕山晚期的产物，省内分布广泛，岩石组合复杂多样，多呈岩株、岩基、岩枝产出，规模较大，一般出露面积为数平方千米，大者达数百平方千米，主要岩体有高资、安基山、其林门、冶山、镇江、下蜀、施山、同官、丹徒镇、桃林、谏壁、石马、白鹅山、后石娄等岩体，与铁、铜、铅、锌、钼、金、银、硫、高岭土、萤石等矿产有关，是省内金属矿产主要成矿母岩。

酸性岩有花岗岩和花岗斑岩两类，为燕山期的产物，分布零星，在铜山、新沂、东海、宿迁、苏州、溧阳、句容、宜兴等县境内见有分布。岩石组合较简单，呈岩株、岩墙、岩脉产出，除苏州岩体外，其余规模均较小，一般出露面积小于 $1km^2$，较大岩体有苏州、周院、天池山、雷巷、牛头山、城隍山、徐塘庄、晓庄等岩体，其中苏州岩体与铁、铜、铌、钽、锡等矿产有关。

碱性岩主要有石英正长斑岩，零星分布，一般规模较小，矿化作用弱。

除较大的侵入岩体外，每一次较大规模的岩浆活动后期，往往伴随有相应的派生岩脉侵入。东海、新沂地区有海州期的苦橄玢岩和伟晶岩脉，后者与云母、水晶矿有关；燕山期脉岩种类繁多，主要有煌斑岩、细晶岩、伟晶岩、辉绿岩、石英斑岩、花岗斑岩、花岗闪长斑岩、正长斑岩等，规模差异大，受断裂带控制明显。岩脉多呈北西—北北西向、北东向、近东西向，少数为北北东向、近南北向；晋宁期、喜马拉雅期的辉绿岩，则多呈岩脉产出。

二、岩石构造组合特征

江苏省地区侵入岩按岩石类型与空间分布、岩浆来源与岩浆演化可划分为大陆裂谷碱性玄武岩组合(N)，大陆裂谷基性岩墙群(Z_1)，后造山过碱性花岗岩组合(K_1)、后造山花岗岩组合(K_1)、后造山花岗闪长岩-花岗岩组合(K_1)、后造山花岗闪长岩-二长花岗岩组合(K_1)、后造山闪长岩-二长岩组合(K_1)、后造山闪长岩组合(K_1)、同碰撞花岗岩-二长花岗岩组合(J_3)、同碰撞闪长岩组合(J_3)、同碰撞辉长岩-闪长岩组合(J_3)等。分属华北构造岩浆岩省与晚三叠世以来中国东部构造岩浆岩省，其中华北构造岩浆岩省仅分布于江苏徐州地区，为华北陆块南缘构造岩浆岩带的一部分，岩石构造组合仅发育早震旦世大陆裂谷基性岩墙群(Z_1)。而晚三叠世印支运动以来，江苏地区为晚三叠世以来中国东部构造岩浆岩省的一部分，参考分区断裂特征和印支运动前地区内基本构造格局，将其划分为鲁西构造岩浆岩带、大别-苏鲁构造岩浆岩带、十万大山-幕阜山-下扬子构造岩浆岩带 3 个构造岩浆岩带,其亚带、岩段划分方案及各岩段的岩石构造组合特征如表 3-4 所示。

表 3-4　江苏省侵入岩岩石构造组合划分表

省	带	亚带	岩段	岩石构造组合
华北构造岩浆岩省	华北陆块南缘构造岩浆岩带	鲁西-徐宿构造岩浆岩亚带	徐宿岩浆岩段	大陆裂谷基性岩墙群(Z_1)
晚三叠世以来中国东部构造岩浆岩省	鲁西构造岩浆岩带	鲁西-徐宿构造岩浆岩亚带	徐宿岩浆岩段	后造山花岗闪长岩-花岗岩组合(K_1)
				同碰撞闪长岩组合(J_3)
	大别-苏鲁构造岩浆岩带	青岛-日照构造岩浆岩亚带	东海桃林-莒南构造岩浆岩段	后造山二长花岗岩组合(K_1)
				后造山花岗闪长岩-二长花岗岩组合(K_1)
				同碰撞闪长岩组合(J_3)
	十万大山-幕阜山-下扬子构造岩浆岩带	长江中下游中生代构造岩浆岩亚带	沿江构造岩浆岩段	大陆裂谷碱性玄武岩组合(N)
				后造山碱性花岗岩组合(K_1)
				后造山花岗闪长岩-二长花岗岩组合(K_1)
				后造山石英闪长岩-石英二长岩组合(K_1)
				同碰撞闪长岩组合(K_1)
				同碰撞辉长岩-闪长岩组合(J_3)
			江南构造岩浆岩段	后造山过碱性花岗岩组合(K_1)
				后造山花岗岩-花岗闪长岩组合(K_1)
				后造山花岗岩组合(K_1)
				后造山石英闪长岩-石英二长岩组合(K_1)
				同碰撞花岗岩-二长花岗岩组合(J_3)

1. 大陆裂谷基性岩墙群(Z_1)

晋宁期侵入岩,主要分布于江苏徐州地区的铜山县汴塘、房村、大庙,邳县岔河、八义集和睢宁县古邳、双沟等地。属华北构造岩浆岩省华北陆块南缘构造岩浆岩带的一部分,为一系列北东向延伸的脉状辉绿岩岩体组合。主要岩体有燕子埠岩体、红山岩体、牛蹄山岩体、黄集岩体等。

2. 同碰撞辉长岩-闪长岩组合(J_3)

燕山旋回早期侵入岩,岩石类型主要有闪长玢岩、闪长岩、辉长岩等,仅在沿江构造岩浆岩段宁镇地区发育,为燕山活动最早的一期构造岩浆活动,以蒋王庙辉长岩体为主要代表。

3. 同碰撞花岗岩-二长花岗岩组合(J_3)

燕山旋回早期侵入岩,岩石类型主要有二长花岗岩、粗粒花岗岩、含角闪石花岗岩等,在江南构造岩浆岩段苏锡地区广泛发育,为该地区一期主要的构造岩浆活动。以苏州白鹅山斑状含角闪石花岗岩体为代表。

4. 同碰撞闪长岩组合(K_1,J_3)

燕山旋回早期侵入岩,岩石类型主要有石英闪长玢岩、石英闪长岩、闪长玢岩、辉长闪长岩等,在 3

个构造岩浆岩带中均有广泛发育,为省内主要的一期构造岩浆活动。

在徐宿岩浆岩段以利国闪长玢岩岩体和班井闪长玢岩岩体为代表。在东海桃林-莒南构造岩浆岩段以东海玄庙闪长岩岩体、唐岭石英闪长(玢)岩体及玉山石英二长岩为代表。岩体侵入、捕虏东海杂岩,同位素年龄178.3Ma。在沿江构造岩浆岩段以南京大红山闪长玢岩岩体和杨坊山闪长玢岩岩体为代表。

5. 后造山石英闪长岩-石英二长岩组合(K_1)

燕山旋回中晚期侵入岩,岩石类型主要有石英二长岩、石英二长斑岩、石英斑岩、石英闪长斑岩、石英闪长岩、闪长玢岩等,在沿江构造岩浆岩段宁镇地区及江南构造岩浆岩段的苏锡地区均广泛发育,是长江中下游中生代构造岩浆岩亚带一期主要的构造岩浆活动。

在沿江构造岩浆岩段以冶山岩体、石马杂岩体、谏壁杂岩体为代表。冶山岩体分布在六合冶山一带,主要岩性为石英闪长岩和闪长玢岩,局部边缘为花岗闪长岩、石英二长岩等,岩性的复杂变化与岩浆的演化及多期活动有关。岩体侵入时代为早白垩世中期,K-Ar法同位素年龄为116Ma。

石马杂岩体位于宁镇山脉中段,桦墅-亭子复向斜和宝华山-巢凤山复背斜东段,杂岩体由条状山岩体、徐湾岩体组成。石马杂岩体主要岩石类型有闪长玢岩、石英闪长岩-石英二长岩。闪长玢岩为条状山岩体的主要岩石类型,局部也可相变为石英闪长斑岩。石英闪长岩-石英二长岩是徐湾岩体的主要岩石类型,但由于结晶分异作用,岩性有所变异,具有环状分相特征。徐湾岩体同位素年龄为109.6～92Ma,侵入的最新地层为上党火山岩。

谏壁杂岩体位于宁镇山脉东段,镇江—谏壁—大港一带,总体呈东西走向断续分布。岩石类型为一套中—酸性岩石组合,以石英闪长斑岩、石英二长斑岩为主,其次有闪长玢岩和花岗岩等岩石类型。杂岩体包括丹徒镇、大港、南吕和钟家村4个岩体。

丹徒镇岩体内部相为石英二长斑岩,外部相为石英闪长斑岩。侵入最新地层是下白垩统圌山火山岩,又被浦口组不整合覆盖。其时代应相当于早白垩世中期,石英闪长斑岩同位素年龄为102.1Ma。

大港岩体位于大港与圌山之间,地表均被第四系覆盖。主要岩石类型为石英闪长斑岩,北部边缘有闪长玢岩。根据航磁资料,丹徒镇岩体与大港岩体通过长江水域连成一体。

南吕岩体位于谏壁东南6km。呈树枝状侵入于震旦系,走向北西,可能与丹徒镇岩体连成一体。主要岩石类型为石英闪长斑岩,以含Ag高为特点。

上述3个岩体岩石类型基本相同,在空间上互相联系,属早白垩世中期同次侵入的产物。

钟家村岩体位于谏壁北东2km左右,为细粒花岗岩小岩枝,侵入于丹徒镇岩体中,为早白垩世晚期侵入。

江南构造岩浆岩段苏锡岩区以金山里斑状闪长岩体、大杨村斑状石英闪长岩体、同官石英二长斑岩体、城隍山石英斑岩为代表,岩石构造组合主要有中—深成相闪长岩、斑状石英闪长岩、斑状二长岩及浅成相闪长玢岩、石英闪长斑岩、石英斑岩、石英二长斑岩组成。各岩体规模较小,一般均为数十平方米至数百平方米,多呈小岩株或岩脉产出,均以单一岩相出现。侵入最新层位为上侏罗统大王山组火山岩。城隍山石英斑岩体分布于苏州西部城隍山一带,岩体形态呈水滴或舌状岩株,走向北东,分布面积约$16km^2$。岩体总体上近于直立,略向东南倾,在东侧和西南端有岩枝外延。岩体受北北东向的光福-通安桥断裂控制,侵位于木渎向斜西北翼的志留纪至三叠纪地层中。

6. 后造山二长花岗岩组合(K_1)

燕山旋回中晚期侵入岩,岩石类型主要有二长花岗岩、二长花岗斑岩,在东海桃林-莒南构造岩浆岩段发育较广,为该地区一期主要的构造岩浆活动。该岩石构造组合主要由马陵斑状二长花岗岩体和大解庄二长花岗岩体组成,是构成桃林杂岩体的主要部分,呈北东向带状,深部相连成岩带。马陵斑状二长花岗岩是白垩纪早期侵入阶段酸性侵入岩。同位素年龄为124Ma、118Ma。大解庄二长花岗岩是桃林杂岩体主侵入阶段形成的酸性侵入岩,同位素年龄为118Ma、111Ma。

7. 后造山花岗岩组合(K_1)

燕山旋回中晚期侵入岩,岩石类型主要有富云母花岗岩、富钠长石花岗岩、细粒花岗岩、斑状花岗岩等,在江南构造岩浆岩段苏锡地区广泛发育,为该地区一期主要的构造岩浆活动,形成了以苏州花岗岩为代表的区域主要侵入岩类。

8. 后造山花岗闪长岩-二长花岗岩组合(K_1)

燕山旋回中晚期侵入岩,岩石类型主要有石英闪长斑岩、二长花岗斑岩、二长花岗岩、花岗闪长斑岩、花岗闪长岩等,在沿江构造岩浆岩段宁镇地区广泛发育,为该地区一期主要的构造岩浆活动,形成的侵入岩体构成了宁镇地区安基山杂岩体、高资杂岩体的主要部分。

安基山岩体位于宁镇山脉中段,受东西向的桦墅-亭子复式向斜及北东向的下蜀-汤山断裂和北北西向的东阳-孟塘断裂所控制。侵入于志留系—白垩系的不同层位,岩体内有许多沉积岩捕虏体和顶垂体,表明该岩体侵位高、剥蚀浅。岩石类型主要为石英闪长斑岩,其次为花岗闪长斑岩,两者呈相变关系。主岩体为早白垩世侵入活动的产物,同位素年龄值为$123\sim92Ma$(K-Ar等时线年龄为123Ma)。

安基山岩体是一个富含多种成矿元素的岩体,尤以铜最为突出,石英闪长斑岩含Cu量为48.34×10^{-6},花岗闪长斑岩含Cu近199×10^{-6},属含铜岩体,目前已探明的铜及多金属矿床(点)10余处。Cu、Zn、Mo、Ag、Pb和As等亲硫元素普遍高于相应的克拉克值,而且变化系数大,是良好的成矿标志。

9. 后造山花岗闪长岩-花岗岩组合(K_1)

燕山旋回中晚期侵入岩,岩石类型主要有花岗斑岩、花岗闪长斑岩、石英正长斑岩、花岗闪长岩和花岗岩等,在3个构造岩浆岩带中均有广泛发育,为省内主要的一期构造岩浆活动。

在徐宿岩浆岩段以后石娄花岗闪长斑岩体为代表。

在东海桃林-莒南构造岩浆岩段以东海老圩庄花岗闪长岩体、踢球花岗岩体及石埠花岗斑岩为代表。老圩庄花岗闪长岩,同位素年龄为111Ma、104.7Ma。踢球山花岗岩同位素年龄为96Ma。

在沿江构造岩浆岩段以宁镇西段白鹅山岩体为代表,位于南京市东郊其林门附近。岩石类型主要为花岗闪长斑岩和石英闪长斑岩,局部有球粒结构的石英二长斑岩,沿白鹅山脊分布有似斑状花岗闪长岩。同位素地质年龄为$115\sim102Ma$。

在江南构造岩浆岩段苏锡岩区以分布于上海—崇明一带的三林塘石英闪长岩、崇明花岗岩为主体,三林塘石英闪长岩体分布于三林塘—天花庵一带,侵入于中元古代金山岩群变质岩及侏罗系劳村组中,同位素(全岩)年龄为120.1Ma。

崇明花岗岩分布于崇明、吴淞、上海市区及虹桥一带,侵入于寒武系和奥陶系及上侏罗统黄尖组中,同位素(K-Ar法)年龄值为$112.2\sim107.1Ma$。

10. 后造山碱性花岗岩组合(K_1)

燕山旋回晚期侵入岩,岩石类型主要有碱长花岗岩、花岗斑岩和花岗岩,仅分布于长江中下游沿江构造岩浆岩段的宁镇地区。以牛头山岩体、王后村岩体、雷巷岩体、东林场岩体为代表。

11. 后造山过碱性花岗岩组合(K_1)

该岩石构造组合是省域内中生代岩浆活动最晚期的产物。同位素年龄值为73.7Ma。岩石类型主要有花斑岩、石英正长斑岩及少量次英安斑岩,仅分布于江南构造岩浆岩段苏锡地区,一般岩体规模较小,多呈脉状产出。

12. 大陆裂谷碱性玄武岩组合（N）

该组合主要为喜马拉雅期的侵入岩,岩石类型主要为基性岩——辉长岩、辉绿岩,在3个岩带均零星出露,多呈岩床、岩墙或岩脉产出。据苏北凹陷地区资料,它们侵入于古新世—上新世各地层中,均属喜马拉雅期。辉绿岩体在玄武岩区主要分布于火山口或火山通道附近,均属岩颈相和次火山岩相。

第四节 变质岩岩石构造组合

一、变质岩分布特征

区内三大地质构造单元内均有变质岩存在,从太古宙到新生代均存在不同程度、不同类型的变质作用,其中以新太古代至中元古代的变质作用最强烈,新太古界至中元古界均已变质。变质作用类型主要有区域变质、接触变质、动力变质等,以区域变质作用为主,区域变质岩广泛分布于苏鲁造山带中,动力变质岩、接触变质岩仅限于局部地区。形成的变质岩种类繁多,主要有片麻岩、变粒岩、片岩、角岩、大理岩、矽卡岩、糜棱岩等。

江苏省区域变质作用发生在太古宙至元古宙,在漫长的地质时期内,经历了多次大的地壳运动,使原已形成的侵入岩、火山-沉积岩、沉积岩普遍遭受区域变质作用,构成各种区域变质岩,出现不同的变质带和变质相。按变质作用发生的时间,可划分为太古宙—古元古代和中新元古代两个变质期。

太古宙—古元古代变质期变质作用类型为区域高—中温热动力变质作用,遭受变质的地层为新太古界泰山岩群和东海杂岩,岩石达中—深变质程度,主要形成低角闪岩相和高绿片岩相两个变质相,部分地区达榴辉岩相、麻粒岩相,形成的变质岩石主要为片麻岩、榴辉岩、浅粒岩、变粒岩、片岩、石英岩、大理岩等。岩石中出现了金刚石、金红石、柯石英等超高压和高压变质矿物,原岩的矿物成分和结构构造均已消失。

中新元古代变质期变质作用类型属区域低温动力变质作用,遭受变质的地层为古—中元古界锦屏岩群、云台岩群、埠城岩群和中元古界张八岭岩群,变质相有高绿片岩相和低绿片岩相。变质作用影响的区域包括连云港、沭阳、灌云、东海、泗阳、盱眙大片地区和丹阳县埠城一带。岩石为中—浅变质程度,形成的变质岩主要以片岩为主,夹变粒岩、浅粒岩、大理岩等。

此外,在宁镇地区和江浦、六合、盱眙境内的震旦系,岩石遭受轻微的变质,原岩矿物成分及结构构造基本保留,以千枚岩、千枚状岩石为主。

在岩浆岩和围岩接触带,常见接触变质现象。主要发生在中生代燕山期的中酸性侵入岩与围岩接触处,范围一般不大,宽几十米到数百米,少数达1~2km,接触变质带形态、规模与侵入体大小、形状及围岩的物理化学性质有关。

二、岩石构造组合特征

江苏省变质岩主要为前震旦纪的区域变质岩,大部分出露于江苏省东北部,郯庐断裂以东,响水口-淮阴断裂以北,新沂、东海、赣榆、连云港、灌南等地。钻孔揭示丰沛地区第四系之下也有太古宇泰山岩群呈东西向展布,宁镇埠城地区与上海金山地区存在中元古代斜长角闪岩-变粒岩-片岩-石英岩-大理岩组合等。根据岩石类型、岩石组合特征、原岩恢复、形成时代、变质时代和形成的大地构造环境,将省内变质岩石划分为花岗片麻岩-角闪岩-石英岩组合（Ar_{3-4}）、斜长角闪岩-变粒岩-磁铁石英岩组合（Ar_{3-4}）、变粒岩-浅粒岩-石英岩组合（Pt_3）、绿片岩-（云母）石英片岩-大理岩组合（Pt_2）、钾长花岗片麻岩-花岗片麻岩组合（Pt_1）、二长花岗片麻岩（Pt_1）、斜长角闪岩-榴辉岩组合（Pt_1）、变超基性岩-基性岩组合（Pt_1）、片岩-石英岩-大理岩组合（$Ar_4—Pt_1$）、斜长角闪岩-变粒岩-片岩组合（Pt_2）、片岩-石英岩-大理岩组合（Pt_2）共11个岩石构造组合，根据各类变质岩的变质环境、变质相、主要分区断裂构造、大地构造环境等将区内划分为3个变质域、4个变质岩区、5个变质带。各变质地质单元、地质时代与岩石构造组合的时空关系见表3-5。

表3-5 江苏省变质岩岩石构造组合划分表

变质地质单元			变质时代		岩石构造组合
			代	纪	
华北变质域	鲁西变质岩区	鲁西-徐淮变质岩带	新太古代		花岗片麻岩-角闪岩-石英岩组合（Ar_{3-4}）
					斜长角闪岩-变粒岩-磁铁石英岩组合（Ar_{3-4}）
苏鲁-大别变质域	苏鲁高压—超高压变质岩区	连云港-泗洪变质岩带	新元古代	青白口纪	变粒岩-浅粒岩-石英岩组合（Pt_3）
			中元古代	蓟县纪	绿片岩-（云母）石英片岩-大理岩组合（Pt_2）
				长城纪	
		苏北-胶南高压变质岩带	古元古代	滹沱纪	钾长花岗片麻岩-花岗片麻岩组合（Pt_1）
					二长花岗片麻岩（Pt_1）
					斜长角闪岩-榴辉岩组合（Pt_1）
					变超基性岩-基性岩组合（Pt_1）
			新太古代		片岩-石英岩-大理岩组合（$Ar_4—Pt_1$）
下扬子变质域	沿江变质岩区	埤城变质岩带	中元古代	长城纪	斜长角闪岩-变粒岩-片岩组合（Pt_2）
	苏南变质岩区	金山变质岩带			片岩-石英岩-大理岩组合（Pt_2）

第五节 大型变形构造

江苏省内大型变形构造主要为大型推覆构造、大型走滑断裂构造、大型逆冲断裂构造和地堑-地垒构造系统，其中大型走滑断裂构造、大型逆冲断裂构造为不同级别大地构造单元的分界构造，大型推覆构造则在华北陆块区、扬子陆块区均有分布，中新生代中国东部地堑-地垒构造系统涵盖了省域全境。

江苏省内发育的大型变形构造类型及特征如表3-6所示。

第六节 大地构造相与大地构造分区

一、大地构造相的划分

根据全国矿产资源潜力评价技术要求和大地构造相划分方案，以岩石构造组合为基础，采用优势大

表3-6 江苏省大型变形构造特征数据表

大型变形构造名称	代号	类型	规模	产状	组合形式	物质组成	构造层次	运动方向	力学性质	形成时代	变形期次	大地构造环境	含矿特征
郯庐左行走滑构造	TLZZ	剪切	省内长度170km，宽度约20～30km	走向北北东，5°～15°，倾向南东东，整体向南东东，局部近于直立	平行	带内断陷盆地发育，主要物质组成为白垩纪、新近纪陆内盆地相沉积岩或火山岩。其内残留有新太古代胶东岩群隆起，并有燕山期中一酸性桃林岩体大规模侵入	脆性	早期（T—J₃）走滑；（晚期J₂₋₃—N）：斜冲→正滑→先正滑后走滑	早期（T—J₁）扭性；晚期（J₂₋₃—N）：压扭性（J₂—K₁，早期）→张性（K₁—E₁）→张性（N）	形成于T₂—J₁早期	1.转换走滑阶段（240～220Ma）；2.左行平移走滑阶段（220～190Ma）；3.中晚侏罗纪至早白垩世早期挤压走滑4.早白垩世中期至古新世陆内断陷阶段、中新世裂谷断陷阶段	中晚三叠世为陆间造山带；石炭纪一震旦纪为陆内盆地相	无
徐宿逆掩推覆构造	XSNT	挤压	推覆体，最大运移距离140～160km	北北东走向，南东东向倾斜	近平行（弧形分布）	晚震旦世陆表海碎屑岩沉积，寒武纪至早奥陶世陆表海碳酸盐岩沉积；石炭纪陆表海碎屑岩沉积，而二叠纪、侏罗纪、白垩纪沉积岩，主要在钻孔中揭露	脆性	逆冲	压性	形成于T₂—J₃	晚三叠世至燕山期形成，持续活动至新世，可划分为两期：（晚三叠世）向近南北方向挤压逆冲形成推覆构造（侏罗纪早期活化西北向白垩世早期逆冲、晚期；（早白垩世中期一始新世）近东西向拉伸正滑	陆内盆地相	同期矿化Fe
宁镇逆掩推覆构造	NZNT	挤压	展布长度约50km	走向北东东东，倾向南东	近平行（弧形分布）	主要物质组成有志留纪前陆盆地沉积岩；石炭纪、早二叠世被动陆缘沉积岩，中、晚二叠世前陆盆地沉积岩，侏罗纪、白垩纪陆内盆地相沉积岩、火山岩及侵入岩	脆性	逆冲	压性	形成于T₂—J₃	从晚三叠世持续活动至新世，可划分为两期。早期：北挤压逆冲形成推覆构造，侏罗纪西北向逆冲活化；晚期：早白垩世早期挤压逆冲活化；晚白垩世中期至始新世多期拉张正滑	陆内盆地相	同期矿化Fe、Cu、Mo、Pb、Zn、Au

续表 3-6

大型变形构造名称	代号	类型	规模	产状	组合形式	物质组成	构造层次	运动方向	力学性质	形成时代	变形期次	大地构造环境	含矿特征
茅山逆掩推覆构造	MSNT	挤压	全长大于240km	北北东-南南西向延伸	近平行	志留纪前陆盆地沉积岩；泥盆纪、石炭纪、二叠纪、早三叠世被动陆缘沉积岩，侏罗纪、白垩纪为陆内盆地相沉积及火山岩、侵入岩	脆性	逆冲	压性	T_3-J_3	持续活动至白垩纪，可划分为两期。早期：晚三叠世近南北向挤压逆冲，侏罗纪北西向挤压逆冲活化；晚期：白垩纪近南北向拉张正滑	陆内盆地相	Fe、Cu、Au
中国东部地堑-地垒构造（江苏部分）	ZDQL	拉张	省内沿北东向断层分布	北东向断裂控制边界	平行	地堑中陆相碎屑岩快速堆积，形成一套白垩纪一奎岭构造形成的类磨拉石沉积物	脆性	早期（K-E₁）正滑或斜滑；晚期（N）正滑	张性或张扭	K-N	持续活动至上新世，可划分为两期。中期至古新世：多期拉张盆岭构造形成；新近纪：拉张裂谷断陷	陆内盆地相	同期矿化 Fe、Cu、Au矿
响淮大型逆冲断裂构造	XHNC	挤压	隐伏构造，省内长度大于210km，宽度不清	走向北东，倾向南东，深部浅部可能转向北西，陡倾斜	近平行	出露地层主要为震旦纪陆棚碳酸盐岩沉积物及新生代碎屑岩沉积	脆性	逆冲	压性	可能形成于新元古代	持续活动至上新世，可划分为3期。早期：新元古代为形成阶段；中期：中三叠世-晚侏罗世挤压逆冲活化阶段；晚期：早白垩世-上新世可能存在拉张裂谷断陷	新元古代为被动陆缘；中三叠世至晚古生代陆内盆地相	无明显矿化
江南大型逆冲断裂构造	JNNC	挤压	隐伏构造，省内长度大于200km，宽度不清	走向北东，近于陡立或陡倾斜，倾向浅部可能为南东	近平行	地表被第四系覆盖，仅少量出露硅质岩组，另外钻孔揭露有新近系方山组玄武岩	脆性	逆冲	压性	可能形成于早古生代	持续活动至上新世，可划分为3期。早-中期：早-晚三叠世挤压逆冲作用；晚期：中三叠世-上新世拉伸正滑断陷，上新世以来拉张裂谷断陷	早古生代为前陆盆地；晚古生代至早三叠世被动陆缘；中三叠世以来陆内盆地相	无明显矿化

地构造相原则为相划分的依据,将江苏省域内大地构造相划分为 3 个一级大地构造相单元(相系)、3 个二级大地构造相单元(大相)、26 个三级大地构造相单元(相)、42 个四级大地构造相单元(亚相)和 96 个五级大地构造相单元(岩石建造组合)(表 3-7)。

表 3-7 江苏省大地构造相划分表

相系	大相	相	亚相	岩石建造组合
华北陆块区（Ⅱ）	鲁西陆块（Ⅱ-6）	鲁西碳酸盐岩台地（Ⅱ-6-1）	徐淮陆内盆地相（Ⅱ-6-1-8）	徐宿断陷盆地亚相(dxpd)(K_2-Q)	欢口、敬安、四户、高集松散碎屑沉积组合(Q_h、Q_p)
				柳集河流相砂砾岩-粉砂岩-泥岩组合($E_{2-3}G$)
				棠张河流相砂砾岩-粉砂岩-泥岩组合(K_2W)
			班井-黄山岛后造山岩浆杂岩相（Ⅱ-6-1-7）	黄山岛后造山岩浆杂岩亚相（hzy）(K_1)	黄山岛花岗闪长岩-花岗岩组合(K_1)
				班井-利国同碰撞岩浆杂岩亚相（tpy）(J_3—K_1)	丰沛、睢宁-邳州大陆伸展环境的安山岩-英安岩组合(K_1Q)
				睢宁-邳州湖泊相泥岩-粉砂岩组合(K_1L)
				班井、利国闪长岩组合(J_3)
			大屯-贾汪陆内盆地相（Ⅱ-6-1-6）	大屯断陷盆地亚相(dxpd)(J_3)	大屯河流相砂砾岩-粉砂岩-泥岩组合(J_3s)
				贾汪坳陷盆地亚相(oxpd)(P_{2-3})	贾汪湖泊相泥岩-粉砂岩组合(P_3sh)
				贾汪河流相砂砾岩-粉砂岩-泥岩组合(P_2s)
			徐淮陆表海相（Ⅱ-6-1-5）	丰沛、铜山海陆交互陆表海亚相（hljh）(C_2)	丰县、铜山、贾汪陆表海陆交互含煤碎屑岩组合(C_2t)
				丰沛、铜山碎屑岩陆表海亚相（sxlb）(C_2)	丰县、铜山、贾汪陆表海泥岩粉砂岩组合(C_2b)
			鲁西碳酸盐岩陆表海相（Ⅱ-6-1-4）	丰沛、徐淮台地亚相(td)(Z_2-O)	丰沛、徐淮陆表海灰岩-白云岩组合($O_{1-2}m$—ϵ_2z)
				丰沛、徐淮陆表海陆源碎屑-灰岩组合($\epsilon_{1-2}m$—ϵ_1h)
				丰沛、徐淮陆表海泥岩粉砂岩组合(Z_2j)
			徐宿裂谷相（Ⅱ-6-1-3）	伊庄-燕子埠陆内裂谷亚相（lnlg）(Z_1)	伊庄、燕子埠基性岩墙群(Z_1)
			睢宁-邳州被动陆缘相（Ⅱ-6-1-2）	睢宁-邳州外陆棚亚相(wlp)(Pt_3)	睢宁、邳州台地陆源碎屑-碳酸盐组合(Pt_3ws—Pt_3s)
				睢宁、邳州台地潮坪-局限台地碳酸盐岩组合(Pt_3w—Pt_3z)
				睢宁-邳州碎屑岩陆棚亚相(lpsx)(Pt_3)	睢宁、邳州台盆陆源碎屑-碳酸盐组合(Pt_3j—Pt_3c)
				睢宁、邳州远滨砂泥岩组合(Pt_3x)
				睢宁、邳州海岸沙丘-后滨砂岩组合(Pt_3l)
				睢宁、邳州海陆交互砂泥岩夹砾岩组合(Pt_3h)
			丰沛变质基底杂岩相（Ⅱ-6-1-1）	丰沛太古宙陆核亚相(tglh)(Ar_{3-4})	丰县、沛县英云闪长质-奥长花岗质-花岗闪长质片麻岩组合($Ar_{3-4}T$)
				丰县斜长角闪岩-变粒岩-磁铁石英岩组合($Ar_{3-4}s$)

续表 3-7

相系	大相	相	亚相	岩石建造组合
秦祁昆造山系（Ⅳ）	苏鲁造山带（Ⅳ-11）	苏鲁高压—超高压变质系折返带（Ⅳ-11-2）	苏北陆内盆地相（Ⅳ-11-2-3）	沭阳断陷盆地亚相（dxpd）（K_2—Q）	苏北松散碎屑沉积组合（Qh、Qp）
				安峰山碱性橄榄玄武岩组合（avc）
				沭阳河流相砂砾岩-粉砂岩-泥岩组合（$E_{2-3}G$—E_2d）
				沭阳湖泊相泥岩-粉砂岩组合（E_1f）
				沭阳河湖相砂砾岩-粉砂岩-泥岩组合（E_1t、K_2W）
			桃林-莒南后造山岩浆杂岩相（Ⅳ-11-2-2）	桃林后造山岩浆杂岩亚相（hzy）（K_1）	踢球山花岗岩组合（K_1）
				马陵山花岗闪长岩-二长花岗岩组合（K_1）
			临沭同碰撞岩浆杂岩亚相（tpy）（J_3—K_1）	临沭伸展环境的安山岩-英安岩组合（K_1Q）
				临沭湖泊相泥岩-粉砂岩组合（K_1L）
				唐岭闪长岩组合（J_3）
		苏鲁高压—超高压变质系折返带（Ⅳ-11-2-1）	连云港-泗洪高压变质亚相（gy）（Pt_{2-3}）	云台山变粒岩-浅粒岩-石英岩组合（$Pt_{2-3}Y$）
				锦屏山绿片岩-石英片岩-大理岩组合（Pt_2J）
			东海-胶南超高压变质亚相（cgy）（Ar_4—Pt_1）	东海花岗片麻岩-超高压榴辉岩组合（Pt_1）
				摩天岭片岩-石英岩-大理岩组合（Ar_4—Pt_1）
扬子陆块区（Ⅵ）	下扬子陆块（Ⅵ-1）	苏皖前陆盆地（Ⅵ-1-1）	苏中-沿江陆内盆地相（Ⅵ-1-1-8）	苏中-沿江断陷盆地亚相（dxpd）（K_2—Q）	苏中、沿江松散碎屑沉积组合（Qh、Qp）
				雨花台河流相砂砾岩-粉砂岩-泥岩组合（N_2f—N_1d）
				戴南河流相砂砾岩-粉砂岩-泥岩组合（$E_{2-3}G$—E_2d）
				阜宁湖泊相泥岩-粉砂岩组合（E_1f）
				浦口河湖砂砾岩-粉砂岩-泥岩组合（K_2c—K_2p）
			沿江后造山岩浆杂岩相（Ⅵ-1-1-7）	沿江后造山岩浆杂岩亚相（hzy）（K_1）	雷巷花岗岩组合（K_1）
				安基山花岗闪长岩-二长花岗岩组合（K_1）
			沿江同碰撞岩浆杂岩亚相（tpy）（J_3—K_1）	上党碰撞环境的高钾火山岩组合（jvb、svb）
				徐湾闪长岩-二长岩组合（K_1）
				姑山裂谷环境的安山岩-粗面岩-响岩组合（nvb、gvb）
				冶山闪长岩组合（K_1）
				大王山伸展环境的安山岩-英安岩组合（J_3d、J_3lw）
				蒋王庙辉长岩-闪长岩组合（J_3）
				横山河流相砂砾岩-粉砂岩-泥岩夹火山岩组合（J_3x）
		象山陆内盆地相（Ⅵ-1-1-6）	象山坳陷盆地亚相（oxpd）（J_{1-2}）	象山河流相砂砾岩-粉砂岩-泥岩组合（J_2b—J_1z）
		周冲村前陆盆地相（Ⅵ-1-1-5）	周冲村前渊亚相（qy）（T_2—T_3）	周冲村陆缘碎屑-碳酸盐岩组合（T_3f、T_2z）

续表 3-7

相系	大相	相	亚相	岩石建造组合
扬子陆块区（Ⅵ）	下扬子陆块（Ⅵ-1）	苏皖前陆盆地（Ⅵ-1-1）	青龙山外陆棚亚相（wlp）（T_1）	青龙山滨浅海碳酸盐岩组合（T_1q）
			龙潭碎屑岩陆棚亚相（lpsx）（P_2—P_3）	湖山台盆含放射虫硅泥质岩组合（P_3d）
				龙潭海陆交互含煤碎屑岩组合（P_2l）
				孤峰台盆含放射虫硅泥质岩组合（P_1g）
		青龙山被动陆缘相（Ⅵ-1-1-4）	船山外陆棚亚相（wlp）（C_1—P_2）	栖霞山局限台地碳酸盐岩组合（P_1q）
				船山开阔台地碳酸盐岩组合（C_2c、C_2h）
			高骊山碎屑岩陆棚亚相（lpsx）（D_3—C_1）	高骊山海陆交互砂泥岩夹砾岩组合（C_1j、D_3C_1l）
				观山海岸沙丘-后滨砂岩组合（D_3g）
		仑山前陆盆地相（Ⅵ-1-1-3）	高家边前渊亚相（qy）（O_3—S_1）	坟头陆缘碎屑浊积岩组合（S_2m、S_1f）
				高家边陆缘碎屑浊积岩组合（O_3S_1g）
			观音台前隆亚相（qll）（∈—O）	汤山滨浅海灰岩组合（$O_{2-3}t$—O_1h）
				观音台滨浅海白云岩组合（O_1l—$∈_1m$）
				幕府山台盆含放射虫硅质泥岩组合（$∈_1ht$）
		宁镇被动陆缘相（Ⅵ-1-1-2）	水晶山外陆棚亚相（wlp）（Z）	帽山局限台地白云岩组合（Z_2d）
				嘉山台盆陆源碎屑岩-灰岩组合（Z_1h）
			九灵山陆棚碎屑岩亚相（lpsx）（Nh）	九灵山远滨泥岩-粉砂岩夹砾岩组合（Nh_{1-2}）
		埤城变质基底杂岩相（Ⅵ-1-1-1）	埤城元古宙中深变质杂岩亚相（ygsb）（Pt_2）	埤城斜长角闪岩-变粒岩-片岩组合（Pt_2P）
扬子陆块区（Ⅵ）	下扬子陆块（Ⅵ-1）	下扬子被动陆缘（Ⅵ-1-2）	苏南断陷盆地亚相（dxpd）（K_2—Q）	苏南松散碎屑沉积组合（Qh、Qp）
				雨花台河流相砂砾岩-粉砂岩-泥岩组合（N_2f—N_1d）
		苏南陆内盆地相（Ⅵ-1-2-7）		戴南河流相砂砾岩-粉砂岩-泥岩组合（$E_{2-3}G$—E_2d）
				阜宁湖泊相泥岩-粉砂岩组合（E_1f）
				浦口河湖砂砾岩-粉砂岩-泥岩组合（K_2c—K_2p）
			苏南后造山岩浆杂岩亚相（hzy）（K_1）	雅泥山过碱性花岗岩组合（K_1）
				周院花岗岩-花岗闪长岩组合（K_1）
				庙西花岗岩组合（K_1）
		苏南后造山岩浆杂岩相（Ⅵ-1-2-6）	苏南同碰撞岩浆杂岩亚相（tpy）（J_3—K_1）	上党碰撞环境的高钾火山岩组合（svb）
				金山里闪长岩-二长岩组合（K_1）
				焦山花岗岩-二长花岗岩组合（K_1）
				黄尖伸展环境的安山岩-英安岩组合（J_3h）
				劳村河流相砂砾岩-粉砂岩-泥岩夹火山岩组合（J_3lc）
		象山陆内盆地相（Ⅵ-1-2-5）	象山坳陷盆地亚相（oxpd）（J_{1-2}）	象山河流相砂砾岩-粉砂岩-泥岩组合（J_2b—J_1z）
		茶亭前陆盆地相（Ⅵ-1-2-4）	茶亭前渊亚相（qy）（T_2—T_3）	茶亭陆源碎屑岩-碳酸盐岩组合（T_3f—T_2z）

续表 3-7

相系	大相	相	亚相	岩石建造组合
扬子陆块区（Ⅵ）	下扬子陆块（Ⅵ-1）	下扬子被动陆缘（Ⅵ-1-2）	张渚外陆棚亚相（wlp）（P$_3$—T$_1$）	张渚开阔台地碳酸盐岩组合（P$_3$c、T$_1$q）
			长林碎屑岩陆棚亚相（lpsx）（P$_2$—P$_3$）	长林海陆交互含煤碎屑岩组合（P$_2$l）
				孤峰台盆含放射虫硅泥质岩组合（P$_1$g）
		张渚被动陆缘相（Ⅵ-1-2-3）	丁蜀外陆棚亚相（wlp）（C$_1$—P$_2$）	省庄局限台地碳酸盐岩组合（P$_1$q）
				丁蜀开阔台地碳酸盐岩组合（C$_2$c、C$_2$h）
			铜官山碎屑岩陆棚亚相（lpsx）（D$_3$—C$_1$）	红岭海陆交互砂泥岩夹砾岩组合（C$_1$j、D$_3$C$_1$l）
				南洋山海岸沙丘-后滨砂岩组合（D$_3$g）
			五通山前渊亚相（qy）（S）	五通山陆源碎屑浊积岩组合（S$_2$m、S$_1$f）
		苏南前陆盆地相（Ⅵ-1-2-2）	昆山前隆亚相（qll）（∈—O）	昆山碳酸盐岩浊积岩组合（∈$_3$cf、O$_1$y）
		金山变质基底杂岩相（Ⅵ-1-2-1）	金山元古宙中深变质杂岩亚相（ygsb）（Pt$_2$）	金山片岩-石英岩-大理岩组合（Pt$_2$Js）

区域上以郯庐断裂带为界，以西为华北陆块区鲁西陆块的一部分，江苏省范围内鲁西陆块可划分为 8 个大地构造相、12 个亚相、24 个岩石构造组合。郯庐断裂带以东、响淮断裂带以北属秦祁昆造山系中二级单元大别-苏鲁造山带的一部分，可进一步划分为 3 个大地构造相、5 个亚相、14 个岩石构造组合。响淮断裂带以南为下扬子陆块区，属扬子板块的一部分，含苏皖前陆盆地与下扬子被动陆缘各一部分，分为 15 个大地构造相、26 个亚相、58 个岩石构造组合。

二、大地构造分区

江苏省大地构造划分方案是在全国大地构造分区推荐划分方案的基础上，将江苏省大地构造分区划分为 3 个一级构造分区单元、3 个二级构造分区单元、4 个三级构造分区单元、15 个四级构造分区单元、39 个五级构造分区单元（表 3-8，图 3-3）。在Ⅳ、Ⅴ级构造分区中，每个构造分区可能有不同的地质构造阶段及多个大地构造环境形成的大地构造相或岩石构造组合在垂向上的叠置，同一大地构造环境形成的大地构造相或岩石构造组合也可能成为不同大地构造分区的组成部分。

表 3-8 江苏省大地构造分区划分表

一级	二级	三级	四级	五级
华北陆块区（Ⅱ）	鲁西陆块（Ⅱ$_6$）	鲁西碳酸盐岩台地（Ⅱ$_{6-1}$）	徐淮陆内盆地（Ⅱ$_{6-1}^1$）	欢口断陷盆地（Ⅱ$_{6-1}^{1-1}$）
				华栖隆起（Ⅱ$_{6-1}^{1-2}$）
				敬安断陷盆地（Ⅱ$_{6-1}^{1-3}$）
			徐州-宿县断块（Ⅱ$_{6-1}^2$）	徐州-贾汪断隆（Ⅱ$_{6-1}^{2-1}$）
				四户断陷盆地（Ⅱ$_{6-1}^{3-1}$）
			邳县-睢宁断块（Ⅱ$_{6-1}^3$）	邳县-睢宁断隆（Ⅱ$_{6-1}^{3-2}$）
				柳集断陷盆地（Ⅱ$_{6-1}^{3-3}$）
				高集断陷盆地（Ⅱ$_{6-1}^{3-4}$）
		郯城-庐江断坳（Ⅱ$_{6-2}$）	新沂宿迁断陷（Ⅱ$_{6-2}^1$）	新沂宿迁断陷盆地（Ⅱ$_{6-2}^{1-1}$）

续表 3-8

一级	二级	三级	四级	五级
秦祁昆造山系（Ⅳ）	大别-苏鲁地块（Ⅳ$_{11}$）	苏鲁超高压-高压变质带（Ⅳ$_{11-1}$）	苏北胶南断块（Ⅳ$_{11-1}^1$）	苏北胶南断隆（Ⅳ$_{11-1}^{1-1}$）
				沭阳断陷盆地（Ⅳ$_{11-1}^{2-1}$）
			连云港-泗洪断块（Ⅳ$_{11-1}^2$）	连云港-泗洪断隆（Ⅳ$_{11-1}^{2-2}$）
				洪泽断陷盆地（Ⅳ$_{11-1}^{2-3}$）
扬子陆块区（Ⅵ）	下扬子陆块（Ⅵ$_1$）	苏皖前陆盆地（Ⅵ$_{1-1}$）	苏北陆内盆地（Ⅵ$_{1-1}^1$）	滨海断隆（Ⅵ$_{1-1}^{1-1}$）
				阜宁断陷盆地（Ⅵ$_{1-1}^{1-2}$）
				建湖断隆（Ⅵ$_{1-1}^{1-3}$）
				东台断陷盆地（Ⅵ$_{1-1}^{1-4}$）
			滁巢断块（Ⅵ$_{1-1}^2$）	盱眙断隆（Ⅵ$_{1-1}^{2-1}$）
				江浦-六合断隆（Ⅵ$_{1-1}^{2-2}$）
			镇江-溧水断块（Ⅵ$_{1-1}^3$）	江都断隆（Ⅵ$_{1-1}^{3-1}$）
				沿江断陷盆地（Ⅵ$_{1-1}^{3-2}$）
				宁镇断隆（Ⅵ$_{1-1}^{3-3}$）
				埤城断隆（Ⅵ$_{1-1}^{3-4}$）
				句容断陷盆地（Ⅵ$_{1-1}^{3-5}$）
				宁芜火山断陷盆地（Ⅵ$_{1-1}^{3-6}$）
				溧水火山断陷盆地（Ⅵ$_{1-1}^{3-7}$）
				茅山断隆（Ⅵ$_{1-1}^{3-8}$）
				直溪桥-桠溪港断陷盆地（Ⅵ$_{1-1}^{3-9}$）
		下扬子被动陆缘（Ⅵ$_{1-2}$）	南通断块（Ⅵ$_{1-2}^1$）	南通断隆（Ⅵ$_{1-2}^{1-1}$）
			江阴-昆山断块（Ⅵ$_{1-2}^2$）	白卯断陷盆地（Ⅵ$_{1-2}^{2-1}$）
			太湖断块（Ⅵ$_{1-2}^3$）	光福断隆（Ⅵ$_{1-2}^{3-1}$）
				宜兴断陷盆地（Ⅵ$_{1-2}^{3-2}$）
				张渚断隆（Ⅵ$_{1-2}^{3-3}$）
			滆湖断块（Ⅵ$_{1-2}^4$）	常州断陷盆地（Ⅵ$_{1-2}^{4-1}$）
				前黄断陷盆地（Ⅵ$_{1-2}^{4-2}$）
				上黄断隆（Ⅵ$_{1-2}^{4-3}$）
				社渚-张渚火山断陷盆地（Ⅵ$_{1-2}^{4-4}$）
			启东断块（Ⅵ$_{1-2}^5$）	
			吴江断块（Ⅵ$_{1-2}^6$）	

三、大地构造演化

江苏省地质构造的发展与演化主要经历了五台旋回、吕梁旋回、晋宁旋回、加里东旋回、海西旋回、

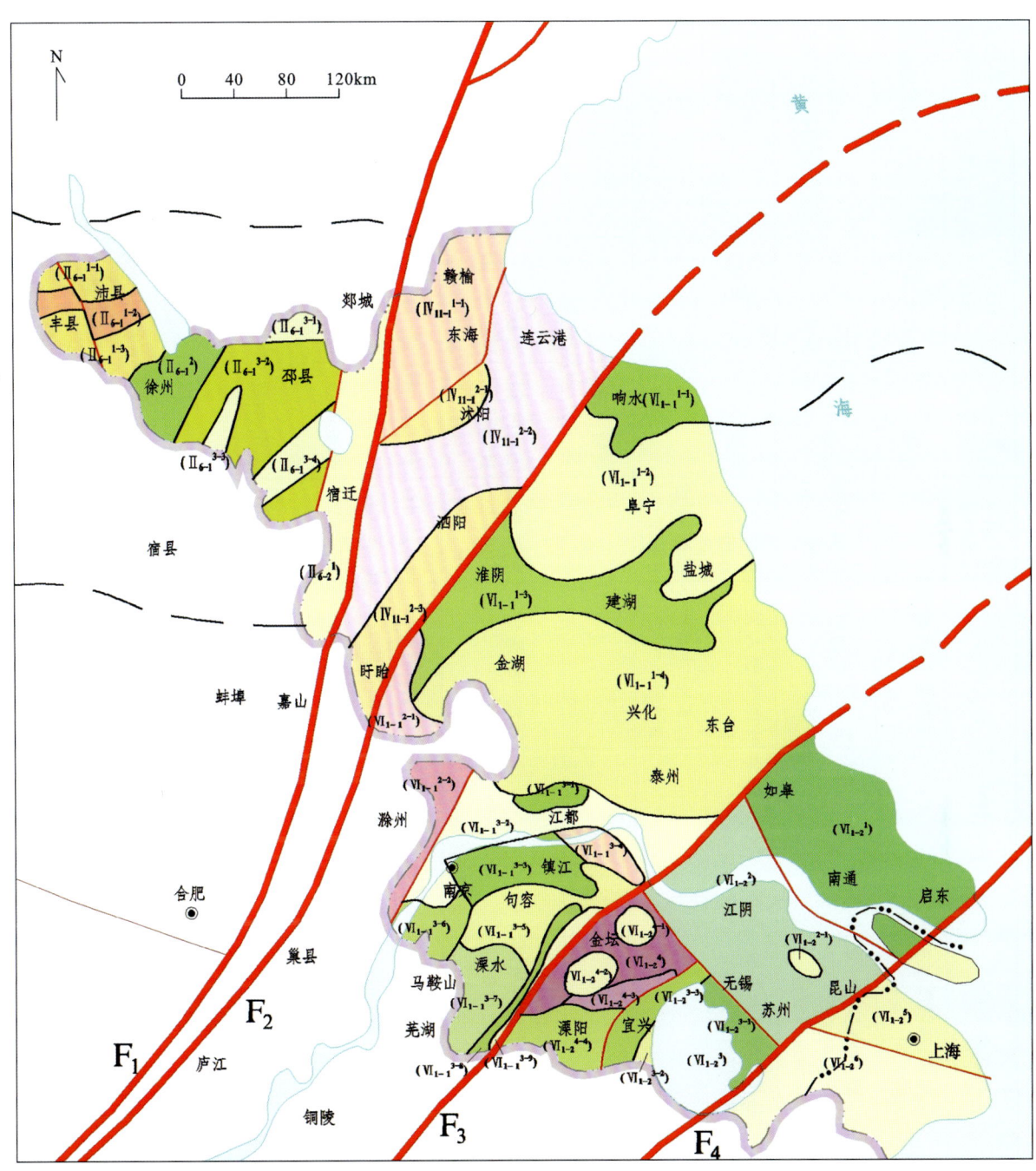

图 3-3 江苏省及上海市大地构造分区略图
F_1.郯庐断裂；F_2.响淮断裂；F_3.江南断裂；F_4.昆苏断裂

印支旋回、燕山旋回、喜马拉雅旋回等，大致可划分为结晶基底与克拉通形成阶段(包括陆核形成与克拉通陆壳增生阶段、克拉通拼合固结阶段、克拉通伸展裂陷阶段、克拉通内陆盆地阶段和碰撞造山及后造山裂解阶段)、沉积盖层形成与发展阶段(包括陆表海稳定发展阶段、陆表海盆边缘沉积阶段)、滨太平洋构造体系发展阶段[包括中亚-特提斯构造域向滨太平洋构造域转化阶段(陆内造山和盆地收缩)、陆相盆地伸展发育阶段、断块发展阶段]3个大的演化阶段。每个发展阶段，都由重大的地质事件所组成，华北、扬子与苏鲁造山带3个地区的地质演化特征见表3-9至表3-11。

表 3-9 江苏省及上海市大地构造演化阶段划分表（华北陆块区）

构造阶段	构造旋回	地质时代	构造单元	构造属性	沉积作用特征	火山作用特征	侵入作用特征	变质作用特征	变形构造特征	成矿特征	成矿作用时段	主要矿产类型
滨太平洋构造体系发展阶段	喜山期	E—Q		造山后拉张	河湖相、海陆交互相碎屑沉积	局部有基性火山活动	局部基性岩脉侵入		断裂	沉积火山		沉积型砂金矿
	燕山晚期	K		造山后拉张	主要为中基性—酸性火山岩建造，河湖相碎屑岩沉积性质	以基性—中酸性山岩、火山碎屑岩为主	基性—中酸性侵入岩体发育	接触变质作用	断裂	侵入、火山、复合	K_1	岩浆热液型矿床 矽卡岩型矿床
	燕山中期	J_3		挤压造山	陆相粗碎屑岩为主，具塔拉石建造	局部有酸性火山岩及火山碎屑岩	中酸性侵入岩发育	接触变质作用	断裂	侵入、复合	J_3	矽卡岩型矿床 岩浆热液型矿床
	燕山早期	J_1—J_2		挤压造山	缺失		以基性、中基性岩脉侵入为主	接触变质作用				
	印支期	T		挤压	缺失				褶皱、断裂			
沉积盖层形成与发展阶段	海西期	C—P	鲁西陆块	拉张、陆表海盆地碳酸盐台地	碎屑岩-碳酸盐岩沉积（含煤）沉积、海陆交互相为主				陆块内部褶皱、断裂	沉积、复合		煤
	加里东期	S—D		挤压	缺失		基性-超基性岩体侵入					
		∈—O		拉张，形成碳酸盐台地	碳酸盐岩-碎屑岩沉积建造			接触变质作用	褶皱、断裂	沉积、复合		
	晋宁期	Pt_3		造山后拉张	碎屑岩-碳酸盐岩沉积建造		以基性岩脉状侵入为主	接触变质作用	褶皱、断裂	沉积、复合		
		Pt_2		造山后剥蚀	缺失							
华北克拉通形成阶段	吕梁期—五台期	Pt_1		汇聚、造山	斜长角闪岩-黑云变粒岩-磁铁石英岩建造。主要有泰山岩群	中基性火山作用强烈	广泛的 TTG-花岗质-碱长花岗质岩浆侵入，少量基性-超基性岩体	角闪岩相-麻粒岩相	多期褶皱变形、强烈的构造置换和韧性剪切变形	沉积变质、复合	Ar_4—Pt_1	鞍山式沉积变质型铁矿
		Ar_{3-4}										

表3-10 江苏省及上海市大地构造演化阶段划分表（秦祁昆造山系）

构造阶段	构造旋回	地质时代	构造单元	构造属性	沉积作用特征	火山作用特征	侵入作用特征	变质作用特征	变形构造特征	成矿特征	成矿作用时段	主要矿产类型
滨太平洋构造体系发展阶段	喜山期	E—Q		造山后拉张	河湖相，海陆交互相碎屑沉积	局部有基性火山活动	局部基性岩脉侵入		断裂	沉积、火山		沉积型砂金矿
	燕山晚期	K		造山后拉张	主要为中基性—中酸性火山岩建造，河湖相碎屑沉积建造	以基性—中酸性火山岩、火山碎屑岩为主	基性—中酸性岩脉侵入岩体发育	接触变质作用	断裂	侵入、复合	K_1	岩浆热液型矿床砂卡岩型矿床
	燕山中期	J_3		挤压造山	沉积缺失		中酸性侵入岩发育	接触变质作用	断裂	侵入型		
	燕山早期	J_1—J_2		挤压造山	沉积缺失		以基性、中基性岩脉侵入为主	接触变质作用	断裂	侵入型		
沉积盖层形成与发展阶段	印支期	T	大别—苏鲁造山带	挤压造山	沉积缺失			动力变质	褶皱、断裂、韧性剪切带			
	海西期	C—P		?	沉积缺失							
		S—D		?	沉积缺失							
	加里东期	∈—O		?	沉积缺失							
造山带成形阶段	晋宁期	Pt_3		汇聚、造山	中酸性火山岩-类复理石沉积变质建造	中酸性火山作用		低绿片岩相	韧性剪切带	沉积、复合		
		Pt_2		伸展裂谷	碎屑岩-中基性火山岩沉积变质建造，含磷	中基性火山作用		高绿片岩相	韧性剪切带等	沉积、变质	Pt_2	海州式磷矿
	吕梁期—五台期	Pt_1		汇聚、造山	表壳岩为碳酸盐岩-碎屑岩沉积变质建造	基性、中酸性火山岩	早期为中酸性侵入，晚期则以基性-超基性岩岩脉为主	角闪岩相，局部榴辉岩相	褶皱变形，韧性变形构造	沉积变质、侵入	Pt_1	鞍山式铁矿岩浆型矿产
		Ar_{3-4}										

表 3-11 江苏省及上海市大地构造演化阶段划分表（扬子陆块区）

构造阶段	构造旋回	地质时代	构造单元	构造属性	沉积作用特征	火山作用特征	侵入作用特征	变质作用特征	变形构造特征	成矿特征	成矿作用时段	主要矿产类型
滨太平洋构造体系发展阶段	喜山期	E—Q	下扬子陆块	造山后拉张	河湖相、海陆交互相碎屑沉积	局部有基性火山活动	局部基性岩脉侵入		断裂	沉积、火山、风化淋滤		铁帽型金矿
	燕山晚期	K		造山后拉张	早期为中基性—中酸性火山岩建造，晚期为河湖相碎屑沉积建造	以基性—中酸性山岩、火山碎屑岩为主	基性—中酸性侵入体发育	接触变质作用	断裂	侵入、火山、复合	K_1	岩浆热液型矿床 矽卡岩型矿床 火山岩型矿床
	燕山中期	J_3		汇聚、挤压、造山	陆相粗碎屑岩为主夹少量酸性火山岩，具磨拉石建造性质	中—中酸性火山岩及火山碎屑岩发育	中酸性侵入岩发育	接触变质作用	断裂	侵入、复合	J_3	岩浆热液型矿床 矽卡岩型矿床 火山岩型矿床
	燕山早期	J_1—J_2		汇聚、挤压、拉张	陆相粗碎屑岩—泥砂岩—页岩夹煤层沉积	局部中基性—中酸性火山活动	以基性、中基性岩脉侵入为主	接触变质作用	断裂	侵入、复合		矽卡岩型矿床
沉积盖层形成与发展阶段	印支期	T		挤压、造山、陆表海盆地	碳酸盐岩建造与海陆交互相碎屑岩沉积建造			接触变质作用	褶皱、断裂	沉积		
	海西期	C—P		拉张、陆缘海盆地	碳酸盐岩—碎屑岩沉积建造			接触变质作用	褶皱	沉积		煤
	加里东期	S—D		拉张、陆缘海盆地	碎屑岩建造			接触变质作用	褶皱	沉积		
		∈—O		拉张、陆表海盆地	碳酸盐岩—碎屑岩建造			接触变质作用	褶皱	沉积		
克拉通形成阶段		Pt_3		挤压、造山	碎屑岩—碳酸盐岩建造			接触变质作用	褶皱	沉积、侵入、复合		
	晋宁期	Pt_2		伸展、裂谷	陆缘碎屑岩—中基性—中酸性火山沉积岩等	中基性—中酸性火山作用		绿片岩相变质	韧性剪切带等	沉积、变质		

1. 结晶基底与克拉通形成阶段

华北陆块结晶基底主要为新太古界泰山岩群，形成于五台-吕梁旋回。新太古代时该区处于强烈的活动阶段，海底火山活动广泛，沉降幅度大，堆积了巨厚的复理石和细碧角斑岩建造，吕梁旋回末伴随着汇聚造山作用，区内地壳遭受强烈变质变形改造，发生了大规模的区域性混合岩化作用，并伴有强烈的中酸性岩浆岩的侵入作用。

苏鲁造山带结晶基底主要为新太古界—古元古界东海岩群，中元古界锦屏岩群、张八岭岩群，中新元古界云台岩群，形成于五台-吕梁旋回及晋宁旋回；东海岩群是原岩系海相细碧角斑岩建造，经历了超高压高角闪岩相-榴辉岩相变质变形改造，吕梁旋回末伴随着汇聚造山作用，区内发生了大规模的混合岩化和中酸性岩浆岩的侵入作用，其后于晋宁旋回该区经历了一个伸展扩张至汇聚收敛的过程。锦屏岩群原岩为中基性火山岩、含磷碎屑岩及碳酸盐岩建造，属伸展性裂谷边缘海沉积；张八岭岩群原岩为细碧-石英角斑岩系，属海底火山喷发-沉积岩系；云台岩群原岩为一套中酸性—酸性火山-碎屑沉积变质的产物，属汇聚性大洋边缘海相沉积。晋宁旋回末随着苏胶古洋的闭合与俯冲造山作用拼贴形成苏鲁造山带，共同经历了超高压—高压变质作用，期后苏鲁造山带整体抬升，经历了一个长期的抬升与剥蚀过程。

扬子陆块结晶基底主要为中元古界埤城岩群、上溪岩群、金山岩群，形成于晋宁旋回，主要为区域变质低绿片岩相变质岩系，原岩为碎屑岩、泥质-碳酸盐岩及基性—中酸性火山岩和火山碎屑岩建造，形成于大陆边缘火山（岛）弧的构造环境。晋宁旋回是扬子陆块区大陆地壳发展过程中的一个最重要阶段，它使扬子陆块基底大部分固结并全面回返成为统一的结晶基底。晋宁旋回构造运动主要表现为挤压褶皱变形及不均衡抬升，导致埤城岩群广泛发生变质变形作用，形成变质基底的近东西向褶皱，并使变质结晶基底整体上隆。

2. 沉积盖层形成与发展阶段

五台—吕梁旋回末，华北陆块区整体抬升，缺失中元古代沉积，仅局部于新元古代青白口纪开始接受沉积，之后华北陆块相对稳定，进入沉积盖层形成与发展阶段，区内岩浆活动与构造作用均较弱，地壳活动主要以升降运动为主。自新元古代至印支构造旋回，华北陆块区经历了多次升降运动（徐淮上升、宿县上升、华北上升、鲁中上升、苏皖上升），造成地层间的假整合或地层缺失，尤其是华北上升和苏皖上升，明显造成华北陆块缺失志留系—下石炭统及三叠系。

晋宁旋回形成了扬子陆块区统一的结晶基底，此后自南华纪至三叠纪扬子陆块区亦以垂向增生作用为主，进入沉积盖层形成与发展阶段，区内岩浆活动与构造作用均较弱，地壳活动主要以升降运动为主。该时期发育了一套稳定类型的沉积岩石组合，主要为浅海相、海陆交互相和陆相的碳酸盐岩及砂页岩沉积建造。各地层之间均为平行不整合—整合接触，反映出不同规模和级别的稳定的地壳升降运动。地壳稳定升降的构造格局造成海水进退和海陆变迁，使沉积中心不断迁移，并形成不同规模的沉积间断。三叠纪末的印支运动使本区褶皱隆起，进入地壳活动的新阶段。

而此时苏鲁造山带可能一直处于挤压抬升过程中，缺失沉积记录。

3. 滨太平洋构造体系发展阶段

自三叠纪开始，省域处于中亚-特提斯构造域向滨太平洋构造域转化阶段，构造运动主要表现为陆内挤压造山、沉积盆地收缩，沉积环境由海相逐渐过渡为海陆交互相，三叠纪仅于下扬子陆块中局部沉积了碳酸盐岩沉积建造与海陆交互相碎屑岩沉积建造。

三叠纪末的印支运动结束了本区稳定的构造发展历史，由于受太平洋板块侧向俯冲的影响，构造演化进入了大陆边缘活动带的新阶段。该阶段以断裂-断块运动为主，并伴有强烈的岩浆活动，随着构造运动的发展和太平洋板块运动方式的改变，构造活动性质由早期的挤压剪切逐渐转变为晚期的以张剪作用为主。

在三叠纪末的印支运动褶皱隆起的基础上，早、中侏罗世，即燕山旋回早期，区内局部下沉接受沉积，形成河湖相含煤碎屑岩沉积建造；晚侏罗世—早白垩世，即燕山旋回中期，是中国大陆边缘活动带构造最为活跃的时期之一，区内发生了强烈的断裂作用，并引起较为广泛的岩浆喷溢和侵入事件，同时在局限盆地中沉积了早、晚两套陆相碎屑岩系，该时期构造变形以断裂构造的强烈活动及地壳水平挤压为特征，形成了一系列逆掩推覆构造。在晚白垩世，即燕山旋回晚期，由于构造应力场的改变，导致构造活动极性的反转，由挤压剪切型构造活动阶段转为张剪型构造活动阶段。该阶段由于断裂活动的继续加剧，在原来北东向、近东西向弧形构造的基础上，进一步发展或产生了北东—北东东向和北西向断裂，由此构成了本区断块运动的基本格局，并在断（坳）陷盆地中堆积了巨厚的红色粗碎屑岩系的类磨拉石山前堆积建造。

地质演化进入新生代，地壳运动发生了新的变化，主要表现为沉积盆地的萎缩和断隆作用的进一步加剧。喜马拉雅旋回早期，构造运动以断陷盆地的进一步继承性发展为特征，继承了晚白垩世末的南北构造分区特征，且使隆起更隆，坳陷更坳，沉积了一套以湖相为主的海陆交替相泥岩沉积建造及河湖相碎屑岩建造，并伴有多旋回玄武岩浆活动。古近纪末早喜马拉雅运动使古近纪地层褶皱、隆起并遭受剥蚀。新近纪构造运动在古近纪断块运动的基础上继续发展，具有明显的继承性和差异性，控制了新近纪沉积作用及岩浆活动，在古近纪坳陷的基础上沉积了巨厚的河湖相砂泥岩沉积，在相对隆起区少量山间盆地中沉积了河流相的砂砾岩，同时，深大断裂的发育导致了区内新近纪广泛的玄武岩喷发。第四纪以来，地壳运动总体上呈沉降趋势，由于全球性多旋回气候影响，区内沉积了一套以多旋回河湖相为主的陆相地层，并夹有多次海侵层。新近纪以来的新构造运动在区内表现强烈，主要以继承性断裂活动和差异性升降运动为特征。

第四章　区域地球物理、地球化学、遥感、自然重砂地质解释

第一节　重力资料地质解释

一、区域重力特征

江苏省布格重力异常复杂，由西北向东南，异常呈波浪式变化。以郯城-庐江断裂带东界断裂重力梯级带响水口-淮阴断裂重力梯级带为界，将江苏省重力异常划分为江苏西北部重力异常区、江苏东北部重力异常区和江苏中南部重力异常区，分别与华北陆块区、秦祁昆造山系和扬子陆块区3个一级构造单元区内部分对应。

江苏西北部重力异常区总体场值偏低，异常强度变化幅度较小。丰县—沛县一带，异常以东西向展布为主，由东、西两个局部重力高组成弧形重力高带，宽约20km，南、北两侧均为梯级带，南侧梯级带更为醒目，重力高南、北两侧分布敬安重力低和欢口重力低；徐州—邳县地区，布格重力异常变化平缓，异常值西低东高，由邳州重力高、大吴(贾汪)-八义集(巡庄)重力低、徐州-睢宁重力平缓异常带和新沂-宿迁重力低等局部重力异常组成。

江苏东北部重力异常区包括郯城-庐江断裂带东界断裂以东、响水口-淮阴断裂以北的江苏东北部地区，布格重力异常整体呈北东向带状展布，场值较高，可细分出桃林-城头重力低带、连云港-东海-新沂重力高带和灌云-泗阳重力低带。桃林-城头重力低异常由桃林、城头两个次级重力低构成，区域上为桃林-日照(山东)北东向串珠状重力低异常带的江苏省内部分；连云港-东海-新沂重力高走向北东，局部异常展布方向多为北东向，重力高值带中有一醒目的重力低异常，分别在颜集(沭阳)、穆圩形成两个次级重力低中心，异常等值线南稀北密，两侧均有梯级带，北侧尤为明显；灌云-泗阳重力低带呈北东向展布，等值线疏缓，有两个低值中心，分别在灌云和泗阳附近。

江苏中、南部重力异常区包括响水口-淮阴断裂以南的江苏中部和南部地区。区内重力异常复杂，高、重力低异常相间分布，轴向多变。苏中北部地区，异常形态自西向东呈帚状撒开，由滨海重力高、盱眙-建湖重力高、淮阴重力高、洪泽重力低、涟水重力低、阜宁重力低、盐城重力低等局部块状、带状重力高和重力低异常组成；苏中南部地区，重力异常由金湖-高邮-海安重力低带、临泽重力低、大丰重力低、仪征重力低、扬中重力低、江都重力高、泰州重力低凸起、菱塘桥重力低凸起和黄桥重力低凸起组成，异常形态复杂，轴向多变；苏南西部地区，重力异常以北北东向与近东西向线状异常组合为主，由江浦-六合-天长高值异常带、句容-溧水-高淳重力高带，南京-镇江-埤城高值异常带和宁芜(北段)相对重力低构成；苏南东部地区，重力异常以等轴状异常为主，由南通块状异常和常州-苏州异常带组成。

二、区域重力资料地质解释

重力资料在矿产资源潜力评价工作中,对划分地质构造单元、推断断裂构造、圈定隐伏岩体、识别盆地、解释地层等方面具有独特的作用和价值,尤其是针对矿产资源潜力评价中隐伏、半隐伏构造和岩浆岩的揭示,重力异常信息及其解释成果更加显得重要和必要。

1. 重力异常特征分区与地质构造单元划分

纵观江苏省及上海市陆域布格重力异常图(图 4-1)和江苏省及上海市陆域剩余重力异常图(图 4-2),由西北向东南,重力异常呈波浪式变化。丰县、沛县地区,异常以东西向带状为主,场值有正有负。向东至徐州一带,以平缓异常为主要特征,强度减弱,正、负异常皆有分布。连云港地区,异常以北东向、北北东向正异常为主,唯沭阳盆地反映为醒目的负异常。苏中地区,北部以高值重力正异常为主,正异常规模大,间夹块状和条带状重力低;南部重力异常特征正好相反,强度急剧下降,以负异常为主,负异常规模大,其间分布有较小规模的块状和条带状重力高。苏南地区(含上海市)则以高值重力异常为主,间夹规模较小的块状和条带状重力低,异常轴向多变。

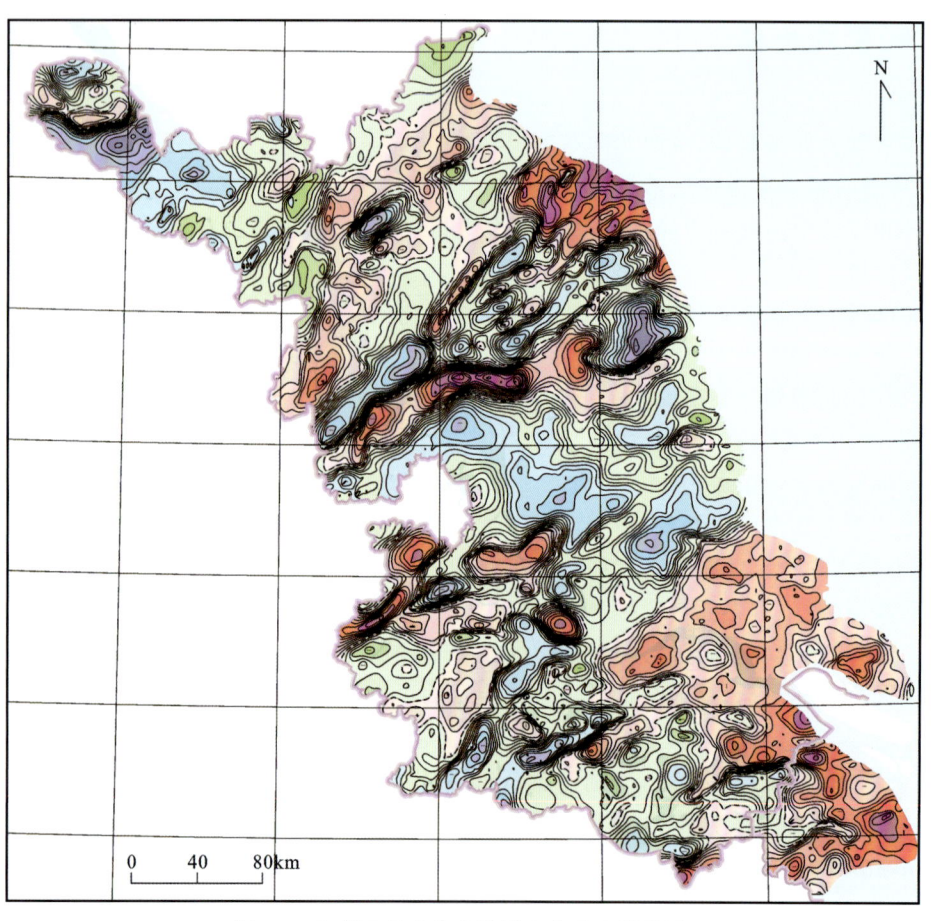

图 4-1　江苏省及上海市陆域布格重力异常图

基于布格重力异常、剩余重力异常规模大小、形态差异和强度、梯度变化,以郯城-庐江断裂带东界断裂重力梯级带和响水口-淮阴断裂重力梯级带为界,将江苏省及上海市重力异常划分为江苏西北部重力异常区、江苏东北部重力异常区和江苏中南部(含上海市)重力异常区,分别与华北板块、秦岭中央造山带和扬子板块 3 个一级构造单元区内部分对应。根据 3 个重力异常区内的重力异常特征变化进一步

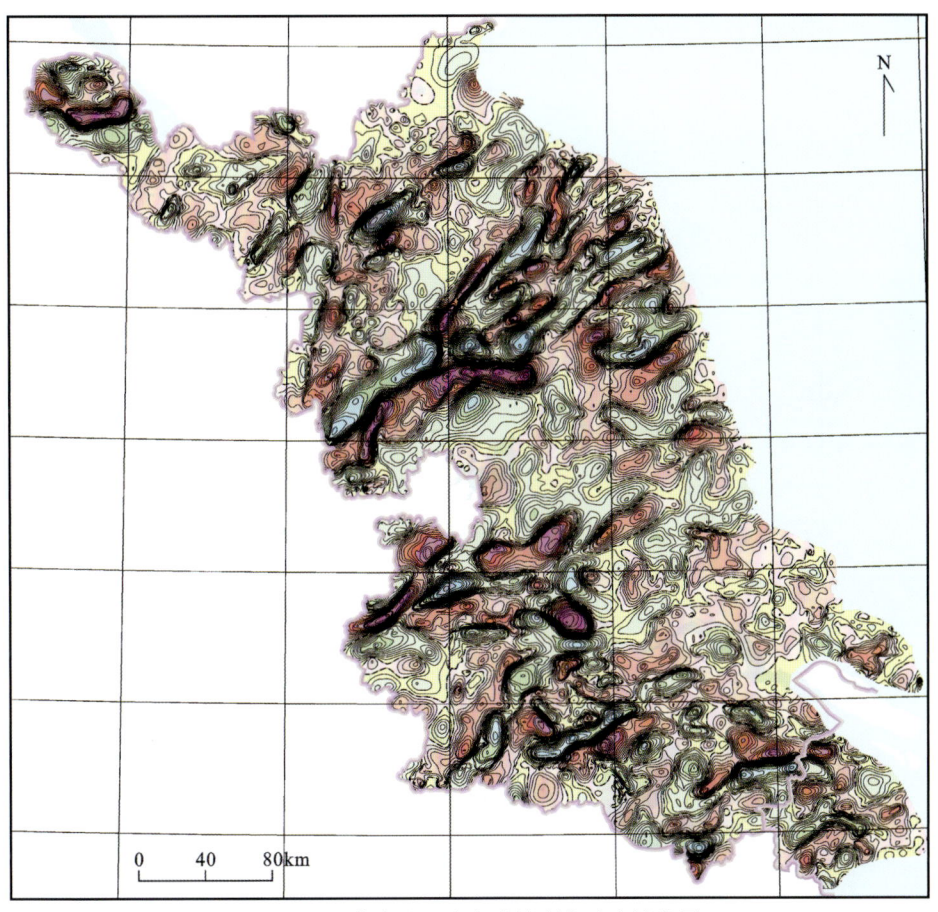

图 4-2 江苏省及上海市陆域剩余重力异常图

划分出 3 个二级构造单元、4 个三级构造单元和 9 个四级构造单元（表 4-1，图 4-3）。其中一级、二级构造单元分别与地质背景研究课题组依据印支-燕山期后断块构造特征划分的华北陆块区、秦祁昆造山系、扬子陆块区 3 个一级大地构造分区单元和胶辽陆块、大别-苏鲁造山带、下扬子陆块 3 个二级构造分区单元相对应。

表 4-1 重力异常推断构造单元一览表

一级构造单元	二级构造单元	三级构造单元	四级构造单元
华北板块（I₁）（华北陆块区）	徐淮台坳（II₁）（胶辽陆块）	丰县-邳县断坳（III₁）（鲁西碳酸盐岩台地、郯城-庐江断坳）	丰县-沛县断坳（IV₁）（丰县-沛县断块）
			徐州-(宿县)弧形断褶束（IV₂）（徐州-宿县、邳县-睢宁断褶束）
			新沂-宿迁断陷（IV₃）（新沂-宿迁断陷）
秦岭中央造山带（I₂）（秦祁昆造山系）	大别-苏鲁造山带（II₂）（大别-苏鲁造山带）	苏北-胶南台拱褶带（III₂）（苏鲁造山带）	东海-赣榆大复背斜（IV₄）（苏北-胶南断块）
			泗阳-灌云大复向斜（IV₅）（连云港-泗洪断块）
扬子板块（I₃）（扬子陆块区）	下扬子台坳（II₃）（下扬子陆块）	盐城-南京台拱褶带（III₃）（苏皖前陆盆地）	苏北断陷（IV₆）（苏北断块）
			镇江-溧水断隆（IV₇）（滁巢断块、镇江-溧水断块）
		南通-苏州陷褶带（III₄）（怀玉山-天目山被动陆缘）	南通断块（IV₈）（南通、江阴-昆山、启东断块）
			常州-苏州断块（IV₉）（太湖断块、滆湖断块、吴江断块）

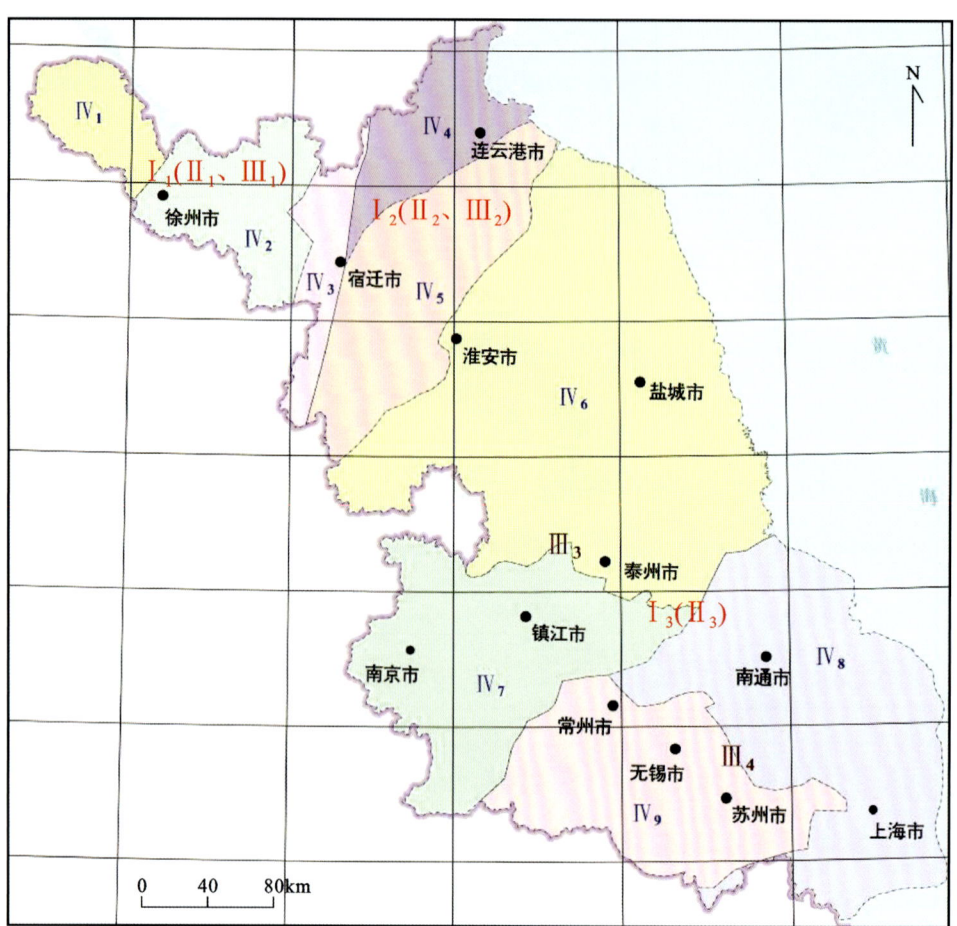

图 4-3　江苏省及上海市陆域重力划分构造单元图

2. 盆地

盆地构造推断主要依据 1∶50 万、1∶25 万、1∶5 万布格重力异常和剩余重力异常特征,首先按重力异常定性解释方法确定平面位置,然后用总项目提供的 RGIS 软件对推断盆地进行二维半剖面反演,计算盆地基底顶界面的深度。推断盆地构造的主要标志为:第四系覆盖区具一定规模的重力低异常。

省域范围共推断中、新生代沉积盆地 26 处(表 4-2,图 4-4),规模不等,轴向多变,苏中、苏南分布居多,图 4-4 中盆地构造编号的含义为类别码-省简称-编号。

表 4-2　重力推断沉积盆地一览表

编码	名称	编码	名称
P 苏-000001	四户凹陷	P 苏-000014	仪征凹陷
P 苏-000002	龙苴(穆圩)凹陷	P 苏-000015	句容凹陷
P 苏-000003	颜集(沭阳)凹陷	P 苏-000016	直溪(金坛)凹陷
P 苏-000004	五港(涟水)凹陷	P 苏-000017	奔牛凹陷
P 苏-000005	洪泽凹陷	P 苏-000018	常州凹陷
P 苏-000006	板闸(涟水)凹陷	P 苏-000019	祝塘凹陷
P 苏-000007	钦江(涟水)凹陷	P 苏-000020	锦丰凹陷
P 苏-000008	阜宁凹陷	P 苏-000021	桠溪凹陷

续表 4-2

编码	名称	编码	名称
P苏-000009	射阳(盐城)凹陷	P苏-000022	徐舍凹陷
P苏-000010	金湖凹陷	P苏-000023	白茆凹陷
P苏-000011	大丰凹陷	P苏-000024	甪直凹陷
P苏-000012	高邮凹陷	P苏-000025	震泽凹陷
P苏-000013	海安凹陷	P沪-000026	松江凹陷

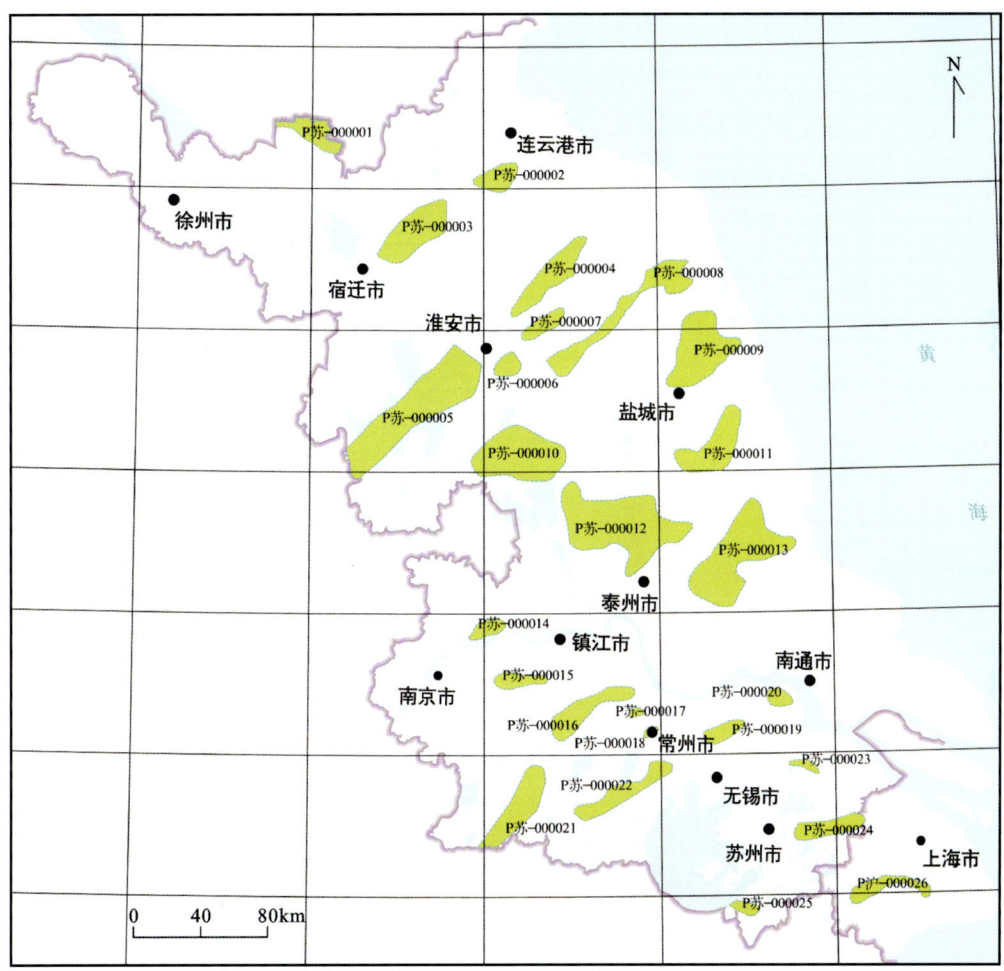

图 4-4 江苏省及上海市重力推断盆地构造图

3. 断裂

断裂构造推断主要依据 1：50 万、1：25 万、1：5 万布格重力异常和剩余重力异常特征，省级推断断裂构造见表 4-3 和图 4-5，有东西向、南北向、北东向(含北北东及北东东向)和北西向 4 组，北东向构造数量较多，从物理场的展布和相互错动关系上来看，东西向断裂形成时间较早，北东向、北西向次之。

表 4-3 重力推断断裂构造一览表

编码	名称	编码	名称
F苏-1-8	河口-铁佛沟断裂	F苏-15	大仪断裂
F苏-2-9	丰县-金乡(山东)断裂	F苏-16-48	江都断凸北侧断裂

续表 4-3

编码	名称	编码	名称
F苏-3-10	九里山断裂	F苏-17-50	江都断凸南侧断裂
F苏-4-21	高家-新庄断裂	F苏-18-54	宁镇沿江断裂
F苏-5-22	邳县-骆马湖断裂	F苏-19-54	南京-溧阳断裂(西北段)
F苏-6-1	郯庐断裂带(新沂-泗洪段)	F苏-20-58	方山-小丹阳断裂
F苏-7-25	邵店-桑墟断裂	F苏-21-4	茅山断裂
F苏-8-2	响水口-淮阴断裂	F苏-22-5	金坛-如皋断裂
F苏-9-34	盱眙-千秋断裂	F苏-23-49	泰县-海安断裂(东段)
F苏-10-35	桂五-射阳湖断裂	F苏-24-60	徐舍-扬市断裂
F苏-11-33	泗阳-宝应断裂	F苏-25-61	苏州-无锡断裂
F苏-12-36	博里-沙村断裂	F苏-26-6	湖州-昆山断裂
F苏-13	竹镇断裂	F苏-27	枫泾-梅陇断裂
F苏-14-3	江浦-冶山断裂		

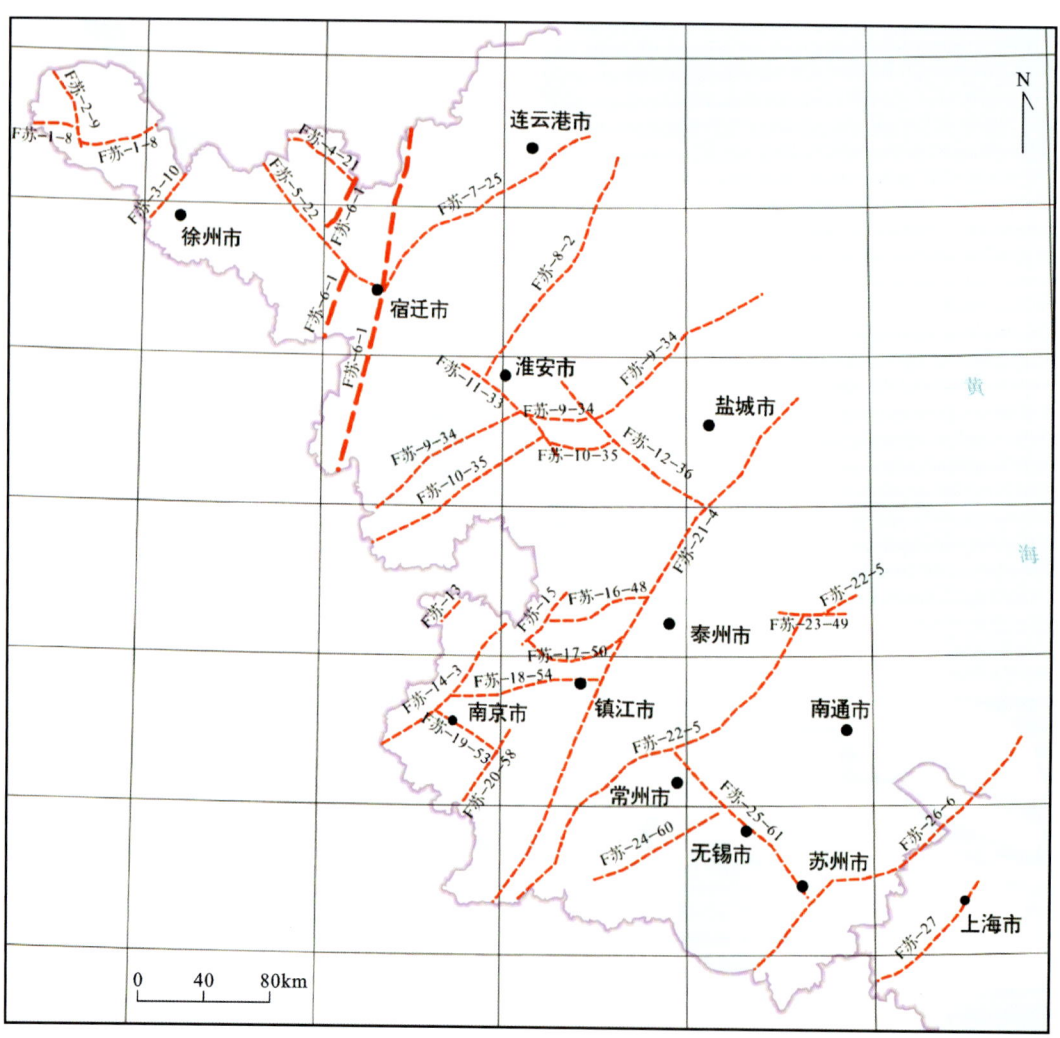

图 4-5 江苏省及上海市重力推断断裂构造图

4. 岩体

省级重力推断地质构造图中,推断中酸性侵入岩体 16 个,基性、超基性岩体 6 个(表 4-4,图 4-6),编码的含义为类别码-省简称-编号,其中 S 为中酸性岩体类别码,J 为基性、超基性岩体类别码。

表 4-4　重力推断主要岩体一览表

编码	名称	编码	名称
S苏-01	成头岩体	S苏-15	苏州岩体
S苏-02	桃林岩体	S苏-16	高桥岩体
S苏-08	高资岩体	J苏-03	蒋王庙岩体
S苏-14	庙西岩体	J苏-06	周铁岩体

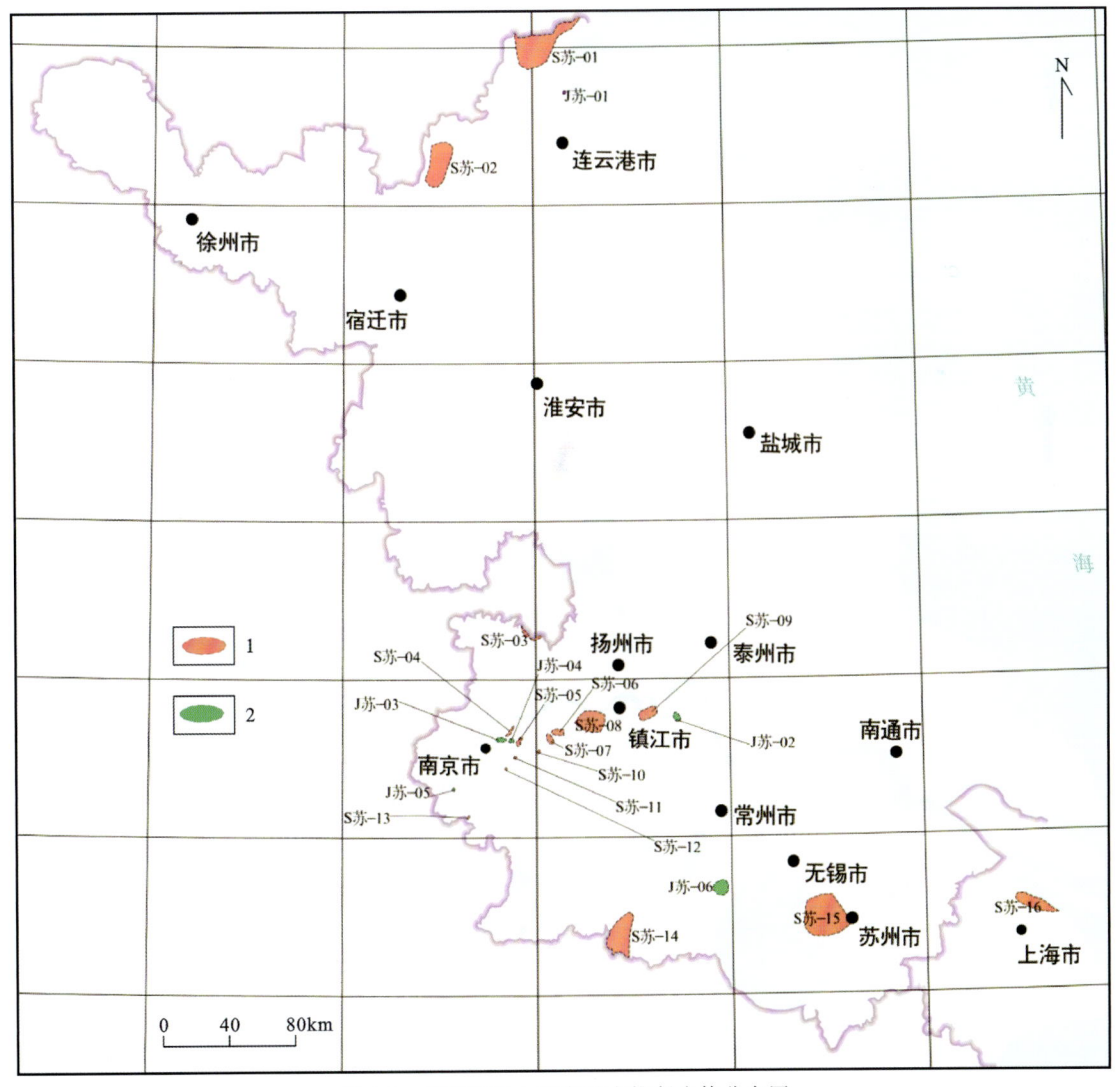

图 4-6　江苏省及上海市重力推断岩体分布图
1.推断中酸性岩体;2.推断基性、超基性岩体

第二节 磁测资料地质解释

一、区域磁异常特征

纵观1:50万江苏省及上海市航磁 ΔT 等值线平面图(图4-7),航磁异常有分区的特点:郯城-庐江断裂带(江苏段)东界断裂以西,磁场以块状异常为主;郯城-庐江断裂带东界断裂以东和六合—扬州—海安一线以北的广大覆盖区,磁场平静,呈区域性的正负相间异常特征;六合—扬州—海安一线以南地区,异常形态复杂,走向多变,磁场显示岩浆岩分布广泛,构造发育。依据磁场强度、走向、梯度及异常形态将区内航磁异常划分为3个区,它们是徐州块状正负变化异常区、苏北平缓变化异常区和苏南(含上海市)复杂异常区。

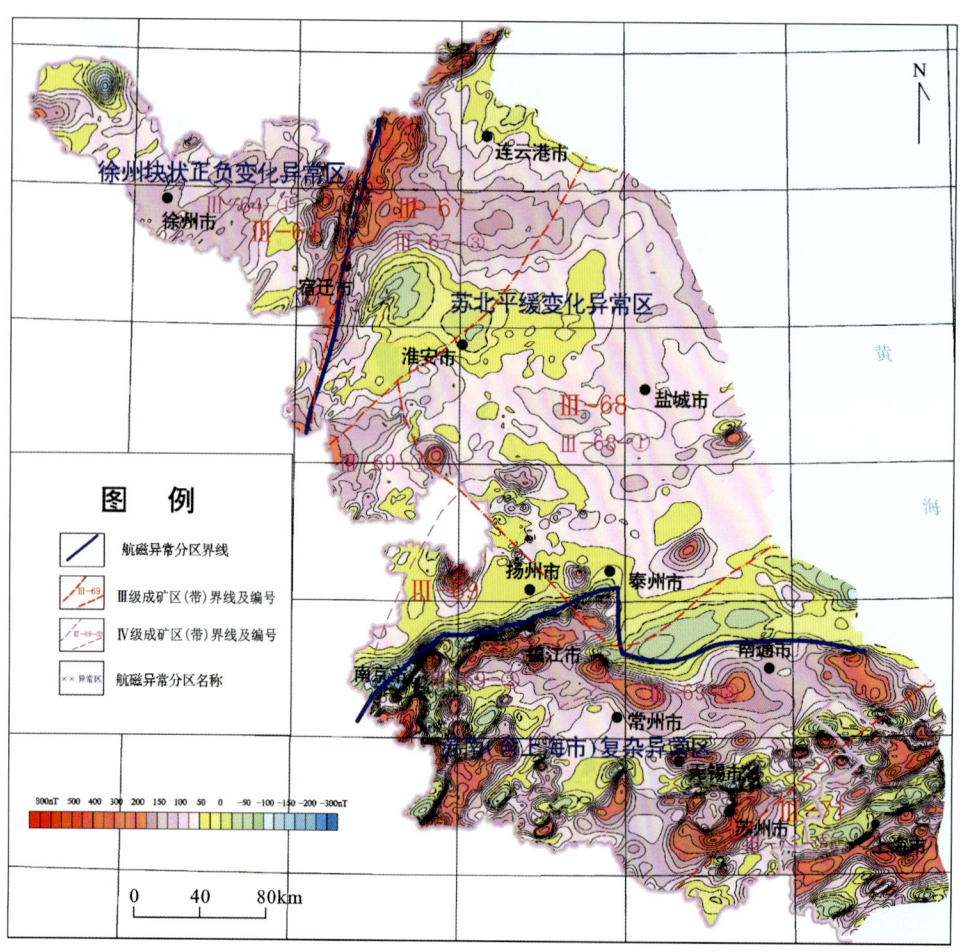

图4-7 江苏省及上海市航磁 ΔT 异常分区示意图

徐州块状正负变化磁异常区包括丰县、沛县、徐州、邳县、宿迁等市县,由西向东磁场值逐渐增大,局部异常逐渐增多,异常轴向由近东西向逐渐转为北东向、北北东向。丰县—沛县一带,磁异常呈东西向的宽缓低值正异常带,强度50～100nT;徐州—邳县一带,磁场呈宽大块状升高异常特征,最大等值线圈100nT,其上叠加有近于平行的线状异常,轴向北东东向和北东向;睢宁地区,磁异常普遍表现为平静的负磁场,强度一般在-100～-20nT之间,南部负值较北部大;新沂—宿迁一线,磁异常总体呈北北东向展布,强度100～300nT,异常规模和强度向南逐渐变小和减弱。

苏北平缓变化异常区位于郯城-庐江断裂带东界断裂以东,北抵江苏省界,南至六合—扬州—海安一线。磁场表现为平缓变化的特征,强度一般不超过±50nT,局部异常甚少。东海—赣榆一带背景场宽缓,场强20～80nT,其上叠加有较多的局部异常,异常轴向北东或北北东,大多强度不大,但在异常区北部及东海西侧,局部异常强度可高达500nT以上,呈北东向条带状展布,向西南与郯庐断裂汇聚;连云港—淮阴一带,磁异常以负场为主,异常极其平稳单调,局部异常主要分布在云台山、灌云县扬集和泗阳县城一带,异常以北东走向为主;洪泽—盐城—滨海一带,以区域性升高异常为主要特征;高邮—东台一线,磁异常以负场为主,异常平缓单调,局部异常少且方向性差,盱眙南侧,异常杂乱,局部异常多而不规则,异常轴向以北北东向、北东向为主。

苏南(含上海市)复杂异常区绝大部分在长江以南,包括南京—南通、宁芜(北段)—溧水—溧阳和无锡—苏州(含上海市)地区。南京—南通一线,磁异常呈一条正负伴生、以负为主的宽大异常带,北侧负磁场宽缓,强度一般为-300～-100nT,南侧正磁场梯度较大,强度为4～100nT,其上分布有较多的具明显走向的局部异常;宁芜(北段)—溧水—溧阳异常带一线,负背景场上出现陶吴异常带、溧水异常带和溧阳异常带;无锡—苏州(含上海市)地区,在一片平静的负异常中出现一系列的较规则的正异常凸起,它们是无锡正异常带、苏州环状带异常、丁蜀正异常带和沙溪正异常带。

二、区域磁测资料地质解释

(一)地质构造单元特征

1. 华北陆块南缘重磁场区

该重磁场区分布在郯庐断坳带东界的西部省域内。邳县北东一线,丰沛东西一带为重力高带,呈$(14～35)×10^{-5}ms^{-2}$高值异常区,其他为北东向或北西向相对低场区,伴有明显的北西向切割错动,影响分布格局。磁场总的呈东高西低的正磁场背景区,异常区分布在郯庐断坳带、利国、潘塘、丰沛等地。综合区域重磁场特征和构造单元划分,可划分为丰沛重磁异常区、徐邳重磁异常区、新沂-泗洪重磁异常区。据区内重磁场特征、异常高低,分布轮廓划分的小区同四级构造单元基本相符。

2. 苏北造山变质带重磁场区

该重磁场区西以郯庐断坳带东界为界,南东以盱眙-响水断裂为界的区域重力场上,除沭阳断凹为明显重力低外,总的表现为平缓正场,场值在$(14～24)×10^{-5}ms^{-2}$范围间变化,局部异常小而缓,没有明显的重力梯度带,泗洪-临洪口见一北东向重力高值带,南西宽缓,北东窄,带内见双沟重力高,洪泽、沭阳重力低。同五级构造单元(断凹、断隆)相对应。区域磁场大致以王庄—东海—赣榆石桥一线为界,西部为强磁场区,为深变质岩东海岩群、东海杂岩的反映;东南为平缓变化磁场区,向南东逐渐变为负场,仅连云港、灌云、泗洪等地分布有零星局部异常。据此,可划分为同四级构造单元相协调的东海-赣榆和泗阳-连云港两大磁场区。

3. 下扬子陆块重磁异常区

该重磁场区分布在盱眙-响水断裂以南的苏中和苏南,重磁场特征变化复杂,重力异常,局部磁异常总体为带状,北东—北东东向展布,且受北西向断裂切割,错扭变化控制分布的格局,据重磁场特征和地质背景,可划分为4个重磁场区。

(1) 苏中坳陷重磁场区：区内北部呈较强烈的正负相间变化重力异常区，含盱眙-建湖重力高(断凹)、响水重力高小区(断隆)、阜宁-盐城重力低小区(断凹)。南部总体呈近东西向重力低带为中新生代断凹分布区，中心在金湖、高邮、海安、东台等地。磁场显示为平静背景，仅在大丰、海安等地附近见局部由喜马拉雅期火山岩引起的局部异常。

(2) 滁县-巢湖重磁场区：盱眙、江浦-六合处于该区东部，总体呈重力高特征，见两条重力高带，分布在江浦—大厂-冶山(断褶束)和盱眙-建湖(断褶束)一带，区内磁场平缓，在盱眙南部、冶山—天长见有局部异常分布(火山岩)。

(3) 沿江断褶带重磁异常区：西北以长江断裂为界，东至江南断裂为界，重磁异常复杂，以北东向展布、高低相间变化为特征。区内磁场背景值较高，局部磁异常规模大，异常强而陡，综合重磁场特征和地质分区有：扬州重(高)磁(低)区(断隆)、宁镇重磁同高区(断褶束)、埤孟重磁同高区(断褶束)、宁芜重磁同高区(断凹)、句容-溧水平缓重磁场区(断凹)、茅山重磁变异带(断褶束)、直溪桥-桠子桥重磁同低区(凹陷)。

(4) 皖东南-太湖(苏州西部)断褶带重磁场区：以江阴—常熟—启东为界，东北为南通重力高区(断块)，西南部苏州西部宜溧地区为重力高低相间变化异常区，磁异常平缓呈北东向分布，江阴—启东见有局部平缓磁异常。据区内重磁场特征有：金坛-常州低缓重磁场区(凹陷)、宜溧重缓重磁高区(断褶束)、太湖重磁相间变化场区(断块)、江阴-南闸平缓重磁场区(断块)、南通重磁场区(断块)。

综上所述，重磁场分区与地质构造单元分区大体一致，具体各大场区的分区同地质上四级构造单元也基本相符。

(二) 断裂构造格架特征

按矿产资源潜力评价磁测资料应用技术要求中断裂构造划分方法和依据，结合江苏省及上海市区域地质资料，利用航磁成果资料，在省级1：50万磁法推断地质构造图中共推断断裂构造43条，其中一级断裂4条，二级断裂22条，三级断裂17条(图4-8)。

磁法推断的断裂构造十分复杂，按其方向大致可分为近东西向、北东向、北西向和近南北向4组。以北东向和东西向占主导，南北向、北西向断裂也较发育，其中以北东向郯庐断裂、近东西向长江深断裂和高邮-东台断裂规模为最大，以下予以叙述。其他断裂特征详见表4-5。

1. 郯庐断裂

郯城-庐山深断裂带，断裂的西、东界编号分别为苏F-0004和苏F-0005，该断裂规模大，是亚洲东部的主要断裂之一。许多文献都有论述，它是由航磁首先发现，北段越过郯城经沂水、入莱州湾，跨渤海达东北伊通、舒兰抵依兰，往北东延入俄罗斯，向南经庐江至宿松。江苏段在航磁ΔT平面等值线图中显得十分清楚。郯庐断裂在江苏省内总体呈NE10°～20°走向，断裂带有若干条断裂组成的断裂破碎带，宽窄变化较大，一般都在10余千米，在航磁图上反映为一条变化剧烈的升高正异常带。当磁场上延不同高度直至40km时仍清晰可见。

2. 长江深断裂

长江深断裂编号为苏F-0029，位于江苏省中南部，本省范围经南京市栖霞区以西的曹家边、龙潭至镇江一线，东端延伸至靖江—通州一带。航磁ΔT平面等值线图中反映该断裂是苏北平缓变化异常区与苏南复杂异常区的界线，航磁异常表现为一条复杂的正负磁异常带，以负为主，负值可达-200nT。该断裂在不同高度的上延磁场上均有很好的反映，这与其切割较深有关。

表 4-5　江苏省及上海市磁法推断断裂构造数据表

断裂编号	出露情况	断裂级别	断裂构造走向	断裂长度(km)	断裂构造磁场标志
苏 F-0001-1	隐伏	二级断裂	NEE	35.8	不同场区分界线,异常梯度带
苏 F-0001-2	隐伏	二级断裂	NEE	24.8	不同场区分界线,异常梯度带
苏 F-0002	隐伏	二级断裂	NE	26.8	不同磁场区的分界线
苏 F-0003	隐伏	二级断裂	NNE	56.3	不同磁场区的分界线
苏 F-0004	半隐伏	一级断裂	NEE	79.8	条带状、串珠状异常
苏 F-0005	半隐伏	一级断裂	NNE	174.5	条带状、串珠状异常
苏 F-0006	隐伏	二级断裂	NNE—NE	81.5	条带状、串珠状异常
苏 F-0007	隐伏	二级断裂	NE	85.3	不同场区分界线,异常梯度带
苏 F-0008	隐伏	三级断裂	NE	139.3	磁异常梯度带
苏 F-0009	隐伏	三级断裂	NE—NEE	32.4	异常错动带
苏 F-0010	隐伏	三级断裂	NE	23.6	磁异常梯度带
苏 F-0011-1	隐伏	二级断裂	NE	68.5	不同磁场区的分界线
苏 F-0011-2	隐伏	二级断裂	NE	174.4	不同磁场区的分界线
苏 F-0012	隐伏	二级断裂	NE	104.9	不同磁场区的分界线
苏 F-0013	隐伏	三级断裂	NEE—NE	60.1	不同磁场区的分界线
苏 F-0014	隐伏	三级断裂	EW—NEE	60.4	线性异常带
苏 F-0015	隐伏	三级断裂	NNE	18.0	磁异常梯度带
苏 F-0016	隐伏	三级断裂	NE—NEE	63.1	异常错动带
苏 F-0017-1	隐伏	二级断裂	NE	12.7	串珠状磁异常带
苏 F-0017-2	隐伏	二级断裂	NE	55.0	串珠状磁异常带
苏 F-0017-3	隐伏	二级断裂	NE—NEE	60.9	串珠状磁异常带
苏 F-0018	隐伏	三级断裂	NE	48.8	磁异常梯度带
苏 F-0019	隐伏	三级断裂	NE	48.1	磁异常错动带
苏 F-0020	隐伏	二级断裂	NE	78.5	线性异常带
苏 F-0021	半隐伏	三级断裂	NEE	134.9	异常错动带
苏 F-0022	半隐伏	二级断裂	NE	67.1	串珠状磁异常带
苏 F-0023	半隐伏	二级断裂	NE	91.2	串珠状磁异常带
苏 F-0024	隐伏	二级断裂	NE	108.9	磁异常梯度带
苏 F-0025	隐伏	二级断裂	NNE—NE	42.3	磁异常梯度带
苏 F-0026	隐伏	三级断裂	EW	35.0	磁异常错动带
苏 F-0027	隐伏	三级断裂	EW	53.6	不同磁场分区界线
苏 F-0028	隐伏	一级断裂	EW—NE	245.0	不同磁场分区界线
苏 F-0029-1	半隐伏	一级断裂	NEE	170.9	不同磁场区的分界线,磁异常的变化带
苏 F-0029-2	隐伏	一级断裂	EW	138.6	不同磁场区的分界线,磁异常的变化带
苏 F-0030-1	半隐伏	二级断裂	NEE	116.7	不同磁场区的分界线,磁异常的变化带
苏 F-0030-2	隐伏	二级断裂	NEE	93.3	不同磁场区的分界线,磁异常的变化带
苏 F-0031	半隐伏	二级断裂	NEE—NE	309.2	磁异常梯度带,线性异常带,磁异常的变化带
苏 F-0032	隐伏	二级断裂	NW	53.6	磁异常错动带
苏 F-0033-1	隐伏	二级断裂	NW	31.2	不同磁场区分界线

续表 4-5

断裂编号	出露情况	断裂级别	断裂构造走向	断裂长度(km)	断裂构造磁场标志
苏 F-0033-2	隐伏	二级断裂	NW	65.8	不同磁场区分界线
苏 F-0033-3	隐伏	二级断裂	NW	61.0	不同磁场区分界线
苏 F-0034	隐伏	三级断裂	NW	44.2	磁异常梯度带
苏 F-0035	隐伏	三级断裂	NW	69.0	串珠状磁异常带
苏 F-0036	隐伏	二级断裂	NW	75.5	串珠状异常带
苏 F-0037	半隐伏	二级断裂	NW	32.9	磁异常错动带
苏 F-0038	隐伏	三级断裂	NW	73.6	磁异常错动带
苏 F-0039	隐伏	二级断裂	NW	150.3	磁异常梯度带
苏 F-0040	隐伏	三级断裂	NW	69.9	线性异常带
苏 F-0041	隐伏	三级断裂	NW	158.4	磁异常错动带
苏 F-0042	半隐伏	二级断裂	NW	140.8	磁异常梯度带
苏 F-0043	隐伏	二级断裂	SN	250.8	串珠状磁异常带

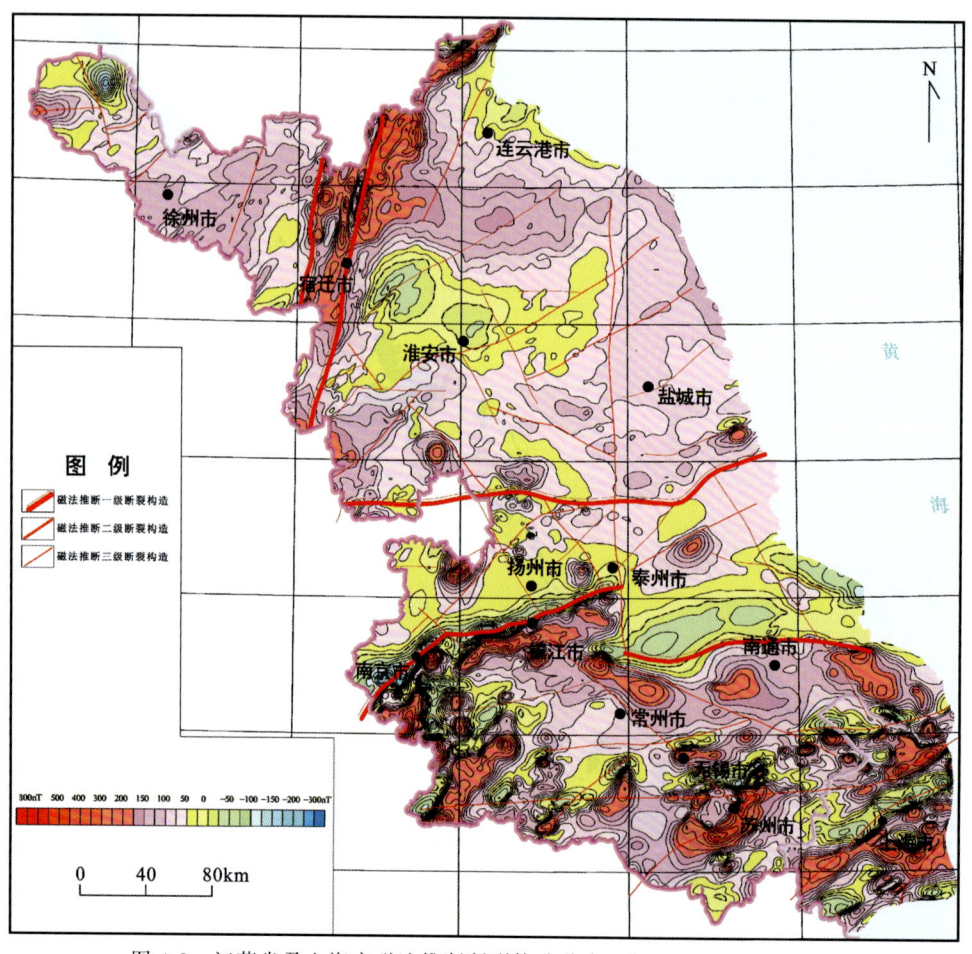

图 4-8　江苏省及上海市磁法推断断裂构造分布及航磁 ΔT 磁场特征图

航磁 ΔT 化极上延后的磁场图断裂两侧磁场差异巨大，说明其两侧的地质环境截然不同。断裂带以南据其磁场特征结合宁镇地区的物性成果，存在一个巨型中酸性岩基，而北侧以负磁场为主的磁场特征反映了仪征凹陷盆地沉积厚度大的特点。

3. 高邮-东台断裂

高邮-东台断裂编号为苏 F-0028,它是省内规模最大的断裂之一,在省内长约 245km。自西向东从嘉山、高邮过东台入海。航磁反映为不同磁场的分界线,以北为平缓的正负块状磁场分布区,以南相对降低到负背景为特点。在嘉山—高邮一线以南局部异常十分发育,指示此断裂明显控制该区岩浆活动。当磁场上延不同高度时,仍然显示为一条东西向线性梯度带。

(三) 岩浆岩分布特征

侵入岩往往成群成带分布,因此往往形成磁异常群或磁异常带。岩浆岩带的边界通常采用以化极磁异常的梯度陡变带为岩体的边界;对规模较小的磁性体,采用化极磁异常一阶导数零值线圈定;对规模较大的磁性体,采用化极磁异常二阶导数零值线圈定。对岩体本身无磁性,但因接触带蚀变后磁性增强而引起磁异常时,通常使用环状化极磁异常内侧的梯度陡变带来圈定。

1. 侵入岩分布特征

本次磁法推断侵入岩体主要在前人成果的基础上进行,充分利用区域地质、航磁资料,同时还借鉴了有关重力工作成果。在江苏省及上海市磁法推断地质构造图中,共推断各类侵入岩体 125 处,其中基性—超基性岩类 2 处,中基性岩类 11 处,中酸性岩类 111 处,酸性岩类 1 处(图 4-9),各侵入岩体特征见表 4-6。

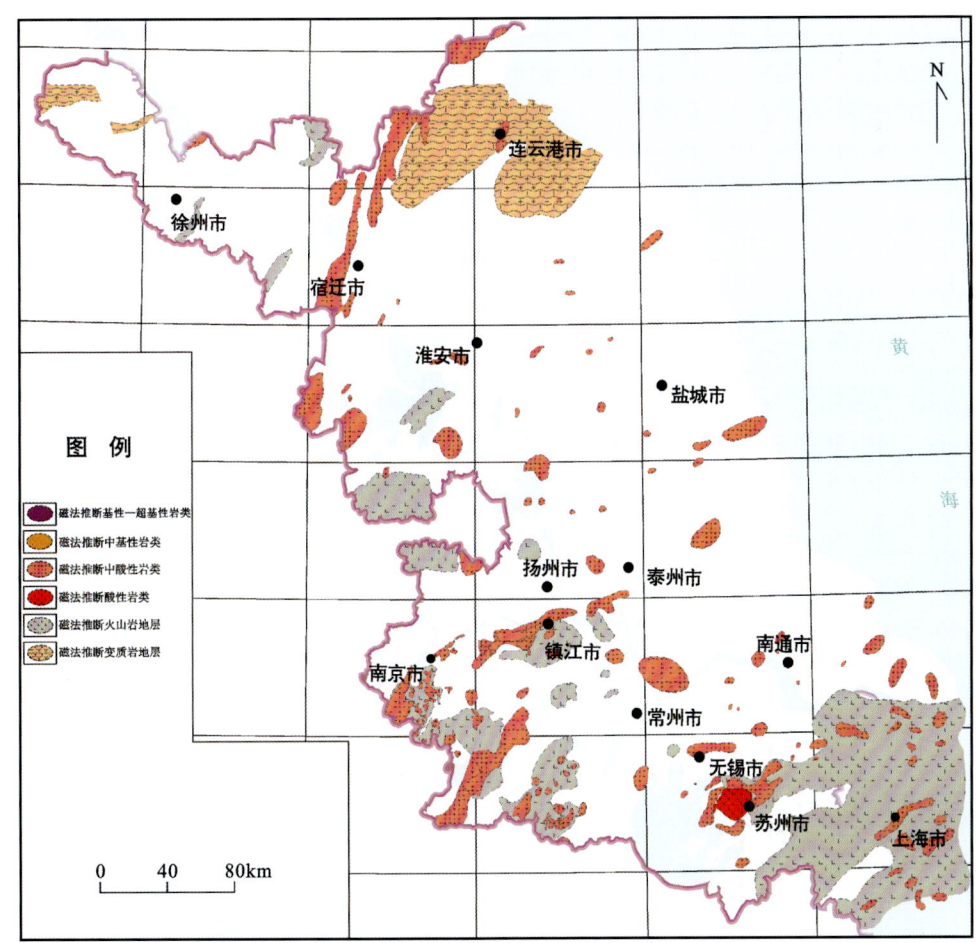

图 4-9 江苏省及上海市磁法推断侵入岩、火山岩、变质岩分布特征示意图

磁法推断侵入岩主要分布在长江深断裂以南苏南（含上海市）复杂磁异常区及郯庐断裂带附近地区，以中酸性侵入岩体为主，江苏中部南通、六合、连云港及徐州利国等地也有零星分布，是江苏省及上海市铁、铜、铅锌、金等矿产的成矿母岩；宁芜、溧水地区广泛分布中基性侵入岩体，与该区域铁等矿产形成有密切的关系。

2. 火山岩带的分布特征

利用磁测资料圈定火山岩的范围主要取决于火山岩本身与围岩之间的磁性差异，而火山岩岩性十分复杂，磁性变化大，此外火山岩又往往与侵入岩相互交叠出现，所以利用磁测资料区分它们变得相当困难。按磁测资料应用技术要求中火山岩圈定依据与方法，本次磁法推断火山岩主要结合江苏省及上海市区域地质资料，参考磁异常特征、物性资料圈定。省级磁法推断地质构造图共推断各类火山岩地层16处，磁法推断火山岩地层主要分布在长江深断裂以南苏南（含上海市）复杂磁异常区（宁镇、宁芜、溧水、宜溧、苏州、上海）、江苏中部六合、盱眙及徐州、邳州以北等地，磁场上表现为杂乱的异常特征。推断火山岩地层属性特征见属性数据表（表4-7）。

表4-6　江苏省及上海市磁法推断侵入岩体数据表

侵入岩体编号	侵入岩体类型	出露情况	侵入岩体顶面投影面积（km²）	侵入岩体磁场标志
苏 I-0001	中酸性岩类	半隐伏	224.4	椭圆状异常，正负伴生异常，北东部分在山东境内
苏 I-0002	中酸性岩类	出露	33.9	椭圆状异常，梯度较缓
苏 I-0003	中酸性岩类	隐伏	97.1	椭圆状异常
苏 I-0004	中酸性岩类	隐伏	570.6	条带状异常
苏 I-0005	中酸性岩类	出露	593.2	条带状异常
苏 I-0006	中酸性岩类	半隐伏	76.3	条带状异常
苏 I-0007	中酸性岩类	隐伏	0.0	弱小异常
苏 I-0008	中酸性岩类	隐伏	65.8	弱小异常
苏 I-0009	中酸性岩类	隐伏	15.3	弱小异常
苏 I-0010	中酸性岩类	隐伏	5.0	弱小异常
苏 I-0011	中酸性岩类	隐伏	12.3	弱小异常
苏 I-0012	中酸性岩类	隐伏	10.9	弱小异常
苏 I-0013	中酸性岩类	隐伏	277.8	异常的北东部分，异常主体在安徽境内
苏 I-0014	中酸性岩类	隐伏	14.5	弱小异常
苏 I-0015	中酸性岩类	隐伏	14.0	弱小异常
苏 I-0016	中酸性岩类	隐伏	47.4	弱小异常
苏 I-0017	中酸性岩类	隐伏	25.5	弱小异常
苏 I-0018	中酸性岩类	隐伏	10.6	弱小异常
苏 I-0019	中酸性岩类	隐伏	5.2	弱小异常
苏 I-0020	中酸性岩类	隐伏	213.8	异常的北东部分，异常主体在安徽境内
苏 I-0021	中酸性岩类	隐伏	186.4	圆形异常
苏 I-0022	中酸性岩类	隐伏	11.1	弱小异常

续表 4-6

侵入岩体编号	侵入岩体类型	出露情况	侵入岩体顶面投影面积（km²）	侵入岩体磁场标志
苏 I-0023	中酸性岩类	隐伏	133.4	似圆状异常
苏 I-0024	中酸性岩类	隐伏	21.4	弱小异常
苏 I-0025	中酸性岩类	隐伏	11.2	弱小异常
苏 I-0026	中酸性岩类	隐伏	36.9	弱小异常
苏 I-0027	中酸性岩类	隐伏	199.4	椭圆状异常
苏 I-0028	中酸性岩类	隐伏	20.6	弱小异常
苏 I-0029	中酸性岩类	隐伏	17.3	弱小异常
苏 I-0030	中酸性岩类	隐伏	16.7	弱小异常
苏 I-0031	中酸性岩类	隐伏	6.3	弱小异常
苏 I-0032	中酸性岩类	隐伏	11.2	弱小异常
苏 I-0033	中酸性岩类	隐伏	10.3	弱小异常
苏 I-0034	中酸性岩类	隐伏	179.0	椭圆状异常
苏 I-0035	中酸性岩类	隐伏	82.9	椭圆状异常
苏 I-0036	中酸性岩类	隐伏	73.9	似圆状异常
苏 I-0037	中酸性岩类	隐伏	141.8	不规则正负伴生异常
苏 I-0038	中酸性岩类	半隐伏	10.9	条带状正负伴生异常
苏 I-0039	中酸性岩类	半隐伏	2.8	条带状正负伴生异常
苏 I-0040	中酸性岩类	半隐伏	3.8	条带状正负伴生异常
苏 I-0041	中酸性岩类	半隐伏	487.3	条带状正负伴生异常
苏 I-0042	中酸性岩类	半隐伏	21.3	椭圆状异常
苏 I-0043	中酸性岩类	半隐伏	31.5	似圆状异常
苏 I-0044	中酸性岩类	隐伏	68.9	椭圆状正负伴生异常
苏 I-0045	中酸性岩类	隐伏	399.6	椭圆状正负伴生异常
苏 I-0046	中酸性岩类	隐伏	23.8	似椭圆状单个异常组成的环带异常
苏 I-0047	中酸性岩类	隐伏	2.1	似椭圆状单个异常组成的环带异常
苏 I-0048	中酸性岩类	隐伏	48.8	似椭圆状单个异常组成的环带异常
苏 I-0049	中酸性岩类	隐伏	16.6	似椭圆状单个异常组成的环带异常
苏 I-0050	中酸性岩类	隐伏	3.3	似椭圆状单个异常组成的环带异常
苏 I-0051	中酸性岩类	隐伏	5.1	似椭圆状单个异常组成的环带异常
苏 I-0052	中酸性岩类	隐伏	2.3	似椭圆状单个异常组成的环带异常
苏 I-0053	中酸性岩类	隐伏	30.3	弱小异常
苏 I-0054	中酸性岩类	隐伏	81.8	似椭圆状单个异常组成的环带异常
苏 I-0055	中酸性岩类	隐伏	5.6	似椭圆状单个异常组成的环带异常
苏 I-0056	中酸性岩类	隐伏	91.9	似椭圆状单个异常组成的环带异常

续表 4-6

侵入岩体编号	侵入岩体类型	出露情况	侵入岩体顶面投影面积(km^2)	侵入岩体磁场标志
苏 I-0057	中酸性岩类	隐伏	66.3	似椭圆状单个异常组成的环带异常
苏 I-0058	中酸性岩类	隐伏	41.8	似椭圆状单个异常组成的环带异常
苏 I-0059	中酸性岩类	隐伏	101.8	似椭圆状单个异常组成的环带异常
苏 I-0060	中酸性岩类	半隐伏	219.4	条带状异常
苏 I-0061	中酸性岩类	半隐伏	8.7	条带状弱小异常
苏 I-0062	中酸性岩类	半隐伏	9.3	条带状异常
苏 I-0063	中酸性岩类	半隐伏	8.8	条带状异常
苏 I-0064	中酸性岩类	半隐伏	2.2	条带状弱小异常
苏 I-0065	中酸性岩类	半隐伏	5.1	条带状异常
苏 I-0066	中酸性岩类	半隐伏	3.7	条带状弱小异常
苏 I-0067	中酸性岩类	半隐伏	44.1	椭圆状异常
苏 I-0068	中酸性岩类	半隐伏	8.6	椭圆状弱小异常
苏 I-0069	中酸性岩类	半隐伏	27.4	椭圆状异常
苏 I-0070	中酸性岩类	半隐伏	799.0	条带状正负伴生异常
苏 I-0071	中酸性岩类	隐伏	51.0	圆状异常组成大的环带异常
苏 I-0072	中酸性岩类	隐伏	5.8	似椭圆状单个异常组成的环带异常
苏 I-0073	中酸性岩类	隐伏	40.4	似椭圆状单个异常组成的环带异常
苏 I-0074	中酸性岩类	隐伏	5.3	似椭圆状单个异常组成的环带异常
苏 I-0075	中酸性岩类	隐伏	4.5	似椭圆状单个异常组成的环带异常
苏 I-0076	中酸性岩类	隐伏	50.6	似椭圆状单个异常组成的环带异常
苏 I-0077	中酸性岩类	隐伏	22.4	似椭圆状单个异常组成的环带异常
苏 I-0078	中酸性岩类	隐伏	15.6	似椭圆状单个异常组成的环带异常
苏 I-0079	中酸性岩类	隐伏	15.0	似椭圆状单个异常组成的环带异常
苏 I-0080	中酸性岩类	隐伏	15.1	似椭圆状单个异常组成的环带异常
苏 I-0081	中酸性岩类	隐伏	17.4	似椭圆状单个异常组成的环带异常
苏 I-0082	中酸性岩类	半隐伏	14.0	环状异常中正负伴生的似椭圆状异常
苏 I-0083	中酸性岩类	半隐伏	7.5	环状异常中的弱小异常
苏 I-0084	中酸性岩类	半隐伏	8.7	环状异常中的似椭圆状异常
苏 I-0085	中酸性岩类	半隐伏	13.4	环状异常中的似椭圆状异常
苏 I-0086	中酸性岩类	半隐伏	5.2	似椭圆状异常组成的环状异常
苏 I-0087	中酸性岩类	半隐伏	13.0	环状异常中的弱小异常
苏 I-0088	中酸性岩类	半隐伏	12.1	环状异常中的弱小异常
苏 I-0089	中酸性岩类	半隐伏	91.4	环状异常中的椭圆状正负伴生异常
苏 I-0090	中酸性岩类	半隐伏	25.4	环状异常中的弱小异常

续表 4-6

侵入岩体编号	侵入岩体类型	出露情况	侵入岩体顶面投影面积（km²）	侵入岩体磁场标志
苏 I-0091	中酸性岩类	半隐伏	21.5	环状异常中的弱小异常
苏 I-0092	中酸性岩类	半隐伏	86.4	环状异常中的似椭圆状异常
苏 I-0093	中酸性岩类	半隐伏	7.2	环状异常中的似椭圆状异常
苏 I-0094	中酸性岩类	半隐伏	147.7	似哑铃状异常
苏 I-0095	中酸性岩类	半隐伏	86.2	似椭圆状正负伴生异常
苏 I-0096	中酸性岩类	隐伏	1.3	弱小异常
苏 I-0097	中酸性岩类	隐伏	28.4	弱小异常
苏 I-0098	中酸性岩类	隐伏	12.2	似椭圆状异常
苏 I-0099	中酸性岩类	半隐伏	277.4	似椭圆状单个异常组成的环带异常
苏 I-0100	中酸性岩类	半隐伏	122.9	似椭圆状单个异常组成的环带异常
苏 I-0101	酸性岩类	半隐伏	271.4	圆形平缓降低磁场
苏 I-0102	中酸性岩类	半隐伏	78.2	似椭圆状单个异常组成的环带异常
苏 I-0103	中酸性岩类	隐伏	32.7	似椭圆状异常
苏 I-0104	中酸性岩类	隐伏	167.3	似椭圆状单个异常组成的环带异常
苏 I-0105	中酸性岩类	隐伏	27.6	似椭圆状单个异常组成的环带异常
苏 I-0106	中酸性岩类	隐伏	66.5	似椭圆状单个异常组成的环带异常
苏 I-0107	中酸性岩类	隐伏	112.1	似椭圆状单个异常组成的环带异常
苏 I-0108	中酸性岩类	隐伏	20.7	似椭圆状异常
苏 I-0109	中酸性岩类	隐伏	28.4	似椭圆状异常
苏 I-0110	中酸性岩类	隐伏	29.8	似椭圆状异常
苏 I-0111	中酸性岩类	隐伏	37.5	似椭圆状异常
苏 I-0112	中酸性岩类	隐伏	32.0	似椭圆状异常
苏 I-0113	基性—超基性岩类	隐伏	6.1	弱小异常
苏 I-0114	基性—超基性岩类	隐伏	11.8	小异常
苏 I-0115	中基性岩类	半隐伏	38.9	似圆状正负伴生异常
苏 I-0116	中基性岩类	半隐伏	8.8	似圆状正负伴生异常
苏 I-0117	中基性岩类	半隐伏	62.9	条带状正负伴生异常
苏 I-0118	中基性岩类	半隐伏	7.1	椭圆状异常
苏 I-0119	中基性岩类	隐伏	12.4	椭圆状异常
苏 I-0120	中基性岩类	半隐伏	15.5	条带状正负伴生异常
苏 I-0121	中基性岩类	半隐伏	8.4	条带状正负伴生异常
苏 I-0122	中基性岩类	半隐伏	4.4	条带状异常
苏 I-0123	中基性岩类	半隐伏	15.8	条带状正负伴生异常
苏 I-0124	中基性岩类	半隐伏	36.6	似椭圆状异常
苏 I-0125	中基性岩类	半隐伏	32.6	似椭圆状异常

表 4-7　江苏省及上海市磁法推断火山岩地层数据表

火山岩地层编号	火山岩地层岩性	出露情况	火山岩地层走向	火山岩地层顶面投影面积(km^2)	火山岩地层磁场标志
苏 L-0001	安山岩类	隐伏	NE	227.2	杂乱异常
苏 L-0002	安山岩类	隐伏	NE	101.6	杂乱异常
苏 L-0003	安山岩类	隐伏	NE	122.6	条带状异常
苏 L-0004	安山岩类	隐伏	NE	307.5	杂乱异常
苏 L-0005	玄武岩类	出露	等轴状	903.0	杂乱异常
苏 L-0006	玄武岩、安山岩类	半隐伏	等轴状	385.0	杂乱异常
苏 L-0007	安山岩类	隐伏	等轴状	123.5	杂乱异常
苏 L-0008	安山岩类	半隐伏	NE	583.7	杂乱异常
苏 L-0009	安山岩类	半隐伏	NW	141.9	杂乱异常
苏 L-0010	安山岩类	半隐伏	等轴状	1651.4	杂乱异常
苏 L-0011	安山岩类	隐伏	等轴状	143.5	杂乱异常
苏 L-0012	安山岩类	隐伏	等轴状	18.9	杂乱异常
苏 L-0013	安山岩类	隐伏	NEE	22.7	杂乱异常
苏 L-0014	安山岩、流纹岩类	半隐伏	等轴状	1088.4	杂乱异常
苏 L-0015	安山岩类	隐伏	等轴状	36.9	弱异常
苏 L-0016	流纹岩、安山岩类	半隐伏	NE	9723.1	杂乱异常

(四)变质岩地层分布特征

按矿产资源潜力评价磁测资料应用技术要求中变质岩地层圈定依据与方法,本次磁法推断变质岩地层划分主要在前人成果的基础上进行,结合江苏省及上海市区域地质、航磁资料,同时还借鉴了有关重力工作成果。省级共推断变质岩地层 3 处(见图 4-9),分布在徐州丰沛及连云港—东海地区,推断变质岩地层属性特征见表 4-8。

表 4-8　江苏省及上海市磁法推断变质岩地层数据表

ID 号	变质岩地层编号	变质岩地层岩性	出露情况	变质岩地层走向	变质岩地层顶面投影面积(km^2)	变质岩地层磁场特征
1	苏 M-0001	片麻岩	隐伏	EW	260.2	一定强度正异常
2	苏 M-0002	片麻岩	隐伏	EW	109.3	低强度正异常
3	苏 M-0003	片麻岩	半隐伏	NE	4921.0	一定强度正异常

第三节 地球化学资料地质解释

一、区域地球化学特征

(一) 地层岩石地球化学特征

1. 华北陆块区

本区淮河群至石炭系各地层中元素(氧化物)的分配具有如下特点(表4-9):

(1) 淮河群 Zn、Bi、Ga 明显贫化;Ba 明显富集;Mo 特别富集。

(2) 震旦系 Cd、Sr 明显贫化;Ga、Mn、Ge、MgO 明显富集;Sn、Li 特别富集。

(3) 寒武系 Ti、Cr、Ge(Sb、W、B)特别贫化;Pb、Cu、Ba、Be、Zr(As、Th、Nb、In、Yb、Na_2O)明显贫化;Sr 明显富集;CaO 特别富集。

(4) 奥陶系 Fe_2O_3、Mn、Ti、Cr、Ge、V(La、SiO_2)特别贫化;Ba、Zr、P、Al_2O_3(Sc、Y、K_2O)明显贫化;MgO 明显富集;Bi、CaO 特别富集。

(5) 石炭系 MgO 特别贫化;Pb、Cd、Ba、Ga、Ti、Zr、Ni、Co、Ge(Au、As、Sb、F、B、Y、In、Tl、P、K_2O、Na_2O)明显富集;Bi、Sn、Li、V、Fe_2O_3、Al_2O_3(Ag、U、Sc、La、Ce、Yb、SiO_2)特别富集。以泥质岩为主的石炭系是富集元素最多的一个地层单位。

表4-9 华北陆块区地层元素或氧化物丰度表

元素或氧化物	石炭系	奥陶系	寒武系	震旦系	淮河群	元素或氧化物	石炭系	奥陶系	寒武系	震旦系	淮河群
Ag	0.076	0.035	0.037			P	300	112	184	249	183
As	5.2	4.0	2.8			Pb	32	20	8	13	13
Au	0.45	0.23	0.24			Sb	1.11	0.69	0.21		
B	48	33	14			Sc	11.0	2.2	3.1		
Ba	225	60	90	120	288	Sn	2.26	0.94	0.79	2.11	0.77
Be	1.91	1.55	0.94	2.21	1.30	Sr	243	161	336	73	105
Bi	0.47	0.59	0.20	0.16	0.11	Th	20	16	10		
Cd	0.186	0.096	0.082	0.050	0.071	Ti	3370	238	526	2480	1273
Ce	74	32	32			Tl	0.37	0.22	0.19		
Co	9.5	3.7	4.0	6.2	4.1	U	3.23	0.73	0.59		
Cr	44.2	3.7	11.1	43.8	46.1	V	73.4	7.3	17.5	57.1	24.1
Cu	21	24	14	27	19	W	2.7	4.5	1.1		
F	510	312	354			Y	22.9	8.1	14.3		
Ga	15.5	8.9	9.1	13.2	6.4	Yb	5.5	2.0	1.3		
Ge	0.61	0.17	0.12	0.60	0.40	Zn	49	41	55	50	24
Hg	0.066	0.293	0.142			Zr	180	29	56	108	89

续表 4-9

元素或氧化物	石炭系	奥陶系	寒武系	震旦系	淮河群	元素或氧化物	石炭系	奥陶系	寒武系	震旦系	淮河群
In	0.087	0.052	0.030			Al_2O_3	11.69	0.72	1.24	3.89	2.18
La	33.8	5.8	13.1			CaO	17	39	42	13	16
Li	64	12	13	51	11	Fe_2O_3	3.37	0.32	0.85	1.54	1.52
Mn	555	94	438	636	218	K_2O	0.94	0.27	0.50		
Mo	1.3	1.1	1.0	1.5	7.8	MgO	0.74	6.19	3.06	5.55	3.55
Nb	25	29	19			Na_2O	0.063	0.033	0.020		
Ni	19.3	7.7	10.1	11	9	SiO_2	37.8	3.3	7.3		

注：表中丰度单位氧化物含量单位为％，Au 含量单位为 $\times 10^{-9}$，其他元素含量单位均为 $\times 10^{-6}$。

2. 苏鲁造山带

微量元素地球化学特征如表 4-10 所示。

(1) 云台岩群。与石桥岩组及东海岩群各组比较，云台岩群 Mn 含量相对较高，Co 含量相对较低。

该组微量元素 Pb、Be、Ce、Yb、Y、Ga 的丰度高于地壳克拉克值，丰度系数分别为 2.3、2.1、1.6、1.3、1.1、1.02，为相对较富集的元素；它们的变异系数均较小，说明其离散程度相对较小，元素的分配基本不受岩性变化的控制。Mn、Ti、V、Co、Ni、Cu 和 Sr 的丰度值均很低，丰度系数在 0.06～0.35 之间，说明这些元素极为贫化；Ba 和 Cr 的丰度系数分别为 0.74 和 0.53，也显示出贫化的特点。

(2) 石桥岩组。与云台岩群及东海岩群各组比较，石桥岩组 Ti、V、Cr、Co、Ni、Sr、Ba、P、Li、Sc 含量相对较高，Mn、Pb、Ga、Th 含量相对较低。

该组元素丰度高于地壳克拉克值的有 Ba、Ce、Pb、Th、Be、La，丰度系数在 1.2～2.5 之间，Ti、Cr、Zn、Ga、Nb、Sc、Y、P 相对贫化，丰度系数在 0.5～0.9 之间；Ni、Co、Cu、V、Yb、Sr、Mn 更为贫化，丰度系数从 0.05～0.06 之间。从变异系数来看，Cu、Ga、Be、Yb 离散程度较大，而 Ti、V、Cr、Sr、Ba 离散程度较小。在石桥岩组内，也反映出元素性质和岩石类型的亲和性，铁族元素在片岩内和变质黏土岩类岩石中明显增高。

表 4-10　苏鲁造山带变质地层微量元素丰度表

元素	云台岩群	石桥岩组	东海岩群	元素	云台岩群	石桥岩组	东海岩群
Pb	28	19	27	Ni	6.6	36.0	7.2
Zn		49	34	Co	2.0	12.0	3.1
Cu	13	14	7.5	V	14.0	65.0	9.4
Ba	288	1011	685	Th		8.7	14.0
Sr	29	121	75	Nb		12	15
Be	2.7	1.9	2.3	Sc		10.0	2.4
Li		20	192	La	37	48	26
Ga	18	11	17	Ce	68	78	62
Mn	437	86	224	Y	27	18	23
Ti	1355	3496	900	Yb	3.6	1.2	2.8
Cr	58	100	76	P		669	175

注：含量单位均为 $\times 10^{-6}$。

(3)东海岩群胭山组。与云台岩群、石桥岩组及东海岩群其他各组比较,胭山组 Th 含量相对较高,Mn、Ti、V、P、Cu、Zn、Ba、Be、Li、Nb、Sc、La、Y 含量相对较低。

该组微量元素中 Th、Pb、Be、Ce 为贫化元素,丰度系数小于1。Ga 的丰度系数为0.9,其他各元素的丰度系数均小于0.5,而 Ti、V、Mn、Sr、Sc、P 丰度系数均小于0.1,显示为极度贫化的特点。

3. 扬子陆块区

本区震旦系至白垩系各地层中元素(氧化物)的分配具有如下特点(表4-11):

(1)震旦系 U 明显贫化;Ba、MgO 明显富集。

(2)寒武系 Zn、Cu、Sb、Bi、W、Ti、Zr、V、Sc 特别贫化;Pb、Ba、Sn、Be、Li、Ga、B、Mn、Cr、Ni、Th、Nb、La、Ce、Y、Yb、Ge 明显贫化;Ag、Hg、U、P 明显富集。寒武系是贫化元素最多的一个地层单元。

(3)奥陶系 Zr 特别贫化;Pb、Sn、Be、Ti、Nb、Ge、K_2O、SiO_2 明显贫化;Ag、As、Sb、Cd、Ba、CaO 明显富集;Hg 特别富集。

(4)志留系 CaO 特别贫化;Mo、Hg、Sr 明显贫化;Zn、Bi、B、Cr、Ni、K_2O 明显富集。

(5)泥盆系 MgO、CaO、Na_2O 特别贫化;Mo、Hg、F、Sr、Mn、Nb 明显贫化,无富集元素。

(6)石炭系 Sb、Na_2O 特别贫化;Pb、Zn、F、Ba、Sn、V、P、Ga 明显贫化;Cd、Li、Fe_2O_3、MgO 明显富集;Be 特别富集。

(7)二叠系 Tl 特别贫化;Pb、Zn、F、Ba、Sn、V、P、Ga 明显贫化;Cd、Li、Fe_2O_3、MgO 明显富集;Be 特别富集。

(8)三叠系 Mo、Hg、P、SiO_2 明显贫化;Nb、CaO 明显富集。

(9)侏罗系 CaO 特别贫化;Pb、Mo、As、Ba、Sn、W、Cr、Ti、Na_2O、K_2O 明显富集。以火山岩为主的侏罗系是富集元素最多、贫化元素最少的一个地层单元。

表4-11 扬子陆块区地层元素或氧化物丰度表

元素或氧化物	白垩系	侏罗系	三叠系	二叠系	石炭系	泥盆系	志留系	奥陶系	寒武系	震旦系
Ag	0.092	0.076	0.076	0.120	0.063	0.077	0.071	0.197	0.121	0.082
As	4.8	33.9	4.4	14.6	3.9	5.3	10.3	17.7	10.6	7.7
Au	0.73	0.71	0.61	0.92	0.49	0.54	0.79	1.13	0.49	0.67
B	29	36	39	51	48	52	73	27	19	33
Ba	591	665	246	343	189	266	391	720	135	622
Be	2.25	1.94	1.92	2.60	14.87	1.50	2.28	1.00	0.98	1.81
Bi	0.26	0.63	0.28	0.30	0.12	0.26	0.41	0.15	0.05	0.13
Cd	0.096	0.128	0.119	0.471	0.221	0.109	0.093	0.258	0.094	0.097
Ce	87	68	47	62	44	52	79	37	20	54
Co	7.1	9.3	12.4	10.4	11.8	5.7	14.2	8.2	4.6	10.1
Cr	43	123	47	92	71	59	115	38	26	64
Cu	76	27	21	62	25	21	28	33	8.7	25
F	502	624	511	520	229	263	578	456	386	678
Ga	12.5	15.2	8.1	15.9	9.3	8.3	12.9	8.8	5.3	13.2
Ge	0.53	0.66	0.40	0.99	0.30	0.66	0.90	0.21	0.19	0.73
Hg	0.065	0.068	0.026	0.102		0.028	0.017	0.230	0.111	0.040
In	0.038	0.057	0.038	0.035		0.032	0.028			0.048

续表 4-11

元素或氧化物	白垩系	侏罗系	三叠系	二叠系	石炭系	泥盆系	志留系	奥陶系	寒武系	震旦系
La	45	38	23	32	21	29	39	20	10	25
Li	26	19	21	31	41	21	28	22	11	26
Mn	448	455	340	240	493	231	389	735	145	394
Mo	1.18	5.14	0.77	2.58	1.48	0.76	0.63	1.92	2.33	1.75
Nb	14.6	13.6	25.0	16.1	13.0	9.1	13.4	9.8	8.0	16.8
Ni	13	15	27	27	23	14	40	15	8	23
P	467	513	303	582	190	506	582	461	1208	592
Pb	22.9	37.7	23.5	14.1	6.9	15.3	14.8	7.5	4.6	23.3
Sb	0.56	0.86	0.54	0.98	0.19	0.49	0.44	1.66	0.21	0.62
Sc	5.1	9.8	6.6	8.7	5.6	6.0	10.1	4.3	1.8	8.5
Sn	1.88	3.01	1.48	1.37	0.70	1.83	2.02	0.65	0.38	1.57
Sr	251	157	300	171	232	70	76	260	134	189
Th	16	12	13	18	11	13	17	10	7	12
Ti	2241	3372	1745	3026	2139	2186	3967	1089	398	3136
Tl	0.53	0.53	0.39	0.05		0.28	0.34			0.24
U	2.2	1.8	2.3	1.1		2.2	2.4	2.6	3.9	0.9
V	53	100	49	82	36	46	77	49	12	55
W	3.75	2.69	1.12	1.92	1.08	1.12	1.43	0.95	0.36	1.69
Y	20	21	13	25	17	18	26	18	10	14
Yb	2.9	3.2	1.8	2.8	2.3	2.0	2.8	1.7	1.2	2.0
Zn	61	61	33	96	23	47	91	41	11	71
Zr	214	224	109	182	91	216	233	37	15	131
Al_2O_3	9.9	13.7	5.8	11.2	15.5	6.9	11.5	4.8		7.6
CaO	4.3	1.6	26.9	13.9	16.1	0.3	0.3	26.0		15.9
Fe_2O_3	2.8	5.7	2.4	5.0	7.5	3.4	5.3	2.6		4.2
K_2O	2.7	2.4	1.2	1.6	1.0	1.3	2.6	0.6		1.4
MgO	0.73	1.00	2.20	1.54	3.77	0.31	1.23	2.33		5.19
Na_2O	1.48	2.06	0.37	0.21	0.07	0.06	0.26	0.66		0.51
SiO_2	69	67	28	36		84	74	25		38

注：表中丰度单位氧化物含量单位为%，Au 为 $\times 10^{-9}$，其他元素含量单位均为 $\times 10^{-6}$。

(二) 侵入岩地球化学特征

江苏省岩浆侵入活动以燕山期最强烈，岩类从基性到酸性较为齐全，并且在成因上、时空上与构造和成矿作用关系密切。因此，我们选择了燕山期的雷巷、牛头山、周院、苏州、桃林、其林门、安基山、高资、徐湾、镇江、金山里、条状山及蒋王庙 13 个岩体进行地球化学特征的讨论（表 4-12）。依据侵入岩地球化学特征的实际资料和理论分析，对 13 个岩体的含矿性提出如下看法。

表 4-12 江苏省主要岩体元素或氧化物含量表

岩类	岩体	岩石名称	样品数(件)	Pb	Zn	Cu	Mo	Au	Ag	As	Sb	Bi	Cd	Sr	Sn	SiO$_2$	Al$_2$O$_3$	Fe$_2$O$_3$	MgO	CaO	Na$_2$O	K$_2$O	Na$_2$O+K$_2$O
酸性岩	雷巷	花岗岩	13	12.0	7.1	8.7	0.23		13	1.5	0.20	0.12	50	34	0.86	76.96	12.08	0.83	0.24	0.58	3.31	4.69	8.00
酸性岩	牛头山	花岗斑岩	4	2.1	4.8	11.0	0.23		15	1.5	0.42	0.08	50	177	0.82	72.94	14.92	0.80	0.16	0.38	5.57	3.46	9.03
酸性岩	周院	花岗斑岩	7	13.0	31.0	5.4	2.00	0.38	41	1.5		0.19	33	72		70.61	14.59	1.47	0.38	0.74	3.58	5.52	9.11
酸性岩	苏州	花岗岩	28	24.0	67.0	19.0	1.80	0.64	87	1.0	0.34	0.18	70	29	7.20	74.20	12.94	1.07	0.50	0.89	3.95	4.89	8.84
酸性岩	桃林	花岗闪长岩	2	14.0	52.0	13.0	1.20	2.50	99	0.5	0.63	0.69	57	237	0.76	65.12	14.93	1.91	1.94	3.67	3.70	3.98	7.68
酸性岩	其林门	石英二长斑岩	43	0.9	6.8	9.6	0.41		17	1.7	0.20	0.06	50	133	0.53	67.87	16.69	1.43	0.80	2.26	7.04	1.45	8.49
中酸性岩	安基山	石英闪长斑岩	23	9.1	63.0	36.0	0.66		34	2.7	0.20	0.18	170	557	1.00	65.13	15.72	1.89	1.76	3.04	4.51	2.73	7.24
中酸性岩	高资	石英闪长岩	42	6.6	43	20	0.51		17	1.7	0.20	0.11	60	426	1.40	66.12	15.65	1.60	1.75	3.30	4.14	3.47	7.61
中酸性岩	徐湾	石英闪长岩	65	7.4	33.0	12.0	0.98		21	1.9	0.22	0.06	56	401	0.87	66.35	15.26	1.42	1.85	3.76	4.18	3.17	7.35
中酸性岩	镇江	石英二长岩	9	20.0	46.0	27.0	0.54		33	5.0	0.20	0.14	260	391	1.40	62.35	14.92	1.59	1.63	4.17	2.94	3.29	6.23
中酸性岩	金山里	斑状石英闪长岩	11	109	62.0	24.0	2.00	0.41	30	1.7	0.43	0.30	610	304		61.10	16.53	2.22	2.14	3.91	3.66	3.69	7.35
中性岩	条状山	闪长玢岩	17	5.4	30.0	17.0	0.88		10	12		0.14	130	795	0.59	62.90	16.27	0.77	2.31	4.96	5.32	2.10	7.42
基性岩	蒋王庙	辉长岩	10	2.7	75.0	56.0	1.10		33	1.5	0.20	0.06	50	600	0.85	50.53	17.32	3.82	4.87	7.95	3.81	1.92	5.73

注：表中 Au、Ag、Cd 含量单位为 $\times 10^{-9}$，氧化物含量单位为%，其他元素含量单位均为 $\times 10^{-6}$。

(1)酸性苏州岩体富 K、Na、Si、F,贫 Fe、Mg、Ca;$K_2O>Na_2O$;Ag、Zn、Sn 丰度最高;Pb、Cu、Bi、Mo、W、In、U、Th、Be、Li、Nb、Y、Yb 等元素的丰度系数和标准离差均较大。该岩体有利于寻找有色金属、贵金属、放射性、稀有、稀土及非金属矿产。

(2)中酸性安基山岩体 Na_2O+K_2O 大于中国同类岩石平均值,并在 7~8 之间且接近 7;Cu、Ba 丰度最高,Zn、Bi、Ag、As、Sr 等元素的丰度系数和标准离差均较大。该岩体有利于寻找以铜为主的多金属矿产。

(3)中酸性镇江岩体 Na_2O+K_2O 仍大于中国同类岩石平均值,但小于 7;Pb、Zn、Cd、Bi 等元素的丰度系数和标准离差均较大。该岩体有利于寻找铅、锌、铜、钼、钨等有色金属矿产。

(4)中酸性金山里岩体 Na_2O+K_2O 介于 7~8 之间;Pb、Cd 丰度最高;Zn、Cu、Bi、Mo 等元素的丰度系数和标准离差均较大。该岩体有利于寻找以铅锌为主的多金属矿产。

(5)中酸性高资、徐湾岩体 Na_2O+K_2O 亦介于 7~8 之间,但大于安基山岩体,相对来说,有利于寻找铁矿。

(6)中酸性其林门岩体由于自变质的钠化强烈而使 Na_2O 的含量特别高,达 7.04,强烈的钠化作用可使岩体中的铁游离析出,为铁矿的形成提供物质基础,在岩体边部或构造裂隙带内,由于压力和温度的降低,会使络合物分解而沉淀铁。该岩体有利于寻找铁矿。

(7)中酸性周院、桃林岩体以及中性条状山岩体分别有 Mo、Bi 以及 As 和 Sr 的高丰度值,它们能否形成相应矿产值得探讨。

(8)酸性雷巷岩体富 K、Si,贫 Fe、Mg、Ca;$K_2O>Na_2O$;与苏州岩体的区别是 Na_2O 含量较低且小于中国同类岩石平均值。该岩体能否形成钨锡铍铌矿产亦值得探讨。

(9)酸性牛头山岩体和基性蒋王庙岩体成矿地球化学条件欠缺,不具找矿前景。

(三)水系沉积物地球化学特征

江苏省水系沉积物元素背景值与中国东部陆壳元素含量对比有如下特点(表 4-13):

(1)Co、Cr、Ni、V、Fe、P、Mn 等铁族元素含量普遍偏低或贫化,而与酸性岩有关的元素如 Li、La、Nb、Zr、Th、U、Pb、Si 等普遍增高或富集,这可能与上部陆壳组成有关,即长英质成分较多、铁镁质成分相对较少。

(2)易溶元素 Ca、Mg、Na、Sr、F、Ba 等在水系沉积物中大量淋失而贫化。

(3)As、Ag、Au、B、Cd、Bi、Hg、Sb、Sn、W 等在上地壳聚集的挥发性组分和高度不相容元素在水系沉积物中更加富集,其他元素与陆壳含量基本一致。

与中国水系沉积物元素含量相比,江苏省水系沉积物 Zr、Si 元素含量略微偏高,Ag、Au、Ba、Be、Bi、Cd、F、Hg、Mn、Mo、P、Sb、Sn、Sr、Ti、U、W、Zn、Ca、Mg、K 等元素含量明显偏低,其他元素含量两者基本相当。

表 4-13 江苏省水系沉积物中 39 种元素或氧化物参数特征一览表

元素或氧化物	水系沉积物($n=2428$)						中国水系沉积物	中国东部陆壳元素含量
	最小值	最大值	中位数	几何均值	算数均值	标准离差		
Ag	14	2100	66	63.26	66.04	18.56	93.82	55
As	1.5	296	10.7	9.77	10.63	3.94	13.29	2.4
Au	0.2	93.3	1.23	1.19	1.27	0.42	2.03	0.9
B	4.2	270	56.75	43.48	53.54	28.04	51.25	11
Ba	147.5	1975	432.0	425.79	428.70	49.40	521.69	620

续表 4-13

元素或氧化物	水系沉积物($n=2428$)						中国水系沉积物	中国东部陆壳元素含量
	最小值	最大值	中位数	几何均值	算数均值	标准离差		
Be	0.73	13.36	1.87	1.87	1.88	0.20	2.28	1.4
Bi	0.1	20.825	0.29	0.28	0.29	0.08	0.5	0.15
Cd	20	30 675	100	100.12	104.38	29.11	258.39	82
Co	4.8	111.8	14.9	14.81	14.92	1.81	13.1	19
Cr	21.6	772.1	58.1	56.79	57.78	10.56	67.86	76
Cu	8.4	898	21.4	21.00	21.35	3.83	25.56	26
F	110	4750	390	380.90	390.56	85.34	528.49	540
Hg	9	2229	17.15	16.23	18.04	7.55	69.06	7
La	11.5	72.35	41.1	40.70	40.89	3.96	41.1	29
Li	12.3	78.9	31.0	30.28	30.76	5.34	33.94	17
Mn	123	3491	666.5	658.60	669.45	119.31	728.47	810
Mo	0.18	54	0.69	0.67	0.69	0.17	1.13	0.5
Nb	4.675	86	14.0	13.75	13.92	2.12	17.38	10
Ni	8.9	258.3	26.7	26.09	26.80	6.06	28.66	31
P	143	2325	325	315.7	327.54	86.05	654.02	750
Pb	1.2	386.05	25.6	25.36	25.66	3.94	29.19	15
Sb	0.11	26	0.85	0.83	0.86	0.23	1.42	0.18
Sn	0.28	200	2.63	2.58	2.65	0.58	4.13	1.4
Sr	18	467	106	102.63	105.46	24.02	163.81	350
Th	1.9	93.5	13.2	12.98	13.23	2.55	13.54	6
Ti	813	15 613	3866.5	3773.2	3805.6	488.8	4459.41	4000
U	1.0	20.5	2.3	2.23	2.28	0.47	3.08	1.3
V	21.42	228.3	78.48	77.12	78.14	12.43	87.3	113
W	0.26	27.2	1.61	1.53	1.65	0.59	2.73	0.6
Y	5.91	93.15	20.16	20.02	20.11	1.91	26.31	17
Zn	16.2	1995	52.5	51.41	52.44	10.23	77.17	76
Zr	49	578	330	326.86	330.36	47.69	292.64	160
Al_2O_3	2.88	15.875	11.79	11.74	11.77	0.36	12.73	14.83
CaO	0.053	21.11	0.69	0.62	0.73	0.69	2.87	5.41
Fe_2O_3	1.11	17.08	4.41	4.35	4.41	0.90	4.73	6.17
K_2O	0.48	4.75	1.83	1.80	1.82	0.18	2.4	2.31
MgO	0.17	12.86	0.65	0.64	0.67	0.24	1.56	3.16
Na_2O	0.063	6.8	0.91	0.89	0.91	0.21	1.37	3.45
SiO_2	17.2	91.95	71.2	71.06	71.13	3.14	64.74	60.62

注：n 为样本数；元素质量分数：Ag、Au、Cd、Hg 含量单位为 $\times 10^{-9}$，氧化物含量单位为%，其他元素含量单位为 $\times 10^{-6}$。

二、区域地球化学资料地质解释

对江苏省8190件样品(区域化探水系沉积物及多目标土壤)进行39个元素因子分析,在方差总解释量为85.13%的情况下获得16个因子。经方差最大旋转后,形成元素在各因子中的组合。对因子中元素组合的载荷进行分析,按大小获得各因子中特征元素组合,它是本次进行地质构造推断的前提。

根据地球化学理论和矿产资源潜力评价化探资料应用技术要求,结合因子分析结果,每一个因子代表一类元素组合,它指示特定的地质体或构造线。

应用对应每一个数据点的因子得分制作各因子二维空间得分图,根据特征元素组合高值区勾绘地质构造面或线,并进行相应的地质推断解释(图4-10)。推断基性—超基性岩体12个,中酸性岩体6个,砂岩分布区10处,断裂构造8条。

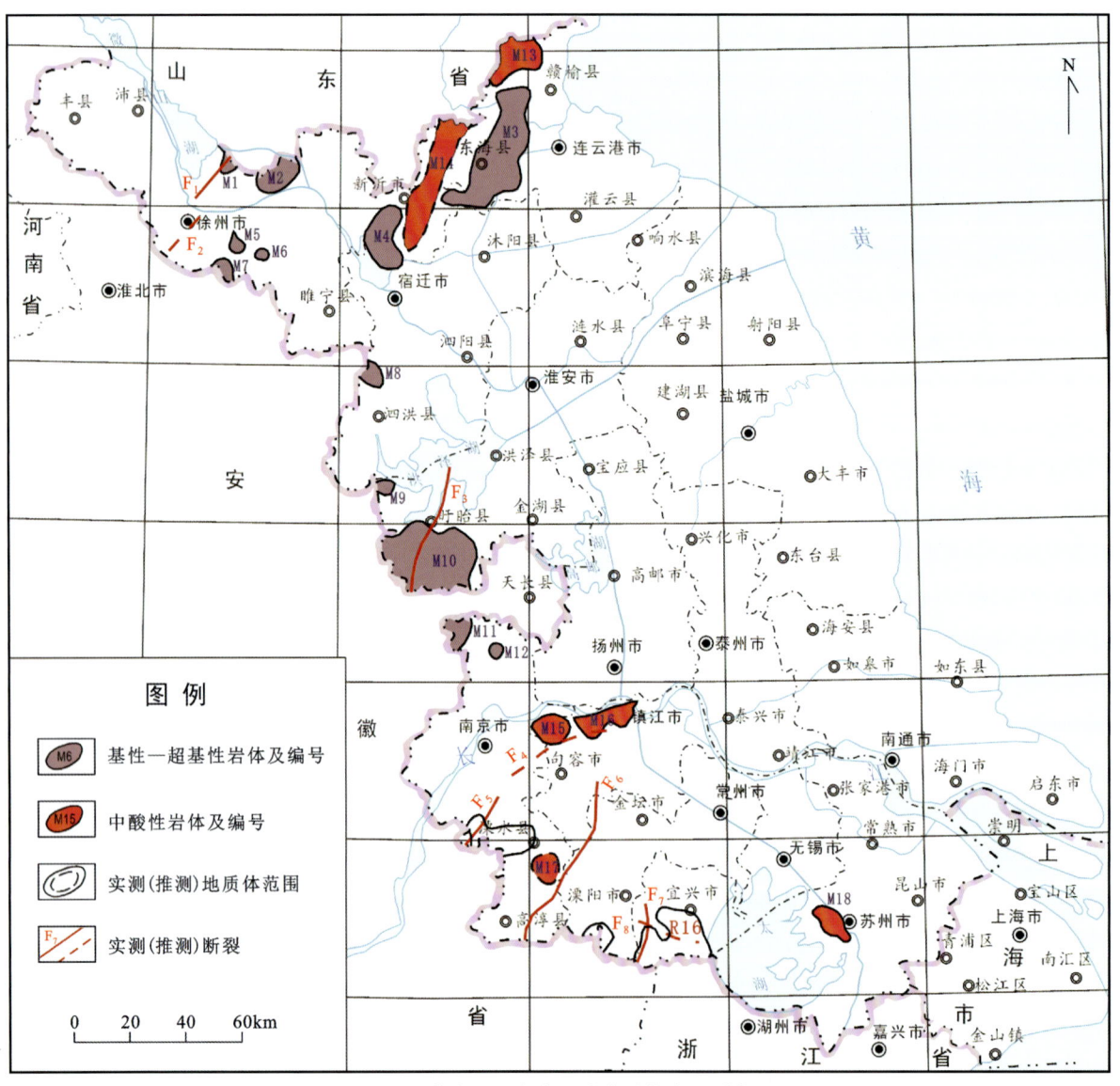

图4-10 江苏省及上海市地球化学推断地质构造图

(一)侵入岩

1. 基性—超基性岩分布区

Co、Cr、Ni、Mn、Ti、V、Fe_2O_3等铁族元素组合(因子F1),高值区主要分布于盱眙、六合、东海、徐州等地,为玄武岩、辉绿岩及榴辉岩分布范围。结合已知基性—超基性岩分布范围,本研究提取F1因子得分等值线(≥1.51)勾绘地质体界线,结合江苏省地质背景,最终圈定基性—超基性岩分布区12处,见表4-14。

表4-14 地球化学推断基性—超基性岩一览表

推断基性—超基性岩体编号	地理位置	对应地质单元
M1	利国江庄	震旦纪辉绿岩
M2	贾汪汴塘	震旦纪辉绿岩
M3	东海阿湖	东海岩群(榴辉岩)
M4	新沂城岗	宿迁组
M5	种羊场	震旦纪辉绿岩脉
M6	黄集	震旦纪辉绿岩脉
M7	赭兰	震旦纪辉绿岩脉
M8	泗洪	青山群
M9	管镇	下草湾组
M10	盱眙	震旦纪辉绿岩脉
M11	竹镇	方山组
M12	黄岗	方山组

2. 中酸性岩分布区

Ba、Sr、La、Zr、Al、K、Na等大离子亲石元素组合(F4),高值区与全省已知中酸性岩体分布区范围比较吻合,本次编图提取F4因子得分等值线(≥0.76)勾绘中酸性岩体界线,结合地质背景,最终圈定中酸性岩体分布区6处,见表4-15。

表4-15 地球化学推断中酸性岩体一览表

推断中酸性岩体编号	地理位置	对应地质单元
M13	黑林	与该地区石英闪长岩和花岗闪长岩分布相对应
M14	桃林	与桃林二长花岗岩体分布范围基本一致
M15	安基山	与安基山岩体分布范围一致
M16	石马	与宁镇石马岩体分布范围基本一致
M17	晶桥	与溧水中部粗面岩、粗面安山岩范围相一致
M18	苏州	与苏州花岗岩、花岗斑岩分布相对应

(二) 地层

本次因子分析获得的 16 个因子中,因子 F3 元素组合为 Si、Zr,根据砂岩相对富集 Si、Zr 的特点,因此确定该因子指示砂岩分布,高值区主要分布于环太湖、溧水等地,为茅山组、五通组、西横山组、陡山组以及北象山组分布区。本研究提取 F3 因子得分等值线($\geqslant 2.17$)勾绘砂岩界线,结合地质背景,最终圈定砂岩分布区 10 处,见表 4-16。

表 4-16 地球化学推断砂岩分布区一览表

推断砂岩地质体编号	地理位置	对应地质单元
M19	江阴	与中志留统茅山组石英砂岩、上泥盆统五通组砂岩及下石炭统高骊山组砂岩分布范围比较吻合
M20	横山	与横山地区西横山组、陡山组以及北象山组砂岩分布范围相对应
M21	茅山	与茅山组石英砂岩、分头组粉砂岩、五通组砂岩分布范围一致
M22	袁巷	与五通组石英砂岩、茅山组砂岩分布范围一致
M23	马山	与中志留统茅山组石英砂岩、上泥盆统五通组砂岩及下石炭统高骊山组砂岩分布范围比较吻合
M24	毛公沛	与五通组石英砂岩、茅山组石英砂岩分布范围一致
M25	横涧	与坟头组石英砂岩、五通组石英砂岩分布范围比较吻合
M26	蜀山	与坟头组石英砂岩、五通组石英砂岩分布范围比较吻合
M27	光福	与中志留统茅山组石英砂岩、上泥盆统五通组砂岩及下石炭统高骊山组砂岩分布范围比较吻合
M28	西山	与中志留统茅山组石英砂岩、上泥盆统五通组砂岩及下石炭统高骊山组砂岩分布范围比较吻合

(三) 断裂构造

Ag、As、Bi、Pb、Sb 元素组合形成的 F5 因子,高值区具有近似呈线状分布特征。结合本省已知断裂的分布,确定该因子特征值反映了成矿断裂构造,确定了 8 条断裂,见表 4-17。

表 4-17 地球化学推断断裂一览表

推断成矿断裂编号	对应断裂名称	推断成矿断裂编号	对应断裂名称
F_1	徐州-吴庄断裂	F_5	方山-小丹阳断裂
F_2	徐州-班井断裂	F_6	茅山断裂
F_3	老子山-桂五断裂	F_7	湖父-祝陵断裂
F_4	宁镇弧形断裂	F_8	南京-溧阳断裂(南段)

第四节 遥感资料地质解释

一、遥感影像特征

(一)区域遥感特征与解译程度分区

江苏及上海市地处长江、淮河、老黄河及沂河等水系的下游,东濒临黄海,因此地势坦荡,平原辽阔,85%的面积属于平原区,海拔大多在10m以下,一般为2~5m。地势总体上属于西高东低,北高南低,根据影像特征(图4-11),大体可分为如下6个影像区。

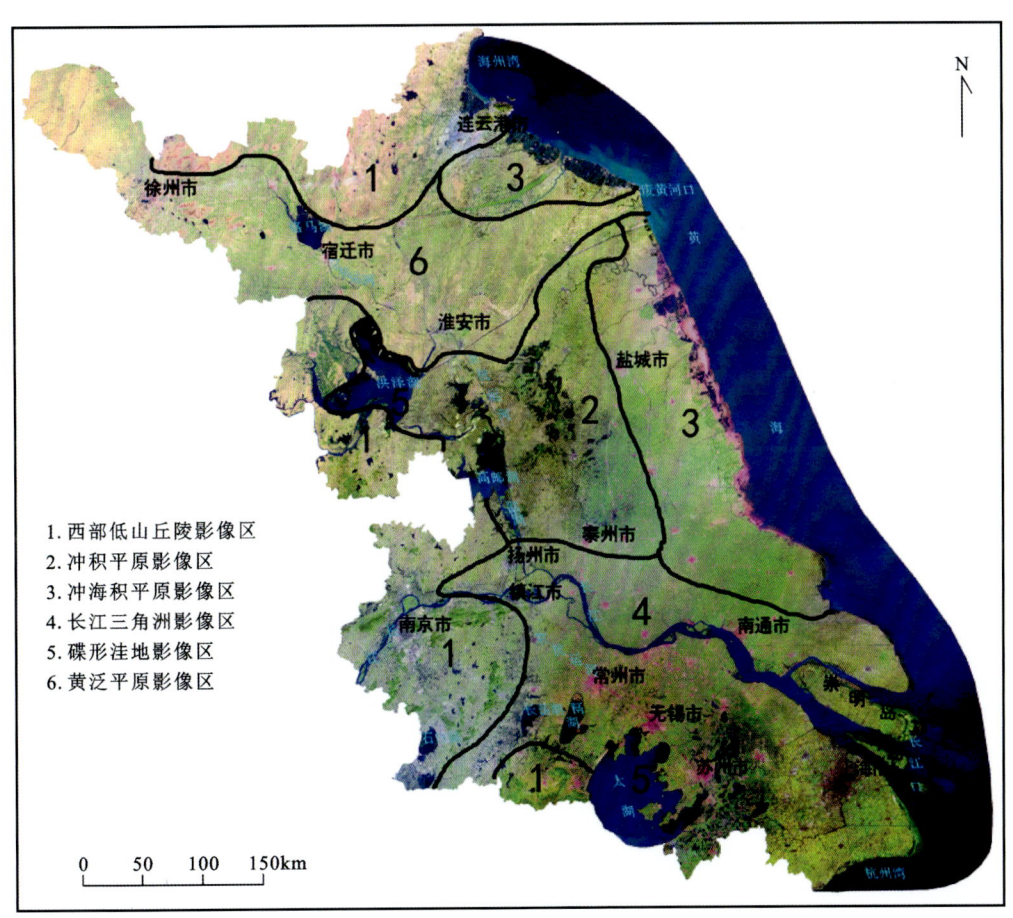

图4-11 江苏省及上海市ETM$^+$遥感影像图

1. 西部低山丘陵影像区

该区主要包括徐州、连云港、盱眙、镇江至苏州、无锡、常州一线以西区域,江苏境内较古老的造山带(苏鲁造山带)、徐宿、宁镇弧形构造带,盱眙、茅山等线性构造带,苏锡旋扭型构造带及宜溧、连云港云台山等断块山地皆分布在此区域中。除苏鲁造山带呈团絮状,宜溧、连云港云台山呈断块式山体影像特征外,其他山系的线性和弧形影像特征也尤为醒目。

2. 冲积平原影像区

该区分布于低山丘陵之间和冲海积平原以西区域，地势平坦，幅员辽阔、湖泊众多、河流纵横，是江苏广袤的粮仓。在影像上主要呈绿色，但颜色偏杂。

3. 冲海积平原影像区

该区大致分布在赣榆、沭阳、阜宁、盐城、东台、海安一线，主要是随着黄河夺淮及长江的东进在数百年间淤长起来的，由此为江苏提供了数万平方千米的土地，已经形成的潮间带海涂，也是现在江苏主要的后备土地资源。在影像上表现为翠绿色。

4. 长江三角洲影像区

该区大致分布在东台、泰州、扬州、镇江、郓孟隆起的北部，江阴、张家港、太仓至松江一线，是随着长江口东进和南摆而形成的一个向东逐渐扩张的喇叭口形的区域。如果按现在的长江水道为轴线，长江自北南摆而淤长出来的面积则达该影像区的90%左右。在遥感影像上，除了最后淤长出来的启东地区外，其他区域均呈较纯的翠绿色。

5. 碟形洼地影像区

在长江三角洲影像区的两侧，分别分布着以太湖和古射阳湖为中心的两大碟形洼地，即苏南的太湖、淀山湖、澄湖、阳澄湖、滆湖、沼湖和苏北的射阳湖、大纵湖、蜈蚣湖等，它们的海拔高度皆在1~2m，地势极其低洼。除上述的这些湖泊外，还有不计其数、规模较小的湖泊集中地分布在这两个区域中。从其地质历史演变角度来看，它们皆属古潟湖的残留部分。该区在遥感影像上除太湖大部呈浅蓝色调外，其他湖泊皆呈黑色调，包括苏州、无锡紧邻太湖的水域。

6. 黄泛平原影像区

古黄河自西向东经徐州、邳州、宿迁，在淮安一带夺淮后，经涟水、滨海一线入海，沿途多处决口，形成黄泛平原区，在遥感影像上表现为一条弯弯曲曲的白色条带，经过人类活动改造的大大小小的决口扇仍清晰可见。

（二）地表覆盖类型及其遥感特点

工作区地表覆盖类型极其简单，约70%的区域为第四系全新统覆盖，更新统大部分分布在山麓、丘陵岗地地带，山麓地带如徐州地区、宁镇地区、茅山构造隆起带两侧、苏锡及宜溧地区南部、宁芜及溧水地区等，丘陵岗地地带如新沂—宿迁—泗洪地区、盱眙、六合—仪征—扬州北部地区为上更新统主要分布区；中、下更新统的分布更为局限，仅在山麓带上部海拔更高处有所分布。全新统和更新统在遥感方面的特点主要反映为以下两个方面：

一是在空间分布上，全新统主要是分布在地势坦荡的平原区，更新统主要是分布在地势有起伏的山麓带和丘陵岗地地区。在线性隆起带的山麓地带，更新统平行山麓带呈带状分布，往往形成Ⅱ、Ⅲ级阶地，如茅山东部、江浦老山等；在丘陵岗地地区更新统则呈面状分布。

二是在色调上，全新统色调较匀称，差异不大。而更新统由于分布海拔稍高些，物质的成分和粒度都有所不同，因此色调不如全新统均匀，在不同的地区色调甚至有较大的差异。当然，这种分析仅仅是理论上的，由于江苏植被覆盖率较高，所以并不代表第四系覆盖层本身真实的光谱特征。

(三)不同类型岩石的区域分布特点及其遥感特征

工作区内的低山丘陵区植被覆盖率很高,若要直接从遥感影像上提取岩石信息是相当困难的,因此,仅能从岩石大类的空间展布特征上作些概述。

1. 沉积岩类

江苏的沉积岩类岩石区域分布特点主要表现为线性体和弧线性体展布,构造线的区域方向十分明显,如徐(州)宿(州)和宁(南京)镇(江)弧形构造隆起带(包括江浦老山的构造隆起)、苏(州)锡(无锡)旋扭构造隆起、盱眙和茅山北北东向线性构造隆起带等。由该类岩石形成的断块山地除宜(兴)溧(水)南部空间范围较大外,其他区域则呈规模较小的断隆、断凸分布。

2. 变质岩类

该岩类主要分布在江苏北部东海—赣榆地区,是华北板块与扬子板块碰撞带的主要组成部分,也是超高压变质带的主要分布区。该类岩石主要为片岩、片麻岩或糜棱片麻岩类,分布区的遥感影像特征,主要表现为团絮状,无明显的线性特点,地貌上主要反映为垄岗形态。除此之外,该岩类多呈零星的断块残丘分布于苏北平原区之上。

3. 火山岩类

该岩类主要分布在宁(南京)芜(湖)和茅山西部溧水地区,主要构成由中、基性岩类组成的丘陵岗地,在区域地貌特征上无明显的展布规律,较为杂乱。该岩类在宜溧南部地区也有分布。

(四)区域地质构造特点及其遥感特征

遥感影像的区域构造信息提取着重于区域构造带的延展、区域性断裂和环形构造3个方面。江苏省地跨华北陆块区、秦祁昆造山系大别-苏鲁造山带、扬子陆块区三大构造单元,构造形迹复杂,可划分为5个构造体系。

1. 东西向构造

该构造零散分布于北纬30°50′—35°10′之间,属秦岭纬向构造带延伸部分。其主要特点是以断裂与断裂之间隆起、坳陷为主,褶皱次之。断裂规模大、延伸长。性质以压性为主,并伴有扭动。

2. 北东向构造

构造形迹主要由一系列北东向褶皱、压性或压扭性断裂以及相对隆起与坳陷组成,由于受后期其他构造体系的叠加、复合、改造显得残缺不全。其中规模较大的断裂带有3条,即响水口-淮阴断裂带、金坛-如皋断裂带、湖州-苏州断裂带。

3. 北北东向构造

北北东向构造形迹遍及全省,由断裂、褶皱以及断褶隆起和大型坳陷带构成。主要构造带有郯庐(新沂-泗洪段)断裂带、海州-泗阳断裂带、茅山断褶带、宁芜断褶凹陷带、盱眙断褶隆起带、泰州-金坛凹陷带等。根据区内北北东向构造在不同时期的活动特点,大体可分为早期、晚期和挽近3期:早期主要活动于侏罗纪—早白垩世,导致大规模的火山喷发和岩浆侵入活动;晚期主要活动于晚白垩世—古近纪,控制着该时期的坳陷带和盆地的成生发展;挽近时期主要活动于新近纪—第四纪,形成大量的玄武岩喷发,并产生规模较大的断裂构造。

4. 弧形构造

该构造主要由徐州-宿县弧形构造和盱眙-建湖弧形构造组成。徐州-宿县弧形构造是由古生代地层组成的一系列复式背斜、向斜及压扭性断裂组成,大致呈北东向展布。断裂分两组:一组与褶皱轴向平行,多为压扭性;另一组为北西向,以张性断裂为主,是徐州市附近主要地下水富水带。

5. 南北向构造

南北向构造在江苏省不发育,仅在徐州地区见有踪迹。

二、遥感资料地质解释

(一)遥感异常解释

本次研究共提取羟基异常图斑1161个、铁染异常图斑26 818个、"羟基＋铁染"异常组合图斑1272个(图4-12)。

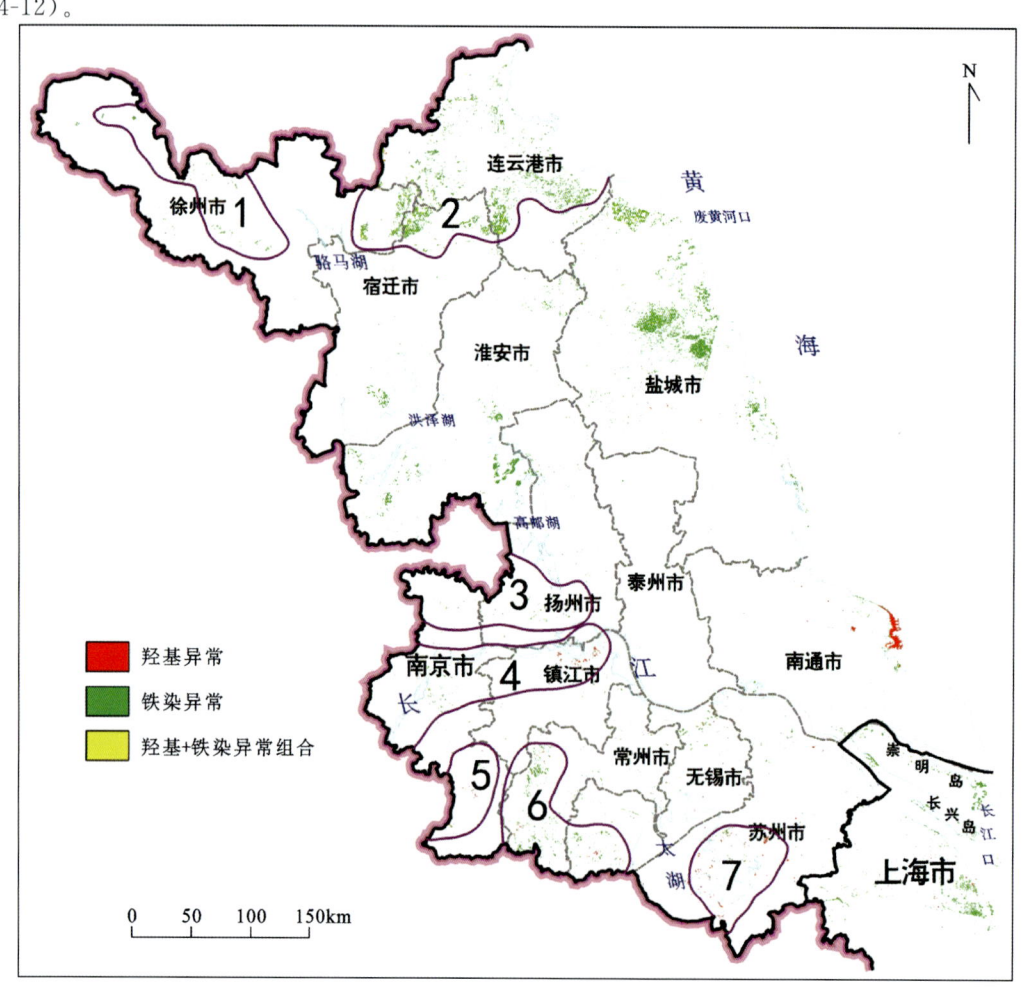

图 4-12 江苏省及上海市遥感异常分布图

1.徐州市丰县-睢宁县炬山异常区;2.赣榆县黑林-宿迁市城北异常区;3.南京市冶山-扬州市异常区;4.南京市铜井-扬中市长江南岸异常区;5.南京市溧水-东岗异常区;6.溧阳市周城-丁蜀镇异常区;7.苏州市南阳山-东山异常区

1. 徐州市丰县—沛县、铜山县利国—班井、睢宁县寨山—炬山一带

该带主要为铁染异常展布,极个别异常重叠羟基异常。徐州市丰县-沛县异常主要有铁矿床、煤矿分布,铜山县利国-班井异常主要有铁矿床、水泥灰岩矿床、煤矿、铜、金矿点分布。睢宁县寨山—炬山一带铁染异常沿废黄河断裂展布。

2. 赣榆县黑林—夹山—石桥—海头—东海县禹山—桃林—新沂市—王庄—宿迁市城北一带

连云港市大桅尖山—锦屏山—房山—沭阳县韩山一带,泗洪县半城—盱眙县管镇—老子山—马坝—桂五—袁家大山一带异常位于郯庐断裂带两侧展布,有蛇纹石矿床、磷矿床,且见铜、金矿化点分布。

3. 六合冶山—扬州市一带

该带铁染异常位于扬子准地台下扬子台坳苏北之六合-天长隆起,异常区有冶山矽卡岩型磁铁矿床。

4. 南京市铜井—紫金山—栖霞山和镇江市—扬中市长江南岸一带

该带羟基、铁染异常位于宁芜中生代火山岩盆地、宁镇褶皱带。异常区内有陆相火山岩型梅山铁矿床、矽卡岩型韦岗铁矿床、安基山铜矿床、铜山铜钼矿床、栖霞山铅锌银矿床、铜井铜金矿床、栖霞山矿区平山头银金矿床等,为长江中下游重要的矿集区。

5. 溧水县城—东岗一带

该带羟基、铁染异常位于扬子准地台下扬子地层区,溧水中生代火山岩盆地北西缘。异常区有爱景山中—低温热液型锶矿床,石坝、东岗火山岩汾岩型铁矿床。

6. 溧阳周城—戴埠—张渚—丁蜀镇一带

该带异常位于扬子准地台下扬子地层区,溧阳中生代火山岩盆地南缘。异常区有溧阳中巷铁矿床,松岭铁矿床,松岭、青山铅锌矿点,大贤岭、吉多卡金矿点,丁蜀陶瓷黏土矿床,煤矿等。

7. 苏州市南阳山—光福—木渎—西山—东山一带

该带异常位于扬子准地台下扬子地层区,湖州-苏州北北东向和苏州东部东西向断裂带交叉部位。异常区内有谈家桥铁矿床,迁里铜铅锌矿床,潭山、光福硫、铅锌多金属矿床(点),阳山优质高岭土矿床,东山、西山煤矿等。

通过对区内异常的分带处理,结合已有的地质资料分析,上述异常均出露在基岩区,而且异常区内有矿床(点)分布,应对异常分布的地区进一步踏勘查证。

除上述异常外,其他异常广泛分布于大面积第四系覆盖,可能为工业污染引起的各种假异常,对找矿无意义。

(二)遥感地质构造解释

江苏省及上海市自喜马拉雅运动以来,主要表现为升降运动。中小比例尺遥感影像显示地貌地势特征为微山湖、骆马湖、洪泽湖、白马湖、高邮湖、太湖一线以西总体为低山丘陵,东部为平原区。山地丘陵区显示的各方向线性影像既是印支-燕山期生成的断裂,亦可能是喜马拉雅期及挽近期继承性活动构造。环形影像与沉积盆地、岩体、火山机构相关。

经过技术处理的遥感图像,可以分辨出省内主干深断裂(带)有5条,分别是响水口-淮阴断裂(北东延入海为千里岩断裂)、郯庐断裂、江南断裂(江南壳楔俯冲带)、湖苏断裂和济宁-无锡断裂,深断裂15条。主要地质特征和遥感解译如表4-18至表4-20所示。

表4-18　北东向、北北东向活动性断裂主要地质特征和遥感解译表增

序号	断裂名称	主要地质特征、遥感解译
1	华山-龙固断裂	走向NE25°,北西倾,倾角中等,北东至微山湖,北西延入安徽境内,省内长55km。沿大沙河展布。遥感影像上沿线见串珠状冲、洪积扇,属古黄河分洪的产物。断裂西新近系+第四系的厚度大于东侧,1976—1977年发生两次2级地震
2	郯庐断裂带	断裂带自东向西可分为4条主干断裂,7条次级断裂。 (山左口-泗洪)桃林(后皇城)见花岗闪长岩逆冲至下更新统之上;晓店水库东坝见青山群递冲在上更新统之上(走向NE10°,西倾,倾角陡),挤压带宽3m;垂直位移1~10m不等。 马陵山(东海)—重岗山(泗洪)段:NE10°,东倾,倾角60°~80°,省内长180km,新沂(乱王)见王氏群逆冲至下更新统白砂层之上,重岗山见王氏群递冲至上更新统黄沙土之上。F2垂直位移1~14m。与北北东向相匹配的东西向、北西向断裂控制上新世—第四纪沉积,且南部下掉。 该断裂狭长状线性影像不十分清楚,过骆马湖更为模糊,图像处理后,可见断续暗色隐纹
3	石桥-官墩断裂	北北东走向,倾向南东。全长90km,遥感影像具线性阴影,与古海岸线一致,航磁为梯度带
4	邵店-板浦断裂	走向NE50°,倾向南东,南西斜接郯庐断裂带,北东延伸至云台山南东入海,陆上长130km。北部为老地层,南侧控制中新生代盆地及新近系(沭阳盆地沉积)。上新世后北升南降。遥感影像中云台山南麓呈刀切状,沭阳盆地为阴影线性构造
5	响水口-淮阴断裂	走向北东,倾向南东,陡倾角。新近系+第四系等深线明显梯度带,北深100m,南深400m。影纹清晰,北深南浅
6	江浦-射阳断裂	沿江浦、六合、高邮湖,至射阳入黄海,全长300km,走向北东,倾向南东,陡倾角。影像上江浦—六合段,北西盘上升,为低山丘陵,南东盘下降,与马鞍山—南京段长江走向一致,且可见阶地。此段地震频繁
7	茅山断裂带	北段近南北向,南段北东向,南东倾,北止于苏北盆地边部,南至安徽宣城,喜马拉雅运动以来玄武岩带发育,由北东转为北东-南西交会点分布。上沛—南渡一带多次发生大于3级地震。 线性影像突出,北段早期推覆呈滚绞状,被后期南北向断裂限制,南段为大型推覆构造,前侏罗纪地层推覆到侏罗纪火山岩之上
8	金坛-如皋断裂	南段与茅山断裂平行,位于溧阳火山岩盆地西侧,经常州,且切割苏北盆地至如皋,消失。影像特征不太清晰,较清楚的是火山岩盆地东缘横山水库经张渚盆地。滆湖东、常州—江阴间,为一条地貌分割线。至弶港后入海,控制了弶港新近系和第四系的沉积
9	湖州-苏州断裂	东南一侧至今未发现晚古生代地层,控制甪直地区新近系及第四系沉积,新近系+第四系厚达520m,沿线300多年来多次发生地震。 第四系掩盖严重,影像特征不明显,但其在浙江湖州东部山体(天目山脉)和杭嘉湖平原分界线与断裂吻合,过太湖东南缘吴江—太仓间仍可见有色调差异的影纹

表 4-19 北西向活动性断裂主要地质特征和遥感解译

序号	断裂名称	主要地质特征、遥感解译
10	欢口-郑集断裂	走向北西，倾向南西，斜切欢口与敬安第三纪盆地、控制欢口新近纪玄武岩喷发，与华山-龙固断裂相交部分发生过 2.6 级地震。 影像特征为与昭阳湖、微山湖平行深色带
11	徐州-睢宁断裂	北西走向与黄河古道一致，北延至河南兰考，1953—1976 年、1980—1985 年等多次水准测量表明早期为狭长的沉降区，后期亦为抬升区。 沿黄河古道为一宽 10km 的影纹带，蛇曲、牛轭湖发育
12	济宁-无锡断裂（微山湖-太湖断裂）	走向北西，连接五湖，全长 500 余千米，是江苏省主要地貌单元的分界线，北部穿越徐州弧，被郯庐断裂带错断，第四纪海侵最西界，沿线微地貌发育，控制新近系+第四系沉积，表现西抬东降，沿线曾发生 7 次较大地震。 五湖线性排列影像清晰、泗阳—镇江段，断裂东侧发育多个冲积扇
13	山左口-安峰山断裂	北部马陵山山脊有明显扭动，沭河改道。地质历史上为东海超基性地幔岩分布的南界。 马陵山影像上为略左移张旋，沭河突然西拐
14	涟水-海安断裂与灌南-大丰断裂组	属苏北盆地内的断裂，两断裂平行成组。与北东断裂组成阶梯状下掉，形成兴化中心沼泽地。建湖隆起被切扭，断裂沿线有玄武岩喷发和地震发生。 ETM$^+$影像为宝应—兴化之间射阳湖呈北西向分布，低湿地带具光谱反射特征，向两端转为线性影像。沿盐城南下与范公堤一致
15	炮东(新沂)-宝应断裂	切穿郯庐断裂带、苏鲁造山带延入苏北盆地。全长 170km。断裂西南淮阴有明显重力梯度带。宿迁嶂山闸见此断裂将王氏群逆冲至上更新统之上，且形成 10m 宽的挤压破碎带。淮阴—宝应间建湖隆起右旋错断。 ETM$^+$图像显示骆马湖-故黄河改道及白马湖西岸线均与断裂一致的线性构造。 此断裂与济宁-无锡断裂共同控制微山湖、洪泽湖等的形成发育
16	盱眙-仪征断裂	苏北盆地的西缘，此带向西即为古近纪玄武岩喷发带，可能南延过宁镇、上党盆地，限制茅山断裂的北延。亦属多发地震断裂。 TM 图像上为宏观 3 条不同彩色、亮度的色块中部的浅色带，该带中部若干水库构成北西向景观，有宽度不大的色带纹，过江后略有左旋，直指丹阳
17	南京-溧阳断裂	省内长 150km，倾向南西，陡倾角，正断层，控制第三纪盆地(湖熟、南渡、前黄)和溧阳火山岩盆地，横切茅山断裂带及控制上新世玄武岩喷发和现代地震活动。重力图、航磁场图均在梯度带上，说明是条长期活动的断裂。过江后为控制玄武岩喷发的断层组。 ETM$^+$图像具明显影纹，至玄武湖、青龙山、赤山、沙河水库等一线

表 4-20　东西向活动性断裂主要地质特征和遥感解译

序号	断裂名称	主要地质特征、遥感解译
18	洪泽-大丰断裂	大致沿建湖隆起南缘发育,是控制金湖、东台坳陷、南黄海南拗南缘的边界断裂。上新世后分段发育,主要在盐城南、大丰竹港及南黄海南拗南缘。倾向北,上新世、第四纪为同生沉积。控制新近纪玄武岩喷发及地震活动。 洪泽—宝应—盐城一线为浅亮色宽带影纹,是少水的表现(相对隆起区),过盐城后影像不清晰
19	扬州-海安断裂	大致沿苏北盆地南缘隆起带发育,新近纪—第四纪在海安—东台间发育三四条次级东西向断裂(长60～90km),以北倾为主,新近系＋第四系厚度1600～2000m。 重力、航磁图亦为梯度带。此外,控制了玄武岩喷发,此带南部为宁镇通隆起。该段长江总流向均与此断裂有关。 ETM$^+$图像上扬州—江都—泰州—泰兴—海安一线南北色调反差较大,南部浅亮北部深浓;海安—东台间各沉降中心以环形构造为特征
20	苏州东部东西向断裂带	包括苏州-嘉定、吴江-上海、平望-松江断裂中有较详细阐述

第五节　自然重砂资料地质解释

一、自然重砂特征

江苏省自然重砂矿物种类繁多,但对找矿有指示意义的矿物极少,结合本次预测矿种、特征矿物以及重矿物的共生组合,将它们分为6类,现分类简述如下。

1. 辰砂、砷族矿物、黄铁矿、自然金、萤石

本类矿物异常主要分布于断裂带、中—酸性侵入岩与围岩的接触带及硫化物多金属矿床(点)的附近,伴生矿物往往为铜族、铅族、锡族等,异常对寻找中—低温热液矿产具有一定的指示意义。

2. 铜族、铅族、锌族、锡族、重晶石

该类矿物异常主要分布于铜、铅、多金属矿床(点)的附近。

3. 铬铁矿、白钨矿、蛇纹岩

异常主要分布在赣榆县于沟—黑林一带。异常区往往出现在北东向断裂与北西向断裂或近东西向断裂的交会处所控制的花岗岩、花岗闪长岩、闪长岩及蛇纹岩的附近。大部分异常伴生有自然金、铅族矿物、钛铁矿、金红石、锆石,次有铜矿物及重晶石,据此认为异常与铜、铅、金等硫化物多金属的矿液活动有关。

4. 铌铁矿

本类矿物主要见于苏州市西南灵岩山—天平山一带,异常与钠长石化钾长花岗岩及锂云母化钾长花岗岩的风化壳型铌铁矿砂矿有关。

5. 钛铁矿、金红石、锆石、磷灰石

本类矿物异常分布可分为下列情形：

（1）与超基性岩有关的异常，伴生矿物主要有镁铝榴石、铬铁矿、铬透辉石，异常区往往有残坡积-冲积金红石砂矿。依据伴生矿物的组合特征，异常区有找金刚石的希望。

（2）与中—酸性岩浆活动有关的异常，伴生矿物有自然金、铅族矿物、重晶石、铬铁矿等，依据伴生矿物的组合特征，异常对寻找金、多金属具有一定的指示意义。

6. 磁铁矿、赤铁矿、褐铁矿

本类矿物异常主要分布于已知铁矿床（点）附近，对铁矿具有较好的找矿指示意义。

二、自然重砂资料地质解释

根据全省自然重砂矿物组合特征、成因及其成矿指示意义，本次选择铜族、铅族、锡族、砷族、钛族、自然金、辰砂、重晶石、磁铁矿、黄铁矿、铬铁矿、独居石、磷灰石、锆石、电气石、铌铁矿、蛇纹石17种矿物（族矿物）编制异常图，结合成矿地质条件、矿产地分布以及化探异常，将这些异常进行分级。根据地质条件，将这些矿物异常提取、叠合、分割，形成重砂异常区（带），全省共划分为20个异常区（带）（图4-13）。

1. 东海磁铁矿、锆石、铬铁矿、钛铁矿异常带

该异常带主要分布于温泉镇以西、阿湖镇以东地区，以金红石为主，伴随重矿物有钛铁矿、磁铁矿、铬铁矿、锆石等。异常带比较连续，各重矿物异常规模普遍较大，主要由金红石、钛铁矿、磁铁矿、铬铁矿、锆石等32个异常构成，分别是Ⅰ类异常金红石1个；Ⅱ类异常磁铁矿3个、锆石4个、铬铁矿3个、金红石5个及钛铁矿7个；Ⅲ类异常锆石1个、铬铁矿2个及钛铁矿6个。此外，在山左口公社、许沟、殷庄一带还发育有蛇纹石异常。金红石异常是由榴辉岩经风化、剥蚀和搬运而引起，钛铁矿异常主要是由榴辉岩及蛇纹岩所引起。

2. 利国-宿羊山磁铁矿、辰砂异常带

该异常带主要分布于利国—宿羊山一带，区内重矿物组合以高含量磁铁矿为特征，辰砂也较广分布，且含量较高，前者受石英闪长斑岩等中酸性岩体、震旦纪辉绿岩侵入体制约；后者与断裂分布有关。异常带主要由4个磁铁矿异常（Ⅰ类异常2个，Ⅱ类异常2个）和10个辰砂异常（Ⅰ类异常1个，Ⅱ类异常5个，Ⅲ类异常4个）组成。

3. 徐州班井自然金、砷族、辰砂异常带

该异常带主要分布于徐州市—班井一带，由于中酸性侵入体及其脉岩比较发育，接触带矽卡岩化和中、低温热液蚀变等广泛分布，所以重砂矿物的组合以辰砂、雄黄、雌黄、自然金为主，并形成较显著的异常，特别是金，在班井地区分布广，部分地段形成显著的异常，譬如，徐州班井自然金异常面积约11.67 km^2，沿北东向分布，由9个自然金样点组成，含量为2～12颗。异常带主要由2个辰砂异常（Ⅱ类1个与Ⅲ类1个）、2个砷族异常（Ⅱ类）及1个自然金异常（Ⅰ类）组成，空间分布不连续，异常规模较大。

4. 大庙-寨山磁铁矿异常带

该异常区主要分布于大庙—寨山一带，区内重矿物组合以高含量磁铁矿为特征，辰砂也广泛分布，

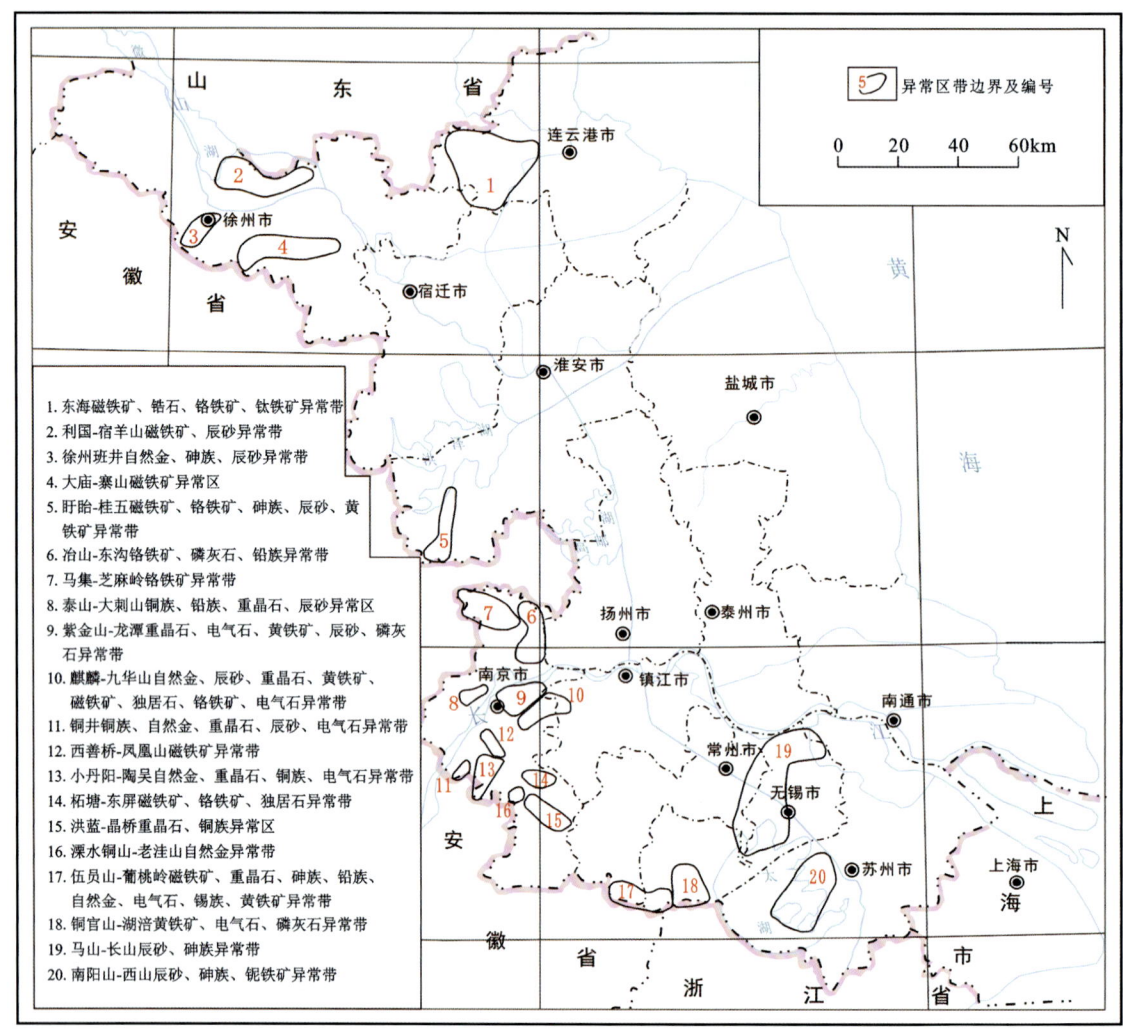

图 4-13 江苏省及上海市自然重砂异常区(带)分布图

且含量普遍较高,异常空间分布比较分散,异常带由 5 个Ⅱ类、2 个Ⅲ类磁铁矿异常组成,结合地质背景来看,异常带内矿物组合明显地受震旦纪辉绿岩侵入体的制约。

5. 盱眙-桂五磁铁矿、铬铁矿、砷族、辰砂、黄铁矿异常带

纵观区内主要异常展布情况,有用重矿物主要有两类自然组合,即辰砂-砷族-黄铁矿组合;铬铁矿-磁铁矿组合。它们在空间分布上有一定的规律。辰砂、砷族、黄铁矿组合异常近南北向展布,其空间分布与老子山-佛窝断褶隆起带基本一致,反映异常带的出现受该构造带控制,它们往往是中低温热液作用的产物,对区内热液矿化活动具有一定的指示意义。铬铁矿、磁铁矿组合异常主要分布于异常带中部玄武岩广泛喷发区,说明铬铁矿异常的出现主要与玄武岩喷发活动有关。

6. 冶山-东沟铬铁矿、磷灰石、铅族异常带

该异常带主要分布于六合区冶山,近南北向分布,矿物组合以铅族、铬铁矿、磷灰石为主,分别由 4 个铬铁矿、3 个铅矿物Ⅱ类异常和 2 个磷灰石Ⅲ类异常组成,这些异常空间上套合关系良好,在冶山铁矿附近出现了磷灰石、铅矿物组合异常。

7. 马集-芝麻岭铬铁矿异常带

该异常带主要分布于苏皖交界马集—芝麻岭一带,重矿物组合单一,主要以铬铁矿为主,由 6 个Ⅱ

类铬铁矿异常组成。区内未见磁铁矿异常,铬铁矿异常空间分布严格受玄武岩分布制约。

8. 泰山-大刺山铜族、铅族、重晶石、辰砂异常区

该异常区分布于江浦二顶山—龙洞山一带,重矿物组合以铜矿物为主,伴随铅矿物、重晶石及辰砂异常,这些矿物异常重合关系较好,沿六合-江浦断裂呈北东向展布,由1个铜矿物、2个铅矿物、1个重晶石Ⅱ类异常及1个辰砂Ⅲ类异常组成。

9. 紫金山-龙潭重晶石、电气石、黄铁矿、辰砂、磷灰石异常带

该异常带主要分布于南京紫金山—栖霞山一带,由于受复杂的成矿地质条件影响,自然重砂矿物组合比较复杂,主要有黄铁矿、重晶石、辰砂、电气石、磷灰石等,由22个自然重砂矿物异常组合而成,异常主要为Ⅱ类、Ⅲ类,它们空间分布比较连续,局部地区异常重合性较好。

10. 麒麟-九华山自然金、辰砂、重晶石、黄铁矿、磁铁矿、独居石、铬铁矿、电气石异常带

该异常带主要分布于徐家边—九华山一带,区内中酸性侵入岩体比较多,断裂构造发育,表现出复杂的自然重砂矿物组合特征,以自然金、辰砂、磁铁矿为主,伴随重晶石、铬铁矿、电气石、独居石等。由3个自然金、磁铁矿、黄铁矿、重晶石及4个辰砂异常组成,异常空间分布比较连续,局部段对成矿有指示意义的自然重砂矿物重合性较好,如汤山金矿附近出现了自然金、黄铁矿等组合异常。

11. 铜井铜族、自然金、重晶石、辰砂、电气石异常带

该异常带主要分布于娘娘山火山机构一带,沿北东向延伸展布,以铜矿物、自然金异常为主,伴随重晶石、辰砂、电气石异常,异常空间分布连续。主要由1个自然金、1个铜族、2个重晶石、1个辰砂Ⅰ类异常和电气石Ⅱ类异常组成。异常带含6个自然金采样点(含量为1~36颗)、5个铜矿物(一般含量为5~5072颗)组成。

12. 西善桥-凤凰山磁铁矿异常带

该异常带主要分布于西善桥—凤凰山一带,自然重砂矿物组合比较单一,主要以磁铁矿为主,异常空间分布比较分散,异常分布主要受铁矿床和辉石闪长玢岩分布制约。

13. 小丹阳-陶吴自然金、重晶石、铜族、电气石异常带

该异常带主要分布于陶吴—小丹阳一带,呈近南北向串珠状分布,主要由4个自然金异常(Ⅱ类)、7个重晶石异常(Ⅰ类4个,Ⅱ类3个)和3个铜族异常(Ⅰ类)组成,这些异常空间分布与铜多金属矿床(点)关系比较密切。此外,还伴随辰砂、砷族等异常。

14. 柘塘-东屏磁铁矿、铬铁矿、独居石异常带

该异常带主要分布于溧水县北部,矿物组合以磁铁矿、铬铁矿为主,伴随独居石、锆石等,由4个磁铁矿异常(Ⅰ类2个,Ⅱ类2个)、2个铬铁矿异常、3个独居石异常组成,空间分布上比较零散。磁铁矿异常分布主要与铁矿床(点)、辉石闪长玢岩分布有关。

15. 洪蓝-晶桥重晶石、铜族异常带

该异常区主要分布于溧水火山岩盆地中部洪蓝—晶桥一带,自然重砂矿物组合以重晶石、铜族为主,重晶石异常呈北西向串珠状分布,重晶石异常规模较大,与铜金多金属矿成矿关系比较密切。异常带由6个重晶石异常(Ⅰ类3个,Ⅱ类2个,Ⅲ类1个)和1个铜族异常(Ⅰ类)组成。从而可以看出,重晶石对异常带内铜金多金属矿找矿具有较好的指示意义。

16. 溧水铜山-老洼山自然金异常带

该异常带主要分布于溧水西部铜山—老洼山一带,自然重砂矿物组合较简单,主要为自然金,伴随独居石、锆石。区内分布有 2 个自然金异常(Ⅱ类、Ⅲ类各 1 个),自然金含量一般为 1~5 颗,异常规模较小。通过近几年大比例尺地球化学工作,根据化探异常在燕子口发现小型金矿床 1 处。因此,该异常带是溧水地区找金矿的有望地段。

17. 伍员山-葡桃岭磁铁矿、重晶石、砷族、铅族、自然金、电气石、锡族、黄铁矿异常带

区内地层比较齐全,岩浆活动强烈,断裂构造发育,成矿地质条件非常有利,因此反映在自然重砂矿物组合复杂的特点,以磁铁矿、自然金、砷族为主,伴随重晶石、铅族、黄铁矿、锡族、电气石,异常空间分布比较连续。异常带由 5 个磁铁矿异常(Ⅱ类 3 个、Ⅲ类 2 个),2 个Ⅲ类自然金、砷矿物异常组成,其中磁铁矿异常规模较大。

18. 铜官山-湖㳇黄铁矿、电气石、磷灰石异常带

该异常带位于宜兴铜官山—湖㳇一带,矿物组合比较复杂,主要反映地质背景的自然重砂矿物较为显著。异常带由 8 个磷灰石、7 个电气石和 7 个黄铁矿异常组成,异常相互交错,空间分布比较连续。

19. 马山-长山辰砂、砷族异常带

该异常带位于无锡马山—长山一带,自然重砂矿物组合非常简单,以辰砂异常为主,局部地段伴随了砷族矿物异常,异常带由 17 个辰砂与 3 个砷族异常构成,这些异常空间分布比较凌乱,它们受控于中酸性侵入体、断裂构造分布的制约。

20. 南阳山-西山辰砂、砷族、铌铁矿异常带

该异常带内自然重砂中出现有重矿物 10 余种,其中较有意义的重矿物有辰砂、黄铁矿、砷族、铌铁矿等,异常带包括 9 个辰砂异常(Ⅰ类 1 个、Ⅱ类 3 个、Ⅲ类 5 个),2 个砷族异常(均为Ⅱ类)和 2 个铌铁矿异常(Ⅰ类、Ⅱ类各 1 个)。这些异常在空间分布比较零散,但在局部地区形成较好的空间套合关系,如在迁里铅锌矿附近形成了良好的辰砂、砷矿物、黄铁矿组合异常。

第五章 典型矿床及成矿规律

第一节 重要矿产资源概况

本次重要矿产资源潜力评价预测矿种有铁、铜、铅、锌、金、钼、银、硫铁矿、磷、萤石和煤共 11 个,各矿种的资源概况、成因类型及主要特征情况如下。

一、铁矿

江苏省已知铁矿床(点)194 处,其中大型 2 处,中型 9 处,小型 16 处,矿点、矿化点 167 处(表 5-1)。主要分布于宁芜、宁镇、徐州利国和丰沛、六合冶山、南通王浩、苏州西部等地。至 2007 年底,查明铁矿石资源储量 $82\ 028.6 \times 10^4$ t,其中保有资源储量 $61\ 701.5 \times 10^4$ t。

矿床成因类型可划分为陆相火山岩型、矽卡岩型、热液型、沉积变质型、沉积型、风化淋滤(残积)型(图 5-1)。其中陆相火山岩型和矽卡岩型为本省重要的铁矿类型,占全省铁矿查明资源总量的 99% 以上,其余类型均为矿点、矿化点。

表 5-1 江苏省铁矿床(点)简表

矿产类型	矿床数(个)	规模				代表矿床(点)
		大型	中型	小型	矿点、矿化点	
陆相火山岩型	39	2	3	5	29	梅山铁矿床、吉山铁矿床、凤凰山铁矿床、麒麟山铁矿床
接触交代(矽卡岩)型	74		6	11	57	墓山铁矿床、冶山铁矿床、韦岗铁矿床、王浩铁矿床、谈家桥铁矿床
热液型	57				57	兔子山铁矿、埠上铁矿
沉积变质型	2				2	武强山铁矿
沉积型	15				15	夏桥菱铁矿、芳山赤铁矿
风化淋滤型	7				7	
总计	194	2	9	16	167	

1. 宁芜式陆相火山岩型铁矿

该类型铁矿的形成与中生代火山-次火山岩浆气液活动密切相关,它们的分布受喷发-侵入活动(喷

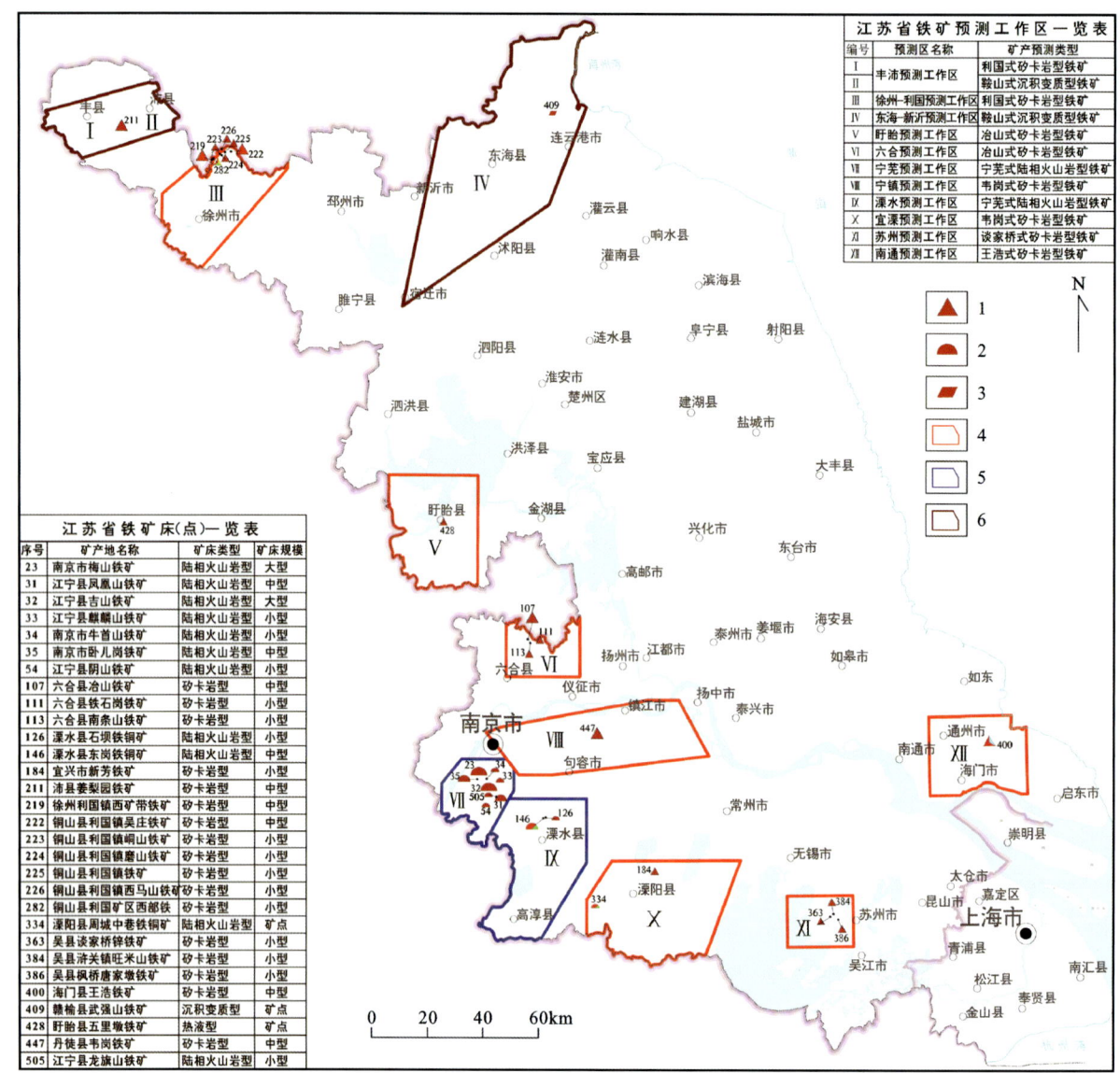

图 5-1　江苏省及上海市铁矿产预测类型分布图

1.矽卡岩型铁矿;2.陆相火山岩型铁矿;3.沉积变质型铁矿;4.矽卡岩型铁矿预测区;
5.陆相火山岩型铁矿预测区;6.沉积变质型铁矿预测区

发中心或喷发带)控制,围绕次火山岩侵入体可依次出现一组不同矿物组合铁矿床(玢岩铁矿系列)。该类型铁矿为本省重要铁矿类型,已查明资源储量占全省已查明铁矿资源储量的 80% 以上。已知铁矿床主要分布于宁芜火山岩盆地,在溧水火山岩盆地及溧阳火山岩地区也有分布。成矿时代为燕山期。

大王山旋回的辉长(辉石)闪长玢岩与成矿的关系最为密切,其次为中偏基性的闪长玢岩、辉长闪长岩及辉长安山玢岩、粗安玢岩等,均属浅成—超浅成相,有明显的次火山相特征。岩体呈岩株、岩钟、岩舌产出。根据矿体赋存部位与岩体的关系、控矿构造和矿物组合可进一步划分为 6 类。

(1)由铁矿浆充填贯入火山口附近次火山岩中的张性构造带形成的次火山岩浆矿床,形成于大王山旋回末期,以梅山大型磁铁矿床为代表。

矿体赋存于辉长闪长玢岩与辉石安山岩的过渡带中,辉长闪长玢岩与辉石安山岩无明显界线,呈渐变关系。矿石构造以致密块状为主,次为浸染状、斑点状,少量角砾状。矿石矿物主要为磁铁矿、假象赤铁矿,次为镜铁矿、针铁矿、含钒磁铁矿、穆磁铁矿、菱铁矿等,并伴生有少量黄铜矿、方铅矿。脉石矿物有碳酸盐矿物、方柱石、透辉石、石榴石、磷灰石等。典型矿物组合:磷灰石-假象赤铁矿-磁铁矿;石榴石-

透辉石-磷灰石-磁铁矿。

围岩蚀变发育,具有明显的分带性,矿体上盘由高岭土化、硅化、碳酸盐化,构成浅色蚀变带;矿体下部及下盘为透辉石化、磷灰石化、方柱石化、钠长石化,构成浅绿色蚀变带和浅红色蚀变带。

(2)次火山岩体中的气成-高温热液细脉浸染状磁铁矿床。矿体产于辉长闪长玢岩岩体上部,受岩体原生裂隙控制。品位较低,产状平缓,规模较大。以吉山大型贫磁铁矿床为代表。

(3)次火山岩体与喷出岩"上接触带"附近的气成热液型块状、脉状、角砾状磁铁矿床。矿床受后期热液影响,部分脉石矿物为碳酸盐交代,磁铁矿大部分转变为假象赤铁矿,围岩有强烈蚀变,以石榴石化、透辉石化为主,具有交代、充填成矿的双重特征。代表矿床为牛首山铁矿。

(4)次火山岩体与三叠纪碳酸盐岩接触带中的高—中温热液型似层状、透镜状磁铁矿、赤铁矿床。矿体主要赋存在辉长闪长玢岩体与三叠系上、下青龙组灰岩,中三叠统周冲村组角砾状灰岩、黄马青组钙质砂页岩的接触带,部分产于岩体中沉积岩捕虏体周围。矿体受不同成因的角砾岩带控制,代表矿床为凤凰山铁矿床、麒麟山铁矿床。

(5)次火山岩体附近的火山岩内中低温热液透镜状、脉状赤铁矿、镜铁矿矿床。此类矿床规模小,大多为矿点、矿化点。矿化与次火山岩体关系密切,矿体主要赋存在侵入体附近的火山岩中,呈脉状、透镜状产出,受围岩裂隙控制。矿石矿物主要为假象赤铁矿、赤铁矿、镜铁矿等,脉石矿物常见有石英、方解石。矿石品位一般较富。围岩蚀变以高岭土化、碳酸盐化、硅化等浅色蚀变为主,局部可见矽卡岩化、透辉石化。宁芜地区的腾子山镜铁矿点即属此类。

(6)火山沉积-热液矿床。矿床常分布于火山喷发碎屑岩层中,主要含矿层为大王山组底部的凝灰岩、凝灰角砾岩、凝灰质砂岩、安山质砾岩等,受火山喷发层位控制。部分矿床有热液作用相叠加,但矿化与侵入岩体空间上关系一般不明显,矿体产状与围岩基本一致。矿床规模一般较小,以静龙山(龙旗山)铁矿为代表。

2. 矽卡岩型铁矿

根据成矿特征可细分为韦岗式、冶山式、谈家桥式、王浩式、利国式5个矽卡岩型铁矿预测类型。

矽卡岩型铁矿主要分布于华北陆块南缘徐州利国、丰沛地区,扬子陆块区长江中下游地区。矿床成矿温度较高,一般为300~600℃,成因及空间上与燕山期中酸性侵入岩关系密切,常产于侵入岩与围岩接触带中,或产于围岩捕虏体的接触带内,部分产于围岩裂隙及内接触带的侵入岩体中。成矿时代为燕山期。

徐州地区矽卡岩型铁矿床与燕山早期闪长玢岩、石英闪长斑岩、角闪闪长玢岩等中酸性闪长岩类关系密切。东西向构造为主要导岩、储岩和容矿构造,北东向和北西向构造次之。矿床一般受区域褶皱中次级褶皱控制,矿体主要产于背斜倾伏端,次为赋存在背斜翼部缓倾斜、平直状、舌状、锯齿状接触带,隐伏岩体隆起和凹部的接触带,捕虏体的接触带内。赋矿地层主要为下奥陶统,含矿围岩以灰岩、白云质灰岩、灰质白云岩为主。矿体与围岩接触关系较明显。矿石矿物以磁铁矿为主,次为赤铁矿和假象赤铁矿,并常伴生有铜金银硫等。矿石品位较富,TFe含量为45%~55%。矿石结构以半自形粒状结构为主,构造以致密块状、条带状和浸染状为主,部分为角砾状。矿床规模以中、小型为主,代表矿床有利国吴庄铁矿床、墓山铁矿床、姜梨园铁矿床。

长江中下游地区接触交代型铁矿床分布较为普遍,已知铁矿床主要分布在六合冶山、宁镇、南通王浩、苏州西部等地,宜溧地区也有少量分布。本类型铁矿床主要分布于燕山晚期侵入的中浅成岩株、岩钟及岩枝状中酸性侵入体与围岩的接触带中。与成矿有关的岩体有花岗闪长(斑)岩、石英二长岩、钾长花岗岩等,它们往往因多次活动及混杂同化作用呈现不同岩相而构成杂岩体。主要控矿构造有北东向、北北西向断裂。最有利的成矿围岩有震旦系黄墟组、灯影组;早寒武世的镁质碳酸盐岩;上二叠统长兴组、下三叠统青龙组碳酸盐岩。铁矿体主要赋存于侵入岩体与围岩接触带中,或产于围岩捕虏体的接触带内,部分产在围岩裂隙及内接触带的岩体中。矿体形态较复杂,呈透镜状、囊状、不规则状、柱状和似层状,其决定因素主要是侵入体与围岩的接触面产状、围岩产状、构造裂隙和褶皱构造等。矿石矿物主要为磁铁矿,少量赤铁矿和假象赤铁矿。矿石品位较富,TFe含量一般为30%~50%,磁铁矿常与硫化矿物(黄铜矿、黄铁矿)共生或伴生,并常伴生有钴。部分围岩为镁质碳酸盐岩的接触交代型铁矿,矿石中常伴生有硼镁铁矿和硼镁石,可综合利用。

围岩蚀变强烈,主要为矽卡岩化。当岩体与镁质碳酸盐岩接触交代时,形成一系列镁质矽卡岩;而岩体与钙质碳酸盐岩接触交代时,则形成一系列钙铝质矽卡岩。另有金云母化、蛇纹石化,钾、钠长石化,绿泥石化,大理岩化,硅化等。

3. 鞍山式沉积变质型铁矿

该类型铁矿在江苏省工作程度较低,目前发现的铁矿点主要分布于东海—赣榆一带古—中元古界东海岩群变质岩系分布区,有武强山、韩山、印庄等铁矿点。含矿层为武强山岩组,岩性主要为黑云母斜长片麻岩、角闪斜长片麻岩、片岩夹浅粒岩、石英岩、大理岩。含矿围岩主要为一套云母大理岩、条带状含铁矿石英岩、云母石英片岩。矿体主要赋存于条带状含铁石英岩中及其两侧。矿石矿物以赤铁矿、磁铁矿为主,少量星散状黄铁矿。矿石呈粒状结构,条带状、块状、星散状构造。品位TFe 26.75%~55.67%。

另外,徐州丰沛地区存在寻找鞍本式沉积变质型铁矿的地质条件。该区有太古宇泰山岩群变质岩系分布。目前该区周边相邻省份均已在该层位发现铁矿体。江苏省最新勘查资料也揭示,泰山岩群变质岩中有含铁石英岩建造,赋存有条带状磁铁矿。

二、铜矿

江苏省已发现铜(包括铜多金属)矿床(点)60多处,其中中型2处,小型15处,其余均为矿点、矿化点(表5-2)。主要分布在长江中下游成矿带宁芜、溧水、宁镇等地区。已知铜矿类型有矽卡岩型(接触交代)铜矿床、陆相火山岩型铜矿床、中—低温热液型铜矿及沉积铜矿(图5-2),其中具有工业意义的主要是矽卡岩型铜矿和陆相火山岩型铜矿。截至2008年底,江苏省已查明铜金属资源储量为65.49×10^4 t,保有资源储量49.92×10^4 t。

表5-2 江苏省铜矿床(点)简表

矿产类型	矿床数(个)	规模				代表矿床(点)
		大型	中型	小型	矿点、矿化点	
陆相火山岩型	30			7	23	铜井铜矿、观山铜铅矿、獾子洞铜金矿
矽卡岩型(含斑岩型)	21		2	7	12	金山铜铁矿、安基山铜矿、盘龙岗铜钼矿
热液型	8			1	7	射乌山铜矿点、天津山多金属矿点
砂岩型	1				1	小贤庄铜矿点
总计	60		2	15	43	

1. 矽卡岩型铜矿床

该类型为本区铜矿床主要类型,成矿作用发生在中—中酸性侵入岩与碳酸盐岩层的接触带附近,通过气成-热液交代作用形成。近矿围岩产生强烈的交代蚀变作用,如矽卡岩化、绢云母化、绿泥石化、硅化、碳酸盐化等。该类矿床的共同特点是矽卡岩化很发育,并且往往与一定的地层有关,即具有明显的

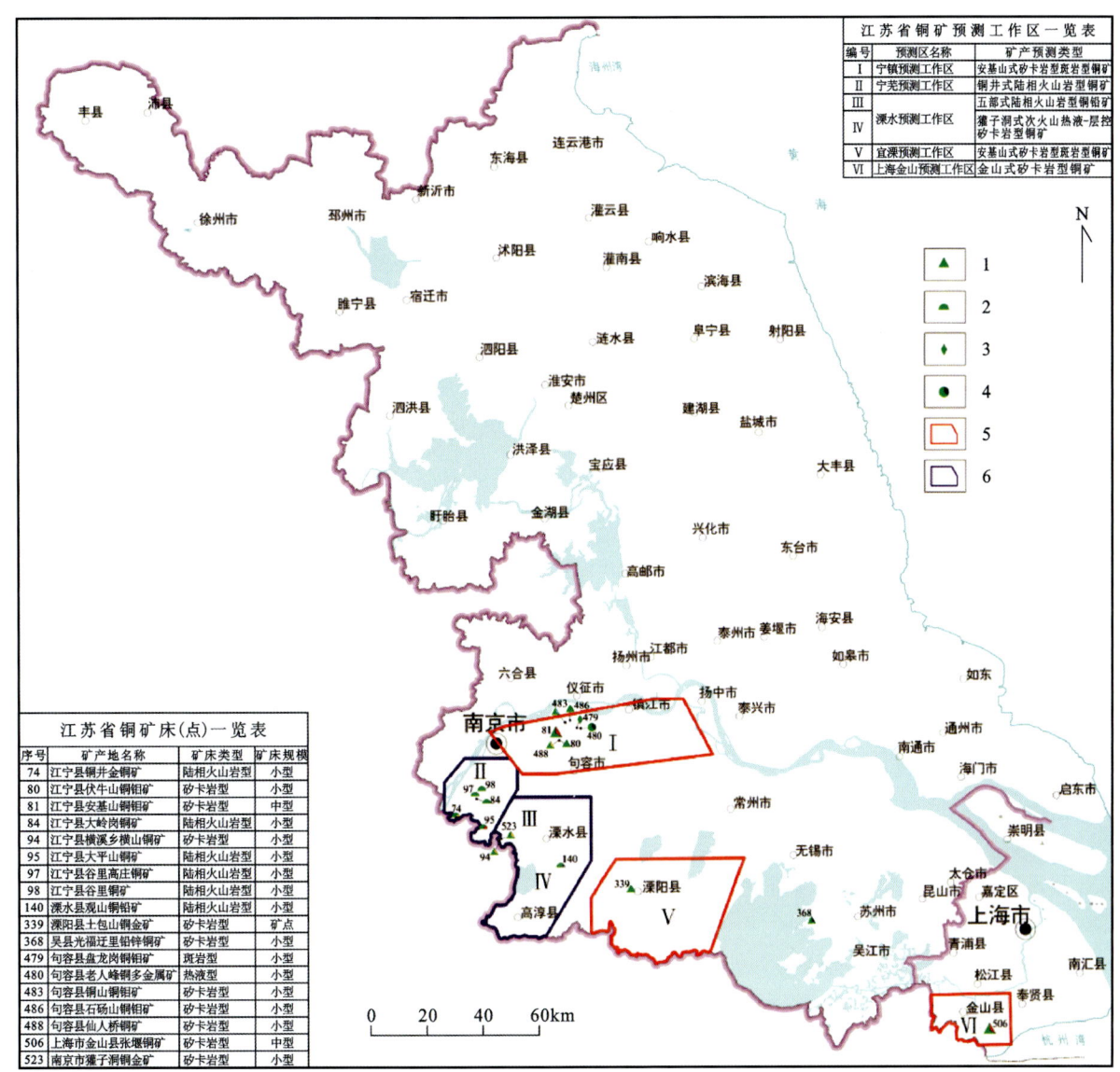

图 5-2 江苏省及上海市铜矿产预测类型分布图

1.矽卡岩型铜矿；2.陆相火山岩型铜矿；3.斑岩型铜矿；4.热液型铜矿；
5.矽卡岩型铜矿预测区；6.陆火山岩型铜矿预测区

特征。江苏境内该类型铜矿主要与石炭系—二叠系、三叠系关系密切，而上海金山张堰铜矿则是产于燕山期中酸性岩体与金山岩群白云质大理岩接触带矽卡岩中。

本类型铜矿床省内主要分布在宁镇地区，矿体一般沿侵入接触带附近分布，以交代作用为主，少数分布在蚀变花岗闪长斑岩或围岩中。矿体形态复杂，但以透镜状及似层状为主。矿体厚度、品位变化较小。有时可与斑岩型铜(钼)矿共生，如安基山铜矿床。

矿床规模以中、小型为主。矿石中主要矿物有黄铜矿、斑铜矿，伴生硫化物有磁黄铁矿、黄铁矿、闪锌矿、方铅矿。脉石矿物有石榴石、绿帘石、透辉石、透闪石、绿泥石、石英、方解石等。矿石多具致密块状、浸染状、细脉浸染状、角砾状构造。矿石中黄铜矿的爆裂温度为440～240℃，一般为320～290℃，黄铁矿的爆裂温度为420～150℃，一般为360～290℃。代表性矿床：安基山铜矿、伏牛山铜矿、张堰铜矿。

2. 陆相火山岩型铜矿床

该矿床是指与陆相火山-次火山气液活动有关的一系列矿床，均产于中生代火山岩盆地内及盆地边缘。

(1) 火山热液型脉状铜金矿床。该类矿床主要分布于宁芜盆地中部,受北西向、北东向两组断裂及破火山口控制,矿体呈走向北东的大脉及复脉状雁行排列。控矿围岩为大王山组安山岩,娘娘山组碱性粗面岩、粗安岩、熔结角砾岩、黝方石响岩等。铜金矿主要赋存于石英脉中,少数在菱铁矿、重晶石脉中,与硫化物关系密切。

矿石矿物以黄铜矿、斑铜矿、自然金、银金矿、黄铁矿为主,次为镜铁矿、硫铜铋矿、辉锑铋矿、黝铜矿等。脉石矿物有石英、菱铁矿、方解石、重晶石、玉髓等。

围岩蚀变有碳酸盐化、绿泥石化、黄铁矿化、硅化、绢云母化、高岭土化等,沿裂隙呈带状或线状分布。代表性矿床:江宁县铜井铜金矿、江宁县谷里铜矿。

(2) 火山热液型细脉浸染状铜矿床。该类矿床多位于火山盆地边缘的象山群砂页岩相对隆起部位,受北北东向基底断裂控制;矿体受平行于这些断裂的次一级陡倾斜及火山岩中平缓的层间破碎带控制,与围岩界线不明显。主要矿化围岩为龙王山组粗安质凝灰角砾岩。在时间、空间上与粗安质火山-次火山岩关系密切。围岩蚀变具有分带性:由矿体向外分别为钾质蚀变带,高岭土-绢云母化带,青磐岩化带。含矿角砾状安山岩以高碱(K_2O+Na_2O 9.5%)、低硅(SiO_2 48%～56%)为特征,钙碱指数为51,属碱钙性岩石组合。

矿石矿物以黄铜矿、黄铁矿、镜铁矿、闪锌矿为主,次有辉铜矿、斑铜矿、毒砂等。矿石多呈浸染状、细脉浸染状,黄铜矿颗粒细小,一般粒径为0.08～0.15mm。矿床成因:为超浅成条件下形成的广义斑岩型铜矿,与火山热液活动有密切的关系。代表性矿床:江宁县大平山铜矿。

(3) 产于次火山岩体侵入接触带中热液交代-层控矽卡岩型铜矿床。该类铜矿分布在溧水火山岩盆地西北部隆起区,是以交代作用为主的次火山热液-层控矽卡岩型铜矿床,铜矿产于辉长(角闪)闪长玢岩与上侏罗统西横山组接触带附近。矿体多分布在外接触带,呈似层状。少数在岩体内部,为细脉浸染状。铜矿物出现在矽卡岩矿物之后,与石英-绿泥石相伴生。铜矿化与岩床状侵入岩接触带旁侧钙质砂砾岩及钙质页岩、泥灰岩层位关系密切。层间破碎(碎裂)带是重要的容矿构造。

矿石中铜矿物主要为黄铜矿,次为斑铜矿、辉铜矿、黝铜矿;其他金属矿物有黄铁矿、镜铁矿、赤铁矿、褐铁矿;金矿物主要为自然金。脉石矿物有的以方解石、石英为主,有的以石榴石、透辉石为主,次为绿帘石、绿泥石、绢云母、高岭土、石膏等。矿石具团块状、浸染状构造。矿石品位:Cu 0.2%～2.52%,一般为0.5%～1.5%。

已发现的该类铜矿床(点)有南京市獾子洞铜金矿、溧水县洪兰铜矿、溧水县山南村小茅山铜矿、溧水县柘塘乡大山铜矿等。

三、铅锌银矿

铅锌多金属矿是江苏省优势矿种之一,全省尚未发现独立银矿床,具有工业意义的银矿主要为铅锌多金属矿床伴生矿。已发现以铅锌银为主多金属矿床(点)22处,其中大型2处,中型5处,小型2处,其余均为矿(化)点(表5-3)。主要分布于宁镇、苏州两地区。矿床成因类型可划分为陆相火山岩型、矽卡岩型、热液型、碳酸盐岩(层控热液)型。碳酸盐岩(层控热液)型和矽卡岩型为江苏省重要的铅锌银矿类型,包括全部中型以上矿床。

截至2008年底,全省已查明铅矿(含伴生)金属量为885 881.38t、锌矿(含伴生)金属量为1 898 079.74t、伴生银金属量为2125.53t。

表 5-3　江苏省铅锌银多金属矿床(点)简况表

矿产类型	矿床数(个)	规模				代表矿床(点)
		大型	中型	小型	矿点、矿化点	
碳酸盐岩型	5	2	1	0	2	栖霞山铅锌银矿
矽卡岩型	8	0	4	1	3	吴宅铅锌银矿、迁里铅锌银矿
陆相火山岩型	2	0	0	1	1	观山铜铅矿
热液型	7	0	0	0	7	高淳县刘夏山铅矿点
总计	22	2	5	2	13	

1. 碳酸盐岩(层控热液)型铅锌银矿床

江苏省又称层断热液型(栖霞山式),特定层位叠加纵向层间逆断层及热液作用改造形成的矿床,主要分布于宁镇地区。成矿物质主要来自石炭系、二叠系赋矿地层(碳酸盐岩)或基底岩层,部分来自岩浆期后或混合热液,成矿与纵向断裂构造关系密切。围岩蚀变弱,常见碳酸盐化、硅化、重晶石化、黄铁矿化等。矿体呈似层状、扁豆状、透镜状、不规则团块状赋存于不整合面,纵向压性断裂(一般为早期压性,晚期张性)构造,石炭系、二叠系层间破碎裂隙以及溶洞。成矿元素复杂,矿石品位较富,储量规模大。又称沉积热液改造型。在江苏具重要工业意义。代表性矿床:南京栖霞山铅锌银矿床。

2. 矽卡岩型铅锌银矿床

层控矽卡岩型铅锌银矿床主要分布于苏州西部,矿体受印支期—燕山期中酸性—酸性岩体(花岗斑岩、闪长玢岩)与石炭纪、二叠纪及三叠纪碳酸盐岩地层接触带控制,产于正接触带及近接触带围岩层间断裂中,多呈似层状、层状,与地层整合或略斜交产出,与矽卡岩关系密切;矿石品位较富,矿床规模以中型为主,工业意义较大,是江苏省重要类型之一。代表性矿床:苏州小茅山铅锌(铜)矿床、吴宅铅锌银矿床、迁里铅锌银矿床。

接触交代矽卡岩型铅锌银矿主要分布于苏州西部及宁镇地区,产于矽卡岩型铜矿床或矽卡岩型铁矿床中,以共伴生组分出现。矿体主要受燕山中—晚期中酸性岩体与石炭纪—三叠纪碳酸盐岩地层接触带控制。铅锌多分布于接触带上部或外围,具一定的工业意义。

3. 陆相火山岩型铅锌矿床

本类型铅锌矿成矿与陆相火山作用有关,主要分布于宁芜、溧水中生代火山岩盆地,包括火山沉积-热液改造型和次火山热液充填型。

(1)火山沉积-热液改造型:矿体赋存于侏罗系龙王山组—大王山组火山碎屑岩中,受燕山早期火山机构中次火山岩(辉长闪长玢岩)后期气液叠加改造富集成矿,矿体呈似层状、透镜状。已知矿床规模过小,近期难以开发利用。代表性矿床:陶吴铅锌矿。

(2)次火山热液充填型:与陆相碱性火山-次火山岩有关的热液型矿产,矿体主要呈脉状、透镜状,也有少量细脉浸染状,成群出现,受断裂控制。矿体规模一般较小,偶见具工业价值的矿床。代表性矿床:观山铜铅矿床。

四、金矿

本区已发现金矿床(点)24 个,其中小型矿床 8 个,矿点、矿化点 16 个(表 5-4)。截至 2008 年底,全省已查明金矿资源储量(含伴生)为 32 722.72kg。矿床类型以陆相火山岩(火山热液)型、中低温热液微细浸染型(卡林型)、铁帽型为主。

表 5-4 江苏省金矿床(点)简况表

矿产类型	矿床数(个)	规模				代表矿床(点)
		大型	中型	小型	矿点、矿化点	
陆相火山岩(火山热液)型	11	0	0	2	9	铜井铜金矿、金驹山金矿
(中低温热液)破碎蚀变岩型	5	0	0	1	4	燕子口金矿、丁耙岗金矿
微细浸染型(卡林型)	2	0	0	2	0	汤山金矿、石宕冲金矿
铁帽型	3	0	0	1	2	平山头金矿
矽卡岩型	3	0	0	2	1	土包山铁金矿、丁公山金矿
总计	24	0	0	8	16	

1. 陆相火山岩型(火山热液型)金矿床

该类金矿床与火山-次火山作用有成因上的联系。矿体多呈脉状充填于火山岩裂隙中,受各种断裂、蚀变构造带及火山机构的控制。金矿脉多成群成带分布,有复脉状、大脉状,平面上呈雁行排列,常有侧伏现象。工业矿体延长稳定,最大可达 3000m 以上。矿石类型有含金(碲)石英脉、含金多金属石英脉、含金(铜)重晶石石英脉、含金(铜)石英脉、含金铜黄铁矿石英脉及含金铜镜铁矿石英脉等,矿石常具有浸染状、角砾状、梳状、细脉状、晶洞状构造。矿化一般具多期多阶段性。围岩蚀变有长英岩化、青磐岩化、绢云母化、碳酸盐化、硅化、高岭土化等,近矿围岩蚀变以硅化为主,围岩蚀变为线型、带型,蚀变带宽度与矿化规模一致。代表性矿床:铜井铜金矿床、金驹山金矿床。

2. 微细浸染型(卡林型)金矿床

该类型金矿床目前仅发现汤山、仓山两处,矿体以似层状为主,部分脉状。常沿早中奥陶世泥质灰岩、泥质岩及其旁侧的层滑断面或不整合面分布,两者产状基本平行。矿石组分以中低温—偏低温矿物为主,矿石矿物主要为自然金,次为黄铁矿、辰砂、褐铁矿、方铅矿、闪锌矿、黄铜矿、赤铁矿等;脉石矿物主要以水云母、蒙脱石、石英为主,次为高岭石、方解石、辰砂、重晶石、方解石。矿石结构为微细粒自形晶—半自形晶压碎及胶状结构,以浸染状构造为主,少部分为角砾状、网脉状及蜂窝状构造。围岩蚀变微弱,常见硅化、次生石英岩化,部分有碳酸盐化、重晶石化。尚未发现一定规模的侵入岩。成矿作用与一定地层层位有关,为含金丰度较高的岩层经热液改造、活化转移的结果。含矿破碎带在浅表因风化淋积可形成红土型金矿。

3. 矽卡岩型金矿床

该类矿床形成主要与燕山期岩浆侵入活动有关。矿体主要分布在酸性—中酸性侵入体(石英闪长玢岩、花岗闪长岩)与石炭纪—二叠纪、三叠纪碳酸盐岩层的内外接触带及其附近的围岩中。溧阳土包山金(铁)矿床金矿体主要产于接触带内侧的岩体冷凝裂隙中,呈不规则透镜状。成矿方式具有渗滤交代的贯入特征。

4. (中低温热液)破碎蚀变岩型金矿床

该类矿床产于燕山期中酸性侵入体与沉积岩、变质岩接触带外带附近围岩中的硅化破碎带或构造裂隙中。区内该类型金矿较多,矿床规模一般较小,目前发现最大的破碎蚀变岩型金矿为燕子口金矿床

（小型），其余均为矿（化）点。金矿（化）体在苏南地区产于岩体接触带附近沉积岩中的构造破碎带，苏北东海—赣榆地区主要产于变质岩区构造破碎带中。金矿（化）体为含金黄铁矿化（褐铁矿化）硅化（石英）脉，蚀变以硅化、黄铁矿化（褐铁矿化）为主要标志，有时有矽卡岩化、铜铅锌矿化伴生。代表性矿床：燕子口金矿床、石桥金矿化点。

5. 铁帽型（风化淋滤）金矿床

该类型矿床主要为各类型含金矿（化）体，经表生氧化作用和次生富集而成的铁锰帽型金矿床。其深部多赋存有铅锌银硫化物矿体。矿体主要受断裂构造控制。金属氧化物以褐铁矿为主，其次为软锰矿、白铅矿等；金属硫化物以黄铁矿为主，其次为方铅矿、闪锌矿、黄铜矿等；金矿物主要为自然金。脉石矿物主要为石英、重晶石、黏土，其次为明矾石、方解石、高岭石、水云母等。矿石具交代残余结构、粒状结构、脉状结构、固溶体分离结构，以角砾状构造、土状构造、蜂窝状构造为主。蚀变主要有硅化、褐铁矿化。代表性矿床：平山头银金矿床。

6. 伴生金矿床

区内伴生金矿床主要有层控热液型铅锌银矿床伴生金矿、接触交代矽卡岩型铁铜（钼）矿床中的伴生金矿。

层控热液型铅锌银矿床伴生金矿：这类矿床中伴生金矿规模较大，可综合回收利用，具有一定的工业价值。其中栖霞山铅锌银、甘家巷铅锌银矿中伴生金资源储量占全省已查明金矿资源储量的50%以上。金矿化与铅锌银矿紧密伴生，矿石中金平均含量为$(0.55\sim1.5)\times10^{-6}$。

接触交代矽卡岩型铁铜（钼）矿床中的伴生金矿：这类伴生金矿床在省内分布较广，大多数矽卡岩型铜铁（钼）矿床中均有程度不同的伴生金矿化，具有较好的经济意义。

五、钼矿

江苏省已发现钼矿床（点）11处，其中中型1个，小型5个，矿（化）点5个（表5-5）。截至2010年，全省已查明钼矿资源量（金属量，含伴生）约3.87×10^4 t，保有资源量约3.25×10^4 t。主要分布于宁镇地区，盱眙、东海也有少量矿（化）点分布。矿床类型有斑岩型、矽卡岩型、热液交代充填型、海相沉积型，以斑岩型、矽卡岩型最为重要，其余类型均为矿化显示，无工业意义。

表5-5 江苏省钼矿床（点）简况表

矿产类型	矿床数（个）	规模				代表矿床（点）
		大型	中型	小型	矿点、矿化点	
矽卡岩型	5			4	1	铜山铜钼矿
斑岩型	3		1	1	1	谏壁钼（钨）矿
热液交代充填型	2				2	马虎山铜钼矿点
海相沉积型	1				1	乌龟山钼矿点
合计	11		1	5	5	

1. 斑岩型钼矿床

该类型矿床主要分布在宁镇地区和盱眙地区，为江苏省重要钼矿类型，已查明资源储量占全省查明总资源量的77%。矿体主要产于中酸性侵入岩与震旦纪碳酸盐岩接触带附近的岩体内,部分产于接触带中,极零星见于外接触带的围岩中。侵入岩体岩性以二长花岗岩、二长花岗斑岩及斑状石英二长岩为主。地层主要为震旦系黄墟组、灯影组。矿石主要为浸染状和细脉浸染状。矿体为似层状、不规则透镜状,呈侧幕式排列的脉体群。矿石矿物为辉钼矿、白钨矿、黄铜矿、黄铁矿、磁铁矿等。脉石矿物主要为石英、长石及黑云母。辉钼矿呈半自形—自形片状、他形粒状结构,细脉、网脉—细脉浸染状及稀疏浸染状构造。矿石品位Mo一般为0.05%～0.17%,WO_3一般为0.09%～0.15%。典型矿床为镇江市谏壁钼(钨)矿(中型)。

2. 矽卡岩型钼矿床

该类型钼矿床主要分布在宁镇地区,一般与矽卡岩型铜多金属矿共伴生。矿体主要赋存于花岗闪长斑岩、石英闪长(斑)岩等中酸性侵入岩体与石炭纪—二叠纪碳酸盐岩地层接触带矽卡岩之中。纵向断裂是重要的控岩、控矿构造,侵入接触带为储矿构造。矿化带(即含矿矽卡岩带)产状与围岩地层基本一致,矿体呈似层状、透镜状分布。矿石中主要金属矿物具自形—半自形晶粒状结构、交代残余结构等,浸染状、团斑状、细脉浸染状、薄膜状构造。矿石矿物以黄铜矿、辉钼矿为主,次为磁铁矿、磁黄铁矿、黄铁矿、白钨矿和少量闪锌矿。脉石矿物以石榴石、透辉石为主,次为斜长石、透闪石、方柱石,及少量绿帘石、阳起石、角闪石、绿泥石、石英等。典型矿床为句容市铜山钼铜矿。

六、磷矿

江苏省已知磷矿床(点)43处,其中中型5个,小型1个,矿点、矿化点37个(表5-6)。截至2008年底,全省已查明磷矿石资源量为$11\,961.04×10^4$ t,保有资源储量为$11\,199.9×10^4$ t。

表5-6 江苏省磷矿床(点)简况表

矿产类型	矿床数(个)	规模				代表矿床(点)
		大型	中型	小型	矿点、矿化点	
沉积变质型	6		4	1	1	锦屏磷矿床
玢岩型	1		1		0	泰山铁磷矿床
热液变质型	2				2	蒋庄磷矿点
沉积型	8				8	青峰山、大顶山、幕府山磷矿(化)点
洞穴堆积型	26				26	徐州地区石灰岩溶洞中有26处
总计	43		5	1	37	

矿床类型按成因可划分为沉积变质型、岩浆期后型、热液变质型、沉积型、洞穴堆积型。海州式沉积变质型磷矿为本省最重要的磷矿类型,占全省磷矿查明资源总量的90%以上,其次为玢岩式岩浆期后型磷矿,为与玢岩型铁矿共生的内生磷矿;沉积型磷矿主要分布于宁镇、江浦以及徐州等地,赋存层位较多,但品位较低,还未发现具一定规模的矿床,均为矿化点。含矿层位有震旦系黄墟组、灯影组,下寒武统幕府山组、猴家山组,下二叠统孤峰组,以及中志留统坟头组,下石炭统和州组;洞穴堆积磷矿分布于铜山县和邳县境内,矿体赋存于灰岩的古喀斯特溶洞之中,规模小,难以开发利用,工业意义不大。

1. 海州式沉积变质型磷矿

该类型磷矿分布于苏鲁高压—超高压变质带南缘连云港—泗洪一带。磷矿带基底地层主要为中元古界锦屏岩群和中—新元古界云台岩群等变质岩系,呈北东—北北东向展布,其中,锦屏岩群为海州式磷矿的赋矿层位,含磷岩带从连云港市的临洪口一直延展到泗洪,呈北北东—南西向弧形展布,总长度近200km。地层总体倾向南东,倾角30°~60°,厚度一般在200~500m之间。在锦屏平原区及滥洪等地,磷矿沉积的同时,混杂有基性火山碎屑的堆积。根据含磷岩性特征,岩石组合及其变质变形特点,并结合恢复原岩后的沉积旋回变化,锦屏岩群含磷层赋存在上部(东山岩组)及下部(西山岩组)。西山岩组主要由白云石磷灰岩、云母磷灰岩、白云石质大理岩、云母大理岩、石英白云母片岩、碳酸盐白云母片岩和碳质石英白云母片岩组成,其次为石英钠长绿帘云母片岩,局部有磁铁矿硅锰矿大理岩、石膏大理岩、白云斜长片麻岩和透镜状石英岩产出,底部常见一层含砾石英白云母片岩(底砾岩)。东山岩组在含磷特征、岩石组合上与西山岩组基本一致。该段顶部一般为石英白云母片岩或白云石(质)大理岩,与上覆云台岩群的厚层白云斜长片麻岩、白云二长片麻岩呈整合接触。

矿体呈似层状、透镜状,局部有分叉现象,长50~2500m不等,一般为300~400m,厚在0.3~62m之间,倾向延深650m以上,一般为350~450m。矿石矿物主要为磷灰石,脉石矿物有碳酸盐矿物,石英及云母。矿石呈细粒结构,块状、条纹状、条带状、片状构造。按矿物成分可将矿石分为细粒磷灰岩、锰磷矿和云母磷灰岩3类,以第一类为主。按结构、构造和主要矿物成分,矿石可分如下7类:块状细粒磷灰岩、条纹状细粒磷灰岩、条带状细粒磷灰岩、条带状锰质磷灰岩、条纹状云母磷灰岩、石墨云母磷灰岩、锰磷矿。矿体平均含P_2O_5 11.05%~21.53%,最高含P_2O_5 38%。矿床成因为沉积变质型磷矿床——简称海州式磷矿。代表性矿床:连云港市锦屏磷矿床(中型)。

2. 宁芜式玢岩型磷矿

该类磷矿分布于宁芜中生代火山盆地,它是与次火山岩有关的热液矿床。浅成—超浅成次火山岩(辉长闪长玢岩)岩体侵入于上侏罗统龙王山组和大王山组火山岩中。火山岩岩性为安山岩、黑云母安山岩及火山碎屑岩。岩体内北北西向、北北东向和北东东向3组裂隙构造,直接控制了矿体。

矿石类型有磷矿石、铁磷矿石、铁矿石3种。矿石构造为致密块状、细脉浸染状、团块状、浸染状等。矿石矿物有磷灰石(自形、半自形长柱状、针状、粒状结构)、磁铁矿(自形—他形粒状结构)、假象赤铁矿、赤铁矿,矿石组合为磷灰石-磁铁矿-透辉石。块状磷矿含P_2O_5 15%~24%,稠密浸染状和细脉浸染状磷矿含P_2O_5 5%~17%,浸染状磷矿含P_2O_5 1.5%~4%,块状磁铁矿TFe 59.70%,浸染状磁铁矿TFe 17.40%~28.78%。矿石中P_2O_5含量与铁的含量成反相关关系。

矿床类型为玢岩型铁磷矿床。此类矿床与玢岩型磁铁矿矿床不同之处主要是磷灰石和磁铁矿所占比例不同,前者以磷灰石为主,后者以磁铁矿为主。磷灰石与磁铁矿密切伴生,在玢岩型磁铁矿矿床中都不同程度地含磷灰石,尤其是铁矿体边缘和下部浸染状矿石中含磷灰石较富,可综合利用。代表性矿床:南京泰山铁磷矿床。

七、硫铁矿

硫铁矿床主要分布于宁芜、宁镇及苏州西部地区,矿床类型有次火山热液型、接触交代矽卡岩型、中低温热液型等。除单独构成矿床(点)外,在有色金属矿床中普遍共伴生黄铁矿,可综合利用。江苏省已知硫铁矿床(点)计有23处(包括共伴生),其中中型7个,小型10个,矿点6个(表5-7)。截至2010年,全省已查明硫铁矿石资源量(含共伴生)$8340.27×10^4$t。

表 5-7 江苏省硫铁矿矿床(点)简况表

矿产类型	矿床数(个)	规模				代表矿床(点)
		大型	中型	小型	矿点、矿化点	
次火山热液型	4		2	2		云台山硫铁矿床、天台山硫铁矿床
矽卡岩型	15		3	7	5	板仓岔路口硫铁矿床、潭山黄铁矿铅锌矿床
中低温热液型	4		2	1	1	条状山多金属矿点
总计	23		7	10	6	

1. 云台山式陆相火山岩型硫铁矿

该类型硫铁矿是江苏省主要的硫铁矿床类型,根据产出部位可分为受断裂和层间破碎带控制的黄铁矿及次火山岩与火山岩接触带中的黄铁矿。

(1)受断裂和层间破碎带控制的黄铁矿。主要分布于南京市江宁区天台山—母鸡山—云台山—富而岗一带,成矿受云台山-乔木山北北东向压扭性断裂带控制,矿体主要受北东向断裂和层间破碎带控制,南部天台山受龙王山组与象山群不整合接触面控制。成矿围岩有周冲村组碳酸盐岩、黄马青组钙质砂页岩、象山群砂岩及龙王山组粗安质角砾凝灰岩,以周冲村组为主,成矿与碳酸盐岩关系最为密切。与成矿有关的次火山岩体为燕山中晚期辉石闪长玢岩,次火山岩体中也有少量脉状小矿体赋存。矿体多产于闪长玢岩与围岩接触带及其附近的构造裂隙带,矿体呈透镜状、似层状及扁豆状,规模大小不等,大的长几百米到近千米,延深 300m 以上,厚一般 20 多米,最厚达 69.07m。一般矿体长 100~400m,延深数十米到数百米,厚约 1~10m。矿石矿物主要为黄铁矿,脉石矿物主要为石英、方解石和白云石。矿石以他形粒状结构为主,次为自形—半自形粒状结构;以块状构造为主,次为浸染状、条带状构造。矿石含硫量各地不一,云台山矿区含硫较富,一般在 20% 以上,最高达 47.29%。天台山矿区含硫较低,一般为 6%~15%,最高 24.48%。围岩普遍硅化、碳酸盐化、绢云母化、高岭土化、黄铁矿化,地表风化后,常形成铁帽或"火烧皮"(浸染状黄铁矿经风化后形成褐铁矿),是找矿的直接标志之一。代表性矿床:云台山硫铁矿床、天台山硫铁矿床。

该类型黄铁矿床在溧水火山岩盆地也有发现,以溧水县卧龙山黄铁矿点为代表,矿床受北西向断裂构造带控制,矿体主要赋存在上侏罗统龙王山组火山碎屑岩与中侏罗统陡山组长石石英砂岩之间喷发不整合面之上,其次是赋存于北西向断裂构造中。

(2)受次火山岩与火山岩接触带控制的黄铁矿。主要分布于宁芜北段梅山等地,与玢岩式铁矿共伴生。黄铁矿赋存在次火山岩与火山岩接触带或外带火山岩中。梅山黄铁矿产于辉石闪长玢岩与大王山组辉石安山岩接触带中,黄铁矿呈自形、他形浸染状及细脉状分布在磁铁矿体内,含硫量最高达 10%,全矿区铁矿中平均含硫 2.2%。在铁矿体上部围岩中黄铁矿化普遍,局部富集。

2. 铜陵式矽卡岩型硫铁矿

该类型硫铁矿主要分布于宁镇地区、苏州西部地区,除少数以黄铁矿构成单独矿床外,大多为矽卡岩型铁、铜、多金属矿共伴生矿,为江苏省黄铁矿矿床主要类型之一。矿体主要产于石英闪长玢岩、花岗闪长斑岩、闪长岩、石英斑岩等中酸性岩体与石炭纪—三叠纪灰岩接触带上,在接触带附近蚀变岩体或围岩的构造裂隙中也有矿体赋存。在铜多金属矿床中,黄铁矿与黄铜矿、方铅矿、闪锌矿共生,黄铁矿体与铜多金属矿体往往是重合的。在铁矿床中黄铁矿富集于铁矿体边缘或旁侧,可形成黄铁矿矿体,磁铁矿体中黄铁矿呈细脉或网脉状分布,硫的品位较贫,矿石含硫一般小于 20%,可综合利用。

单独构成矿床的仅见南京市东郊岔路口硫铁矿床 1 个,东西向断裂构造控制了闪长岩体侵入,也控制了矿体的分布。矿体主要赋存在闪长岩岩床顶板接触带和断裂内,以及接触带上部周冲村组角砾状灰岩中,其次产在岩体的底板接触带上,少数见于下盘周冲村组、黄马青组、象山群及岩体裂隙中。矿体呈透镜状、似层状,部分有分叉复合现象。矿石矿物为黄铁矿,氧化后成褐铁矿,脉石矿物主要为石英、方解石、绿泥石及硅酸盐矿物。矿石具有他形、半自形晶粒状结构及压碎结构,致密块状、浸染状和细脉浸染状构造。矿石含 S 14.39%~50.52%,多数在 20%以上。围岩蚀变有硅化、绿泥石化、高岭土化、角岩化、绿帘石化、阳起石化、透闪石化、叶蜡石化、大理岩化等。

3. 中低温热液型(伴生)硫铁矿

该类型硫铁矿多见于热液型铅锌多金属矿床中,黄铁矿与铅锌多金属相伴生,已知矿床主要分布于宁镇地区,有栖霞山、大凹山铅锌银矿床,条状山铅锌矿点等。栖霞山、大凹山矿体受象山群砂、页岩与下伏泥盆纪—二叠纪地层不整合面及北东东向断裂控制。主要赋存于北东东向断裂中,规模较大。矿石矿物主要为闪锌矿、方铅矿、黄铁矿。栖霞山矿区平均含 S 18.92%,大凹山矿区含 S 一般在 10%以上。此类黄铁矿可在多金属选矿时一并选出供工业部门利用。

八、萤石矿

江苏省已发现萤石矿床(点)共 7 处,其中中型矿床 1 处,其余均为矿(化)点(表 5-8)。主要分布在苏州西部地区,其次在溧阳小梅岭庙西岩体、江浦光山及东海罗庄等地也见有萤石矿脉和矿化现象。矿床成因类型属中低温热液型,如俞石泉式热液充填型萤石矿。截至 2010 年,已查明萤石矿(CaF_2)资源量为 34.5×10^4 t。

表 5-8 江苏省萤石矿床(点)简表

矿产类型	矿床数(个)	规模			代表矿床(点)
		大型	中型	小型 矿点、矿化点	
中低温热液型	7		1	6	苏州俞石泉萤石矿床

苏州花岗岩体内及岩体周围铁矿和多金属矿床中萤石矿化普遍,大多呈细脉状,无工业价值,仅局部地区矿脉较大,可富集成具工业价值的萤石矿体,如陈家沟、南爪山铁矿、谈家桥锌铁矿床及小茅山多金属矿床中均有萤石矿脉,可综合利用。单独构成矿床的仅有苏州俞石泉 1 个。赋矿地层有长兴组大理岩、堰桥组、龙潭组砂页岩及钾长花岗岩。压扭性断裂及张性裂隙直接控制矿体。成矿与钾长花岗岩关系密切,部分矿体赋存于钾长花岗岩与大理岩之接触带。萤石质量较好,CaF_2 一般在 70%以上,可作为冶炼熔剂。成矿时代应为燕山早期。

苏州西部阳耙山、城隍山等地萤石矿化受潭东-光福断裂带控制,矿化体产于石英斑岩(花岗斑岩)近南北向裂隙内,以脉状为主,矿脉厚 0.2~2.4m。矿物成分为萤石,脉石矿物为石英、方解石。品位较富,含 CaF_2 54.15%~95.98%。矿床成因类型为中低温热液型。

九、煤矿

江苏省煤田地质勘探和煤炭工业经过 60 多年的发展,取得了辉煌的业绩,集中探明了徐州和丰沛两个矿区,查明了苏南为一煤系分布广、含煤性差和构造极其复杂的小型煤田。

截至 2009 年底,江苏省及上海市煤炭资源累计探获资源量 $464\,363 \times 10^4$ t(徐沛 $432\,835 \times 10^4$ t、苏

南 31 528×10^{4}t),保有资源量 360 272×10^{4}t(徐沛 333 039×10^{4}t、苏南 27 233×10^{4}t),占累计探获资源量的 77.59%(表 5-9)。

表 5-9 江苏省煤炭资源勘查开发表　　　　　　　　　　　　　(单位:×10^{4}t)

矿区	探获资源量	保有资源量	已利用资源量	尚未利用资源量				
				合计	精查	详查	普查	预查
徐州矿区	155 804	87 151	75 090	12 061		9907	2154	
丰沛矿区	277 030	245 888	154 012	91 876		52 365	39 512	
宁镇煤产地	5853	3544	2561	983	174		809	
常州煤产地	4792	4305	2889	1416		834	582	
宜溧煤产地	6092	4702	3938	764	550		214	
锡澄虞煤产地	8083	8075	207	7868	1858	1483	4527	
苏州煤产地	6708	6607	4	6603		5073	1530	
合计	464 363	360 272	238 702	121 571	2582	69 662	49 328	

江苏省共有 126 个生产矿井(包括开采、停采、闭坑、停建)和勘查区,81 个矿井已被利用,仅剩下 44 个未被利用的勘查区。已利用的矿井勘查工作基本达到勘探程度,个别达到普查和详查。未被利用的勘查区中,达到普查的有 27 个,详查 12 个,勘探 5 个(其中:徐沛煤田详查区 7 个,普查区 7 个;苏南地区勘探区 5 个,详查区 5 个,普查区 20 个)。

第二节　矿产预测类型划分及其分布

矿产预测类型是开展矿产预测工作的基本单元,典型矿床研究、区域成矿规律研究、矿产预测工作都以其为基本工作单元。凡是由同一地质作用形成,成矿要素和预测要求基本一致,可以在同一预测底图上完成预测工作的矿床、矿点和矿化线索归为同一矿产预测类型。同一矿种存在多种矿产预测类型,不同矿种组合可能为同一矿产预测类型,同一成因类型可能有多种矿产预测类型,不同成因类型组合可能为同一矿产预测类型。根据以上划分原则及已知矿床成矿特征分析,确定本次矿产资源潜力评价相关矿种主要矿产预测类型见表 5-10。

表 5-10 江苏省重要矿产预测类型一览表

矿种(组)	矿产预测类型	成矿时代	典型矿床	分布地区
铁	宁芜式陆相火山岩型铁矿	燕山期	梅山铁矿床、吉山铁矿床、凤凰山铁矿床、麒麟山铁矿床、龙旗山铁矿床、东岗铁矿床、中巷铁铜矿床	宁芜、溧水
	利国式矽卡岩型铁矿	燕山早期	墓山铁矿床	徐州—利国、丰沛
	韦岗式矽卡岩型铁矿	燕山晚期	韦岗铁矿床	宁镇、宜溧
	冶山式矽卡岩型铁矿	燕山晚期	冶山铁矿床	六合、盱眙
	谈家桥式矽卡岩型铁矿	燕山期	谈家桥铁矿床	苏州西部
	王浩式矽卡岩型铁矿	燕山晚期	王浩铁矿床	南通预测工作区
	鞍山式沉积变质型铁矿	Ar_4—Pt_{1-2}		丰沛、东海—新沂

续表 5-10

矿种（组）	矿产预测类型	成矿时代	典型矿床	分布地区
铜	铜井式陆相火山型铜金矿	燕山晚期	铜井铜金矿	宁芜、溧水
	獾子洞式次火山热液—层控矽卡岩型铜金矿	燕山晚期	獾子洞铜金矿	溧水预测工作区
	安基山式矽卡岩斑岩型铜矿	燕山晚期	安基山铜矿、句容盘龙岗铜矿	宁镇、宜溧预测工作区
	金山式矽卡岩型铜矿	燕山晚期	张堰铜矿	上海金山
金	铜井式陆相火山岩型铜金矿	燕山晚期	铜井铜金矿、金驹山金矿	宁芜、溧水
	汤山式微细浸染型(卡林型)金矿	燕山晚期	汤山金矿	宁镇
	新桥式铁帽型金矿	喜马拉雅期	平山头金矿	宁镇、宜溧
	焦家式破碎蚀变岩型金矿	燕山期		东海—新沂、徐州—利国
	西横山式破碎蚀变岩型金矿	燕山中晚期	燕子口金矿	溧水
	侵入岩体内及接触带型金	燕山晚期	土包山铁金矿	宜溧
铅锌(银)	栖霞山式碳酸盐岩(层控热液)型铅锌银矿	燕山期	栖霞山铅锌银矿	宁镇
	五部式陆相火山岩型铅锌矿	燕山晚期	观山铜铅矿	溧水
	吴宅式层控矽卡岩型铅锌银矿	燕山期	吴宅铅锌银矿	苏州西部、宜溧
钼	铜山式矽卡岩型钼矿	燕山晚期	铜山钼铜矿	宁镇
	谏壁式斑岩型钼矿	燕山晚期	谏壁钼(钨)矿	宁镇、盱眙
磷矿	海州式沉积变质型磷矿	中元古代	锦屏磷矿	连云港—泗洪
	宁芜式玢岩型磷矿	燕山中晚期	泰山铁磷矿	宁芜
硫铁矿	铜陵式矽卡岩型硫铁矿	燕山期	岔路口硫铁矿、潭山铅锌硫铁矿	宁镇、苏州西部
萤石	俞石泉式热液充填型萤石矿	燕山期	俞石泉萤石矿	苏州西部

第三节　典型矿床及成矿规律

一、铁矿典型矿床及成矿规律

根据江苏省铁矿预测类型划分，结合已知矿床成矿特征及分布特点分析，选取的铁矿典型矿床共有12个(表5-11)。其中陆相火山岩型铁矿以梅山铁矿床(大型)、吉山铁矿床(大型)和凤凰山铁矿床(中型)最具代表性，矽卡岩型铁矿以韦岗铁矿(中型)、利国铁矿(中型)和冶山铁矿(中型)为代表。

表 5-11　江苏省铁矿典型矿床一览表

矿种	矿产预测类型	典型矿床
铁	宁芜式陆相火山岩型铁矿	梅山铁矿床、吉山铁矿床、凤凰山铁矿床、麒麟山铁矿床、龙旗山铁矿床、东岗铁矿床、中巷铁铜矿床
铁	利国式矽卡岩型铁矿	利国铁矿

续表 5-11

矿种	矿产预测类型	典型矿床
铁	韦岗式矽卡岩型铁矿	韦岗铁矿
铁	冶山式矽卡岩型铁矿	冶山铁矿
铁、锌	谈家桥式矽卡岩型铁矿	谈家桥铁矿
铁	王浩式矽卡岩型铁矿	王浩铁矿

(一)江苏省南京梅山铁矿床

1. 矿床特征

该矿床位于宁芜火山岩盆地北段,板桥-凤凰山北西向断裂与区内东西向断裂以及南京-板桥北东向断裂的交会部位。由富碱富磷的玄武质安山岩浆分异、熔离的铁矿浆充填于火山口或火山穹隆附近次火山岩的张性构造带中(图 5-3、图 5-4)。

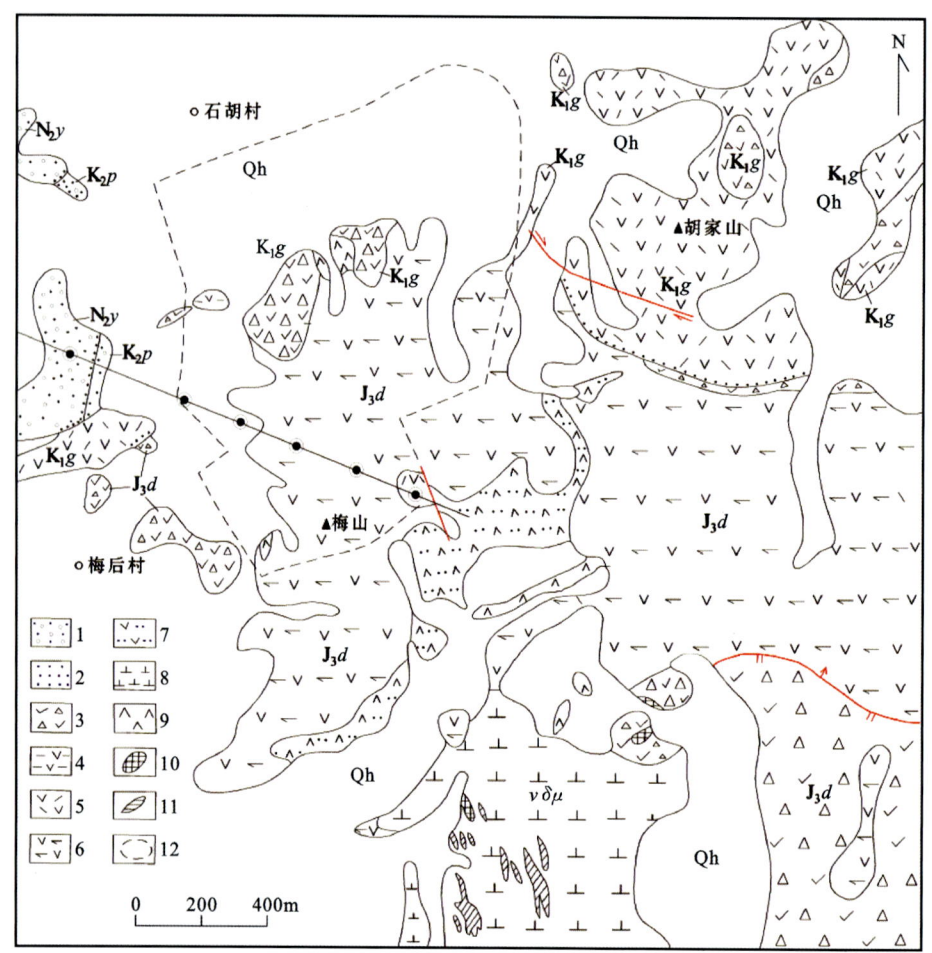

图 5-3 南京梅山铁矿地质简图

Qh. 第四系;N_2y. 上新统雨花台组;K_2p. 上白垩统浦口组;K_1g. 下白垩统葛村组;
J_3d. 上侏罗统大王山组;$v\delta\mu$. 辉长闪长玢岩

1.砾石层;2.砂砾岩;3.凝灰角砾岩;4.黑云母安山岩;5.角闪安山岩;6.辉石安山岩;7.石英安山岩;8.辉长闪长玢岩;
9.次生石英岩;10.铁矿体;11.磷矿体;12.铁矿体水平投影界线

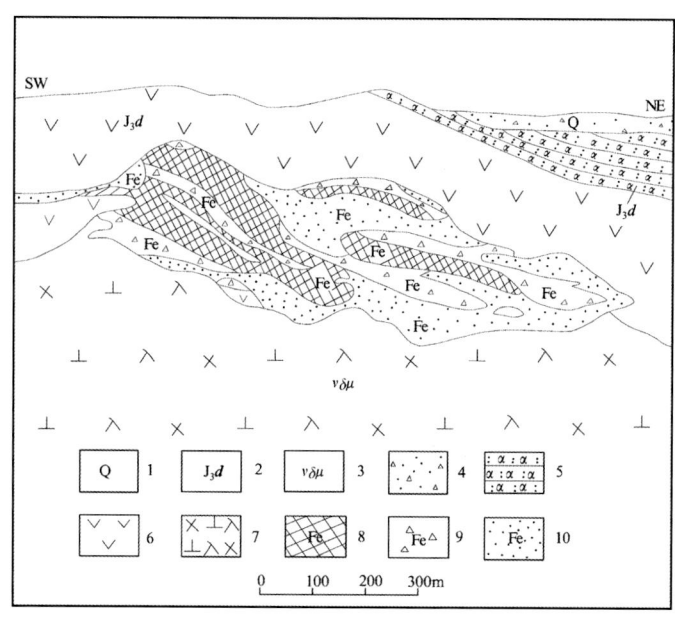

图 5-4 南京梅山铁矿纵剖面图

1.第四系；2.上侏罗统大王山组；3.大王山旋回辉长闪长玢岩；4.第四纪松散沉积物；
5.沉凝灰岩；6.安山岩；7.辉长闪长玢岩；8.块状铁矿；9.角砾状铁矿；10.浸染状铁矿

主矿体赋存于辉长闪长玢岩与辉石安山岩的接触部位辉长闪长玢岩中，矿体形态呈顶部凸起向边缘逐渐变薄或至尖灭的大透镜状，长轴方向北东，长1200m，宽850m，矿体厚度一般120～200m，中间最厚达295.20m，平均厚147m。主矿体之下，还有平行的贫磁铁矿体20余个，一般长度不到100m，厚小于10m。富铁矿石以致密状构造为主，贫铁矿石多为浸染状、斑点状、竹叶状构造，并可见少量角砾状构造。主要矿石矿物为磁铁矿、半假象赤铁矿、假象赤铁矿，并伴生少量黄铜矿、方铅矿。块状矿石全铁含量50.58%，浸染状矿石为33.47%，伴生组分以富含钒、钛、磷为特征，V_2O_5平均含量0.205%，有害元素S平均含量1.791%，P 0.394%，SiO_2含量一般为5%～10%。围岩蚀变发育，具有明显的分带性，矿体上盘由高岭土化、硅化、碳酸盐化构成浅色蚀变带；矿体下部及下盘为透辉石化、磷灰石化、方柱石化、钠长石化，构成浅绿色蚀变带和浅红色蚀变带。矿床规模为大型。

铁矿形成于大王山喷发亚旋回末期，姑山旋回之前，属燕山中晚期的产物（黄铁矿Re-Os定年，127±11Ma；王丽娟等，2013）。成因类型属次火山矿浆充填贯入-高温热液交代型。

2. 成矿要素

梅山铁矿床成矿要素总结见表5-12。

表5-12 江苏省梅山陆相火山岩型铁矿床成矿要素表

成矿要素		描述内容	成矿要素分类
地质环境	地层	主要是上侏罗统到下白垩统（龙王山组、大王山组、葛村组）中偏基性和碱性火山碎屑岩及熔岩	重要
	岩浆岩	燕山中晚期次火山岩体——辉长（辉石）闪长玢岩	必要
	岩石结构	不等粒斑状结构，基质为隐晶微晶交织结构	次要
	成矿时代	燕山中晚期，127±11Ma（黄铁矿Re-Os；王丽娟等，2013）	重要
	成矿环境	矿体赋存于辉长（辉石）闪长玢岩体头部，上覆侏罗系大王山组辉石安山岩	必要
	构造背景	下扬子陆块宁芜继承式火山岩断陷盆地北段，梅山-凤凰山构造岩浆喷发带与滨江构造岩浆带的交叉部位	必要

续表 5-12

成矿要素		描述内容	成矿要素分类
矿床特征	矿物组合	矿石矿物以磁铁矿为主，次为半假象赤铁矿、假象赤铁矿、菱铁矿，少量镜铁矿、针铁矿、含矾磁铁矿及赤铁矿等。 硫化物主要为黄铁矿，少量黄铜矿、斑铜矿、辉铜矿和方铅矿等。 脉石矿物有铁白云石、白云石、方解石、方柱石、钙铁榴石、透辉石、阳起石、绿泥石、绿帘石、磷灰石、石英、蛋白石、玉髓及黏土矿物	重要
	结构	多具半自形—他形粒状结构	次要
	构造	矿石构造主要有块状、斑点状、网脉浸染状、浸染状、角砾状和竹叶状等	次要
	蚀变	以高岭土化、碳酸盐化、硅化、钙铁榴石化、透辉石化最为明显，绢云母化、叶蜡石化、绿泥石化、黄铁矿化、钠柱石化、钠长石化、磷灰石化为次	重要
	控矿条件	①火山岩基底发育北北东向和北西向两组主干断裂，矿床受北西向梅山-凤凰山断裂带和北北东向卧儿岗-中华门断裂带控制；②区域主应力方向一致的北西向张性断裂和北东向压性断裂及其旁侧裂隙为控制矿化的有利构造；③岩体"上顶"作用，冷凝收缩作用形成的"虚脱"空间及环状裂隙和纹射状裂隙；④气液上升过程中的减压沸腾与隐蔽爆破作用，有利于角砾岩体的形成和成矿；⑤辉石安山岩形成封闭较好的背斜构造	必要

3. 成矿模式

梅山铁矿床描述性模式见表 5-13，成因模式见表 5-14 和图 5-5。

表 5-13 梅山铁矿床描述性模式

名称		江苏省梅山式陆相火山岩型铁矿床
基本特征		矿体产于燕山中晚期辉长闪长玢岩顶部穹状部位，与辉石安山岩接触带中，为矿浆充填贯入形成，并伴有微弱的交代作用
成矿时代		燕山中晚期，127±11Ma（黄铁矿 Re-Os；王丽娟等，2013）
资料来源		《江苏省南京市梅山铁矿床地质勘探报告》（江苏省冶金局第一地质队，1964）； 《江苏省南京市梅山铁矿床二期工程建设地质勘探报告书》（江苏省冶金地质勘探公司 807 队，1979）
地质背景	赋矿构造单元	下扬子陆块宁芜火山断陷盆地北段
	含矿地层	侏罗纪大王山旋回次火山岩（辉长闪长玢岩）中
	岩矿结构（矿化部位）	透辉石-磷灰石-磁铁矿组成矿脉、网脉、角砾团块以及浸染状矿体，脉状与角砾团块状矿石往往具有自形粗晶到伟晶结构，透辉石与磷灰石常聚集成梳状晶簇，磁铁矿往往充填于前两者晶体间
伴生矿产		钒、钛、磷
矿床工业类型		铁矿床
矿体形态		岩体中呈透镜状、不规则状，在接触带近辉石安山岩部位，呈瘤状、似层状、透镜状
矿物组合		矿石矿物以磁铁矿为主，次为半假象赤铁矿、假象赤铁矿、菱铁矿，少量镜铁矿、针铁矿、含矾磁铁矿及赤铁矿等。 硫化物主要为黄铁矿，少量黄铜矿、斑铜矿、辉铜矿和方铅矿等。 脉石矿物有铁白云石、白云石、方解石、方柱石、钙铁榴石、透辉石、阳起石、绿帘石、磷灰石。典型矿物组合：磷灰石-假象赤铁矿-磁铁矿；石榴子石-透辉石-磷灰石-磁铁矿

续表 5-13

矿石结构构造	多具半自形—他形粒状结构,块状、斑点状、网脉浸染状、浸染状、角砾状和竹叶状等构造
矿体形态	瘤状、似层状、透镜状为主
容矿围岩	辉长闪长玢岩、辉石安山岩
围岩蚀变	透辉石化、石榴石化、钠柱石化、钠长石化、绿帘石化、绿泥石化、黄铁矿化、硅化、高岭石化、碳酸盐化
蚀变分带	自下而上,下部浅色蚀变带(钠长石化带)—中部深色蚀边带(方柱石化、透辉石化、石榴石化带)—上部浅色蚀边带(硅化、泥化、硬石膏化、黄铁矿化带)

表 5-14 梅山铁矿床成因模式

名称	江苏省梅山式陆相次火山岩浆-期后气成高温热液充填贯入型铁矿床	
矿石成因类型	块状铁矿石为矿浆充填贯入,浸染状、网脉状铁矿石为气成高温热液交代成因	
成矿期次	矿浆充填贯入—热液交代	
同位素特征	硫同位素	$\delta^{34}S$ 在 $-5‰\sim+7‰$
成矿环境	区域成矿构造背景	大陆边缘活动带火山岩断陷盆地的边缘及盆地内侧局部隆起地段
	具体成矿环境	主要赋存于次辉长闪长玢岩顶部穹状部位,部分在安山质火山岩中
成矿物质来源	金属	深部岩浆源
	络合物等	
成矿流体	岩浆水	
成矿物理化学条件	梅山铁矿形成温度大于370℃。随着母岩浆的强烈气液分异,铁越来越富集的残浆直接上升并贯入到辉长闪长玢岩上部空间中凝固形成铁矿主矿体。因此是在高温、低压及较高氧化势的较窄条件范围内形成的	

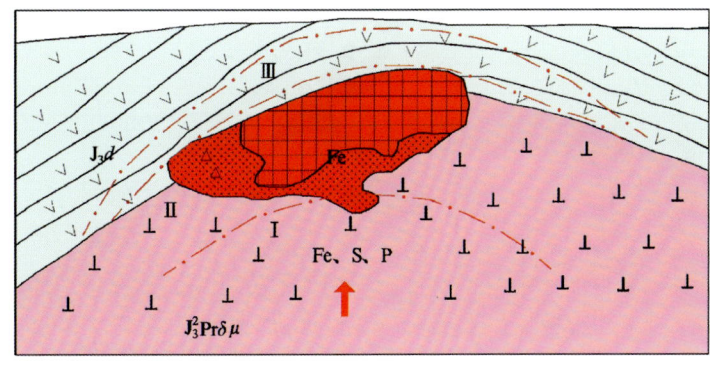

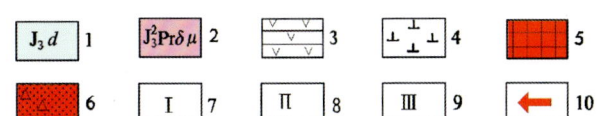

图 5-5 南京梅山铁矿床成矿模式图

1.上侏罗系统大王山组;2.侏罗纪大王山旋回辉石闪长玢岩;3.安山质火山岩;4.辉石闪长玢岩;5.块状磁铁矿;
6.浸染状、角砾状磁铁矿;7.下部浅色蚀变带(钠长石化带);8.中部深色蚀变带(方柱石、透辉石化、石榴石化带);
9.上部浅色蚀变带(硅化、泥化、硬石膏化、黄铁矿化带);10.矿液运移方向

(二) 江苏省南京吉山铁矿床

1. 矿床特征

该矿床位于宁芜火山岩盆地北段,为区内北西向与北北东向构造岩浆成矿带的交会部位。矿体受次火山岩体经冷凝收缩而产生的原生裂隙控制,此种裂隙经区域构造作用,常形成角砾岩化带。矿体赋存于辉长(辉石)闪长玢岩体顶部的角砾岩化带中,呈透镜状、似层状,长 1600m,宽 700m,中部厚度 269.57m,向边部分支变薄而尖灭(图 5-6、图 5-7)。

矿石自然类型以浸染状为主,次有细脉浸染状和角砾状矿石。矿石矿物以磁铁矿为主,少量赤铁矿、假象赤铁矿。脉石矿物主要有方解石、方柱石、透辉石、钠长石、绿帘石、绿泥石、碳酸盐、石英、高岭土等。主要矿物组合:方柱石-钠长石-磷灰石-磁铁矿;方解石-磷灰石-磁铁矿。

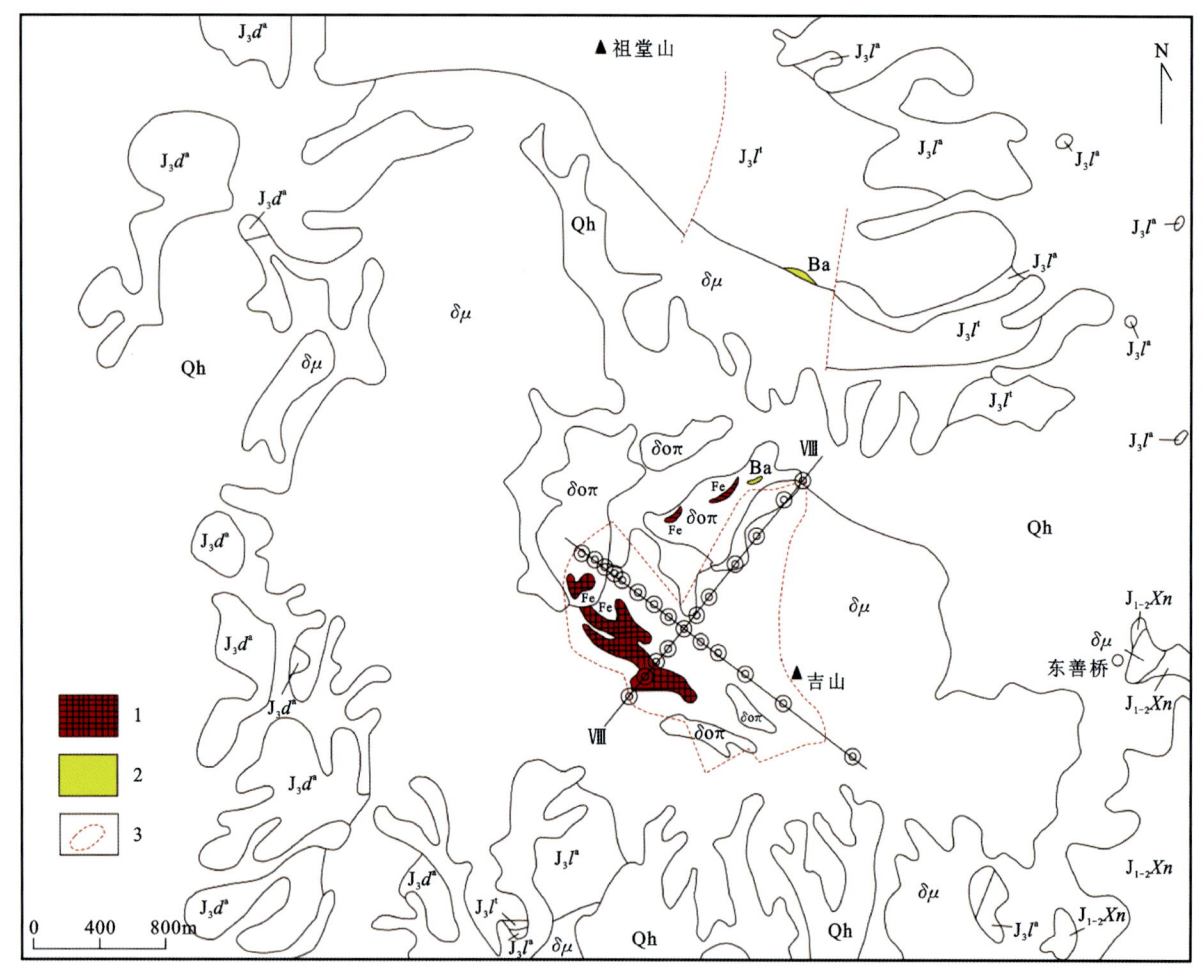

图 5-6 南京吉山铁矿地质简图

1.铁矿体;2.重晶石脉;3.铁矿体投影界线

Qh.第四系;J_3d^a.上侏罗统大王山组安山岩;J_3l^t.上侏罗统龙王山组凝灰岩、角砾凝灰岩;J_3l^a.上侏罗统龙王山组安山岩;$J_{1-2}Xn$.中下侏罗统象山群砂岩;$\delta\mu$.辉长(辉石)闪长玢岩;$\delta o\pi$.石英闪长玢岩

矿体以贫矿为主,矿区 TFe 平均 18.09%,伴生组分 V_2O_5 平均含量 0.25%,Ga 0.0021%。有害元素 S 0.471%,P 0.226%。

围岩蚀变强烈,以方柱石化、钠长石化、透辉石化、绿泥石化、绿帘石化、碳酸盐化、硅化为主,且具一定分带性,形成浅绿色和浅红色蚀变带。矿体主要见于浅绿色蚀变带中,以磁铁矿-透辉石-磷灰石矿物组合为特征。矿床规模为大型矿床。

矿床成因类型属浅成—超浅成次火山岩体中的气成-高温热液细脉浸染状磁铁矿矿床。成矿时代属燕山中晚期(锆石 SHRIMP U-Pb 定年,130±1.0Ma;李锦伟等,2012)

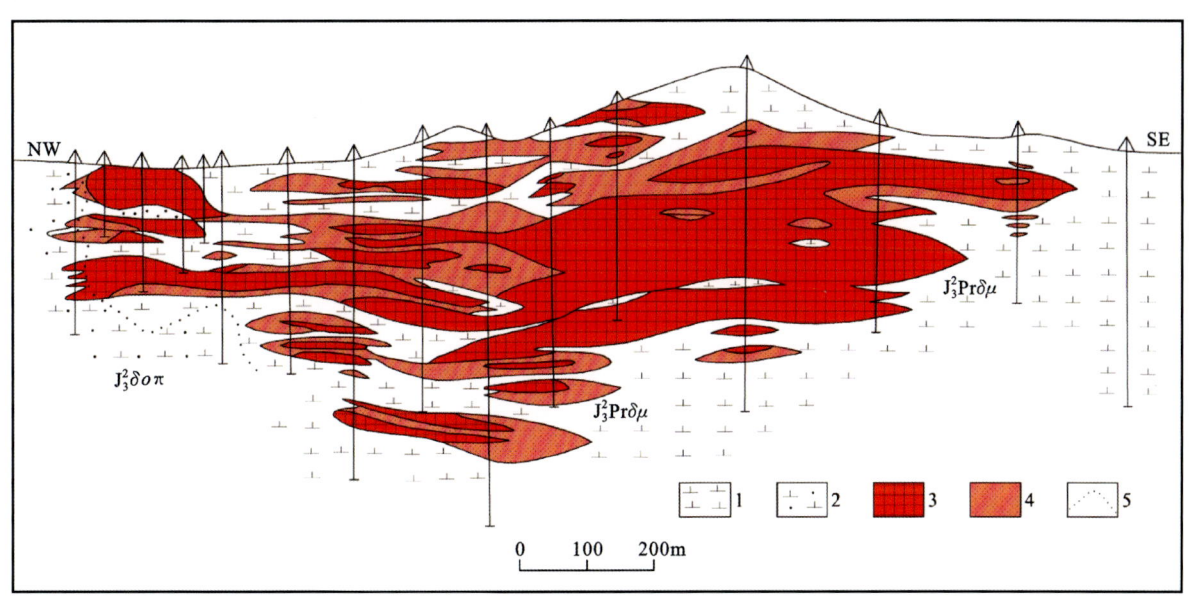

图 5-7　南京吉山铁矿地质剖面图
1.辉长闪长玢岩;2.石英闪长玢岩;3.浸染状铁矿体;4.浸染状贫状矿体;5.岩相界线

2. 成矿要素

江苏省吉山铁矿床成矿要素总结见表 5-15。

表 5-15　江苏省吉山陆相火山岩型铁矿床成矿要素表

成矿要素		描述内容	成矿要素分类
地质环境	地层	主要为上侏罗统龙王山组凝灰岩、凝灰角砾岩及安山岩	重要
	岩浆岩	燕山中晚期中性—中酸性闪长岩类,岩性主要为辉长(辉石)闪长玢岩,次为石英闪长玢岩	必要
	岩石结构	斑状结构、细粒结构、粗斑结构	次要
	成矿时代	燕山中晚期,130±1.0Ma(锆石 SHRIMP U-Pb;李锦伟等,2012)	重要
	成矿环境	受辉石闪长玢岩原生裂隙和岩体冷凝收缩产生的层状剥离空间控制,矿体赋存于辉石闪长玢岩顶部的磁铁矿化带中	必要
	构造背景	宁芜火山岩断陷盆地北段,北西向构造带与北东向断裂带交会部位	必要
矿床特征	矿物组合	金属矿物为磁铁矿、黄铁矿、赤铁矿;脉石矿物为方柱石、钠长石、绿泥石、磷灰石	重要
	结构	自形—半自形粒状结构、叶片状变晶结构	次要
	构造	细脉浸染状构造、脉状构造、竹叶状构造、角砾状构造	次要
	蚀变	硅化、高岭土化、方柱石化、钠长石化、绿泥石化、绿帘石化、碳酸盐化、透辉石化、黄铁矿化	重要
	控矿条件	古雄-吉山断裂与阴山-吉山断裂交叉部位。矿体受辉石闪长玢岩原生裂隙和岩体冷凝收缩产生的层间剥离带控制	必要

3. 成矿模式

吉山铁矿床描述性模式见表 5-16，成因模式见表 5-17 和图 5-8。

表 5-16 吉山铁矿床描述性模式

名称		江苏省吉山式陆相火山岩型铁矿床
基本特征		产于浅成—超浅成次火山岩体中巨厚贫磁铁矿
成矿时代		燕山中晚期,130±1.0Ma(锆石 SHRIMP U-Pb;李锦伟等,2012)
资料来源		《江宁县吉山铁矿详查评价报告》(南京市地质队第九分队,1961); 《江苏省江宁县吉山铁矿床地质勘探总结报告书》(江苏省冶金地质勘探公司 807 队,1974)
地质背景	赋矿构造单元	下扬子陆块宁芜火山断陷盆地北部,梅山-凤凰山构造岩浆带
	含矿地层	侏罗纪大王山旋回辉长闪长玢岩
	岩矿结构 (矿化部位)	矿体产于辉长闪长玢岩原生裂隙和岩体冷凝收缩产生的层间剥离带,呈缓倾斜的透镜状
矿床工业类型		浸染状贫磁铁矿床
矿体形态		透镜状
矿物组合		金属矿物为磁铁矿、黄铁矿、赤铁矿;脉石矿物为方柱石、钠长石、绿泥石、磷灰石
矿石结构构造		半自形—自形粒状结构,浸染状、细脉浸染状、角砾状构造
矿体产状		矿体呈透镜状,总体产状 NW60°~70°,倾向北东,倾角 35°~45°
容矿围岩		辉石(辉长)闪长玢岩
围岩蚀变		硅化、高岭土化、方柱石化、钠长石化、绿泥石化、绿帘石化、碳酸盐化、透辉石化
矿化分带		无明显分带
蚀变分带		上带:硅化、高岭土化、绢云母化、碳酸盐;上过渡带:钠长石化、绿泥石化、绢云母化、碳酸盐化、高岭土化;铁矿带:方柱石化、钠长石化、绿泥石化、绿帘石化、碳酸盐化、透辉石化、黄铁矿化、高岭土化;下过渡带:碳酸盐化、黄铁矿化、石膏化、钠长石化;下带(原岩带):碳酸盐化、黄铁矿化、石膏化
风化		块状、蜂窝状铁帽

表 5-17 吉山铁矿床成因模式

名称		吉山式陆相火山岩型-气成-高温热液细脉浸染状铁矿床
矿石成因类型		高中温热液交代充填型
成矿期次		热液期
成矿环境	区域成矿 构造背景	下扬子陆块宁芜中生代火山岩断陷盆地北部,矿体受燕山中晚期次辉石闪长玢岩原生裂隙和岩体冷凝收缩产生的层间剥离带控制
	具体成矿环境	梅山-凤凰山构造岩浆带和阴山-吉山断裂的交叉部位
成矿物质来源	金属	深部岩浆
	络合物等	
成矿流体		岩浆热液
成矿物理 化学条件		高温热液阶段,形成温度 355~430℃

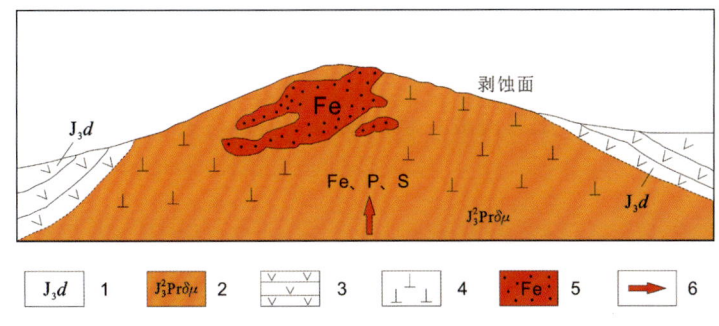

图 5-8 吉山铁矿床成矿模式图

1.侏罗系大王山组;2.侏罗纪大王山旋回辉石闪长玢岩;3.安山质火山岩;
4.辉石闪长玢岩;5.浸染状磁铁矿;6.矿液运移方向

(三)江苏省南京凤凰山铁矿床

1. 矿床特征

该矿床位于宁芜火山岩盆地北段东侧,方山-小丹阳北北东向隐伏断裂与板桥-凤凰山北西向断裂交会处附近,受轴向北东的凤凰山穹隆状短轴背斜及接触破碎带的控制。矿体赋存于岩钟状辉石闪长玢岩与青龙组、周冲村组、黄马青组的灰岩、泥灰岩、钙质粉砂岩等的接触带中,呈似层状、楔状、不规则脉状,并常见有分支贯入岩体和围岩中(图 5-9)。

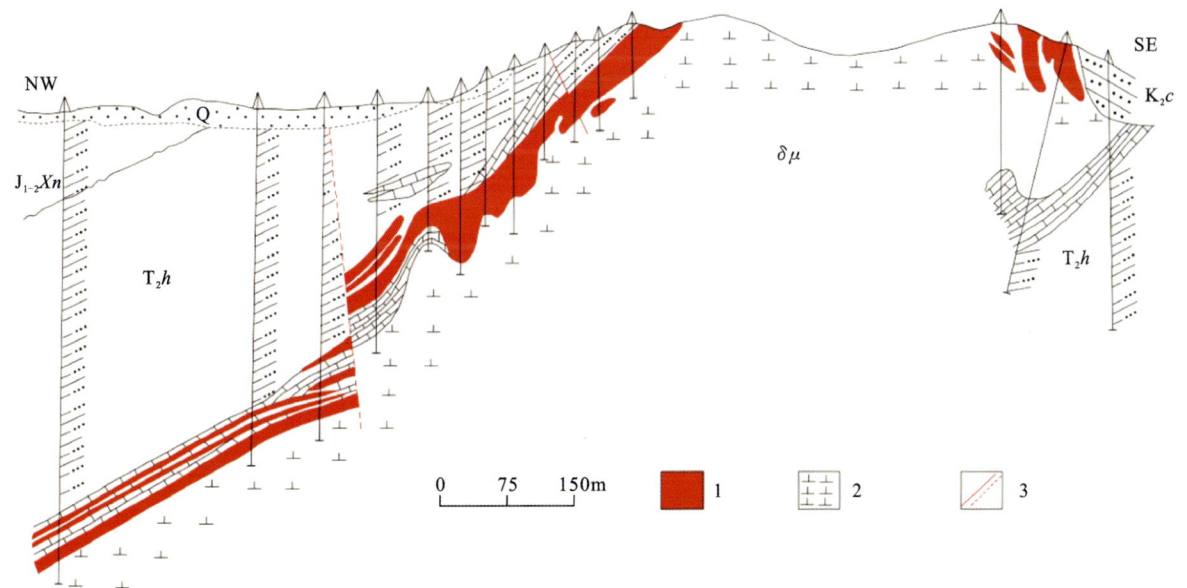

图 5-9 南京凤凰山铁矿区地质剖面图

1.铁矿体;2.辉长闪长玢岩;3.实测及推测断层

Q.第四系;K_2c.上白垩统赤山组;$J_{1-2}Xn$.中下侏罗统象山群;T_2h.中三叠统黄马青组;$\delta\mu$.燕山中晚期闪长玢岩

矿体走向 30°~50°,倾向北西,由多个矿体组成,其中以凤凰山矿体规模最大。长 2700m,最大延深 1500m,厚 28~59m,尚有扁担山、向日山等矿体。矿石构造主要有块状、角砾状、粉末状。块状矿石见于矿体中部,角砾状矿石见于矿体下部,而粉末状矿石分布于矿体上、下盘。矿石矿物以赤铁矿、假象赤铁矿、磁铁矿为主,次有镜铁矿、褐铁矿。脉石矿物以石英为主,次有方解石、白云石、磷灰石等。全矿区 TFe 最高达 68.35%,平均 43.77%。伴生元素 Co 最高含量可达 0.36%,一般 0.003%~0.03%,V_2O_5

平均 0.237%,有害元素含量 SiO_2 18.04%,S 0.214%,P 0.475%。

近矿围岩蚀变以高岭土化、碳酸盐化、绿泥石化、硅化为主,其次有钾长石化、钠长石化、透辉石化、金云母化和角岩化等。

矿床规模为中型矿床。矿床类型属浅成—超浅成次火山岩与三叠纪碳酸盐岩接触带中的高—中温热液型铁矿床。

2. 成矿要素

江苏省凤凰山铁矿床成矿要素总结见表 5-18。

3. 成矿模式

凤凰山铁矿床描述性模式见表 5-19,成因模式见表 5-20 和图 5-10。

表 5-18 江苏省凤凰山陆相火山岩型铁矿床成矿要素表

成矿要素		描述内容	成矿要素分类
地质环境	地层	三叠系黄马青组和周冲村组以及侏罗系象山群砂岩	重要
	岩浆岩	侵入岩体为燕山中晚期浅成—超浅成次火山岩体——闪长岩、辉石闪长玢岩	必要
	岩石结构	不等粒斑状结构	次要
	成矿时代	燕山中晚期	重要
	成矿环境	矿体受北东向构造控制,产于辉石闪长玢岩与砂页岩或石灰岩接触破碎带及砂页岩、石灰岩和辉石闪长玢岩中	必要
	构造背景	下扬子陆块宁芜火山断陷盆地北段东侧,北北东向隐伏断裂和北西向断裂交会部位	必要
矿床特征	矿物组合	金属矿石矿物:主要为赤铁矿、假象赤铁矿和磁铁矿,次为镜铁矿、褐铁矿、黄铁矿、黄铜矿、斑铜矿。非金属矿物以石英为主,次为方解石、白云石、磷灰石、黄玉、黑云母、高岭石及玉髓等	重要
	结构	大部为八面体自形晶结构,局部为他形晶结构	次要
	构造	致密块状构造、疏松构造、原生角砾构造、次生角砾构造	次要
	蚀变	高岭土化、碳酸盐化、绿泥石化、硅化为主,其次为钾长石化、钠长石化、透辉石化、金云母化和角岩化	重要
	控矿条件	受北东向构造、北东向短轴背斜及其层间挤压滑动面控制,矿体产于辉石闪长玢岩与砂页岩或石灰岩接触破碎带及砂页岩、石灰岩和辉石闪长玢岩中	必要

表 5-19 凤凰山铁矿床描述性模式

名称		江苏省凤凰山式陆相火山岩型铁矿床
基本特征		铁矿体产于燕山中晚期浅成—超浅成辉长闪长玢岩(次火山岩体)与青龙组、周冲村组、黄马青组碳酸盐岩地层接触带
成矿时代		燕山中晚期
资料来源		《江苏省江宁县凤凰山铁矿床地质勘探最终报告》(江苏省冶金局第一地质队,1959)
地质背景	赋矿构造单元	下扬子陆块宁芜火山断陷盆地边缘
	含矿地层	三叠系黄马青组碳酸盐岩段,辉石闪长玢岩、闪长玢岩、石英闪长玢岩
	岩矿结构（矿化部位）	矿体赋存在燕山中晚期次辉长闪长玢岩与三叠系青龙组、周冲村组、黄马青组钙质粉砂岩、泥灰岩的接触带中,受不同成因的破碎构造带和层间裂隙带控制。矿石自然类型以致密块状为主,角砾状、粉末状次之

续表 5-19

工业类型	铁矿床
矿体形态	主矿体为似层状,长 2700m,最大延伸 1500m,厚 28~59m
矿物组合	矿石矿物:假象赤铁矿、赤铁矿、磁铁矿、镜铁矿、褐铁矿。伴生矿物:黄铁矿、黄铜矿、方铅矿。典型矿物组合:(透辉石-阳起石-碱性长石)-金云母-磷灰石-假象赤铁矿
矿石结构	自形—半自形晶粒状结构
矿体产状	矿体主要产于辉长闪长玢岩与钙质砂页岩或泥灰岩接触带,其次尚有一定数量的小矿体,分别产于砂页岩、泥灰岩及辉长闪长玢岩中
容矿围岩	钙质砂页岩、石灰岩、辉长闪长玢岩
围岩蚀变	碳酸盐化、高岭土化、绿泥石化、绢云母化、钠长石化
蚀变分带	地表部分:自矿体至辉长闪长玢岩,高岭土化、碳酸盐化→高岭土化、碳酸盐化、绿泥石化→碳酸盐化;深部矿体:自上而下,碳酸盐化、高岭土化→碳酸盐化、绿泥石化→碳酸盐化

表 5-20 凤凰山铁矿床成因模式

名称		凤凰山式陆相火山岩型-高中温热液充填交代铁矿床
矿石成因类型		高中温热液交代-充填型
成矿期次		热液期
成矿环境	区域成矿构造背景	下扬子陆块宁芜火山断陷盆地边缘
	具体成矿环境	位于方山-小丹阳断裂与凤凰山-梅山断裂喷发带交会处,辉长闪长玢岩与钙质砂页岩或泥灰岩接触带
成矿物质来源	金属	来源于深部岩浆
	络合物等	
成矿流体		岩浆水为主的岩浆水、大气降水与地层水的混合体
成矿物理化学条件		高中温阶段,低压,成矿温度 330~450℃

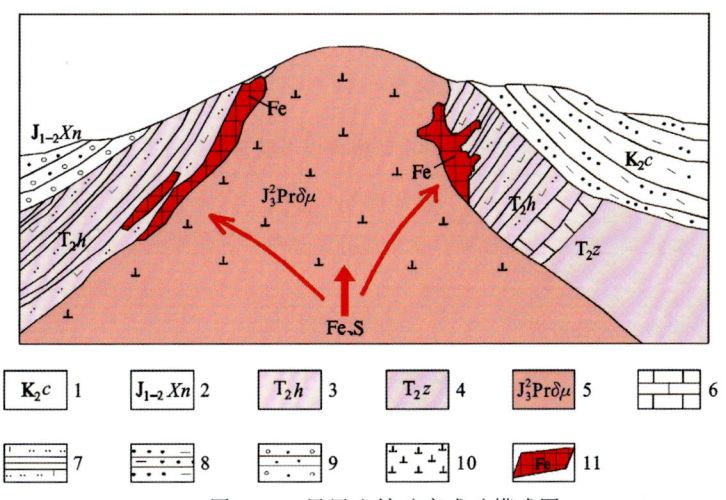

图 5-10 凤凰山铁矿床成矿模式图

1.上白垩统赤山组;2.中下侏罗统象山群;3.中三叠统黄马青组;4.中三叠统周冲村组;5.燕山中晚期(辉石)闪长玢岩;6.灰岩;7.钙质砂、页岩;8.泥质粉砂岩;9.长石石英砂岩;10.辉石闪长玢岩;11.铁矿体

(四)江苏省南京麒麟山铁矿

1. 矿床特征

该矿区位于宁芜火山岩盆地北段东缘,方山-小丹阳断裂带之西侧。铁矿赋存于辉石闪长(玢)岩与三叠系黄马青组、青龙群顶部石灰岩的侵入接触带和岩体内接触带上。分为3个矿段:东庄矿段、麒麟山矿段、马村矿段。东庄矿段矿体呈透镜状,走向近东西,倾向北北西—北北东,倾角20°~50°,总长约700m,延深300m,矿体品位TFe 24.77%~47.69%。麒麟山矿段矿体似层状,走向北东,倾向南东,倾角10°~45°。主矿体长550m,延深300m,矿体品位TFe 25.85%~49.81%。马村矿段矿体呈透镜状和似层状,走向南北,倾向西,倾角20°~60°,矿体南北长约700m,宽50~300m,矿体品位TFe 25.60%~46.16%。

矿石结构主要有粒状结构、交代假象结构、交代残余结构。矿石构造有致密块状、条带状、角砾状、细脉浸染状。矿石矿物以假象赤铁矿为主,次为半假象赤铁矿和磁铁矿,少量针铁矿、菱铁矿、褐铁矿等。其中假象赤铁矿主要分布在矿体浅部和中上部,半假象赤铁矿和磁铁矿则主要分布于矿体深部及下部。脉石矿物以方解石为主,次为白云石、石英、玉髓、钾长石、钠长石、云母、绿泥石、磷灰石、硬石膏、重晶石等。

矿石的自然类型以块状为主,次为角砾状,另有少量条带状、粉末状和细脉浸染状矿石。按氧化程度分可分为氧化矿石、混合矿石和原生矿石3种类型,其中原生矿石占50%以上。麒麟山地区的铁矿石工业类型为磁铁矿-假象赤铁矿型。

矿区TFe最高62.03%,平均41.69%。矿体中部含铁品位较高,边部品位较低,浅处又较深处为高。钒在矿石中有明显富集,一般铁高,钒亦高,矿石中V_2O_5最高达0.749%,平均为0.242%。磷以磷灰石晶体出现为主,常形成高磷铁矿石,最高含量为4.14%,东庄矿段含量较高,平均为0.442%,麒麟山矿段平均为0.413%,马村矿段平均为0.31%。硫绝大部分存在于黄铁矿中,最高含量为3.92%,一般均小于0.1%。

围岩蚀变主要为碳酸盐化、绿泥石化、硅化、钠长石化、正长石化、金云母化、磷灰石化,偶见阳起石化、透辉石化。

矿床成因类型为次火山高—中温热液型铁矿床。

2. 成矿要素

江苏省南京市麒麟山铁矿床成矿要素总结见表5-21。

表5-21 江苏省南京市麒麟山陆相火山岩型铁矿床成矿要素表

成矿要素		描述内容	成矿要素分类
地质环境	地层	主要是上三叠统黄马青组钙质砂页岩及青龙组灰岩和中下侏罗统象山群细砂岩、粉砂岩	重要
	岩浆岩	燕山中晚期次辉石闪长玢岩	必要
	岩石结构	似斑状结构或斑状结构	次要
	成矿时代	燕山中晚期	重要
	成矿环境	矿体主要产于燕山中晚期次辉石闪长玢岩与三叠系黄马青组、青龙组碳酸盐岩接触破碎带	必要
	构造背景	下扬子陆块宁芜火山断陷盆地东南,古雄-吉山断裂带及方山-小丹阳断裂带交叉处的西北面	重要

续表 5-21

成矿要素		描述内容	成矿要素分类
矿床特征	矿物组合	矿石矿物：主要为假象赤铁矿、半假象赤铁矿及磁铁矿，次为赤铁矿、褐铁矿、镜铁矿等。 脉石矿物以方解石为主，次为白云石、石英、玉髓、钾长石、钠长石、云母、绿泥石、磷灰石、硬石膏、重晶石等	重要
	结构	粒状结构、交代假象结构、交代残余结构	次要
	构造	矿石构造主要有致密块状、条带状、角砾状、脉状浸染状	次要
	蚀变	主要为碳酸盐化及绿泥石化，次为硅化，局部偶见阳起石化、透辉石化	重要
	控矿条件	矿体产于次火山岩体辉石闪长玢岩与三叠纪灰岩或含钙质砂岩的接触破碎带内或岩体内接触带（或构造裂隙带）	必要

3. 成矿模式

麒麟山铁矿床描述性模式见表 5-22，成因模式见表 5-23 和图 5-11。

表 5-22 麒麟山铁矿床描述性模式

名称	江苏省麒麟山陆相火山岩型铁矿床	
基本特征	燕山中晚期浅成—超浅成次火山岩体与三叠纪碳酸盐岩接触带中的高—中温热液型铁矿床	
成矿时代	燕山中晚期	
资料来源	《江苏省江宁县麒麟山铁矿床地质勘探报告书》（华东冶金地质勘探公司 807 队，1965）	
地质背景	赋矿构造单元	下扬子陆块宁芜火山断陷盆地北段东缘
	含矿地层	上三叠统黄马青组，以及辉石闪长玢岩
	岩矿结构（矿化部位）	辉石闪长玢岩超覆在三叠系黄马青组灰岩上，矿体产于接触破碎带内
矿床工业类型	磁铁矿-假象赤铁矿床	
矿体形态	矿体呈似层状	
矿物组合	假象赤铁矿、半假象赤铁矿、磁铁矿、赤铁矿	
矿石组构	矿石结构为似斑状结构、斑状结构； 矿石构造为致密块状构造、条带状构造、角砾状构造、浸染状构造	
矿体产状	矿体赋存于辉石闪长玢岩与上三叠统黄马青组灰岩正及外接触带，以正接触带矿体规模较大，为主矿体，次为内、外接触带平行小矿体	
容矿围岩	上三叠统黄马青组灰岩	
围岩蚀变	主要为碳酸盐化及绿泥石化，次为硅化	

表 5-23 麒麟山铁矿床成因模式

名称	麒麟山陆相火山岩型高—中温热液交代铁矿床
矿石成因类型	次火山中偏高温热液交代-充填型
成矿期次	热液期

续表 5-23

成矿环境	区域成矿构造背景	陆内盆地
	具体成矿环境	下扬子陆块宁芜中生代火山岩盆地北部边缘,北西向梅山-凤凰山断裂喷发带,次辉石闪长玢岩与上三叠统黄马青组灰岩及外接触带
成矿物质来源	金属	来源深部岩浆
	络合物等	
成矿流体	岩浆热液	
成矿物理化学条件	形成于高中温热液阶段、低压,成矿温度 300~450℃	

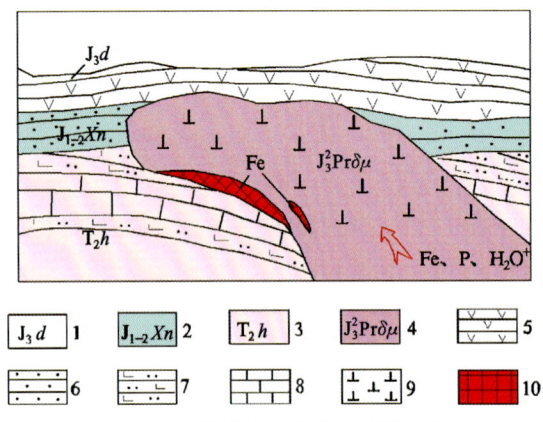

图 5-11 麒麟山铁矿床成矿模式图

1.上侏罗统大王山组;2.中下侏罗统象山群;3.中三叠统黄马青组;4.燕山期大王山旋回辉石闪长玢岩;
5.安山质火山岩;6.砂岩、粉砂岩;7.钙质粉砂岩;8.灰岩;9.辉石闪长玢岩;10.铁矿体

(五)江苏省南京龙旗山铁矿床

1. 矿床特征

该矿床处于宁芜火山岩断陷盆地北段东翼,板桥-凤凰山北西向断裂带东段,包括静龙山、龙旗山、马山凹、大路矿4个矿段。矿区出露地层有龙王山组安山岩,大王山组沉凝灰岩、凝灰质粉砂岩、凝灰角砾岩、安山岩。矿体呈似层状产于大王山组底部火山碎屑岩中,受岩层层理控制,部分矿体产于北北西向构造破碎带中(图5-12)。铁矿化沉凝灰岩与凝灰质赤铁矿层呈渐变关系,一般3~4层。

马山凹矿段有矿体3条,主矿体分2层,产于沉凝灰岩中。走向北东,倾向南东,倾角30°左右。断续长约500m,厚0.3~2.5m。第一层为粉末状赤铁矿、镜铁矿,第二层为致密块状赤铁矿。静龙山矿带也产于沉凝灰岩中,长40~600m,厚0.5~8m,推测延深70m左右。大路矿段有矿体4条,近南北向分布,长25~170m,厚0.5~1m,推测延深15~250m。龙旗山矿段有矿体6条,主矿体2层,呈不规则层状,长800m,均厚1.88~2.56m,推测延深250~500m。走向北西,倾向北东,倾角30°左右。

矿石矿物以赤铁矿为主,镜铁矿次之。脉石矿物以石英为主,此外尚有燧石、重晶石、方解石。主要矿物组合为重晶石-石英-赤铁矿。矿石具细粒结构、镶嵌结构、致密块状、浸染状、似条带状、粉末状构造。

矿石品位:富矿 TFe 最低 40% 左右,平均 45%;贫矿 TFe 最低 20%,一般为 30%~40%。全矿 TFe 平均为 40%。有害元素 S 0.33%,P 0.147%,SiO_2 38.24%。矿床规模为小型。

围岩蚀变不明显,成矿时代为燕山期大王山旋回早期,系陆相火山喷发沉积成因。

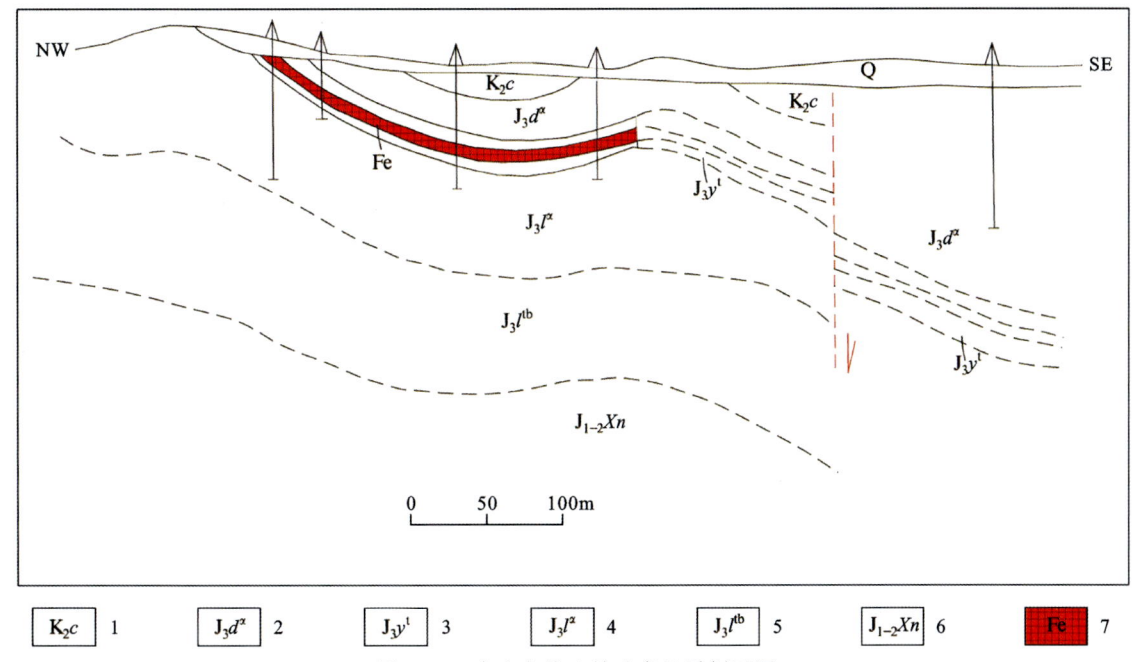

图 5-12 南京龙旗山铁矿床地质剖面图

1. 赤山组砂岩；2. 大王山组安山岩；3. 云合山组凝灰岩；4. 龙王山组安山岩；
5. 龙王山组凝灰角砾岩；6. 象山群砂岩；7. 铁矿层

2. 成矿要素

江苏省龙旗山陆相火山岩型铁矿床成矿要素见表 5-24。

表 5-24 江苏省龙旗山陆相火山岩型铁矿床成矿要素表

成矿要素		描述内容	成矿要素分类
地质环境	地层	主要为侏罗系大王山组火山岩系，岩性为凝灰岩、凝灰角砾岩、粗面岩和安山岩	重要
	岩浆岩	燕山中晚期次火山岩体，岩性主要为次石英闪长岩、闪长岩、辉长闪长岩	必要
	岩石结构	碎屑结构、粗面结构	次要
	成矿时代	燕山中晚期	重要
	成矿环境	矿体呈似层状产于大王山组底部火山碎屑岩中，沿火山岩系地层的层面延长、延伸成规则脉状，围岩南北向剪切裂隙和北西向张裂隙发育	必要
	构造背景	宁芜火山断陷盆地北缘，北北东向隐伏断裂和北西向断裂交会部位	必要
矿床特征	矿物组合	矿石矿物：赤铁矿、镜铁矿；脉石矿物：石英、方解石	重要
	结构	镶嵌结构、充填结构、脉状结构	次要
	构造	充填角砾构造、网脉状构造、致密块状构造	次要
	蚀变	围岩蚀变不明显	重要
	控矿条件	主要受大王山旋回早期火山岩地层控制	必要

3. 成矿模式

龙旗山铁矿床模型描述性模式见表 5-25，成因模式见表 5-26。

表 5-25 龙旗山铁矿床描述性模式

名称	江苏省龙旗山式陆相火山岩型火山-沉积赤铁矿床	
基本特征	矿体呈似层状产于大王山组底部火山碎屑岩中,受岩层层理控制,部分矿体产于北北西向构造破碎带中,属陆相火山喷发沉积型铁矿床	
成矿时代	燕山中晚期	
资料来源	《龙旗山铁矿地质勘探报告》(江苏省冶金工业局 807 队,1958)	
地质背景	赋矿构造单元	下扬子陆块宁芜火山断陷盆地边缘
	含矿地层	侏罗系大王山组底部沉火山碎屑岩
	岩矿结构（矿化部位）	呈似层状产于大王山组火山碎屑岩中,受岩层层理控制,部分矿体产于北北西向构造破碎带中
矿床工业类型	赤铁矿床	
矿体形态	似层状	
矿物组合	赤铁矿、镜铁矿	
矿石组构	细粒、镶嵌结构,致密块状、角砾状构造	
矿体产状	矿体呈似层状分布	
容矿围岩	大王山组沉凝灰岩、凝灰质粉砂岩、凝灰质角砾岩	
围岩蚀变	蚀变不明显	
风化	近地表褐铁矿化	

表 5-26 龙旗山铁矿床成因模式

名称	江苏省龙旗山火山沉积型铁矿床	
矿石成因类型	火山沉积成因赤铁矿石	
成矿期次	火山喷发沉积期-热液叠加期	
成矿环境	区域成矿构造背景	下扬子陆块宁芜中生代火山岩盆地边缘
	具体成矿环境	板桥-凤凰山北西向断裂喷发带东段南侧,大王山组底部火山碎屑岩中,受火山碎屑岩层层理控制,部分矿体产于北北西向构造破碎带中
成矿物质来源	金属	岩浆源
	络合物等	
成矿流体	岩浆水、大气降水与地层水混合体	
成矿物理化学条件	中低温条件,火山沉积环境	

(六)江苏省溧水东岗铁矿床

1. 矿床特征

该矿床位于溧水火山岩断陷盆地的北缘,开太-白马山北西向张扭性断裂与博望-虬山北东向压性断裂交会处的东岗复式火山口中。矿区地表为第四系覆盖,矿床为航磁、地磁发现,后经钻探证实。

矿区地层主要为上侏罗统龙王山组、大王山组。区内属火山岩系分布区,褶皱不明显,断裂发育,主要有东西向、北西向、北北西向、北东向 4 组。其中开太-白马山北西向张扭性断裂与博望-虬山北东向压性断裂控制了东岗地区火山活动及火山岩分布。与成矿有关的次火山岩体为燕山期辉石闪长玢岩。矿体赋存于次火山岩体头部以及次火山岩体与火山岩内外接触带。形态呈似层状、透镜状、脉状，矿体走向310°左右，倾向南西或北东，倾角5°～15°。

矿石矿物主要为磁铁矿，少量赤铁矿、黄铁矿、黄铜矿，脉石矿物有石榴石、透闪石、阳起石、方柱石、绿泥石、碳酸盐矿物。矿石具粒状结构，浸染状、条带状、斑杂状、细脉状和块状构造。矿石自然类型主要为浸染状磁铁矿，其次为斑杂状、块状磁铁矿，主要矿物组合为石榴石-透闪石-阳起石-方柱石-磁铁矿-黄铁矿-黄铜矿。矿石品位 TFe 最高为 52.41%，一般 11%～25.80%，矿区平均品位 19.66%。

围岩蚀变主要为透辉石化、方柱石化、绿泥石化，次为钠长石化、高岭土化、绢云母化、硅化，再次为阳起石化、石榴石化、磷灰石化、绿帘石化、榍石化。具有分带性，上部绿色蚀变带：主要由绿泥石化、透辉石化、方柱石化组成；下部浅色蚀变带：主要由碳酸盐化、高岭土化、绢云母化、硅化组成。

本矿床为一中型贫磁铁矿床，成因类型属次火山岩浆期后高温热液型，与宁芜的吉山式玢岩铁矿类似。成矿时代为燕山晚期。

2. 成矿要素

江苏省东岗陆相火山岩型铁矿床成矿要素见表5-27。

表5-27　江苏省东岗陆相火山岩型铁矿床成矿要素表

成矿要素		描述内容	成矿要素分类
地质环境	地层	上侏罗统龙王山组、大王山组	重要
	岩浆岩	侵入岩为超浅成相的次火山岩体，主要为辉长（辉石）闪长玢岩及少量酸性石英斑岩、正长闪长斑岩脉岩	必要
	岩石结构	斑状结构、似斑状结构	次要
	成矿时代	燕山中晚期	重要
	成矿环境	产于次辉长（辉石）闪长玢岩岩体头部，受北西向、北北东向两组基底断裂控制	必要
	构造背景	受控于北西—北西西向与北东向基底断裂控制的溧水-石滩头火山穹隆构造（环形构造）北东翼的次一级小穹隆中	必要
矿床特征	矿物组合	主要金属矿物为磁铁矿、黄铁矿，少量赤铁矿；非金属矿物有绿泥石、碳酸盐矿物、方柱石、透辉石、钠长石、石榴石、榍石、磷灰石、石英、高岭土、绢云母等	重要
	结构	粒状结构、碎裂结构	次要
	构造	浸染状构造、斑杂状构造，局部角砾状构造与块状构造	次要
	蚀变	主要为透辉石化、方柱石化、绿泥石化，次为钠长石化、高岭土化、绢云母化、硅化，再次为阳起石化、石榴石化、磷灰石化、绿帘石化、榍石化	重要
	控矿条件	受基底断裂构造控制，产于辉长（辉石）闪长玢岩岩体头部，呈似层状、透镜状	必要

3. 成矿模式

东岗铁矿床描述性模式见表5-28，成因模式见表5-29和图5-13。

表 5-28 东岗铁矿床描述性模式

名称	江苏省东岗吉山式陆相火山岩型铁矿床	
基本特征	产于燕山中晚期次辉长(辉石)闪长玢岩中的贫磁铁矿床	
成矿时代	燕山中晚期	
资料来源	《江苏省溧水县东岗铁矿普查评价地质报告》(中国有色金属工业总公司华东地质勘探公司,何建国等,1985)	
地质背景	赋矿构造单元	下扬子陆块溧水火山断陷盆地
	含矿地层	侏罗纪大王山旋回次火山岩体辉长(辉石)闪长玢岩
	岩矿结构(矿化部位)	矿体主要赋存于辉长(辉石)闪长玢岩岩体头部
伴生矿产	铜矿	
矿床工业类型	磁铁矿床	
矿体形态	似层状、透镜状、脉状	
矿物组合	主要金属矿物为磁铁矿,少量赤铁矿、黄铜矿;非金属矿物有绿泥石、碳酸盐矿物、方柱石、透辉石、钠长石、石榴石、榍石、磷灰石、石英、高岭土、绢云母等	
矿石组构	粒状结构、碎裂结构;浸染状构造、斑杂状构造,局部角砾状构造、块状构造	
矿体产状	矿体呈似层状、透镜状、脉状赋存于辉长(辉石)闪长玢岩岩体中	
容矿围岩	辉石闪长玢岩	
围岩蚀变	主要为透辉石化、方柱石化、绿泥石化,次为钠长石化、高岭土化、绢云母化、硅化	
蚀变分带	上部绿色蚀变带:主要由绿泥石化、透辉石化、方柱石化组成; 下部浅色蚀变带:主要由碳酸盐化、高岭土化、绢云母化、硅化组成	

表 5-29 东岗铁矿床成因模式

名称	江苏省东岗岩浆期后气成-高温热液细脉浸染状铁矿床	
矿石成因类型	热液交代充填成因块状、浸染状、斑杂状、角砾状矿石	
成矿期次	燕山中晚期	
成矿环境	区域成矿构造背景	下扬子陆块溧水火山断陷盆地北缘,北西—北西西向与北东向基底断裂控制的溧水-石滩头火山穹隆构造(环形构造)北翼的次一级小穹隆
	具体成矿环境	矿体赋存于燕山中晚期次火山岩体头部以及次火山岩体与火山岩内、外接触带
成矿物质来源	金属	中基性岩浆
	络合物等	
成矿流体	岩浆热液	
成矿物理化学条件	高温热液阶段,形成温度大于 350℃	

(七)江苏省溧阳中巷铁铜矿床

1. 矿床特征

该矿床位于下扬子陆块的溧阳火山岩盆地西缘,朱琳-梅渚中、新生代断陷盆地之东侧。矿区内除

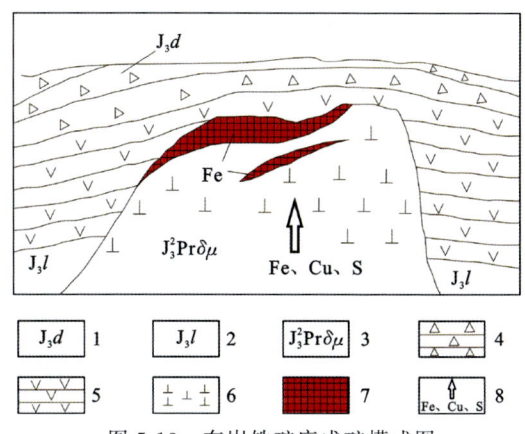

图 5-13 东岗铁矿床成矿模式图

1.上侏罗统大王山组;2.上侏罗统龙王山组;3.燕山中晚期辉石闪长玢岩;
4.火山角砾岩;5.安山质火山岩;6.辉石闪长玢岩;7.磁铁矿体;8.热液运移方向

东侧有少量基岩出露外,其余皆为第四系所覆盖。基岩为一套晚侏罗世火山-碳酸盐岩建造,可分为 4 个岩性段:龙王山组下段紫灰色、浅灰色黑云母安山岩夹薄层浅绿色凝灰岩;龙王山组上段浅灰色、绿灰色凝灰岩,含砾凝灰岩及凝灰质砾岩,局部夹少量安山岩薄层及紫红色粉砂质泥岩;大王山组下段:下部为灰紫色、浅灰色粉砂岩,粉砂质页岩;上部为灰白色(局部具有微红色)灰岩间夹浅黄色薄层粉砂质页岩;大王山组中段浅灰色安山岩夹少量凝灰岩,含砾凝灰岩,底部有流纹质疑灰熔岩,偶见熔结凝灰岩透镜体。在大王山组下段灰岩段上部及大王山组中段之层间构造,为含矿溶液的运移、交代、沉淀提供了场所。本区主要工业矿体就是产在层间构造中。据钻孔资料分析:矿区地层被两条北西西向的走向断层错移,破坏切割了矿体,为成矿后断层。矿区南部有花岗斑岩(石英闪长斑岩)小岩株出露,矿区钻孔中在矿体旁侧见有闪长玢岩侵入于晚侏罗世火山岩中,成矿应与该岩体有关。

中巷铁铜矿由东、西两个矿带计 18 个矿体组成,这些矿体成群产于上侏罗统大王山组下段灰岩段与大王山组中段底部的火山岩之间暗色蚀变带,受层间构造控制。其产状也与暗色蚀变带一致,一般呈大小不等的透镜状、似层状产出。矿体倾向约 350°,倾角 10°～29°,为一群向北缓倾的盲矿体。其中以 3 号、6 号、14 号、15 号矿体规模相对较大,为区内主要矿体。

矿石结构主要有自形晶粒状结构、叶片状变晶结构、交代假象结构、交代骸晶结构、交代环边结构。自形晶粒状及叶片状结构为铁矿石主要结构,而交代结构则为黄铁矿、磁黄铁矿和黄铜矿石的主要结构。矿石构造主要有块状构造、条带状构造、浸染状构造。

矿石矿物主要有磁铁矿、黄铁矿、磁黄铁矿、菱铁矿、黄铜矿,次有穆磁铁矿、镜铁矿、赤铁矿、褐铁矿等。脉石矿物主要有钙铁辉石、黑柱石、角闪石、普通辉石,其次有透辉石、绿帘石、方解石、透闪石、黝帘石、阳起石、石榴石、绿泥石、钠长石、石英等。

矿石的主要有用组分为铁、铜、硫。含铁矿物以磁铁矿为主,矿体 TFe 40.1%～60.1%,平均 TFe 44.04%。本区磁铁矿石属高硫低磷矿石。含硫量最高可达 7.8%,最低为 0.07%,一般多在 2%～3% 之间。含磷一般在 0.01% 左右,个别样品可达 0.05%。

黄铜矿石中 Cu 品位变化较大,最低 0.37%,最高 3.91%。平均 1.75%。硫铁矿石 S 含量 8.05%～27.27%,平均 17.62%。

矿石自然类型有块状、条带状、浸染状磁铁矿、黄铜矿、黄铁矿矿石类型。按工业利用划分工业类型为铁、铜、硫矿石类型。

区内围岩蚀变范围广,强度高,高、中、低温蚀变均有,且垂直分带现象明显。按其分布空间及矿物组合自上而下分为:浅色蚀变带、上部绿色蚀变带、暗色蚀变带、石榴石带、下部绿色蚀变带 5 个蚀变带。现分述如下。

(1) 浅色蚀变带：呈灰白色、灰色，蚀变矿物以硅化、绢云母化为主，次有高岭土化、滑石化及弱黄铁矿化。该带发育于近地表处。

(2) 上部绿色蚀变带：呈浅绿色、淡绿色，蚀变矿物以绿帘石、绿泥石为主，次有钠长石、方柱石、绢云母、石英、赤铁矿、菱铁矿及黄铁矿。其中绿帘石呈不规则团块状、细脉状及浸染状产出，一般含量可达10%～30%，近矿体处绿帘石含量可大于50%成绿帘石岩，并伴有钠长石化。该蚀变带在剖面上位于浅色蚀变带之下，暗色蚀变带之上，发育于大王山组下段中。

(3) 暗色蚀变带：呈暗灰色、黑色，主要蚀变矿物有钙铁辉石、普通辉石、黑柱石、角闪石，其次是透辉石、透闪石、阳起石、纤闪石等。金属矿化（如磁铁矿、赤铁矿、黄铜矿、黄铁矿、菱铁矿）与此蚀变带关系密切，相伴产出，矿化富集地段形成工业矿体。

该带位于上部绿色蚀变带之下，发育于大王山组下段灰岩段上部及大王山组中段底部的火山岩中。

(4) 石榴石带：呈黄褐色、红褐色，主要蚀变矿物是钙铁榴石，其次有方解石、石英、胶状赤铁矿，局部见少量镜铁矿、磁铁矿等。

该蚀变带位于暗色蚀变带之下与灰岩毗连。

(5) 下部绿色蚀变带：呈黄绿色、灰绿色，由细粒绿帘石、方解石、绿泥石及少量绢云母组成。偶见磁铁矿。

中巷铁铜矿体产于晚侏罗世火山-碳酸盐岩建造中，属火山期后热液交代矿床。成矿时代为燕山晚期。

2. 成矿要素

江苏省溧阳中巷铁铜矿床成矿要素见表5-30。

表 5-30　江苏省溧阳中巷铁铜矿床成矿要素表

成矿要素		描述内容	成矿要素分类
地质环境	地层	大王山组中段：中基性至中性熔岩夹火山碎屑岩；大王山组下段：灰岩、砂页岩；龙王山组上段：火山碎屑岩；龙王山组下段：中性熔岩夹薄层火山碎屑岩	必要
	岩浆岩	燕山晚期花岗斑岩（石英闪长斑岩）、闪长玢岩	必要
	岩石结构	斑状结构，基质具显微细晶镶嵌结构	次要
	成矿时代	燕山晚期	重要
	成矿环境	矿体赋存于晚侏罗世火山-碳酸盐岩建造碳酸盐岩向火山岩过渡地段。大王山组灰岩及其火山岩系中的层间剥离面为含矿溶液的运移、交代、沉淀提供了场所	必要
	构造背景	下扬子陆块的溧阳火山断陷盆地西缘。朱琳-梅渚中、新生代断陷盆地东侧，区内构造线方向呈北北东向	重要
矿床特征	矿物组合	磁铁矿、黄铜矿、黄铁矿、磁黄铁矿、菱铁矿	重要
	结构	自形晶粒状结构、叶片状变晶结构、交代假象结构、交代骸晶结构、交代环边结构	次要
	构造	块状构造、条带状构造、浸染状构造、似片状构造、豆状构造、角砾状构造、细脉状构造	次要
	蚀变	浅色蚀变带：以矽卡岩化和绢云母化为主，其次是高岭土化、滑石化及轻度黄铁矿化；上部绿色蚀变带：以绿帘石化、绿泥石化为主；暗色蚀变带：钙铁辉石、普通辉石、黑柱石、透辉石、透闪石、阳起石等，金属矿化与此蚀变带关系密切；石榴石带：主要为钙铁榴石；下部绿色蚀变带：绿帘石、方解石、绿泥石及少量绢云母	重要
	控矿条件	①上侏罗统大王山组下段灰岩对矿液的交代具有积极作用。灰岩段本身及其近旁的大王山组底部火山岩系中的层间剥离面是容矿的良好空间。②成矿与燕山晚期花岗斑岩（石英闪长斑岩）、闪长玢岩有关	必要

3. 成矿模式

中巷铁铜矿床描述性模式见表 5-31,成因模式见表 5-32。

表 5-31 中巷铁铜矿床描述性模式

名称	江苏省中巷陆相火山岩型-火山期后热液交代铁铜矿床	
基本特征	铁铜矿体产于晚侏罗世火山-碳酸盐岩建造中,主要受大王山组下段灰岩段上部及大王山组中段之层间构造控制,属火山期后热液交代矿床	
成矿时代	燕山晚期	
地质背景	赋矿构造单元	下扬子陆块溧阳火山断陷盆地西缘
	含矿地层	侏罗系大王山组
	岩矿结构(矿化部位)	矿体赋存于晚侏罗世火山-碳酸盐岩建造碳酸盐岩向火山岩过渡地段。矿化带上盘为火山岩,下盘为灰岩(矽卡岩)
伴生矿产	铜矿	
矿床工业类型	铁铜矿	
矿体形态	透镜状、似层状	
矿物组合	金属矿物:主要是磁铁矿、黄铁矿、磁黄铁矿、菱铁矿、黄铜矿;次要为穆磁铁矿、镜铁矿、赤铁矿和褐铁矿。非金属矿物:主要是钙铁辉石、黑柱石、角闪石、普通辉石,次要为透辉石、绿帘石、方解石、透闪石、黝帘石、阳起石、石榴石、钠长石、石英等	
矿石组构	自形晶粒状结构、叶片状变晶结构、交代假象结构、交代骸晶结构、交代环边结构;块状构造、条带状构造、细脉浸染状构造、似片状构造、豆状构造、角砾状构造	
矿体产状	在暗色蚀变带中呈透镜状、似层状产出,且与暗色蚀变带呈渐变过渡关系	
容矿围岩	大王山组中基性至中性熔岩夹火山碎屑岩,灰岩,砂页岩	
围岩蚀变	硅化、绢云母化、高岭土化、黄铁矿化、绿帘石化、绿泥石化、钠长石化、方柱石化	
矿化分带	上部以铁矿为主,下部见铜矿	
蚀变分带	由上而下:浅色蚀变带、上部绿色蚀变带、暗色蚀变带、石榴石蚀变带、下部绿色蚀变带	
风化	均为盲矿,无风化现象	

表 5-32 中巷铁铜矿床成因模式

名称	江苏省中巷火山期后热液交代铁铜矿床	
矿石成因类型	火山期后高中温热液交代成因磁铁矿石、黄铜矿石、含铜磁铁矿石、黄铁矿石	
成矿期次	高温交代阶段形成磁铁矿;中温交代阶段形成金属硫化物	
成矿环境	区域成矿构造背景	下扬子陆块溧阳火山断陷盆地西缘,朱琳-梅渚中、新生代断陷盆地东侧
	具体成矿环境	赋存于侏罗系大王山组底部火山-碳酸盐岩建造碳酸盐岩向火山岩过渡地段上,受层间构造(层间滑脱及破碎构造)控制
成矿物质来源	金属	来源于深部岩浆
	络合物	
成矿流体	岩浆热液为主	
成矿物理化学条件	形成于火山期后高—中温热液阶段	

(八)江苏省镇江韦岗铁矿床

1. 矿床特征

该矿床位于宁镇东西向构造隆起带中段、石马石英闪长岩体南缘接触带上,与成矿有关的侵入岩主要为燕山晚期花岗闪长斑岩、石英闪长斑岩。矿体赋存于花岗闪长斑岩与三叠系青龙组灰岩接触带的矽卡岩中,受侵入接触带的控制(图5-14)。由大小不等的近百个矿体组成走向东西的矿带,长1200余米,宽200余米。矿体呈透镜状分布,主矿体长852m,中部厚60~70m,东、西部变薄,且分叉尖灭现象明显。矿体走向近东西,总体倾向北,倾角60°~80°,矿体形态中部简单,倾斜延深较大。

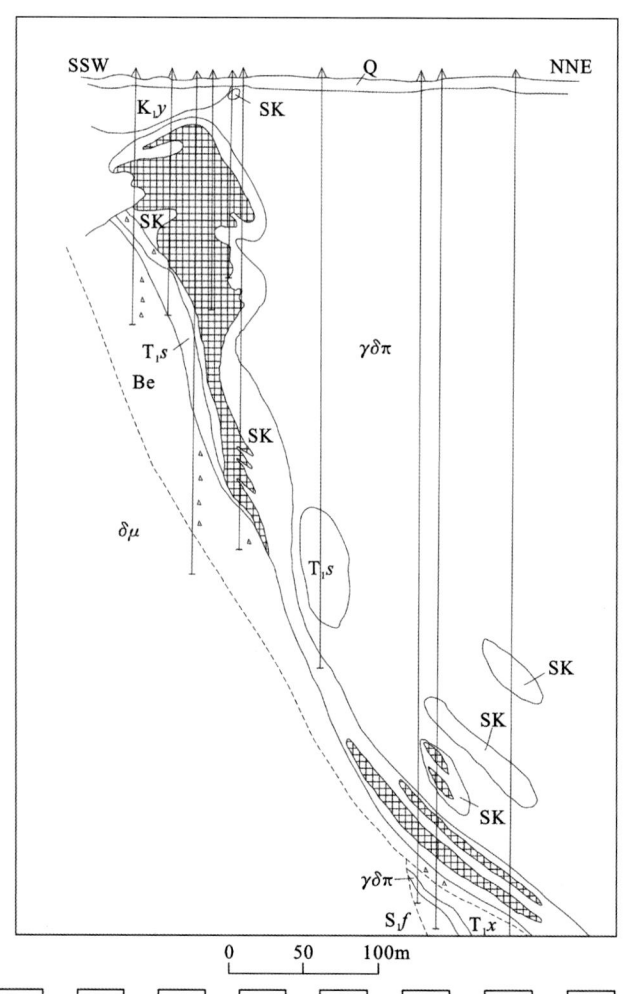

图5-14 镇江市韦岗铁矿6线地质剖面图

1.第四系;2.白垩系杨冲组;3.三叠系上青龙组;4.三叠系下青龙组;5.志留系坟头组;
6.花岗闪长斑岩;7.闪长玢岩;8.矽卡岩;9.破碎带;10.铁矿体

矿石矿物以磁铁矿为主,次有假象赤铁矿和少量赤铁矿,后期硫化物以黄铁矿为主,次有黄铜矿、闪锌矿、斑铜矿、方铅矿等;磁铁矿矿石一般呈他形晶粒状结构,早期磁铁矿为细粒结构,晚期磁铁矿为中—细粒结构,一般富矿的磁铁矿结晶颗粒较大,且结晶程度较好,贫矿结晶颗粒细,呈他形紧密共生。赤铁矿矿石一般为假象结构,交代残余结构,赤铁矿交代早期形成的磁铁矿。矿石构造主要有块状、条带状、角砾状和指纹状构造。富矿一般为块状矿石。矿石自然类型有块状矿石、条带状矿石、角砾状矿石、条纹状矿石、浸染状矿石。

矿石的工业类型：按含铁品位划分为需选铁矿石。按硫含量划分为高硫铁矿石。按造渣组分划分，矿区铁矿石大部为自熔性矿石和半自熔性矿石，个别样品为酸性矿石。

全区铁矿石中TFe最高含量57.68%，平均含量41.51%，属需选矿石，硫含量一般为3%～5%，属高硫矿石，磷小于0.25%，有少量Co、Ni、Cu伴生，可综合回收。

围岩蚀变为接触变质交代作用，略具分带性，由内向外大致可分①蚀变花岗闪长斑岩带，有绿帘石化、绿泥石化、钠长石化、矽卡岩化，次有高岭土化、绢云母化、硅化，蚀变带宽度大；②绿帘石石榴石矽卡岩带或绿帘石矽卡岩带，偶见黄铁矿化，厚零到数米（以上两带为内接触带）；③石榴石透辉石矽卡岩带，为本区主要含矿矽卡岩，铁矿主要产于该带中；④透辉石绿泥石矽卡岩带，具磁铁矿化，厚数米到100余米；⑤大理岩、角岩带。矿床规模为中型矿床。

矿床成因类型属接触交代矽卡岩型。成矿时代为燕山晚期（108±1.3Ma，锆石LA-ICP-MS U-Pb定年；孙国曦等，2013）。

2. 成矿要素

江苏省韦岗矽卡岩型铁矿床成矿要素见表5-33。

表5-33　江苏省韦岗矽卡岩型铁矿床成矿要素表

成矿要素		描述内容	成矿要素分类
地质环境	地层	下三叠统下青龙组灰岩及上青龙组灰岩，其中上青龙组灰岩为矿区主要赋矿层位	必要
	岩浆岩	与成矿有关的侵入岩主要为燕山晚期花岗闪长斑岩，次为石英闪长斑岩	必要
	岩石结构	斑状、似斑状结构，块状构造	次要
	成矿时代	燕山晚期，108±1.3Ma（锆石LA-ICP-MS U-Pb；孙国曦等，2013）	重要
	成矿环境	铁矿体均赋存于花岗闪长斑岩与三叠系青龙组碳酸盐岩接触带矽卡岩中，受侵入接触带的控制。北西—近东西向纵向断裂带是其主要控矿构造	必要
	构造背景	下扬子陆块宁镇断隆中段，汤仑复背斜东端北翼	重要
矿床特征	矿物组合	金属矿物有磁铁矿、假象赤铁矿、赤铁矿、斑铜矿、方铅矿、闪锌矿、黄铁矿、褐铁矿等。非金属矿物：钙铁榴石、钙铝榴石、绿帘石、绿泥石、透辉石等	重要
	结构	他形晶粒状结构、细粒结构、中—细粒结构；假象结构、交代残余结构	次要
	构造	块状构造、条带状构造、角砾状构造、指纹状构造	次要
	蚀变	主要为绿帘石化、绿泥石化、钠长石化、硅化、绢云母化、黝帘石化。其中绿帘石化、透辉石化与铁矿体有较密切的关系	重要
	控矿条件	成因属矽卡岩-高中温热液型，成矿作用受围岩、构造、侵入岩的联合控制。上青龙组上部灰岩对成矿有利，为成矿围岩；矿体受侵入接触带控制，近东西向张性裂隙与北北西向、北东向扭性断裂交会部位，为区内导矿和容矿构造；花岗闪长斑岩、石英闪长斑岩为主要成矿母岩	必要

3. 成矿模式

韦岗铁矿床描述性模式见表5-34，成因模式见表5-35和图5-15。

表 5-34 韦岗铁矿床描述性模式

名称	江苏省韦岗式接触交代矽卡岩型高硫磁铁矿床	
基本特征	铁矿体产于燕山晚期花岗闪长斑岩与上青龙组灰岩接触带矽卡岩中	
成矿时代	燕山晚期,108±1.3Ma(锆石 LA-ICP-MS U-Pb;孙国曦等,2013)	
资料来源	《江苏省丹徒县韦岗铁矿地质勘探报告》(江苏省地质局第三地质队,1974);《江苏省丹徒县韦岗铁矿 6′-11 线浅部矿体储量增算和深部详查评价报告》(江苏省地质矿产局第三地质大队,1980)	
地质背景	赋矿构造单元	位于下扬子陆块宁镇断隆中段,汤仑复背斜东端北翼
	含矿地层	上青龙组灰岩为矿区主要赋矿层位
	岩矿结构(矿化部位)	铁矿体赋存于花岗闪长斑岩与大理岩、角岩接触带矽卡岩中
矿床工业类型	高硫铁矿石,矿石含硫一般为 3%～5%,属高硫矿石,需选矿后才能利用。矿石中 TFe 最高含量 57.68%,平均含量 41.51%	
伴生矿产	矿石中 S、Co、Ni、Cu 可综合回收	
矿体形态	透镜状	
矿物组合	金属矿物有磁铁矿、假象赤铁矿、赤铁矿、斑铜矿、方铅矿、闪锌矿、黄铁矿、褐铁矿等。非金属矿物:钙铁榴石、钙铝榴石、绿帘石、绿泥石、透辉石等	
矿石结构	他形晶粒状结构、细粒结构、中—细粒结构;假象结构、交代残余结构,块状构造、条带状构造、角砾状构造、指纹状构造	
矿体产状	透镜状,中部简单,倾斜延深较大,两侧矿体变薄,且分叉尖灭现象明显	
容矿围岩	青龙组碳酸盐岩	
围岩蚀变	主要为绿帘石化、绿泥石化、钠长石化、硅化、绢云母化、黝帘石化。其中绿帘石化、透辉石化与铁矿体有较密切的关系	

表 5-35 韦岗铁矿床成因模式

名称	韦岗式接触交代矽卡岩型铁矿床	
矿石成因类型	接触交代成因	
成矿期次	矽卡岩期—热液期	
同位素特征	硫同位素	$\delta^{34}S$ 0‰左右,少数在 $-15.8‰\sim-12.18‰$ 和 $12.2‰\sim14.1‰$
	氢氧同位素	磁铁矿氧同位素 $\delta^{18}O$ 2.13‰～3.29‰
成矿环境	区域成矿构造背景	下扬子陆块宁镇断隆中段,矿区位于近东西向压性断裂与北北西向、北东向扭性断裂交会部位
	具体成矿环境	汤仑复背斜东端北翼,石马石英闪长岩体南缘接触带上,矿体赋存于花岗闪长斑岩与三叠系青龙组灰岩接触带的矽卡岩中,受侵入接触带的控制
成矿物质来源	金属	来源于深部岩浆
成矿流体	成矿溶液以岩浆水为主,岩浆水、大气降水与地层水的混合体	
成矿物理化学条件	磁铁矿成矿温度 400～700℃	

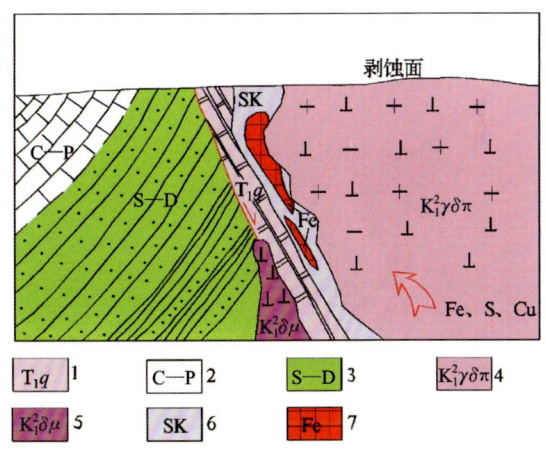

图 5-15 韦岗铁矿床成矿模式图

1.三叠系青龙组大理岩;2.石炭纪—二叠纪灰岩;3.志留纪—泥盆纪页岩、砂岩;
4.燕山晚期花岗闪长斑岩;5.燕山晚期闪长玢岩;6.矽卡岩;7.铁矿体

(九)江苏省六合冶山铁矿床

1. 矿床特征

该矿床位于下扬子陆块六合-天长隆起东缘,冶山复式背斜之冶山倒转背斜北翼与汤泉倒转向斜之间。燕山晚期侵入的冶山石英(花岗)闪长岩岩体呈岩株状产出,与成矿关系密切。赋矿围岩为震旦系黄墟组、灯影组及下寒武统幕府山组上段的镁质碳酸盐岩。矿体主要赋存在侵入岩体与围岩的接触带中,尤其是岩体突入围岩的舌状部分的接触带或陡直变为平缓弯曲的接触带坡坎处,是主要矿体的赋存部位。部分矿体产在岩体内围岩的捕虏体中和围岩层间裂隙中(图 5-16)。

矿体多为透镜状、扁豆状、囊状、巢状、不规则脉状。北矿区上部矿体走向北东东,倾向南东,倾角 45°~80°,矿体长 700m 左右,厚 2~60m,平均厚 20m 左右;下部矿体长 400 余米,最厚 59m,一般厚 10~20m;东矿区由 29 个小矿体组成,一般长 65~600m,厚 0.7~13m,延深 300m 左右;西矿区由 14 个小矿体组成,长 180~406m,厚 2~20m,延深 85~235m;铁石岗矿段矿体赋存于北东向挤压破碎带中,其中残存有白云岩、白云质灰岩,被二长岩、闪长岩包围呈捕虏体出现。矿体总体走向 60°~70°,倾向南东,倾角 75°~85°,局部直立,甚至反倾。铁石岗矿段共有铁矿体 41 个。最大延长 320m,延深 115m,厚 3~20m。

矿区以磁铁矿矿石为主,次为假象赤铁矿、赤铁矿矿石,少量穆磁铁矿、褐铁矿、黄铁矿、黄铜矿、斑铜矿、辉铜矿、闪锌矿、方铅矿,局部黄铜矿富集可形成独立的铜矿体。东矿段尚有少量含硼矿物:硼镁铁矿、硼镁石。脉石矿物主要有蛇纹石、透辉石、透闪石、白云石、绿泥石、石榴石、绿帘石,次为石英、方解石等。

矿石呈自形—半自形晶细粒状结构,具有块状、浸染状、条带状、斑杂状、角砾状、网脉状等矿石构造。矿石的自然类型主要有块状磁铁矿石和赤铁矿石、浸染状磁铁矿石、条带状磁铁矿石。矿石的工业类型按含铁品位划分为需选铁矿石,按造渣组分划分,矿区铁矿石大部分为自熔性矿石,少量半自熔性矿石。按氧化程度划分:矿区内铁矿石绝大部分为磁性铁矿石,仅局部存在赤铁矿矿石。

矿石 TFe 平均品位 41.81%~43.70%,伴生元素 Co 含量 0.025%~0.178%,Cu 含量 0.1%~0.2%。有害元素 S 平均含量 0.66%~2.195%,P 含量 0.12%~0.29%。

围岩蚀变自侵入岩向围岩方向,可见有蚀变花岗闪长岩带(钾长石化带)—石榴石透辉石矽卡岩带—金云母透辉石岩带—绿泥石透辉石岩带—蛇纹石化带、矽卡岩化大理岩带、大理岩带。如花岗闪长岩侵入于泥质岩则形成角岩带或矽卡岩化角岩带。主矿体多赋存于绿泥石透辉石带和金云母透辉石带。

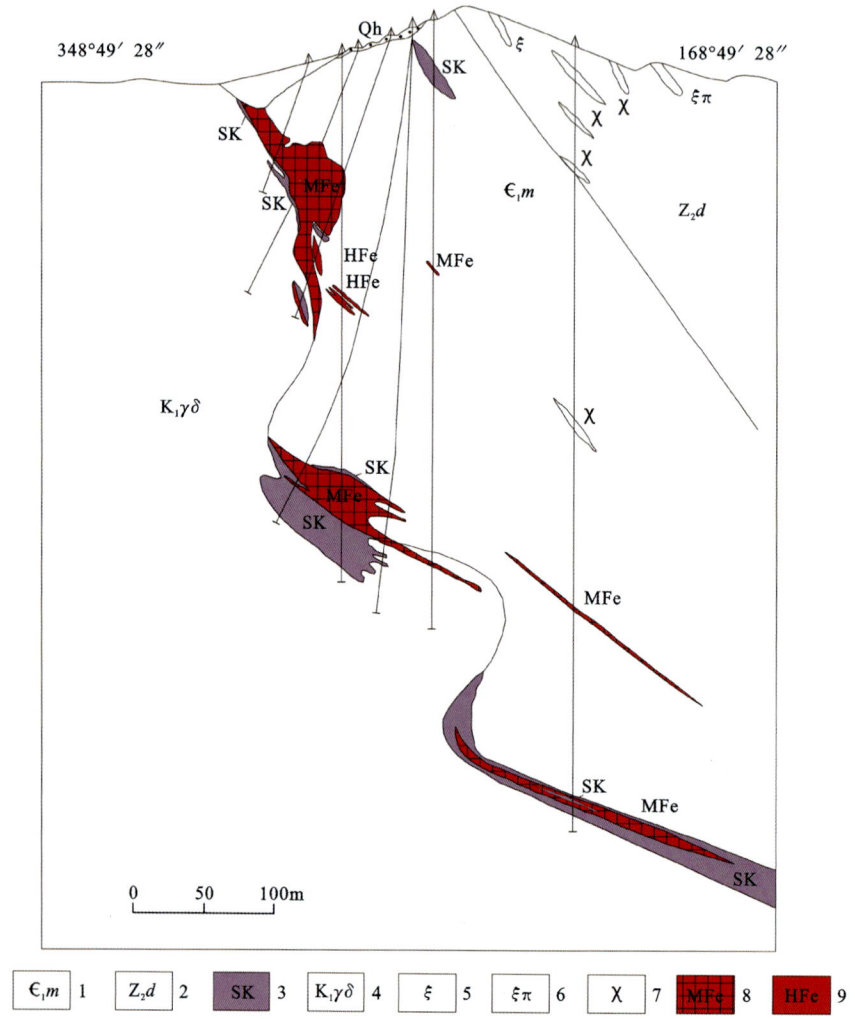

图 5-16 冶山铁矿床 8 线地质剖面图

1.下寒武统幕府山组;2.上震旦统灯影组;3.矽卡岩;4.燕山晚期花岗闪长岩;5.正长岩脉;
6.正长斑岩脉;7.煌斑岩脉;8.磁铁矿体;9.赤铁矿体

冶山铁矿属接触交代矽卡岩型磁铁矿床,矿床规模达中型。成矿时代为燕山晚期。

2. 成矿要素

江苏省冶山矽卡岩型铁矿床成矿要素见表 5-36。

表 5-36 江苏省冶山矽卡岩型铁矿床成矿要素表

成矿要素		描述内容	成矿要素分类
地质环境	地层	下震旦统黄墟组、上震旦统灯影组及下寒武统幕府山组	必要
	岩浆岩	与成矿有关的侵入岩主要为燕山晚期花岗闪长岩、二长岩、闪长玢岩	必要
	岩石结构	不等粒结构	次要
	成矿时代	燕山晚期(116Ma,K-Ar 法)	重要
	成矿环境	矿体主要赋存在燕山晚期中酸性侵入岩体与碳酸盐岩接触带,受接触带控制	必要
	构造背景	下扬子陆块江浦-六合断隆,冶山复式背斜之冶山倒转背斜北翼及汤泉倒转向斜之间	重要

续表 5-36

成矿要素		描述内容	成矿要素分类
矿床特征	矿物组合	金属矿物有磁铁矿、穆磁铁矿、黄铜矿、黄铁矿、赤铁矿、硼镁铁矿、硼铁石。脉石矿物：透辉石、绿泥石、蛇纹石、石榴石、绿帘石，少量透闪石、阳起石、角闪石、硅灰石、白云石、方解石	重要
	结构	自形—半自形晶细粒状结构	次要
	构造	块状构造、浸染状构造、条带状构造、斑杂状构造	次要
	蚀变	围岩蚀变自侵入岩向围岩方向，可见蚀变花岗闪长岩带（钾长石化带）—石榴石透辉石矽卡岩带—金云母透辉石岩带—绿泥石透辉石岩带—蛇纹石化带、矽卡岩化大理岩带、大理岩带。如花岗闪长岩侵入于泥质岩则形成角岩带或矽卡岩化角岩带。主矿体多赋存于绿泥石透辉石带和金云母透辉石带	重要
	控矿条件	矿体主要赋存在燕山晚期中酸性侵入岩体与碳酸盐岩接触带，受接触带控制	必要

3. 成矿模式

冶山铁矿床描述性模式见表 5-37，成因模式见表 5-38 和图 5-17。

表 5-37 冶山铁矿床描述性模式

名称		江苏省冶山式接触交代矽卡岩型铁矿床
基本特征		赋存在燕山晚期花岗闪长岩等中酸性侵入岩体与下震旦统黄墟组、上震旦统灯影组及下寒武统幕府山组上段的镁质碳酸盐岩的接触带中的矽卡岩型磁铁矿床
成矿时代		燕山晚期（116Ma，K-Ar 法）
资料来源		《江苏省六合县冶山铁矿北矿区地质勘探总结报告书》（华东冶金地质勘探公司，1965）；《江苏省六合县铁石岗铁矿地质勘探总结报告》（江苏省冶金地质勘探公司 805 队，1975）；《江苏省六合冶山铁矿北矿区下部矿体补充地质勘探报告》（中国有色总公司华东地质勘查局研究所，1984）；《江苏省南京市冶山铁矿区资源储量复核地质报告》（江苏省地质调查研究院，2004）
地质背景	赋矿构造单元	下扬子陆块江浦-六合断隆
	含矿地层	下震旦统黄墟组、上震旦统灯影组及下寒武统幕府山组
	岩矿结构（矿化部位）	矿体主要赋存在花岗闪长岩与白云岩接触带，部分在围岩层间构造裂隙中
伴生矿产		硼矿
矿床工业类型		铁矿
矿体形态		透镜状、扁豆状、囊状、巢状、不规则脉状
矿物组合		金属矿物有磁铁矿、穆磁铁矿、黄铜矿、黄铁矿、赤铁矿、硼镁铁矿、硼铁石。脉石矿物：透辉石、绿泥石、蛇纹石、石榴石、绿帘石，少量透闪石、阳起石、角闪石、硅灰石、白云石、方解石
矿石组构		自形—半自形晶细粒状结构；构造为块状构造、浸染状构造、条带状构造、斑杂状构造。自然类型有块状磁铁矿石、浸染状磁铁矿石、条带状磁铁矿石
容矿围岩		主要为白云岩、白云质灰岩，次为花岗闪长岩
围岩蚀变		钾长石化、透辉石化、绿泥石化、蛇纹石化、金云母化等
蚀变分带		围岩蚀变自侵入岩向围岩方向，可见蚀变花岗闪长岩带（钾长石化带）—石榴石透辉石矽卡岩带—金云母透辉石岩带—绿泥石透辉石岩带—蛇纹石化带、矽卡岩化大理岩带、大理岩带。如花岗闪长岩侵入于泥质岩则形成角岩带或矽卡岩化角岩带。主矿体多赋存于绿泥石透辉石带和金云母透辉石带
风化		少量出露地表矿石褐铁矿化

表 5-38 冶山铁矿床成因模式

名称		冶山式接触交代矽卡岩型铁矿床
矿石成因类型		热液交代成因块状、浸染状、条带状、斑杂状矿石；热液充填成因块状矿石、脉状矿石
成矿期次		矽卡岩期—热液期
成矿环境	区域成矿构造背景	下扬子陆块江浦-六合断隆，冶山复式背斜之冶山倒转背斜北翼及汤泉倒转向斜之间
	具体成矿环境	矿体主要赋存在燕山晚期中酸性侵入岩体与碳酸盐岩接触带，受接触带控制
成矿物质来源	金属	来源于深部岩浆
	络合物等	
成矿流体		岩浆水
成矿物理化学条件		形成温度 500℃左右

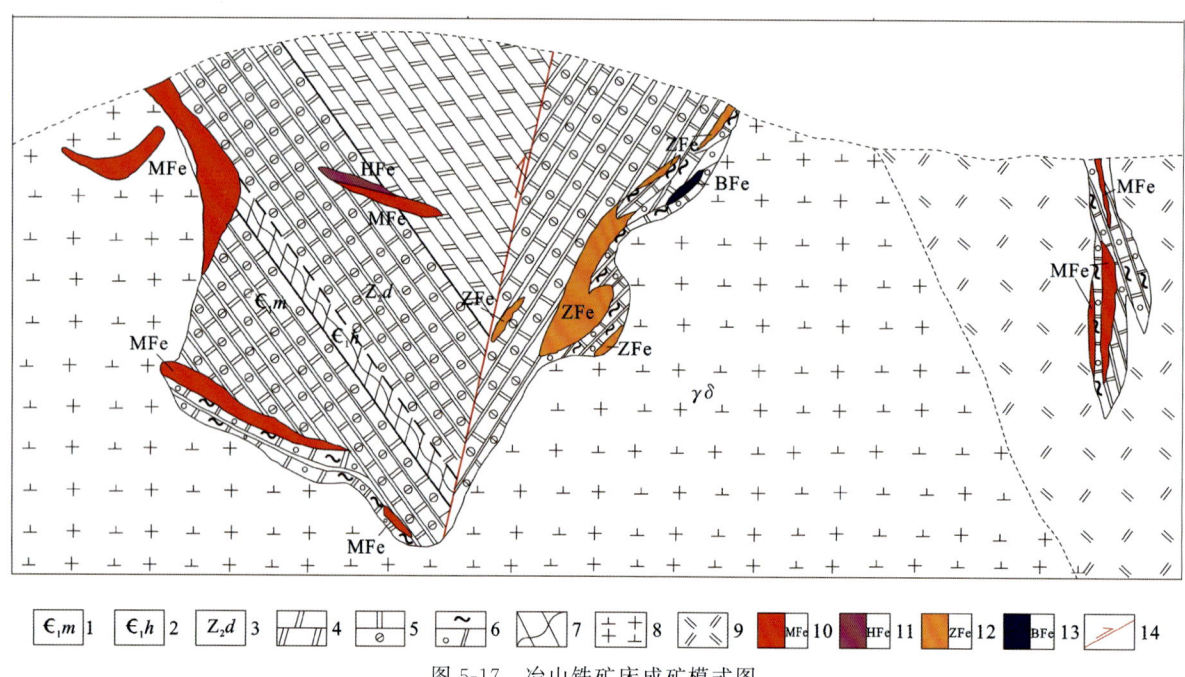

图 5-17 冶山铁矿床成矿模式图

1.寒武系幕府山组；2.寒武系荷塘组；3.震旦系灯影组；4.白云岩；5.白云石大理岩；6.矽卡岩；7.角岩；8.花岗闪长岩；9.二长岩；10.磁铁矿体；11.赤铁矿体；12.自熔性磁铁矿；13.硼镁铁矿；14.逆断层

（十）江苏省海门王浩铁矿床

1. 矿床特征

该矿床位于下扬子被动陆缘南通断块，南通-三余隆起带。铁矿体属隐伏盲矿体，赋存于矽卡岩化含矿带中，含矿带产于寒武纪大理岩与燕山晚期花岗岩接触带（图 5-18），围绕花岗岩呈"U"字形分布。矿体呈缓倾斜的似层状、透镜状和楔形，形态较规整。含矿带厚 30~170m，一般 70~90m。矿区可分 I、II、III 三个矿段。

I 矿段主矿体呈透镜状及似层状分布，矿体总体走向北东，总体倾向南东，倾角 10°~60°。走向长

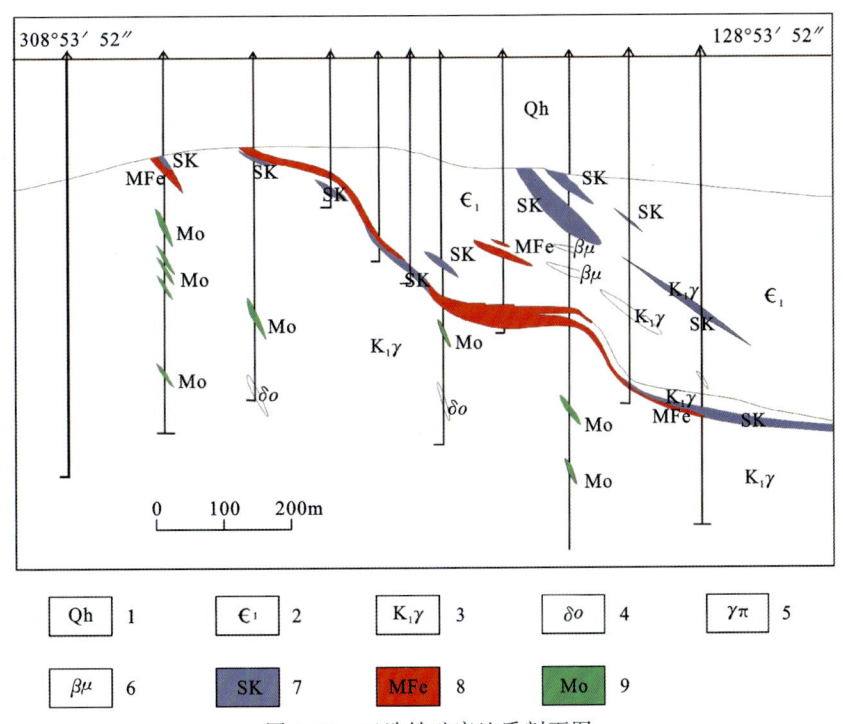

图 5-18 王浩铁矿床地质剖面图

1.第四纪粉砂土;2.早寒武世大理岩;3.燕山晚期花岗岩;4.石英闪长岩脉;5.花岗斑岩脉;
6.辉绿玢岩脉;7.石榴石透辉石矽卡岩;8.磁铁矿体;9.钼矿(化)体

424.04m,倾向最大延深 595m;厚 1.33～39.40m,平均厚 9.08m。平均品位 TFe 38.81%～43.15%、Zn 0.47～0.49%。

Ⅱ矿段主矿体呈透镜状及似层状分布,矿体总体走向北西,总体倾向南西,倾角 20°～30°。走向长 420m,倾向最大延深 290m;厚 30m 左右。平均品位 TFe 20.12%～33.54%、Zn 0.09～0.93%。

Ⅲ矿段呈似层状、脉状分布,矿体总体走向北东,总体倾向北西,倾角 30°左右。走向长 40～300m,倾向最大延深 220m;厚 2～9.31m。平均品位 TFe 20.05%～38.95%、Zn 0.03%～0.28%。

矿石矿物以磁铁矿为主,次有赤铁矿、闪锌矿、黄铁矿、褐铁矿,并有少量辉钼矿、辉铋矿、硼镁铁矿等。脉石矿物主要有透辉石、石榴石、粒硅镁石,次为阳起石、方解石、透闪石、金云母、绿泥石、石英、钾长石、斜长石。

矿石结构主要有半自形—他形晶粒结构和交代结构、交代假象结构,其次有包含结构、交代残余结构、胶状结构、反应边结构等。矿石构造以稠密浸染状和块状构造为主,其次为条带状、斑杂状构造,少量呈角砾状构造。

全区矿石品位,TFe 平均 35.04%。伴生元素有 Zn、Mo、Sn、Bi、B;有害元素有 S、P、As 等,其含量较低,经选矿后均降低到工业要求范围内;微量元素有 Cu、Pb、Co、Ni、Cr、V、Au、Ag 等。

主矿体上盘围岩主要是大理岩,局部为矽卡岩;下盘围岩主要是花岗岩。围岩蚀变以矽卡岩化为主,且由岩体至围岩分带明显:钾长石化带→石英绢云母化带→矽卡岩化带→矿体→大理岩化带。矿床达中型规模。

矿床成因类型属矽卡岩型。成矿时代为燕山晚期。

2. 成矿要素

江苏省王浩矽卡岩型铁矿床成矿要素见表 5-39。

表 5-39 江苏省王浩矽卡岩型铁矿床成矿要素表

成矿要素		描述内容	成矿要素分类
地质环境	地层	下寒武统幕府山组碳酸盐岩	必要
	岩浆岩	主岩体为燕山晚期花岗岩类	必要
	岩石结构	细—中粒花岗结构,局部呈似斑状结构,块状构造	次要
	成矿时代	燕山晚期	重要
	成矿环境	含矿带产于寒武纪碳酸盐岩与燕山晚期花岗岩接触带及两侧矽卡岩中,受接触带控制	必要
	构造背景	位于下扬子被动陆缘南通断块,南通-三余隆起带	必要
矿床特征	矿物组合	金属矿物有磁铁矿、赤铁矿、褐铁矿、闪锌矿、黄铁矿,少量辉钼矿、辉铋矿、硼镁铁矿、菱铁矿,少许自然铋、黄铜矿、方铅矿、铜蓝、白铁矿和极微量硫碲铋矿、硫铜铋矿。脉石矿物主要有透辉石、石榴石、粒硅镁石	重要
	结构	半自形—他形晶粒结构和交代结构、交代假象结构,其次有包含结构、交代残余结构、胶状结构、反应边结构	次要
	构造	稠密浸染状和块状构造为主,其次为条带状、斑杂状构造,少量呈角砾状构造	次要
	蚀变	岩体蚀变有矽卡岩化、硅化、绿泥石化、高岭土化、绢云母化、钾长石化、钠长石化、碳酸盐化、萤石化等。围岩蚀变有大理岩化、矽卡岩化,局部硅化	重要
	控矿条件	燕山晚期侵入的花岗岩与成矿关系密切;成矿围岩为下寒武统幕府山组碳酸盐岩;矿体受碳酸盐岩与岩体接触带构造控制,主矿体产于正接触带,其形态、产状严格受接触带控制。小矿体受内接触带捕房体控制	必要

3. 成矿模式

王浩铁矿床描述性模式见表5-40,成因模式见表5-41和图5-19。

表 5-40 王浩铁矿床描述性模式

名称		江苏省王浩式矽卡岩型铁矿床
基本特征		矿体产于燕山晚期花岗岩与寒武纪碳酸盐岩接触带矽卡岩中
成矿时代		燕山晚期
资料来源		《江苏省海门县王浩铁矿区Ⅰ矿段勘探地质报告》(中国有色总公司华东地质勘探公司805队,1992)
地质背景	赋矿构造单元	下扬子被动陆缘,南通断块之南通断隆
	含矿地层	下寒武统幕府山组
	岩矿结构(矿化部位)	矿体主要赋存在接触带,部分分布在捕房体周围
伴生矿床		锌矿
矿床工业类型		铁矿
矿体形态		矿体呈似层状、透镜状、脉状
矿物组合		金属矿物主要有磁铁矿、赤铁矿、褐铁矿、闪锌矿、黄铁矿。脉石矿物主要有透辉石、石榴石、阳起石、符山石、石英和方解石

续表 5-40

矿石组构	矿石结构为半自形—他形晶粒结构和交代结构、交代假象结构,其次有包含结构、交代残余结构、胶状结构、反应边结构。矿石构造以稠密浸染状和块状构造为主,其次为条带状、斑杂状构造,少量呈角砾状构造
矿体产状	矿体赋存于燕山晚期花岗岩与寒武纪大理岩接触带及两侧矽卡岩化含矿带中,围绕花岗岩体呈"U"字形分布。呈似层状、透镜状、脉状,与顶底板围岩界线一般较清楚
容矿围岩	主矿体顶板围岩是大理岩,局部为矽卡岩,底板主要是花岗岩。捕虏体小矿体顶底板围岩均为花岗岩和矽卡岩,外接触带小矿体围岩为大理岩
围岩蚀变	大理岩化、矽卡岩化、硅化、绢云母化、高岭土化

表 5-41 王浩铁矿床成因模式

名称	王浩式接触交代矽卡岩型铁矿	
矿石成因类型	热液交代成因	
成矿期次	矽卡岩期—热液期	
成矿环境	区域成矿构造背景	下扬子被动陆缘南通断块,南通-三余隆起带
	具体成矿环境	产于燕山晚期花岗岩与寒武纪碳酸盐岩接触带
成矿物质来源	金属	深源岩浆
	络合物等	
成矿流体	岩浆水	
成矿物理化学条件	成矿温度 250~300℃	

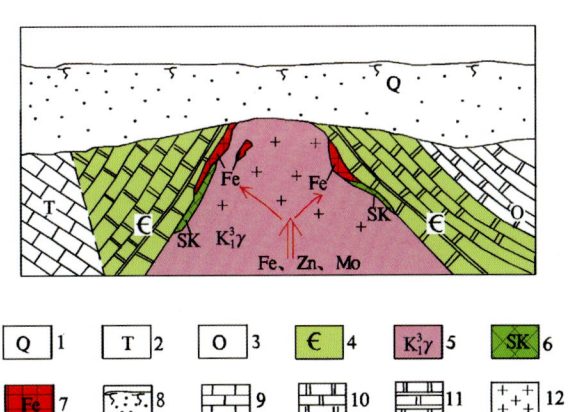

图 5-19 王浩铁矿床成矿模式图

1.第四系;2.三叠系;3.奥陶系;4.寒武系;5.燕山晚期花岗岩;6.矽卡岩;7.铁矿体;
8.粉质黏土;9.灰岩;10.白云岩;11.大理岩;12.花岗岩

(十一)江苏省苏州谈家桥锌铁矿床

1. 矿床特征

该矿床位处苏州西部木渎短轴向斜北西翼。区内地层有二叠系堰桥组、龙潭组浅灰色砂岩和泥岩,灰白色石英砂岩和黑色页岩；长兴组灰岩（已蚀变为大理岩）。侵入岩体为燕山早期花岗岩，局部已钠长石化。围岩蚀变以矽卡岩化为主，次有绿泥石化、硅化、大理岩化等。矿区北部有一条逆掩断层，走向北东，倾向南西，倾角15°～25°，为成矿前断裂。

主矿体赋存于花岗岩体凹部与长兴组碳酸盐岩的接触带中，部分零星小矿体产于大理岩裂隙中（图5-20）。主矿体呈不规则似层状、脉状，走向北东，倾向北西。南、北段为缓倾斜矿体，中段为陡倾斜矿体。矿体长500余米，延深1000m以上，厚一般5～7m。上部以锌铁矿体为主，下部矿体以铜硫为主。矿石矿物以磁铁矿为主，次有铁闪锌矿、磁黄铁矿、黄铁矿、黄铜矿、辉钼矿等。矿区矿石品位TFe 38.86%、Zn 1.69%、Cu 0.03%、S 2.53%、P 0.026%。矿体有上铁锌、下铜硫的"分层"特征。

矿石结构有他形晶粒状结构、乳滴状结构、溶蚀状结构，矿石构造有浸染状构造、块状构造、条带状构造。矿石自然类型可分为稠密浸染状、致密块状、条带状3类，以第一类为主。矿石工业类型分为锌磁铁矿、铜硫铁矿、硫铁矿、锌矿4种，以前两种为主。

近矿围岩蚀变较强并具分带性，自下而上为钠长石化花岗岩→透辉石矽卡岩→石榴石-透辉石矽卡岩-石榴石矽卡岩→大理岩。此外，尚有绿泥石化、碳酸盐化、黄铁矿化、萤石化等后期热液蚀变。铁矿与矽卡岩化关系密切，特别是叠加于矽卡岩化之上的绿泥石化、硅化、萤石化等往往使锌（铜）矿化进一步富集。

矿床成因类型属矽卡岩型锌铁矿床。成矿时代应为燕山早期。

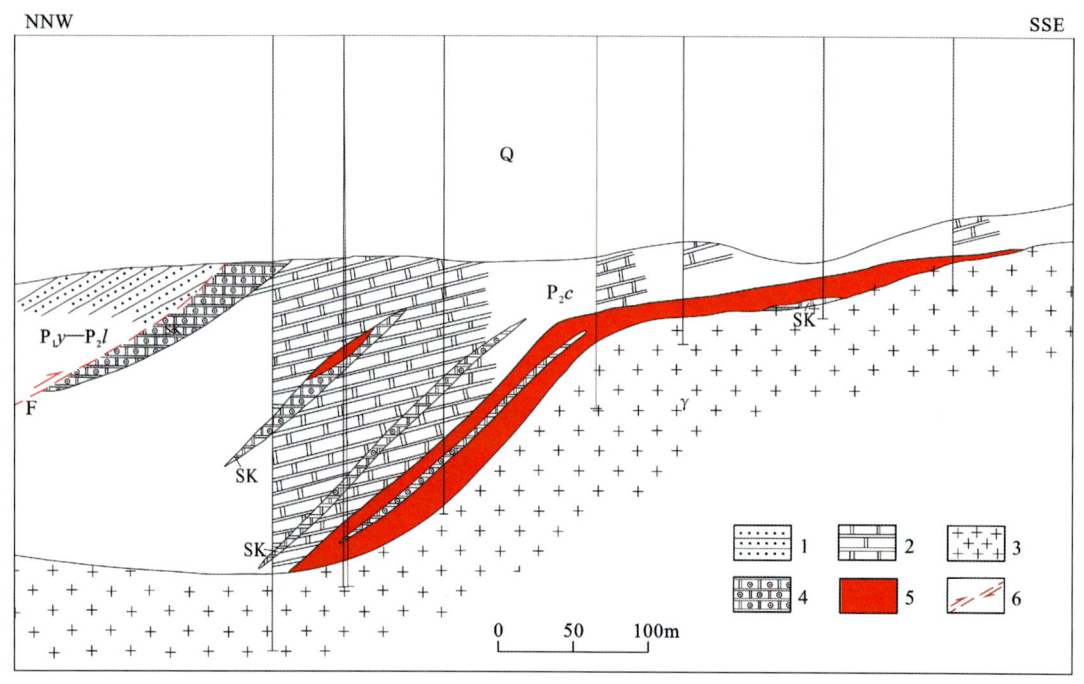

图5-20 谈家桥锌铁矿床地质剖面图（据江苏省地质局第四地质队资料，1973）

1.粉细砂岩；2.大理岩；3.花岗岩；4.矽卡岩；5.锌铁矿体；6.断层

Q.第四系；P_2c.二叠系长兴组；$P_1y—P_2l$.二叠系堰桥组—龙潭组；SK.矽卡岩；γ.花岗岩

2. 成矿要素

江苏省谈家桥矽卡岩型锌铁矿床成矿要素见表5-42。

表 5-42　江苏省谈家桥矽卡岩型锌铁矿床成矿要素表

成矿要素		描述内容	成矿要素分类
地质环境	地层	二叠系长兴组碳酸盐岩	必要
	岩浆岩	燕山早期花岗岩	必要
	岩石结构	中粒结构、似斑状结构	次要
	成矿时代	燕山早期	重要
	成矿环境	矿体产于燕山早期花岗岩与碳酸盐岩的接触带或其附近的层间裂隙带	必要
	构造背景	矿床位于木渎倾伏向斜西北翼，区内断裂构造发育主要为3组：一是呈北东-南西向，以潭东-光福-通安桥大断裂为代表；二是弧形断裂，多属逆掩性质；三是北西-南东向断裂，为第一组断裂的次一级构造。褶皱构造主要为一系列短轴拱形背斜及向斜，轴向北东-南西	重要
矿床特征	矿物组合	金属矿物包括磁铁矿、磁黄铁矿、黄铁矿、闪锌矿、黄铜矿、辉钼矿、褐铁矿。非金属矿物包括透辉石、绿泥石、绿帘石、方解石、萤石、石榴石、石英、硅灰石、角闪石、钠铁闪石、符山石、绢云母、玉髓	重要
	结构	他形晶粒状结构、乳滴状结构、溶蚀状结构	次要
	构造	浸染状构造、块状构造、条带状构造	次要
	蚀变	钠长石化、钾长石化、矽卡岩化、大理岩化、高岭土化、绿泥石化	重要
	控矿条件	矿体主要受燕山早期花岗岩与二叠系长兴组碳酸盐岩的接触带所控制。花岗岩边缘呈港湾状弯曲地段以及接触带产状由陡变缓处是矿体的主要赋存部位	必要

3. 成矿模式

谈家桥锌铁矿床描述性模式见表 5-43，成因模式见表 5-44 和图 5-21。

表 5-43　谈家桥锌铁矿床描述性模式

名称		谈家桥式接触交代矽卡岩型铁矿床
基本特征		产于花岗岩与大理岩（原岩为灰岩）接触带或其附近层间裂隙破碎带的矽卡岩型含多金属磁铁矿床
成矿时代		燕山早期
资料来源		《江苏省吴县谈家桥铁矿总结勘探报告》（江苏省地质局第四地质队，1973）
地质背景	赋矿构造单元	下扬子被动陆缘太湖断块，光福断隆
	含矿地层	二叠系长兴组、三叠系青龙组碳酸盐岩
	岩矿结构（矿化部位）	花岗岩与大理岩的接触带或其附近的层间裂隙破碎带，岩体边缘凹部构造
伴生矿产		锌、铜
矿床工业类型		锌铁矿床
矿体形态		矿体主要呈似层状、透镜状、脉状
矿物组合		金属矿物包括磁铁矿、磁黄铁矿、黄铁矿、闪锌矿、锡石、白钨矿。非金属矿物包括透辉石、绿泥石、绿帘石、方解石、萤石、石榴石、石英、硅灰石、角闪石、钠铁闪石、符山石、绢云母
矿石组构		矿石结构为他形晶粒状结构、乳滴状结构、溶蚀状结构。矿石构造为浸染状构造、块状构造、条带状构造。矿石自然类型有浸染状、条带状和致密块状矿石

续表 5-43

矿体产状	矿体主要产于花岗岩与大理岩接触带,呈似层状、透镜状、脉状
容矿围岩	花岗岩、砂岩、灰岩、矽卡岩、大理岩
围岩蚀变	钠长石化、钾长石化、矽卡岩化、大理岩化、高岭土化、绿泥石化
矿化分带	上部以锌(闪锌矿)、铁(磁铁矿)为主,下部以铜(黄铜矿)、硫(黄铁矿、磁黄铁矿)为主
蚀变分带	自下而上:钠长石化、矽卡岩化、大理岩化

表 5-44 谈家桥锌铁矿床成因模式

名称		谈家桥式接触交代矽卡岩型铁矿
矿石成因类型		接触交代成因的稠密浸染状、条带状、致密块状矿石
成矿期次		矽卡岩期—热液期
同位素特征	硫同位素	黄铁矿 $\delta^{34}S+0.41‰\sim+3.16‰$,平均 1.79‰;闪锌矿 $\delta^{34}S-0.83‰\sim+2.63‰$,平均 0.50‰
	氢氧同位素	磁铁矿 $\delta^{18}O-0.682‰\sim+0.68‰$
成矿环境	区域成矿构造背景	下扬子被动陆缘,太湖断块,光福断隆,木渎倾伏向斜西北翼
	具体成矿环境	花岗岩与大理岩的接触带或其附近的层间裂隙破碎带,岩体边缘凹部构造
成矿物质来源	金属	深部岩浆
	络合物等	
成矿流体		岩浆水
成矿物理化学条件		成矿温度 250~300℃,成矿阶段压力 $(350\sim420)\times10^5$ Pa

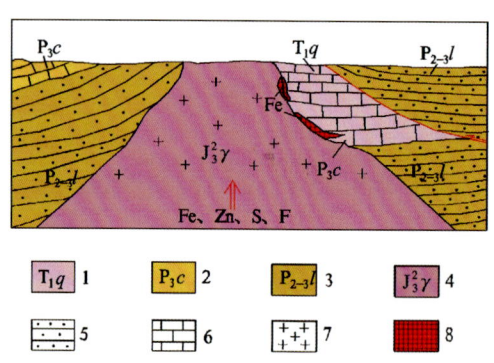

图 5-21 谈家桥锌铁矿床成矿模式图

1.下三叠统青龙组;2.上二叠统长兴组;3.上二叠统龙潭组;4.燕山早期花岗岩;
5.长石石英砂岩、粉砂岩;6.碳酸盐岩(灰岩、大理岩);7.花岗岩;8.锌铁矿体

(十二)江苏省徐州墓山铁矿床

1. 矿床特征

该矿床位于鲁西-淮北(拉张区)构造-岩浆带,利国短轴背斜南翼。区内主要分布有下古生界寒武系、奥陶系、上古生界石炭系、二叠系。断裂构造主要有东西向、北北东向、北西向 3 组。成矿母岩为燕山早期闪长玢岩(可相变为石英闪长斑岩),为弱酸性富碱的中性岩体,主岩体呈岩株状,受基底断裂构

造及盖层断裂的复合控制。

整个矿区可分为 4 个矿段：峒山、墓山、西马山、镇北。矿体主要赋存在中酸性侵入岩与中、下奥陶统马家沟组碳酸盐岩地层的接触带或其附近的构造裂隙中，其特征与邯邢式铁矿床极为相似（图 5-22）。接触带形态复杂，接触带中的矿体通常规模较大，多呈透镜状、脉状、扁豆状、囊状，部分为不规则似层状，构造裂隙中的矿体一般规模较小。主矿体长约 150～500m，宽 80～400m，厚一般 5～10m，最大 20m，有分支复合现象。

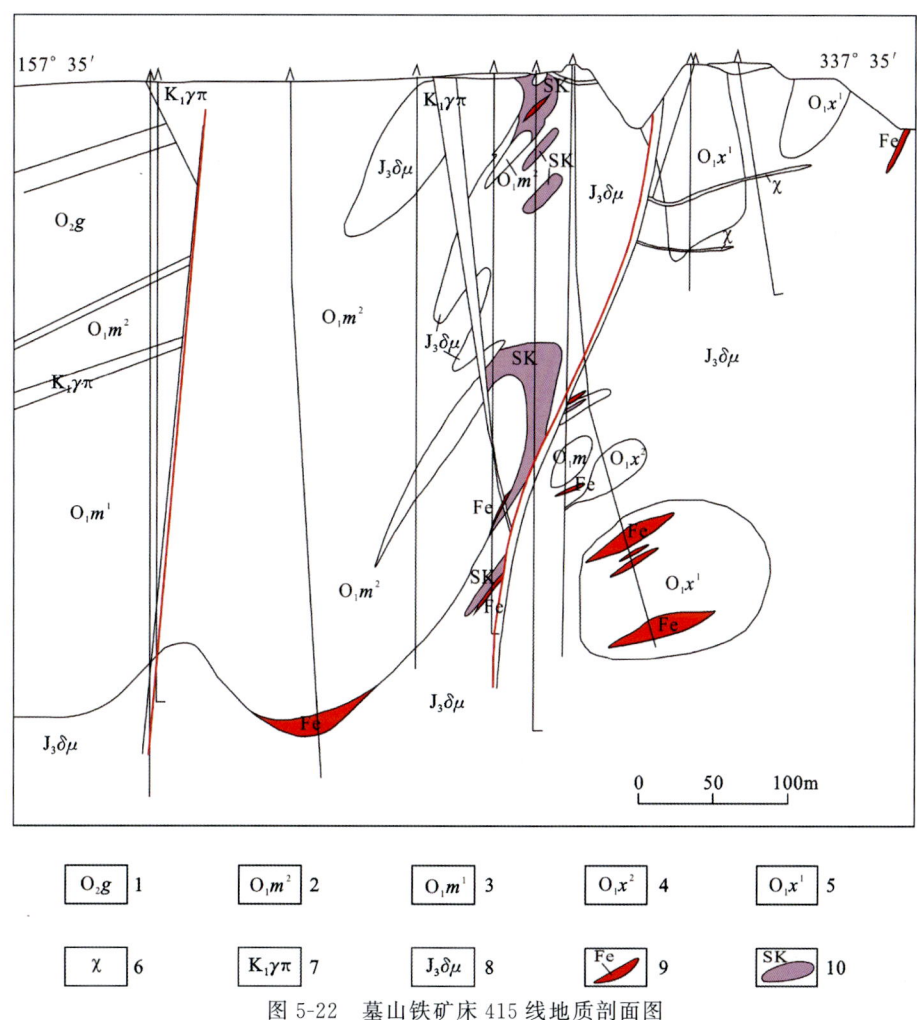

图 5-22 墓山铁矿床 415 线地质剖面图
1.阁庄组；2.马家沟组上段；3.马家沟组下段；4.肖县组大泉段；5.肖县组寨山段；6.煌斑岩脉；
7.燕山晚期花岗斑岩；8.燕山早期闪长玢岩；9.磁铁矿体；10.矽卡岩

矿体主要受接触带控制，产状变化较大，总体走向北东—北北东，局部为近东西向或北西向，倾向以南—南东为主，倾角 30°～55°。西马山矿段深部矿体变为北东走向，倾向北北西，倾角较陡，多为 50°～60°。

矿石结构以他形—半自形细晶粒状为主，次为交代结构。此外局部还可见叶片状结构、晶粒充填结构。矿石以致密块状为主，其次为浸染状和条带状，角砾状构造少见。

矿石矿物主要是磁铁矿，其次为赤铁矿，少量镜铁矿、黄铁矿，微量黄铜矿、斑铜矿、辉铜矿、磁黄铁矿、方铅矿、闪锌矿、白铁矿、褐铁矿、铜蓝等。脉石矿物主要为方解石，其次为绿泥石、金云母、白云母，少量绿帘石、石榴石、透辉石、透闪石、石英、长石，微量尖晶石、重晶石、榍石、锆石及次生高岭土。

矿石类型按含铁矿物及其氧化程度可分为磁铁矿矿石、赤铁矿矿石、假象或半假象赤铁矿矿石，以及由两种以上含铁矿物组成的混合矿石。按金属矿物共生组合及硫化物含量的高低可分为黄铁矿-磁铁矿矿石、黄铁矿-黄铜矿-磁铁矿矿石、黄铜矿-黄铁矿-磁铁矿矿石、黄铜矿-黄铁矿矿石等。

铁矿石品位 TFe 27.83%～65.17%,主矿体平均为 53.02%。S 主要赋存于黄铁矿、黄铜矿中,含量变化范围 0.008%～7.72%,主矿体平均含量 0.895%,全矿床平均为 0.896%;Cu 主要赋存于黄铜矿中,含量 0～1.7%,主矿体平均为 0.086%,全矿床平均为 0.084%;Co 以黄铁矿为主要载体,含量 0.080%;P 含量 0.0037%～0.1%。

围岩蚀变主要有矽卡岩化、透辉石化、绿泥石化、钾长石化、钠长石化、碳酸盐化、绿帘石化、绿泥石化、硅化、大理岩化等。

矿床成因类型属高—中温热液接触交代矽卡岩型矿床。成矿时代应属燕山早期。

2. 成矿要素

江苏省墓山利国式矽卡岩型铁矿床成矿要素见表 5-45。

表 5-45 江苏省墓山利国式矽卡岩型铁矿床成矿要素表

成矿要素		描述内容	成矿要素分类
地质环境	地层	主要为下古生界奥陶系马家沟组碳酸盐岩地层	必要
	岩浆岩	主要为燕山早期闪长玢岩等中酸性侵入岩体	必要
	岩石结构	半自形粒状结构、斑状结构,块状构造	次要
	成矿时代	燕山早期	重要
	成矿环境	形成于燕山早期闪长玢岩、石英闪长斑岩岩枝与奥陶系马家沟组碳酸盐岩接触带及围岩层间裂隙中	必要
	构造背景	徐州弧形构造的转折端,徐州-江庄复式背斜的西北翼次级褶皱	重要
矿床特征	矿物组合	金属矿物为磁铁矿、赤铁矿、镜铁矿、黄铁矿,少量黄铜矿、斑铜矿、辉铜矿、自然金。脉石矿物主要为方解石、绿泥石、金云母、透辉石、阳起石、石榴石、透闪石、蛇纹石	重要
	结构	以他形—半自形粒状结构为主,次为交代结构,晶粒充填结构,片状结构	次要
	构造	致密块状构造为主,条带状和浸染状构造为次,少量角砾状、斑杂状构造	次要
	蚀变	矽卡岩化、透辉石化、绿泥石化、钾长石化、钠长石化、碳酸盐化、绿帘石化、绿泥石化、硅化、大理岩化等	重要
	控矿条件	主要受接触带构造控制,形成于闪长玢岩、石英闪长斑岩岩枝与奥陶系肖家峪组、马家沟组碳酸盐岩接触带及围岩层间裂隙中	必要

3. 成矿模式

墓山铁矿床描述性模式见表 5-46,成因模式见表 5-47 和图 5-23。

表 5-46 墓山铁矿床描述性模式

名称		江苏省墓山利国式接触交代型铁矿床
基本特征		产于燕山早期闪长玢岩、石英闪长斑岩与中、下奥陶统马家沟组碳酸盐岩接触带的磁铁矿床
成矿时代		燕山早期
资料来源		《江苏省徐州利国矿田大比例尺(1:1 万)铁(铜、金)成矿预测报告》(江苏省地质矿产局第五地质大队,1991);《江苏省利国地区铁矿成矿地质条件及找矿方向》(江苏省地质矿产局地质综合研究队,1980)
地质背景	赋矿构造单元	鲁西陆块徐州-宿县断块,徐州-贾汪断隆
	含矿地层	中、下奥陶统马家沟组白云质灰岩、灰岩、钙质白云岩
	岩矿结构(矿化部位)	缓倾斜接触带,部分捕虏体接触带

续表 5-46

伴生矿产	铜
矿床工业类型	磁铁矿床
矿体形态	似层状、透镜状、囊状
矿物组合	金属矿物磁铁矿占60%~90%,其次为赤铁矿、镜铁矿、黄铁矿,少量黄铜矿、斑铜矿、辉铜矿、自然金。脉石矿物主要为方解石、石英、绿泥石、金云母、透辉石、阳起石、石榴石、透闪石、蛇纹石
矿石结构	以他形—半自形粒状结构为主,其次为交代结构、晶粒充填结构、叶片状结构、细粒至隐晶结构,致密块状构造、浸染状构造、条带状构造
矿体结构	矿体产于闪长玢岩、石英闪长斑岩与中、下奥陶统马家沟组碳酸盐岩接触带,呈透镜状、似层状、脉状
容矿围岩	马家沟组白云质灰岩、灰岩、钙质白云岩
围岩蚀变	透辉石化、透闪石化、金云母化、石榴石化、钠化、大理岩化
蚀变分带	由外至内:大理岩化带(Ⅰ);矽卡岩化带(Ⅱ);矽卡岩化(石英)闪长斑岩带(Ⅲ);钠化(石英)闪长斑岩带(Ⅳ)

表 5-47 墓山铁矿床成因模式

名称	墓山利国式接触交代型铁矿床	
矿石成因类型	接触交代	
成矿期次	矽卡岩期—热液期	
同位素特征	硫同位素	$\delta^{34}S$值为$-2‰$~$+16.2‰$,平均7.1‰,大致分为0~6‰和7‰~16‰两个区间
成矿环境	区域成矿构造背景	鲁西-淮北(拉张区)构造-岩浆带,徐州弧形构造的转折端,徐州-江庄复式背斜的西北翼次级褶皱,利国短轴背斜是重要的控矿构造
	具体成矿环境	形成于燕山早期闪长玢岩、石英闪长斑岩与中、下奥陶统马家沟组碳酸盐岩接触带及围岩层间裂隙中
成矿物质来源	金属	来源于深部岩浆
	络合物等	
成矿流体	岩浆热液	
成矿物理化学条件	(石英)闪长斑岩初始结晶温度900~1200℃,大量晶出温度750~800℃,最后凝固温度500~600℃,压力3~6kbar(1bar=10^5Pa);磁铁矿晶出温度300~650℃,黄铜矿晶出温度200~370℃,硫同位素$\delta^{34}S$值为0~$+16.2‰$,成矿深度600~4500m	

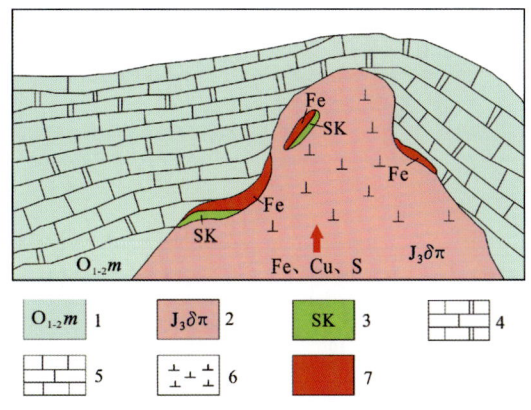

图 5-23 墓山铁矿床成矿模式图

1.中、下奥陶统马家沟组;2.燕山早期闪长玢岩;3.矽卡岩;4.白云质灰岩;5.灰岩;6.闪长玢岩;7.铁矿体

二、铜矿典型矿床及成矿规律

江苏省主要铜矿产预测类型为铜井式陆相火山岩型铜金矿、獾子洞式次火山热液-层控矽卡岩型铜金矿、安基山式矽卡岩斑岩型铜矿、金山式矽卡岩型铜矿,选取铜井铜金矿、獾子洞铜金矿、安基山铜矿、盘龙岗铜矿、张堰铜矿作为铜矿典型矿床,开展成矿规律研究。

(一)江苏省南京铜井铜金矿床

1. 矿床特征

该矿床处于宁芜火山岩盆地中段,受北北西向断裂和娘娘山破火山口的复合控制。矿体呈雁行排列平行展布的矿脉群,产于破火山口的娘娘山组碱性粗面岩、集块岩、黝方石响岩之构造裂隙中(图5-24)。

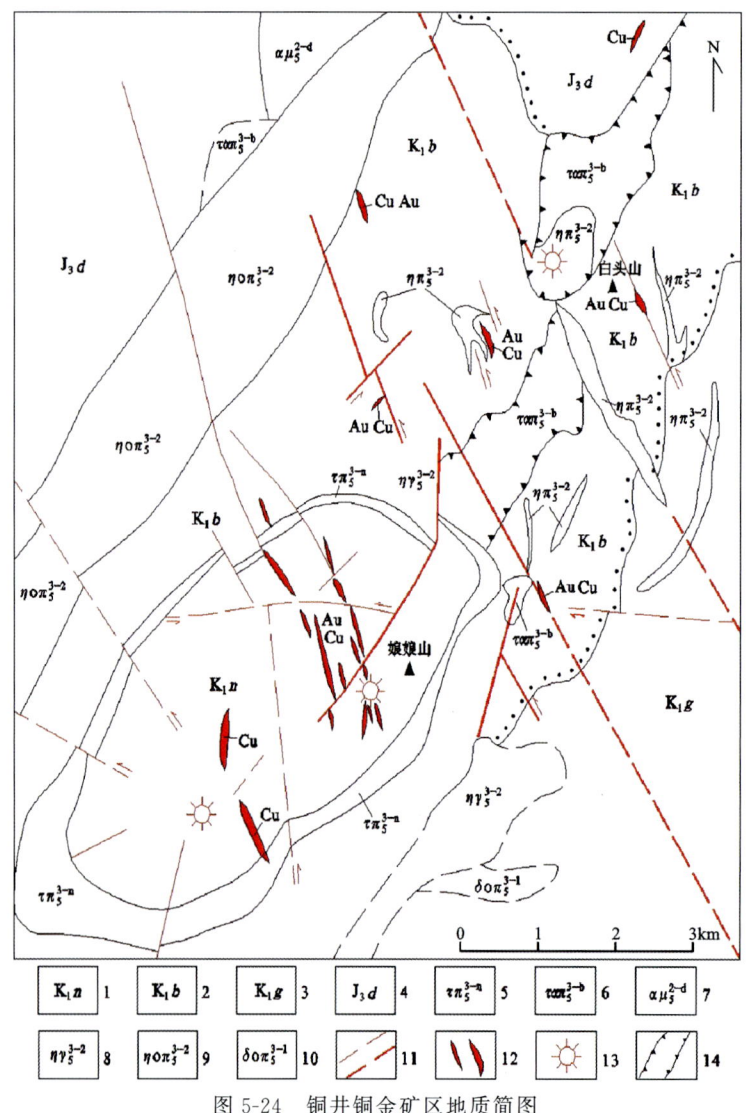

图 5-24 铜井铜金矿区地质简图

1.娘娘山组;2.白头山组;3.姑山组;4.大王山组;5.粗面斑岩;6.粗安斑岩;7.安山玢岩;8.二长斑岩;
9.石英二长斑岩;10.石英闪长斑岩;11.断层;12.金、铜矿体;13.火山口;14.裂隙式火山通道

矿体呈大脉状、复脉状,走向332°左右,倾角陡,矿化带断续延长3000m左右,大小矿脉数十条,为含金、铜石英脉,次为含金、铜菱铁矿脉和重晶石脉。

矿石矿物有自然金、黄铜矿、斑铜矿,次为黄铁矿、镜铁矿。脉石矿物有石英、菱铁矿、方解石、重晶石、玉髓等。矿石具半自形—他形晶粒状结构,块状、浸染状构造。矿区Cu平均品位0.91%,Au平均品位3.30×10^{-6}。近矿围岩蚀变微弱,宽约10~20m,并有水平分带,自内向外依次为绢云母化、硅化、高岭土化、碳酸盐化。

成矿作用可分为两期四阶段,即早期的石英硫化物阶段,锰菱铁矿硫化物阶段及重晶石阶段;晚期的石英方解石阶段,其中前两个阶段为金铜矿的主要阶段。

铜井铜金矿中金来源于钾长石化霓辉正长岩及娘娘山组蚀变火山碎屑岩,黝方石响岩。硫来源于地幔及下伏基底地层。成矿热液中的水以岩浆水为主,成矿阶段压力650~780Pa,属中—浅成矿床。矿床成因类型属火山-次火山热液型脉状铜金矿床。矿床规模为小型。成矿时代为燕山晚期。

2. 成矿要素

江苏省铜井陆相火山岩型铜金矿床成矿要素见表5-48。

表5-48　江苏省铜井陆相火山岩型铜金矿床成矿要素表

成矿要素		描述内容	成矿要素分类
地质环境	地层	主要为晚侏罗世—早白垩世中偏基性和碱性火山岩地层,即上侏罗统大王山组,岩性主要为辉石安山岩、辉石粗安岩、粗安质凝灰岩;下白垩统娘娘山组,岩性为碱性粗面岩、集块角砾岩、集块岩、熔结火山角砾岩、熔结凝灰岩、黝方石响岩、粗安岩	重要
	岩浆岩	以黝方霓辉正长斑岩、石英正长岩、假白榴石斑岩、粗面斑岩等燕山晚期次火山岩体为主	必要
	岩石结构	斑状结构、似斑状结构,块状构造、流纹构造	次要
	成矿时代	燕山晚期,126.6±1.1Ma(锆石 LA-ICP-MS U-Pb;周涛发等,2011)	重要
	成矿环境	含铜金矿脉主要受北北西向断裂破碎带和古火山机构复合控制。成矿主要与早白垩世娘娘山(组)火山喷发旋回关系密切	重要
	构造背景	矿床位于下扬子陆块宁芜火山断陷盆地的中段西侧,区域断裂有北北东向铜井-芜湖断裂和北西向铜井-小丹阳断裂,在两组断裂的共轭处,发生了下白垩统娘娘山组碱性火山喷发旋回。以北北西向为主的断裂破碎带矿区主要控矿构造	必要
矿床特征	矿物组合	矿石矿物以黄铜矿、自然金、银金矿、斑铜矿、黄铁矿为主,其次有辉铜矿、铜蓝、黝铜矿。脉石矿物有石英、重晶石、菱铁矿、方解石等	次要
	结构	主要有自形—半自形粒状结构、他形粒状结构、交代残余结构、压碎结构、包裹结构等	次要
	构造	主要为团块状、浸染状、细脉状、条带状、角砾状构造	次要
	蚀变	洪幕山、铜坑山、大羊山矿段的矿体围岩为下白垩统娘娘山组碱性火山岩和火山碎屑岩,蚀变主要有硅化、高岭土化、绢云母化,次有碳酸盐化、绿帘石化等。马家山矿段的矿体围岩主要为上侏罗统大王山组辉石安山岩,围岩蚀变主要有硅化、绢云母化及黄铁矿化、菱铁矿化、绿泥石化等	重要
	控矿条件	铜金矿床主要受火山机构及断裂构造控制,火山机构受北北东向和北西向两组基底断裂控制。控矿断裂主要有两组:①北北西向断裂(320°~345°);该组断裂是矿区的主要控矿构造,多数被含铜金石英脉、含铜金菱铁矿脉充填。在平面上呈平行带状分布。②北北东向断裂(10°~15°);少数铜、金矿脉充填其中,但规模一般较小	必要

3. 成矿模式

铜井铜金矿床描述性模式见表5-49,成因模式见表5-50和图5-25。

表5-49 铜井铜金矿床描述性模式

名称	江苏省铜井式陆相火山岩型铜金矿	
基本特征	矿体产于霓辉正长斑岩、粗面斑岩等次火山侵入体内和围岩中,属于陆相火山热液型铜金矿	
成矿时代	燕山晚期,126.6±1.1Ma(锆石 LA-ICP-MS U-Pb;周涛发等,2011)	
资料来源	《江宁县铜井地区金矿普查地质报告》(江苏省地质矿产局第一地质大队,1988);《江苏省南京市铜井金矿区矿山地质勘探报告》(江苏省金源黄金有限责任公司,2002);《江苏省南京市铜井金矿区资源储量核实报告》(江苏省地质矿产局第一地质大队,2007)	
地质背景	赋矿构造单元	下扬子陆块宁芜火山断陷盆地
	含矿地层	晚侏罗世—早白垩世中偏基性、中酸性和碱性火山岩地层
	岩矿结构(矿化部位)	矿石结构主要为团块状、细脉状、浸染状等,其次有散染状、网脉状及角砾状
伴生矿床	自然金	
矿床工业类型	铜金矿	
矿体形态	脉状、透镜状、不规则形状	
矿物组合	矿石矿物主要有自然金、黄铜矿、黝铜矿、褐铁矿。 脉石矿物主要为石英、重晶石、菱铁矿、玉髓、方解石、高岭土、绢云母等	
矿石结构	以不等粒结构为主,其次为细粒结构,少量交代残余结构及边缘交代结构	
矿体结构	呈大脉状沿构造破碎带分布	
围岩	粗面安山岩、粗面岩、粗安质火山角砾岩、黝方石粗面质熔结凝灰岩等	
围岩蚀变	硅化、绢云母化、高岭土化、黄铁矿化、碳酸盐化等	
矿化分带	矿体内金品位上富下贫	
蚀变分带	自上而下分带依次为高岭土化、重晶石化、硅化-绢云母化、石英-菱铁矿化	
风化	因氧化作用矿石呈现土状、蜂窝状,以及由褐铁矿形成条带状、块状、稀疏浸染状等构造。—30m 以上具有次生富集	

表5-50 铜井铜金矿床成因模式

名称	铜井式陆相火山岩型金铜矿	
矿床成因类型	火山热液型铜金矿	
成矿期次	热液期—表生期	
同位素特征	氢氧同位素	$\delta^{18}O$ 石英、方解石+8.5‰~+11.71‰
成矿环境	区域成矿构造背景	下扬子陆块宁芜火山岩盆地,北北西向断裂破碎带和娘娘山古火山机构复合控制
	具体成矿环境	铜金矿脉受北北西向断裂破碎带和古火山机构复合控制,与早白垩世娘娘山组碱性火山喷发旋回关系密切
成矿物质来源	金属	来源深部岩浆
成矿流体	岩浆水为主	
成矿物理化学条件	成矿温度150~250℃,成矿阶段压力650~780Pa。中偏酸,弱氧化-弱还原环境	

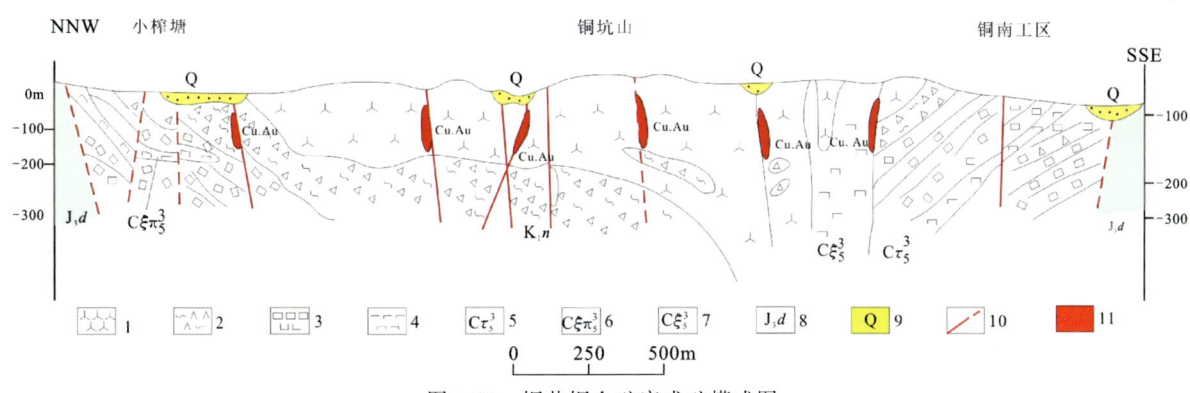

图 5-25 铜井铜金矿床成矿模式图

1.火山口-火山颈侵出熔岩相；2.火山口-火山颈火山灰流相；3.近火山口爆发碎屑相；4.次火山岩；5.次勘方霓辉粗面岩；
6.次假白榴石斑岩；7.含勘方霓辉正长岩；8.大王山旋回粗安岩、粗面岩；9.第四系；10.实测及推测断层；11.铜金矿体

(二)江苏省南京獾子洞铜(金)矿床

1. 矿床特征

大地构造位置属于下扬子陆块溧水火山断陷盆地西部边缘隆起区。矿区地层主要有下—中侏罗统象山群和上侏罗统西横山组，其中西横山组为矿区的赋矿层位。地层走向北东，倾向西，倾角 $10°\sim25°$（图 5-26）。区内褶皱构造不发育，总体为一个单斜构造。断裂构造较发育，但规模均不大，长一般数百米至千余米。可分为北西向、北东向、近东西向和近南北向 4 组。以北西向一组相对发育，其次为近东西向和近南北向。断层倾角一般较大，多为平移断层，水平断距数十米到 200 余米。近东西向和近南北向两组断裂交会处控制了岩体的产出。层间破碎(裂隙)带是重要的容矿构造。侵入岩主要为燕山期浅—超浅成次火山岩体(铜坑岩体)。岩性以闪长玢岩、石英闪长玢岩为主，其次为细晶闪长岩、角闪闪长玢岩、黑云母石英闪长玢岩及正长斑岩。主岩体呈岩株状产出，在岩体与地层接触处，岩体呈岩枝、岩床状顺层贯入西横山组钙质砂砾岩中。

已查明的矿体 20 余个，矿体断续分布，构成一个北北东向长 1400m、宽 $100\sim500m$ 的矿化带。所有矿体均为盲矿体，埋深于地表下 $10\sim390m$，标高约为 $-340\sim60m$。矿体呈似层状、透镜状产于紧邻岩体接触带的西横山组下段砂砾岩层中，砂砾岩层层间破碎带(或层间碎裂带)发育，是重要的容矿构造。矿体产状与地层产状基本一致，倾向 $315°\sim320°$，倾角 $10°\sim25°$。

矿石中铜矿物主要为黄铜矿，次为斑铜矿、辉铜矿、勘铜矿；其他金属矿物有黄铁矿、镜铁矿、赤铁矿、褐铁矿；金矿物主要为自然金。

脉石矿物有的以方解石、石英为主，有的以石榴石、透辉石为主，次为绿帘石、绿泥石、绢云母、高岭土、石膏等。

矿石结构主要为他形中—细粒结构。矿石构造主要为浸染状构造，其次为脉状构造、块状构造和角砾状构造。

矿石类型为含金银黄铁矿(镜铁矿)黄铜矿矿石。

矿石品位：Cu 单样最高达 8.28%，矿区平均 Cu 1.459%。普遍伴生金、银，矿区平均 Au 0.831×10^{-6}，Ag 10.625×10^{-6}。独立金矿体平均品位 Au 4.972×10^{-6}。

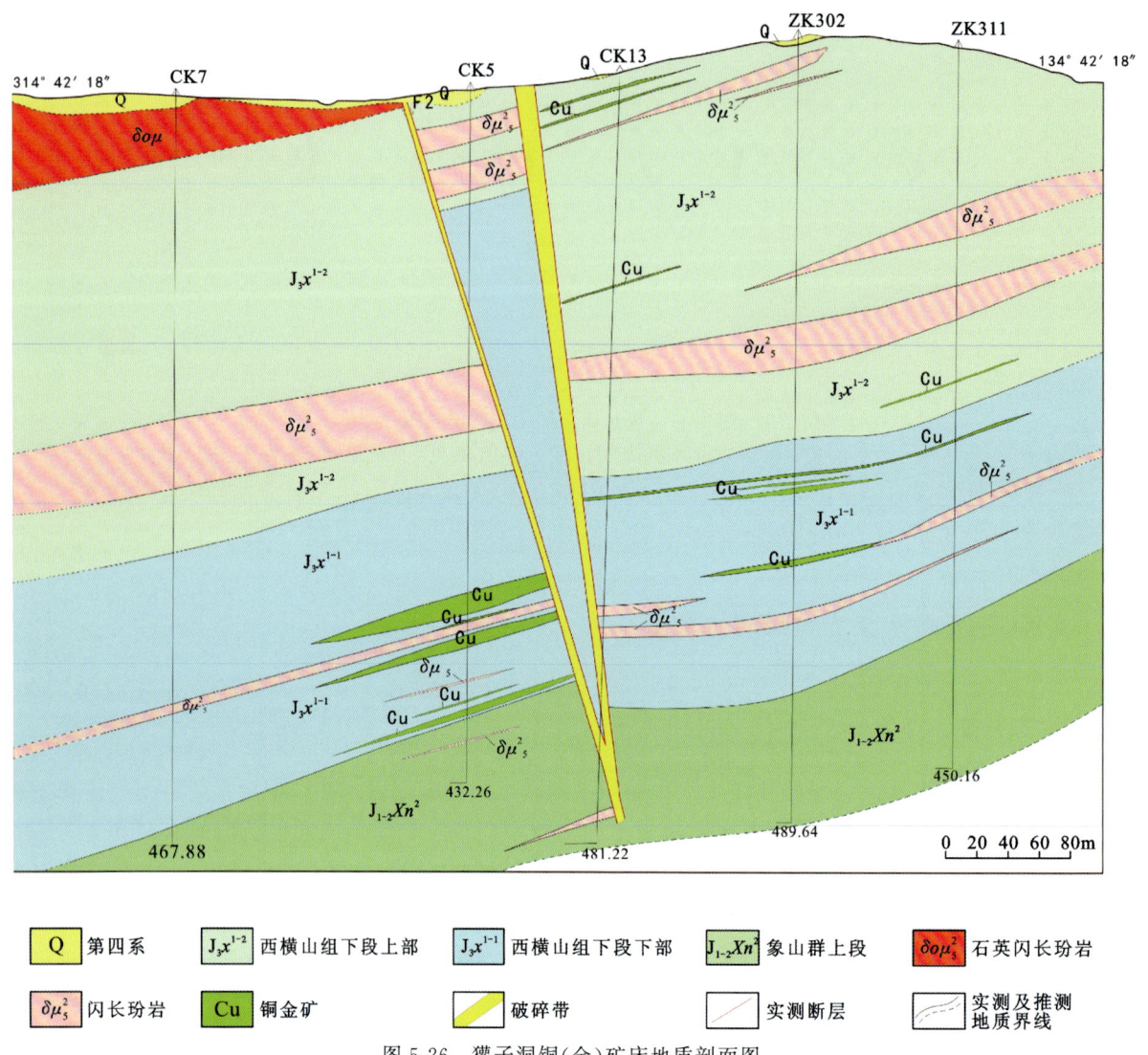

图 5-26 獾子洞铜(金)矿床地质剖面图

蚀变主要为钠长石化、钠黝帘石化、矽卡岩化、碳酸盐化、硅化、绿帘石化、绿泥石化、绢云母化、高岭土化,局部石膏化。铜矿化出现于矽卡岩矿物(石榴石)之后,与硅化、绿帘石化、绿泥石化有关。

根据硫同位素测定结果,$\delta^{34}S$ 变化范围 $-1‰\sim3.8‰$,其中黄铜矿样品中变化范围为 $0.5‰\sim1‰$。$^{32}S/^{34}S$ 比值变化范围 $22.15\sim22.24$,与我国岩浆热液型铜矿床硫同位素特征相似,说明成矿物质主要来源于深部岩浆,成矿主要与燕山期岩浆活动有关。

矿床成因为与燕山期火山-次火山作用有关的层控矽卡岩型铜(金)矿床。矿床规模为小型。

2. 成矿要素

江苏省獾子洞次火山热液-层控矽卡岩型铜(金)矿床成矿要素见表 5-51。

表 5-51　江苏省獾子洞次火山热液-层控矽卡岩型铜(金)矿床成矿要素表

成矿要素		描述内容	成矿要素分类
地质环境	地层	上侏罗统西横山组为矿区的赋矿层位	必要
	岩浆岩	燕山中晚期(龙王山期)次火山岩体——闪长玢岩、角闪闪长玢岩	必要
	岩石结构	斑状结构、似斑状结构,块状构造	次要
	成矿时代	燕山中晚期	重要
	成矿环境	矿体产于紧邻岩体外接触带的上侏罗统西横山组钙质砂砾岩层中,层间破碎带(或层间碎裂带)发育,是重要的容矿构造	必要
	构造背景	下扬子陆块溧水火山岩盆地西部边缘隆起。北东向构造带和东西向构造带的褶皱与断裂对本区矿产有一定控制作用	重要
矿床特征	矿物组合	矿石中铜矿物主要为黄铜矿,次为斑铜矿、辉铜矿、黝铜矿;金矿物主要为自然金。其他金属矿物有黄铁矿、镜铁矿、赤铁矿、褐铁矿。脉石矿物有的以方解石、石英为主,有的以石榴石、透辉石为主,次为绿帘石、绿泥石、绢云母、高岭土、石膏等	重要
	矿石结构	主要为他形中—细粒结构	次要
	矿石构造	主要为浸染状构造,其次为脉状构造、块状构造和角砾状构造	次要
	蚀变	主要为钠长石化、钠黝帘石化、矽卡岩化、碳酸盐化、硅化、绿帘石化、绿泥石化、绢云母化、高岭土化,局部石膏化。铜矿化出现于矽卡岩矿物(石榴石)之后,与硅化、绿帘石化、绿泥石化有关	重要
	控矿条件	①层位(岩性)控矿:矿(化)体多赋存在上侏罗统西横山组钙质砂砾岩、泥灰岩中;②侵入岩控矿:矿体多分布在燕山中晚期(龙王山期)中酸性次火山岩体——闪长玢岩、角闪闪长玢岩等(包括岩枝、岩脉)与地层接触带中或其附近;③层间(裂隙)破碎带控矿:层间破碎(裂隙)带是重要的容矿构造	必要

3. 成矿模式

獾子洞铜(金)矿床描述性模式见表 5-52,成因模式见表 5-53 和图 5-27。

表 5-52　獾子洞铜(金)矿床描述性模式

名称		江苏省獾子洞次火山热液-层控矽卡岩型铜(金)矿床
基本特征		与燕山中晚期火山-次火山作用有关、以交代作用为主的次火山热液-层控矽卡岩型铜(金)矿床
成矿时代		燕山中晚期
资料来源		《江苏省南京市江宁区獾子洞铜(金)矿床详查地质报告》(北京金有地质勘查有限公司,2004)
地质背景	赋矿构造单元	下扬子陆块溧水火山断陷盆地西部边缘
	含矿地层	上侏罗统西横山组为矿区的赋矿层位
	岩矿结构(矿化部位)	矿体产于紧邻岩体外接触带的钙质砂砾岩、泥灰岩层中,是岩浆期后热液充填交代破碎钙质砂砾岩、泥灰岩所形成
伴生矿床		金、银
矿床工业类型		铜(金)矿
矿体形态		似层状、透镜状产于西横山组下段钙质砂砾岩、砾岩层中,矿体产状与地层产状基本一致,倾向 315°~320°,倾角 10°~25°

续表 5-52

矿物组合	矿石中铜矿物主要为黄铜矿,次为斑铜矿、辉铜矿、黝铜矿;其他金属矿物有黄铁矿、镜铁矿、赤铁矿、褐铁矿;金矿物主要为自然金。脉石矿物有的以方解石、石英为主,有的以石榴石、透辉石为主,次为绿帘石、绿泥石、绢云母、高岭土、石膏等
矿石产状	主要为他形中—细粒结构
矿体结构	矿体呈似层状、透镜状产出,产状与地层产状基本一致
容矿围岩	多为中、粗粒砂岩或含砾砂岩,砂砾岩等
围岩蚀变	主要为钠长石化、钠(斜)黝帘石化、矽卡岩化、碳酸盐化、硅化、绿帘石化、绿泥石化、绢云母化、高岭土化,局部石膏化。矿化与晚期碳酸盐化、硅化、绿帘石化、绿泥石化有关
矿化分带	铜、金共、伴生,无明显分带
蚀变分带	平面上自岩体向外,可出现钠长石化、钠黝帘石化、绿帘石化带—矽卡岩化带—矿化带—碳酸盐化、绿泥石化、绿帘石化带
风化	地表有褐铁矿

表 5-53 獾子洞铜(金)矿床成因模式

名称		江苏省獾子洞次火山热液-层控矽卡岩型铜(金)矿床
矿石成因类型		热液交代
成矿期次		矽卡岩期—热液期
同位素特征	硫同位素	$\delta^{34}S$ 变化范围 $-1‰\sim 3.8‰$,其中黄铜矿样品中变化范围为 $0.5‰\sim 1‰$。$^{32}S/^{34}S$ 比值变化范围 $22.15\sim 22.24$,与我国岩浆热液型铜矿床硫同位素特征相似
	氧同位素	$\delta^{18}O$ 为 $+9.27‰\sim +12.68‰$,$\delta^{18}O\,H_2O$ 为 $+1.25‰\sim +4.06‰$
成矿环境	区域成矿构造背景	大地构造位置属于下扬子陆块溧水火山断陷盆地西部边缘隆起。北东向构造带和东西向构造带的褶皱与断裂对本区矿产有一定控制作用
	具体成矿环境	矿体产于紧邻岩体外接触带的钙质砂砾岩层中,砂砾岩层层间破碎带(或层间碎裂带)发育,是重要的容矿构造
成矿物质来源	金属	来源深部岩浆
成矿流体		岩浆水和大气降水组成的混合水
成矿物理化学条件		成矿温度 200℃ 左右,pH 值 $8.02\sim 8.64$,Eh 值 $-56.1\sim -19.5$,形成于中—中低温热液阶段,中偏酸—中偏碱,弱氧化—弱还原环境

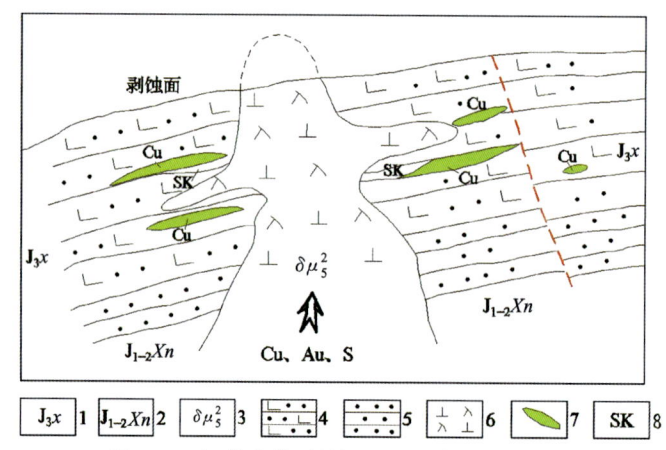

图 5-27 江苏省獾子洞铜(金)矿床成矿模式图

1.上侏罗统西横山组;2.中、下侏罗统象山群;3.燕山中晚期闪长玢岩;4.钙质砂砾岩;
5.长石石英砂岩;6.闪长玢岩;7.铜(金)矿体;8.矽卡岩

(三) 江苏省南京安基山铜矿床

1. 矿床特征

该矿床位于下扬子陆块东部,宁镇断隆中段,桦墅-亭子向斜南翼与汤山-仑山背斜北翼之间,近东西向断裂与北北西向断裂交会处。矿区主要位于黎家山次级背斜核部及近核两翼。

矿区出露地层有中—下三叠统青龙组、中三叠统黄马青组和侏罗系象山群,深部自泥盆系至侏罗系较为齐全。区内褶皱轴向为近东西向,断裂主要为北北西向、近东西向。北北西向构造岩浆带为矿区控岩、控矿构造。在黎家山背斜与北北西向断裂交会处,原地层被断裂及岩浆冲碎、吞蚀成多个岩片状捕虏体,形成了矿液活动的有利空间,从而控制了矿化带和矿体的展布。

侵入岩(安基山岩体)为燕山晚期浅—中浅成中酸性岩体,锆石 LA-ICP-MS U-Pb 测年为 108～107Ma(孙国曦等,2013)。呈岩株状产出,剥蚀较浅,平面上呈北北西向长椭圆形。岩性主要为花岗闪长斑岩、石英闪长玢岩。

安基山铜矿床按成矿作用和赋存部位可分为 2 类,即接触交代作用形成的矽卡岩型矿体和热液交代作用形成的斑岩型矿体。其中矽卡岩型矿体占绝对优势,占总储量的 90%。矿床成因类型归属接触交代矽卡岩型。

矽卡岩型矿带受一组北北西向张性断裂控制,长约 1800m,宽约 800m,矿带中断裂断续分布大小不等的捕虏体,矿体主要赋存于石炭系—二叠系、三叠系的碳酸盐岩层与岩体接触带部位(图 5-28)。矿体形态复杂,以陡倾斜透镜状为主。

尚见少量斑岩型铜矿体,大部分赋存于石英绢云母化花岗闪长斑岩中,少量赋存于砂岩捕虏体内,矿体受石英绢云母化带中北北西向裂隙控制,呈陡倾斜脉状产出,厚度几米至数十米不等,走向延长 200～400m 不等,延深 300m 左右,剖面上有明显的膨大、收缩、分叉现象。矿化自地表至深达-900m 尚未穿过铜钼矿化带,但品位均很低,与矽卡岩矿体邻近才富集成矿体,矿体平均品位 Cu 0.3%左右。

矿区内共查明大小矿体 100 余个,呈似层状、扁豆状、透镜状、脉状;主矿体呈不规则透镜状和脉状,长 560～600m,厚 14.23～45.35m,延深大于 300m。

矿石自然类型有块状黄铁矿、黄铜矿矿石,含铜磁铁矿矿石,黄铜矿硬石膏矿石,细脉浸染状黄铜矿、黄铁矿矿石及辉钼矿、黄铜矿矿石。矿石结构有乳滴状、自形—他形粒状、斑状结构等。矿石构造有细脉浸染状、块状、团块状、条带状等。矿石矿物以黄铜矿、黄铁矿为主,次有闪锌矿、辉钼矿、磁黄铁矿、斑铜矿、辉铜矿、铜蓝、孔雀石、自然铜、磁铁矿、赤铁矿、褐铁矿等。矽卡岩型矿石中元素一般含量:Cu 0.8%,Mo 0.0037%,Zn 0.63%。

矽卡岩矿成矿过程分为矽卡岩-气液期(包括早、晚两个阶段),热液期(包括钾质交代作用阶段,石英硫化物阶段和硫酸盐-碳酸盐阶段)以及表生期,其中热液期的石英硫化物阶段为主要成矿期。

同位素研究显示,安基山铜矿成矿作用是多阶段的,成矿作用是在中等氧化势条件下进行,硫的来源主要是地幔,有少量同生沉积硫混杂。铜有 91%来源于深部岩浆,9%来源与地层有关。成矿热液为岩浆水与热卤水混合组成。通过矿物中包裹体特征研究,成矿温度为 350～260℃,成矿压力为(387～775)×10^5Pa。

围岩蚀变较强烈,有钾长石化、黑云母化、矽卡岩化、黄铁矿化、硅化、绢云母化、绿泥石化、碳酸盐化等。矿床规模为中型。成矿时代为燕山晚期(108±2Ma,辉钼矿 Re-Os;王立本等,1997)。

2. 成矿要素

江苏省安基山矽卡岩斑岩型铜矿床成矿要素见表 5-54。

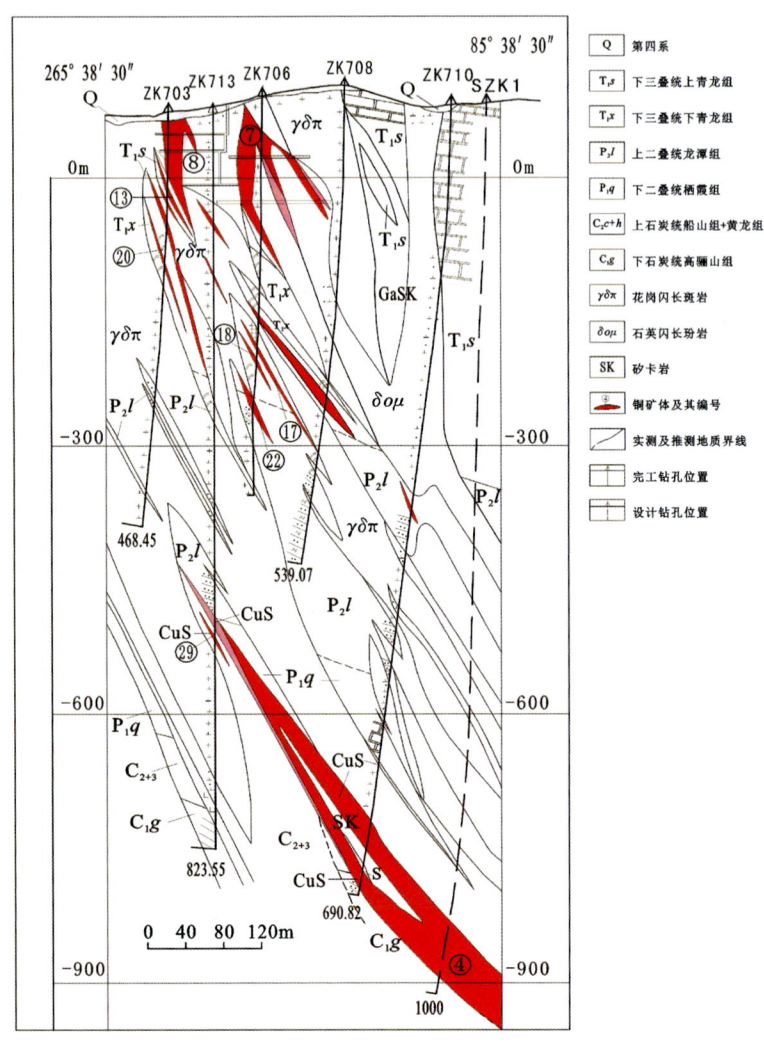

图 5-28 安基山铜矿区某线地质剖面图

表 5-54　江苏省安基山矽卡岩斑岩型铜矿床成矿要素表

成矿要素		描述内容	成矿要素分类
地质环境	地层	石炭系黄龙组、船山组,二叠系栖霞组及三叠系青龙组碳酸盐岩	必要
	侵入岩	燕山晚期(K_1)中酸性侵入岩体,岩性主要为花岗闪长斑岩、石英闪长玢岩	必要
	成矿时代	燕山晚期(辉钼矿 Re-Os 等时线年龄为 108±2Ma;王立本等,1997)	重要
	成矿作用	主要为花岗闪长斑岩和石英闪长玢岩与石炭系黄龙组、船山组,二叠系栖霞组及三叠系青龙组碳酸盐岩接触,产生不同程度的接触交代作用和热变质作用,在接触带或捕虏体形成矽卡岩型铜矿;在接触带内带花岗闪长斑岩和石英闪长玢岩中形成斑岩型铜钼矿	重要
	成矿环境	矿床受一组走向北北西,倾向南西西,倾角 75°～80°,张扭性断裂控制。该断裂带既是导岩、导矿构造,又是储岩、储矿构造	重要
	构造背景	下扬子陆块东部,宁镇断隆中段,桦墅-亭子向斜南翼与汤山-仑山背斜北翼之间,近东西向断裂与北北西向断裂交会处	重要

续表 5-54

成矿要素		描述内容	成矿要素分类
矿床特征	矿物组合	矽卡岩型：矿石矿物为黄铜矿、黄铁矿、磁铁矿、闪锌矿、方铅矿、磁黄铁矿；脉石矿物为石榴石、绿泥石、阳起石、透辉石、石膏、方解石、透闪石。斑岩型：矿石矿物为黄铁矿、黄铜矿、辉钼矿、赤铁矿、辉铜矿、磁黄铁矿、方铅矿、闪锌矿；脉石矿物为斜长石、钾长石、石英、绢云母、黑云母、高岭石、绿泥石、方解石、石膏、绿帘石	次要
	矿石结构构造	矽卡岩型：细粒结构为主，次为镶边结构、乳滴状结构；细脉状、团块状构造。斑岩型：斑状结构、聚斑状结构、残斑状结构。矿石构造：细脉状、浸染状、团块状构造	次要
	热液蚀变	早期：钾长石化、黑云母化；中期：硅化、绢云母化；晚期：泥化、青磐岩化、硫酸盐（石膏）化、碳酸盐化	重要
	控矿条件	燕山晚期（108～107Ma）中酸性杂岩体，主体为花岗闪长斑岩和石英闪长玢岩，通过北北西向张扭断裂，侵入到石炭纪、二叠纪、三叠纪碳酸盐岩中，发生接触交代作用和岩体热液蚀变作用，形成矽卡岩带和硅化、石英绢云母化带。矽卡岩型铜矿赋存于矽卡岩中，斑岩型铜钼矿赋存于蚀变斑岩体中	必要

3. 成矿模式

安基山铜矿床描述性模式见表 5-55，成因模式见表 5-56。

表 5-55　安基山铜矿床描述性模式

名称		江苏省安基山式矽卡岩型、斑岩型铜矿床
基本特征		矿床主要产于中酸性岩浆岩与碳酸盐地层接触带附近，少量产于破碎角砾岩带内。按成矿作用和赋存部位分为 3 种自然类型，即接触交代作用形成的矽卡岩型、热液成矿作用形成的斑岩型和充填作用形成的脉状或破碎角砾岩型。主要为矽卡岩型
成矿时代		燕山晚期（辉钼矿 Re-Os 等时线年龄为 108±2Ma；王立本等，1997）
资料来源		《江苏省江宁县安基山矿区深部及外围铜矿普查地质报告》（江苏省地质矿产局第三地质大队，1993）
地质背景	赋矿构造单元	下扬子陆块宁镇断隆
	含矿地层	石炭系黄龙组、船山组，二叠系栖霞组及三叠系青龙组碳酸盐岩地层
	岩矿结构（矿化部位）	矿体产于中酸性岩浆岩与碳酸盐岩地层接触带附近，特别是岩体内部捕虏体，少量产于破碎角砾岩带内
伴生矿床		伴生钼、铅、锌、硫
矿床工业类型		铜矿
矿体形态		不规则透镜状
矿物组合		矿石矿物主要为黄铜矿、辉钼矿、黄铁矿、磁铁矿、闪锌矿，其次为磁黄铁矿、方铅矿、斑铜矿、辉铜矿、黝铜矿、赤铁矿；脉石矿物主要为石榴石、阳起石、斜长石、钾长石、石英，其次为透辉石、绿帘石、绿泥石、绢云母、石膏、黑云母、方解石
矿石结构构造		主要为浸染状、细脉状、团块状构造；结构以不规则他形粒状结构为主，次为乳滴状结构、镶边结构
矿体结构		单矿体平面上、剖面上均呈不规则透镜状，倾角较陡，厚度变化大，矿化不均匀。工业矿体不连续。部分较大矿体有膨大收缩、尖灭再现、分支复合等现象
容矿围岩		底板为花岗闪长斑岩、石英闪长玢岩，顶板为碳酸盐岩、泥质砂岩
围岩蚀变		早期蚀变有钾长石化、黑云母化的钾质交代；中期蚀变为硅化、绢云化，形成石英绢云母化带；晚期蚀变为泥化、青磐岩化、硫酸盐化、碳酸盐化

续表 5-55

矿化分带	中部为铜矿带,向南为铜铅锌矿带,向北为铜钼矿带
蚀变分带	呈对称的带状,由岩体中心向两侧依次为钾长石化、黑云母化带、石英绢云母化带、泥化、青磐岩化、硫酸盐化、碳酸盐化
风化	矿体在地表为褐铁矿铁帽。氧化矿基本分布在海拔标高 60m 以上

表 5-56 安基山铜矿床成因模式

名称	安基山式矽卡岩斑岩型铜矿床	
矿石成因类型	热液交代为主,少量为热液充填	
成矿期次	矽卡岩期—热液期	
同位素特征	硫同位素	$\delta^{34}S$ 为 $-2.6‰\sim +3‰$
	氢氧同位素	磁铁矿、石英 $\delta^{18}O$ 为 $-5.16‰\sim +9.05‰$,$H_2O\ \delta^{18}O$ 为 $+1.60‰\sim +2.16‰$
成矿环境	区域成矿构造背景	位于下扬子陆块东段宁镇断隆。北北西向断裂为矿区控岩、控矿构造
	具体成矿环境	燕山晚期中酸性岩浆岩沿北北西向断裂侵入至碳酸盐岩地层,接触带(包括捕虏体)及破碎角砾岩带为主要赋矿位置
成矿物质来源	金属	深源岩浆,混入部分壳源物质
成矿流体	岩浆水和大气降水混合体,中偏高盐度	
成矿物理化学条件	形成于高中温热液阶段,成矿温度 260~350℃,pH 值 5.82~7.43,Eh 值 -8.8~110.7,属弱酸—弱碱性,弱氧化环境	

安基山铜矿床成矿模式图
1.中下侏罗统;2.下三叠统;3.上二叠统;4.下二叠统;5.中、上石炭统;6.下石炭统;7.前震旦系;8.脉型矿体;9.细脉浸染型矿体;10.爆破角砾岩型矿化;11.矽卡岩型矿体;12.预测矿体;13.成矿母岩($\gamma\delta\pi$);14.含矿热液运移路线。Ⅰ.钾化带;Ⅱ.石英绢云母化带、内矽卡岩化带;Ⅲ.泥化带、矽卡岩化带;Ⅳ青磐岩化带、大理岩化带

(四)江苏省句容盘龙岗铜矿床

1. 矿床特征

该矿床位于下扬子陆块宁镇断隆中段。宝巢复背斜中段轴部偏南部位,近东西向纵断裂是主要的控矿构造,其次是北西向断裂,岩体中部分节理也是容矿裂隙。

矿区零星出露地层为志留系高家边组、坟头组,泥盆系五通组,二叠系栖霞、孤峰组、龙潭组,三叠系青龙组、周冲村组。

区内岩浆岩分布广泛,为下蜀-高资岩体南部边缘部分,中酸性—酸性,属中深—浅成相,呈岩株状、岩枝状及脉状产出。岩石测年为 117~112Ma,属燕山晚期的产物。岩性主要为花岗闪长斑岩,其次为石英闪长玢岩、石英二长斑岩、二长斑岩。

矿体主要赋存于岩体接触带内侧花岗闪长斑岩中,呈透镜状、似层状、脉状产出。个别小矿体赋存于接触带外侧裂隙中(图 5-29)。

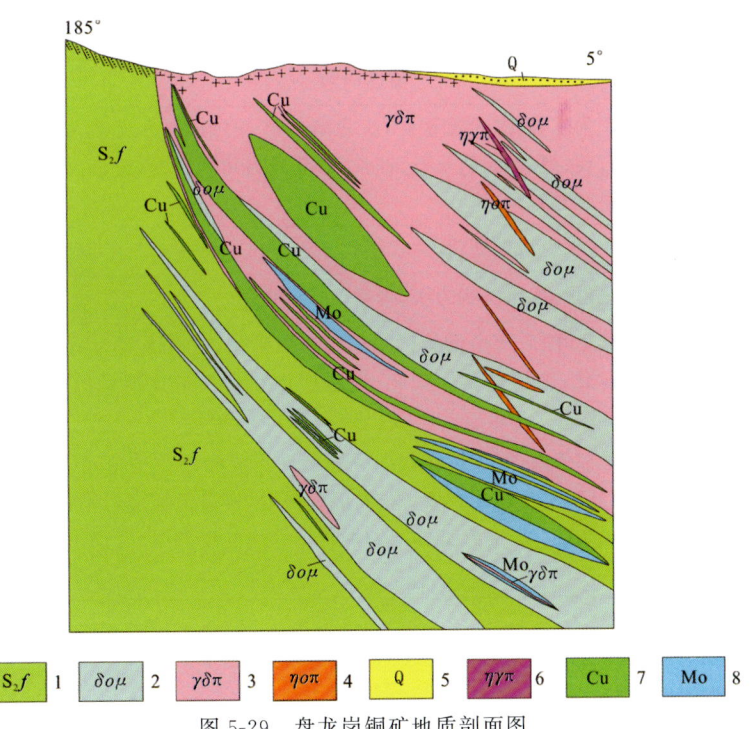

图 5-29 盘龙岗铜矿地质剖面图

1. 下志留统坟头组泥岩-粉砂岩建造；2. 石英闪长玢岩；3. 花岗闪长斑岩；4. 石英二长斑岩；
5. 辉长闪长玢岩；6. 二长花岗斑岩；7. 铜矿体；8. 钼矿体

矿石矿物以黄铜矿为主，其次为黄铁矿，少量辉钼矿、闪锌矿、方铅矿，微量磁铁矿。脉石矿物主要为石英、绢云母、斜长石、钾长石，其次为角闪石、黑云母，少量绿泥石、绿帘石、磷灰石、锆石、榍石。

矿石结构：他形粒状结构为主，次为不规则状、片状结构。矿石构造：浸染状、细脉状构造为主，团块状为次，少量串珠状构造。

矿石类型以斑岩型铜矿石、斑岩型钼矿石、角岩型钼矿石为主，斑岩型铜钼矿石少量。矿区平均品位 Cu 0.35%、Mo 0.042%。

围岩蚀变：早期蚀变为黑云母化，随后产生低品位铜矿化和钼矿化；中期蚀变为绢云母化和伴随产生的主要铜矿化；晚期蚀变为泥化、碳酸盐化。

成因类型为气成-高中温热液交代为主斑岩型铜矿床。矿床规模为小型。

2. 成矿要素

江苏省盘龙岗斑岩型铜矿床成矿要素见表 5-57。

表 5-57　江苏省盘龙岗斑岩型铜矿床成矿要素表

成矿要素		描述内容	成矿要素分类
地质环境	地层	志留系坟头组，泥盆系五通组，二叠系栖霞组、孤峰组、龙潭组，三叠系青龙组、周冲村组	重要
	岩浆岩	与成矿有关的侵入岩以花岗闪长斑岩为主，次为石英闪长玢岩	必要
	岩石结构	侵入岩为斑状结构，块状构造	次要
	成矿时代	燕山晚期	重要
	成矿环境	矿体主要赋存在岩体接触带内侧花岗闪长斑岩中	必要
	构造背景	宁镇断隆，宝巢复背斜中段轴部偏南部位，近东西向纵断裂是主要的控矿构造	重要

续表 5-57

成矿要素		描述内容	成矿要素分类
矿床特征	矿物组合	矿石矿物以黄铜矿为主，其次为黄铁矿，少量辉钼矿、闪锌矿、方铅矿，微量磁铁矿。脉石矿物主要为石英、绢云母、斜长石、钾长石，其次为角闪石、黑云母，少量绿泥石、绿帘石、磷灰石、锆石、榍石	重要
	矿石结构	他形粒状结构为主，次为不规则状、片状结构	次要
	矿石构造	浸染状、细脉状构造为主，团块状为次，少量串珠状构造	次要
	蚀变	早期蚀变为黑云母化，随后产生低品位铜矿化和钼矿化；中期蚀变为绢云母化和伴随产生的主要铜矿化；晚期蚀变为泥化、碳酸盐化和含少量黄铜矿的黄铁矿细脉矿化	重要
	控矿条件	宝巢复背斜中段轴部偏南部位，近东西向纵断裂是主要的控矿构造，其次是北西向断裂，岩体中部分节理也是容矿裂隙。花岗闪长斑岩、石英闪长玢岩是铜、钼等矿质的主要来源。主矿体赋存于靠近岩体接触带岩体内侧的裂隙中，个别小矿体赋存于接触带外侧裂隙中	必要

3. 成矿模式

盘龙岗铜矿床描述性模式见表 5-58，成因模式见表 5-59。

表 5-58　江苏省盘龙岗铜矿床描述性模式

名称		江苏省盘龙岗斑岩型铜矿床
基本特征		矿体产于花岗闪长斑岩、石英闪长玢岩内接触带，呈透镜状及似层状
成矿时代		燕山晚期
资料来源		《江苏省句容县盘龙岗铜矿区普查地质报告》(江苏省地质矿产局第三地质队，1986)
地质背景	赋矿构造单元	下扬子陆块宁镇断隆
	含矿地层	上奥陶统—下志留统系高家边组，下志留统坟头组泥岩、砂质泥岩及细砂岩
	岩矿结构（矿化部位）	以花岗闪长斑岩、石英闪长斑岩内接触带为主，个别小矿体赋存于接触带外侧裂隙中。矿体倾角较陡，一般 45°～65°
伴生矿床		钼、硫铁矿
矿床工业类型		铜矿
矿体形态		透镜状、似层状、小脉状
矿物组合		矿石矿物以黄铜矿为主，其次为黄铁矿，少量辉钼矿、闪锌矿、方铅矿，微量磁铁矿。脉石矿物主要为石英、绢云母、斜长石、钾长石，其次为角闪石、黑云母，少量绿泥石、绿帘石、磷灰石、锆石、榍石
矿石结构		他形粒状结构为主，次为不规则状、片状结构
矿体产状		透镜状及似层状产于岩体内接触带
容矿围岩		以花岗闪长斑岩、石英闪长玢岩为主，次为上奥陶统—下志留统高家边组，下志留统坟头组泥岩、砂质泥岩及细砂岩
围岩蚀变		碎屑岩角岩化，岩浆岩绢英岩化
矿化分带		低品位铜矿化和钼矿化—铜矿—含少量黄铜矿的黄铁矿
蚀变分带		由内至外：黑云母化蚀变带（Ⅰ）；绢英岩带（Ⅱ）；泥化、碳酸盐化带（Ⅲ）

表 5-59　江苏省盘龙岗铜矿床成因模式

名称		江苏省盘龙岗斑岩型铜矿
矿石成因类型		热液交代
成矿期次		热液期
同位素特征	硫同位素	$\delta^{34}S$ 为 $-2.6‰ \sim +4.3‰$
成矿环境	区域成矿构造背景	宁镇断隆，宝巢复背斜中段轴部偏南部位，近东西向正断层、北西向断裂发育
	具体成矿环境	矿体主要产于志留系坟头组细砂岩、泥质粉砂岩、粉砂质泥岩与花岗闪长斑岩、石英闪长斑岩接触带的岩体内侧，岩体中裂隙发育
成矿物质来源	金属	来源于深部岩浆
成矿流体		岩浆水为主的岩浆水和大气降水的混合水
成矿物理化学条件		成矿温度 300℃ 左右，pH 6.28～7.43，Eh 15.4～84.4，弱酸—弱碱性，弱氧化环境

成矿模式图
1. 二叠系栖霞组—三叠系上青龙组；2. 上奥陶统—下志留统高家边组，下志留统坟头组；3. 燕山晚期花岗闪长斑岩；4. 燕山晚期石英闪长玢岩；5. 铜矿体；6. 钼矿体；7. 黄铁矿体；8. 纵断裂；9. 含矿热液运移方向

(五) 上海市金山张堰铜矿床

1. 矿床特征

该矿床的大地构造位置属下扬子陆块下扬子被动陆缘吴江断块，金山-南汇断隆南缘。矿区内未见基岩出露，钻孔揭露的深部地层主要为中元古界金山岩群、上侏罗统劳村组和黄尖组。岩浆岩为张堰花岗闪长岩体，沿张堰-南汇断裂带侵入，呈岩株状产出。同位素测年结果为 119Ma，属燕山晚期的产物。断裂构造以近东西向展布的纵向逆断层为主，断面南倾，倾角为 50°～70°，与金山岩群走向大致相同。矿体赋存于花岗闪长岩体与金山岩群碳酸盐岩接触带矽卡岩或接触带附近岩体中（图 5-30）。

矿区内已发现大小铜矿体数十个，呈似层状、透镜状、鞍状体产出。主矿体均为近东西走向，向北陡倾，倾角为 60°～80°。矿体长 80～350m，延深 100～340m，控制最大厚度 41m。

矿石矿物为黄铜矿、蓝辉铜矿、辉铜矿、斑铜矿、自然银、辉银矿、银金矿、闪锌矿、黄铁矿、磁铁矿、镜铁矿、辉钼矿；脉石矿物为钙铁榴石、透辉石、透闪石及方解石、绿泥石、蛇纹石、滑石、硅镁石。

矿石结构：自形—半自形晶粒结构、填隙结构、交代残骸结构、固溶体分离乳滴结构、包含花瓣状雏晶结构、环边结构。矿石构造：块状构造、浸染状构造、脉状构造、稠密浸染状构造。

矿石自然类型主要有含铜（银、锌）矽卡岩、含铜磁铁矿和含铜闪长岩 3 种。矿床平均品位：Cu 1.3%、Ag 25.99×10^{-6}、Zn 0.51%。

围岩蚀变：角岩化、大理岩化、矽卡岩化、钾长石化、碳酸盐化、蛇纹石化、硅化。

矿床成因类型属与中酸性侵入活动有关的接触交代矽卡岩型铜矿床。矿床规模为中型。

2. 成矿要素

上海市金山张堰矽卡岩型铜矿成矿要素见表 5-60。

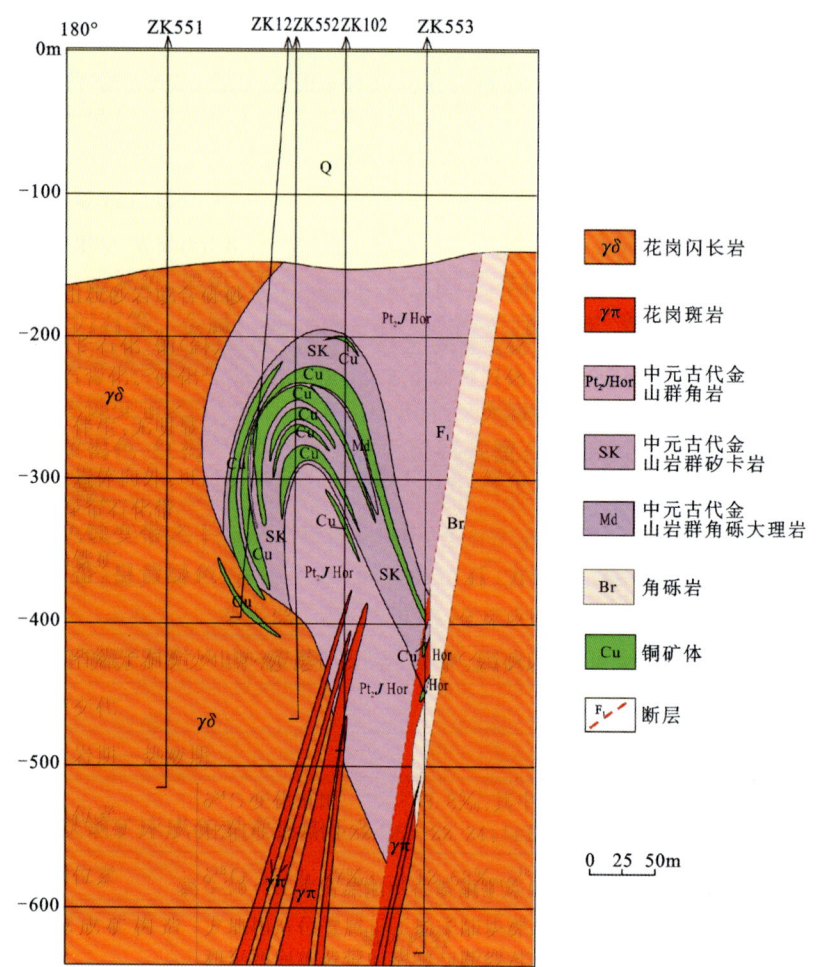

图 5-30 上海市金山张堰铜矿床地质剖面图

表 5-60 上海市金山张堰矽卡岩型铜矿成矿要素表

成矿要素		描述内容	成矿要素分类
地质环境	地层	中元古界金山岩群	必要
	岩浆岩	燕山晚期花岗闪长岩	必要
	岩石结构	花岗结构、似斑状结构；块状构造	次要
	成矿时代	燕山晚期（119Ma）	必要
	成矿环境	矿体赋存于花岗闪长岩体与金山岩群碳酸盐岩地层接触带矽卡岩中及接触带附近岩体中	必要
	构造背景	下扬子被动陆缘吴江断块，金山-南汇断隆南缘，张堰-南汇断裂带	重要
矿床特征	矿物组合	矿石矿物为黄铜矿、蓝辉铜矿、辉铜矿、斑铜矿、自然银、辉银矿、银金矿、闪锌矿、黄铁矿、磁铁矿、镜铁矿、辉钼矿；脉石矿物为钙铁榴石、透辉石、透闪石及方解石、绿泥石、蛇纹石、滑石、硅镁石	重要
	结构	自形—半自形晶粒结构、填隙结构、交代残骸结构、固溶体分离乳滴状结构、包含花瓣状雏晶结构、环边结构	次要
	构造	块状构造、浸染状构造、脉状构造、稠密浸染状构造	次要
	蚀变	角岩化、大理岩化、矽卡岩化、钾长石化、碳酸盐化、蛇纹石化、硅化	重要
	控矿条件	张堰-南汇断裂具明显的控岩、控矿作用；张堰花岗闪长岩与矿床的空间及成因关系密切，矿床产于花岗闪长岩体与金山岩群接触带矽卡岩及接触带附近岩体中；金山岩群上下角岩对矿液起着良好的屏蔽作用，从而使其上下的矽卡岩层成为矿液停储场所	必要

3. 成矿模式

张堰铜矿床描述性模式见表 5-61,成因模式见表 5-62。

表 5-61 上海市金山张堰铜矿床描述性模式

名称	上海市金山张堰式矽卡岩型铜矿床	
基本特征	与中酸性岩浆侵入活动有关的矽卡岩型铜矿床,矿体赋存花岗闪长岩体与金山岩群碳酸盐岩地层接触带矽卡岩中及接触带附近岩体中	
成矿时代	燕山晚期(119Ma)	
资料来源	《上海市金山县张堰铜矿床百家村矿段地质详查报告》(上海市地质技术开发总公司,1995)	
地质背景	赋矿构造单元	下扬子被动陆缘吴江断块
	含矿地层	中元古界金山岩群
	岩矿结构(矿化部位)	矿体赋存于花岗闪长岩体与金山岩群接触带矽卡岩中及接触带附近岩体内
伴生矿床	铁、银、锌	
矿床工业类型	铜矿石	
矿体形态	层状、似层状、透镜状、马鞍状	
矿物组合	金属矿物为黄铜矿、蓝辉铜矿、辉铜矿、斑铜矿、自然银、辉银矿、银金矿、闪锌矿、黄铁矿、磁铁矿、镜铁矿、辉钼矿;非金属矿物为钙铁榴石、透辉石、透闪石及方解石、绿泥石、蛇纹石、滑石、硅镁石	
矿石结构	自形—半自形晶粒结构、填隙结构、交代残骸结构、固溶体分离乳滴状结构、包含花瓣状雏晶结构、环边结构;块状构造、浸染状构造、脉状构造、稠密浸染状构造	
矿体产状	绝大多数产于接触带矽卡岩中,个别产于接触带附近岩体中	
围岩	中元古界金山岩群角岩、矽卡岩;花岗闪长斑岩	
围岩蚀变	角岩化、大理岩化、矽卡岩化、钾长石化、碳酸盐化、蛇纹石化、硅化、滑石化、绿泥石化	
矿化分带	自西向东形成 3 个矿段,时家矿段(Cu、Zn)、百家村矿段(Cu)、东城隍庙矿段(Fe)	
蚀变分带	钾化带、蛇纹石化带、绿泥石化带	
风化	氧化作用不甚强烈	

表 5-62 上海市金山张堰铜矿床成因模式

名称	上海市张堰金山式矽卡岩型铜矿床	
矿石成因类型	热液交代型	
成矿期次	矽卡岩期—热液期	
成矿环境	区域成矿构造背景	下扬子被动陆缘吴江断块,金山-南汇断隆南缘,张堰-南汇断裂带
	具体成矿环境	花岗闪长岩体与金山岩群北接触带矽卡岩中及接触带附近岩体中
成矿物质来源	金属	来源于深部岩浆
成矿流体	岩浆水为主的岩浆水和大气降水的混合水	
成矿物理化学条件	形成于高中温阶段,弱酸—弱碱性,弱氧化环境	

成矿模式图

三、铅锌(银)矿典型矿床及成矿规律

江苏省开展矿产预测的主要铅锌矿预测类型为栖霞山式碳酸盐岩(层控热液)型铅锌银矿、五部式陆相火山岩型铅锌矿、吴宅式层控矽卡岩型铅锌银矿,省内无独立银矿床,银矿主要与铅锌矿共伴生。选取南京栖霞山铅锌银矿、溧水观山铜铅矿和苏州吴宅铅锌银矿为省内铅锌银矿典型矿床。

(一)江苏省南京栖霞山铅锌银矿床

1. 矿床特征

该矿床位于宁镇构造隆起带北侧龙仓复背斜西段南翼。区内象山群不整合于泥盆系—石炭系、二叠系之上,主矿体赋存于高骊山组与黄龙组之间的纵向断裂带(F_2)中(图5-31、图5-32),矿体上部延伸至纵向断裂旁侧断裂中,旁侧断裂大致沿象山群与下构造层之间的不整合面发育。主矿体呈大透镜体产出,走向北东,倾向北西,长约1400m,厚30~50m,延深250~400m。主矿体两侧围岩中也赋存有矿体,如产于象山群碎屑岩中的矿体以裂隙充填型为主,但矿体规模小,多为贫矿;产于石灰岩裂隙和古岩溶构造中的矿体,多呈不规则团块状、束状,规模不大,矿石品位较富。

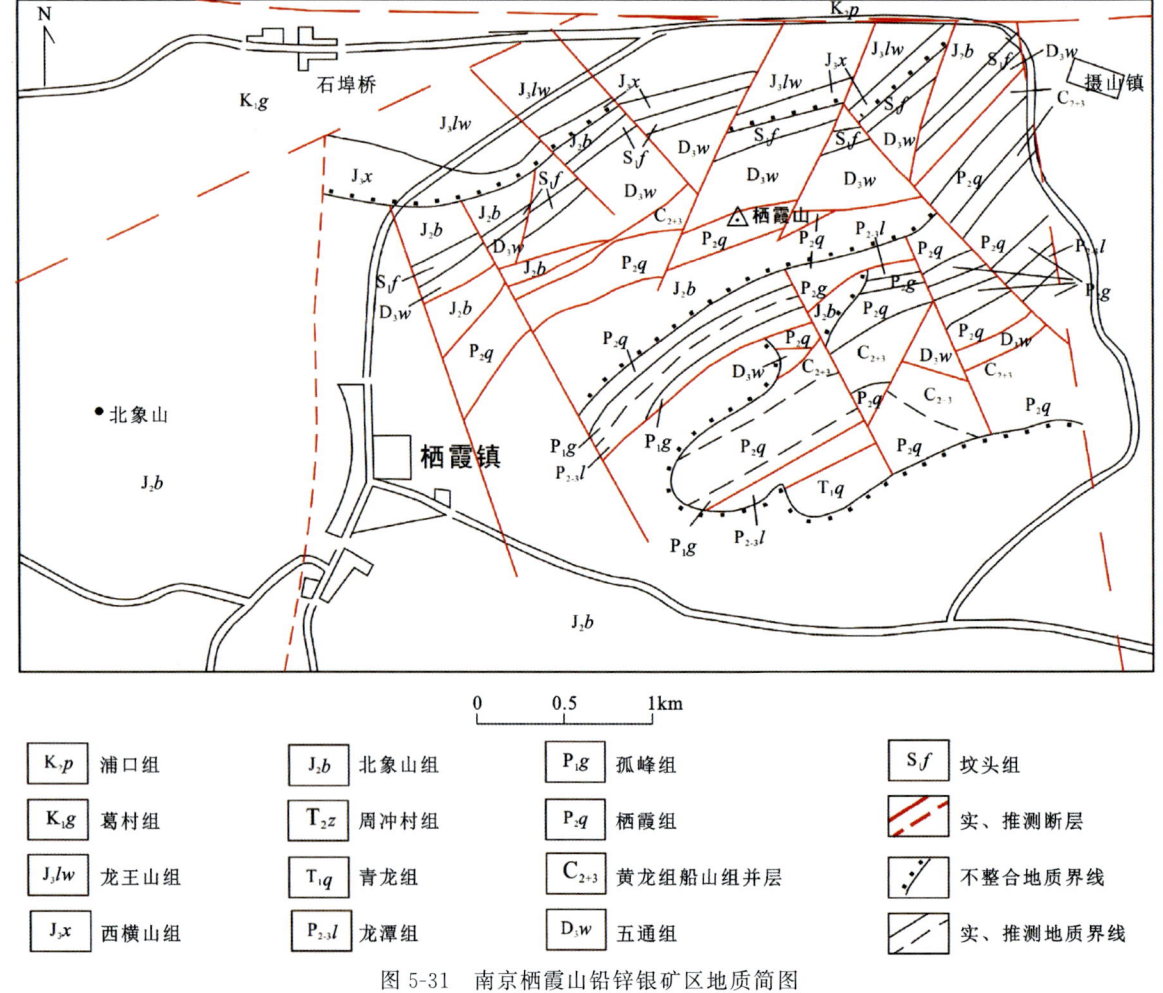

图5-31 南京栖霞山铅锌银矿区地质简图

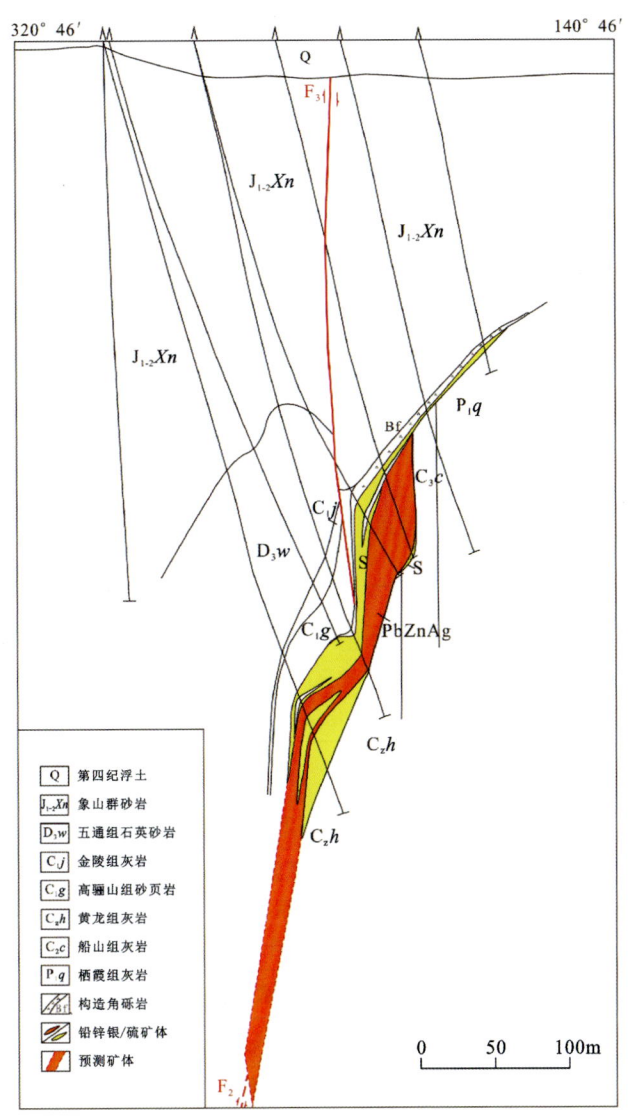

图 5-32 南京栖霞山铅锌银矿地质剖面图

矿石矿物以闪锌矿、方铅矿、黄铁矿、钙菱锰矿为主,次有白铁矿、黝铜矿、黄铜矿、磁铁矿、自然金、赤铁矿、褐铁矿,及少量软锰矿、硬锰矿、辉铜矿、斑铜矿、白铅矿、菱铁矿,氧化带形成铁帽。矿石中不仅含金,还富含银,含银矿物有螺状硫银矿、辉银矿、深红银矿和锑铋铅银矿等。矿石品位:Pb 2.37%,Zn 4.22%,Mn 26.49%,S 18.92%,Ag 104.23×10^{-6},部分矿体含 Cu 1.82%,伴生有益组分平均含量:Au 0.55×10^{-6},Cd 0.039%。矿石呈稠密块状、稀疏—稠密浸染状、角砾状、条带状、交错网脉状等构造。

近矿围岩蚀变微弱,主要有硅化、黄铁矿化、碳酸盐化、高岭土化、白云石化等。矿床达大型规模。

由于矿区内未见岩浆岩,根据物探资料推测矿区深部 2000m 以下可能有中酸性侵入体存在,为成矿提供了主要矿质及热流体。由于矿体主要受石炭纪、二叠纪赋矿地层(碳酸盐岩)和纵向断裂控制,热液充填成矿特征明显,故称为"层断热液型"。也有人认为:矿床是由石炭纪—二叠纪沉积岩层作为矿源层,并有岩浆岩热液和地下热卤水液叠加成矿作用形成,成因类型属沉积-热液叠加改造型矿床。本次矿产资源潜力评价采用全国项目办成矿规律研究专题组给出的矿产预测类型为栖霞山式碳酸盐岩(层控热液)型铅锌银矿床。

2. 成矿要素

江苏省栖霞山碳酸盐岩(层控热液)型铅锌银矿成矿要素见表 5-63。

表 5-63　江苏省栖霞山碳酸盐岩（层控热液）型铅锌银矿成矿要素表

成矿要素		描述内容	成矿要素分类
地质环境	地层	石炭系黄龙组、二叠系栖霞组碳酸盐岩地层为有利成矿层位	必要
	断裂构造	发育于泥盆系五通组或石炭系高骊山组砂页岩与石炭纪—二叠纪碳酸盐岩地层之间的压性或压扭性断裂是矿区主要容矿构造，象山群砂岩与下构造层之间不整合所发生的断裂破碎带，也是矿区重要的容矿构造之一	必要
	构造背景	下扬子陆块宁镇断隆西部，栖霞山复背斜南翼的倒转部位	重要
	成矿时代	燕山晚期	重要
矿床特征	矿物组合	矿石矿物主要为闪锌矿、方铅矿、黄铁矿、菱锰矿，次为黝铜矿、黄铜矿、白铁矿和少量磁铁矿、菱铁矿、铁菱锰矿、毒砂、磁黄铁矿，微量螺状硫银矿、辉银矿、深红银矿、自然金。脉石矿物主要为石英、方解石，次为白云石、铁白云石、玉髓、重晶石，少量石膏、萤石、滑石，偶见绢云母、磷灰石、绿泥石、绿帘石、石榴石。矿物共生组合主要有：闪锌矿-方铅矿-黄铁矿-黝铜矿-磁铁矿、闪锌矿-方铅矿-菱锰矿-黄铁矿、黄铁矿-菱锰矿-钙菱锰矿	重要
	结构构造	以细粒结构为主，次为镶边结构、乳滴状结构；以角砾状构造、土状构造、蜂窝状构造为主，其次为块状构造、浸染状构造、细脉浸染状构造	次要
	热液蚀变	总体热液蚀变较弱，局部有碳酸盐化、硅化、重晶石化等	次要
	控矿条件	成矿明显受构造和岩性控制。北东—北东东向压性或压扭性纵向断裂、破碎不整合面及北西向张性或张扭性断裂是主要控矿构造，次为层间错动和层间裂隙及古岩溶构造；石炭系黄龙组、二叠系栖霞组碳酸盐岩地层为成矿有利层位和主要赋矿地层	必要

3. 成矿模式

栖霞山铅锌银矿床描述性模式见表 5-64，成因模式见表 5-65 和图 5-33。

表 5-64　栖霞山铅锌银矿床描述性模式

名称		江苏省栖霞山式碳酸盐岩型铅锌银矿床
基本特征		矿体主要受纵向逆断层、破碎不整合面控制，次为层间裂隙及古岩溶构造，矿体围岩主要为石炭系黄龙组、二叠系栖霞组碳酸盐岩，成因类型为以热液充填为主的层控热液型铅锌银矿床
成矿时代		燕山晚期
资料来源		《江苏省南京市栖霞山铅锌银矿区虎爪山矿段详细勘探地质报告》（江苏省冶金地质勘探公司 810 队，1980）；《江苏省南京市栖霞山铅锌矿区虎爪山矿段资源储量核查报告》（江苏省地质调查研究院，2008）；《江苏省南京市栖霞山铅锌矿区甘家巷-大凹山矿段核查区资源储量核查报告》（华东有色地质矿产勘查开发院，2010）
地质背景	赋矿构造单元	下扬子陆块宁镇断隆
	含矿地层	石炭系黄龙组、二叠系栖霞组碳酸盐岩地层为成矿有利层位和主要赋矿地层
	岩矿结构（矿化部位）	北东—北东东向压性或压扭性纵向断裂、破碎不整合面及北西向张性或张扭性断裂是主要控矿、容矿构造，次为层间错动和层间裂隙及古岩溶构造
伴生矿床		主要为银、金
矿床工业类型		铅锌硫型、铅锌硫锰型、铅锌银硫型
矿体形态		似层状、不规则透镜体状、不规则复脉状

续表 5-64

矿物组合	矿石矿物主要为闪锌矿、方铅矿、黄铁矿、菱锰矿和钙菱锰矿,其次为黝铜矿、黄铜矿、白铁矿,少量磁铁矿、菱铁矿、铁菱锰矿、毒砂、磁黄铁矿,微量的螺状硫银矿、辉银矿、深红银矿、自然金等。脉石矿物主要为石英、方解石,次为白云石、锰白云石、铁白云石、玉髓、重晶石,少量石膏、萤石、滑石,偶见绢云母、磷灰石、绿泥石、锆石、绿帘石、石榴石
矿石结构构造	以细粒结构为主,次为镶边结构、乳滴状结构;块状构造、浸染状构造、角砾状构造、条带状、交错网脉状构造
矿体结构	单矿体平面上呈不规则脉状、透镜状;剖面上呈不规则透镜状、复脉状,倾角较陡,厚度变化大,矿化不均匀
容矿围岩	主矿体围岩上盘为泥盆系五通组,石炭系高骊山组砂页岩;下盘为石炭系黄龙组、船山组,二叠系栖霞组碳酸盐岩
围岩蚀变	近矿围岩蚀变较弱,范围不大,仅见局部硅化、黄铁矿化、碳酸盐化、重晶石化、高岭土化、白云石化等
矿化分带	不明显
蚀变分带	不明显
风化	矿区氧化带分布在 0m 水平以上,矿体经风化淋滤呈锰(铁)帽,局部可形成较富的银金矿

表 5-65 栖霞山铅锌银矿床成因模式

名称	栖霞山式碳酸盐岩(层控热液)型铅锌银矿床	
矿石成因类型	中低温热液充填为主	
成矿期次	热液期—表生期	
同位素特征	硫同位素(‰)	$\delta^{34}S$ 为 $-27.4\sim+14.1$
	氢氧同位素(‰)	方解石、石英 $\delta^{18}O$ 为 $+7.65\sim+15.07$
成矿环境	区域成矿构造背景	下扬子陆块宁镇断隆西部,栖霞山复背斜南翼的倒转部位
	具体成矿环境	北东向的压扭性纵断裂,北西向的张扭性横断裂,破碎不整合面,古岩溶及部分层间裂隙是矿床的控矿构造,石炭纪—二叠纪碳酸盐岩地层有利于成矿
成矿物质来源	金属	主要来自岩浆活动期后成矿热液,部分来源于围岩地层中
	络合物等	
成矿流体	岩浆水、大气降水和地层水的混合水	
成矿物理化学条件	成矿温度 200~300℃,中偏碱性,弱氧化环境	

(二)江苏省溧水观山铜铅矿床

1. 矿床特征

该矿床位于溧水中生代火山岩盆地中部。矿区出露侏罗系大王山组,白垩系姚家边组粗安质熔结凝灰岩、粗安岩、粗安质沉角砾凝灰岩等。构造较简单,以断裂为主。次火山岩体为粗安斑岩,侵入火山岩系地层。矿化带、矿体均受观山次火山岩体(粗安斑岩)中断裂所控制,近东西向、北西向和北东向 3 组断裂形成近似环状分布的断裂构造破碎带,矿体产于该断裂构造破碎带中(图 5-34),倾角陡(70°~80°)。矿体长数十米到数百米不等,最大达 850m,厚度一般在 1~5m,局部达 10m 左右。

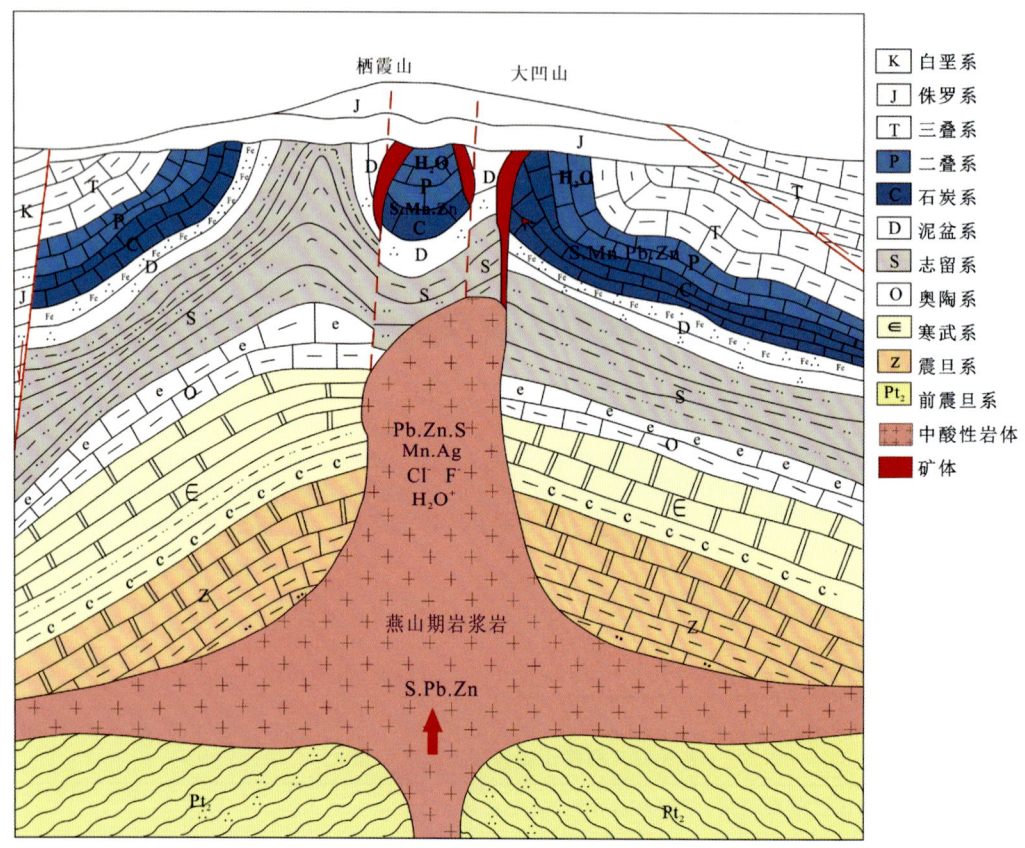

图 5-33　江苏省栖霞山铅锌银矿床成矿模式图

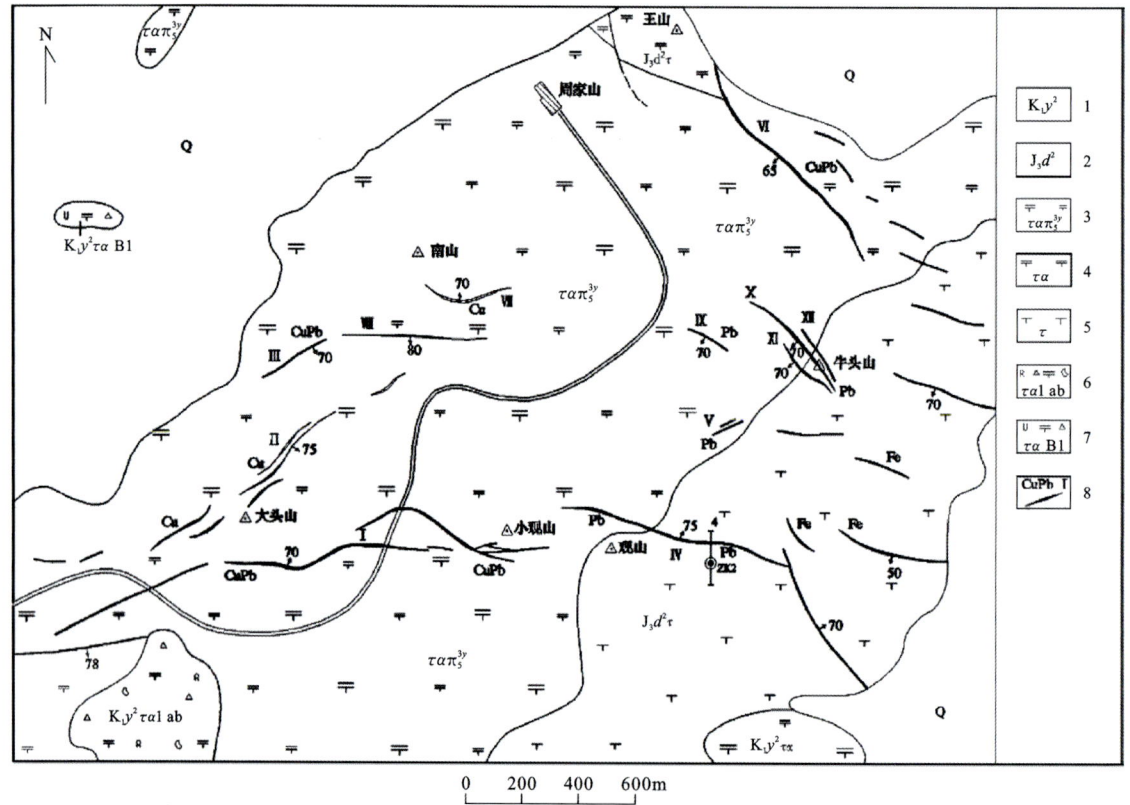

图 5-34　溧水县观山铜铅矿区地质简图

1.姚家边组上段；2.大王山组上段；3.粗安斑岩；4.粗安岩；5.粗面岩；6.粗安质熔集块角砾岩；7.粗安质角砾熔岩；8.铜铅矿脉及编号

矿石结构以半自形、他形粒状结构为主。矿石有致密块状、浸染状和角砾状等构造。矿石矿物主要为黄铜矿、方铅矿、闪锌矿，其次为斑铜矿、辉铜矿、黝铜矿，伴生黄铁矿、赤铁矿；脉石矿物主要为菱铁矿，其次为重晶石、石英，少量方解石。矿石品位：Cu 0.53%～0.91%，Pb 0.87%～1.43%，最高达 2.6%；Zn 分布不普遍，部分矿体含 Zn 1.5%左右。围岩蚀变强烈，主要有硅化、菱铁矿化、重晶石化、黄铁矿化，局部有绢云母化和碳酸盐化，其中硅化和黄铁矿化与矿化关系密切。

矿床成因类型为火山-次火山热液矿床。成矿时代为燕山晚期(120.84±1.0Ma，绢云母 Ar-Ar；梁业恒等，2010)。

2. 成矿要素

江苏省观山陆相火山岩型铜铅矿成矿要素见表 5-66。

表 5-66　江苏省观山陆相火山岩型铜铅矿成矿要素表

成矿要素		描述内容	成矿要素分类
地质环境	地层	白垩系姚家边组粗安质熔结凝灰岩、粗安岩、粗安质沉角砾凝灰岩	重要
	岩浆岩	白垩纪姚家边旋回次火山岩体粗安斑岩与成矿关系密切	必要
	岩石结构	斑状结构	次要
	成矿时代	燕山晚期(120.84±1.0Ma，绢云母 Ar-Ar；梁业恒等，2010)	重要
	成矿环境	矿体分布于火山机构火山口附近，受次火山岩体内的近似环状断裂所控制	必要
	构造背景	位于下扬子陆块溧水火山断陷盆地，平安山-双顶山北西向断裂喷发带、朝山-官塘近南北向断裂喷发带及杭村-大山南北向断裂喷发带交会处，近东西向、北西向和北东向断裂发育	重要
矿床特征	矿物组合	矿石矿物主要为黄铜矿、方铅矿、闪锌矿，其次为斑铜矿、辉铜矿、黝铜矿，伴生黄铁矿、赤铁矿；脉石矿物主要为菱铁矿，其次为重晶石、石英，少量方解石	重要
	矿石结构	他形粒状结构	次要
	矿石构造	块状、细脉浸染状、角砾状构造	次要
	蚀变	主要有硅化和菱铁矿化，次为重晶石化、黄铁矿化，局部有绢云母化和碳酸盐化，其中硅化和黄铁矿化与矿化关系密切	重要
	控矿条件	溧水中生代火山岩凹陷区火山机构，次火山岩体内的近东西向、北西向和北东向 3 组断裂形成近似环状分布的断裂构造破碎带是主要控矿构造，白垩纪姚家边旋回粗安斑岩与成矿关系密切	必要

3. 成矿模式

观山铜铅矿床描述性模式见表 5-67，成因模式见表 5-68 和图 5-35。

表 5-67　观山铜铅矿床描述性模式

名称	江苏省观山陆相火山岩型铜铅矿床
基本特征	矿化带、矿体均受观山次火山岩体(粗安斑岩)中断裂所控制，近东西向、北西向和北东向 3 组断裂形成近似环状分布的断裂构造破碎带，矿体产于该断裂构造破碎带中，矿床成因类型属中低温热液充填型，工业类型为脉状铜铅矿床
成矿时代	燕山晚期(120.84±1.0Ma，绢云母 Ar-Ar；梁业恒等，2010)
资料来源	《江苏省溧水县观山铜铅矿地质勘探总结报告》(江苏冶金地质勘探公司 813 队，1960)；《江苏省溧水县观山铜铅矿床六号脉带地质勘探报告书》(江苏冶金地质勘探公司 807 队，1982)；《江苏观山铜铅金矿床成矿流体地球化学和成因》(梁业恒，孙晓明，翟伟等，2008)

续表 5-67

地质背景	赋矿构造单元	下扬子陆块溧水火山断陷盆地
	含矿地层	下白垩统姚家边组火山岩、次火山岩
	岩矿结构(矿化部位)	矿体产于次火山岩体粗安斑岩中环状断裂构造破碎带中,由12条矿脉组成
伴生矿床		含少量金、银
矿床工业类型		铜铅矿床
矿体形态		脉状
矿物组合		矿石矿物主要为黄铜矿、方铅矿、闪锌矿,其次为斑铜矿、辉铜矿、黝铜矿,伴生黄铁矿、赤铁矿;脉石矿物主要为菱铁矿,其次为重晶石、石英,少量方解石
矿石结构		他形粒状结构,块状、细脉浸染状、角砾状构造
矿体产状		矿脉平面上形成一近似封闭的三角形,"三边"均同时向内倾斜。各脉长短不一,倾角较陡,厚度变化大,矿化不均匀。工业矿体不连续。部分较大矿脉有膨大收缩、尖灭再现、分支复合等现象,剖面上呈侧幕式排列
容矿围岩		早白垩世姚家边旋回粗安斑岩
围岩蚀变		早期蚀变类型有绢云母化、硅化、黄铁矿化、菱铁矿化;晚期有绿帘石化、高岭石化、碳酸盐化、重晶石化及赤铁矿化。其中硅化和黄铁矿化与矿化关系密切
矿化分带		自西向东依次为铜矿带→铅铜矿带→铅矿带
蚀变分带		呈对称的带状,由矿体向两侧依次为菱铁矿化、重晶石化、黄铁矿化、硅化、高岭石化和绢云母化
风化		矿脉在地表为重晶石褐铁矿或重晶石赤铁矿铁帽

表 5-68 观山铜铅矿床成因模式

名称		江苏省观山陆相火山岩型铜铅矿床
矿石成因类型		热液充填型
成矿期次		热液期
同位素特征	硫同位素	$\delta^{34}S$ 为 $0\sim+7.7‰$
	氢氧同位素	石英 $\delta^{18}O$ 为 $+8.52‰\sim+18.53‰$,$H_2O\ \delta^{18}O$ 为 $+0.75‰\sim+10.76‰$
	其他同位素	方解石 $\delta^{13}C$ 为 $1.2‰\sim2.9‰$
成矿环境	区域成矿构造背景	下扬子陆块溧水火山断陷盆地,平安山-双顶山北西向断裂喷发带、朝山-官塘近南北向断裂喷发带及杭村-大山南北向断裂喷发带交会处,近东西向、北西向和北东向断裂发育
	具体成矿环境	矿体受古火山机构环形断裂控制,围岩为白垩纪姚家边旋回粗安斑岩
成矿物质来源	金属	深源岩浆
成矿流体		岩浆水和大气水的混合水
成矿物理化学条件		成矿温度 $133\sim304℃$,中偏低盐度($0.48\%\sim7.39\%$),中偏酸、弱氧化环境

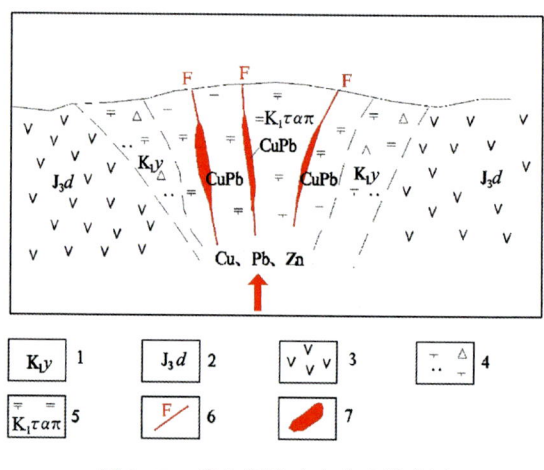

图 5-35 观山铜铅矿床成矿模式图
1.下白垩统姚家边组;2.上侏罗统大王山组;
3.粗安岩;4.粗安质角砾凝灰熔岩;5.燕山晚期粗安斑岩;
6.断裂;7.铜铅矿体

(三)江苏省苏州吴宅铅锌银矿床

1. 矿床特征

该矿床位于下扬子陆块太湖断块,北东向潭山-通安桥断裂和光福-迁里逆推断裂复合控制印支期—燕山早期花岗斑岩的侵入,主岩体边部沿底板逆推断裂贯入,呈岩舌状顺层侵入于古生代地层中。

矿体主要产于花岗斑岩边部岩舌体与石炭纪、二叠纪碳酸盐围岩的接触带及其附近的碳酸盐岩地层中,受层间构造控制明显(图5-36)。主矿体产于逆推断裂下盘碳酸盐岩与岩体接触带附近,称为Ⅱ矿带。呈似层状、透镜状,长100~400m不等,延深100~200m,厚数米至10余米,产状平缓,与地层产状一致。近矿围岩蚀变有矽卡岩化、硅化、绢云母化、绿泥石化、萤石化、碳酸盐化等。产于逆推断裂带上盘五通组碎屑岩中受断裂控制的裂隙充填型矿体,呈脉状产出,称为Ⅰ矿带,矿体规模小。矿石矿物主要有闪锌矿、方铅矿、黄铁矿、磁铁矿,次有磁黄铁矿,局部有黄铜矿,少量银、铋和碲的矿物(呈微粒状分布于黄铁矿、方铅矿、黄铜矿等载体矿物中)。矿石构造有块状、稠密浸染状、条纹状、细脉浸染状等。各矿体矿石平均品位:Pb 4.06%~4.08%,Zn 4.08%~5.2%,Cu 0.51%~0.63%,S 8.30%~25.27%,Ag (50~793)×10^{-6},伴生有益组分:Bi 0.017%~0.284%,In 0.003%~0.0036%,Cd 0.004%~0.182%,Se 0.0029%~0.0373%,Te 0.0009%~0.0095%。矿区花岗斑岩内局部见细脉浸染状铅锌矿化。矿床规模为中型。

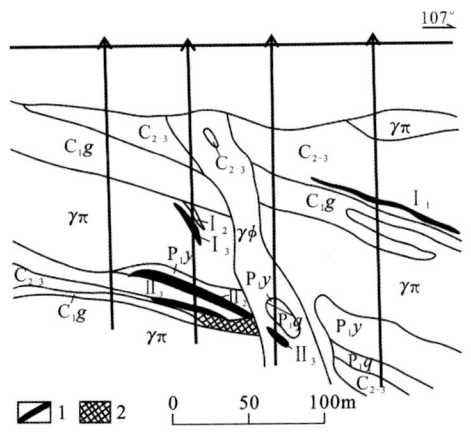

图5-36 苏州吴宅铅锌银矿床地质剖面图

Q.第四系;P_1y.堰桥组;P_1q.栖霞组;C_{2-3}.黄龙组—船山组;C_1g.高骊山组

1.矿体:I_1、I_3矽卡岩型,I_2、I_3斑岩型,II_2热液型;2.矽卡岩

成因类型属层控矽卡岩型铅锌矿床。成矿分两期5阶段:矽卡岩期早阶段、矽卡岩期晚阶段,石英硫化物矿化期早阶段、石英硫化物矿化期晚阶段和石英碳酸盐阶段。矽卡岩阶段主要为锌、铁矿化,石英硫化物早阶段为铜、铅、锌和银,而晚阶段为铅、锌(银)矿化。

成矿物质来源:黄铁矿、闪锌矿和方铅矿硫同位素测试结果,$\delta^{34}S$变化范围为-4.6‰~+6.54‰,均值为+2.25‰;方铅矿铅同位素测试结果,$^{206}Pb/^{204}Pb$ 17.283~17.546、$^{207}Pb/^{204}Pb$ 15.378~15.545、$^{208}Pb/^{204}Pb$ 38.171~37.921。说明本矿床硫具有幔壳混合源特征,与成矿母岩具有一致的物源。

磁铁矿和石英的$\delta^{18}O$测定结果分别为:-7.507‰~-2.98‰、+0.3‰~+1.59‰,说明成矿流体以岩浆热液为主,有部分天水加入。

钙铁辉石、钙铁榴石、闪锌矿、方铅矿、磁铁矿以及花岗斑岩(石英斑岩)稀土分析结果显示,矽卡岩矿物和矿石矿物稀土元素配分形式与花岗斑岩较为相似,说明矽卡岩矿物和矿石矿物是岩浆热液作用的结果。

综上所述，苏州西部地区矽卡岩型铅锌多金属矿床的成矿物质主要来源于壳幔混合源岩浆及岩浆分异出的含矿热液。在成矿晚期有天水加入岩浆气液体系，同时矿液对流循环从地层中萃取少量成矿物质。

成矿物理化学条件：矿石矿物和脉石矿物包裹体测温显示，硫化物成矿温度为 250~300℃。矽卡岩期均一压力平均 533×10^5Pa，石英-硫化物成矿阶段压力为 $(320~480)\times10^5$Pa，平均 394×10^5Pa。矿化期均一压力小于矽卡岩期。成矿阶段氧逸度 33.16~35.23，硫逸度范围为 -11~-6.6。包体盐度（NaCl%）测定结果显示：早期矽卡岩阶段盐度 14.2；晚期矽卡岩阶段盐度 10.4~22.2，平均 16.30；石英-硫化物阶段盐度 4.4~7.92，平均 6.30。矽卡岩期流体含盐度大于成矿期，表明流体含盐度从早期矽卡岩阶段进入矿化阶段明显减小。

2. 成矿要素

江苏省吴宅层控矽卡岩型铅锌银矿成矿要素见表 5-69。

表 5-69　江苏省吴宅层控矽卡岩型铅锌银矿成矿要素表

成矿要素		描述内容	成矿要素分类
地质环境	地层	矿区内地层受逆掩断层（推覆构造）影响，北西西向、北北东向断裂破坏，地层重复、变薄。逆掩断层上盘（Ⅰ矿带）自泥盆系茅山组—二叠系栖霞组连续性尚好，地层走向北东，倾向南东，倾角 20°~30°；断层下盘（Ⅱ矿带）自下石炭统高骊山组—上二叠统长兴组，由于受石英斑岩（花岗斑岩）夹持穿插，地层缺失、变薄。主要赋矿地层为石炭系黄龙组、船山组；二叠系龙潭组、长兴组	必要
	岩浆岩	燕山早期石英斑岩（花岗斑岩）与成矿关系密切	必要
	岩石结构	斑状结构为主	次要
	成矿时代	燕山早期	重要
	成矿环境	矿区经印支期—燕山期的构造变动和石英斑岩（花岗斑岩）等中酸性岩体的侵入活动，导致碳酸盐岩地层遭受不同程度的变质作用而成矿。逆掩断层是矿区控岩、控矿及储矿构造，矿体主要赋存在石英斑岩（花岗斑岩）与石炭系黄龙组、船山组；二叠系龙潭组、长兴组的正接触带及碳酸盐岩地层的层间破碎构造中	必要
	构造背景	位于下扬子陆块，太湖断块东部。断裂构造发育，有北东向逆掩断层、北北东向和北西向断层	重要
矿床特征	矿物组合	矿石矿物主要为方铅矿、铁闪锌矿、磁铁矿、黄铁矿，次为赤铁矿、褐铁矿、黄铜矿、磁黄铁矿、闪锌矿、自然银等；脉石矿物主要为钙铁榴石、透辉石、钙铁辉石、绿帘石、硅灰岩、泥岩，次为钙铝榴石、斜长石、钾长石、黑云母、石英、绿泥石、绢云母、萤石、高岭石、磷灰石、重晶石等	重要
	结构	他形-半自形、自形细-中粒结构	次要
	构造	块状、浸染状、稠密浸染状、细脉浸染状、团块状、条纹状等构造	次要
	蚀变	主要有矽卡岩化、大理化、角岩化、绢英岩化、钾化、绿泥石化、石英岩化、碳酸盐化、萤石化	重要
	控矿条件	石炭纪—二叠纪碳酸盐岩及矽卡岩、砂岩等为主要赋矿围岩；逆掩断层（推覆构造）、碳酸盐岩层间破碎构造、岩体接触带为主要控矿、容矿构造；印支末期—燕山早期中酸性岩体为成矿提供了矿质和流体	必要

3. 成矿模式

吴宅铅锌银矿床描述性模式见表 5-70，成因模式见表 5-71 和图 5-37。

表 5-70 吴宅铅锌银矿床描述性模式

名称	江苏省吴宅式层控矽卡岩型铅锌银矿床
基本特征	矿体产于逆掩断层上下盘石炭纪—二叠纪碳酸盐岩地层与石英斑岩接触带及附近围岩构造裂隙内。矿床成因类型属矽卡岩型铅锌矿和中低温热液充填交代型铅锌矿床,矿石工业类型以块状铅锌银矿石为主,次为锌铁矿石、铁矿石和黄铁矿矿石
成矿时代	燕山早期
资料来源	《苏州西部地区1:5万区域地质矿产调查报告》(江苏省地质矿产局第四地质大队,1981);《江苏省吴县东渚乡小茅山多金属矿区吴宅矿段铅锌银矿勘探地质报告》,(江苏省地质矿产局第四地质大队),1989
地质背景	赋矿构造单元: 下扬子陆块,太湖断块东部 含矿地层: 主要赋矿地层为石炭系黄龙组、船山组;二叠系龙潭组、长兴组 岩矿结构(矿化部位): 矿体产于逆掩断层上下盘石炭纪—二叠纪碳酸盐岩地层与石英斑岩接触带及附近围岩构造裂隙内
伴生矿床	磁铁矿、银、黄铁矿
矿床工业类型	铅锌银硫矿床
矿体形态	矿体呈不规则透镜状、囊状
矿物组合	矿石矿物主要为方铅矿、铁闪锌矿、磁铁矿、黄铁矿,次为赤铁矿、褐铁矿、黄铜矿、磁黄铁矿、闪锌矿、自然银等;脉石矿物主要为钙铁榴石、透辉石、钙铁辉石、绿帘石,次为钙铝榴石、斜长石、钾长石、黑云母、石英、绿泥石、绢云母、萤石、高岭石、磷灰石、重晶石等
矿石结构构造	他形—半自形、自形细—中粒结构;块状、浸染状、稠密浸染状、细脉浸染状、团块状、条纹状等构造
矿体结构	矿体平面上呈月牙状、扁豆状、似层状、透镜状,剖面上呈月牙状、不规则透镜状,矿体长短不一,倾向136°~164°,倾角较陡。矿体连续性较好,沿倾向变薄尖灭,厚度变化大,中部品位比边缘要富
容矿围岩	石炭纪—二叠纪碳酸盐岩及矽卡岩、砂岩等为主要赋矿围岩
围岩蚀变	主要有矽卡岩化、大理化、角岩化、绢英岩化、钾化、绿泥石化、石英岩化、碳酸盐化、萤石化
矿化分带	矿带上部以铅、锌、银、硫矿体为主,矿带下部接触带或外带以锌铁矿、铁矿体为主,黄铁矿体一般赋存于矿体边缘和堰桥组泥砂岩中
蚀变分带	绢云母、董青石化带,黄铁矿化带,铅锌矿化带,董青石化带和大理岩化矽卡岩化带,铁铅锌矿,铁锌矿和铁矿带,含铁铅锌矿带,矽卡岩带,绢云母化石英斑岩带
风化	地表见褐铁矿、铜蓝、蓝铜矿、孔雀石、辉铜矿、蓝辉铜矿

表 5-71 吴宅铅锌银矿床成因模式

名称	吴宅层控矽卡岩型铅锌矿床	
矿石成因类型	以接触交代矽卡岩型为主,少量小矿体为中低温热液充填交代型	
成矿期次	燕山早期	
同位素特征	硫同位素(‰)	$\delta^{34}S$ 为 $-4.6 \sim +6.54$
	氧同位素(‰)	磁铁矿 $\delta^{18}O$ 为 -6.33
成矿环境	区域成矿构造背景	位于下扬子陆块,太湖断块东部。断裂构造发育,有北东向逆掩断层、北北东向和北西向断层
	具体成矿环境	矿区经印支期—燕山期的构造变动和石英斑岩(花岗斑岩)等中酸性岩体的侵入活动,导致碳酸盐岩地层遭受不同程度的变质作用而成矿。逆掩断层是矿区控岩、控矿及储矿构造,矿体主要赋存在石英斑岩(花岗斑岩)与石炭系黄龙组、船山组;二叠系龙潭组、长兴组的正接触带及碳酸盐岩地层的层间破碎构造中

续表 5-71

成矿物质来源	金属	主要来自深部岩浆,部分来自围岩
	络合物等	
成矿流体		岩浆水为主的岩浆水和大气降水的混合水
成矿物理化学条件		成矿温度 250~300℃,成矿阶段压力为 $(320\sim480)\times10^5$ Pa,平均 394×10^5 Pa.氧逸度 33.16~35.23,硫逸度范围为 $-11\sim-6.6$,弱氧化环境。石英-硫化物阶段盐度(NaCl%)4.4~7.92,平均为 6.30

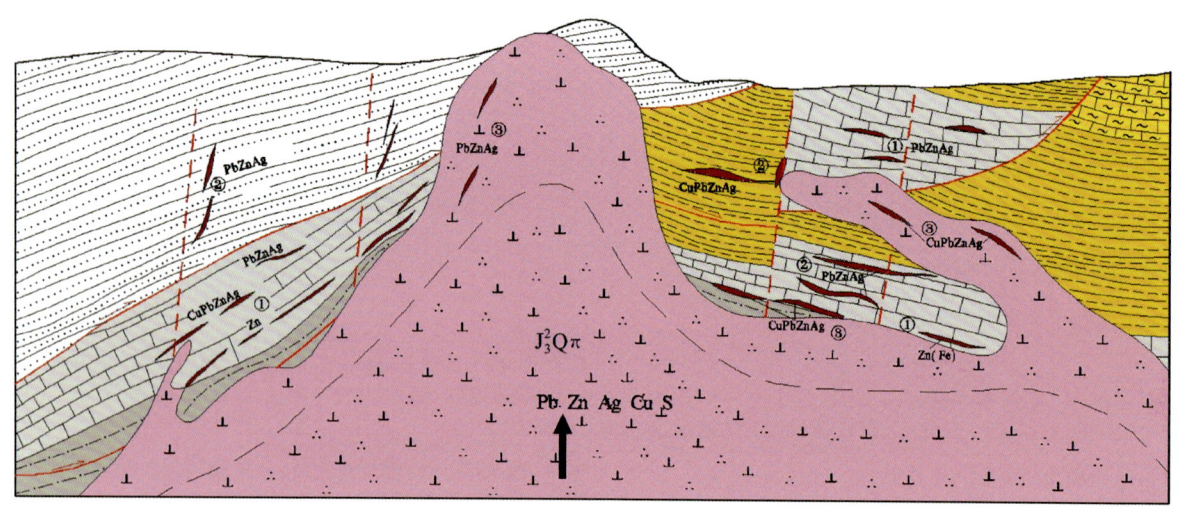

图 5-37 吴宅铅锌银矿床成矿模式图

1.茅山组(S_3m)石英砂岩夹泥质粉砂岩;2.高骊山组(C_1g)泥砂质岩;3.黄龙组—栖霞组($C_2h—P_1q$)碳酸盐岩;
4.堰桥组—龙潭组($P_1y—P_2l$)粉砂岩夹泥质岩;5.长兴组—青龙组($P_2c—T_{1-2}q$)碳酸盐岩;6.石英斑岩;7.岩体蚀变界线;
8.逆推断裂;9.控矿断裂;10.矿液流向;11.矿体:①矽卡岩型;②热液型;③斑岩型

四、金矿典型矿床及成矿规律

经过对江苏省已知金矿产地成矿特征及矿床类型分析,选取金驹山金矿、燕子口金矿、汤山金矿、平山头金矿、土包山铁金矿为本次金矿产预测典型矿床。

(一)江苏省溧水金驹山金矿

1. 矿床特征

该矿床位于溧水中生代火山岩盆地观山火山机构西南部,区内出露地层为大王山组,岩性为粗安质火山碎屑岩及粗安岩,为金矿化主要赋矿层位。

矿区褶皱为一略向北东倾伏的舒缓向斜,断裂构造十分发育,其中北西向、近东西向和北东东向断裂为主要控矿构造。与金矿化有关的次火山岩是燕山晚期侵入的粗安斑岩、正长斑岩。

矿区已发现含金(碲)的黄铁矿石英蚀变破碎带与围岩(粗安岩)界线不清,以北西向为主(图 5-38),

带长 90~500m,宽 0.1~4m,倾向南西,倾角 65°~75°,其次为近东西向。破碎带在平面上呈雁行排列,多见尖灭再现、尖灭侧现现象,矿体呈脉状、透镜状,生于蚀变破碎带中。金矿化向脉中心富集,并与硅化渐强有关。

碲金矿成矿作用可分为 5 个阶段:面型黄铁矿化阶段、石英-黄铁矿阶段、石英-硫化物阶段(金的主要成矿阶段)、重晶石-黄铁矿阶段、石英-碳酸盐阶段。

热液蚀变可分为早晚两期:早期伴随次火山侵入而发生的面型蚀变,为绢云母化、高岭土化、黄铁矿化等;晚期热液蚀变沿破碎带发育,带状分布,主要有硅化、黄铁矿化、重晶石化和碳酸盐化等,金矿化和晚期热液蚀变有关,尤其与硅化、黄铁矿化关系密切。矿石类型为黄铁矿石英型和黄铁矿石英重晶石型,星点状、浸染状构造。矿石矿物:主要为自然金、碲金矿,次要为银金矿、黄铁矿、碲金银矿、黄铜矿等;脉石矿物主要为石英、重晶石,次要为菱铁矿、方解石、绢云母等。

根据包体测试资料,金驹山金矿成矿温度为 200℃左右,成矿溶液盐度偏低,中偏酸(pH 值 6.2~6.3),弱氧化-弱还原环境。据同位素分析,硫主要来自上地幔,成矿热液的水为岩浆水和大气降水的混合水。该矿床成因类型为中低温火山热液型金(碲)矿。

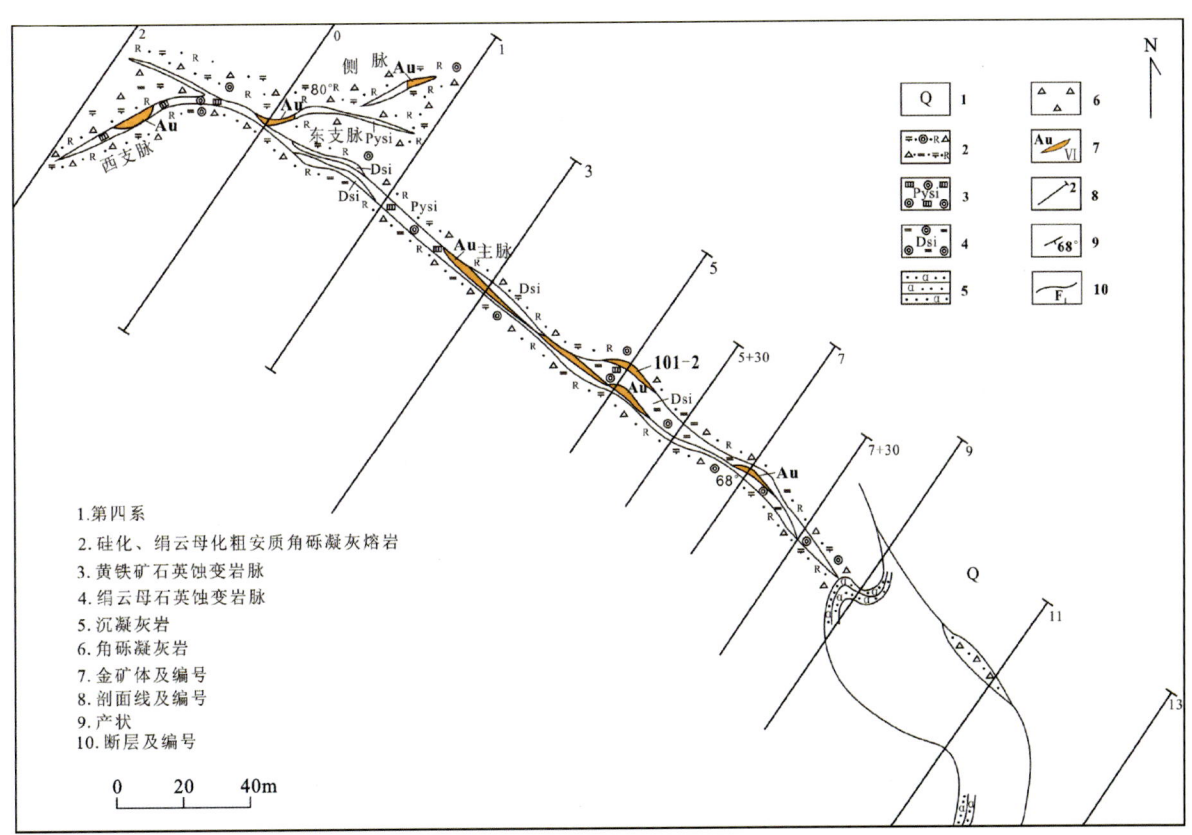

图 5-38 溧水县金驹山金矿床 101-2 金矿(化)脉平面分布图

2. 成矿要素

江苏省金驹山陆相火山岩型金矿成矿要素见表 5-72。

表 5-72 江苏省金驹山陆相火山岩型金矿成矿要素表

成矿要素		描述内容	成矿要素分类
地质环境	地层	上侏罗统大王山组、下白垩统姚家边组火山岩地层	重要
	岩浆岩	主要为白垩纪姚家边旋回粗安斑岩、正长斑岩等次火山岩体	必要
	岩石结构	斑状结构	次要
	成矿时代	燕山晚期	重要
地质环境	成矿环境	矿体受断裂构造控制,赋存在次火山岩顶部及其周围的火山碎屑岩破碎带中,与侵入于大王山组中的浅成—超浅成脉状或岩床状粗安斑岩关系密切	必要
	构造背景	溧水中生代火山岩断陷盆地东南边缘。控矿构造主要以北西向构造为主,次为近东西向、北东东向断裂	必要
矿床特征	矿物组合	矿石矿物主要为自然金、碲金矿,次要为银金矿、黄铁矿、碲金银矿、黄铜矿等;脉石矿物主要为石英、重晶石,次要为菱铁矿、方解石、绢云母等	重要
	结构	主要为他形—自形粒状结构,其次为嵌晶结构、填隙结构和乳滴状结构,局部交代结构	次要
	构造	以稀疏浸染状构造、稠密浸染状构造为主,次为细脉浸染状构造	次要
	蚀变	主要是黄铁矿化、硅化、碳酸盐化、绢云母化	重要
	控矿条件	位于溧水中生代火山岩断陷盆地东南缘。矿体主要受北西向构造控制,次为近东西向、北东东向,赋存在大王山组钙碱性次火山岩顶部及其周围的火山碎屑岩破碎带中,与侵入于大王山组中的浅成—超浅成脉状或岩床状次火山岩-粗安斑岩有关	必要

3. 成矿模式

金驹山金矿床描述性模式见表 5-73,成因模式见表 5-74 和图 5-39。

表 5-73 金驹山金矿床描述性模式

名称		江苏省金驹山陆相火山岩型金矿床
基本特征		位于溧水中生代火山岩断陷盆地东南边缘。矿床成因类型是与晚侏罗世—早白垩世中偏碱性火山岩有关的裂隙充填式中低温热液硫化物-石英蚀变岩型金矿床
成矿时代		燕山晚期
资料来源		《江苏省溧水县金驹山金矿区101-2号脉详细普查地质报告》(江苏省地质矿产局第二地质大队,1984)
地质背景	赋矿构造单元	下扬子陆块,溧水火山断陷盆地
	含矿地层	上侏罗统大王山组、下白垩统姚家边组火山岩地层
	岩矿结构（矿化部位）	矿体受断裂构造控制,赋存在次火山岩顶部及其周围的火山碎屑岩破碎带中,与侵入于大王山组中的浅成—超浅成脉状或岩床状粗安斑岩关系密切。控矿构造主要以北西向构造为主,次为近东西向、北东东向断裂
伴生矿床		碲
矿床工业类型		金矿
矿体形态		脉状、透镜状
矿物组合		矿石矿物主要为自然金、碲金矿,次要为银金矿、黄铁矿、碲金银矿、黄铜矿等;脉石矿物主要为石英、重晶石,次要为菱铁矿、方解石、绢云母等

续表 5-73

矿石结构	主要为他形—自形粒状结构,其次为嵌晶结构、填隙结构和乳滴状结构,局部交代结构。以稀疏浸染状构造、稠密浸染状构造为主,次为细脉浸染状构造
矿体结构	不规则脉状
围岩	侏罗系大王山组粗安岩、粗安质角砾凝灰熔岩、粗安质火山碎屑岩,粗安斑岩
围岩蚀变	主要是黄铁矿化、硅化、碳酸盐化、绢云母化
矿化分带	不明显
蚀变分带	不明显
风化	地表见褐铁矿、铁帽

表 5-74 金驹山金矿床成因模式

名称		江苏省金驹山次火山热液充填交代型金矿床
矿石成因类型		热液充填型
成矿期次		热液期
同位素特征	硫同位素(‰)	$\delta^{34}S$ 为 0.8～+3.8
	氧同位素(‰)	石英 $\delta^{18}O$ 为 +12.51～+13.22
成矿环境	区域成矿构造背景	下扬子陆块,溧水火山断陷盆地观山火山机构西南部
	具体成矿环境	矿体受断裂构造控制,赋存在次火山岩顶部及其周围的火山碎屑岩破碎带中,与侵入于大王山组火山岩地层中的浅成—超浅成脉状或岩床状粗安斑岩关系密切。控矿构造主要以北西向构造为主,次为近东西向,北东东向断裂
成矿物质来源	金属	岩浆源
	络合物等	
成矿流体		岩浆水为主的岩浆水和大气降水的混合水
成矿物理化学条件		成矿温度 150～250℃,中偏酸性,弱氧化-弱还原环境

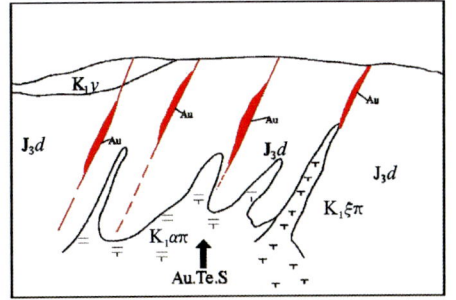

图 5-39 江苏省金驹山金矿成矿模式图
1.下白垩统姚家边组粗安质火山碎屑岩;2.上侏罗统大王山组粗安岩;3.燕山晚期粗安斑岩;4.正长斑岩;5.断裂破碎带;6.金(碲)矿(化)体

(二)江苏省南京燕子口金矿

1. 矿床特征

该矿床位于溧水火山岩盆地西部基底隆起区,出露地层为中侏罗统陡山组含砾粗粒石英砂岩、中粒石英砂岩、细粒石英砂岩、粉砂质泥岩、泥质粉砂岩。燕山中晚期次火山岩体——石英闪长玢岩、闪长玢岩呈岩脉、岩枝状分布。近东西向、北西向和北东向断裂发育,其中近东西向断裂破碎带为主要控矿、容矿断裂构造。金矿化体分布在石英闪长玢岩、闪长玢岩岩体的边缘附近断裂破碎带中,围岩为中侏罗统陡山组石英砂岩。金矿脉平面上形成长条状,各脉长短不一,倾角较陡,一般在80°左右,厚度、品位变化大,矿化不均匀。工业矿体不连续。部分较大矿脉有膨大收缩、尖灭再现、分支复合等现象,剖面上呈脉状(图5-40)。

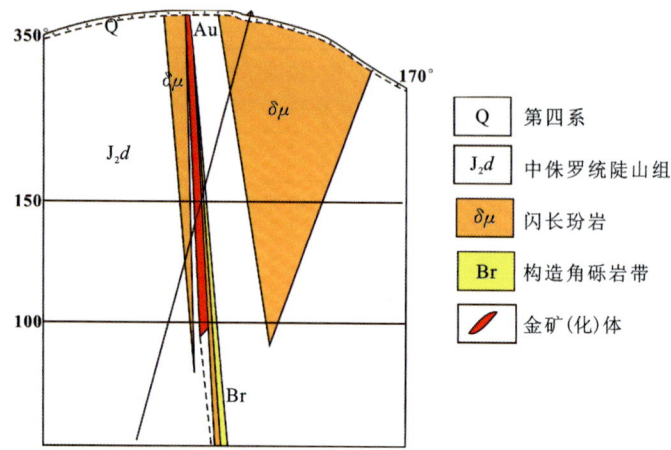

图 5-40 燕子口金矿某线地质剖面图

矿石矿物主要为褐铁矿、自然金,其次为赤铁矿、磁铁矿、黄铁矿、黄铜矿、方铅矿、闪锌矿、自然银。脉石矿物以石英为主,绢云母、白云石次之,方解石、绿帘石微量。

矿石结构构造:他形晶粒状结构、交代假象结构为主,次为交代残留结构、包含结构、聚粒状结构、碎裂结构。以稀疏浸染状构造、稠密浸染状构造为主,次为块状构造、细脉浸染状构造。

蚀变主要有褐铁矿化、赤铁矿化、黄铁矿化、硅化、次生石英岩化、绿帘石化、石榴石化、碳酸盐化、绢云母化、泥化、高岭土化;黄铁矿化(褐铁矿化)与自然金的关系较密切。

矿床成因类型属中—低温热液破碎蚀变岩型金矿。

2. 成矿要素

江苏省燕子口破碎蚀变岩型金矿成矿要素见表 5-75。

表 5-75 江苏省燕子口破碎蚀变岩型金矿成矿要素表

成矿要素		描述内容	成矿要素分类
地质环境	地层	中侏罗统陡山组含砾粗粒石英砂岩、中粒石英砂岩、细粒石英砂岩、粉砂质泥岩、泥质粉砂岩	重要
	岩浆岩	燕山中晚期次火山岩体——石英闪长玢岩、闪长玢岩	必要
	岩石结构	斑状结构	次要
	成矿时代	燕山中晚期	重要
	成矿环境	矿床位于溧水火山岩盆地西部基底隆起区,矿体分布在石英闪长玢岩、闪长玢岩岩体的边缘附近断裂破碎带中,围岩为中侏罗统陡山组石英砂岩	必要
	构造背景	位于溧水火山岩盆地西部基底隆起区,大魏庄火山活动中心的西南侧,横溪-大魏庄近东西向断裂喷发带的南侧,博望-桑园蒲倾伏背斜的北西翼。近东西向、北西向和北东向断裂发育	重要
矿床特征	矿物组合	矿石矿物主要为褐铁矿、自然金,其次为赤铁矿、磁铁矿、黄铁矿、黄铜矿、方铅矿、闪锌矿、自然银。脉石矿物以石英为主,绢云母、白云石次之,方解石、绿帘石微量	重要
	结构	他形晶粒状结构、交代假象结构为主,次为交代残留结构、包含结构、聚粒状结构、碎裂结构	次要
	构造	以稀疏浸染状构造、稠密浸染状构造为主,次为块状构造、细脉浸染状构造	次要
	蚀变	主要有褐铁矿化、赤铁矿化、黄铁矿化、硅化、次生石英岩化、绿帘石化、石榴石化、碳酸盐化、绢云母化、泥化、高岭土化;褐铁矿与自然金的关系较密切	重要
	控矿条件	发育于溧水中生代火山岩断陷盆地西部基底隆起区,侵入岩体旁侧的张扭性断裂是主要控矿构造,矿体均产于断裂构造破碎带中。围岩为侏罗系陡山组石英砂岩,侵入岩(次火山岩)石英闪长玢岩、闪长玢岩与成矿关系密切	必要

3. 成矿模式

燕子口金矿床描述性模式见表 5-76,成因模式见表 5-77 和图 5-41。

表 5-76 燕子口金矿床描述性模式

名称	江苏省燕子口破碎蚀变岩型脉状金矿床	
基本特征	矿化带、矿床均受溧水火山岩盆地西部基底隆起区的断裂控制,矿体产于近东西向断裂构造破碎带中,矿床成因类型属中—低温热液充填破碎蚀变岩型,工业类型为脉状、透镜状金矿床。	
成矿时代	燕山中晚期	
资料来源	《江苏省南京市江宁区燕子口金矿区普查地质报告》(江苏省地质调查研究院,2009)	
地质背景	赋矿构造单元	下扬子陆块溧水火山断陷盆地西部基底隆起区
	含矿地层	中侏罗统陡山组
	岩矿结构（矿化部位）	侵入岩体旁侧的张扭性断裂是主要控矿构造,矿体均产于断裂构造破碎带中。围岩为侏罗系陡山组石英砂岩,侵入岩(次火山岩)石英闪长玢岩、闪长玢岩与成矿关系密切
矿床工业类型	金矿床	
矿体形态	脉状、透镜状	
矿物组合	矿石矿物主要为褐铁矿、自然金,其次为赤铁矿、磁铁矿、黄铁矿、黄铜矿、方铅矿、闪锌矿、自然银。脉石矿物以石英为主,绢云母、白云石次之,方解石、绿帘石微量	
矿石结构	以他形晶粒状结构、交代假象结构为主,次为交代残留结构、包含结构、聚粒状结构、碎裂结构;以稀疏浸染状构造、稠密浸染状构造为主,次为块状构造、细脉浸染状构造	
矿体结构	矿脉平面上形成长条形,各脉长短不一,倾角较陡,厚度、品位变化大,矿化不均匀。工业矿体不连续。部分较大矿脉有膨大收缩、尖灭再现、分支复合等现象,剖面上呈脉状	
围岩	围岩为侏罗系陡山组石英砂岩	
围岩蚀变	主要有褐铁矿化、赤铁矿化、黄铁矿化、硅化、次生石英岩化、绿帘石化、石榴石化、碳酸盐化、绢云母化、泥化、高岭土化	
风化	地表为褐铁矿铁帽	

表 5-77 燕子口金矿床成因模式

名称	燕子口破碎蚀变岩型金矿床	
矿石成因类型	热液充填交代	
成矿期次	热液期—表生期	
成矿环境	区域成矿构造背景	溧水火山岩盆地西部基底隆起区,大魏庄火山活动中心的西南侧,横溪-大魏庄近东西向断裂喷发带的南侧,博望-桑园蒲倾伏背斜的北西翼。近东西向、北西向和北东向断裂发育
	具体成矿环境	侵入岩体旁侧的张扭性断裂是主要控矿构造,矿体均产于断裂构造破碎带中。围岩为侏罗系陡山组石英砂岩,侵入岩(次火山岩)石英闪长玢岩、闪长玢岩与成矿关系密切
成矿物质来源	金属	岩浆源
成矿流体	岩浆水为主的岩浆水和大气降水的混合水	
成矿物理化学条件	成矿温度 150～250℃,弱氧化-弱还原环境	

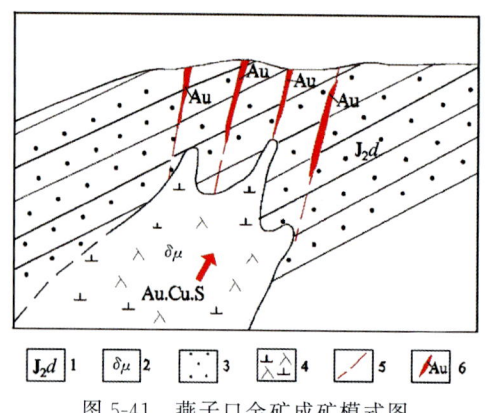

图 5-41 燕子口金矿成矿模式图

1.中侏罗统陡山组；2.燕山中晚期闪长玢岩；3.石英砂岩；4.闪长玢岩；5.断裂破碎带；6.金矿(化)脉

(三)江苏省南京汤山金矿床

1. 矿床特征

该矿床位于宁镇断隆东南缘汤仑复背斜西部。矿体受近东西向汤山短轴背斜翼部的环状断裂破碎带控制,该环状断裂发育于奥陶系红花园组与汤头组之间(图 5-42)。已知矿体呈透镜状、条带状,一般长 49～144m,最长的矿体达 584m,延深 30～103m,厚 0.83～24.58m,矿化带呈近东西向展布。矿石类型以泥状角砾岩型为主,硅化岩型次之,矿石结构以微细粒结构、显微压碎结构及胶状结构为主；矿石构造有浸染状、角砾状、网脉状、蜂窝状等。矿石除含少量自然金粒外,金大部分呈显微胶粒分散状赋存于水云母黏土矿物及褐铁矿中。金矿品位一般$(1.04～2.77)×10^{-6}$,自然金中含 Au 89.64%、Ag 6.43%。

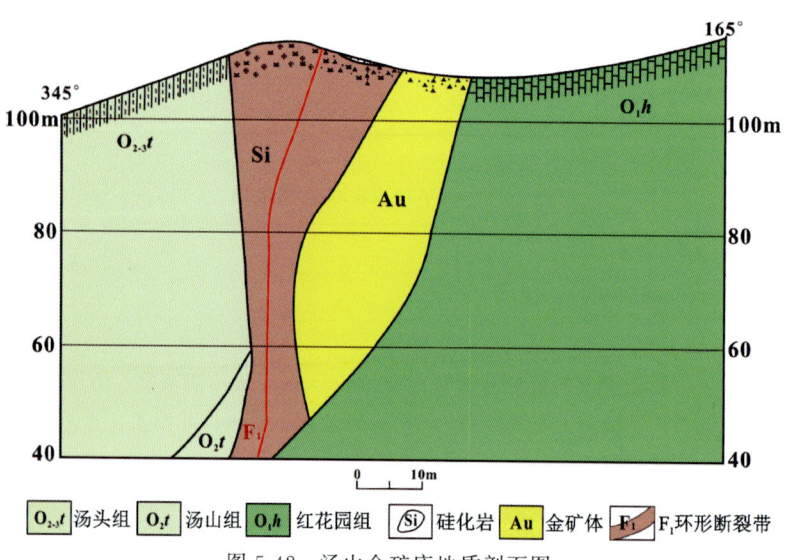

图 5-42 汤山金矿床地质剖面图

近矿围岩蚀变常有硅化、次生石英岩化、大理岩化、褐铁矿化、黄铁矿化、萤石化、重晶石化、泥化等一套中低温热液蚀变组合。矿床达小型矿床规模。

矿床类型属中低温热液-岩溶淋积微细浸染型(卡林型)金矿床。

2. 成矿要素

江苏省汤山微细浸染型（卡林型）金矿床成矿要素见表 5-78。

表 5-78　江苏省汤山微细浸染型（卡林型）金矿床成矿要素表

成矿要素		描述内容	成矿要素分类
地质环境	地层	下奥陶统红花园组碳酸盐岩地层为主要赋矿围岩	必要
	岩浆岩	矿区深部及外围有闪长玢岩体分布，为成矿提供了热源及主要含矿流体	重要
	成矿时代	燕山晚期	重要
	成矿环境	受闪长玢岩的侵入影响，含矿热液沿断裂带上升，产生金矿化和硅化蚀变，以后长期受岩溶和风化淋滤作用，使地表断裂的宽度明显增大，形成断层角砾岩和岩溶产物混合而成的泥状角砾岩，同时浅部早先形成的金矿（化）体进一步富集，形成工业矿体	必要
	构造背景	位于宁镇断隆之汤仑复背斜弧形弯曲转折处的汤山短轴背斜翼部。断裂构造发育，有环形断裂带、近南北向张性断裂、北西向和北东向扭性断裂、放射状断裂和隐伏断裂。其中环形断裂带为矿区主要控矿、容矿构造	重要
矿床特征	矿物组合	矿石矿物主要为自然金，次为黄铁矿、辰砂、褐铁矿、方铅矿、闪锌矿、黄铜矿、黝铜矿、赤铁矿等；脉石矿物主要以水云母、蒙脱石、石英为主，次为高岭石、方解石、辰砂、重晶石、方解石	重要
	结构	微细粒、自形晶、半自形晶、压碎及胶状结构	次要
	构造	浸染状、角砾状、网脉状及蜂窝状构造	次要
	蚀变	主要有硅化、次生石英岩化、褐铁矿化、黄铁矿化、赤铁矿化、重晶石化、萤石化、泥化、大理岩化	重要
	控矿条件	地层红花园组灰岩与汤头组泥灰岩中金背景值较高，比宁镇地区灰岩的背景含量高 6 倍多，为后期金的富集提供部分来源；环形断裂带为深部含金热液上升提供了通道和容矿的空间，岩溶作用及地下热水的循流促进了金的进一步富集成矿	必要

3. 成矿模式

汤山金矿床描述性模式见表 5-79，成因模式见表 5-80 和图 5-43。

表 5-79　汤山金矿床描述性模式

名称		江苏省汤山微细浸染型（卡林型）金矿床
基本特征		矿体主要赋存于红花园组至汤头组间的 F_1 环形断裂破碎带中，并严格受断裂控制，矿床成因类型属中低温热液-岩溶淋积微细浸染型矿床，即卡林型金矿
成矿时代		燕山晚期
资料来源		《江苏省江宁县汤山矿区金矿普查评价报告》（江苏省地质矿局第一地质大队，1988）；《江苏省江宁县汤山金矿区黄栗墅矿段生产性地质勘探报告》（江苏省地质矿局第一地质大队，1998）
地质背景	赋矿构造单元	下扬子陆块宁镇断隆
	含矿地层	下奥陶统红花园组（灰岩）至中上奥陶统汤头组（泥灰岩）之间的环状断裂破碎带
	岩矿结构（矿化部位）	矿体产于 F_1 环形断裂破碎带中，由 17 个金矿体组成。除 3 号矿体产于 F_1 下盘以外，其余矿体均赋存于断裂带的泥状角砾岩及硅化岩中
矿床工业类型		金矿床

续表 5-79

矿体形态	透镜状、条带状
矿物组合	矿石矿物主要为自然金,次为黄铁矿、辰砂、褐铁矿、方铅矿、闪锌矿、黄铜矿、赤铁矿等;脉石矿物以水云母、蒙脱石、石英为主,次为高岭石、方解石、辰砂、重晶石、方解石
矿石结构构造	自形晶、半自形晶、微细粒、压碎及胶状结构。浸染状、角砾状、网脉状及蜂窝状构造
矿体结构	矿体走向上呈透镜体或条带状,倾向上呈上大下小的楔形或透镜体,矿体长短不一,产状与 F_1 环形断裂破碎带一致,倾向外侧,倾角较陡,矿体厚度变化大,品位较均匀
容矿围岩	下奥陶统红花园组碳酸盐岩地层为主要赋矿地层,岩性为白云质灰岩、泥灰岩、硅化岩、泥状角砾岩等
围岩蚀变	主要有硅化、次生石英岩化、褐铁矿化、黄铁矿化、赤铁矿化、重晶石化、萤石化、泥化
矿化分带	单一金矿(化)体,无分带性
蚀变分带	不明显
风化	矿体在地表为硅化岩金矿石或泥状角砾岩金矿石,因风化淋积,沿构造破碎带内矿石呈土状

表 5-80 汤山金矿床成因模式

名称		江苏省汤山微细浸染型(卡林型)金矿床
矿石成因类型		热液交代充填、岩溶淋积型
成矿期次		热液期-表生期
同位素特征	氧同位素	$\delta^{18}O$ 16.74‰~18.52‰
成矿环境	区域成矿构造背景	位于下扬子陆块宁镇断隆,汤仑复背斜弧形弯曲转折处的汤山短轴背斜。断裂构造发育,有环形断裂带、近南北向张性断裂、北西向和北东向扭性断裂、放射状断裂和隐伏断裂
	具体成矿环境	矿体产于下奥陶统红花园组(灰岩)至中上奥陶统汤头组(泥灰岩)之间的环状断裂破碎带内,矿体主要为含金泥状角砾岩和硅化岩,围岩为奥陶系红花园组白云质灰岩、泥灰岩等
成矿物质来源	金属	主要来自岩浆,部分来自下奥陶统红花园组碳酸盐岩地层
	络合物等	热水溶液中不断加入天水,通过红花园组灰岩时,与之进行组分交换,金以 AuS^-、$Au(S_2O_3)_2^{3-}$ 等络阴离子的形式被溶解活化
成矿流体		岩浆水和地层水、大气降水的混合体
成矿物理化学条件		①岩浆侵入,提供热源,热水溶液加天水,产生金络阴离子,形成上升的含矿热液,由于热量的散失及溶液中 pH 值和氧化还原电位的变化,金络合物被破坏,沿断裂带金自溶液中沉淀下来成矿。②岩溶和风化淋滤作用,形成含金胶粒溶液迁移,当氧化带介质条件改变,金胶粒发生凝聚作用而沉淀,被黏土矿物或胶状褐铁矿等吸附,形成浅部金的二次富集成矿。③对方解石的均一法包体测温为 110~258℃

(四)江苏省南京平山头银金矿

1. 矿床特征

该矿床位于宁镇断隆西端,栖霞山复式倒转背斜的南翼。矿区所见地层分上、下两个构造层。下构造层为志留纪至三叠纪海相、海陆交互相及陆相碳酸盐岩和碎屑沉积岩;上构造层为侏罗纪陆相碎屑沉积岩和陆相火山碎屑岩。二者呈高角度不整合接触。石炭系高骊山组粉砂岩,黄龙组含白云质灰岩、粗晶灰岩为主要赋矿地层,其次是二叠系栖霞组灰岩、侏罗系象山群砂岩(图 5-44)。区内构造主要是栖霞

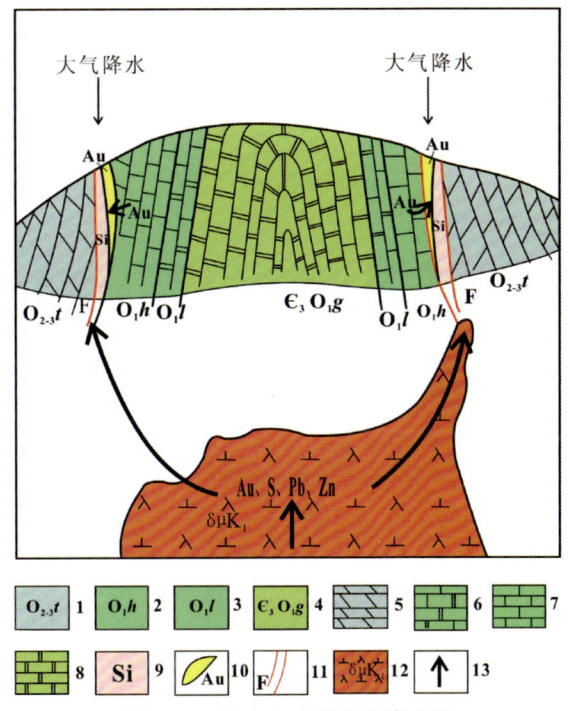

图 5-43 汤山金矿床成矿模式图

1.中上奥陶统汤头组;2.下奥陶统红花园组;3.下奥陶统仑山组;4.上寒武统—奥陶系观音台组;5.泥灰岩;6.白云质灰岩;7.灰岩;8.白云岩;9.硅化岩;10.金矿体;11.断裂带;12.闪长玢岩(燕山晚期);13.热液运移方向

山复式倒转背斜和北东东向纵向断裂、北西向横断裂,以及上、下构造层间的破碎不整合面。矿区内未见岩浆岩。围岩蚀变主要有硅化、碳酸盐化、锰矿化和褐铁矿化。

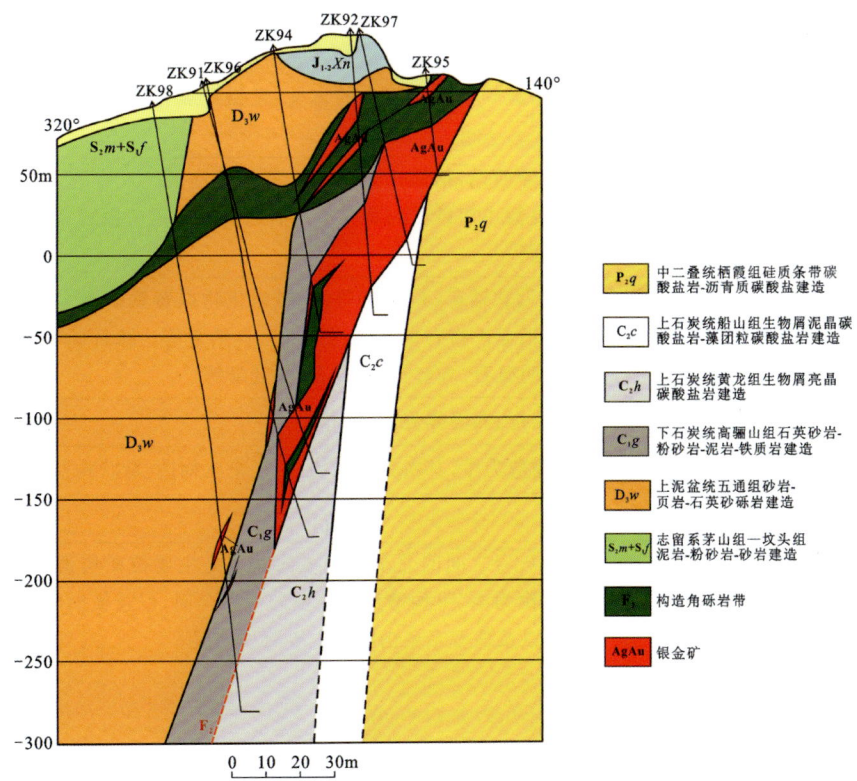

图 5-44 平山头银金矿床地质剖面图

金银矿体主要分布在复式倒转背斜南翼,受构造、层位、岩性、岩相控制。五通组、高骊山组砂岩与黄龙组灰岩之间的北东东向纵向断裂是主要控矿构造,具多期活动性和先压后张特征,其次为上、下构造层间的破碎不整合面,以及横向断裂构造、石炭系高骊山组与黄龙组层间破碎裂隙。矿体顶板为石炭系高骊山组砂岩,底部为黄龙组及二叠系栖霞组灰岩。在剖面上呈似层状,平面上呈串珠状、大透镜状。矿体走向长 700 余米,倾向延伸 30~312.5m,矿体厚 1~52.5m,平均厚 7.34m。矿石品位银为 $(51.5\sim1167)\times10^{-6}$,平均品位 236.51×10^{-6};金为 $(1.17\sim34.40)\times10^{-6}$,平均品位 2.36×10^{-6}。

金属氧化物以褐铁矿为主,其次为软锰矿、白铅矿等;金属硫化物以黄铁矿为主,其次为方铅矿、闪锌矿、黄铜矿等;银金矿物有自然银、辉银矿、自然金等。脉石矿物主要为石英、重晶石、黏土,其次为明矾石、方解石、高岭石、水云母等。

矿石结构有交代残余结构、粒状结构、固溶体分离结构,矿石构造以角砾状构造、土状构造、蜂窝状构造为主,其次为块状构造、浸染状构造、脉状构造。

矿床成因类型属氧化次生富集作用形成的铁锰帽型(风化淋滤)银金矿床。

2. 成矿要素

江苏省平山头新桥式铁矿帽型银金矿床成矿要素见表 5-81。

表 5-81 江苏省平山头新桥式铁矿帽型银金矿床成矿要素表

成矿要素		描述内容	成矿要素分类
地质环境	地层	分上、下两个构造层,下构造层为志留纪至二叠纪海相、海陆交互相及陆相碳酸盐岩和碎屑沉积岩;上构造层为侏罗纪陆相碎屑沉积岩和陆相火山碎屑岩。下石炭统高骊山组砂岩、中石炭统黄龙组灰岩是主要成矿围岩	必要
	岩浆岩	矿区内未见岩浆岩	重要
	成矿时代	喜马拉雅期	重要
	成矿环境	赋存于北东东向纵向断裂(发生在五通组、高骊山组砂岩与黄龙组灰岩之间)、北西向横断裂,以及上、下构造层间的破碎不整合面中的富金、银铅锌硫化物,经表生氧化作用和次生富集成矿	必要
	构造背景	位于下扬子陆块北东部,宁镇断隆西端,栖霞山复式倒转背斜的南翼。发育有北东东向纵向断裂(发生在五通组、高骊山组砂岩与黄龙组灰岩之间)、北西向横断裂,以及上、下构造层间的破碎不整合面	重要
矿床特征	矿物组合	金属氧化物以褐铁矿为主,其次为软锰矿、白铅矿等;金属硫化物以黄铁矿为主,其次为方铅矿、闪锌矿、黄铜矿等;银金矿物有自然银、辉银矿、自然金等。脉石矿物主要为石英、重晶石、黏土,其次为明矾石、方解石、高岭石、水云母等	重要
	结构	交代残余结构、粒状结构、脉状结构、固溶体分离结构	次要
	构造	角砾状构造、土状构造、蜂窝状构造为主,其次为块状构造、浸染状构造、脉状构造	次要
	蚀变	主要有硅化、褐铁矿化	重要
	控矿条件	五通组、高骊山组砂岩与黄龙组灰岩之间的北东东向纵向断裂是主要控矿构造,具多期活动性和先压后张特征,其次为上、下构造层间的断碎不整合面,以及横向断裂构造。石炭系高骊山组、黄龙组以及侏罗系象山群为主要赋矿地层	必要

3. 成矿模式

平山头银金矿床描述性模式见表 5-82,成因模式见表 5-83 和图 5-45。

表 5-82　平山头银金矿床描述性模式

名称	江苏省平山头铁帽型银金矿床	
基本特征	在富银、金铅锌硫化物的基础上,经表生氧化作用和次生富集而成。深部赋存有铅锌银硫化物矿体。矿体主要呈似层状赋存在纵向断裂中,其次呈透镜状赋存在上、下构造层间的断碎不整合面上,以及横向断裂和高骊山组、黄龙组层间破碎带中	
成矿时代	喜马拉雅期	
资料来源	《江苏省南京市栖霞山矿区平山头银金矿段详查地质报告书》(中国有色总公司华东地质勘探公司 810 队,1991)	
地质背景	赋矿构造单元	下扬子陆块,宁镇断隆西端
	含矿地层	石炭系高骊山组含碳质粉砂岩,黄龙组含白云质灰岩、粗晶灰岩;侏罗系象山群砂岩
	岩矿结构(矿化部位)	矿体赋存在纵向构造带、断碎不整合面及高骊山组、黄龙组、象山群中的层间破碎带
伴生矿床	铅、锌	
矿床工业类型	铁锰帽型银金矿床	
矿体形态	剖面上呈似层状,平面上呈串珠状、大透镜状	
矿物组合	金属氧化物以褐铁矿为主,其次为软锰矿、白铅矿等;金属硫化物以黄铁矿为主,其次为方铅矿、闪锌矿、黄铜矿等;银金矿物有自然银、辉银矿、自然金等。脉石矿物主要为石英、重晶石、黏土,其次为明矾石、方解石、高岭石、水云母等	
矿石结构	交代残余结构、粒状结构、脉状结构、固溶体分离结构,以角砾状构造、土状构造、蜂窝状构造为主,其次为块状构造、浸染状构造、脉状构造	
矿体结构	呈似层状、透镜状	
容矿围岩	石炭系高骊山组含碳质粉砂岩,黄龙组含白云质灰岩、粗晶灰岩;侏罗系象山群砂岩	
围岩蚀变	硅化、硫酸盐化、锰矿化和褐铁矿化	
矿化分带	不明显	
蚀变分带	不明显	
风化	风化强烈形成块状、蜂窝状铁帽,金在铁帽中富集	

表 5-83　平山头银金矿床成因模式

名称	江苏省平山头风化淋滤-次生富集型银金矿床	
矿石成因类型	热液充填、风化淋滤-次生富集	
成矿期次	热液期—表生期	
同位素特征	硫同位素(‰)	矿石总硫 $\delta^{34}S\sum S \approx 10$
	氧同位素(‰)	$H_2O\delta^{18}O$ 为 $-12.90 \sim +5.84$
	其他同位素(‰)	$\delta^{13}C$ 为 $-9.07 \sim +0.21$
成矿环境	区域成矿构造背景	位于下扬子陆块北东部,宁镇断隆西端,栖霞山复式倒转背斜的南翼。发生在五通组、高骊山组砂岩与黄龙组灰岩之间的纵向断裂,以及上、下构造层间的不整合面是主要控矿构造
	具体成矿环境	矿体主要赋存于纵向断裂中,其次为上、下构造层间的破碎不整合面,横向构造和高骊山组、黄龙组的层间破碎带也是控矿构造之一。高骊山组、黄龙组为主要赋矿地层

续表 5-83

成矿物质来源	金属	主要来自深部岩浆,部分来自地层
	络合物等	氧化条件下,金以$[Au(S_2O_3)_2]^{3-}$的形式迁移,在还原条件下,金发生沉淀
成矿流体		岩浆水、大气降水和地层水的混合水
成矿物理化学条件		中低温阶段,弱酸—弱碱性,弱氧化环境形成富银、金铅锌硫化物,经表生氧化作用风化淋滤和次生富集而成

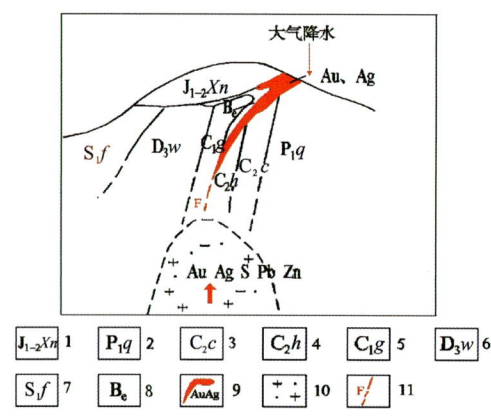

图 5-45 平山头银金矿床成矿模式图

1.中、下侏罗统象山群砂岩;2.下二叠统栖霞组;3.上石炭统船山组;4.上石炭统黄龙组;5.下石炭统高骊山组;
6.上泥盆统五通组;7.下志留统坟头组;8.构造角砾岩;9.金银矿体;10.推测燕山期中酸性岩体;11.断层

(五)江苏省溧阳土包山铁金矿

1. 矿床特征

该矿床位于溧阳火山岩盆地北东缘。地层从老至新为上泥盆统五通组中厚层状细粒石英砂岩、粉—细砂岩;下石炭统高骊山组中厚层中粒石英砂岩、砂质泥岩;中、上石炭统黄龙组+船山组细晶白云质大理岩、大理岩等;二叠系栖霞组厚层细晶大理岩及大理岩化灰岩;二叠系龙潭组薄层黏土岩及碳质页岩等。溧阳-南渡东西向断裂与溧阳-庙西北北东向断裂交会处的次一级断裂为主要控矿构造。侵入岩主要有燕山晚期石英闪长玢岩、花岗闪长岩两种,呈岩株状产出。铁金矿主要产于石英闪长玢岩与中、上石炭统黄龙组+船山组碳酸盐岩地层接触带矽卡岩中,少量产于岩体裂隙中(图 5-46)。铁、金矿体共生,界线不清楚,分布标高在$-190\sim-159$m 之间,矿体呈透镜状,近南北走向,长约 106m,宽 80m,厚度在 $4.83\sim15.50$m 之间,平均品位 Au 5.76×10^{-6},Fe 31%,矿石类型以磁铁矿型金矿石和磁铁矿黄铁矿型金矿石为主。

矿石矿物以自然金、磁铁矿为主,次为黄铁矿,少量的黄铜矿、磁黄铁矿、毒砂、褐铁矿、赤铁矿等。脉石矿物主要为方解石、石榴石、绿泥石、绿帘石、透辉石等。

矿石结构构造:以粒状变晶结构—自形变晶结构为主,镜下见填隙结构、嵌晶结构、粒状结构。金矿物多为填隙结构,充填在矿石裂隙中。块状构造为主,次为浸染状构造,部分为角砾状构造。

围岩蚀变有矽卡岩化、黄铁矿化、碳酸盐化、钠长石化、硅化、高岭土化、褐铁矿化等。矿化蚀变略具分带,矿体内部金矿化、磁铁矿化、黄铁矿化、碳酸盐化;矿体两侧矽卡岩化;岩体钠长石化、高岭石化。

成矿温度 $200\sim350$℃,弱氧化环境。据同位素分析,硫同位素 $\delta^{34}S$ 为 $0.87‰\sim+4.5‰$,石英氧同位素 $\delta^{18}O$ 为 $+10.11‰$。硫主要来自上地幔,成矿热液的水是以岩浆水为主的岩浆热液和大气降水的混合水。

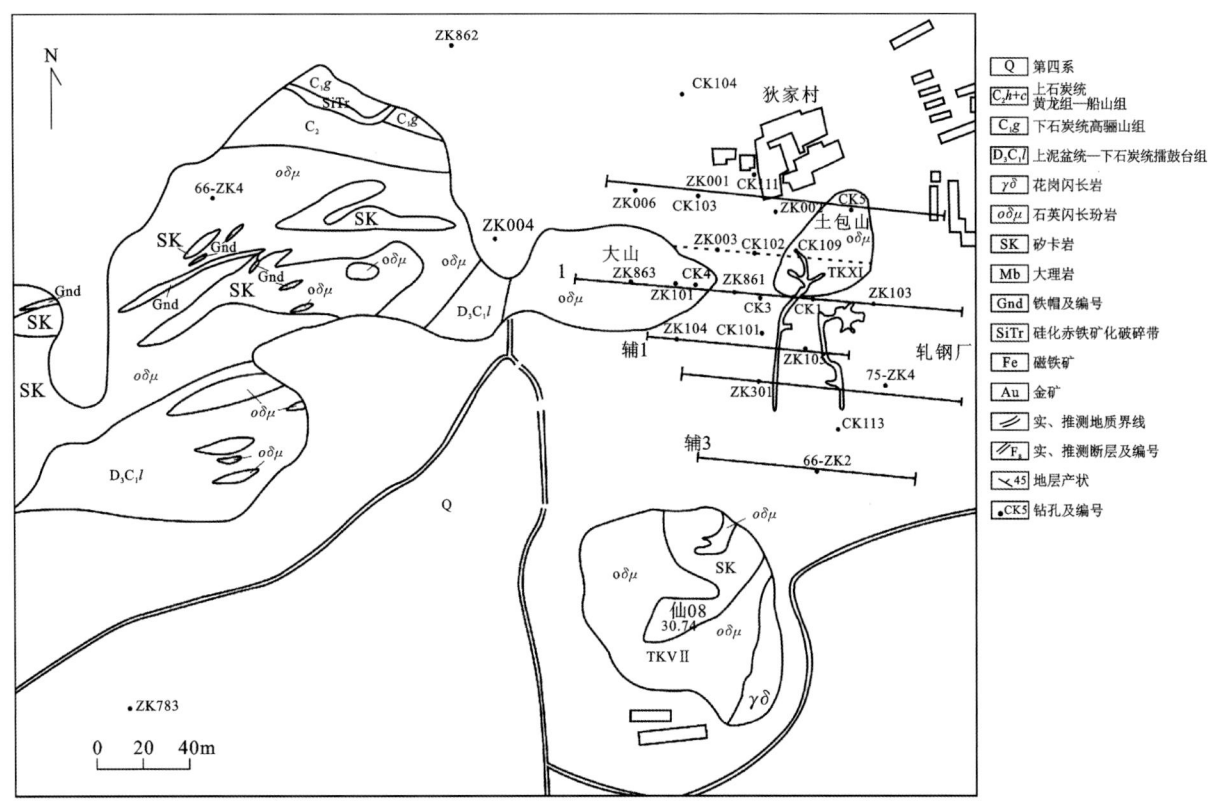

图 5-46　江苏省溧阳市土包山铁金矿床地质简图

矿床成因类型为接触交代矽卡岩型铁金矿床。

2. 成矿要素

江苏省土包山侵入岩体内及接触带型铁金矿成矿要素见表 5-84。

表 5-84　江苏省土包山侵入岩体内及接触带型铁金矿成矿要素表

成矿要素		描述内容	成矿要素分类
地质环境	地层	中、上石炭统黄龙组＋船山组	必要
	岩浆岩	燕山晚期侵入石英闪长玢岩、花岗闪长岩	必要
	岩石结构	斑状结构、中粗粒似斑状结构	次要
地质环境	成矿时代	燕山晚期	重要
	成矿环境	溧阳火山岩盆地北东部边缘，中酸性岩体（石英闪长玢岩、花岗闪长岩）与中、上石炭统黄龙组＋船山组碳酸盐岩地层接触部位	必要
	构造背景	位于下扬子陆块溧阳中生代火山岩盆地的北东缘；溧阳-南渡东西向断裂与溧阳-庙西北北东向断裂交会处的次一级断裂为主要控矿构造	重要

续表 5-84

成矿要素		描述内容	成矿要素分类
矿床特征	矿物组合	矿石矿物以自然金、磁铁矿为主,次为黄铁矿,少量的黄铜矿、磁黄铁矿、毒砂、褐铁矿、赤铁矿等。脉石矿物主要为方解石、石榴石、绿泥石、绿帘石、透辉石等	重要
	结构	粒状变晶结构—自形变晶结构为主,镜下见填隙结构、嵌晶结构、粒状结构。金矿物多为填隙结构,充填在矿石裂隙中	次要
	构造	主要为块状构造,次为浸染状构造,部分为角砾状构造	次要
	蚀变	矽卡岩化、黄铁矿化、碳酸盐化、钠长石化、硅化、高岭土化、褐铁矿化等	重要
	控矿条件	①控矿构造:溧阳-南渡东西向断裂与溧阳-庙西北北东向断裂交会处的次一级断裂。矿体受石英闪长玢岩与石炭纪碳酸盐岩地层接触带的控制。 ②控矿地层:矿体主要围岩为中、上石炭统黄龙组、船山组灰岩及矽卡岩,矿体主要产于矽卡岩中,少量产于岩体裂隙中。 ③岩浆岩条件:石英闪长玢岩、花岗闪长岩岩体提供了较为丰富的矿质来源和热动力条件	必要

3. 成矿模式

土包山铁金矿床描述性模式见表 5-85,成因模式见表 5-86 和图 5-47。

表 5-85　土包山铁金矿床描述性模式

名称	江苏省土包山侵入岩体内及接触带型铁金矿床	
基本特征	铁金矿主要产于石英闪长玢岩与上石炭统黄龙组＋船山组碳酸盐岩地层接触带,少量产于岩体裂隙中	
成矿时代	燕山晚期	
资料来源	《江苏省溧阳市野猫山-土包山金矿普查地质报告》(江苏省地质矿产局第二地质大队,1988)	
地质背景	赋矿构造单元	下扬子陆块,下扬子被动陆缘滆湖断块,溧阳火山断陷盆地的北东缘
	含矿地层	上石炭统黄龙组＋船山组
	岩矿结构（矿化部位）	中酸性岩体(石英闪长玢岩、花岗闪长岩)与上石炭统黄龙组＋船山组碳酸盐岩地层接触部位
伴生矿床	磁铁矿、硫铁矿	
矿床工业类型	铁金矿	
矿体形态	瘤状、透镜状、不规则脉状	
矿物组合	矿石矿物以自然金、磁铁矿为主,次为黄铁矿,少量黄铜矿、磁黄铁矿、毒砂、褐铁矿、赤铁矿等。脉石矿物主要为方解石、石榴石、绿泥石、绿帘石、透辉石等	
矿石结构	粒状变晶结构—自形变晶结构为主,镜下见填隙结构、嵌晶结构、粒状结构。金矿物多为填隙结构,充填在矿石裂隙中	
矿体结构	瘤状、透镜状、不规则形状	
围岩	上石炭统黄龙组＋船山组碳酸盐岩、石英闪长岩、花岗闪长岩	
围岩蚀变	矽卡岩化、钠长石化、高岭石化、碳酸盐化等	
矿化分带	不明显	
蚀变分带	矿体内部金矿化、磁铁矿化、黄铁矿化、碳酸盐化;矿体两侧矽卡岩化;岩体钠长石化、高岭石化	
风化	蜂窝状铁帽	

表 5-86 土包山铁金矿床成因模式

名称		江苏省土包山式矽卡岩型铁金矿
矿石成因类型		铁矿石为接触交代型,金为热液交代充填型
成矿期次		矽卡岩期—热液期
同位素特征	硫同位素(‰)	$\delta^{34}S$ 为 0.87～+4.5
	氧同位素(‰)	石英 $\delta^{18}O$ 为 +10.11
成矿环境	区域成矿构造背景	溧阳火山岩盆地边缘庙西-长荡湖构造岩浆带局部隆起地段
	具体成矿环境	中酸性岩体(石英闪长玢岩、花岗闪长岩)与上石炭统黄龙组+船山组碳酸盐岩地层接触部位
成矿物质来源	金属	岩浆源
成矿流体		岩浆水为主的岩浆水和大气降水的混合水
成矿物理化学条件		成矿温度 200～350℃,弱氧化环境

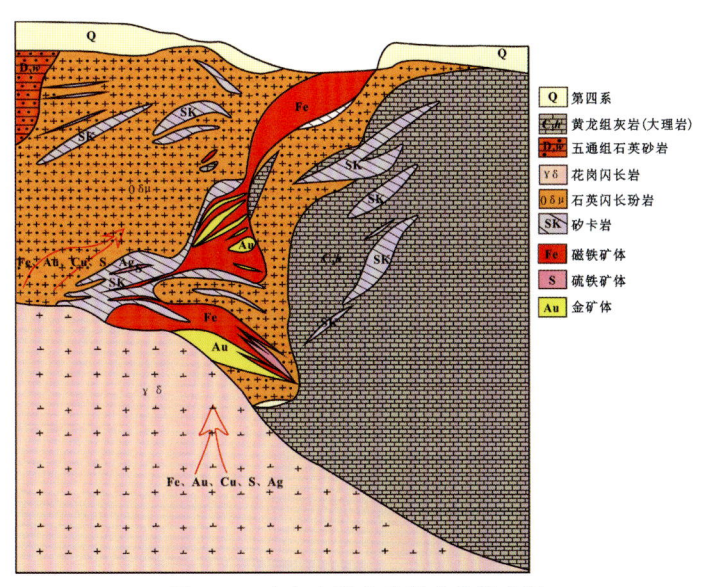

图 5-47 土包山铁金矿床成矿模式图

五、钼矿典型矿床及成矿规律

江苏省钼矿已知矿产地较少,矿床类型以矽卡岩型和斑岩型为主。矽卡岩型钼矿以句容铜山钼铜矿为代表,斑岩型钼矿则以镇江谏壁钼(钨)矿最为典型。

(一)江苏省句容市铜山钼铜矿床

1. 矿床特征

该矿床位于下扬子陆块宁镇断隆的中部,龙(潭)-仓(头)复背斜东段南翼。上泥盆统五通组,二叠系栖霞组、孤峰组、龙潭组、大隆组,下三叠统青龙组均有出露,栖霞组为矿区主要赋矿层位。侵入岩为燕山晚期黑云母石英闪长岩,与成矿关系密切。矿区位于龙(潭)-仓(头)复背斜东段南翼,呈一向南西倾斜的单斜构造,由于受黑云母石英闪长岩体的侵入影响,矿区内地层走向自西向东,由北西西为转向近东西向,再拐为北东东向,为一顶部向南凸出的弧形构造,矿区位于弧顶部位(图5-48)。发育于上泥盆统五通组与二叠系层间的纵向逆断层为矿区控矿构造,侵入接触带为控矿、容矿构造。矿区内钼铜矿体主要赋存于岩体与二叠系栖霞组大理岩接触的矽卡岩带中,少部分赋存于蚀变黑云母石英闪长岩中。矿体在矽卡岩中大致平行排列,其产状受矽卡岩控制,矽卡岩又受接触带控制。矿区中段接触带产状变化较大,沿倾向大致呈"S"形,钼铜矿体一般富集于接触带产状较缓的部位(图5-49)。当接触带陡立,或向北倾斜时矽卡岩厚度虽大,但矿体很小,当接触带向南缓倾时,则矿体厚大,且品位较富。矿区中部矿体走向近东西,南倾,倾角一般40°~60°,局部为70°~80°。

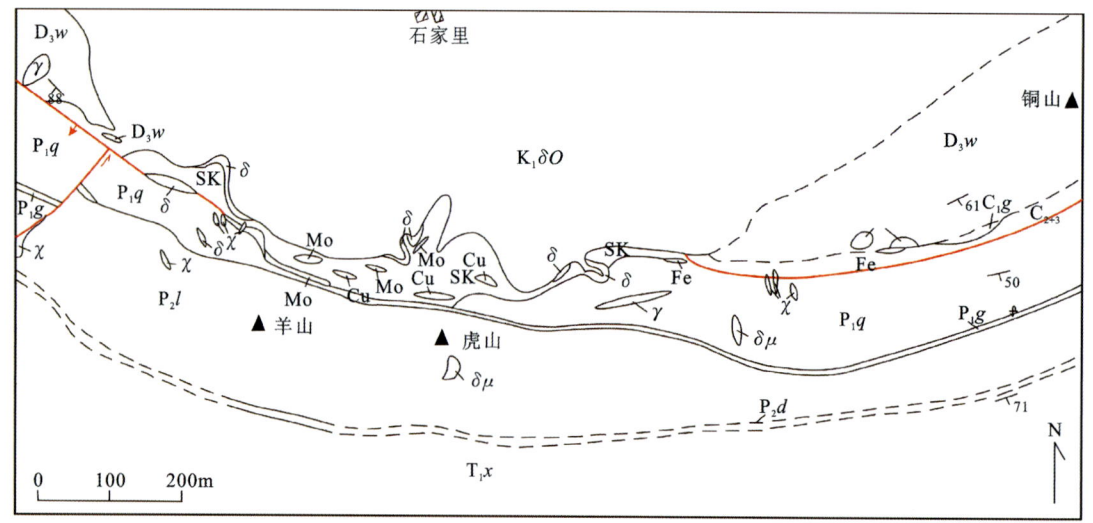

图5-48 铜山钼铜矿床地质简图

1.下青龙组;2.大隆组;3.龙潭组;4.孤峰组;5.栖霞组;6.黄龙组、船山组(并层);7.高骊山组;8.五通组;9.斑状石英闪长岩;10.闪长岩(脉);11.闪长玢岩(脉);12.花岗石(脉);13.煌斑岩脉;14.矽卡岩;15.铁矿体;16.铜矿体;17.钼矿体

含矿矽卡岩带长约1000m,根据矿体在矽卡岩中的部位可将矽卡岩含矿带分为上、下两个部位:上部含矿带,矿体以钼铜矿化为主,伴生有金。主要赋存于钙铝(钙铁)榴石矽卡岩和透辉石矽卡岩带中,或者位于矽卡岩与孤峰组硅质角岩、栖霞组大理岩之间。矿化较为稳定,呈透镜状、似层状平行排列,局部有分叉现象,矿体规模较大。其中规模较大的1号钼铜矿体产于含透辉石钙铝榴石矽卡岩中,走向延长400余米,倾向最大延深538m,平均厚7.37m。2号钼铜矿体产于透辉石石榴石矽卡岩中,走向延长450m,倾向最大延深500m以上,平均厚5.76m。下部含矿带以钼矿化为主,局部有白钨矿化。矿体位于内接触带内、正接触带部位或蚀变闪长岩中。矿化不稳定,矿体形态为透镜状,厚度和品位变化均较大。其中以3号矿体最大,矿体沿走向和倾向多随接触面变化,长350m,延深200m左右,均厚8.07m。

主要金属矿物具自形—半自形晶粒状结构、充填结构、嵌晶结构、固熔体分离结构和交代残余结构,浸染状、团斑状、细脉浸染状、压碎状、脉状、薄膜状构造。矿石按有用组分可分为铜矿石、钼矿石、铜钼混合型矿石3种类型。

矿石矿物以黄铜矿、辉钼矿为主,次为磁铁矿、磁黄铁矿、黄铁矿、白钨矿,少量闪锌矿、白铁矿。脉石矿物以石榴石、透辉石为主,次为斜长石、透闪石、方柱石,少量绿帘石、阳起石、角闪石、绿泥石、石英等。

钼矿石主要矿物组合:①辉钼矿-黄铁矿-矽卡岩矿物及热液蚀变矿物;②辉钼矿-矽卡岩矿物及热液蚀变矿物。

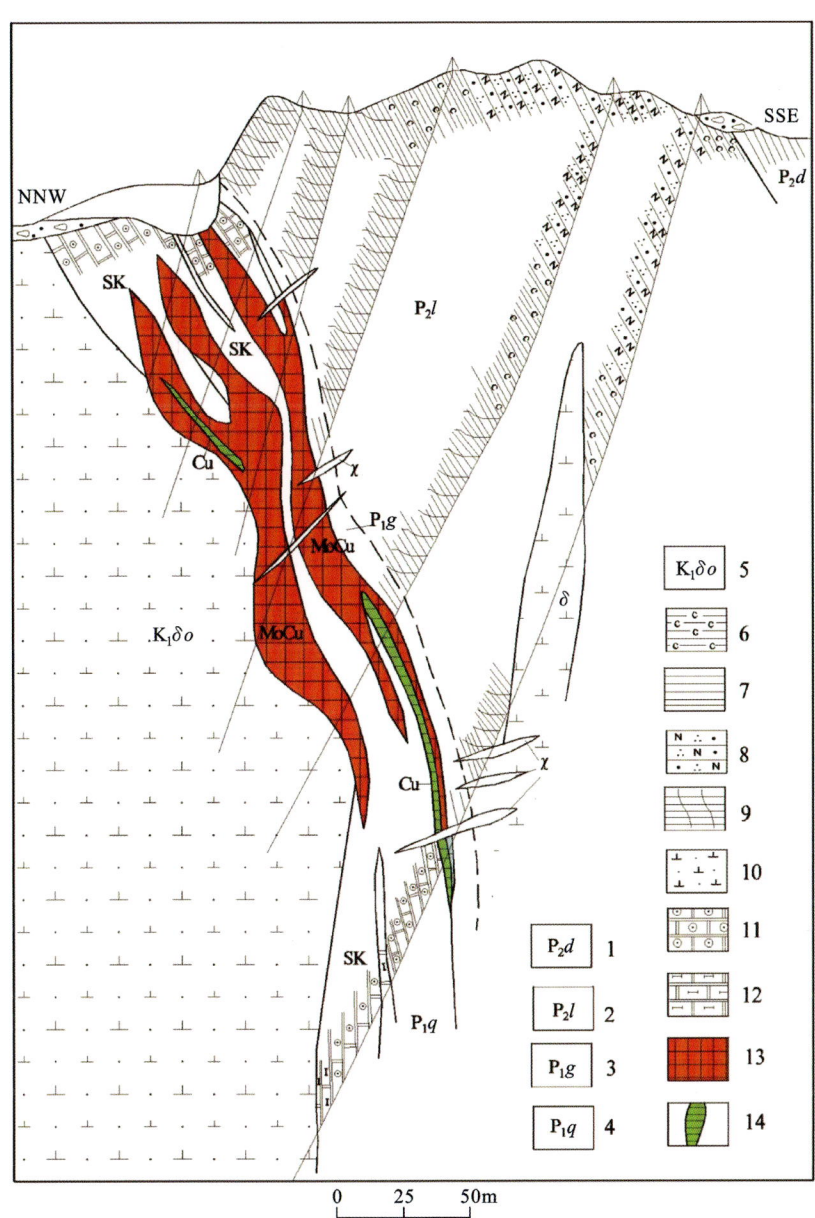

图 5-49 句容市铜山钼铜矿床地质剖面图

1.二叠系大隆组;2.二叠系龙潭组;3.二叠系孤峰组;4.二叠系栖霞组;5.燕山晚期(斑状)石英闪长岩;6.碳质页岩;7.页岩夹硅质页岩;8.长石石英砂岩;9.角岩;10.(斑状)石英闪长岩;11.石榴石矽卡岩;12.透辉石矽卡岩;13.钼铜矿体;14.铜矿体

铜矿石主要矿物组合:①黄铜矿-黄铁矿-矽卡岩矿物及热液蚀变矿物;②黄铜矿-磁铁矿-磁黄铁矿-黄铁矿-闪锌矿-矽卡岩矿物及热液蚀变矿物;③局部地段辉铜矿、斑铜矿、铜蓝沿黄铜矿的边缘进行交代,黝铜矿和黄铜矿成连晶。

铜钼混合型矿石主要矿物组合:①辉钼矿-黄铜矿-磁黄铁矿-闪锌矿-矽卡岩矿物及热液蚀变矿物;②辉钼矿-黄铜矿-黄铁矿-闪锌矿-矽卡岩矿物及热液蚀变矿物。

矿体品位变化较大,主要铜矿体平均含铜 1.38%~1.82%;钼矿体含钼 0.155%~0.335%;铜钼混合型矿体中的铜品位 0.34%~0.67%,钼品位为 0.029%~0.075%,局部地段钨平均含量可达 0.1%~1.538%。单工程平均品位铜可高达 4.74%,钼可高达 0.807%。矿石中有金伴生,其中 2 号矿体钼矿石中含金可高达 1.43×10^{-6},在无矿矽卡岩中也含有少量的金。

矿床成因属矽卡岩型钼铜矿床。矿床形成于中深环境和高—中温条件下。成矿时代为燕山晚期

(106±3Ma,辉钼矿 Re-Os;王立本等,1997)。

2. 成矿要素

江苏省铜山矽卡岩型钼铜矿床成矿要素见表 5-87。

表 5-87　江苏省铜山矽卡岩型钼铜矿床成矿要素表

成矿要素		描述内容	成矿要素分类
地质环境	地层	二叠系栖霞组为主要赋矿地层	必要
	侵入岩	燕山晚期花岗闪长斑岩、斑状石英闪长岩等中酸性岩体	必要
	成矿时代	燕山晚期(106±3Ma,辉钼矿 Re-Os;王立本等,1997)	重要
	成矿作用	在高—中温条件下,燕山晚期岩浆活动所产生的斑状石英闪长岩侵入体与二叠系栖霞组碳酸盐岩接触后,发生交代作用形成矽卡岩及钼铜矿	重要
	成矿环境	发育于上泥盆统五通组与下二叠统栖霞组之间纵向逆断层(F_1)是主要导矿和容矿构造	重要
	构造背景	下扬子陆块宁镇断隆中段北缘的龙潭–仓头复背斜南翼	重要
矿床特征	矿物组合	矿石矿物主要为黄铜矿、辉钼矿,次要为磁铁矿、磁黄铁矿、黄铁矿;脉石矿物主要为石榴石、透辉石,次要为斜长石、方柱石、方解石、绿帘石、阳起石、角闪石	次要
	矿石结构构造	矿石结构主要为自形—半自形粒状结构、他形粒状结构、骸晶结构、交代残余结构、溶蚀结构;矿石构造主要为浸染状构造、细脉浸染状构造、团块状构造	次要
	蚀变	与钼矿化有关的蚀变主要有矽卡岩化、绿帘石化、硅化、钠长石化	重要
	控矿条件	成矿有利围岩地层:二叠系栖霞组碳酸盐岩地层;发育于上泥盆统五通组与下二叠统栖霞组之间纵向逆断层(F_1)是主要导矿和容矿构造;燕山晚期斑状石英闪长岩等中酸性岩体为成矿母岩	必要

3. 成矿模式

铜山钼铜矿床描述性模式见表 5-88,成因模式见表 5-89 和图 5-50。

表 5-88　铜山钼铜矿床描述性模式

名称		江苏省铜山铜山式矽卡岩型钼铜矿床
基本特征		燕山晚期岩浆活动所产生的花岗闪长斑岩(斑状石英闪长岩)侵入体与二叠系栖霞组碳酸盐岩地层接触交代形成的矽卡岩型钼铜矿
成矿时代		燕山晚期(106±3Ma,辉钼矿 Re-Os;王立本等,1997)
资料来源		《江苏省句容县铜山铜钼矿区(中段)地质勘探最终报告》(江苏省地质局第三地质队,1964);《江苏省铜山铜钼矿资源储量核查报告》(江苏省地质矿产局第三地质大队,2010)
地质背景	赋矿构造单元	下扬子陆块宁镇断隆中段
	含矿地层	二叠系栖霞组碳酸盐岩地层
	岩矿结构(矿化部位)	矿区内钼铜矿体主要赋存于岩体与二叠系栖霞组碳酸盐岩接触带矽卡岩中,少部分赋存于蚀变黑云母石英闪长岩中
共、伴生矿床		铜、铼

续表 5-88

矿床工业类型	钼铜矿
矿体形态	似层状、透镜状
矿物组合	矿石矿物主要为黄铜矿、辉钼矿,次要为磁铁矿、磁黄铁矿、黄铁矿; 脉石矿物主要为石榴石、透辉石,次要为斜长石、方柱石、方解石、绿帘石、阳起石、角闪石
矿石结构	自形—半自形粒状结构、他形粒状结构、骸晶结构、交代残余结构、溶蚀结构
矿体产状	似层状、透镜状,走向近东西,南倾
围岩	红柱石角岩、硅质岩、大理岩、透辉石石榴石矽卡岩,以透辉石石榴石矽卡岩为主
围岩蚀变	与钼矿化有关的蚀变主要有绿帘石化、硅化、钠长石化
矿化分带	根据矿体在接触带中的部位不同,可将矿化带分为上、中、下 3 个部位:①上部含矿带,矿体位于外矽卡岩中或者位于外矽卡岩与孤峰组硅质角岩接触带附近。矿化较稳定,矿体呈似层状,矿体规模较大,以钼或铜钼矿化为主,伴有金矿化。②中部含矿带,矿体赋存于石榴石透辉石矽卡岩(局部残留有栖霞组条带状大理岩)之中。矿化较稳定,以似层状、透镜状为主,矿体在走向和倾向方向均有分叉、尖灭现象。以铜钼矿化为主,0 线附近磁铁矿化明显且伴有金矿化。③下部含矿带,矿体位于内矽卡岩带(蚀变黑云母石英闪长岩)中,矿化不稳定,矿体形状为透镜状,其厚度、品位变化均较大。以钼或铜钼矿化为主,局部有白钨矿化
蚀变分带	无明显分带

表 5-89 铜山钼铜矿床成因模式

名称	江苏省铜山铜山式矽卡岩型钼铜矿床	
矿床成因类型	接触交代矽卡岩型钼铜矿床	
成矿期次	矽卡岩期—热液期	
同位素特征	硫同位素(‰)	$\delta^{34}S$ 0.57~7.41
	氧同位素(‰)	石英 $\delta^{18}O$ +6.29~7.73
成矿环境	区域成矿构造背景	下扬子陆块宁镇断隆中段北缘的龙潭-仓头复背斜南翼
	具体成矿环境	发育于上泥盆统五通组与下二叠统栖霞组之间纵向逆断层是主要导矿构造,铜钼矿体主要赋存于斑状石英闪长岩体与二叠系栖霞组碳酸盐岩接触带矽卡岩中,少部分赋存于蚀变黑云母石英闪长岩中
成矿物质来源	金属	来源于深部岩浆
成矿流体	岩浆水为主	
成矿物理化学条件	成矿温度 260~350℃,盐度为 8.6%~30%。弱酸—弱碱性,弱氧化环境	

(二)江苏省镇江谏壁钼(钨)矿床

1. 矿床特征

该矿床位于宁镇山脉东段垾(垾城)-孟(孟河)复背斜的北西倾没部位。矿区第四系分布广泛,基岩出露零星,主要出露地层为下震旦统黄墟组千枚岩、角岩化和千枚岩化泥质粉砂岩、绢云母化粉砂岩,碳质页岩、白云质灰岩、白云岩;上震旦统灯影组厚层状间夹薄层状灰岩、白云岩、厚层状大理岩化白云质灰岩,该层与赋矿的二长花岗岩呈侵入接触;上奥陶统—下志留统高家边组中厚层状绢云母化泥岩、泥质粉砂岩等。

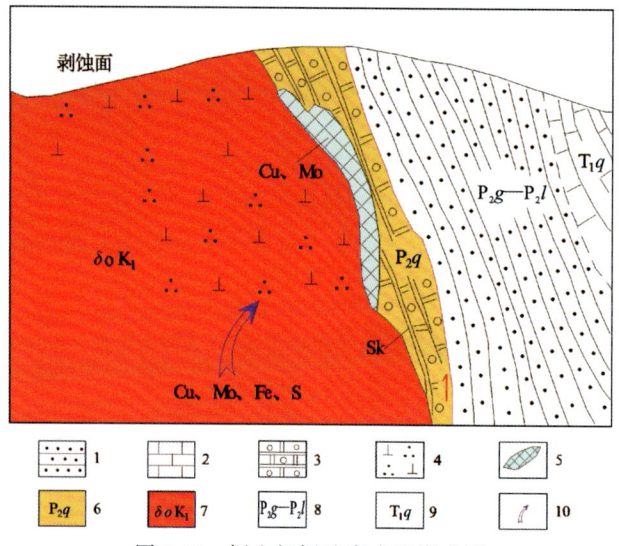

图 5-50 铜山钼铜矿床成矿模式图

1.砂岩;2.灰岩;3.矽卡岩;4.石英闪长岩;5.钼、铜矿体;6.二叠系栖霞组;7.早白垩世石英闪长岩;
8.二叠系孤峰组—龙潭组;9.三叠系青龙组;10.热液运移方向

区内岩浆活动频繁,分布广泛,形成一套同源不同期次的中酸性杂岩体,它们在空间上紧密相连,成因上密切相关。岩性以二长花岗岩为主,其次为多种脉岩。二长花岗岩体具有中等剥蚀深度,属中深成相,燕山晚期产物(Rb-Sr 等时线年龄 113Ma),为本区钼(钨)矿成矿母岩。

矿区断裂构造发育,大体上可划分为:近东西向、北西向、北东向及岩体内部近于东西向羽状构造裂隙带。近东西向断裂为纵向北倾之逆断层,断层上盘为黄墟组,下盘为灯影组。该断裂为导岩、导矿构造。北西向断裂构造为一南倾的逆断层,黄墟组逆覆于灯影组之上。岩体内部近于东西向展布的羽状构造裂隙带为本区钼(钨)矿体的成生提供了容矿空间,控制了钼(钨)矿体的展布。

钼(钨)矿主要赋存于二长花岗岩中,部分产于接触带中,极零星见于外接触带的围岩中。矿体受控于构造羽裂带,多呈侧列式的群脉,不连续分布(图 5-51)。已控制矿脉总体分布范围断续长 2000m,宽 1400m,矿体总体走向北西西,倾向南南西,倾角 30°～35°。

主要矿体大致分为上、下两段:上段埋深标高为－300～－50m,下段埋深标高为－800～－350m。

矿体(矿化体)单层厚 0.5～23.25m,一般厚 2～10m,矿脉群(矿体)长度最大达 590m,一般长数十米至百余米,延伸 100～300m。

Mo 的单样品位最高达 0.767%,工业矿石平均品位 0.120%;低品位矿石平均品位 0.037%;WO_3 单样品位最高为 0.544%,工业矿石平均品位 0.18%,低品位矿石平均品位 0.12%。深部矿体有厚度增大品位变富的趋势。钨矿主要分布在靠近岩体与围岩接触带附近的上段。

钼(钨)和石英脉的关系密切,主要呈星点、斑点及细脉状沿石英细脉或小脉脉壁产出,或浸染于石英大脉中,部分则呈星点及细脉浸染于靠近石英脉的围岩中,局部地段的钼(钨)矿体(矿化体)则产于矽卡岩中。

石英脉幅一般为 0.2～1.5cm,部分为 2～3cm,少部分脉幅为 5cm 至数十厘米,最大脉幅达 2.47m。多呈不规则细脉、小脉状产出,呈侧幕式,具有分支复合现象。

从单个矿体对应来看,无任何标志层可寻,但受控于构造羽裂带,多呈侧列式的群脉,不连续分布,根据矿脉较集中产出部位和空间位置与规模大致划分为两个主矿体(矿脉群)及 13 个小矿体。

矿石矿物:主要为辉钼矿,其次为白钨矿,少量黄铜矿。伴生矿物主要有黄铁矿,其次为磁铁矿、镜铁矿、假象赤铁矿,局部见少量磁黄铜矿、斑铜矿、方铅矿、闪锌矿、穆磁铁矿、辉铋矿、斜方辉铅铋矿。

脉石矿物:石英、钾长石、石榴石、透辉石、黑云母、楣石、褐帘石、磷灰石、方解石、绿帘石、绿泥石。

矿石结构:辉钼矿呈半自形—自形晶粒状结构,叶片状、菊花状、粉末状结构;白钨矿呈自形—半自

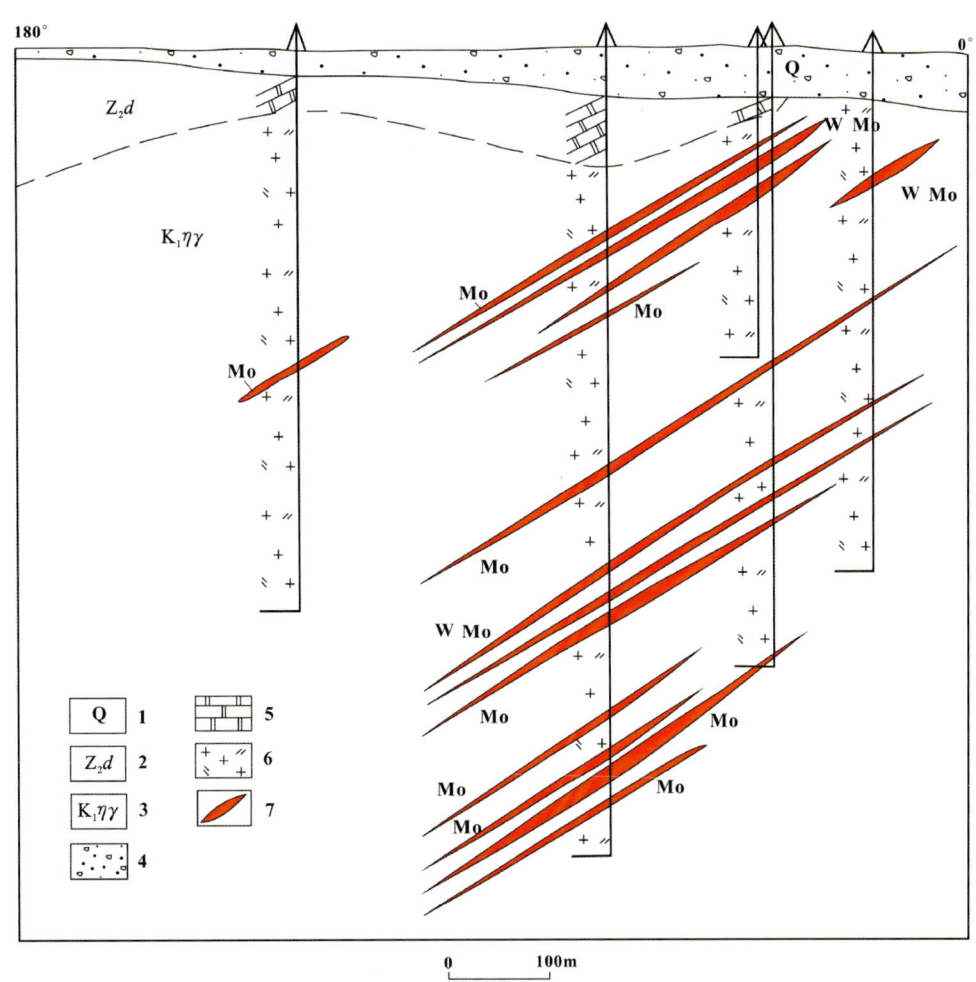

图 5-51 谏壁钼(钨)矿区 0 线地质剖面图

1.第四系;2.震旦系灯影组;3.燕山晚期二长花岗岩体;4.浮土;5.白云岩;6.二长花岗岩;7.钼(钨)矿体

形晶粒结构。

矿石构造:

(1)细粒浸染状构造。辉钼矿呈细粒星点状(少量为叶片状)稀疏浸染于二长花岗岩中,往往分布于次生石英团块旁侧,石英粒间及石英颗粒微细裂隙内。局部地段见细粒白钨矿呈星散状浸染于矽卡岩中。

(2)细脉状构造。辉钼矿沿次生石英脉与二长花岗岩接触部位、石英脉内部裂隙及二长花岗岩内部裂隙充填成不规则细脉状。

(3)网脉状构造。次生石英脉和二长花岗岩呈碎裂状,形成不规则网脉状裂隙,辉钼矿沿此裂隙充填呈不规则网脉状。

(4)斑点状—不规则团块状构造。辉钼矿主要沿次生石英脉内部裂隙充填,与磁铁矿伴生呈斑点状—团块状。二长花岗岩内见有少量辉钼矿、黄铁矿、黄铜矿呈细粒浸染状和星点状分布。

矿石矿物共生组合:

(1)黄铜矿、黄铁矿、白钨矿、辉钼矿与石英、钾长石组合。

(2)黄铜矿、黄铁矿、磁铁矿、白钨矿、辉钼矿与矽卡岩组合。

(3)黄铜矿、黄铁矿、辉钼矿与石英、钾长石组合。

矿石的有用组分以钼为主,次为钨,局部见有铜、银、铋、铅、锡等矿化。

Mo:一般品位为 0.03%~0.12%,最高为 0.77%。钼工业矿体平均品位为 0.120%,低品位矿体平均品位为 0.037%。

WO_3:一般品位为 0.1%～0.4%,最高为 0.54%。工业矿体平均品位为 0.18%,低品位矿体平均品位为 0.12%。

Cu:局部矿化一般含量为 0.014%～0.089%,最富达 0.381%。

Bi:局部矿化一般含量为 0.001%～0.008%,最富达 0.030%。

Ag:零星见有,含量为 $(-2\sim0.8)\times10^{-6}$。

矿石的自然类型:辉钼矿石、黄铜辉钼矿石、白钨辉钼矿石、白钨矿石。

围岩蚀变分带较明显,可分为正接触带、内接触带、内带。正接触带中透辉石、透闪石、石榴石矽卡岩与 W、Mo、Cu 关系密切,但连续性差;内接触带硅化、钾长石化、绿泥石化在空间上与矿化关系密切;内带钾长石化、钠长石化与白钨矿化空间关系较为密切。

本矿床主要产于岩体(少量产于接触带及围岩)中,受控于构造羽裂带,其产出形态特征及赋存空间具有斑岩型矿床的特点。

2. 成矿要素

江苏省谏壁斑岩型钼(钨)矿床成矿要素见表 5-90。

表 5-90　江苏省谏壁斑岩型钼(钨)矿床成矿要素表

成矿要素		描述内容	成矿要素分类
地质环境	地层	震旦系黄墟组、灯影组	必要
	侵入岩	燕山晚期中酸性侵入岩体,岩性主要为二长花岗岩、二长花岗斑岩、石英二长斑岩	必要
	成矿时代	燕山晚期(磷灰石 Rb-Sr 等时线年龄为 113Ma)	重要
	成矿作用	主要为二长花岗岩、二长花岗斑岩等中酸性岩体与震旦纪碳酸盐岩接触,产生不同程度的接触交代作用和热变质作用,在接触带附近的岩体内(少部分产于接触带),形成斑岩型钼(钨)矿(由微细脉组成的脉群)	重要
	成矿环境	近东西向、北西向、北东向断裂构造为区内导岩导、矿构造,岩体内部近于东西向羽状构造裂隙带是主要赋矿空间,少量矿体赋存于接触带	重要
	构造背景	下扬子陆块宁镇断隆东段,埤(埤城)-孟(孟河)复背斜的北西倾没部位	重要
矿床特征	矿物组合	矿石矿物:主要为辉钼矿,其次为白钨矿,少量黄铜矿。脉石矿物:石英、钾长石、石榴石、透辉石、黑云母、榍石、褐帘石、磷灰石、方解石、绿帘石、绿泥石	次要
	矿石结构构造	矿石结构:辉钼矿呈半自形—自形晶、叶片状、菊花状、粉末状结构。矿石构造:细粒浸染状构造、细脉状构造、网脉状构造、斑点状—不规则团块状构造	次要
	围岩蚀变	正接触带:透辉石化、透闪石化、石榴石化、矽卡岩化。内接触带:硅化、钾长石化、绿泥石化。内带:钾长石化、钠长石化	重要
	控矿条件	近东西向、北西向、北东向断裂构造为区内导岩、导矿构造;燕山晚期中酸性岩体,主体以二长花岗岩、二长花岗斑岩、石英二长斑岩为成矿岩体;与岩体接触地层为震旦系黄墟组、灯影组碳酸盐岩;钼(钨)赋存于接触带附近的岩体内,岩体内部近于东西向羽状构造裂隙带是主要储矿空间,少量矿体赋存于接触带	必要

3. 成矿模式

谏壁钼(钨)矿床描述性模式见表 5-91,成因模式见表 5-92 和图 5-52。

表 5-91 谏壁钼(钨)矿床描述性模式

名称	江苏省谏壁谏壁式斑岩型钼(钨)矿	
基本特征	矿体赋存于二长花岗岩中,部分产于接触带中,极零星见于外接触带的围岩中,属于斑岩型钼(钨)矿	
成矿时代	燕山晚期(磷灰石 Rb-Sr 等时线年龄为 113Ma)	
资料来源	《江苏省镇江市谏壁钨钼矿床普查评价地质报告》(中国有色金属工业总公司华东地质勘探公司 813 队,1985);《江苏省镇江市谏壁钨钼矿区资源储量核查报告》(江苏省地质调查研究院,2010)	
地质背景	赋矿构造单元	下扬子陆块宁镇断隆东段
	含矿地层	震旦系黄墟组、灯影组
	岩矿结构(矿化部位)	矿体主要产于正接触带下 200~500m 岩体内,少量分布于接触带附近
伴生矿床	钨矿	
矿床工业类型	钼(钨)矿	
矿体形态	星点状、细脉状、浸染状	
矿物组合	矿石矿物主要为辉钼矿,其次为白钨矿,少量黄铜矿。 脉石矿物:石英、钾长石、石榴石、透辉石、黑云母、榍石、褐帘石、磷灰石、方解石、绿帘石、绿泥石	
矿石结构	半自形—自形晶状,叶片状,菊花状,粉末状	
矿体结构	侧列式的群脉状,不连续分布	
围岩	震旦系黄墟组、灯影组碳酸盐岩,二长花岗岩	
围岩蚀变	透辉石化、透闪石化、石榴石化、矽卡岩化、硅化、钾长石化、绿泥石化、白钨矿化	
矿化分带	无明显分带	
蚀变分带	正接触带透辉石化、透闪石化、石榴石化、矽卡岩化;内接触带硅化、钾长石化、绿泥石化;内带钾长石化、钠长石化	
风化	本矿床为隐伏矿体,矿体埋深一般大于 50m,未发生风化作用	

表 5-92 谏壁钼(钨)矿床成因模式

名称	江苏省谏壁谏壁式斑岩型钼(钨)矿	
矿床成因类型	斑岩型钼(钨)矿	
成矿期次	热液期	
同位素特征	硫同位素(‰)	$\delta^{34}S$ 为+5.3~+6.3
成矿环境	区域成矿构造背景	下扬子陆块宁镇断隆东段,坤(埠城)-孟(孟河)复背斜的北西倾没部位
	具体成矿环境	近东西向、北西向、北东向断裂构造为区内导岩、导矿构造,岩体内部近于东西向羽状构造裂隙带是主要赋矿空间,少量矿体赋存于接触带
成矿物质来源	金属	来源深部岩浆
成矿流体	岩浆热液为主	
成矿物理化学条件	包裹体均一法测温结果,主要成矿温度为 250~330℃,总盐度为 33.5%~36%	

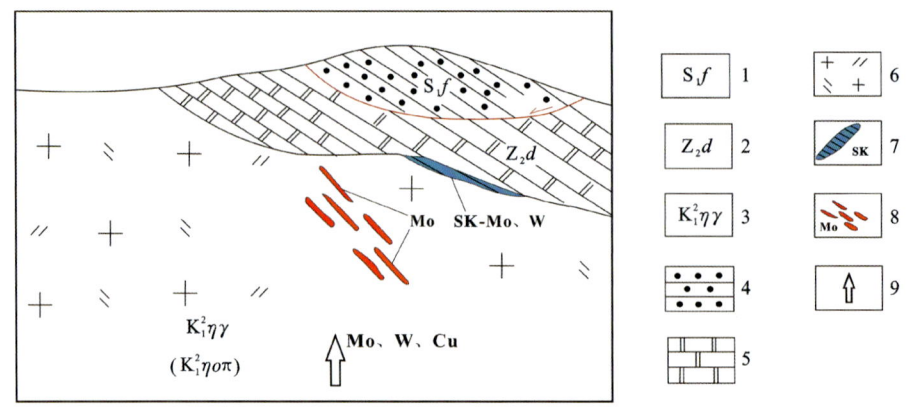

图 5-52 谏壁钼(钨)矿床成矿模式图

1.下志留统坟头组；2.震旦系灯影组；3.燕山晚期二长花岗岩；4.砂岩；5.白云岩；6.二长花岗岩；
7.含钼(钨)矿矽卡岩；8.钼矿体；9.含矿热液运移方向

六、磷矿典型矿床及成矿规律

海州式沉积变质型磷矿为江苏省最重要的磷矿类型，占全省磷矿查明资源总量的90％以上，其次为玢岩型(次火山热液型)，为与玢岩型铁矿共生的内生磷矿。选择连云港锦屏磷矿、南京泰山铁磷矿作为全省磷矿典型矿床。

(一)江苏省连云港锦屏磷矿床

1. 矿床特征

该矿床位于秦祁昆造山系大别-苏鲁造山带苏鲁高压—超高压变质带南部，其西为郯庐深大断裂，南部为响水口-淮阴断裂。二级构造主要为北北东向海-泗断裂和北东向邵-桑断裂。矿区处于北北东向锦屏倒转背斜倾伏端。锦屏岩群、云台岩群构成倒转背斜的两翼，磷矿层赋存于锦屏岩群中，锦屏岩群呈弧形展布。矿区断裂构造以纵向逆断层为主，小的褶皱、节理、劈理等小构造也很发育(图5-53)。

磷矿层位于锦屏岩群的上部及下部，矿层不连续且有分层。一般矿层产于大理岩、云母片岩中，与围岩呈过渡关系，产状与围岩基本一致。矿区可分3个矿段：西山矿段、东山矿段、陶湾矿段。西山矿段以下矿层为主，位于倒转背斜倾没端的西侧，为北西翼唯一发现磷矿的地段。矿体为似层状，距底板2～16m，长2071m，延深大于450m，厚5～35m。沿走向变化较大，而沿倾向较为稳定。东山矿段以上矿层为主，位于倒转背斜倾没端的东侧。上矿层矿体呈透镜状，底板160m，长961m，延深大于430m，矿体厚度变化较大，呈多层出现，矿层最大厚度可达46m，平均厚30m；下矿层呈透镜状，长约380m，延深在230m以上。陶湾矿段有上、下两个矿层，以上矿层为主。上矿层见4条矿体，以1号矿规模最大，长1340m，最大厚度11.64m，平均厚度5.27m，控制最大垂深－553m，矿体平均品位11.95％。下矿层呈透镜状，长400m，延深110m，厚4m。

矿石类型主要有细粒磷灰岩、云母磷灰岩、锰磷矿3种。矿石矿物为磷灰石，脉石矿物以方解石、白云石为主，其次有白云母、石英、黑云母、磁铁矿、锰土等。矿石具细粒粒状变晶结构、细粒花岗变晶结构、细粒磷片花岗变晶结构，块状、条带状、条纹状构造。

矿体平均含 P_2O_5 13.22％～17.41％，矿石最高含 P_2O_5 达34.43％。矿区平均含 P_2O_5 14.19％，

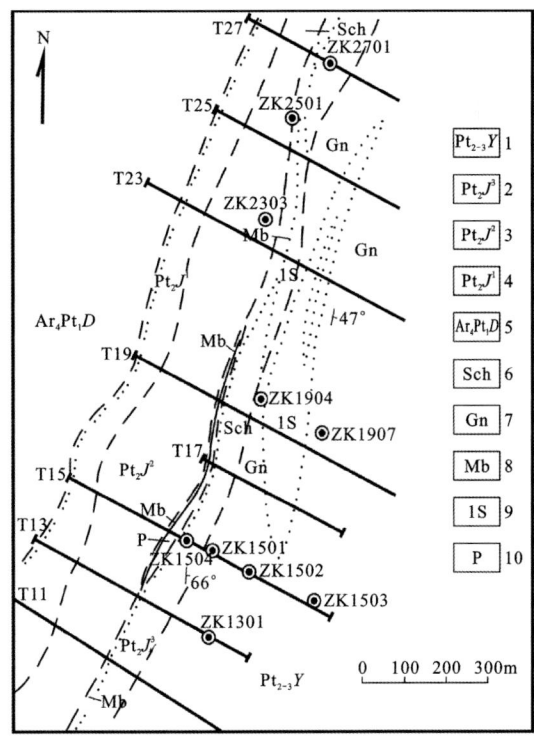

图 5-53 锦屏磷矿区地质略图

1.中元古界云台岩群；2.中新元古界锦屏岩群三段；3.中元古界锦屏岩群二段；4.中元古界锦屏岩群一段；
5.新太古界—古元古界东海岩群；6.片岩类；7.片麻岩类；8.大理岩类；9.石英钠长绿泥云母片岩；10.磷矿体

CaO 36.43%，MgO 8.70%，CO_2 20.79%，Fe_2O_3 2.33%，Al_2O_3 0.91%，酸不溶物 14.40%。

2. 成矿要素

江苏省锦屏沉积变质型磷矿床成矿要素见表 5-93。

表 5-93　江苏省锦屏沉积变质型磷矿床成矿要素表

成矿要素		描述内容	成矿要素分类
地质环境	地层	矿区地层主要发育有新太古界—古元古界东海岩群、中新元古界锦屏岩群、中新元古界云台岩群。锦屏岩群是海州式磷矿的赋矿层位	必要
	岩石类型	锦屏岩群由上至下分 4 个岩性段。四段：白云质大理岩、云母大理岩、绿色片岩、白云斜长片麻岩。三段（上含矿层）：白云质大理岩、云母大理岩、磷灰岩、云母石英片岩及绿色片岩。二段：白云斜长片麻岩、云母片岩、大理岩、绿色片岩。一段（下含矿层）：大理岩、云母石英片岩、磷灰岩、白云斜长片麻岩及绿色片岩。底部为不稳定的含砾云母片岩	必要
	岩石结构	花岗变晶结构、花岗鳞片变晶结构；块状构造、片状构造、斑点状构造	次要
	成矿时代	中元古代［《江苏省锦屏磷矿（海州式）矿床地质特征研究报告》，磷灰石 U-Pb 同位素测年为 1735Ma］	重要
	成矿环境	海州式磷矿分布于古侵蚀面之上，严格受岩相和层位控制。含磷岩组属一套砂质-泥砂质、碳酸盐含磷建造，磷矿与碳酸盐沉积关系密切。后期区域变质作用改造原岩结构和构造，形成磷灰岩矿床	必要
	构造背景	该矿床位于苏鲁高压—超高压变质带南部，其西为郯庐深大断裂，南部为响水口-淮阴断裂。二级构造主要为北北东向海-泗断裂和北东向邵-桑断裂。海州式沉积变质型磷矿主要分布于北北东向锦屏倒转背斜的南西倾伏端及其翼部，局部在海-泗断裂两侧的重力场高值区亦有分布	重要

续表 5-93

成矿要素		描述内容	成矿要素分类
矿床特征	矿物组合	矿石矿物主要是磷灰石,占 15%～80%。脉石矿物以碳酸盐(方解石、白云石)为主,占 15%～30%,少量白云母、石英、黄铁矿、绿帘石、滑石等。矿石自然类型为细粒磷灰岩、云母磷灰岩、锰磷矿	重要
	结构	主要为细粒变晶结构、细粒鳞片变晶结构、细粒鳞片花岗变晶结构	次要
	构造	主要为致密块状构造、条纹状构造、条带状构造	次要
	蚀变	大理岩化、绿帘石化	次要
	控矿条件	海州式磷矿受层位控制,原始沉积位于古陆的边缘浅海、海湾或海盆部位,区域上首先确定东海岩群(胸山组)分布范围,其上覆有中元古界古侵蚀面含砾石英片岩、白云质大理岩存在,自底砾岩向上几十米到 400m 为锦屏岩群含磷岩段。北北东向锦屏倾伏倒转背斜的转折端及其翼部的锦屏岩群是控矿地层。后期褶皱作用将含矿层重复叠加增厚,一般顶部和转折端处厚度加大,翼部变薄,延深方向呈波状起伏。断裂构造对矿体的连续性起到破坏作用	必要

3. 成矿模式

锦屏磷矿床描述性模式见表 5-94,成因模式见表 5-95 和图 5-54。

表 5-94 锦屏磷矿床描述性模式

名称		江苏省锦屏海州式沉积变质型磷矿床
基本特征		赋存于锦屏岩群第一岩性段和第三岩性段地层中的海相沉积变质型磷矿
成矿时代		中元古代(磷灰石 U-Pb 同位素测年为 1735Ma)
资料来源		《江苏省东北部"海州式"磷矿第二轮成矿远景区划报告》(江苏省地质矿产局,1994); 《江苏省锦屏磷矿(海州式)矿床地质特征研究报告》(江苏省地质矿产局第六地质大队,1987); 《江苏省连云港市锦屏磷矿深部详细勘探地质报告》(锦屏磷矿,1984)
地质背景	赋矿构造单元	苏鲁高压—超高压变质带连云港-泗洪断块
	含矿地层	中元古界锦屏岩群是海州式磷矿的赋矿层位
	岩矿结构(矿化部位)	矿体赋存于锦屏岩群第一岩性段和第三岩性段地层中
矿床工业类型		磷矿床
矿体形态		似层状、透镜状,长 50～2500m 不等,一般 300～400m,厚 0.3～62m 之间,倾向延深 650m,一般为 350～450m
矿物组合		矿石矿物主要是磷灰石,占 15%～80%。脉石矿物以碳酸盐(方解石、白云石)为主,占 15%～30%,少量白云母、石英、黄铁矿、绿帘石、滑石等。矿石自然类型为细粒磷灰岩、云母磷灰岩、锰磷矿
矿石结构		主要为细粒变晶结构、细粒鳞片变晶结构、细粒鳞片花岗变晶结构。构造主要为致密块状构造、条纹状构造、条带状构造
矿体产状		矿体产状基本与含磷地层一致,较大的单个矿体展布较稳定,但由于矿体与白云质大理岩、片岩之间常具渐变特点,因此在平面上看起来,矿体似有分叉复合现象
容矿围岩		白云质大理岩、云母大理岩、石英白云母片岩及碳酸盐石英白云母片岩组合
围岩蚀变		大理岩化、绿帘石化
风化		主要矿体遭受不同程度的风化剥蚀

表 5-95 锦屏磷矿床成因模式

名称	江苏省锦屏海州式沉积变质型磷矿床	
矿石成因类型	浅海相化学沉积变质磷灰岩矿石	
成矿期次	沉积期—区域动力变质期	
成矿环境	区域成矿构造背景	该矿床位于苏鲁高压—超高压变质带的南部,其西部为郯庐深大断裂,南部为响水口-淮阴断裂。二级构造主要为北北东向海-泗断裂和北东向邵-桑断裂
	具体成矿环境	海州式沉积变质型磷矿主要分布于北北东向锦屏倒转背斜的南西倾伏端及其翼部,局部在海-泗断裂两侧的重力场高值区亦有分布。赋矿地层为中元古界锦屏岩群
成矿物质来源	磷	壳源δ^{13}C 0.443‰～2.39‰。海相沉积及后期变质热液汲取火山碎屑物质中的磷
	络合物等	
成矿流体	地层水及变质热液	
成矿物理化学条件	锦屏岩群形成以后,经历了多次构造运动并伴随区域变质作用。在中温、中压条件下,矿物发生了明显的重结晶,矿物颗粒增大,碳酸盐中原始的隐晶质矿物转化为白云石、方解石晶体;原始沉积的胶磷矿形成了晶质磷灰石,形成一套变质矿物组合,岩石多具片理、片麻理等。区域变质作用不但改变了磷灰石的结晶形态,同时在变质过程中产生的热流体,也可使磷和某些元素富集。pH值7.0～8.0的中性-弱碱性环境,Eh值-10.39～-2.9,表明磷矿主要是在弱还原条件下形成的	

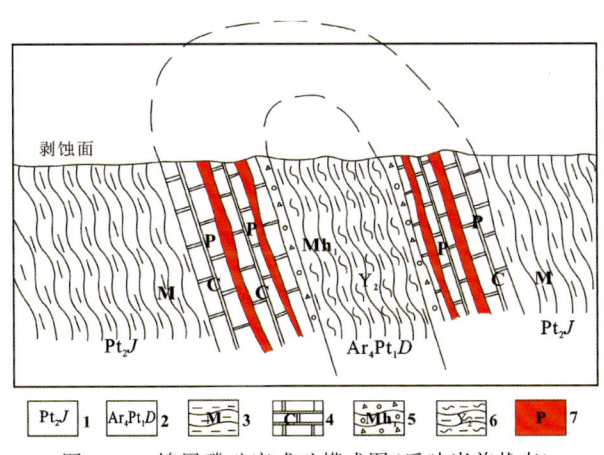

图 5-54 锦屏磷矿床成矿模式图(反映当前状态)

1.中元古界锦屏岩群;2.古元古界东海岩群;3.云母片岩;4.大理岩;5.砾岩片岩;6.混合片麻岩;7.磷块体(磷矿体)

(二)江苏省南京栖山铁磷矿床

1. 矿床特征

该矿床地处下扬子陆块宁芜火山断陷盆地北段,燕山期浅成—超浅成次火山岩(辉长闪长玢岩)岩体侵入于上侏罗统龙王山组和大王山组火山岩中。火山岩岩性为安山岩、黑云母安山岩及火山碎屑岩。岩体内北北西向、北北东向和北东东向3组裂隙构造,直接控制了矿体。矿床类型为次火山热液铁磷矿床。

矿体主要有5条(图5-55),呈扁豆状、透镜状和纺锤状(铁矿体呈脉状和囊状)。矿区分为南、北两个矿段,北矿段总长600m,矿体走向350°～355°,倾向北东,倾角30°～40°;南矿段总长400m,矿体走向70°,倾向北西,倾角28°～38°。每个矿段均由多个呈雁行排列的矿体组成。其中北矿段Ⅰ号、Ⅱ号矿体为主要矿体。Ⅰ号矿体长600m,最大厚度55.25m,平均厚17.17m,最大延深310m。Ⅱ号矿体长287m,最厚39.09m,平均厚14.30m,最大延深270m。

矿石类型有磷矿石、铁磷矿石、铁矿石3种。矿石构造为致密块状、细脉浸染状、团块状、浸染状等。矿石矿物有磷灰石(自形、半自形长柱状、针状、粒状结构)、磁铁矿(自形—他形粒状结构)、假象赤铁矿、赤铁矿;脉石矿物有方柱石、石榴石、透辉石、阳起石、绿帘石、绿泥石、钠长石等。矿石组合为磷灰石-磁铁矿-透辉石。块状磷矿含 P_2O_5 15%~24%,稠密浸染状和细脉浸染状磷矿含 P_2O_5 5%~17%,浸染状磷矿含 P_2O_5 1.5%~4%;块状磁铁矿 TFe 59.70%,浸染状磁铁矿 TFe 17.40%~28.78%。矿石中 P_2O_5 与铁的含量成反相关关系。

围岩蚀变较强烈,主要有钠长石化、方柱石化、透辉石化、钙铁榴石化、绿帘石化、硅化、高岭土化、绢云母化、绿泥石化、碳酸盐化、黄铁矿化等。成矿时代属燕山晚期(128.2±1.0Ma,辉长闪长玢岩锆石 LA-ICP-MS U-Pb 定年;侯可军等,2010)。

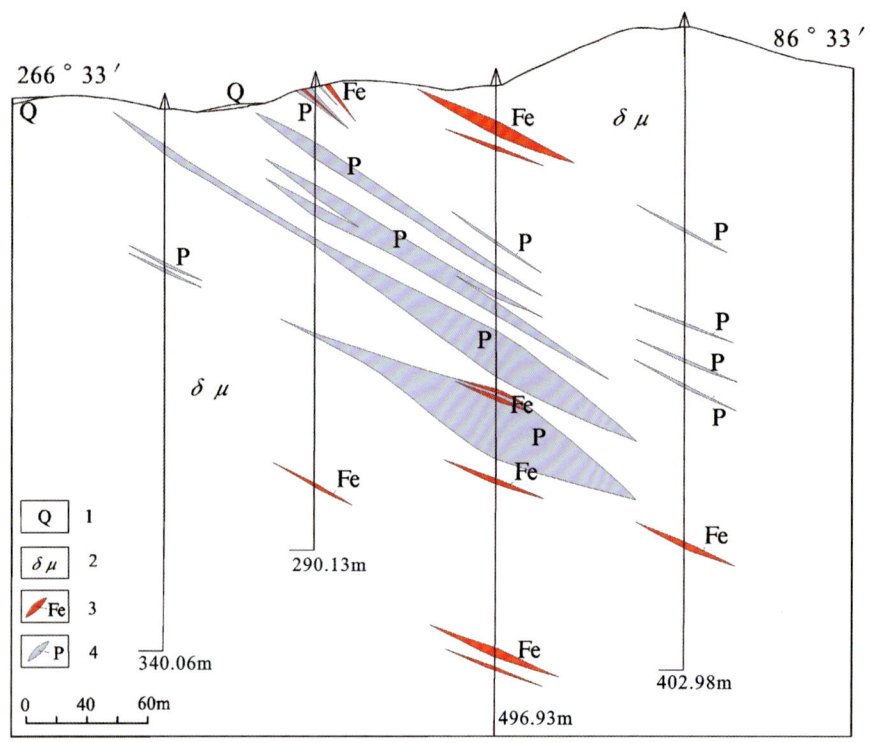

图 5-55　泰山铁磷矿床某线地质剖面图

2. 成矿要素

江苏省泰山铁磷矿床成矿要素见表 5-96。

表 5-96　江苏省泰山铁磷矿床成矿要素表

成矿要素		描述内容	成矿要素分类
地质环境	地层	上侏罗统龙王山组和大王山组火山岩	重要
	岩浆岩	燕山期辉长闪长玢岩	必要
	岩石结构	不等粒斑状结构	次要
	成矿时代	燕山晚期(128.2±1.0Ma,辉长闪长玢岩锆石 LA-ICP-MS U-Pb;侯可军等,2010)	重要
	成矿环境	矿体赋存于辉长闪长玢岩岩体裂隙中	必要
	构造背景	下扬子陆块宁芜中生代火山断陷盆地北段	重要

续表 5-96

成矿要素		描述内容	成矿要素分类
矿床特征	矿物组合	铁矿石：矿石矿物主要为磁铁矿，半假象赤铁矿；次为赤铁矿。脉石矿物主要为方解石、透辉石、白云石、石英、长石、磷灰石等。磷矿石主要为磷灰石，次为方解石、透辉石、磁铁矿，少量的石英、石膏、黄铁矿等	重要
	结构	中粗粒结构，部分伟晶结构	次要
	构造	主要为块状构造，次为团块状、浸染状、细脉浸染状构造	次要
	蚀变	硅化、钠长石化、高岭土化、绢云母化、方柱石化、透辉石化、碳酸盐化、硬石膏化、绿帘石化、绿泥石化等	次要
	控矿条件	构造控矿：发育于辉长闪长玢岩体（次火山岩）内部断裂构造控制矿体大小及形态。岩浆岩条件：火山-次火山岩提供了丰富的 P、Fe 矿质	必要

3. 成矿模式

泰山铁磷矿床描述性模式见表 5-97，成因模式见表 5-98 和图 5-56。

表 5-97 泰山铁磷矿床描述性模式

名称	江苏省泰山玢岩型（气成热液充填型）磷矿	
基本特征	产于辉石闪长玢岩中两组构造裂隙中，矿浆充填贯入形成	
成矿时代	燕山晚期（128.2±1.0Ma，辉长闪长玢岩锆石 LA-ICP-MS U-Pb；侯可军等，2010）	
资料来源	《江苏省南京市泰山铁磷矿床地质评价报告书》（江苏省冶金地质勘探公司 807 队，1973）	
地质背景	赋矿构造单元	下扬子陆块宁芜火山断陷盆地北段
	含矿地层	侏罗纪大王山旋回次火山岩体（辉长闪长玢岩）
	岩矿结构（矿化部位）	不等粒斑状结构、安山结构、火山碎屑结构；磷矿体赋存于辉长闪长玢岩内部裂隙中
伴生矿床	磁铁矿	
矿床工业类型	磷矿床	
矿体形态	呈透镜状、长条状	
矿物组合	磷矿石：主要为磷灰石，次为方解石、透辉石、磁铁矿，少量的石英、石膏、黄铁矿等。铁矿石：矿石矿物主要为磁铁矿、半假象赤铁矿；次为赤铁矿。脉石矿物主要为方解石、透辉石、白云石、石英、长石、磷灰石等	
矿石结构	中粗粒结构，部分伟晶结构	
矿体结构	透镜状、似层状为主	
容矿围岩	辉石闪长玢岩	
围岩蚀变	钠长石化、透辉石化、高岭土化、绢云母化、方柱石化、硅化、碳酸盐化、硬石膏化、绿帘石化、绿泥石化等	
矿化分带	上部以磷矿体为主，下部为铁矿体	
蚀变分带	早期浅色蚀变带，属围岩安山岩蚀变：硅化、高岭石化、绢云母化、叶蜡石化、碳酸盐化。成矿前浅红色蚀变带：钾长石化、钠长石化。成矿期浅绿色蚀变带：方柱石化、透辉石化、钙铁榴石化、绿帘石化、碳酸盐化、石膏化	

表 5-98 泰山铁磷矿床成因模式

名称		江苏省泰山玢岩型(气成热液充填型)磷矿
矿石成因类型		岩浆热液充填贯入型磷矿
成矿期次		热液期
同位素特征	硫同位素(‰)	$\delta^{34}S$ 为 $-5 \sim +7$
成矿环境	区域成矿构造背景	下扬子陆块宁芜火山断陷盆地北段,梅山-凤凰山构造岩浆带与滨江构造岩浆带的交叉部位
	具体成矿环境	矿体赋存于辉长闪长玢岩岩体裂隙中
成矿物质来源	金属	岩浆源
	络合物等	
成矿流体		岩浆水
成矿物理化学条件		该类磷矿形成温度大于 300℃,晚期随着含矿母岩浆的强烈气液分异和温度下降,磷越来越富集的残浆,或贯入到辉长闪长玢岩裂隙空间中凝固成矿。是在高中温、低压及较高氧化环境窄的条件范围内形成的

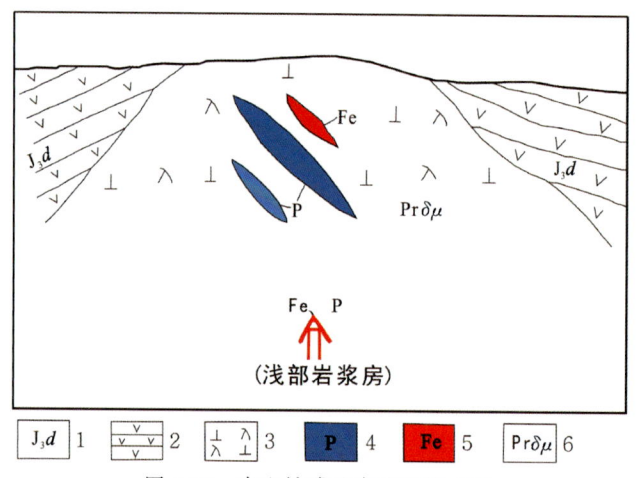

图 5-56 泰山铁磷矿床成矿模式图

1.上侏罗统大王山组;2.火山岩;3.辉长闪长玢岩;4.磷矿;5.铁矿;6.燕山期辉长闪长玢岩

七、硫铁矿典型矿床及成矿规律

江苏省硫铁矿床以火山岩型和矽卡岩型(岩浆热液型)为主,根据已知硫铁矿床成矿特征分析及矿产预测类型划分,选取南京云台山硫铁矿床作为陆相火山岩型硫铁矿典型矿床,南京岔路口硫铁矿床和苏州潭山铅锌硫铁矿床为全省矽卡岩型(岩浆热液型)硫铁矿床典型矿床。

(一)江苏省南京云台山硫铁矿床

1. 矿床特征

该矿床位于宁芜火山岩盆地东侧中段。云台山-乔木山北北东向压扭性断裂带北段。矿区地层有周冲村组、黄马青组、象山群、龙王山组。发育北北东—北东向、北北西向、北西西向3组断裂。云台山-乔木山断裂带,由1～4条冲断层组成,浅部为近直立的挤压破碎带,深部变缓,它控制了辉长闪长玢岩的侵入,次一级断裂构造及层间裂隙控制矿体。矿体主要赋存于周冲村组碳酸盐岩中,在黄马青组钙质泥质粉砂岩、象山群砂页岩、龙王山组火山岩及辉石闪长玢岩中亦有矿体赋存。燕山期火山活动形成浅成—超浅成辉长闪长玢岩体与成矿关系密切。

云台山矿区分狮子山、云台山、母鸡山、秃子山等矿段,共有200多个矿体,组成北北东—北东向延伸的矿带,长达5km,延深200～400m(图5-57)。矿体多呈扁豆状、透镜状、似层状,少数呈脉状。大矿体形态较复杂,一般均呈不规则的透镜状,沿走向及倾向常有分叉、尖灭现象。矿体产状与地层产状大体一致,倾向主要为北西,局部倾向南东,倾角30°～55°。长25～475m,厚1～69m,一般厚2～10m(图5-58)。

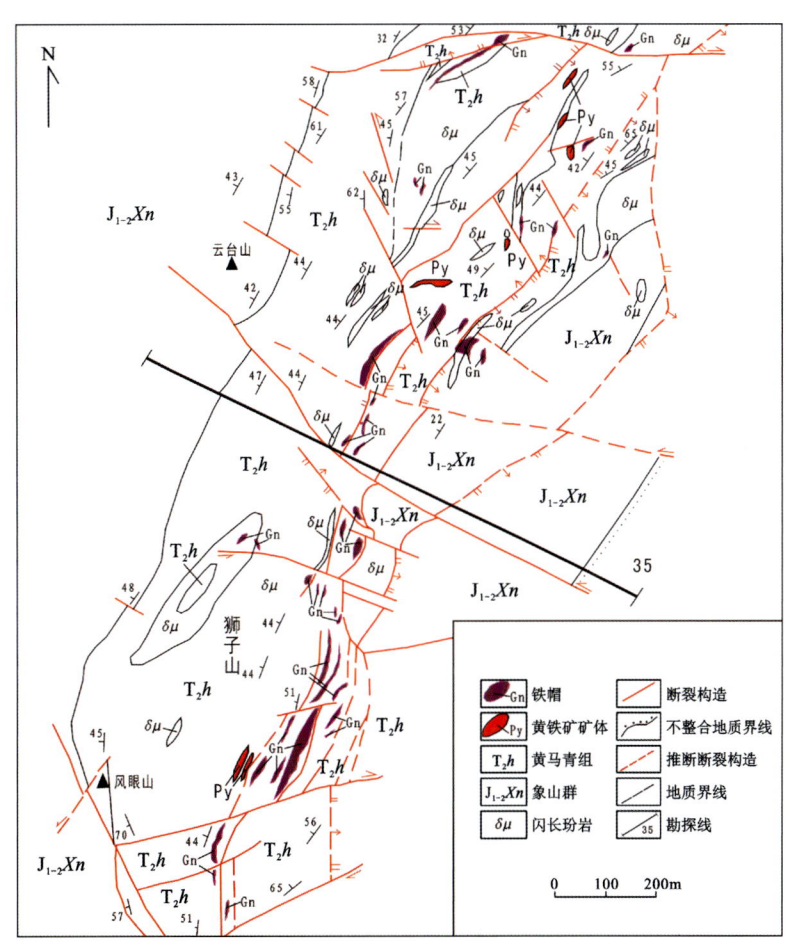

图5-57 南京云台山硫铁矿狮子山、云台山矿段地质略图

矿石矿物以黄铁矿为主,次有少量白铁矿、磁铁矿、菱铁矿,极少量镜铁矿、赤铁矿、黄铜矿、闪锌矿、方铅矿、毒砂、磁黄铁矿等。脉石矿物主要为白云石、方解石、石英,次为绢云母、绿泥石,少量高岭土、金云母、磷灰石等。矿物组合有黄铁矿-石英;黄铁矿-白云石;黄铁矿-白云石-方解石;黄铁矿-白云石-方解石-石英;黄铁矿-绢云母-绿泥石;黄铁矿-磁铁矿。矿石主要为他形粒状结构,次为自形、半自形粒状结构,少量压碎结构及包含结构;块状、浸染状、细脉状、条带状及角砾状构造。矿石类型有块状黄铁矿、稠密浸染状黄铁矿、稀疏浸染状黄铁矿、细脉状黄铁矿、角砾状黄铁矿矿石。矿石含S 10%～30%,最高47.02%,矿区平均品位S 31.48%,TFe含量20%～40%。氧化矿石中含Cu 0.02%～0.06%,个别达0.4%,Zn 0.02%～0.4%,含Au$(0.3～0.6)\times 10^{-6}$,Ag$(1～7)\times 10^{-6}$。As一般0.01%～0.059%,F 0.01%～0.08%。

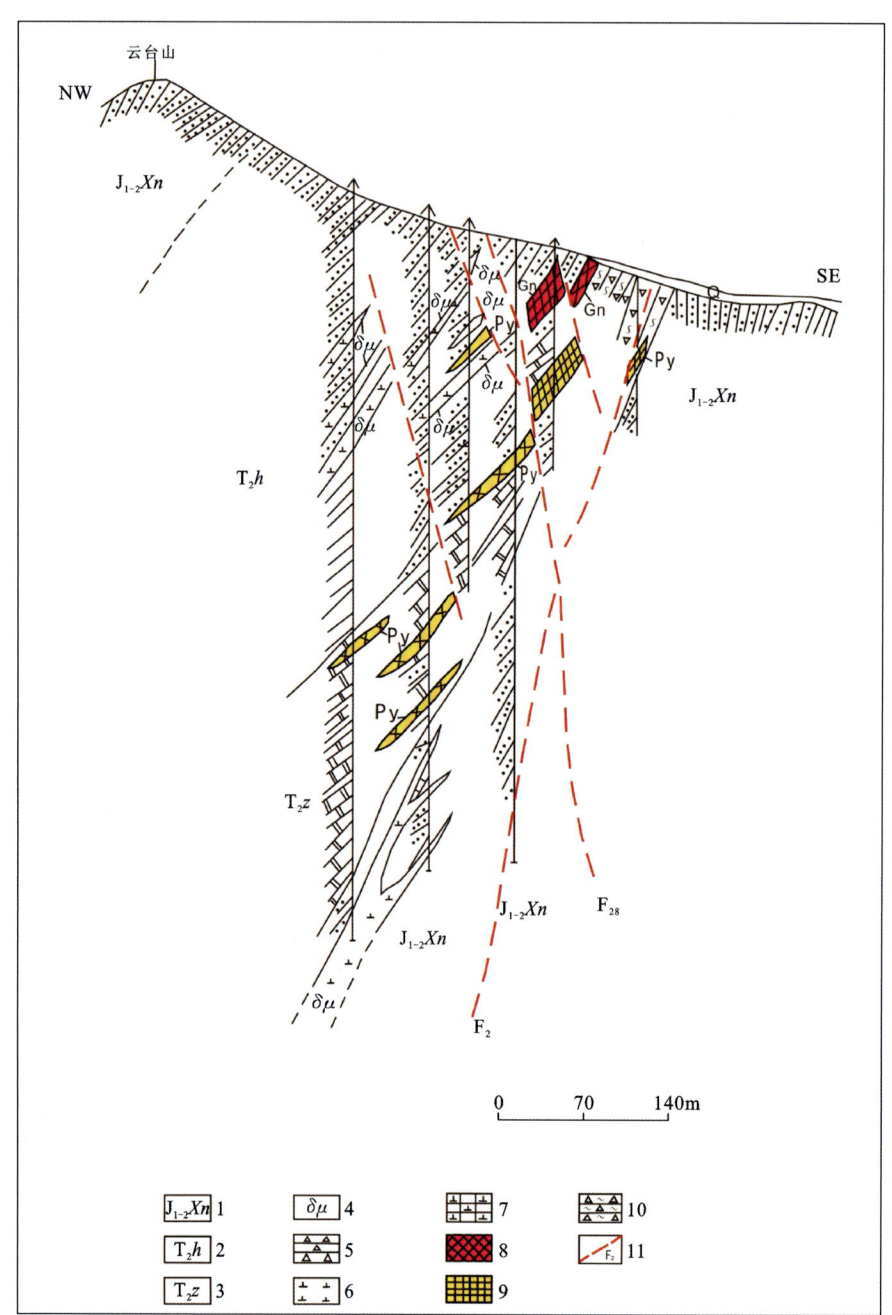

图 5-58 南京云台山硫铁矿床地质剖面图

1.象山群;2.黄马青组;3.周冲村组;4.闪长玢岩;5.层间角砾;6.辉长闪长玢岩;7.高岭土;
8.褐铁矿矿体(铁帽);9.黄铁矿矿体;10.断层角砾岩;11.断层

矿区氧化深度一般 15~50m,最深达 90~120m。地表见褐铁矿矿体 30 多条。围岩蚀变有硅化、碳酸盐化、绢云母化、高岭土化、绿泥石化等。

矿床规模为中型矿床。矿床类型属浅成—超浅成次火山岩与正常沉积岩接触带附近围岩中断裂和层间破碎带控制的次火山热液型。黄铁矿形成至少有 3 期:早期形成致密块状黄铁矿,数量不多;中期形成粒状黄铁矿,胶结、穿插早期黄铁矿,为主要成矿期;晚期黄铁矿沿已生成的黄铁矿边缘沉淀,形成以细脉方式切穿早期生成的矿体,局部富集成细脉状黄铁矿。

2. 成矿要素

江苏省南京云台山陆相火山岩型硫铁矿床成矿要素见表5-99。

表5-99 江苏省南京云台山陆相火山岩型硫铁矿床成矿要素表

成矿要素		描述内容	成矿要素分类
地质环境	地层	赋矿层位主要为周冲村组、黄马青组，其次为龙王山组	必要
	岩浆岩	燕山中晚期侵入的辉长（石）闪长玢岩等次火山岩体与成矿关系密切	必要
	成矿时代	燕山中晚期	重要
	成矿环境	北东向的压扭性断裂控制了辉长闪长玢岩的侵入，次级构造和层间裂隙控制了硫矿体。三叠系周冲村组、黄马青组是本区的主要赋矿层位，硫铁矿体主要赋存在破碎的灰质白云岩、泥灰岩及钙质粉砂岩中	重要
	构造背景	矿床位于下扬子陆块之宁芜火山断陷盆地中段东侧，区域断裂主要有北北东—北东向、北北西向、北西西向3组。以北东向为主的逆断层及层间破碎带为矿区主要控矿构造	必要
矿床特征	矿物组合	矿石矿物以黄铁矿为主，有少量白铁矿、磁铁矿、菱铁矿，极少量的镜铁矿、闪锌矿、方铅矿、黄铜矿及辉钼矿等，脉石矿物以白云石、方解石、石英为主，次为绢云母、绿泥石等	次要
	矿石结构	主要有他形粒状结构，次为自形—半自形晶粒状结构，少量压碎结构、包含结构等	次要
	矿石构造	块状、浸染状、细脉状、条带状及角砾状构造	次要
	围岩蚀变	围岩蚀变主要为硅化、碳酸盐化、绢云母化、高岭土化、绿泥石化等	重要
	控矿条件	三叠系周冲村组、黄马青组是本区的主要赋矿层位，其次为龙王山组；北东向的压扭性断裂控制了辉长闪长玢岩的侵入，为本区主要控岩、控矿构造，次级构造和层间裂隙提供了容矿空间；燕山期火山活动及次火山岩体-闪长玢岩侵入，提供了成矿物质及成矿热液	必要

3. 成矿模式

云台山硫铁矿床描述性模式见表5-100，成因模式见表5-101和图5-59。

表5-100 云台山硫铁矿床描述性模式

名称		云台山式陆相火山岩型硫铁矿床
基本特征		矿体受北东向的断裂及层间破碎带控制，呈透镜状或似层状产出。矿体主要赋存在周冲村组碳酸盐岩层、黄马青组泥灰岩、钙质泥质粉砂岩中，在象山群砂页岩、龙王山组安山质火山碎屑岩及辉长闪长玢岩中也有矿体赋存，成矿与碳酸盐岩关系最为密切。成因类型属于次火山热液型硫铁矿床
成矿时代		燕山中晚期
资料来源		《江苏省江宁县云台山黄铁矿区狮子山矿段地质勘探最终报告》（江苏省地质局第二地质大队，1964）；《江苏省南京市江宁县云台山硫铁矿区母鸡山矿段详细普查地质报告》（江苏省地质矿产局第一地质大队，1982）；《江苏省南京市江宁区云台山黄铁矿矿区资源储量核查报告》（江苏省地质矿产局第一地质大队，2010）
地质背景	赋矿构造单元	下扬子陆块宁芜火山断陷盆地的中段东侧
	含矿地层	赋矿层位主要为周冲村组、黄马青组，其次为龙王山组
	岩矿结构（矿化部位）	矿体主要赋存在周冲村组碳酸盐岩层、黄马青组泥灰岩、钙质泥质粉砂岩中，在象山群砂页岩、龙王山组安山质火山碎屑岩及辉长闪长玢岩中也有矿体赋存

续表 5-100

业类型	硫铁矿床
矿体形态	透镜状或似层状
矿物组合	矿石矿物以黄铁矿为主,有少量白铁矿、磁铁矿、菱铁矿,极少量的镜铁矿、闪锌矿、方铅矿、黄铜矿及辉钼矿等;脉石矿物以白云石、方解石、石英为主,次为绢云母、绿泥石等
矿石结构	主要有他形粒状结构,次为自形—半自形晶粒状结构,少量压碎结构、包含结构等
围岩	赋矿围岩主要为周冲村组碳酸盐岩层、黄马青组泥灰岩、钙质泥质粉砂岩,其次为象山群砂页岩、龙王山组安山质火山碎屑岩及辉长闪长玢岩
围岩蚀变	围岩蚀变主要为硅化、碳酸盐化、绢云母化、高岭土化、绿泥石化等
矿化分带	有黄铁矿化、磁铁矿化-赤铁矿化、铅锌矿化,但无明显分带
蚀变分带	无明显的分带性
风化	矿区氧化深度一般为 15～50m,地表见褐铁矿(铁帽),具蜂窝状、网格状及胶状构造

表 5-101 云台山硫铁矿床成因模式

名称		云台山式陆相火山岩型硫铁矿床
矿床成因类型		次火山热液型硫铁矿床
成矿期次		热液期
同位素特征	S 同位素(‰)	$\delta^{34}S$ 为 10.4～12.6
成矿环境	区域成矿构造背景	下扬子陆块宁芜火山断陷盆地的中段东侧,区域断裂主要有北北东—北东向、北北西向、北西西向 3 组。以北东向为主的逆断层及层间破碎带是矿区主要控矿构造
	具体成矿环境	矿体受北东向的断裂及层间破碎带控制,呈透镜状或似层状产出。矿体主要赋存在周冲村组碳酸盐岩层、黄马青组泥灰岩、钙质泥质粉砂岩中,在象山群砂页岩、龙王山组安山质火山碎屑岩及辉长闪长玢岩中也有矿体赋存,成矿与碳酸盐岩关系最为密切。成因类型属次火山热液型硫铁矿床
成矿物质来源		主要来自深部岩浆,部分来自地层
成矿流体		岩浆水为主
成矿物理化学条件		成矿温度 255～355℃,弱氧化环境

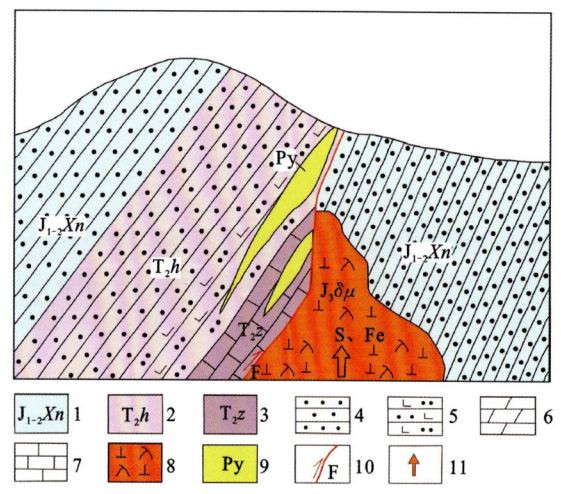

图 5-59 云台山硫铁矿床成矿模式图

1.象山群;2.黄马青组;3.周冲村组;4.砂岩;5.钙质粉砂岩;6.泥灰岩;7.灰岩;8.闪长玢岩;9.黄铁矿体(Py);10.断层;11.热液运移方向

（二）江苏省南京岔路口硫铁矿床

1. 矿床特征

该矿床位于下扬子陆块宁镇断隆西段,杨坊山-长林村压扭性断裂带上。出露地层为周冲村组灰岩、角砾状灰岩、黄马青组及象山群砂质页岩、粉砂岩及砂岩等。矿区断裂发育,东西向压扭性断裂带不仅控制了闪长岩的侵入,也控制了矿体的分布。北西向断裂形成于成矿之后,切割了矿体。闪长岩呈岩床、岩舌状沿近东西向断裂侵入。

矿体主要赋存在岩体接触带和断裂内,以及接触带上部周冲村组角砾状灰岩中,少数矿体赋存于黄马青组砂页岩及岩体裂隙中(图5-60)。矿体呈透镜状、似层状,部分有分叉复合现象。走向近东西,倾向南,倾角30°～70°,上陡下缓。已控制矿化带长1000余米,宽约800m,延深600余米。在灰岩、角砾状灰岩与接触带中矿体规模较大,厚0.43～18m,最厚约30m,控制长250m左右,延深200余米。闪长岩中矿体呈脉状,规模小,长数米至数十米。

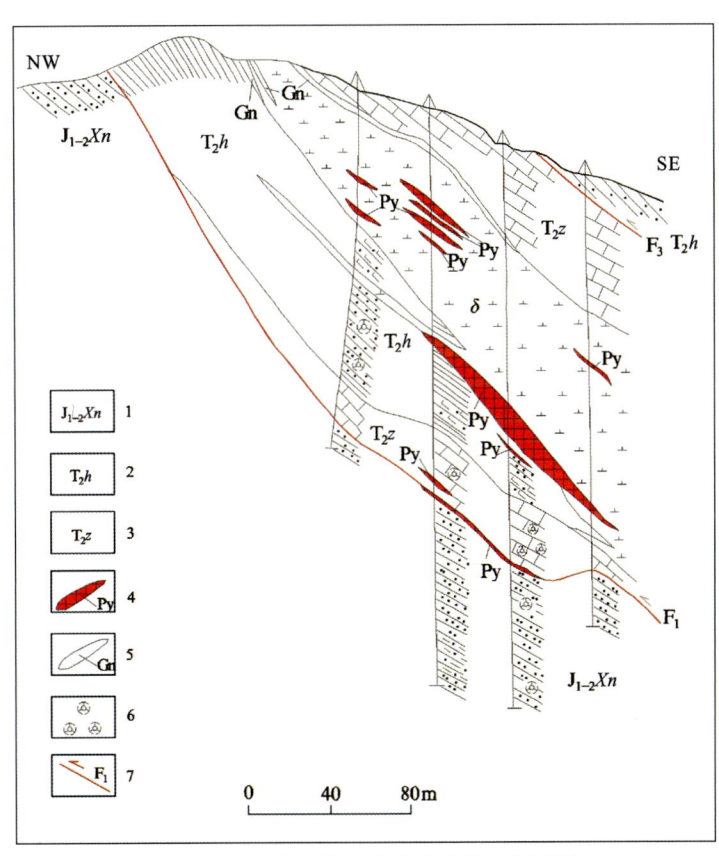

图5-60 南京岔路口硫铁矿床地质剖面图
1.中、下侏罗统象山群；2.三叠系黄马青组；3.三叠系周冲村组；4.黄铁矿体；5.铁帽；
6.硅化、绢云母化；7.断层及编号

矿石矿物成分以黄铁矿为主,氧化后成褐铁矿。伴生有少量磁黄铁矿、磁铁矿、黄铜矿、斑铜矿、方铅矿、闪锌矿等；脉石矿物有石英、方解石、绿泥石及硅酸盐矿物。矿物组合为黄铁矿-石英、黄铁矿-方解石。矿石结构有自形粒状结构、半自形粒状结构、他形粒状结构及压碎结构。矿石构造主要为块状构造、浸染状构造、细脉浸染构造、角砾状构造等。

矿石含S 14.39%～50.52%,多数在20%以上,块状、粉状矿石含S高；含Pb+Zn微量,局部高者达1%左右;As≤0.039%;F一般小于0.05%,仅少数达0.6%。岩体接触带和角砾状灰岩中的矿体多为块状富矿,断层中和岩体构造裂隙内部为浸染状、细脉浸染状贫矿。浅部矿体均已氧化成褐铁矿,氧化深度一般30m,最深达100m。围岩蚀变主要为硅化、绿泥石化、高岭土化、角岩化、绿帘石化、阳起石化、透闪石、大理岩化等。

矿床规模达中型。矿床成因属矽卡岩-高中温热液型。

2. 成矿要素

江苏省南京岔路口矽卡岩型(岩浆热液型)硫铁矿成矿要素见表5-102。

表5-102 江苏省南京岔路口矽卡岩型(岩浆热液型)硫铁矿成矿要素表

成矿要素		描述内容	成矿要素分类
地质环境	地层	三叠系周冲村组碳酸盐岩为有利成矿层位	必要
	岩浆岩	燕山晚期闪长岩等中酸性岩体与成矿关系密切	必要
	断裂构造	东西向压扭性断裂带是本矿区岩体侵入的主要通道,也是黄铁矿体赋存的主要空间	必要
	构造背景	下扬子陆块宁镇断隆西部,岔路口倒转背斜南翼	重要
	成矿时代	燕山晚期	重要
矿床特征	矿物组合	矿石矿物成分以黄铁矿为主,氧化后成褐铁矿。伴生有少量磁黄铁矿、磁铁矿、黄铜矿、斑铜矿、方铅矿、闪锌矿等;脉石矿物有石英、方解石、绿泥石及硅酸盐矿物。矿物组合为黄铁矿-石英、黄铁矿-方解石	重要
	结构构造	矿石结构有自形粒状结构、半自形粒状结构、他形粒状结构及压碎结构。矿石构造主要为块状构造、浸染状构造、细脉浸染构造、角砾状构造等	次要
	围岩蚀变	围岩蚀变主要为硅化、绿泥石化、高岭土化、角岩化、绿帘石化、阳起石化、透闪石化、大理岩化等	次要
	控矿条件	三叠系周冲村组碳酸盐岩为成矿有利层位和主要赋矿地层,少数矿体赋存于黄马青组砂页岩及岩体裂隙中;燕山晚期侵入闪长岩等中酸性岩体为主要成矿母岩;近东西向的压扭性断裂带、地层与岩体的接触带是主要控矿构造	必要

3. 成矿模式

岔路口硫铁矿床描述性模式见表5-103,成因模式见表5-104和图5-61。

表5-103 岔路口硫铁矿床描述性模式

名称	岔路口铜陵式矽卡岩型硫铁矿床	
基本特征	矿床位于宁镇西段近东西向走向的断裂带上,出露地层为周冲村组灰岩、角砾状灰岩,黄马青组砂页岩等。矿区断裂发育,东西向压扭性断裂带控制了闪长岩的侵入和矿体的分布。矿体主要赋存在岩体接触带和断裂内,以及接触带上部周冲村组角砾状灰岩中,少数矿体赋存于黄马青组砂页岩及岩体裂隙中	
成矿时代	燕山晚期	
资料来源	《江苏省南京市岔路口硫铁矿区朝阳山矿段初步勘探地质报告(0—13线)》(化工部勘探公司江苏地质勘探大队,1985);《江苏省南京市岔路口硫铁矿矿区资源储量核查报告》(江苏省地质矿产局第一地质大队 2010)	
地质背景	赋矿构造单元	下扬子陆块宁镇断隆
	含矿地层	三叠系周冲村组碳酸盐岩为有利成矿层位,少数矿体赋存于黄马青组砂页岩及岩体裂隙中
	岩矿结构(矿化部位)	矿体主要赋存在岩体接触带和断裂内、接触带上部周冲村组角砾状灰岩中,少数矿体赋存于黄马青组砂页岩及岩体裂隙中。岩体接触带及角砾状中矿体多为块状富矿,断裂及岩体构造裂隙内部为浸染状和细脉浸染状贫矿

续表 5-103

伴生矿床	无
矿床工业类型	矽卡岩型
矿体形态	透镜状、似层状、囊状
矿物组合	矿石矿物成分以黄铁矿为主,氧化后成褐铁矿。伴生有少量磁黄铁矿、磁铁矿、黄铜矿、斑铜矿、方铅矿、闪锌矿等;脉石矿物有石英、方解石、绿泥石及硅酸盐矿物。矿物组合为黄铁矿-石英、黄铁矿-方解石
矿石结构构造	矿石结构有自形粒状结构、半自形粒状结构、他形粒状结构及压碎结构; 矿石构造主要为块状构造、浸染状构造、细脉浸染构造、角砾状构造等
围岩	围岩为灰岩、泥质粉砂岩、闪长岩、闪长玢岩等
围岩蚀变	围岩蚀变主要为硅化、绿泥石化、高岭土化、角岩化、绿帘石化、阳起石化、透闪石化、大理岩化等。前两种蚀变与矿化关系较密切
矿化分带	无明显分带性
蚀变分带	无明显分带性
风化	浅部矿体均已氧化成褐铁矿,氧化深度一般为 30m

表 5-104 岔路口硫铁矿床成因模式

名称		岔路口铜陵式矽卡岩型硫铁矿床
矿床成因类型		矽卡岩型硫铁矿
成矿期次		矽卡岩期—热液期
同位素特征	同位素	无同位素测定资料
成矿环境	区域成矿构造背景	下扬子陆块宁镇断隆西部,岔路口倒转背斜南翼。东西向压扭性断裂带是本区主要控矿构造
	具体成矿环境	三叠系周冲村组碳酸盐岩为成矿有利层位和主要赋矿地层,少数矿体赋存于黄马青组砂页岩及岩体裂隙中;闪长岩等中酸性岩体为主要成矿母岩;近东西向的压扭性断裂带为主要控矿构造,地层与岩体的接触带、断裂及岩体构造裂隙为主要赋矿空间
成矿物质来源		主要来自深部岩浆,部分来自地层
成矿流体		岩浆水为主
成矿物理化学条件		高中温阶段,弱酸—弱碱性,弱氧化环境

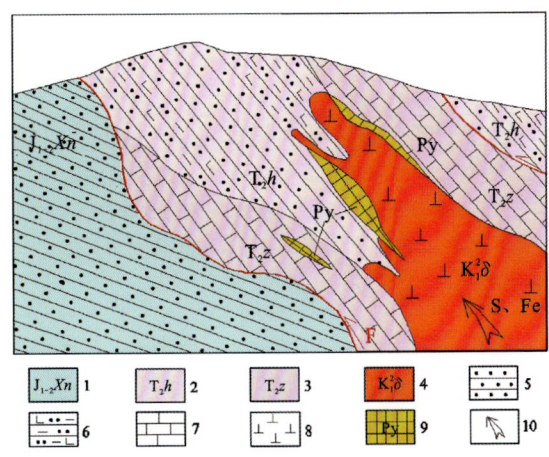

图 5-61 岔路口硫铁矿床成矿模式图

1.中、下侏罗统象山群;2.中三叠统黄马青组;3.中三叠统周冲村组;4.燕山晚期闪长岩;5.砂岩;
6.钙质粉砂质泥岩;7.灰岩;8.闪长岩;9.黄铁矿体;10.热液运移方向

(三)江苏省苏州潭山铅锌黄铁矿矿床

1. 矿床特征

该矿床位于下扬子陆块,下扬子被动陆缘,太湖断块东部,木渎-洞庭向斜的西翼,潭东-光福-通安桥断裂西南端。矿体主要产于该断裂与铜井山南近东西向断裂的交会复合部位。矿区出露地层为中、下泥盆统茅山组、上泥盆统五通组砂岩,中石炭统黄龙组灰岩、白云质灰岩。闪长玢岩与石英斑岩(花岗斑岩)呈复杂的岩株状穿插于围岩中,形成许多围岩捕虏体。斑岩蚀变较强,有石英绢云母化、高岭土化和钾长石化,闪长玢岩还有绿泥石化、绿帘石化。

整个矿床共分3个矿段,即东矿段、西矿段和铜井山矿段。东矿段包括5个矿体,西矿段包括7个矿体。其中以西矿段的8号矿体规模最大,长320m,延深150m,厚50~60m,为近水平的透镜体。其余各矿体长100m左右,厚10~40m不等,延深一般50~60m,最大延深140m以上,为大小不一的透镜体。矿体走向北东东,西矿段矿体呈水平产出,东矿段的矿体倾向北北西,倾角50°左右。多数矿体产于锰钙铁辉石矽卡岩中,部分矿体位于绿帘石化、绿泥石化的闪长玢岩中,少量产于捕虏体中(图5-62)。近矿围岩的蚀变主要为矽卡岩化、绿帘石化、绿泥石、黄铁矿化,其次为硅化、碳酸盐化。矽卡岩主要发育于矿体的上部,最厚者达60m左右,主要由锰钙铁辉石、石榴石、阳起石等组成。

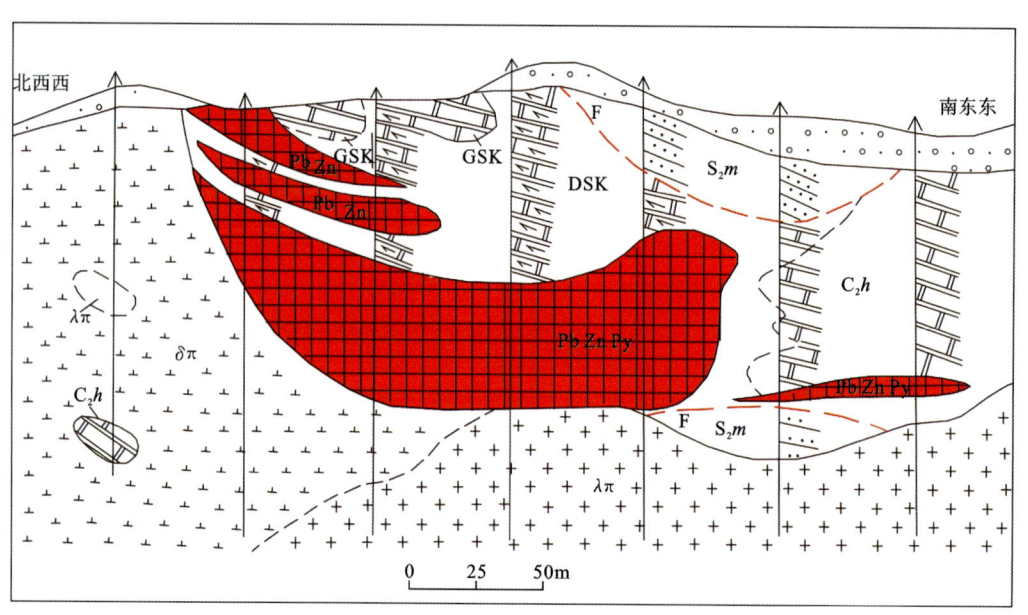

图 5-62 苏州潭山铅锌黄铁矿矿床纵剖面图
1.中石炭统黄龙组;2.中、下泥盆统茅山组;3.大理岩;4.锰钙铁辉石矽卡岩;5.石榴石矽卡岩;
6.砂岩;7.闪长玢岩;8.石英斑岩;9.铅锌黄铁矿体

矿石矿物以黄铁矿、闪锌矿、方铅矿为主,其次为磁铁矿、黄铜矿。此外还有磁黄铁矿、毒砂、白铁矿、赤铁矿等。脉石矿物主要为石英、菱铁矿、锰钙铁辉石、石榴石、方解石等。矿石具他形粒状结构、乳滴状结构、碎裂结构,块状构造、角砾状构造及浸染状构造。主要矿物组合有:石英-黄铁矿;方铅矿-闪锌矿-黄铁矿;方铅矿-闪锌矿;磁铁矿-方铅矿-闪锌矿-黄铁矿。矿石自然类型可分为致密块状、碎裂状、浸染状3种。工业类型可分为黄铁矿矿石、铅锌黄铁矿矿石、铁铅锌黄铁矿矿石、铅锌矿矿石4类。其中铅锌矿矿石与铅锌黄铁矿矿石为主要矿石类型。

有用组分以S、Pb、Zn为主,伴生有益组分有Ag、Cd,有害组分为As、F。矿床平均品位:S 35.6%,

Pb 1.94%，Zn 3.72%，As 0.5%，F 0.05%。Ag 和 Cd 主要富集于铅锌矿石和铅锌黄铁矿矿石中，平均含 Ag 90.45×10^{-6}，最高达 300×10^{-6}。

近矿围岩蚀变主要为矽卡岩化、绿帘石化、绿泥石、黄铁矿化，其次为硅化、碳酸盐化。

矿床规模铅锌达中型，硫铁矿小型。矿床成因属接触交代矽卡岩型。

2. 成矿要素

江苏省潭山矽卡岩型铅锌黄铁矿成矿要素见表 5-105。

表 5-105　江苏省潭山矽卡岩型铅锌黄铁矿成矿要素表

成矿要素		描述内容	成矿要素分类
地质环境	地层	矿区内地层受逆掩断层（推覆构造）影响，北西西向、北北东向断裂破坏，地层重复、变薄，地表出露的主要为茅山组及五通组砂岩，但主要赋矿地层为石炭系黄龙组、船山组；二叠系龙潭组、长兴组等碳酸盐岩	必要
	岩浆岩	燕山早期石英斑岩（花岗斑岩）、闪长玢岩与成矿关系密切	必要
	成矿时代	燕山早期	重要
	成矿环境	矿区经印支期—燕山期的构造变动和石英斑岩（花岗斑岩）等中酸性岩体的侵入活动，导致碳酸盐岩层遭受不同程度的变质作用而成矿。逆掩断层及光福-潭东断裂带是矿区控岩控矿及储矿构造，矿体主要赋存于石英斑岩（花岗斑岩）与石炭纪—二叠纪碳酸盐岩地层接触交代形成的矽卡岩中	必要
	构造背景	位于下扬子陆块，下扬子被动陆缘太湖断块东部，木渎-洞庭向斜的西翼，以单斜产出。断裂构造发育，有北东向逆掩断层、北东向光福-潭东断裂带、北东向的庵前正断层、北西向玄墓山逆掩断层等	重要
矿床特征	矿物组合	矿石矿物主要为黄铁矿、闪锑矿，其次为方铅矿、黄铜矿、磁铁矿、白铁矿等；脉石矿物主要为石英、方解石、菱铁矿、辉石、石榴石等	重要
	结构	粒状结构、乳滴状结构及压碎结构	次要
	构造	块状、浸染状等构造	次要
	蚀变	围岩蚀变主要有矽卡岩化、碳酸盐化、菱铁矿化、绿泥石化、绿帘石化、高岭土化、绢云母化	重要
	控矿条件	矿体主要赋存在燕山早期石英斑岩等中酸性岩体与石炭纪—二叠纪碳酸盐岩接触交代形成的矽卡岩中；逆掩断层（推覆构造）、光福-潭东断裂带为主要控矿、容矿构造；燕山早期中酸性岩体为成矿提供了矿质和流体	必要

3. 成矿模式

潭山铅锌黄铁矿床描述性模式见表 5-106，成因模式见表 5-107 和图 5-63。

表 5-106　潭山铅锌黄铁矿床描述性模式

名称	潭山铜陵式矽卡岩型铅锌黄铁矿床
基本特征	矿体基本产于矽卡岩中。矿床成因类型属矽卡岩型黄铁矿和中低温热液充填交代型黄铁矿床，矿石工业类型以铅锌黄铁矿矿石为主，次为铅锌矿石
成矿时代	燕山早期
资料来源	《江苏省吴县潭山黄铁矿、铅锌矿矿区地质勘探最终报告》（江苏省地质矿产局第四地质大队，1967）；《江苏省苏州吴中区潭山黄铁矿铅锌矿区资源储量核查报告》（江苏省地质矿产局第四地质大队，2010）

续表 5-106

地质背景	赋矿构造单元	下扬子陆块，下扬子被动陆缘太湖断块东部
	含矿地层	矿区内地层受逆掩断层（推覆构造）影响，北西西向、北北东向断裂破坏，地层重复、变薄，主要赋矿地层为石炭系黄龙组、船山组以及二叠系长兴组等碳酸盐岩
	岩矿结构（矿化部位）	矿体主要赋存在燕山早期石英斑岩、闪长玢岩等中酸性岩体与石炭纪—二叠纪碳酸盐岩接触交代形成的矽卡岩中
共生矿床		铅锌矿
矿床工业类型		矽卡岩型铅锌硫矿床
矿体形态		扁豆状、透镜状及脉状等
矿物组合		矿石矿物主要为黄铁矿、闪锌矿、方铅矿，其次为磁铁矿、黄铜矿等；脉石矿物主要为石英、方解石、辉石、石榴石等
矿石结构、构造		主要有他形晶粒状结构、交代结构、乳滴状结构及碎裂结构等；块状构造、角砾状构造及浸染状构造
矿体围岩		矿体的围岩及夹石绝大部分为矽卡岩，局部为大理岩，闪长岩，石英砂岩等
围岩蚀变		围岩蚀变主要有矽卡岩化、碳酸盐化、菱铁矿化、绿泥石化、绿帘石化、高岭土化、绢云母化
矿化分带		无
蚀变分带		无明显的分带性

表 5-107 潭山铅锌黄铁矿床成因模式

名称		潭山铜陵式矽卡岩型铅锌黄铁矿床
矿床成因类型		矽卡岩型铅锌黄铁矿床
成矿期次		矽卡岩期—热液期
同位素特征	铅同位素（‰）	$^{206}Pb/^{204}Pb$ 17.54；$^{207}Pb/^{204}Pb$ 15.406
	硫同位素（‰）	$-11.59 \sim -10.4$
	氧同位素（‰）	磁铁矿 $+3.68$
成矿环境	区域成矿构造背景	下扬子陆块，下扬子被动陆缘太湖断块东部，木渎-洞庭向斜的西翼，逆掩断层（推覆构造）及光福-潭东断裂带为主要控矿、容矿构造
	具体成矿环境	矿体主要赋存在燕山早期石英斑岩、闪长玢岩等中酸性岩体与石炭纪—二叠纪碳酸盐岩接触交代形成的矽卡岩中，印支末期—燕山早期中酸性岩体为成矿提供了矿质和流体
成矿物质来源		主要来自深部岩浆
成矿流体		岩浆水为主的岩浆水和大气降水的混合水
成矿物理化学条件		成矿温度 250~275℃，弱氧化环境

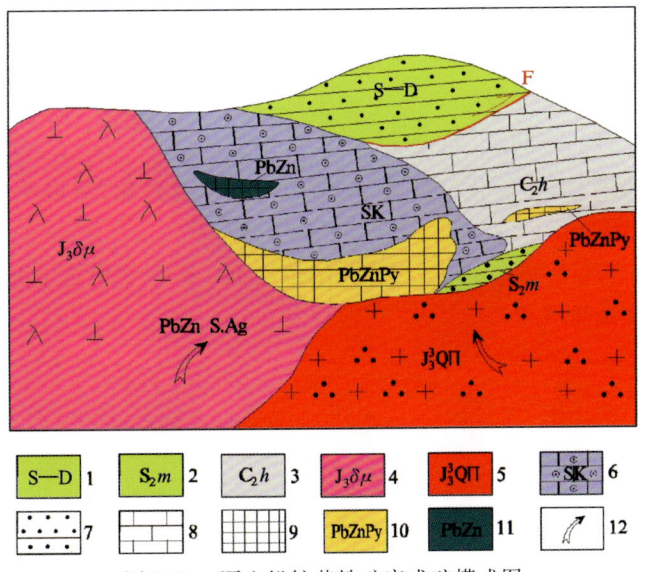

图 5-63 潭山铅锌黄铁矿床成矿模式图

1.志留系—泥盆系;2.中志留统茅山组;3.中石炭统黄龙组;4.闪长玢岩(燕山早期晚阶段);
5.石英斑岩(燕山早期晚阶段);6.矽卡岩;7.砂岩;8.碳酸盐岩;9.矿体;10.铅锌黄铁矿体;11.铅锌矿体;12.热液运移方向

八、萤石矿典型矿床及成矿规律

江苏省内已知萤石矿床仅苏州俞石泉萤石矿床1个,成因类型属中低温热液充填型。

1. 矿床特征

苏州俞石泉萤石矿床位于苏州西部木渎短轴向斜北西翼,为一隐伏矿床。地层有下二叠统堰桥组,上二叠统龙潭组、长兴组;下三叠统青龙组。赋矿地层有长兴组大理岩、堰桥组—龙潭组砂页岩及钾长花岗岩。区内构造简单,一条北东向压扭性断层贯穿整个矿区,使堰桥组—龙潭组逆掩于长兴组、下青龙组之上。在长兴组中有两组与地层走向斜交的张性裂隙:一组走向北北东,倾向南东东,倾角 $35°\sim51°$;另一组走向北西,倾向北东,倾角 $24°\sim38°$。压扭性断裂及张性裂隙直接控制矿体。侵入岩主要为钾长花岗岩,其次有闪长玢岩及辉绿岩、煌斑岩等岩脉。钾长花岗岩与大理岩之接触带也控制了萤石矿体(图 5-64)。

矿区内有萤石矿体15条,Ⅰ号矿体赋存在压扭性断层中,Ⅵ号矿体赋存在接触带内,其余13条矿体均产于大理岩之张性裂隙中。除Ⅰ号矿体呈透镜状外,其余皆呈脉状。多数矿体走向北北东,倾向南东东,倾角 $35°\sim51°$,少数矿体走向北西,倾向北东;或走向南北,倾向东及走向北北东,倾向北西西。以Ⅰ号、Ⅵ号矿体较大,长 $82\sim466m$,延深 $55\sim176m$,厚 $0.04\sim13.99m$,平均 $1.74\sim5.83m$。

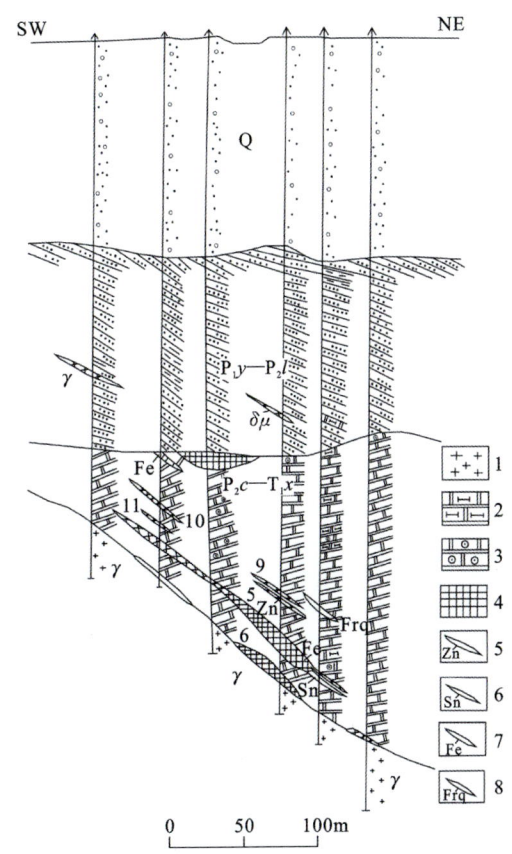

图 5-64 俞石泉萤石矿地质剖面图

1.钾长花岗岩;2.透辉石矽卡岩;3.石榴石矽卡岩;4.萤石矿体;5.锌矿体;6.锡矿体;7.铁矿体;8.萤石石英脉
Q.第四系;P_1y-P_2l.二叠系堰桥组—龙潭组;P_2c.二叠系长兴组;T_1x.三叠系下青龙组;γ.花岗岩体

矿石矿物主要有萤石,脉石矿物主要有石英、方解石,少量高岭土、绢云母、硅灰石、钠长石、绿帘石。矿石结构主要为他形粒状结构和交代结构。矿石构造主要有块状、角砾状、条带状构造。矿石自然类型主要为角砾状、条带状和致密块状矿石。工业类型主要为含石英萤石矿、含方解石石英萤石矿。矿体平均含:CaF_2 70.24%,SiO_2 18.44%,$CaCO_3$ 6.07%,S 0.08%。

围岩蚀变主要有大理岩化、角岩化,大理岩中断续出现矽卡岩化,形成透辉石矽卡岩、石榴石矽卡岩,钾长花岗岩见钠长石化。

萤石质量较好,CaF_2 一般在70%以上,可作为冶炼熔剂。矿床规模达中型。

矿床成因类型属中低温热液型。

2. 成矿要素

江苏省俞石泉热液充填型萤石矿床成矿要素见表5-108。

表5-108 江苏省俞石泉热液充填型萤石矿床成矿要素表

成矿要素		描述内容	成矿要素分类
地质环境	地层	二叠系长兴组大理岩、堰桥组—龙潭组砂页岩	重要
	侵入岩	燕山期花岗岩	必要
	成矿时代	燕山期	重要
	成矿作用	燕山期构造岩浆活动强烈,促使基底断裂继续活动,并伴有大规模的火山喷发和中酸性岩浆侵入,岩浆期后成矿热液充填岩体接触带附近碳酸盐岩(大理岩)中构造裂隙形成萤石矿,压扭性及张性断裂对成矿起着重要的作用	重要
	成矿环境	逆掩断裂为主要控矿构造,花岗岩与长兴组大理岩接触带、围岩中构造裂隙直接控制萤石矿体的分布	必要
	构造背景	下扬子被动陆缘,太湖断块的东部,木渎向斜北西翼	重要
矿床特征	矿物组合	矿石矿物主要有萤石;脉石矿物主要有石英、方解石,少量高岭土、绢云母、硅灰石、钠长石、绿帘石	次要
	矿石结构构造	矿石结构主要为他形粒状结构和交代结构;矿石构造主要有块状、角砾状、条带状构造	次要
	围岩蚀变	主要有大理岩化、角岩化,大理岩中断续出现矽卡岩化	重要
	控矿条件	矿体赋存在二叠纪碳酸盐岩、碎屑岩地层与花岗岩、花岗斑岩等中酸性岩体接触带附近或层间构造裂隙中,逆掩断裂为主要控矿构造	必要

3. 成矿模式

俞石泉萤石矿床描述性模式见表5-109,成因模式见表6-110和图5-65。

表5-109 俞石泉萤石矿床描述性模式

名称		江苏省俞石泉式热液充填型萤石矿床
基本特征		矿体赋存在二叠纪碳酸盐岩、碎屑岩地层与燕山期花岗岩体接触带或围岩层间裂隙中,逆掩断裂为主要控矿构造
成矿时代		燕山期
资料来源		《江苏省吴县俞石泉矿区萤石矿地质普查评价报告》(江苏省地质局第四地质大队,1978)
地质背景	赋矿构造单元	下扬子被动陆缘,太湖断块东部
	含矿地层	二叠系长兴组大理岩、堰桥组—龙潭组砂页岩
	岩矿结构(矿化部位)	矿体赋存在二叠纪碳酸盐岩、碎屑岩地层与花岗岩体接触带或层间构造裂隙中

续表 5-109

伴生矿床	无
矿床工业类型	热液充填型萤石矿床
矿体形态	以脉状为主,少数矿体呈透镜状
矿物组合	矿石矿物主要为萤石;脉石矿物为石英、方解石,少量磁铁矿、黄铁矿、高岭土、绢云母、硅灰石、钠长石、绿帘石
矿石结构	矿石结构主要为他形粒状结构和交代结构
矿体结构	脉状为主
围岩	二叠系长兴组大理岩、堰桥组和龙潭组砂页岩以及钾长花岗岩
围岩蚀变	大理岩化、角岩化、萤石化、矽卡岩化、钠长石化
矿化分带	无
蚀变分带	分带现象不明显
风化	无风化

表 5-110 俞石泉萤石矿床成因模式

名称	俞石泉式中低温热液型萤石矿床	
矿石成因类型	热液交代充填型	
成矿期次	热液期	
成矿环境	区域成矿构造背景	下扬子被动陆缘,太湖断块东部,木渎向斜北西翼
	具体成矿环境	矿体赋存在二叠纪碳酸盐岩、碎屑岩地层与花岗岩体接触带或层间裂隙中,逆掩断裂为主要控矿构造
成矿物质来源	来源深部岩浆	
成矿流体	主要来自深部岩浆	
成矿物理化学条件	成矿温度 292～307℃,均一压力 350×10^5 Pa	

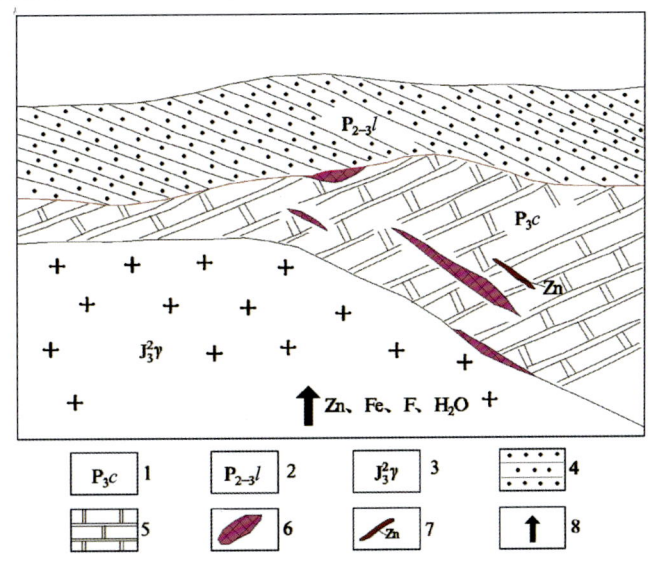

图 5-65 俞石泉萤石矿床成矿模式图

1.二叠系长兴组;2.二叠系龙潭组;3.燕山早期花岗岩体;4.砂岩;5.碳酸盐岩;6.萤石矿体;7.锌矿体;8.热液运移方向

第六章　矿产预测

第一节　预测工作流程

矿产预测是本次矿产资源潜力评价的核心内容。在成矿地质背景研究，物探、化探、遥感、自然重砂资料应用研究和成矿规律研究的基础上，以固体矿产矿床模型综合地质信息预测技术为核心内容，以综合信息数据处理及计算机应用为技术手段，以地质矿产研究为主线，通过成矿地质背景研究、典型矿床和区域成矿规律研究，结合物探、化探、遥感、自然重砂等综合信息分析，确定预测要素，通过模型区和预测工作区类比评价，圈定预测区，估算资源储量。为未来矿产勘查的规划部署提供依据。

1. 工作内容

(1)在成矿规律研究的基础上，结合物探、化探、遥感、自然重砂等综合信息分析，编制典型矿床及预测工作区预测要素图、预测模型图。

(2)开展预测要素研究并进行分级（必要、重要、次要）。

(3)利用综合信息地质单元法，根据地质、物探、化探、遥感、自然重砂等全部预测要素，应用MRAS软件圈定预测单元。

(4)在MRAS软件中应用特征分析法，结合地质矿产、物探、化探、遥感、自然重砂等综合信息，对预测单元进行筛选，编制最小预测区分布图。

(5)应用地质参数体积法（地质体积法）估算资源量。

(6)最小预测区及预测资源量的分级、分类，预测资源量汇总及分类统计，编制预测成果图件。

(7)根据预测成果，结合成果地质背景条件及外部环境，进行未来矿产勘查的规划部署。

(8)按照统一数据格式划分空间数据及属性数据，应用GIS平台建立矿产预测成果数据库，编写图件编图说明书和属性库建库说明书。

2. 工作流程

(1)已有资料的收集、整理、研究，人员组织准备和技术培训。

(2)开展预测要素研究，编制典型矿床、预测工作区预测要素图与预测模型图。

(3)最小预测区圈定与筛选。

(4)资源量的估算，最小预测区及预测资源量的分级、分类，预测资源量汇总及分类统计。

(5)预测成果图件的编制、数据库建设及说明书编写。

(6)阶段性成果报告及专题汇总成果报告的编制。

按照上述工作内容及流程，矿产预测工作流程如图6-1所示。

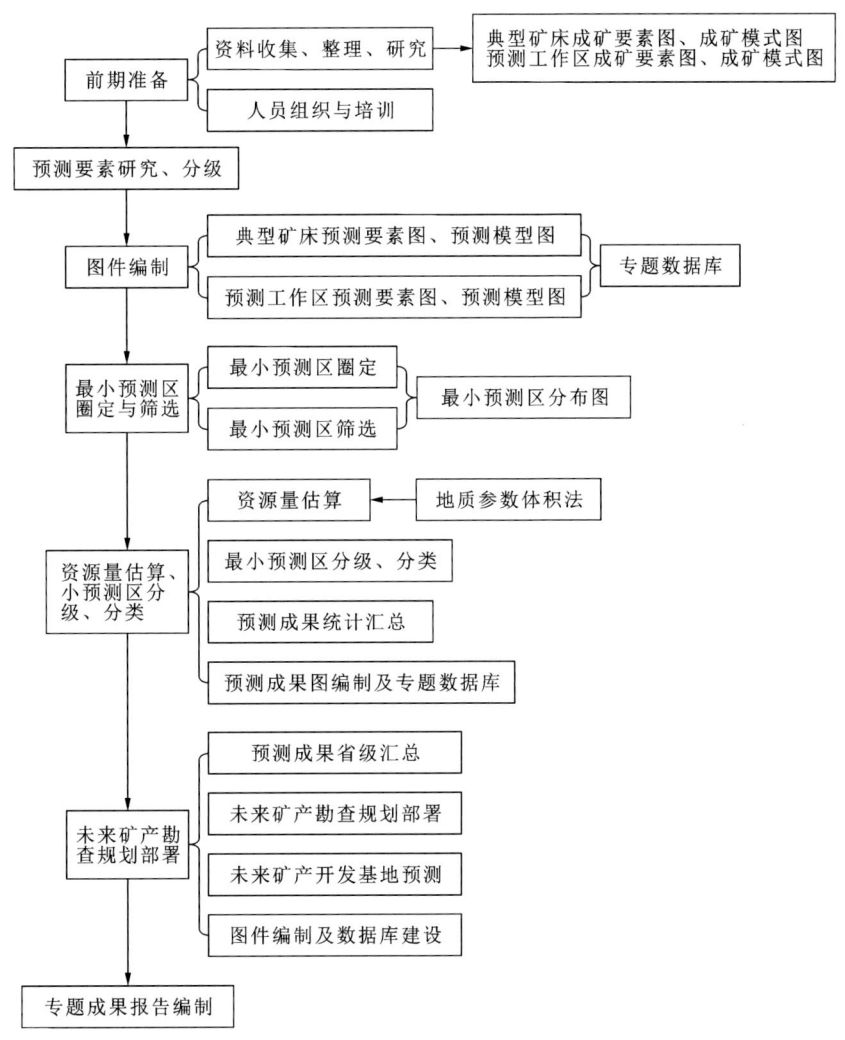

图 6-1 矿产预测工作流程图

第二节 预测方法及预测过程

江苏省及上海市本次矿产资源潜力评价预测矿种共有铁、铜、铅、锌、金、钼、银、硫铁矿、磷、萤石和煤共 11 个,除煤矿以外的 10 个矿种均采用矿床模型综合地质信息预测方法。为避免重复,本书仅以铁矿为例,对本次矿产预测方法及过程予以说明,其余矿种的预测过程不再赘述。

一、预测模型

在对江苏省及上海市铁矿等 11 个典型矿床及 12 个预测类型预测工作区成矿规律研究的基础上,结合各典型矿床及预测工作区的物化遥自然重砂异常信息特征分析,分别总结各典型矿床的预测要素、预测工作区的预测要素,建立典型矿床和预测工作区预测模型。

(一)典型矿床预测要素及预测模型

江苏省内铁矿床类型主要有陆相火山岩型、矽卡岩型及沉积变质型,其中陆相火山岩型铁矿主要为宁芜式(玢岩型),矽卡岩型铁矿矿床式有韦岗式、冶山式、谈家桥式、王浩式、利国式,沉积变质型铁矿为鞍山式。由于典型矿床较多,以下仅列举部分典型矿床预测要素和预测模型,说明典型矿床预测要素选择和预测模型建立过程。分别为陆相火山岩型梅山铁矿、凤凰山铁矿;矽卡岩型韦岗铁矿、墓山铁矿。

1. 典型矿床预测要素

典型矿床预测要素图是以成矿要素图为底图叠加物化遥自然重砂等异常信息构成预测要素图,根据预测需求对成矿要素进行取舍后转化为预测要素。在分析预测要素及典型矿床预测要素图成图之前,需对典型矿床成矿要素图及物化遥自然重砂等数据信息进行质量评估,以确定能否满足预测工作要求。评估情况如下:各典型矿床的成矿要素图比例尺均在1:2000~1:1万之间,上述典型矿床成矿要素图上的成矿要素与对应的成矿要素表内容保持一致,并都真实地反映了各自典型矿床成矿所需要具备的成矿要素;物化遥自然重砂等数据信息也按照技术要求进行了数据处理并成图,因此,典型矿床成矿要素图及对应的物化遥自然重砂等数据信息的类型、比例尺精度及质量等方面都是符合项目技术要求的,并且可以满足预测工作要求。

经对矿区内物化遥自然重砂等异常资料进行分析研究发现:区域化探异常与铁矿的相关性差,矿区没有开展大比例尺化探工作;遥感和自然重砂等也没有明显的反映;只有物探重、磁异常资料反映较好,尤其是磁异常具有预测找矿意义。因此铁矿典型矿床预测要素图主要在成矿要素图上叠加物探重、磁异常信息构成。成矿要素在经取舍后转化为预测要素的基础上,增加物探重磁异常信息特征构成预测要素表,并进行分类(表6-1至表6-4),分类的依据是各要素的成矿意义及矿床的控矿特征,分为必要要素、重要要素和次要要素。

表6-1 梅山陆相火山岩型铁矿床预测要素表

预测要素		描述内容	预测要素分类
地质环境	地层	主要是上侏罗统到下白垩统(龙王山组、大王山组、姑山组)中偏基性和碱性火山碎屑岩及熔岩	重要
	岩浆岩	燕山中晚期次火山岩体——辉长(辉石)闪长玢岩	必要
	岩石结构	不等粒斑状结构,基质为隐晶微晶交织结构	次要
	成矿时代	燕山中晚期,127 ± 11Ma(黄铁矿Re-Os;王丽娟等,2013)	重要
	成矿环境	矿体赋存于辉长闪长玢岩体头部,上覆侏罗系大王山组辉石安山岩	必要
	构造背景	下扬子陆块宁芜火山断陷盆地北段,梅山-凤凰山构造岩浆喷发带与滨江构造岩浆带的交叉部位	必要
矿床特征	矿物组合	矿石矿物以磁铁矿为主,次为半假象赤铁矿、假象赤铁矿、菱铁矿,少量镜铁矿、针铁矿、含矾磁铁矿及赤铁矿等。硫化物主要为黄铁矿,少量黄铜矿、斑铜矿、辉铜矿和方铅矿等。脉石矿物有铁白云石、白云石、方解石、方柱石、钙铁榴石、透辉石、阳起石、绿泥石、绿帘石、磷灰石、石英、蛋白石、玉髓及黏土矿物	重要
	结构	多具半自形—他形粒状结构	次要
	构造	矿石构造主要有块状、斑点状、网脉浸染状、浸染状、角砾状和竹叶状等	次要

续表 6-1

预测要素		描述内容	预测要素分类
	蚀变	以高岭土化、碳酸盐化、硅化、钙铁榴石化、透辉石化最为明显,绢云母化、叶蜡石化、绿泥石化、黄铁矿化、钠柱石化、钠长石化、磷灰石化为次	重要
	控矿条件	①火山岩基底发育着北北东向和北西向两组主干断裂,矿床受北西向梅山-凤凰山断裂带和北北东向卧儿岗-中华门断裂带控制;②与区域主应力方向一致的北西向张性断裂和北东向压性断裂及其旁侧裂隙为控制矿化的有利构造;③岩体"上顶"作用,冷凝收缩作用形成的"虚脱"空间及环状裂隙和纹射状裂隙;④气液上升过程中的减压沸腾与隐蔽爆破作用,有利于角砾岩体的形成和成矿;⑤辉石安山岩形成封闭较好的背斜构造	必要
地球物理特征	重力	矿区存在明显重力高异常	重要
	磁法	航磁异常为近等轴状异常,梯度陡,强度高,峰值1600nT;地磁呈椭圆形,以1000nT等值线计,长约900m,宽约750m,峰值7120nT,与已知磁铁矿体相对应。北侧有负场伴生	重要

表 6-2 凤凰山陆相火山岩型铁矿床预测要素表

预测要素		描述内容	预测要素分类
地质环境	地层	三叠系黄马青组和周冲村组以及侏罗系象山群砂岩	重要
	岩浆岩	侵入岩体为燕山中晚期浅成—超浅成次火山岩体——闪长岩、辉石闪长玢岩	必要
	岩石结构	不等粒斑状结构	次要
	成矿时代	燕山中晚期	重要
	成矿环境	矿体受北东向构造控制,产于辉石闪长玢岩与砂页岩或石灰岩接触破碎带及砂页岩、石灰岩和辉石闪长玢岩中	必要
	构造背景	下扬子陆块宁芜火山断陷盆地北段东侧,北北东向隐伏断裂和北西向断裂交会部位	必要
矿床特征	矿物组合	金属矿石矿物主要为赤铁矿、假象赤铁矿和磁铁矿,次为镜铁矿、褐铁矿、黄铁矿、黄铜矿、斑铜矿。非金属矿物以石英为主,次为方解石、白云石、磷灰石、黄玉、黑云母、高岭石及玉髓等	重要
	结构	大部为八面体自形晶结构,局部为他形晶结构	次要
	构造	致密块状构造、疏松构造、原生角砾构造、次生角砾构造	次要
	蚀变	以高岭土化、碳酸盐化、绿泥石化、硅化为主,其次为钾长石化、钠长石化、透辉石化、金云母化和角岩化	次要
	控矿条件	受北东向构造、北东向短轴背斜及其层间挤压滑动面控制,矿体产于辉石闪长玢岩与砂页岩或石灰岩接触破碎带及砂页岩、石灰岩和辉石闪长玢岩中	必要
地球物理特征	重力	重力梯级带	次要
	磁法	航磁异常显示为条带状正负伴生异常。地磁异常呈条带状,异常走向北东东,以300nT等值线计,长约2300m,宽约1000m,峰值大于600nT	重要

表 6-3 韦岗矽卡岩型铁矿床预测要素表

预测要素		描述内容	预测要素分类
地质环境	地层	下三叠统下青龙组灰岩(T_1x)及上青龙组灰岩(T_1s),其中上青龙组灰岩为矿区主要赋矿层位	重要
	岩浆岩	与成矿有关的侵入岩主要为燕山晚期花岗闪长斑岩,次为石英闪长斑岩	必要
	岩石结构	斑状,似斑状结构,块状构造	次要
	成矿时代	燕山晚期,108±1.3Ma(锆石 LA-ICP-MS U-Pb;孙国曦等,2013)	重要
	成矿环境	铁矿体均赋存于花岗闪长斑岩与三叠系青龙组碳酸盐岩接触带矽卡岩中,受侵入接触带的控制。北西—近东西向纵向断裂带是其主要控矿构造	必要
	构造背景	下扬子陆块宁镇断隆中段,汤仑复背斜东端北翼	必要

续表6-3

预测要素		描述内容	预测要素分类
矿床特征	矿物组合	金属矿物有磁铁矿、假象赤铁矿、赤铁矿、斑铜矿、方铅矿、闪锌矿、黄铁矿、褐铁矿等。非金属矿物有钙铁榴石、钙铝榴石、绿帘石、绿泥石、透辉石等	重要
	结构	他形晶粒状结构、细粒结构、中—细粒结构;假象结构、交代残余结构	次要
	构造	块状构造、条带状构造、角砾状构造、指纹状构造	次要
	蚀变	主要为绿帘石化、绿泥石化、钠长石化、硅化、绢云母化、黝帘石化。其中绿帘石化、透辉石化与铁矿体有较密切的关系	重要
	控矿条件	成因属矽卡岩-高中温热液型,成矿作用受围岩、构造、侵入岩的联合控制。上青龙组上部灰岩对成矿有利,为成矿围岩;矿体受侵入接触带控制,近东西向张性断裂与北北西向、北东向扭性断裂交会部位,为区内导矿和容矿构造;花岗闪长斑岩、石英闪长斑岩为主要成矿母岩	必要
地球物理特征	重力	梯级带异常	次要
	磁法	1:5万航磁异常呈北西西走向的哑铃状,以500nT等值线圈定的异常计,长约1.6km,宽约0.8km,强度较高,峰值1050nT。1:2000地磁异常呈一东西方向延长的元宝形,长约1020m,南北宽约800m,峰值17 000nT,北侧有负值伴生,正异常区梯度北陡南缓	重要

表6-4 利国墓山矽卡岩型铁矿床预测要素一览表

预测要素		描述内容	预测要素分类
地质环境	地层	主要为下古生界奥陶系马家沟组碳酸盐岩	重要
	岩浆岩	主要为燕山早期闪长玢岩等中酸性侵入岩体	必要
	岩石结构	半自形粒状结构、斑状结构、块状构造	次要
	成矿时代	燕山早期	重要
	成矿环境	形成于燕山早期闪长玢岩、石英闪长斑岩岩枝与奥陶系肖家峪组、马家沟组碳酸盐岩接触带及围岩层间裂隙中。	必要
	构造背景	徐州弧形构造的转折端,徐州-江庄复式背斜的西北翼次级褶皱	必要
矿床特征	矿物组合	金属矿物为磁铁矿、赤铁矿、镜铁矿、黄铁矿,少量黄铜矿、斑铜矿、辉铜矿、自然金。脉石矿物主要为方解石、绿泥石、金云母、透辉石、阳起石、石榴石、透闪石、蛇纹石	重要
	结构	以他形—半自形粒状结构为主,次为交代结构、晶粒充填结构、片状结构	次要
	构造	致密块状构造为主,条带状和浸染状构造为次,少量角砾状、斑杂状构造	次要
	蚀变	矽卡岩化、透辉石化、绿泥石化、钾长石化、钠长石化、碳酸盐化、绿帘石化、绿泥石化、硅化、大理岩化等	重要
	控矿条件	主要受接触带构造控制,形成于闪长玢岩、石英闪长斑岩岩枝与奥陶系肖家峪组、马家沟组碳酸盐岩接触带及围岩层间裂隙中	必要
地球物理特征	重力	区域线状异常,局部重力高	次要
	磁法	1:5万航磁ΔT平面等值线图中为叠加在东西宽缓背景上的局部异常。1:1万地磁异常形状复杂,由多个峰值组成,局部异常呈北东向,以800nT计,长约620m,宽约460m,峰值大于800nT,北侧有负异常伴生	重要

2. 典型矿床预测模型

江苏省典型矿床预测模型见表 6-5 至表 6-8。

表 6-5 梅山陆相火山岩型铁矿找矿预测模型

地质条件	构造环境	下扬子陆块宁芜火山断陷盆地的北段,梅山-凤凰山构造岩浆成矿带与滨江构造岩浆带的交叉部位。矿体主要赋存于次辉长闪长玢岩顶部穹状部位及其接触的安山质火山岩中
	岩石组合	侏罗系大王山组辉石安山岩,安山质角砾凝灰岩,辉长闪长玢岩
	围岩蚀变	透辉石化、石榴石化、钠柱石化、钠长石化、绿帘石化、绿泥石化、黄铁矿化、硅化、高岭石化、碳酸盐化
找矿历史标志	采矿遗迹	无
	文字记录	无
地球物理标志	重力	重力局部异常高达 21.2mgal,重磁基本吻合,矿体分布与重力高异常形态对应较好
	磁法	航磁异常(M27-433)规模大,峰值高,梯度表现为南缓北陡,形态规则,呈似圆形,极值 2100nT,北侧伴有负场。地磁为等轴状,极值为 6300nT
模型图		

表 6-6 凤凰山陆相火山岩型铁矿找矿预测模型

地质条件	构造环境	下扬子陆块宁芜火山断陷盆地边缘；矿体产于辉长闪长玢岩与三叠系黄马青组钙质砂页岩或泥灰岩的接触带中，受不同成因的破碎构造及层间裂隙带控制
	岩石组合	三叠系青龙组、周冲村组、黄马青组钙质粉砂岩，泥灰岩，燕山期大王山旋回侵入的辉长闪长玢岩
	围岩蚀变	碳酸盐化、高岭土化、绿泥石化、绢云母化、钠长石化
找矿历史标志	采矿遗迹	1939 年日本人曾进行露天开采，并掘有坑道 3 条
	文字记录	谢家荣、李学清、袁见齐、东井秀雄等进行研究论述
地球物理标志	重力	重力梯级带
	磁法	航磁异常显示为条带状正负伴生异常。地磁异常呈条带状，异常走向北东东，以 300nT 等值线计，长约 2300m，宽约 1000m，峰值大于 600nT
模型图	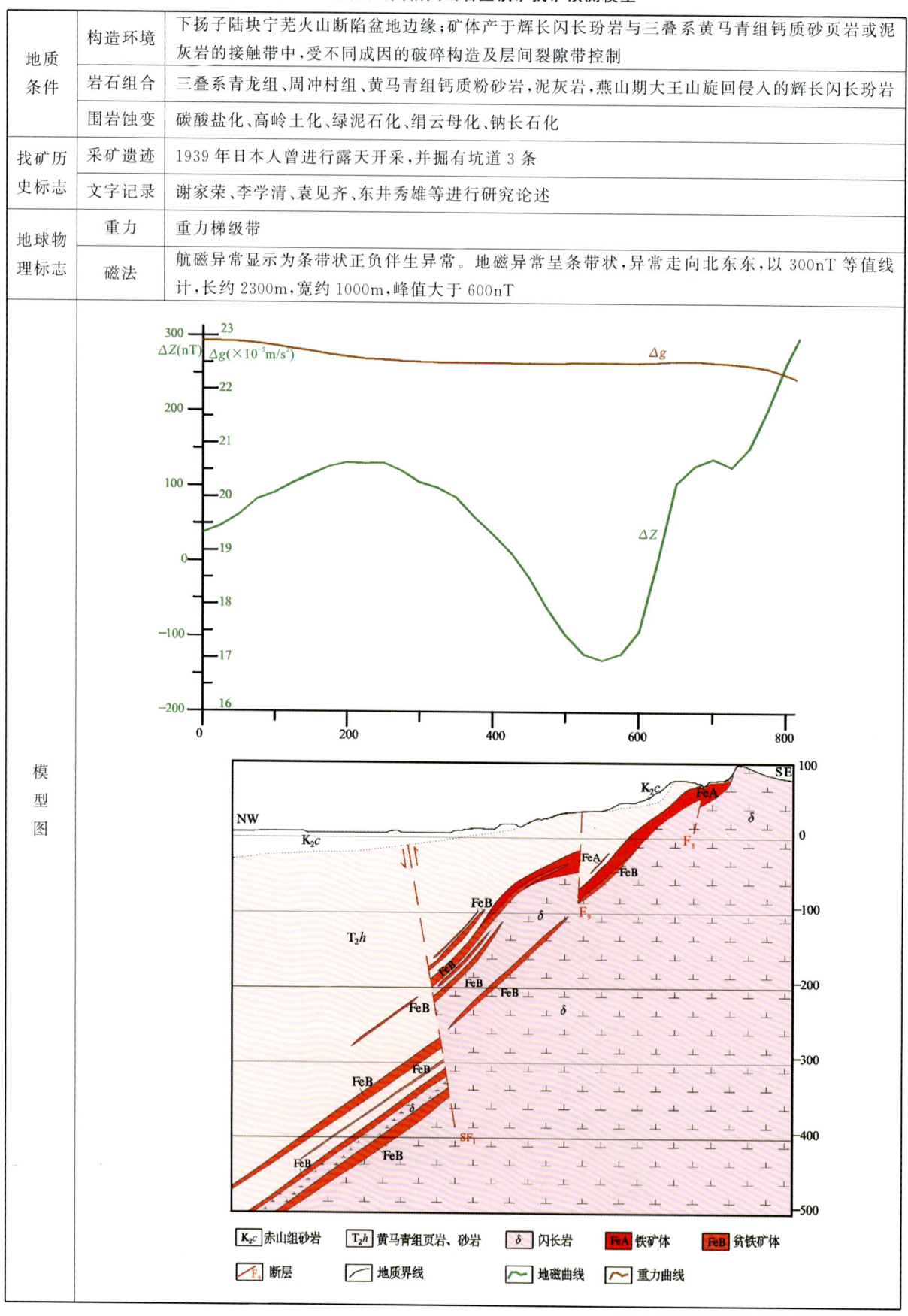	

表 6-7　韦岗矽卡岩型铁矿预测模型

地质条件	构造环境	下扬子陆块宁镇断隆中段，矿区位于近东西向压性断裂与北北西向、北东向扭性断裂交会部位，石马石英闪长岩体南缘接触带。矿体赋存于花岗闪长斑岩与三叠系青龙组碳酸盐岩接触带矽卡岩中，受侵入接触带控制
	岩石组合	与成矿有关侵入岩主要为花岗闪长斑岩，次为石英闪长斑岩。含矿围岩为三叠系青龙组灰岩（大理岩）及矽卡岩
	围岩蚀变	主要为绿帘石化、绿泥石化、钠长石化、硅化、绢云母化、黝帘石化。其中绿帘石化、透辉石化与铁矿体有较密切的关系
找矿历史标志	采矿遗迹	无古代采矿遗迹
	文字记录	无文字记录
地球物理标志	重力	本区域位于宁镇重力高东段南侧梯级带上
	磁法	磁异常是寻找韦岗铁矿的重要标志，韦岗铁矿区地磁异常强度大，呈一东西方向延长的元宝形，正异常区梯度北陡南缓，峰值最高 17 000nT，北侧有负值伴生
地表找矿标志		上青龙组灰岩等碳酸盐岩层为矿区内铁矿体的主要赋矿围岩。 矿区的石英闪长斑岩、花岗闪长斑岩等中酸性侵入岩为岩体标志。 绿帘石化、透辉石化与铁矿体有较密切的关系，是本区寻找铁矿的蚀变标志
模型图		

表 6-8 利国墓山铁矿预测模型

地质条件	构造环境	鲁西-淮北(拉张区)构造-岩浆带,利国短轴背斜南翼。形成于燕山早期闪长玢岩、石英闪长斑岩与中下奥陶统马家沟组碳酸盐岩接触带及围岩层间裂隙中
	岩石组合	岩浆岩:闪长玢岩、石英闪长斑岩;围岩:白云质灰岩、灰岩、钙质白云岩
	围岩蚀变	矽卡岩化比较发育,组成矿物主要有透辉石、透闪石,其次有金云母、石榴石。钠化、中低温热液蚀变和大理岩化也较发育,有明显的蚀变分带
找矿历史标志	采矿遗迹	无
	文字记录	无
地球物理标志	重力	矿体位于重力异常梯度带、转折部位或高背景的重力异常上,并且矿体走向与重力异常走向明显不一致
	磁法	地磁异常不完整,但南部 ΔZ 可达 1000nT 以上,航磁异常呈东西向、椭圆状,ΔZ 极大值 500～1500nT,高磁、高重叠加。磁性铁矿体上方都对应有实测航磁、地磁异常
	电法	铁矿体具有最低的视电阻率,灰岩及岩体具有较高的视电阻率,已知矿体、矿化蚀变带和含水断裂破碎带上有明显的视电阻率低阻异常反映,高阻异常为岩浆岩和沉积岩的反映
地表找矿标志		闪长玢岩、石英闪长斑岩与下奥陶统马家沟组碳酸盐岩接触带
模型图		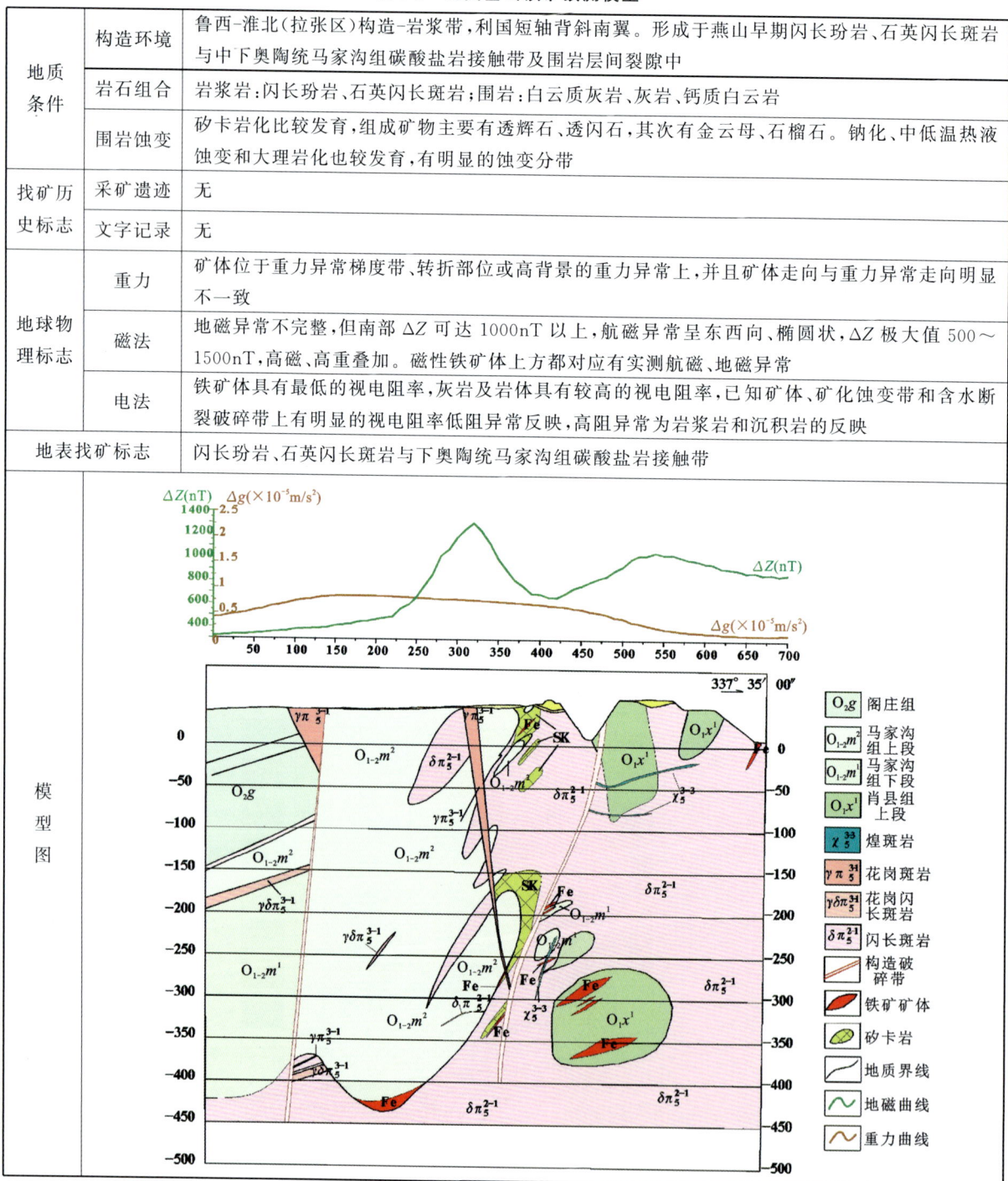

(二)预测工作区预测要素及预测模型

1. 预测工作区预测要素图编制

在对成矿要素图及物化遥自然重砂等信息质量评估的基础上,以区域成矿要素图为底图,叠加区域重磁、化探、遥感、自然重砂异常等内容,形成区域预测要素图,并通过对区域成矿要素、区域(重磁、化探、遥感、自然重砂异常)综合信息与矿产地和矿化线索的关系研究,提取与预测相关的要素作为预测要素,并划分要素类型(必要的、重要的、次要的),作为最终确定预测变量的基础。根据技术要求,对预测要素图分层并挂接属性表构建数据库。

2. 区域预测要素表

区域预测要素的确定和提取是根据对典型矿床中与成矿有关要素的研究以及区域成矿规律的研究成果,在区域上对相关要素从空间分布特征与成矿的关系进行定性的对比研究和分析,确认与成矿有关的各要素,进而提取出真正与矿产预测有关的要素作为区域预测要素。如宁芜地区的辉石闪长玢岩等中基性次火山岩体与铁矿成矿关系密切,区域内铁矿床(点)大部分均位于重磁异常区内,因此上述这些要素都可以作为陆相火山岩型铁矿预测要素。通过上述类似的对比研究分析,就可以确认各自预测工作区的所有预测要素,并划分要素类型(必要的、重要的、次要的),作为最终确定预测变量的一个重要基础。12个铁矿预测工作区区域预测要素见表6-9至表6-20。

表6-9 宁芜宁芜式陆相火山岩型铁矿预测工作区区域预测要素表

区域预测要素		描述内容	预测要素分类
区域成矿地质环境	大地构造位置	下扬子陆块宁芜火山断陷盆地北段	必要
	主要控矿构造	北北东向、北西向、东西向断裂控制盆地内火山喷发-侵入活动,它们的交叉复合地段控制矿田、矿床的分布	必要
	主要赋矿地层	主要是上侏罗统大王山组中偏基性火山碎屑岩及熔岩与上三叠统下青龙组灰岩、周冲村组白云岩和黄马青组钙质砂页岩	必要
	控矿岩浆岩	大王山组次火山岩辉长闪长玢岩、辉长闪长岩	必要
	成矿时代	燕山晚期	重要
	成矿环境	辉长闪长玢岩岩体内及其附近火山岩层中;次火山岩与前火山岩系钙质沉积岩接触带	必要
区域成矿地质特征	区域成矿类型和成矿期	气成-高温热液(岩浆贯入)型矿床(梅山式);高中温热液接触交代型矿床(凤凰山式);中低温热液充填型矿床(龙虎山式);火山喷发沉积型矿床(龙旗山式);火山喷发沉积热液改造型(竹园山式)	重要
	宁芜式陆相火山岩型铁矿主要成矿要素	晚侏罗世火山碎屑岩及熔岩为主要赋矿层位	必要
		与成矿有关的岩浆岩主要为辉石闪长玢岩	必要
		围岩蚀变具有明显的分带性,矿体上盘由高岭土化、硅化、碳酸盐化构成浅色蚀变带(浅绿色蚀变带);矿体下部及下盘为透辉石化、磷灰石化、方柱石化、钠长石化(浅红色蚀变带)	重要
		矿体赋存于辉石闪长玢岩体内及其附近火山岩层中,次火山岩与沉积岩中碳酸盐岩接触带	必要
		矿床受北西向梅山-凤凰山断裂带和北北东向卧儿岗-中华门断裂带控制;与区域主应力方向一致的北西向张性断裂和北东向压性断裂及其旁侧裂隙为控制矿化的有利构造	重要
		岩体"上顶"作用,冷凝收缩作用形成的"虚脱"空间及环状裂隙和纹射状裂隙	必要
		辉石安山岩形成封闭较好的背斜构造	重要
物探异常	重力异常	重磁同高区,东带明显重力高,反映盆地北东向成带,北西向切割成块的特征	重要
	磁异常	总体重磁同高区,3条北东向、1条北西向磁异常带为浅成—超浅成侵入体及玢岩铁矿引起	重要

表 6-10 溧水宁芜式陆相火山岩型铁矿预测工作区区域预测要素表

区域预测要素		描述内容	预测要素分类
区域成矿地质环境	大地构造位置	下扬子陆块溧水火山断陷盆地	必要
	主要控矿构造	火山机构；北西向、北北东向主干断裂及继承性断裂	必要
	控矿岩浆岩	辉石闪长玢岩、闪长玢岩、辉长闪长玢岩、角闪闪长玢岩	必要
	成矿时代	燕山期	重要
	成矿环境	矿体位于火山机构中次火山岩体内、次火山岩与前火山岩系钙质沉积岩接触带	重要
区域成矿地质特征	区域成矿类型和成矿期	陆相火山岩型——气成高温热液型、高中温热液接触交代型矿床	重要
	宁芜式陆相火山岩型铁矿主要成矿要素	晚侏罗世辉石安山质-玄武质火山碎屑岩及熔岩为火山机构主要组成	重要
		与成矿有关的岩浆岩主要是火山机构控制的辉长闪长玢岩、辉石闪长玢岩、角闪闪长玢岩	必要
		铁矿体主要产于辉长（辉石）闪长玢岩中、次火山岩与钙质沉积岩接触带，呈似层状透镜状	重要
		控矿断裂为北西向、北北东向基底断裂及火山机构环状断裂	必要
		蚀变主要为透辉石化、绿泥石化，次为钠长石化、硅化等	次要
物探异常	重力异常	重力等值线北北东向展布，北高南低	次要
	磁异常	大部分磁异常与中生代火山岩、次火山岩体有关，少部分为已知铁矿床点的反映	重要

表 6-11 宁镇韦岗式矽卡岩型铁矿预测工作区区域预测要素表

区域预测要素		描述内容	预测要素分类
区域成矿地质环境	大地构造位置	下扬子陆块宁镇断隆	必要
	主要控矿构造	①北西西向断裂是重要的控矿断层；②构造不整合界面（杨冲组与下伏地层）；③弧形构造；④层间断层（近东西向纵向断层）；⑤其他方向的断层。近东西向张性断裂与北北西向、北东向扭性断裂交会部位，为区内导矿和容矿构造	必要
	主要赋矿地层	古生代、中生代碳酸盐岩地层	必要
	控矿岩浆岩	中酸性花岗闪长斑岩、石英闪长玢岩等	必要
	成矿时代	燕山晚期	必要
	成矿环境	岩体周围接触带或接触带附近	必要

续表 6-11

区域预测要素		描述内容	预测要素分类
区域成矿地质特征	区域成矿类型和成矿期	燕山晚期矽卡岩型矿床	重要
	韦岗式矽卡岩型铁矿主要成矿要素	石炭纪、二叠纪、三叠纪灰岩地层为主要赋矿层位	重要
		与成矿有关的侵入岩主要为花岗闪长斑岩，次为石英闪长斑岩	重要
		磁铁矿矿石和赤铁矿矿石	重要
		围岩蚀变主要为绿帘石化、绿泥石化、钠长石化、硅化、绢云母化、黝帘石化。其中绿帘石化、透辉石化与铁矿体有较密切的关系	重要
		铁矿体均赋存于花岗闪长斑岩与大理岩（灰岩）、角岩接触带和矽卡岩中，北西向纵向断裂带是其主要控矿构造	必要
		近东西向张性断裂与北北西向、北东向扭性断裂交会部位	必要
		矿化时期分矽卡岩期和热液期两个主要成矿期，而热液期又至少分为氧化物阶段、硫化物阶段和碳酸盐阶段	必要
物化遥重砂异常	重力异常	重力高背景异常为特征，东西带状重力高。其上分布较多的次级重力高异常。铁矿床主要分布于重力梯级带上	次要
	磁异常	等值线总体上呈东西向展布，以升高的高背景场为特征，局部异常以北东东向为主，北东向次之。异常形态规则，强度较高，主要与中酸性侵入体有关。铁矿区则表现为明显的高值异常	重要
	化探异常	与铁矿关系不明显	次要

表 6-12 苏州西部谈家桥式矽卡岩型铁矿预测工作区区域成矿要素表

区域预测要素		描述内容	预测要素分类
区域成矿地质环境	大地构造位置	下扬子被动陆缘太湖断块，光福断隆	重要
	主要控矿构造	北东向逆掩断层，岩体凹部，主接触带及外接触带层间剥离构造	必要
	主要赋矿地层	二叠系长兴组大理岩、灰岩	必要
	控矿岩浆岩	花岗岩	必要
	成矿时代	燕山期	重要
	成矿环境	花岗岩体与碳酸盐岩接触带为主要赋矿空间	重要
区域成矿地质特征	区域成矿类型和成矿期	矽卡岩型铁矿 成矿期为燕山期	重要
	谈家桥式矽卡岩型铁矿主要成矿要素	花岗岩与成矿关系密切	必要
		成矿围岩是长兴组大理岩、灰岩等碳酸盐岩	必要
		矿体主要赋存于岩体接触带或外接触带层间剥离构造面	必要
		围岩蚀变以矽卡岩化为主，岩体边缘钠长石化	重要
		矿石类型为磁铁矿、锌磁铁矿化，成因类型为矽卡岩型	重要

续表 6-12

区域预测要素		描述内容	预测要素分类
物化遥重砂异常	重力异常	重力异常由西部重力低和东部重力高两部分组成,西部呈环形,东部重力高北东向展布。数个局部重力高异常形成北东向串珠状异常带	次要
	磁异常	区域磁异常呈环形特征,主要与花岗岩体、酸性—偏基性火山岩等有关,局部异常与铁矿有关	重要
	化探异常	与铁矿关系不明显	次要

表 6-13　六合冶山式矽卡岩型铁矿预测工作区区域预测要素表

区域预测要素		描述内容	预测要素分类
区域成矿地质环境	大地构造位置	下扬子陆块,江浦-六合断隆	重要
	主要控矿构造	北东向、北北西向断裂	必要
	主要赋矿地层	下震旦统黄墟组,上震旦统灯影组及下寒武统幕府山组	必要
	控矿岩浆岩	侵入岩主要为石英闪长岩(花岗闪长岩)	必要
	成矿时代	中生代燕山晚期(116Ma)	重要
	成矿环境	赋存于石英闪长岩(花岗闪长岩)与下寒武统幕府山组及下震旦统黄墟组和上震旦统灯影组白云岩接触带	必要
区域成矿地质特征	区域成矿类型和成矿期	燕山晚期矽卡岩型矿床	重要
	冶山式矽卡岩型铁矿主要成矿要素	震旦纪、寒武纪镁质碳酸盐岩为主要赋矿地层	必要
		与成矿有关的的岩浆岩主要为石英闪长岩(花岗闪长岩)	必要
		铁矿体主要产于石英闪长岩(花岗闪长岩)与白云岩接触带的镁质矽卡岩中。矿体多沿岩体伸入围岩或在由陡直变为平缓弯曲的接触带部位富集变厚	重要
		北北西向断裂破碎带及北东向、北东东向断裂与成矿关系密切	重要
		围岩蚀变主要有透辉石矽卡岩化、绿泥石化、蛇纹石化、大理岩化、硅化	重要
		矿石类型以磁铁矿为主,其次为赤铁矿,少量黄铁矿,辉铜矿	次要
物化遥重砂异常	重力异常	重力呈北东向展布,自西向东呈高—低—高的特征	次要
	磁异常	正磁异常区宽度大,强度高。磁异常带走向北东,平面上 ΔT 达 800nT,南陡北缓,北部有负场伴生。已知铁矿床均分布于正磁异常区	重要
	化探异常	与铁矿关系不明显	次要

表 6-14　徐州-利国利国式矽卡岩型铁矿预测工作区区域预测要素表

区域预测要素		描述内容	预测要素分类
区域成矿地质环境	大地构造位置	华北陆块南缘鲁西陆块,徐州-宿县断块,徐州-贾汪断隆	重要
	主要控矿构造	东西向构造为主要导岩、容矿构造	重要
	主要赋矿地层	下、中奥陶统马家沟组碳酸盐岩建造	必要
	控矿岩浆岩	闪长玢岩、石英闪长斑岩、角闪闪长玢岩	必要
	成矿时代	燕山期	重要
	成矿环境	鲁西-淮北构造-岩浆带,陆内断隆。矿体主要赋存于岩体与碳酸盐岩接触带或捕虏体	必要

续表 6-14

区域预测要素		描述内容	预测要素分类
区域成矿地质特征	区域成矿类型和成矿期	矽卡岩型为主,热液充填型次之。成矿期为燕山期	重要
	利国式矽卡岩型铁矿主要成矿要素	燕山早期闪长玢岩、石英闪长岩与铁矿关系密切	必要
		中、下奥陶统马家沟组碳酸盐岩为主要赋矿围岩	必要
		矿体主要赋存于岩体与围岩缓倾斜、平直、舌状等接触带,或隐伏岩体凸起和凹部的接触带,捕房体等	必要
		矿石矿物以磁铁矿为主,磁铁矿-赤铁矿次之,伴生有益组分为铜、金、硫等	次要
		矿床成因类型以矽卡岩型为主,热液充填型次之	重要
		围岩蚀变以矽卡岩化、大理岩化为主	重要
物化遥重砂异常	重力异常	低负背景场为主要特征	次要
	磁异常	利国地区局部异常总体走向北东,由多个峰值组成,航磁 ΔT 强度 350nT 左右	重要
	化探异常	与铁矿关系不明显	次要

表 6-15 南通王浩式矽卡岩型铁矿预测工作区区域预测要素表

区域预测要素		描述内容	预测要素分类
区域成矿地质环境	大地构造位置	下扬子陆块南通断隆	重要
	主要控矿构造	岩体接触带	重要
	主要赋矿地层	寒武系幕府山组镁质碳酸盐岩	必要
	控矿岩浆岩	花岗岩	必要
	成矿时代	中生代	重要
	成矿环境	花岗岩体与镁质碳酸盐岩接触带或碳酸盐岩捕房体赋矿	必要
区域成矿地质特征	区域成矿类型和成矿期	矽卡岩型铁矿,燕山晚期成矿	重要
	王浩式矽卡岩型铁矿主要成矿要素	成矿母岩为燕山晚期花岗岩	必要
		主要控矿构造为北西向及北东东向断裂,矿体赋存于侵入体与围岩主接触带及捕房体接触带	必要
		最有利成矿围岩为寒武纪镁质碳酸盐岩	必要
		围岩蚀变:矽卡岩化、大理岩化、硅化、萤石化、绿泥石化	重要
		矿石类型:以磁铁矿为主,闪锌矿、黄铁矿为次,少量辉铜矿等	重要
物化遥重砂异常	重力异常	布格重力异常图上,反映为块状重力异常特征,异常稳定,背景场较高。平稳重力高背景上叠加有较多的局部重力高和重力低异常,形态以等轴状为主,规模小到中等	次要
	磁异常	总体呈北低南高的磁场特征,区域场上可划分为泰兴-如东负磁场区东延石港磁场区及海门正磁场区	重要

表 6-16 盱眙冶山式矽卡岩型铁矿预测工作区区域预测要素表

区域预测要素		描述内容	预测要素分类
区域成矿地质环境	大地构造位置	下扬子陆块盱眙断隆	重要
	主要控矿构造	北北东向破碎带与近东西向断裂交会部位	重要
	主要赋矿地层	下震旦统黄墟组,上震旦统灯影组镁质碳酸盐岩	必要
	控矿岩浆岩	二长花岗斑岩,闪长玢岩	必要
	成矿时代	燕山期	重要
	成矿环境	中酸性岩体(脉)与镁质碳酸盐岩地层接触带或层间构造	重要
区域成矿地质特征	区域成矿类型和成矿期	接触交代充填型,矽卡岩型,燕山期成矿	重要
	冶山式矽卡岩型铁矿主要成矿要素	成矿母岩为闪长玢岩、二长花岗斑岩	必要
		主要控矿构造北北东向、近东西向断裂交会部位,矿体主要赋存于岩体与镁质碳酸盐岩接触带	必要
		最有利成矿围岩为震旦系黄墟组、灯影组灰岩和白云质灰岩	必要
		围岩蚀变:矽卡岩化、金云母化、蛇纹石化、钠长石化、绿泥石化、大理岩化、硅化等	重要
		矿石类型以磁铁矿为主,少量黄铜矿、辉铜矿、黄铁矿	次要
物化遥重砂异常	重力异常	重力异常等值线以北东向展布为主,呈北西、东南两侧低,中间高的重力异常特征,由北西向东南分别为管镇重力低、盱眙重力高和桂五重力低	次要
	磁异常	中南部航磁 ΔT 异常总体以波动正磁场为背景,局部异常多,杂乱跳跃,且多不规则,大部分异常呈明显的北东走向,但连续性差,航磁 ΔT 强度一般在 200～500nT,个别峰值达南部 700nT 以上,自西向东局部异常的梯度和幅度有变小的趋势。北部航磁 ΔT 异常相对平缓,中部有北北东向局部异常,形态规则,航磁 ΔT 强度近 200nT,推测与中酸性侵入岩体有关	重要
	化探异常	与铁矿关系不明显	次要

表 6-17 宜溧韦岗式矽卡岩型铁矿预测工作区区域预测要素表

区域预测要素		描述内容	预测要素分类
区域成矿地质环境	大地构造位置	下扬子被动陆缘滆湖断块	重要
	主要控矿构造	北北东向、东西向构造破碎带	重要
	主要赋矿地层	奥陶系仑山组,石炭系黄龙组、船山组,二叠系栖霞组,三叠系青龙组,侏罗系大王山组	必要
	控矿岩浆岩	花岗闪长斑岩,石英二长斑岩,石英闪长斑岩,流纹斑岩,斑状花岗闪长岩	必要
	成矿时代	晚侏罗世至白垩纪	重要
	成矿环境	酸性—中酸性岩体与碳酸盐岩建造接触带(构造破碎带)	必要

续表 6-17

区域预测要素		描述内容	预测要素分类
区域成矿地质特征	区域成矿类型和成矿期	矽卡岩型、热夜充填型,成矿期为燕山晚期	重要
	韦岗式矽卡岩型铁矿主要成矿要素	矿体赋存于中酸性岩体与碳酸盐岩接触带及附近	重要
		成矿母岩主要为流纹斑岩、石英闪长斑岩、花岗闪长斑岩、石英二长斑岩	必要
		赋矿围岩主要为石炭系黄龙组、船山组,二叠系栖霞组,三叠系青龙组碳酸盐岩	必要
		矿石矿物以磁铁矿为主,次为磁黄铁矿、黄铁矿,少量黄铜矿、闪锌矿等	次要
		围岩蚀变主要为大理岩化、硅化等,近矿围岩蚀变为矽卡岩化	重要
物化遥重砂异常	重力异常	布格重力异常图上,等值线展布方向有3组,北北东向、北东向和北西向。自西向东,异常呈低、高、低、高,北北东向、北东向带状展布,分别对应南渡重力低、社渚-上黄重力高、伍员山-徐舍重力低和张渚-周铁桥重力高	次要
	磁异常	西北部为后周-定埠平静负磁场区,中部为溧阳杂乱磁场区,东部徐舍-鼎蜀为平静磁场区	重要
	化探异常	与铁矿关系不明显	次要

表 6-18 江苏省丰沛利国式矽卡岩型铁矿预测工作区区域预测要素表

区域成矿要素		描述内容	成矿要素分类
区域成矿地质环境	大地构造位置	华北陆块南缘鲁西陆块,徐州-宿县断块,徐州-贾汪断隆	重要
	主要控矿构造	东西向构造为主要导矿、容矿构造	重要
	主要赋矿地层	下、中奥陶统马家沟组碳酸盐岩建造	必要
	控矿岩浆岩	闪长玢岩、石英闪长斑岩、角闪闪长玢岩	必要
	成矿时代	燕山期	重要
	成矿环境	矿体主要赋存于岩体与碳酸盐岩接触带或捕虏体	必要
区域成矿地质特征	区域成矿类型和成矿期	以矽卡岩型为主,热液充填型次之。成矿期为燕山期	重要
	利国式矽卡岩型铁矿主要成矿要素	燕山早期闪长玢岩、石英闪长岩与铁矿关系密切	必要
		中、下奥陶统马家沟组碳酸盐岩为主要赋矿围岩	必要
		矿体主要赋存于岩体与围岩缓倾斜、平直、舌状等接触带,或隐伏岩体凸起和凹部的接触带,捕虏体等	必要
		矿石矿物以磁铁矿为主,磁铁矿-赤铁矿次之,伴生有益组分为铜、金、硫等	次要
		矿床成因类型以矽卡岩型为主,热液充填型次之	重要
物探异常特征	重力异常	重力异常等值线以东西向展布为主,呈南、北低,中间高的重力异常特征,由北向南分别为欢口重力低、华栖重力高和敬安重力低	次要
	磁异常	走向总体为北东向,向西收敛,向东散开,强度一般100～200nT。前人工作结果认为本区正磁场是由前震旦纪变质岩系引起,即反映为基底隆起构造性质,其上分布的局部异常,可能为后期火成岩活动而在盖层中出现着各种侵入岩体的反映	重要

表 6-19 东海-新沂鞍山式沉积变质型铁矿预测工作区要素表

区域预测要素		描述内容	预测要素分类
区域成矿地质环境	大地构造位置	苏鲁造山带	重要
	主要控矿构造	北东向、北北东向断裂	重要
	主要赋矿地层	东海岩群武强山岩组	必要
	成矿时代	Ar_4—Pt_1	必要
	区域变质作用及建造	含铁石英岩建造,角闪岩相-绿片岩相变质作用	必要
区域成矿地质特征	区域成矿类型和成矿期	变质成矿作用,新太古代—古元古代变质成矿期	重要
	鞍山式沉积变质型铁矿主要成矿要素	赋存在新太古界—古元古界东海岩群武强山岩组石英片岩-云母片岩-磁铁石英岩等岩石组合之中	必要
		受北东向、北北东向韧性剪切构造控制	重要
		矿石类型主要为致密块状、条带状,由磁铁矿、石英、白云母等组成	次要
		矿石成因类型为沉积变质型	重要
物探异常特征	重力异常	重力异常等值线以北东向展布为主,由北向南,异常值呈低、高、低特征。北部的重力低由桃林、城头2个次级重力低构成,区域上为桃林-日照(山东)北东向串珠状重力低异常带的省内部分。桃林次级重力低走向北北东,椭圆形;城头次级重力低半圆形向北东开口。南部的重力低为颜集(沭阳)重力低的北半部分,北东走向,等值线南、北两侧均为梯级带,北侧尤为明显。中部的重力高为连云港-东海-新沂重力高带的主体部分,局部异常展布方向多为北东向	重要
	磁异常	连续成带分布的高值异常带,强度一般200~300nT,有的局部异常高达上千纳特。曲线波动,异常形态多种多样,磁场面貌较复杂	重要

表 6-20 丰沛预测工作区鞍山式沉积变质型铁矿预测要素表

区域预测要素		描述内容	预测要素分类
区域成矿地质环境	大地构造位置	华北陆块南缘鲁西陆块,徐州-宿县断块,徐州-贾汪断隆	重要
	主要控矿构造	北东向、近东西向	重要
	主要赋矿地层	泰山岩群	必要
	成矿时代	Ar_4—Pt_1	必要
	区域变质作用及建造	含铁石英岩建造,麻粒岩相-角闪岩相变质作用	必要
区域成矿地质特征	区域成矿类型和成矿期	变质成矿作用,新太古代—古元古代变质成矿期	重要
	鞍山式沉积变质型铁矿主要成矿要素	赋存于新太古界—古元古界泰山杂岩山草峪组中	必要
		岩石组合主要为变粒岩-片岩-(磁铁)石英岩	必要
		受剪切变形构造带控制	重要
		矿石类型主要为致密块状、条带状	次要
		矿石类型为沉积变质型	重要

续表 6-20

区域预测要素		描述内容	预测要素分类
物探异常特征	重力异常	重力异常等值线以东西向展布为主,呈南北低、中间高的重力异常特征,由北向南分别为欢口重力低、华栖重力高和敬安重力低	重要
	磁异常	走向总体为北东向,向西收敛,向东散开,强度一般100～200nT。前人工作结果认为本区正磁场是由前震旦纪变质岩系引起,即反映为基底隆起构造性质,其上分布的局部异常,可能为后期岩浆活动而在盖层中出现各种侵入岩体的反映	重要

3. 区域预测模型图

预测区区域预测模型图以区内典型矿床预测模型研究为依托,以区域成矿模式图为基础,综合预测区内与成矿有关的各类异常信息编制而成,以剖面图形式表示。经综合研究,各预测区与铁矿有关的重磁异常信息反映明显,而其他类型异常无明显反映,因此预测模型图上只反映重磁异常信息(图6-2)。

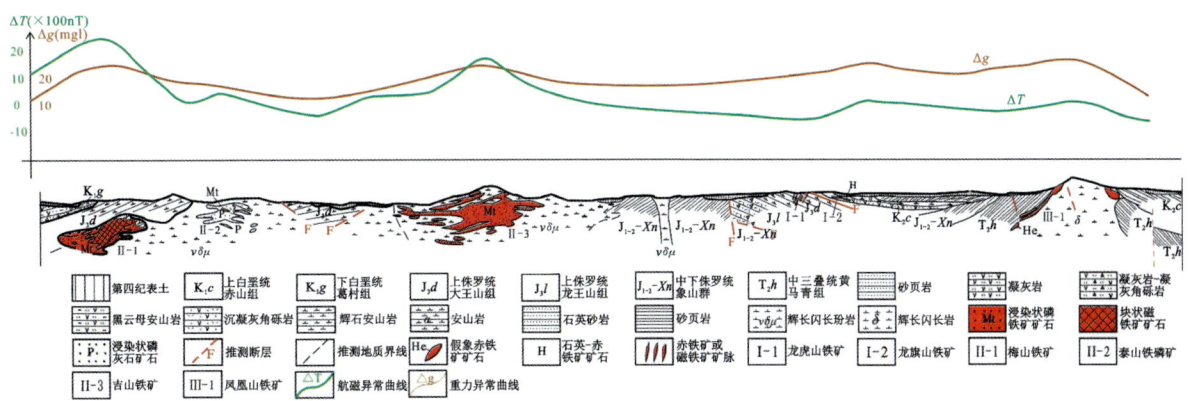

图 6-2 宁芜地区宁芜式陆相火山岩型铁矿区域预测模型图

二、预测方法类型确定及区域预测要素分析

(一)预测方法类型确定

在对各预测工作区资源潜力预测评价前,首先要根据矿产预测类型,划分、确定各预测工作区的预测方法类型,从而确定各预测工作区的地质构造专题底图类型。宁芜、溧水两个中生代火山岩盆地及溧阳火山岩分布区铁矿预测类型为宁芜式陆相火山岩型铁矿,选择火山岩型预测方法类型;矽卡岩型铁矿形成主要与中酸性—酸性岩体和碳酸盐岩地层有关,根据技术要求,8个矽卡岩型铁矿预测工作区选择侵入岩体型预测方法类型;丰沛地区西部及南部、东海-新沂地区沉积变质岩区铁矿预测类型为鞍山式沉积变质型铁矿,预测方法类型选择变质型。各预测工作区的预测方法类型及其地质构造专题底图类型见表6-21。

表 6-21　江苏省铁矿各预测工作区预测方法类型及底图类型表

预测工作区名称	预测方法类型	地质构造专题底图类型	专题底图比例尺
江苏省丰沛利国式矽卡岩型铁矿预测工作区	侵入岩体型	建造构造图	1∶5万
江苏省徐州-利国利国式矽卡岩型铁矿预测工作区		建造构造图	1∶5万
江苏省南通王浩矽卡岩型铁矿预测工作区		建造构造图	1∶5万
江苏省盱眙冶山式矽卡岩型铁矿预测工作区		建造构造图	1∶5万
江苏省六合冶山式矽卡岩型铁矿预测工作区		建造构造图	1∶5万
江苏省宁镇韦岗式矽卡岩型铁矿预测工作区		建造构造图	1∶5万
江苏省宜溧韦岗式矽卡岩型铁矿预测工作区		建造构造图	1∶5万
江苏省苏州西部谈家桥式矽卡岩型铁矿预测工作区		建造构造图	1∶5万
江苏省丰沛鞍山式沉积变质型铁矿预测工作区	变质型	变质建造构造图	1∶5万
江苏省东海-新沂鞍山式沉积变质型铁矿预测工作区		变质建造构造图	1∶25万
江苏省宁芜宁芜式陆相火山岩型铁矿预测工作区	火山岩型	火山岩性岩相构造图	1∶5万
江苏省溧水宁芜式陆相火山岩型铁矿预测工作区		火山岩性岩相构造图	1∶5万

（二）预测工作区地质构造专题底图及其特征

1. 陆相火山岩型铁矿预测工作区地质构造专题底图及其特征

宁芜、溧水预测工作区地质构造专题底图类型为火山岩岩性、岩相构造图，图面主要突出表达火山岩、次火山岩、侵入岩、火山喷发带等火山构造及部分前火山岩系成矿围岩等与成矿有关的目的层，编图比例尺为1∶5万。以1∶5万实际材料图、基岩地质图为基础，矢量化后提取各类与成矿有关的图层内容形成1∶5万预测区编图底图，并添加预测区涉及的1∶20万、1∶25万区调和综合研究与科研资料，重点补充预测区内大比例尺矿产地质资料中有关目的层及其成矿作用的相关信息等；在此基础上经综合研究，编制火山岩建造综合柱状图及沉积建造、侵入岩建造综合柱状图，在图面上根据岩石组合进行归并，勾绘相应的各类建造界线、火山岩岩性、岩相界线和其他地质界线，对区域构造进行分级，划分火山机构，建立区域构造系统，形成火山岩岩性、岩相构造图的基本内容，并选择补充部分与成矿有关且在地质综合编图中未曾利用的物化遥及自然重砂推断信息，进一步完善编图内容，最后对图面进行检查、综合整饰和规范化，再按数据模型的要求挂接数据结构，按照一图一库的要求建立数据库。

按照技术要求，火山岩岩性、岩相构造图表达的主要内容有：
（1）各旋回火山岩地层、次火山岩、侵入岩岩石的时代及其空间展布。
（2）将火山岩岩石地层单位按照岩石类型或岩石组合进行分解，划分出含矿建造(岩石或岩石组合)。
（3）反映火山岩岩性、岩相、火山构造(机构)的特征。
（4）主要成矿围岩的沉积建造与空间分布。
（5）区域火山岩构造岩浆亚带、火山喷发带、火山构造等内容。
（6）研究区构造地质特征、基底属性。
（7）选择性添加物化遥及自然重砂资料推断的隐伏地质体，特别是与成矿关有的目的层空间分布、成矿构造、火山构造(机构)及矿化蚀变等信息。

2. 矽卡岩型铁矿预测工作区地质构造专题底图及其特征

矽卡岩型铁矿预测工作区地质构造专题底图类型为侵入岩浆构造图,图面突出表达与成矿有关的中酸性侵入岩体、碳酸盐岩建造、成(控)矿构造等内容,其余内容则以素图表示,编图比例尺1∶5万。各预测区底图编图均以1∶5万实际材料图、基岩地质图为基础,矢量化后提取各类与成矿有关的图层内容形成1∶5万预测区编图底图,并添加预测区涉及的1∶20万、1∶25万区调和综合研究与科研资料,重点补充预测区内大比例尺矿产地质资料中有关目的层及其成矿作用的相关信息等;在此基础上经综合研究,编制沉积建造综合柱状图与侵入岩建造综合柱状图,在图面上根据岩石组合进行归并,勾绘相应的各类建造界线、其他地质界线,对区域构造进行分级,划分构造序列,建立区域构造系统,形成建造构造图的基本内容,并选择补充部分与成矿有关且在地质综合编图中未曾利用的物化遥及自然重砂推断地质构造、矿化蚀变信息,进一步完善编图内容,最后对图面进行检查、综合整饰和规范化,再按数据模型的要求挂接数据结构,按照一图一库的要求建立数据库。按照技术要求,建造构造图表达的主要内容有:

(1)与矽卡岩型矿产成矿相关的地层及碳酸盐岩建造:丰沛、徐州利国-班井预测工作区主要表达寒武纪—奥陶纪碳酸盐岩建造,盱眙、六合、南通等预测工作区主要表达震旦纪—寒武纪碳酸盐岩建造,苏南宁镇、溧水、宜溧、苏州西部等预测工作区则主要表达石炭纪—三叠纪碳酸盐岩建造。

(2)燕山期中酸性侵入岩建造、侵入岩浆构造亚带、侵入构造等内容。

(3)预测中作区内其他各类建造简化表达。

(4)全面反映各研究区构造地质特征,重点表达各预测工作区与成矿相关的各类断裂构造、接触带构造。

(5)尽量全面充分地表达各研究区矿化蚀变信息。

(6)选择性添加物化遥及自然重砂资料推断的隐伏地质体,特别是目的层的空间分布、成矿构造及矿化蚀变等信息。

3. 沉积变质型铁矿预测工作区地质构造专题底图及其特征

沉积变质型铁矿预测工作区地质构造专题底图类型为变质建造构造图。东海-新沂预测工作区编图是以1∶25万相关图幅的实际材料图为基础,从1∶25万建造构造图上提取与成矿有关的图层,编制1∶25万基岩地质图作为预测工作区编图底图,重点补充预测工作区内大比例尺矿产地质资料中有关目的层及其成矿作用的相关信息等,完善预测工作区编图底图;丰沛沉积变质型铁矿预测工作区是以1∶5万实际材料图、基岩地质图为基础,补充其他比例尺的数据信息及科研资料,进行底图编制。在对应底图基础上经综合研究,编制变质建造综合柱状图及沉积建造、侵入岩建造综合柱状图,在图面上根据岩石组合进行归并,勾绘相应的各类建造界线、其他地质界线,对区域构造进行分级,划分构造序列,建立区域构造系统,形成变质建造构造图的基本内容;选择补充部分与成矿有关且在地质综合编图中未曾利用的物化遥及自然重砂推断信息,进一步完善编图内容,最后对图面进行检查、综合整饰和规范化,再按数据模型的要求挂接数据结构,按照一图一库的要求建立数据库。按照技术要求,变质建造构造图表达的主要内容有:

(1)主要表达与沉积变质型矿产成矿相关的变质岩系地层及含矿建造:新太古界—古元古界泰山岩群及含磁铁石英岩建造、古—中元古界东海岩群武强山岩组及含磁铁石英岩建造。

(2)简单表达各预测工作区燕山期中酸性侵入岩建造、侵入岩浆构造亚带、侵入构造等内容。

(3)区内其他各类建造简化表达。

(4)全面反映各研究区构造地质特征,重点表达各预测工作区与成矿相关的各类断裂构造、韧性剪切带构造。

(5)尽量全面充分地表达各研究区矿化蚀变信息。

(6)选择性添加物化遥及自然重砂资料推断的隐伏地质体,特别是隐伏目的层的空间分布、成矿构造及矿化蚀变等信息。

(三) 预测工作区物化遥自然重砂等预测要素的确定

通过研究分析认为铁矿与物探重磁异常关系较为密切,而与化探、遥感及自然重砂关系不明显,具体如下。

通过各预测工作区地球化学特征分析,铁族元素异常没有明显的规律性,与铁矿床(点)分布对应关系不明显,铁矿床(点)大多分布在综合异常范围之外。因此本次铁矿预测工作区地球化学异常不作为预测要素。

再通过对各铁矿预测工作区内遥感影像及异常提取的研究,认为遥感影像对于区域性构造反映明显,工作区内羟基异常、铁染异常主要由城镇建成区、地层引起,与已知铁矿床对应关系不明显。如宁镇地区的羟基异常主要分布于镇江市东禹山—颜家湾—大港镇—团山一带,异常可能与城镇建筑有关;而铁染异常大多呈北东向集中和无规则的点状分布,与已知铁矿床无明显对应关系。又如宁芜地区羟基异常大多呈星点状分布,主要分布于南京市江宁城区、油坊桥北东、梅山前村北、吉山北西、洪幕山等地,该区局部羟基异常可能与断裂喷发带有关;铁染异常亦呈面积性或星点状分布,较集中的异常主要分布于南京市双闸镇—梅山—江宁区城—麒麟山—吉山—静龙山,局部铁染异常可能与断裂喷发带有关。因此在本次铁矿预测工作中未将遥感异常作为预测要素。

同样磁铁矿、黄铁矿、赤铁矿等重砂矿物高含量点没有明显的规律性(杂乱无章)。因此本次自然重砂不作为预测要素。

铁矿与物探重磁异常的关系较为密切。以宁芜预测工作区为例,区内铁矿床(点)大部分位于磁异常区内(图6-3),如梅山、吉山、凤凰山等都位于北西向的磁异常带上,矿床处为醒目的近等轴状磁异常,异常规模大、强度高、等值线密集,异常由基性玢岩体和矿床共同引起。磁异常对铁矿的赋存往往有直接的指示作用,因此磁异常作为必要的预测要素,而重力异常一般作为重要要素。

而区内的重力以低异常为主要特征,由西向东分出低、高、低3个北北东向异常带。西部重力低由桥林重力低和铜井重力低构成,桥林重力低东西轴向,铜井重力低半圆形向南开口。东部重力低由淳化重力低和陶吴重力低构成,重力低近等轴状。中部重力高,异常强度相对较大。

局部重力高异常,往往与深部中基性玢岩体以及磁铁矿体有关,已知铁矿床往往表现为重磁同高异常特征,如梅山铁矿重力异常图上(图6-4),有明显的近等轴状局部重力高异常出现。因此本区重力异常作为铁矿预测的重要要素。

三、最小预测区圈定

(一) 预测单元圈定方法及原则

到目前为止,预测区圈定(预测单元划分)的方法主要有以下几种:综合信息地质单元法、综合信息网格单元法、单项信息法等。在预测区圈定的过程中,需要具体问题具体分析,可以使用网格法,也可以使用地质体单元法,此外还可以通过专家的方法(德尔菲法)来圈定预测区。本省各预测工作区情况不尽相同,有的覆盖区面积比较大,地层及岩体的出露不是很连续,比较零散。针对各预测工作区具体问题的分析以及总项目组的推荐,我们选择的是利用综合信息地质单元法初步圈定预测单元,再根据各预测工作区的具体情况对圈定结果进行专家干预。

根据技术要求,预测单元圈定的原则主要有如下几个方面:

(1) 判定成矿信息浓集的最小面积、最大含矿率的空间范围。

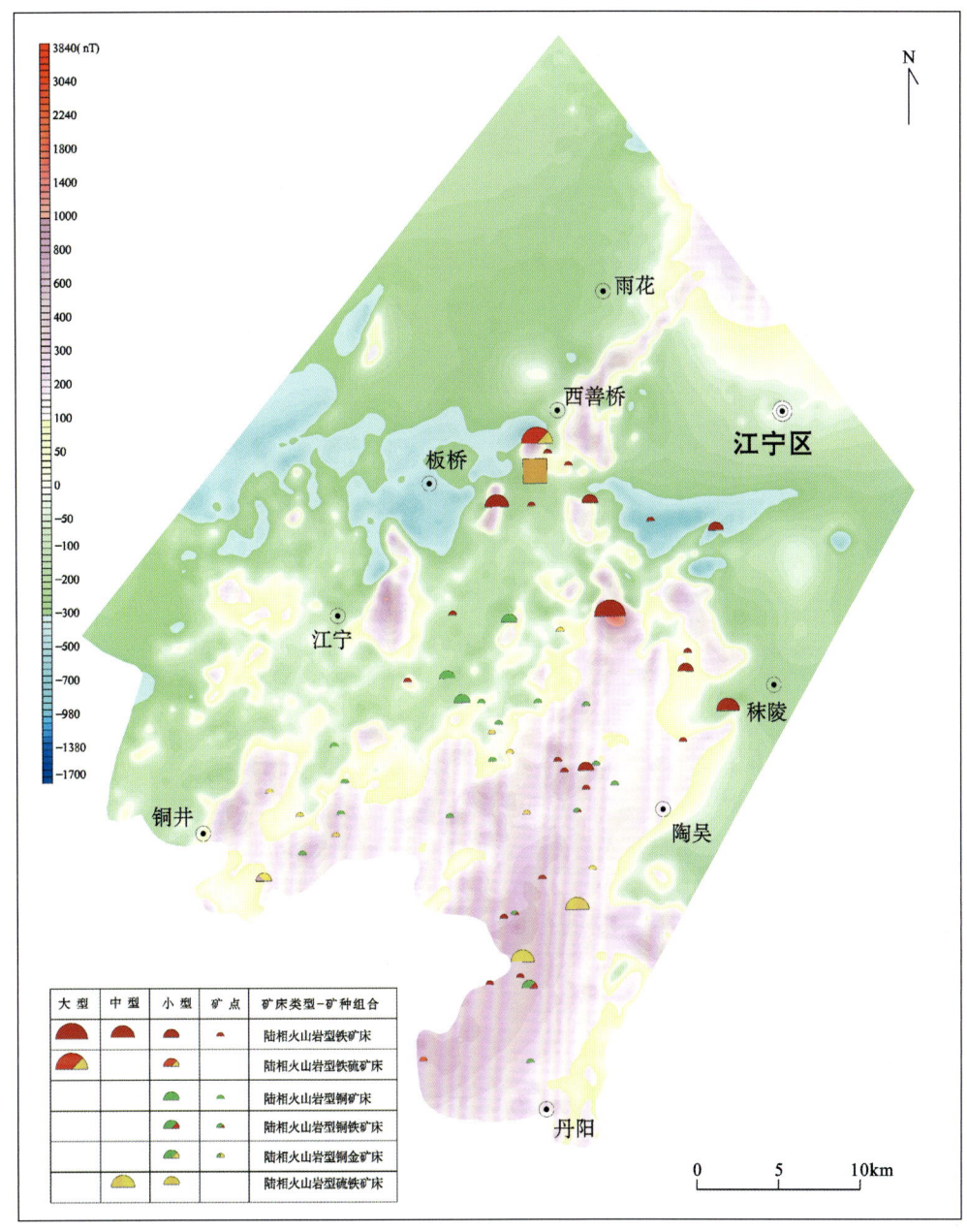

图 6-3　江苏省宁芜预测工作区 1∶5 万航磁 ΔT 等值线平面图

(2) 采用模型类比法,用不同级别模型圈定不同规模的预测区。

(3) 预测单元的边界按预测评价模型的确定性成矿信息予以定位。

(4) 多种信息联合使用时,遵循以地质信息为基础,以最有效方法提供的信息为先导,结合地质、物探、化探、遥感信息综合标志圈定预测单元的原则。

(5) 预测区单元大小根据预测矿种类型,结合资料水平进行规定。

(二) 圈定方法细则及结果

综合信息地质单元法圈定预测区的细则如下:首先根据预测模型及预测要素表对预测要素图中的要素进行复核、确认和修改,对要素从空间关系、数量关系及结构等方面进行定性的对比研究和分析,从中提取出真正与矿产预测有关的必要要素,剔除与矿产预测关系不大的要素,并对反映同一信息的各要

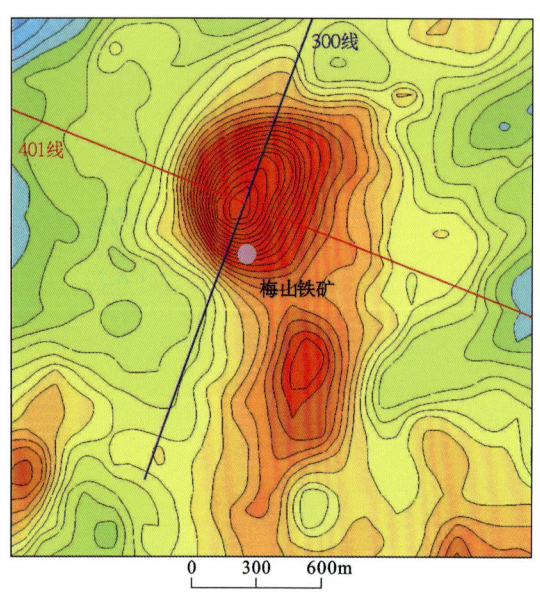

图 6-4 梅山铁矿所在位置剩余重力异常图

素进行有效的归并,避免重复;然后采用 MRAS 中的要素叠加法来初步圈定预测单元的范围,圈定完成后,再由专家根据对地物化遥自然重砂等信息的综合分析,对预测单元的边界范围作进一步修正。使用 1∶5 万数据的铁矿各预测工作区中,圈定的预测单元面积大部分控制在 20km² 以内,而使用 1∶25 万数据的东海-新沂铁矿预测工作区,圈定的预测单元面积控制在 50km² 以内,且一般预测单元的面积不小于 1km²。以溧水宁芜式陆相火山岩型铁矿预测工作区预测单元的圈定为例,在"区域预测要素表""区域预测模型图"及预测工作区预测要素信息确认提取转换的基础上,可用于参与预测单元圈定的要素如表 6-22 所示。

表 6-22　溧水预测工作区预测单元圈定要素表

要素编号	预测单元圈定要素	性质
1	矿致磁异常	面
2	次火山岩体	面
3	前火山岩系钙质沉积岩	面
4	火山机构、构造	面
5	铁矿产地	点

通过表 6-22 中的要素 2 和要素 3 求并集,再将要素 1、要素 4 求并集,再将两个并集相交,最后再由专家根据预测工作区实际地质情况、物探异常情况以及矿床(点)的分布情况进行修正的方式圈定最终的预测单元,共计 14 个,具体如图 6-5、图 6-6、图 6-7 所示。

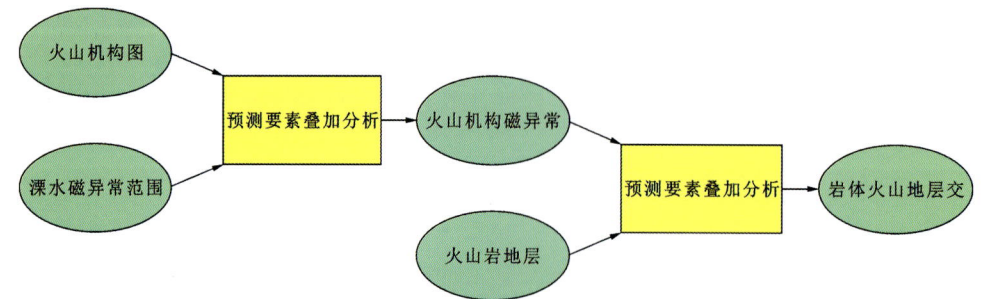

图 6-5　在 MRAS 中通过要素叠加实现预测工作区初步圈定示意图

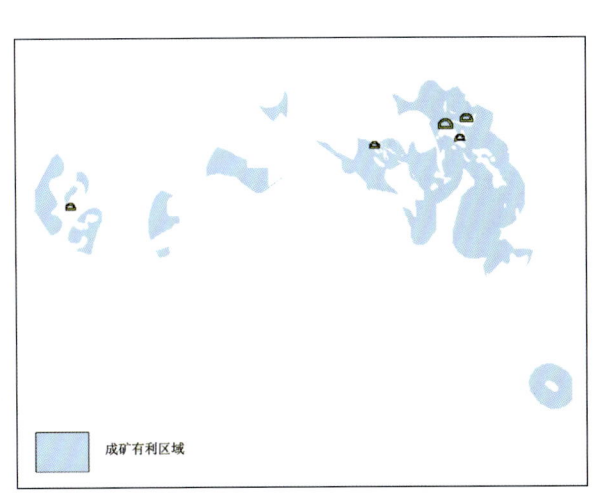 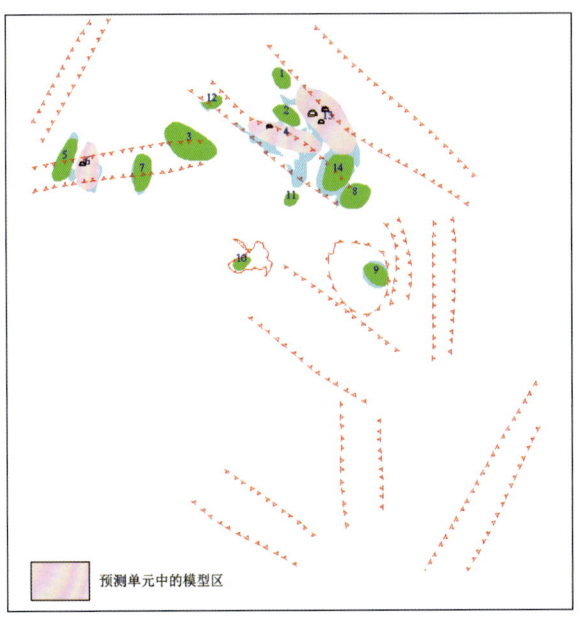

图 6-6　溧水预测工作区要素叠加结果图　　　　图 6-7　溧水预测工作区经专家修正后的预测单元图

再如宁镇矽卡岩型铁矿预测工作区,其铁成矿主要为石炭纪至三叠纪碳酸盐岩建造与燕山期中酸性岩浆岩的接触带成矿,并表现出一定的磁异常,通过上述方法及专家修正共圈定出 28 个最小预测工作区,如图 6-8 所示。

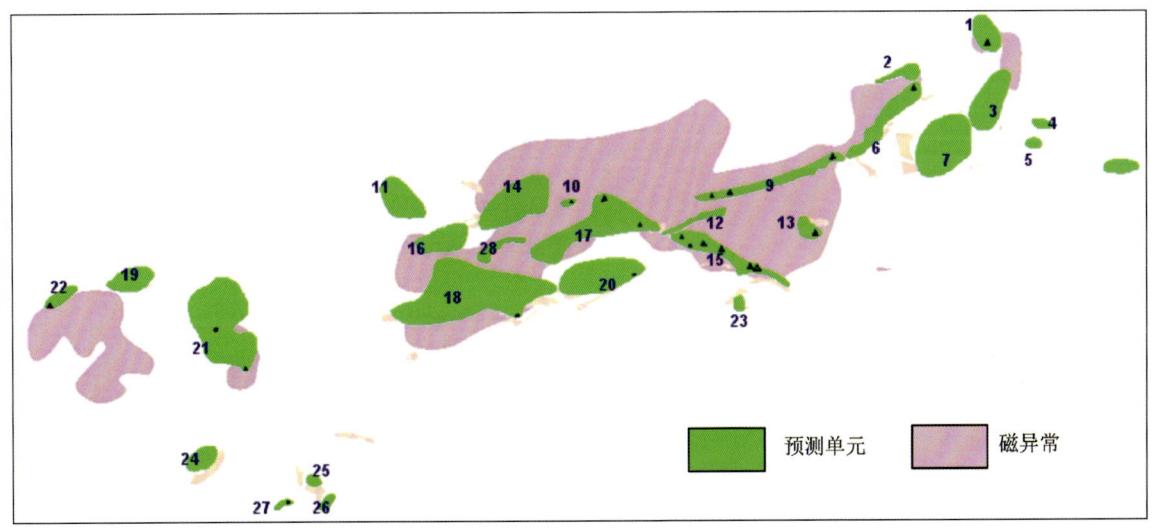

图 6-8　宁镇矽卡岩型铁矿预测工作区经专家修正后的预测单元

(三)预测要素变量的构置与选择

前文已将预测要素与成矿的关系做了一个定性的分析并圈定了预测单元,而要对预测单元做定量化分析,需首先将预测要素数字化、定量化,形成预测要素变量。因此预测要素变量可看成是随时间、空间的变化而发生变化的地质现象或地质特征的量化标志,是构成资源特征与地质找矿标志之间统计关系的基本元素。很显然,单个变量的优劣将对资源预测结果产生直接的影响。变量的变化与矿体特征密切相关,因此,可以通过预测变量的研究,并通过预测要素图层的数字化变量、变量取值,与预测区关联在一起,达到优化预测区的目的。

预测要素变量的提取应首先考虑那些与所研究的地质问题有密切关系的地质因素。在矿产资源预测中,所选择的地质变量应该在一定程度上反映矿产资源体的资源特征。例如,资源的数量、质量和资源的空间位置等特征。

变量赋值的实质是将已作为地质变量提取出来的地质特征或地质标志在每个矿产资源体中的观测值取出或计算出来。

预测要素变量是关联预测区优劣及空间分布的一种数值表示,预测单元的优劣可以用点、线和面等专题属性值的关联度来表示。在 MRAS 平台的支持下,自动提取预测变量的过程就是把地质统计单元专题图与点、线和区等因素专题图做空间叠置分析,并将叠置分析结果保存在统计单元专题图的属性数据表中的过程。在预测过程中,虽然预测要素不同,但是将其数字化、定量化的方式是一样的。

此外不同的统计数学模型对输入的数据有不同的要求,除少数数学模型能够使用定量数据或混合数据外,许多资源靶区定位、定量预测数学模型要求输入二态数据,例如特征分析和逻辑信息法等均使用二态数据。所以,经赋值和整理后的定量地质变量,一般还需要离散化为二态变量。定量变量离散化的准则是,离散化后的定性变量能够最大限度地反映资源特征的变化。在 MRAS 平台中,变量二值化包括两大类:一类定位预测变量的二值化,其中又细分为适用于资源靶区预测的 3 种离散化方法,即人工输入二值化区间法、找矿信息量法和相关频数比值法;另一类是定量预测变量的二值化,其中又可细分为 3 种适用于资源量预测的数据二值化方法,即人工输入变化区间法、秩相关系数法和找矿信息量法。在平台中,具体的表示为:1 表示成矿作用有利,0 代表不利。

在预测要素变量数字化、定量化及二值化后,就需要对变量进行进一步的优选,选出那些真正对预测单元起作用的变量。在 MRAS 平台中,提供了 3 种筛选预测变量的方法:匹配系数法、列联表法和相似系数法。按照总项目的推荐,我们选用了相似系数法。相关系数是度量两个变量间线性相关关系的统计量。变量 X、Y 之间的相关系数用下式定义:

$$r_{xy} = \frac{\sum_{i=1}^{n}(x_i - \bar{x})(y_i - \bar{y})}{\sqrt{\sum_{i=1}^{n}(x_i - \bar{x})^2}\sqrt{\sum_{i=1}^{n}(y_i - \bar{y})^2}}$$

其中,r_{xy} 是变量 X 和 Y 的相关系数,x_i 和 y_i 是变量 X、Y 在第 i 块样品上的取值,$\bar{x}$、$\bar{y}$ 分别是变量 X 和 Y 的样本均值。r 的值变化在 $-1 \sim +1$ 之间。r 的绝对值越接近 1,表明两变量之间的关系越密切,r 的绝对值越接近 0,表明二者越接近独立。若用 Y 表示反映矿化强度的矿床值(储量),用 X 表示某一定量观测指标,则 r_{xy} 的大小就能指明定量观测指标与矿化强度的关系。当 $|r_{xy}|$ 比较大,达到显著相关程度,则说明观测指标与矿化强度的关系不可忽视;若 X、Y 达不到显著相关程度,则认为二者相互独立,定量观测指标对矿化强度不产生影响,就可以把变量 X 剔除。r_{xy} 是否达到显著相关的程度,可以通过查看相关系数检验表来确定。

以溧水预测工作区为例,应用相似系数法对预测变量进行统计分析,结果如图 6-9 所示。从直方图中可以看出:变量之间的相关性相对较好,我们将变量阈值设为 0.3,从而实现变量的筛选,筛选后的变量分别为火山构造存在标志、火山岩建造存在标志、磁异常范围存在标志、控矿构造存在标志、矿床(点)存在标志、成矿断裂构造存在标志、中基性岩体存在标志、蚀变存在标志、矿强化资源变异 9 个变量。此结果与典型矿床以及预测工作区成矿规律研究得出的结论基本一致,其关联程度较大。

(四)最小预测区优选

最小预测区优选作为一种定位预测,它是以模型单元集合建立的统计模型为基础,达到对未知单元进行定量类比及矿产资源体定位的目的。在本次矿产资源潜力评价中,其流程主要是选择模型区并构建预测模型,再利用特征分析法确定每一个地质统计单元的成矿有利程度,以达到最小预测工作区优选的目的。具体流程及示例简述如下。

图 6-9　溧水预测工作区相似系数法选择预测变量

1. 模型区选择的依据及方法

矿产资源定位预测是以模型单元集合建立的统计模型,对未知单元定量类比达到矿产资源体定位的目的,因此其预测模型的建立需要有较精确的模型单元,它是建立预测模型及预测区优选的基础。模型单元选择的最基本要求是,所选出的模型单元集合中,单元的储量与控矿因素之间有着良好的对应规律,能够较好地反映矿产资源体储量和控矿因素之间的客观规律。模型单元选择的具体依据及方法如下:

(1)选择来自同一母体的单元。来自同一母体的单元,单元与单元之间的相似程度高,而不同母体的单元之间相似程度较低。

(2)具有较完善的标志组合的单元,即刻划单元的地质变量应该比较齐全,单元的研究程度高,应用的普查勘探方法手段较全面,便于直接找矿信息和间接找矿信息的有机关联。

(3)具有较可靠的矿产资源体成矿规模的单元,即单元的勘探程度相对较高,使单元本身的自变量和因变量之间具有良好的因果关系。

在选择模型单元之前,需要先确定各预测区矿化等级,矿化等级根据预测工作区内矿点的规模或者资源量进行设置。

在 MRAS 中,提供了 3 种模型单元选择的方式,它们分别是图上人工选择、数量化理论Ⅲ和数量化理论Ⅳ。在江苏省矿产资源潜力评价各预测工作区中,我们采用的是图上人工选择,以溧水宁芜式火山岩型铁矿预测工作区为例,我们选择了 3 个预测单元作为模型单元(图 6-10);淡红色即为选择的模型单元,分别为韩村—七里沟—鸭子塘、野山凹—曹家边—金山、东岗—爱景山—卧龙山 3 个预测单元,绿色为其余预测单元。

2. 预测区优选方法的确定

预测区优选,是根据矿产资源评价原始数据矩阵用统计方法确定每一个地质统计单元的成矿有利程度,再根据地质统计单元的成矿有利程度确定统计单元所属的矿产资源靶区级别,从而达到预测区优选的目的。MRAS 中主要提供了特征分析法、证据权重法。在本次矿产预测过程中,根据总项目组的推荐,主要使用了特征分析法,其操作流程如图 6-11 所示。

特征分析法是常用的一种定量化方法,通过研究模型单元的控矿变量特征,查明变量之间的内在联

图 6-10　溧水预测工作区模型单元的选择

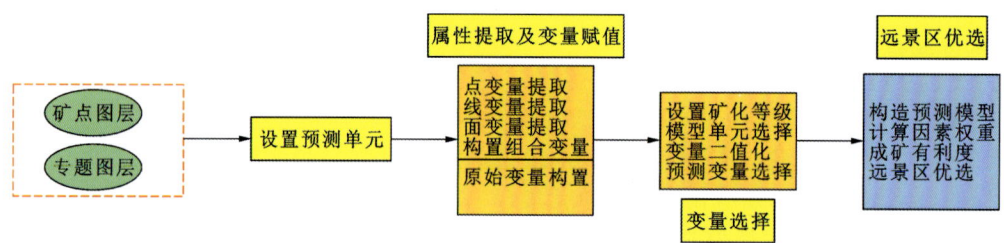

图 6-11　特征分析法的操作流程

系,确定各个地质变量的成矿和找矿意义,建立起矿产资源体的成矿有利度类比模型,通过将模型单元与预测单元的各种特征进行类比,用它们之间的相似程度来表示预测单元的成矿有利度,并据此圈定出有利成矿的预测区。

特征分析方法进行矿产资源靶区定位预测,选择的变量是与成矿有关或对找矿有意义的变量。它的取值采用两种形式:二态取值或三态取值。二态取值是指变量只有两种状态,用数字表示为 1 或 0,当变量对成矿或找矿有利取值为 1,否则取值为 0;三态取值是指,变量有 3 种不同状态,用数字表示为 $-1,0,1$,当变量对成矿有利时赋值为 1,不利时赋值为 -1,其他情况赋值为 0。变量的取值只具有不同状态的含义,而无数值度量的含义,如果变量是定量变量,它的变化是某个连续的数值区间,这时应先将变量离散化,使之具有离散的取值形式,这时才能应用到模型中。

特征分析所选择的模型单元应具有一定的代表性,应是性质相同的同母体样品。

设有 m 个变量 $X_j(j=1,2,\cdots,m)$,n 个模型单元,第 j 个变量在第 i 个单元上的取值为 $X_{ij}(i=1,2,\cdots,n;j=1,2,\cdots,m)$,原始数据矩阵为:

$$X = \begin{Bmatrix} x_{11} & x_{12} & \cdots & x_{1m} \\ x_{21} & x_{22} & \cdots & x_{2m} \\ \vdots & \vdots & & \vdots \\ x_{n1} & x_{n2} & \cdots & x_{nm} \end{Bmatrix}$$

要解决的问题是,对每个变量赋予适当的数值 $a_j(j=1,2,\cdots,m)$,称之为变量权,它反映了变量 j 的重要性。同时对每个单元相应赋予适当的数值 $y_i(i=1,2,\cdots,n)$,称之为单元联系度,它反映了单元与一组模型单元的联系程度。一般认为,预测单元与模型单元联系程度越高,成矿有利度也越大,这样可以通过单元联系度对单元的成矿有利度作出评价。

特征分析法的使用条件如下:①特征分析法用于矿产资源靶区定位预测和预测区的成矿有利度排序,选取的变量必须是与成矿有关的变量,也就是说研究区内必须有已知矿床。②如果要预测多种类型的矿床,则研究区内必须存在所有这些类型矿床的已知矿床。③本方法仅适用于二值或三值的状态变量。如果存在必须参加建模预测的定量变量,则要把定量变量转化成状态变量,然后才能参与运算。

3. 预测区优选过程及结果

1) 构造预测模型

分析选择的预测单元模型区与矿产地的关系,构造预测模型。

2) 计算因素权重

计算因素权重,有两种方法:主分量法和平方和法。根据总项目组的推荐,我们选用了平方和法,其思想基础是变量与其他变量的关联性越强,变量就越重要。用变量之间的匹配数作为变量之间关联性的度量指标,即可确定变量两两之间的关联性大小。以溧水预测工作区为例,其因素权重计算选择的流程如图6-12、图6-13所示,我们将标志重要性阈值设为0.1,即标志权系数大于0.1的都将参与预测区的优选。

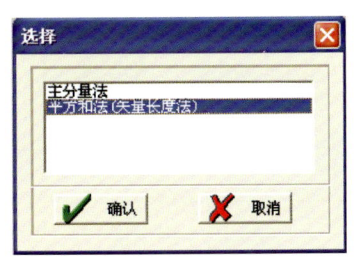

图 6-12 选择计算因素权重的方法图

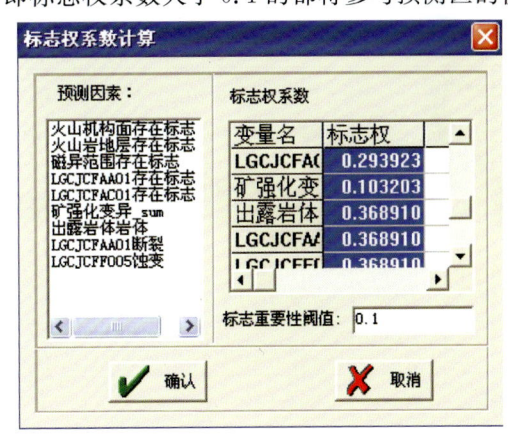

图 6-13 计算出的各预测变量的因素权重

3) 预测区优选

确定变量权后,即可用特征分析模型计算统计单元的关联度。各预测工作区采用的是线性插值计算关联度,以溧水宁芜式陆相火山岩型铁矿预测工作区为例,结果见图6-14。对比模型单元与预测单元的单元联系度相对大小,进而确定预测单元的成矿有利度,在此基础上绘制成矿概率图,如图6-15所示。

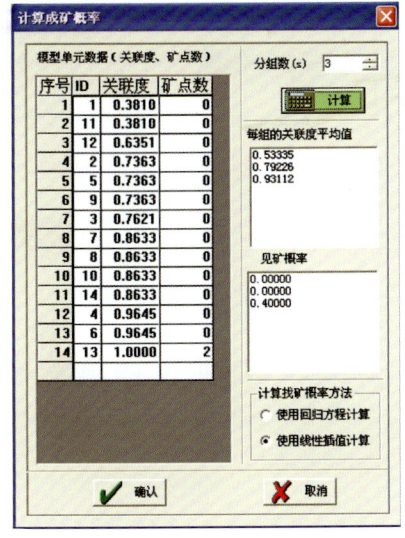

图 6-14 计算成矿概率

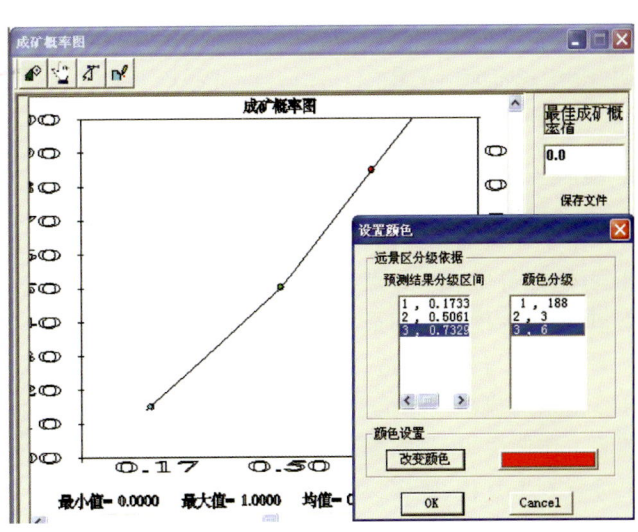

图 6-15 进行预测区分级

在成矿概率图中设置区域的分类标志及各类预测区的颜色。图中 3 个点分别用来区分表示成矿优劣的 3 个级别,一般将其设在成矿有利度曲线的拐点处,3 类最小预测区分别用淡红、粉红、深红 3 种颜色表示,如溧水预测工作区,结果优选后,最小预测区总数为 12 个(优选前为 14 个),优选结果见图 6-16 以及表 6-23。

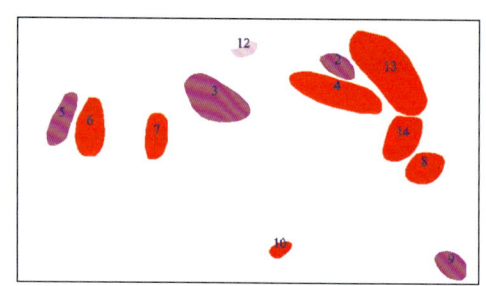

图 6-16　溧水预测工作区优选结果图

表 6-23　溧水预测工作区优选结果属性表

ID	模型	资源量	单元得分	火山机构	火山岩建造	磁异常范围	区域控矿构造	矿床(点)	矿强化变异	岩体	成矿断裂	蚀变	成矿概率
2	0	0.00	0.736 26	0	1	1	1	0	0	1	1	1	0.574
3	0	0.00	0.762 08	1	1	1	0	0	0	1	1	1	0.616
4	1	0.00	0.964 47	1	1	1	1	1	0	1	1	1	0.943
5	0	0.00	0.736 26	1	1	1	1	0	0	1	1	0	0.574
6	1	0.00	0.964 47	1	1	1	1	1	0	1	1	1	0.943
7	0	0.00	0.863 27	1	1	1	1	0	1	1	1	1	0.779
8	0	0.00	0.863 27	1	1	1	1	0	1	1	1	1	0.779
9	0	0.00	0.736 26	1	1	1	1	0	0	1	1	0	0.574
10	0	0.00	0.863 27	1	1	1	1	0	1	1	1	1	0.779
12	0	0.00	0.635 06	1	1	1	0	0	0	1	0	1	0.410
13	1	1511.27	1.000 00	1	1	1	1	1	1	1	1	1	1.000
14	0	0.00	0.863 27	1	1	1	1	0	1	1	1	1	0.779

4. 预测区评述

将溧水宁芜式陆相火山岩型铁矿预测工作区中优选后的最小预测区图层与火山构造、火山岩建造、中基性岩体、磁异常、矿床(点)等图层进行对比,见图 6-17[淡黄色为磁异常,淡蓝色为含矿建造与岩体的交集,其他区为优选后的最小预测区,黑色点为矿床(点),红色点为蚀变点]。从图中可以看出,优选后的预测区基本与火山构造、火山岩建造、磁异常、矿床(点)吻合,且在成矿有利度较高的地方,MRAS 软件计算出来的成矿概率也是相对较高的。虽然利用软件优选出来的结果与实际情况吻合程度较高,但在预测工作区中,还是需要对预测区区域地质背景、成矿地质条件、物化遥等资料进行对比分析,对优选结果进行专家复核、验证,从而筛选出最小预测区并进行分类(图 6-18)。

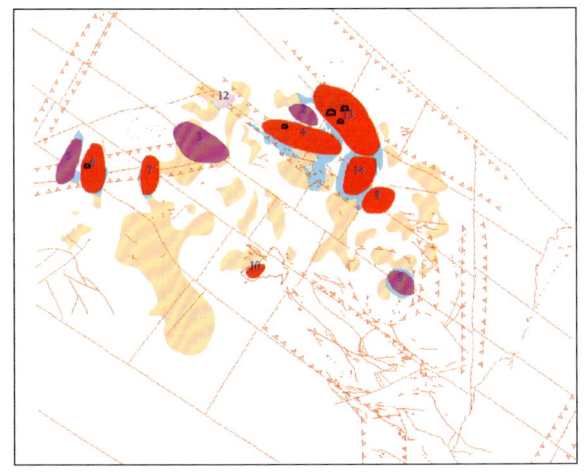
图 6-17 优选结果与含矿建造、磁异常、矿床(点)对比

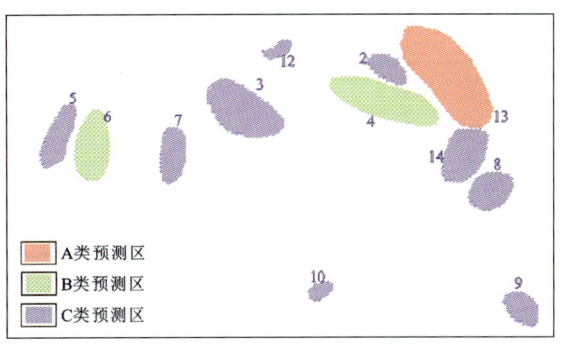
图 6-18 溧水预测工作区优选后的预测区分类结果图

四、资源定量预测

根据技术要求,通过典型矿床到模型区,再到其他最小预测区的思路,使用"地质参数体积法"对预测工作区中各最小预测区的资源量进行定量估算。主要流程如图 6-19 所示。

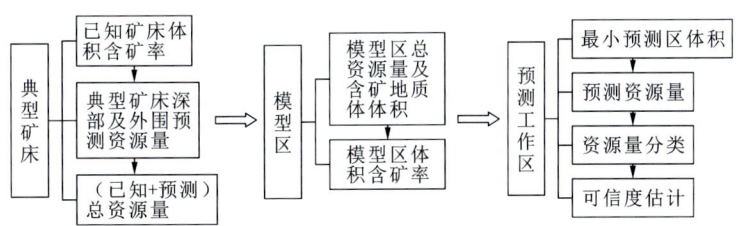
图 6-19 资源量定量预测流程图

(一)典型矿床深部及外围资源量估算

1. 典型矿床已查明资源储量及估算参数

本次铁矿资源潜力评价预测工作区共有 12 个,选取典型矿床 12 个,其中陆相火山岩型铁矿典型矿床 7 个,矽卡岩型铁矿典型矿床 5 个。

根据预测资源量估算技术要求,典型矿床各参数如下。

(1)查明资源储量:指目前工程控制实际查明的全部资源储量,不论类别,已经过评审备案的资源储量。

(2)面积:指矿床面积,矿体、矿带或者是脉状矿体聚集区段边界范围的面积。

(3)延深(垂深):指估算查明资源储量时计算体积所采用的深度参数。

(4)品位、体重:指估算查明资源储量时实际采用的品位和体重。

(5)体含矿率:为查明资源储量/(面积×延深)。(该参数用于估算典型矿床深部及外围预测资源量)

以梅山铁矿床为例,该矿床为次火山热液型铁矿床,矿体呈瘤状、似层状、透镜状产于辉长闪长玢岩体顶部,总体走向北东,南部倾向北西,北部倾向南东,向北东侧伏。其矿床面积为已控制的含铁矿辉长闪长玢岩面积(资源量估算最大边界范围)。矿床垂深指矿区内已控制的矿体最浅位置到最深位置的垂深,梅山铁矿床已知矿体顶板最高为－50m,底板最低为－489.5m,最大垂深约为450m(图6-20)。

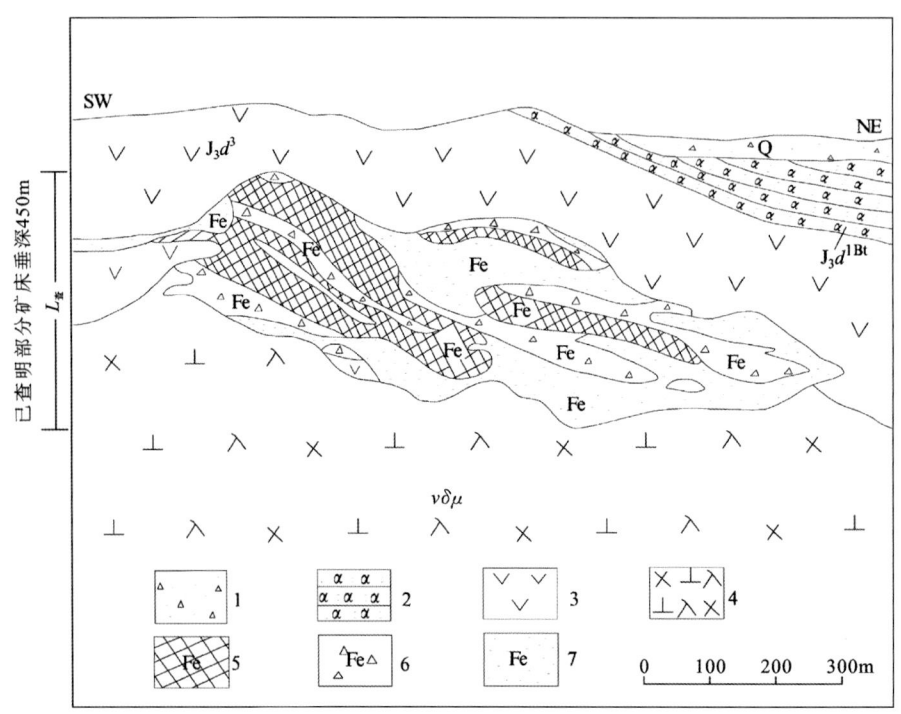

图 6-20 梅山铁矿纵剖面图

1.第四系;2.大王山组下段沉凝灰岩;3.大王山组上段安山岩;4.大王山旋回辉长闪长玢岩;5.块状铁矿;6.角砾状铁矿;7.浸染状铁矿

陆相火山岩型铁矿典型矿床已查明资源量及其估算参数详见表6-24。矽卡岩型铁矿典型矿床已查明资源量及其估算参数详见表6-25。

2. 典型矿床深部和外围预测资源量及其估算参数

根据预测资源量估算技术要求(2010年补充),典型矿床深部预测资源量估算时,面积参数采用已查明资源量矿床面积,典型矿床外围地段需预测时,面积参数为预测圈定范围的面积。预测深度根据矿区地质特征、含矿地质体剖面控制情况、物探异常等推定。体含矿率(单位体积的资源量)＝查明资源量/已查明含矿体总体积(面积×延深)。矿床预测资源量＝预测范围面积×预测垂深×体含矿率。

以韦岗铁矿床为例,该矿床为矽卡岩型铁矿,矿体赋存于矽卡岩中,矿床已知部分含矿矽卡岩最大垂深为912m,根据剖面控制情况及物探测井等资料分析,含矿矽卡岩可延深至1500m左右。则该矿床深部预测时,查明部分矿床垂深采用912m,预测部分矿床垂深采用588m(图6-21)。

各预测工作区典型矿床深部和外围预测资源量及其估算参数详见表6-26、表6-27。

(二)模型区预测资源总量及其估算参数

1. 模型区估算参数确定

模型区是包含典型矿床在内的最小预测区,根据相关矿产预测类型预测工作区区域预测要素提取,经MRAS软件圈定,最后经人工校正。模型区预测资源量指模型区内典型矿床资源总量,若区内多矿床(点)时,则相加。预测垂深采用典型矿床总垂深(已知部分＋深部预测部分)。

第六章 矿产预测

表6-24 陆相火山岩型铁矿典型矿床查明资源储量表

预测工作区	矿床编号	典型矿床名称	矿石量（×10⁴t）	面积（m²）	垂深（m）	品位（%）	体重（t/m³）	体含矿率（×10⁴t/m³）	参数确定依据
宁芜预测工作区	23	梅山铁矿	33 403	423 723	450	39.14	4.06	0.000 175 2	资料来源：《江苏省南京市梅山铁矿床地质勘探报告》（江苏省冶金局第一地质队，1964.6）。矿体呈瘤状、似层状、透镜状，总体走向北东，南部倾向20~30°，北部倾向北西，东倾伏尖灭，矿体顶板由-50到-282m，底板标高由-169.4到-489.5m，矿体最大控制垂深约450m，矿床面积423 722.77m²。矿石平均体重4.06t/m³
宁芜预测工作区	32	吉山铁矿	23 271	2 382 567	574	18.30	2.89	0.000 017	资料来源：《江苏省江宁县吉山铁矿床地质勘探总结报告》（江苏省冶金地质勘探公司807队，1974.2）。矿产于辉长闪长岩裂隙和岩体冷凝收缩产生的层间剥离带，呈缓倾斜的透镜状。矿体出露的最高标高+154m，埋藏最低标高-420m，高差574m，矿床出露面积2 382 567m²。矿石平均体重2.89t/m³。已知矿物以磁铁矿为主
宁芜预测工作区	505	龙旗山铁矿	146.84	46 530	250	30.00	3.00	0.000 012 6	资料来源：《江苏省江宁县龙旗山铁矿床地质勘探报告》（江苏省冶金工业局807队，1958.12）。矿体呈不规则层状，共有6层，最大延深1551m，走向最大长500m，倾向北东，倾角30°~40°，走向最大延深约500m（垂深约250m）。矿体倾向方向最大边界宽度约30m。平均体重为3t/m³
宁芜预测工作区	31	凤凰山铁矿	2464.7	304 065	600	44.44	3.63	0.000 013 5	资料来源：《江苏省江宁县凤凰山铁矿床地质勘探最终报告》（江苏省冶金地质勘探807队，1959.9）。矿体主要产于辉长闪长岩与钙质砂页岩或泥灰岩接触带。矿体呈不规则脉状、似层状。主要矿体走向30°~50°，倾向北西，倾角25°~55°，矿体长约2700m，平均倾向45m，最大控制垂深600m。体重3.63t/m³
宁芜预测工作区	33	麒麟山铁矿	378	50 400	350	42.50	3.51	0.000 0214	资料来源：《江苏省江宁县麒麟山铁矿床地质勘探报告》（华东冶金地质勘探公司807队，1965.12）。矿体产于辉长岩与黄马青组灰岩接触破碎带，含矿地质体长约630m，垂深约350m，倾向上顶部水平宽50~80m不等，最终取倾取250m。最终取250m。最大端平均宽度80m。半假象赤铁矿、假象赤铁矿反磁铁矿为主。平均体重3.51t/m³
溧水预测工作区	146	东岗铁矿	1280.07	614 112	500	19.28	3.40	0.000 004 169	资料来源：《中国有色金属工业总公司华东地质勘探公司玄武岩芬岩中的贫磁铁矿床普查评价地质报告》（1985.1）。矿产于玄武岩中的贫磁铁矿体的上部，呈似层状、透镜状、脉状，少量赤铁矿，矿体走向305°，北东，倾角10°~15°，矿体控制长700~800m，平均厚40m，钻孔控制最深约500m。矿床面积约614 111.8m²
宜溧预测工作区	334	中巷铁铜矿	13.6	46 628.8	55	33.00	3.96	0.000 005 303	资料来源：《江苏省溧阳县周城中巷铁铜矿评价报告》（华东有色地质勘查局813队，1977）。矿体产状：似层状、走向最大长350，倾角10°~20°，含矿地质体控制最深-110m，也即垂深55m。最大厚度达15.26m，一般厚3~5m，最大厚度深604m，水平宽约77.2m，体重3.96t/m³

表 6-25 矽卡岩型铁矿预测工作区典型矿床查明资源储量表

预测工作区	矿床编号	典型矿床名称	矿石量(×10⁴t)	面积(m²)	垂深(m)	品位(%)	体重(t/m³)	体含矿率(×10⁴t/m³)	参数确定依据
宁镇预测工作区	447	韦岗铁矿	2186	131 602	912	39.66	4.00	0.000 018 21	资料来源：《江苏省丹徒县韦岗铁矿 6—11 线浅部矿体储量增算和深部详查评价报告》(江苏省地质矿产局第三地质大队，1980.12)。矿体产于花岗闪长岩斑岩与上青龙组灰岩接触带砂卡岩中磁铁矿，浅部矿体以似层状、深部矿体以透镜状为主，中部简单，倾斜延深较大。走向长 1246m，最大控制垂深 912m，控制含矿砂卡岩面积 131 601.8m²
苏州西部预测工作区	363	谈家桥铁矿	687	348 300	280	50	4.10	0.000 007 044	资料来源：《江苏省吴县谈家桥铁矿总结勘探报告》(江苏省地质局第四地质队，1973.11)。矿体主要产于花岗闪长岩与大理岩接触带，呈似层状、透镜状、脉状。走向北东东，倾向北北西，倾角一般 20～40°，局部达 60°。矿床水平宽约 450m，控制延深 774m，最大控制垂深为 280m。含矿面积采用长乘以宽，也即 348 300m²
南通预测工作区	400	王浩铁矿	1413	82 185	440	35.50	3.95	0.000 039 08	资料来源：《江苏省海门县王浩铁矿 I 矿段勘探地质报告》《江苏省南通市王浩铁矿区评价地质报告》(中国有色总公司华东地质勘探公司 805 队，1992.7)。矿体产于燕山晚期花岗闪长岩侵入体及两侧砂卡岩中，围绕花岗岩呈"U"字形分布。矿体呈似层状、透镜状、脉状，最大控制垂深 440m。含矿砂卡岩面积 82 184.49m²。铁矿石以磁铁矿为主
六合冶预测工作区	107	六合冶山铁矿	2420	327 187.1	830	40.00	3.75	0.000 008 911	资料来源：《江苏省六合县冶山铁矿北矿区地质勘探总结报告》(华东冶金地质勘探公司，1965.6)；《江苏省南京市冶山铁矿储量核实报告》(江苏省地质调查研究院，2004.10)。矿体赋存于花岗闪长岩与下寒武统幕府山组白云岩接触带，矿石以磁铁矿为主。含矿砂卡岩总面积 327 187.1m²，最大控制垂深约为 830m
徐州预测工作区	224	铜山利国镇基山铁矿	826	38 376.98	550	51.72	4.30	0.000 039 13	资料来源：《江苏省徐州市利国铁矿基山深部矿详细地质勘探报告》[利国铁矿集团有限公司(利国铁矿)，1979]。矿体主要产于闪长岩，石英闪长岩与中奥陶统马家沟组碳酸盐岩接触带，部分为捕房体接触带，呈似层状、透镜状、囊状。控制的最大垂深 550m，含矿地质体面积约 38 376.98m²

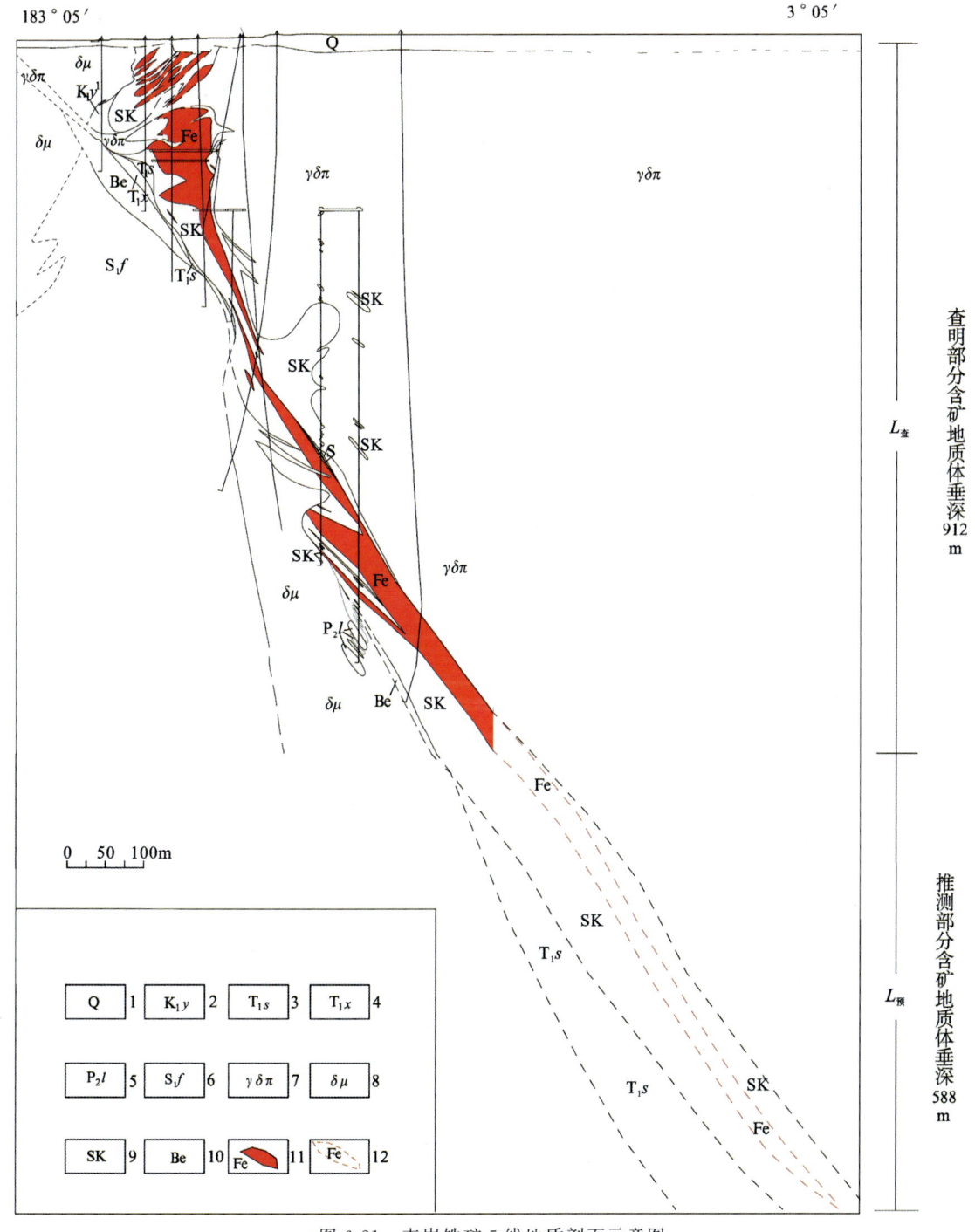

图 6-21 韦岗铁矿 5 线地质剖面示意图

1.第四系;2.白垩系扬冲组;3.三叠系上青龙组;4.三叠系下青龙组;5.二叠系龙潭组;6.志留系坟头组;
7.花岗闪长斑岩;8.闪长玢岩;9.矽卡岩;10.破碎带;11.矿体;12.推测铁矿体

表 6-26 陆相火山岩型铁矿典型矿床深部及外围预测资源量表

预测工作区	编号	名称	深部预测			体含矿率 ($\times 10^4$ t/m³)	外围预测				参数确定说明
			预测资源量($\times 10^4$ t)	矿床面积 (m²)	垂深 (m)		外围面积 (m²)	外围垂深 (m)	外围预测资源量($\times 10^4$ t)		
宁芜预测工作区	23	梅山铁矿	0	423 723	0	0.000 175 2	73 115.8	450	5763.79		根据剖面控制情况,矿床深部存在资源的可能性不大,矿区北东存在相似的成矿条件,具有明显的磁异常。以磁异常范围确定外围预测区面积,参照矿床控制垂深,估算外围预测资源量
	32	吉山铁矿	0	2 382 567	0	0.000 017	977 662.3	574	9551.25		根据剖面控制情况,矿床深部存在资源的可能性不大,外围仍有一定范围,有与矿区相似的成矿区相似的闪长玢岩分布情况圈定,深部根据已知矿床确定
	505	龙旗山铁矿	88.08	46 530	150	0.000 012 6	0	0	0		根据矿区勘查剖面控制情况,深部仍有资源存在的可能,预测含矿地质体垂深是根据剖面控制面情况推定的
	31	凤凰山铁矿	2464.75	304 065	600	0.000 013 5	0	0	0		根据矿区勘查剖面控制情况,深部仍有资源存在的可能,预测含矿地质体垂深是根据剖面控制面情况推定的
	33	麒麟山铁矿	702.05	50 400	650	0.000 021 4	0	0	0		根据矿区勘查剖面控制情况,深部仍有资源存在的可能,预测含矿地质体垂深是根据剖面控制面情况推定的
溧水预测工作区	146	东岗铁矿	1024.09	614 112	400	0.000 004 17	0	0	0		根据剖面控制情况,深部仍有资源存在的可能,预测含矿地质体垂深是根据剖面控制面情况推定的
宜溧预测工作区	334	中巷铁铜矿	0	46 629	0	0.000 005 3	195 367.8	55	56.98		根据剖面控制情况,矿体产状较缓,矿区外围尚未完全控制。以磁异常确定外围预测区面积,参照矿床控制垂深,估算外围预测资源量

表 6-27 矽卡岩型铁矿典型矿床深部及外围预测资源量表

预测工作区	编号	名称	深部预测				外围预测			参数确定说明
			预测资源量($\times 10^4$ t)	矿床面积(m^2)	垂深(m)	体含矿率($\times 10^4$ t/m^3)	外围面积(m^2)	外围垂深(m)	外围预测资源量($\times 10^4$ t)	
宁镇预测工作区	447	韦岗铁矿	1409.124	131 601.80	588	0.000 018 2	0	0	0	根据矿区勘查剖面控制情况,深部仍有资源存在的可能。预测深部含矿地质体垂深是根据剖面控制情况推定的
苏州西部预测工作区	363	谈家桥铁矿	736.028	348 300.00	300	0.000 007 04	0	0	0	根据矿区勘查剖面控制情况,深部仍有资源存在的可能。预测深部含矿地质体垂深是根据剖面控制情况推定的
南通预测工作区	400	王诰铁矿	1445.296	82 184.49	450	0.000 039 1	0	0	0	根据矿区勘查剖面控制情况,深部仍有资源存在的可能。预测深部含矿地质体垂深是根据剖面控制情况推定的
六合预测工作区	107	六合冶山铁矿	1370.315	327 187.10	470	0.000 008 91	0	0	0	根据矿区勘查剖面控制情况,深部仍有资源存在的可能。预测深部含矿地质体垂深是根据剖面控制情况推定的
徐州预测工作区	224	铜山利国镇釜山铁矿	976.099	38 376.98	650	0.000 039 1	0	0	0	根据矿区勘查剖面控制情况,深部仍有资源存在的可能。预测深部含矿地质体垂深是根据剖面控制情况推定的

由于本次预测最小预测区基本都是在1∶5万比例尺预测底图上圈定,最小预测区范围基本相当于含矿地质体范围,以模型区面积代表含矿地质体面积。本次估算各模型区预测资源量及估算参数见表6-28。

表 6-28 模型区预测资源量及其估算参数表

编号	名称	模型区预测资源总量($\times 10^4$)	模型区面积（m^2）	垂深（m）	含矿地质体面积（m^2）	参数确定说明
A3201401001	鄂儿岗-梅山-西善桥小红山宁芜式陆相火山岩型铁矿 A 类预测区	44 498.97	20 184 891	450	20 184 891	模型区预测资源量包含梅山、鄂儿岗两矿床预测资源总量之和,垂深采用典型矿床梅山铁矿总垂深
A3201401015	凤凰山-小山桃宁芜式陆相火山岩型铁矿 A 类预测区	4929.45	4 397 452	1200	4 397 452	模型区预测资源量为典型矿床凤凰山铁矿的总资源量,垂深为典型矿床凤凰山铁矿的总垂深
A3201401009	吉山-柏家宁芜式陆相火山岩型铁矿 A 类预测区	32 822.25	9 116 701	574	9 116 701	模型区预测资源量为典型矿床吉山铁矿的总资源量,垂深为典型矿床吉山铁矿的总垂深
A3201401008	燕湖村-麒麟山-陈墟村宁芜式陆相火山岩型铁矿 A 类预测区	1080.05	2 158 612	1000	2 158 612	模型区预测资源量为典型矿床麒麟山铁矿的总资源量,垂深为典型矿床麒麟山铁矿的总垂深
A3201401004	东岗-爱景山-卧龙山宁芜式陆相火山岩型铁矿 A 类预测区	2720.33	20 545 433	900	20 545 433	模型区预测资源量包括东岗和石坝两矿床总资源量,垂深采用典型矿床东岗铁矿的总垂深
A3201204015	韦岗-巢凤山韦岗式矽卡岩型铁矿 A 类预测区	3946.81	5 514 232	1500	5 514 232	模型区预测资源总量包括韦岗铁矿以及另外3个小矿床点的资源量。预测深度采用典型矿床韦岗铁矿的总垂深
A3201205004	谈家桥-旺米山-唐家墩谈家桥式矽卡岩型铁矿 A 类预测区	3092.90	6 879 500	580	6 879 500	预测资源总量包括谈家桥、旺米山、唐家墩3个矿床点的总量。预测深度采用典型矿床谈家桥铁矿预测的总垂深
A3201202002	王浩乡王浩式矽卡岩型铁矿 A 类预测区	2858.50	15 400 808	890	15 400 808	模型区只有一个典型矿床,预测资源总量为典型矿床王浩铁矿的总资源量,垂深即为典型矿床王浩铁矿的总垂深
A3201203002	冶山-南条山-团山冶山式矽卡岩型铁矿 A 类预测区	4148.32	8 054 674	1300	8 054 674	模型区内包括两个矿床点,预测资源量为两矿床点总量之和。垂深采用典型矿床冶山铁矿的总垂深
A3201201004	厉家湾-墓山利国式矽卡岩型铁矿矿产预测类型 A 类预测区	2340.10	1 789 665	1200	1 789 665	模型区内包括两个矿床点,预测资源量为两矿床点总量之和。垂深采用典型矿床墓山铁矿的总垂深

2. 模型区含矿系数确定

本次预测模型区基本是在 1∶5 万比例尺预测底图上圈定，含矿地质体基本可以确切圈定边界，直接估算模型区含矿系数。

模型区含矿系数＝模型区预测资源总量/模型区总体积。

模型区总体积＝模型区面积×垂深。(模型区预测资源总量、模型区面积、垂深参数见表 6-28)

各模型区含矿系数估算见表 6-29。

表 6-29　模型区含矿系数表

预测工作区	编号	名称	含矿系数 ($\times 10^4 t/m^3$)	资源总量 ($\times 10^4 t$)	总体积 (m^3)
宁芜式陆相火山岩型铁矿宁芜预测工作区	A3201401001	鄂儿岗-梅山-西善桥小红山宁芜式陆相火山岩型铁矿 A 类预测区	0.000 004 9	44 498.97	9 083 200 950
	A3201401015	凤凰山-小山桃宁芜式陆相火山岩型铁矿 A 类预测区	0.000 000 93	4929.45	5 276 942 248
	A3201401009	吉山-柏家宁芜式陆相火山岩型铁矿 A 类预测区	0.000 006 27	32 822.25	5 232 986 462
	A3201401008	燕湖村-麒麟山-陈墟村宁芜式陆相火山岩型铁矿 A 类预测区	0.000 000 5	1080.05	2 158 612 000
宁芜式陆相火山岩型铁矿溧水预测工作区	A3201401004	东岗-爱景山-卧龙山宁芜式陆相火山岩型铁矿 A 类预测区	0.000 000 147	2720.33	18 490 889 700
韦岗式矽卡岩型铁矿宁镇预测工作区	A3201204015	韦岗-巢凤山韦岗式矽卡岩型铁矿 A 类预测区	0.000 000 474	3946.81	8 271 347 835
谈家桥式矽卡岩型铁矿苏州西部预测工作区	A3201205004	谈家桥-旺米山-唐家墩谈家桥式矽卡岩型铁矿 A 类预测区	0.000 000 775	3092.90	3 990 110 000
王浩式矽卡岩型铁矿南通预测工作区	A3201202002	王浩乡王浩式矽卡岩型铁矿 A 类预测区	0.000 000 209	2858.50	13 706 718 955
冶山式矽卡岩型铁矿六合预测工作区	A3201203002	冶山-南条山-团山冶山式矽卡岩型铁矿 A 类预测区	0.000 000 396	4148.32	10 471 075 940
利国式矽卡岩型铁矿徐州利国-班井预测工作区	A3201201004	厉家湾-墓山利国式矽卡岩型铁矿矿产预测类型 A 类预测区	0.000 001 09	2340.10	2 147 598 388

(三)最小预测区预测资源量及其估算参数

1. 预测资源量估算程序

本次预测按照补充技术要求采用了含矿地质体体积参数估算法(简称地质体积法)，作为定量预测的基础方法。其基本程序如下：

(1)利用 MRAS 软件应用特征分析等方法圈定最小预测区。对最小预测区预测要素逐一确认，要求在一定比例尺底图上确认含矿地质体、综合信息异常等预测要素的具体平面位置，根据预测要素类别(必要的、重要的、一般的)、空间复合程度筛选并确定进行定量预测的最小预测区(以下简称预测区)。

(2)对典型矿床资源量参数进行研究，修改补充典型矿床预测模型，并估算典型矿床预测总资源量、含矿地质体预测深度。要求确切反映预测要素的具体数据,对地质体的剥蚀程度、工程控制、延深等情况要求标明具体数据,对地质体和矿体的空间位置也要求有确切关系数据。

(3)确定模型区含矿系数及估算资源量。模型区指典型矿床所在最小预测区,一般估算参数采用典型矿床已有相关参数,确定含矿地质体地质特征及空间分布,并计算相应的含矿地质体面积系数和面积。估算模型区典型矿床含矿地质体深度,根据矿床模型研究,结合含矿地质体、控矿构造、矿化蚀变、地球化学分带、物探信息推断含矿地质体可能延深。据此估算模型区体积、资源总量、含矿系数。

(4)估算预测区预测资源量。对预测区逐个确定定量估算参数,估算预测区预测资源量。

(5)对每一个预测区获得的预测资源量进行可信度计算。

(6)对预测资源量进行分类。

2. 预测区预测资源量及估算参数

1)预测区预测资源量估算公式

由于江苏省及上海市12个铁矿预测工作区中的最小预测区基本都能计算出含矿地质体面积,因此直接应用含矿地质体预测资源量公式:

$$Z_{预} = S_{预} \times H_{预} \times K \times \alpha$$

其中,$Z_{预}$ 为预测资源总量;$S_{预}$ 为最小预测区(含矿地质体)面积;$H_{预}$ 为含矿地质体垂深(指矿化范围的最大垂深);K 为模型区含矿地质体含矿系数;α 为相似系数。

2)预测区资源量估算结果

根据每个预测区确定的参数,依上述预测资源量估算公式估算最小预测区资源量(表6-30),其中各最小预测区的 $S_{预}$、$H_{预}$、α、K 等各项参数的确定依据可参见本节可信度统计表中相关内容。含矿系数 K 为预测工作区内模型区的含矿系数,如一个预测工作区内有多个模型区,则可以取相关模型区含矿系数平均值作为该预测工作区含矿系数,$Z_{预}$ 为预测资源总量(包含已知和预测的)。经预测估算,江苏省及上海市铁矿预测资源总量为 $188\,910.18 \times 10^4$ t。

表6-30 宁芜宁芜式陆相火山岩型铁矿预测工作区最小预测区估算成果表

最小预测区编号	最小预测区名称	$S_{预}$ (m^2)	$H_{预}$ (m)	α	K	$Z_{预}$ ($\times 10^4$ t)
B3201401006	荫墅村-红土山-印长宁芜式陆相火山岩型铁矿B类预测区	1 935 784	400	0.644	0.000 002 111	1052.67
A3201401008	燕湖村-麒麟山-陈墟村宁芜式陆相火山岩型铁矿A类预测区	2 158 612	1000	0.709	0.000 000 500	1080.05
A3201401001	鄂儿岗-梅山-西善桥小红山宁芜式陆相火山岩型铁矿A类预测区	20 184 891	450	1.000	0.000 004 899	44 498.97
C3201401004	立山-胡家冲宁芜式陆相火山岩型铁矿C类预测区	3 508 116	400	0.518	0.000 002 111	1534.45
C3201401007	东善桥-果坊村-中盛村宁芜式陆相火山岩型铁矿C类预测区	5 086 699	400	0.380	0.000 002 111	1632.18
A3201401009	吉山-柏家宁芜式陆相火山岩型铁矿A类预测区	9 116 701	574	1.000	0.000 006 272	32 822.25
A3201401010	龙旗山-静龙山宁芜式陆相火山岩型铁矿A类预测区	1 691 114	400	0.678	0.000 000 452	305.72
B3201401012	大古山-张山宁芜式陆相火山岩型铁矿B类预测区	1 192 558	400	0.507	0.000 002 111	510.55

续表 6-30

最小预测区编号	最小预测区名称	$S_{预}$ (m²)	$H_{预}$ (m)	α	K	$Z_{预}$ (×10⁴t)
C3201401011	挂弓山-母猪山-小路余宁芜式陆相火山岩型铁矿 C 类预测区	5 216 537	400	0.608	0.000 002 111	2678.15
A3201401015	凤凰山-小山桃宁芜式陆相火山岩型铁矿 A 类预测区	4 397 452	1200	0.800	0.000 000 934	4929.45
B3201401014	尹山宁芜式陆相火山岩型铁矿 B 类预测区	1 290 413	1100	0.554	0.000 002 111	1660.04
A3201401013	阴山-皇姑山-南山村宁芜式陆相火山岩型铁矿 A 类预测区	10 906 539	400	0.550	0.000 002 111	5065.21
C3201401016	白茅山-羊子山-张家村宁芜式陆相火山岩型铁矿 C 类预测区	10 918 224	400	0.420	0.000 002 111	3872.13
B3201401017	竹园山-渣塘-歪头山宁芜式陆相火山岩型铁矿 B 类预测区	9 404 593	400	0.550	0.000 002 111	4367.68
C3201401018	狮子山-云台山-大南山宁芜式陆相火山岩型铁矿 C 类预测区	1 138 301	1100	0.433	0.000 002 111	1144.53
B3201401019	天台山-大明山宁芜式陆相火山岩型铁矿 B 类预测区	444 050	400	0.378	0.000 002 111	141.73
B3201401020	土山头-鸡笼山宁芜式陆相火山岩型铁矿 B 类预测区	2 020 928	400	0.403	0.000 002 111	687.71
B3201401021	凤凰岭-马山宁芜式陆相火山岩型铁矿 B 类预测区	402 765	400	0.534	0.000 002 111	181.61
B3201401003	红土洼-陈村-金牛洞宁芜式陆相火山岩型铁矿 B 类预测区	8 465 239	400	0.420	0.000 002 111	3002.18
A3201401005	牛首山-祖堂山-殷龙山宁芜式陆相火山岩型铁矿 A 类预测区	6 774 677	400	0.759	0.000 002 111	4341.89
C3201401002	马家场-高公山-三闸村宁芜式陆相火山岩型铁矿 C 类预测区	11 370 411	400	0.300	0.000 002 111	2880.35
合计						118 389.50

(四) 最小预测区预测资源量可信度估计

针对各个预测工作区的最小预测区评价其可信度(表 6-31),其各参数的可信度依据主要如下。

(1) 面积可信度:①既有地质建造又有矿点物化探异常(0.75);②单一矿点地质建造(0.5);③只有物化探异常(0.25)。

(2) 延深可信度:①根据最小预测区的勘探成果确定(0.9);②磁法反演确定深度(0.75);③根据预测区内含矿建造-构造的产状确定(0.5);④化探异常剥蚀系数法(0.5);⑤根据矿床类型最大限度深度法来确定或者预测工作区内矿床勘探深度统计确定(0.5);⑥专家分析确定因素(0.25)。

(3) 含矿系数可信度:应根据模型区的资源产状勘探情况来定;①勘探程度高,对矿床深部外围资源量了解清楚(0.75);②勘探程度较高,对矿床深部外围资源量及含矿地质体分布了解一般(0.5);③勘探程度一般,对矿床深部外围资源量及含矿地质体分布了解较差(0.25)。

表 6-31 宁芜式陆相火山岩型铁矿最小预测区预测资源量可信度统计表

最小预测区编号	最小预测区名称	可信度	面积 依据	可信度	延深 依据	可信度	含矿系数 依据	可信度	资源量综合依据
B3201401006	荫墅村-红土山-印长宁芜式陆相火山岩型铁矿 B 类预测区	0.76	地质体法(火山机构,火山岩,次火山岩,矿点及磁异常等)及专家修正	0.70	根据预测区内矿床深度统计确定	0.60	勘探程度较高,对深部外围资源量及含矿地质体分布了解一般	0.60	区内已有矿床点
A3201401008	燕湖村-麒麟山-陈墟村宁芜式陆相火山岩型铁矿 A 类预测区	0.85	地质体法(碳酸盐岩建造,次火山岩,矿床点及磁异常等)及专家修正	0.85	根据最小预测区的勘探成果确定	0.90	勘探程度高,对矿床深部和外围资源量及含矿地质体分布了解清楚	0.80	区内已有矿床点,且为模型区
A3201401001	鄂儿岗-梅山-西善桥小红山宁芜式陆相火山岩型铁矿 A 类预测区	0.95	地质体法(火山机构,火山岩,次火山岩,矿床点及磁异常等)及专家修正	0.90	根据最小预测区的勘探成果确定	0.90	勘探程度高,对矿床深部和外围资源量及含矿地质体分布了解清楚	0.82	区内已有矿床点,且为模型区
C3201401004	立山-胡家冲宁芜式陆相火山岩型铁矿 C 类预测区	0.51	地质体法(火山机构,火山岩,次火山岩,矿床点及磁异常等)及专家修正	0.40	专家分析确定	0.45	勘探程度一般,对矿床深部外围资源量及含矿地质体分布了解较差	0.40	仅以含矿因素预测资源量
C3201401007	东善桥-果坊村-中盛村宁芜式陆相火山岩型铁矿 C 类预测区	0.51	地质体法(火山机构,火山岩,次火山岩,矿床点及磁异常等)及专家修正	0.40	专家分析确定	0.45	勘探程度一般,对矿床深部外围资源量及含矿地质体分布了解较差	0.40	仅以含矿因素预测资源量
A3201401009	吉山-栩家宁芜式陆相火山岩型铁矿 A 类预测区	0.90	地质体法(火山机构,火山岩,次火山岩,矿点及磁异常等)及专家修正	0.90	根据最小预测区的勘探成果确定	0.90	勘探程度高,对矿床深部和外围资源量及含矿地质体分布了解清楚	0.80	区内已有矿床点,且有典型矿床
A3201401010	龙旗山-静龙山宁芜式陆相火山岩型铁矿 A 类预测区	0.90	地质体法(火山机构,火山岩,次火山岩,矿床点及磁异常等)及专家修正	0.90	根据最小预测区的勘探成果确定	0.90	勘探程度高,对矿床深部和外围资源量及含矿地质体分布了解清楚	0.80	区内已有矿床点,且有典型矿床

续表 6-31

最小预测区编号	最小预测区名称	可信度	面积依据	可信度	延深依据	可信度	含矿系数依据	可信度	资源量综合依据
B3201401012	大古山-张山宁芜式陆相火山岩型铁矿 B 类预测区	0.76	地质体法（火山机构、火山岩、次火山岩、矿点及磁异常等）及专家修正	0.60	根据预测区内矿床深度统计确定	0.55	勘探程度较高，对矿床深部外围资源量及含矿地质体分布了解一般	0.55	区内已有矿点
C3201401011	挂弓山-母猪山-小路余宁芜式陆相火山岩型铁矿 C 类预测区	0.51	地质体法（火山机构、火山岩、次火山岩、矿点及磁异常等）及专家修正	0.40	专家分析确定	0.40	勘探程度一般，对矿床深部外围资源量及含矿地质体分布了解较差	0.35	仅以含矿建造等因素预测资源量
A3201401015	凤凰山-小山桃宁芜式陆相火山岩型铁矿 A 类预测区	0.90	地质体法（碳酸盐岩建造、次火山岩、矿点及磁异常等）及专家修正	0.90	根据最小预测区的勘探成果确定	0.90	勘探程度高，对矿床深部和外围资源量及含矿地质体分布了解清楚	0.80	区内已有矿床点，且为模型区
B3201401014	尹山宁芜式陆相火山岩型铁矿 B 类预测区	0.78	地质体法（碳酸盐岩建造、次火山岩、矿点及磁异常等）及专家修正	0.60	根据预测区内矿床深度统计确定	0.67	勘探程度较高，对矿床深部外围资源量及含矿地质体分布了解一般	0.60	区内已有矿点
A3201401013	阴山-皇姑山-南山村宁芜式陆相火山岩型铁矿 A 类预测区	0.80	地质体法（火山机构、火山岩、次火山岩、矿点及磁异常等）及专家修正	0.85	根据最小预测区的勘探成果确定	0.80	勘探程度高，对矿床深部和外围资源量及含矿地质体分布了解清楚	0.70	区内已有矿床点
C3201401016	白茅山-羊子山-张家村宁芜式陆相火山岩型铁矿 C 类预测区	0.51	地质体法（火山机构、火山岩、次火山岩、矿点及磁异常等）及专家修正	0.35	专家分析确定	0.40	勘探程度一般，对矿床深部外围资源量及含矿地质体分布了解较差	0.35	仅以含矿建造等因素预测资源量
B3201401017	竹园山-渣塘-歪头山宁芜式陆相火山岩型铁矿 B 类预测区	0.76	地质体法（火山机构、火山岩、次火山岩、矿点及磁异常等）及专家修正	0.70	根据预测区内矿床深度统计确定	0.70	勘探程度较高，对矿床深部外围资源量及含矿地质体分布了解一般	0.65	区内已有矿点

续表 6-31

最小预测区编号	最小预测区名称	面积 可信度	面积 依据	延深 可信度	延深 依据	含矿系数 可信度	含矿系数 依据	资源量综合 可信度	资源量综合 依据
C320140l018	狮子山-云台山-大南山宁芜武陆相火山岩型铁矿C类预测区	0.51	地质体法（碳酸盐岩建造、次火山岩）及专家修正	0.40	专家分析确定	0.70	勘探程度较高，对深部含矿围资源量及含矿分布了解一般	0.40	仅以含矿建造等因素预测量
B320140l019	天台山-大明山宁芜陆相火山岩型铁矿B类预测区	0.60	地质体法（火山岩、次火山岩等）及专家修正	0.55	根据预测区内矿床勘探深度统计确定	0.65	勘探程度较高，对深部含矿围资源量及含矿分布了解一般	0.55	区内已有矿点
B320140l020	土山头-鸡笼山宁芜武陆相火山岩型铁矿B类预测区	0.76	地质体法（火山岩、次火山岩及磁异常等）及专家修正	0.55	根据预测区内矿床勘探深度统计确定	0.70	勘探程度较高，对深部含矿围资源量及含矿分布了解一般	0.55	区内已有矿点
B320140l021	凤凰岭-马山宁芜武陆相火山岩型铁矿B类预测区	0.55	地质体法（火山岩、次火山岩等）及专家修正	0.55	根据预测区内矿床勘探深度统计确定	0.7	勘探程度较高，对深部含矿围资源量及含矿分布了解一般	0.55	区内已有矿床点
B320140l003	红土洼-金牛洞宁芜武陆相火山岩型铁矿B类预测区	0.76	地质体法（火山岩、次火山岩及磁异常等）及专家修正	0.60	根据最小预测区内矿床的勘探深度确定	0.60	勘探程度较高，对深部含矿围资源量及含矿分布了解一般	0.60	区内已有矿点
A320140l005	牛首山-祖堂山-殷龙山宁芜武陆相火山岩型铁矿A类预测区	0.85	地质体法（火山岩、次火山岩等）及磁异常及专家修正	0.85	根据最小预测区的勘探成果确定	0.85	勘探程度高，对矿床外和围资源量及含矿分布了解清楚	0.72	区内已有矿床点
C320140l002	马家场-高公山-三闸村宁芜武山岩型铁矿C类预测区	0.30	地质体法（火山岩、次火山岩及磁异常等）及专家修正	0.55	根据预测区内矿床勘探深度统计确定	0.45	勘探程度一般，对矿床深部外含矿围资源量及含矿分布了解较差	0.30	仅以含矿建造等因素预测量

(4)本次预测资源量可信度分为以下 3 类:①深部探矿工程见矿最大深度以上的预测资源量,可信度大于或等于 0.75;②深部探矿工程见矿最大深度以下部分合理估算的预测资源量,或经地表工程揭露,已经发现矿体,但没有经深部工程验证的预测资源量,可信度 0.50~0.75;③仅以地质、物化探异常估计的预测资源量可信度小于 0.50。

第三节 铁矿磁法定量预测研究

本次潜力评价除了利用综合信息地质单元法进行预测外,还利用磁性资料对全省的铁矿进行了磁法预测。

一、预测资源量估算方法及过程

江苏省及上海市已知/推断铁矿矿致磁异常数量不多,因此资源量估算均采取磁法体积法中 2.5D 人机交互定量拟合正反演方法。

估算资源量的工作首先根据以往研究成果、航磁异常图、地磁异常图、地检资料、地质矿产资料等,判断磁异常是否为推断铁矿矿致异常,然后选择 2.5D 人机交互定量拟合的计算剖面,提取剖面数据,确定剖面与磁异常走向的夹角,从地磁异常图或航磁异常图上量取推断铁矿矿致异常的走向长度、远端距和近端距,再确定矿石或直接围岩的磁性参数,如磁化率、磁化倾角、磁化偏角,最后应用 RGIS 软件中 2.5D 人机交互定量拟合正反演功能,对推断铁矿矿致异常进行 2.5D 人机交互定量计算。计算过程完成后,从拟合剖面上量取推断铁矿体的截面积,根据异常形态确定形态系数,用典型矿床探明资源储量与 2.5D 人机交互定量拟合正反演计算资源量比值确定含矿系数,由矿石体重,估算资源量,最后对预测资源量进行分类统计。预测资源量估算公式:

$$Q = S \times L \times k \times \sin\alpha \times d \times K$$

其中,S 根据软件中矿体体积计算,即体积/近远端距离;L 为矿致磁异常的走向长度,从平面等值线上根据异常范围量出;k 为含矿系数,利用典型矿床探明资源储量 Q_t 与 2.5D 拟合软件求出的矿床已控制矿体的体积(不包括矿床深部及外围未控制矿体的资源量)和矿石平均体重的比值,即 $K = Q_t/(V \times d)$;典型矿床及有探明资源储量的铁矿矿致异常可采用上述方法计算,在没有探明资源储量的推断矿致异常则参考相应类型典型矿床含矿系数;α 为矿致磁异常长轴线与拟合计算剖面线夹角,从平面等值线图上直接量出;d 为磁性矿石体重,根据实测资料确定,若缺少实测资料则采用典型矿床所用体重;K 为形态系数,由大比例尺磁异常平面等值线图上磁异常的平面展布特征,2.5D 拟合结果和地质矿产资料等,大致判断磁性矿体的空间形态,而后确定合理的形态系数值。

二、估算参数及预测结果

在对全省的矿致磁异常、磁性参数及已知矿产地资源量复核的基础上,利用磁法体积法对预测推断磁性矿体进行资源量估算(表 6-32)。全省预测推断磁性铁矿床 64 个,采用磁法定量预测铁矿资源量约 $62\,600 \times 10^4$ t。

表 6-32 宁芜陆相火山岩型铁矿预测工作区推断磁性矿体预测资源量表

铁矿矿致异常编号	矿石或直接围岩名称	磁化倾角(°)	磁化偏角(°)	磁化强度(10⁻³ A/m)	走向长度(m)	截面积(m²)	形态系数	含矿系数	夹角(°)	密度(g/cm³)	预测资源量(×10⁴ t)	精度	备注
苏 C2-1973-430	铁矿	46.80	−3.72	25 000	140	283.41	2/3	0.90	90	3.80	65.2	334-2	皮库村
	铁矿	46.80	−3.72	25 000	140	427.07	2/3	0.90	90	3.80			
	铁矿	46.80	−3.72	45 000	140	943.30	2/3	0.90	90	3.80			
	铁矿	46.80	−3.72	35 000	140	382.40	2/3	0.90	90	3.80			
	铁矿	46.80	−3.72	30 000	100	390.58	2/3	0.90	90	3.80	285.3	334-2	寺脚村
苏 C2-1973-423	铁矿	46.80	−3.72	70 000	200	3702.63	2/3	0.90	90	3.80			
	铁矿	46.80	−3.72	30 000	100	328.73	2/3	0.90	90	3.80			
	铁矿	46.80	−3.72	80 000	200	1513.50	2/3	0.90	90	3.80			
	铁矿	46.80	−3.72	40 000	100	949.25	2/3	0.90	90	3.80			
	铁矿	46.80	−3.72	10 000	100	371.08	2/3	0.90	90	3.80			
	铁矿	46.80	−3.72	30 000	160	391.13	2/3	0.90	90	4.00	286.6	334-2	大古山
	铁矿	46.80	−3.72	80 000	160	1016.74	2/3	0.90	90	4.00			
	铁矿	46.80	−3.72	60 000	160	474.68	2/3	0.90	90	4.00			
苏 C2-1973-416	铁矿	46.80	−3.72	10 000	160	508.51	2/3	0.90	90	4.00			
	铁矿	46.80	−3.72	30 000	200	255.85	2/3	0.90	90	4.00			
	铁矿	46.80	−3.72	50 000	200	3301.74	2/3	0.90	90	4.00			
	铁矿	46.80	−3.72	20 000	100	201.15	2/3	0.90	90	4.00			
	铁矿	46.80	−3.72	20 000	100	750.87	2/3	0.90	90	4.00			
苏 C2-1973-319	铁矿	46.80	−3.72	30 000	200	3985.01	2/3	0.90	90	3.80	229.9	334-2	皇姑山
	铁矿	46.80	−3.72	10 000	60	3464.14	2/3	0.90	90	3.80			
苏 C2-1973-302	铁矿	46.80	−3.72	30 000	140	283.41	2/3	0.90	90	4.00	119.6	334-2	竹园山
	铁矿	46.80	−3.72	30 000	140	427.07	2/3	0.90	90	4.00			
	铁矿	46.80	−3.72	20 000	140	943.30	2/3	0.90	90	4.00			
	铁矿	46.80	−3.72	30 000	140	382.40	2/3	0.90	90	4.00			

三、磁性矿床预测资源量可信度分析

对磁性矿床预测资源量可信度进行分析,主要包括对截面积计算依据、走向长度计算依据、形态系数计算依据、含矿系数计算依据的可信度分析,最后并对计算的矿体资源量进行可信度分析。

1. 截面积计算依据

截面积计算依据分为以下 6 种情况:
(1)用已知勘探剖面建立初始模型,用地磁数据计算。
(2)用已知勘探剖面建立初始模型,用航磁数据计算。
(3)用详细地质物探资料建立初始模型,用地磁数据计算。
(4)用详细地质物探资料建立初始模型,用航磁数据计算。
(5)使用可信度较高的物性参数建立模型和计算。
(6)其他。

2. 走向长度和形态系数确定依据

走向长度和形态系数确定依据分为以下 4 种情况:
(1)根据大于等于 1∶5 万比例尺地磁资料确定。
(2)根据大于等于 1∶5 万比例尺航磁资料确定。
(3)根据 1∶10 万～1∶25 万比例尺磁测资料确定。
(4)其他。

3. 含矿系数确定依据

含矿系数确定依据分为以下 3 种情况。
(1)用实测数据计算夹石修正系数。
(2)用实测数据计算矿化体校正系数。
(3)用探明资源储量 Q_t 与 2.5D 拟合软件求出的矿床已控制矿体的体积(不包括矿床深部及外围未控制矿体的资源量)和矿石平均比重的比值,即 $K=Q_t/(V \times d)$。

4. 矿体资源量可信度分析

矿体资源量可信度分为以下 3 种情况:
(1)在已知矿床的深部和周边,利用钻孔或勘探地质剖面进行建模,使用大比例尺(大于等于 1∶5 万)航磁或地磁测量数据计算的资源量,可信度≥0.75。
(2)在已知矿床、矿点或矿化点的地区使用测量比例尺大于等于 1∶20 万的磁测资料(未利用钻孔或勘探地质剖面进行建模)估算的资源量,以及在已知矿床的深部和周边利用钻孔或勘探地质剖面进行建模,使用大比例尺 1∶10 万～1∶25 万测量比例尺的磁测资料估算的资源量,可信度 0.5～0.75。
(3)其他情况下得到的资源量,可信度 0.25～0.5。

以磁性矿床为单元,分析预测参数的确定依据及预测资源量的可信度,具体内容见表 6-33,表中编号即为以上各估算参数确定依据的编号。

表 6-33 磁性矿床预测资源量可信度统计表

磁性矿床名称	矿体所属异常编号	截面积计算依据	走向长度确定依据	形态系数确定依据	含矿系数确定依据	矿体资源量可信度
梅山	苏 C2-1973-433	①	①	①	③	①
麒麟山	苏 C2-1973-458	①	①	①	③	①
吉山	苏 C2-1973-421	①	①	①	③	①
龙旗山		①	①	①	③	①
凤凰山	苏 C2-1973-365	①	①	①	③	①
卧儿岗	苏 C2-1973-428	③	①	①	③	②
阴山	苏 C2-1973-319	③	①	①	③	②
皮库村	苏 C2-1973-430	③	①	①	③	②
寺脚村	苏 C2-1973-423	③	①	①	③	②
大古山	苏 C2-1973-416	③	①	①	③	②
皇姑山	苏 C2-1973-320	③	①	①	③	②
竹园山	苏 C2-1973-302	③	①	①	③	②
东岗-爱景山	苏 C2-1973-384、386、392、393	③	①	①	③	②
七里沟	苏 C2-1973-339	④	②	②	③	②
老虎头	苏 C2-1973-209	③	①	①	③	②
沛县姜梨园	苏 C1-1974-006	①	①	①	③	①
沛县新庄-封新庄	苏 C1-1974-039	③	①	①	③	②
墓山	苏 C1-1974-020	①	①	①	③	①
铜山岛	苏 C1-1974-022	③	①	①	③	②
西马山	苏 C1-1974-025	③	①	①	③	②
利国镇	苏 C1-1974-068	④	②	②	③	②
吴庄	苏 C1-1974-023	④	②	②	③	②
上班井	苏 C2-1975-012	④	②	②	③	②
前二铺	苏 C2-1975-007	④	②	②	③	②
大赵町	苏 C1-1974-018	④	②	②	③	②
李埝	苏 C1-1974-031	④	②	②	③	②
六合冶山	苏 C1-1978-018	①	①	①	③	①
六合小庙陈	苏 C1-1978-012	③	①	①	③	①
金牛湖-铁石岗	苏 C1-1978-083	③	①	①	③	②
王浩	苏 C1-1978-114	①	①	①	③	①
严家灶	苏 C1-1978-111	④	②	②	③	②
金余	苏 C1-1978-112	④	②	②	③	②
江滨公社	苏 C1-1978-116	④	②	②	③	②
六框	苏 C1-1978-118	④	②	②	③	②

续表 6-33

磁性矿床名称	矿体所属异常编号	截面积计算依据	走向长度确定依据	形态系数确定依据	含矿系数确定依据	矿体资源量可信度
韦岗	苏 C2-1973-548	①	①	①	③	①
盘龙岗	苏 C2-1973-518-1	③	①	①	③	②
磁山头	苏 C2-1973-521	③	①	①	③	②
徐湾	苏 C2-1973-550	③	①	①	③	②
太阳山	苏 C2-1973-549	③	①	①	③	②
巢凤山	苏 C2-1973-552	③	①	①	③	②
五洲山	苏 C2-1973-560	③	①	①	③	②
高盖村	苏 C2-1973-505	④	②	②	③	②
香炉山	苏 C2-1973-522	③	①	①	③	②
铁门坎	苏 C2-1973-551	③	①	①	③	②
西砚山	苏 C2-1973-563	③	①	①	③	②
唐家庄	苏 C2-1973-562	③	①	①	③	②
项家窑	苏 C2-1973-561	③	①	①	③	②
新昌	苏 C2-1973-161	④	②	②	③	②
陶家	苏 C2-1973-162	④	②	②	③	②
七里岗	苏 C2-1973-166	④	②	②	③	②
桃园里	苏 C2-1973-154	④	②	②	③	②
东陵	苏 C2-1973-095	④	②	②	③	②
长山	苏 C2-1973-098	④	②	②	③	②
谈家桥	苏 C-1977-142	①	①	①	③	①
南爪山	苏 C2-1977-141	③	①	①	③	②
唐家墩	苏 C-1977-151	④	②	②	③	②
望亭南	苏 C2-1977-112	④	②	②	③	②
燕头张	苏 C2-1977-114	④	②	②	③	②
陈家桥	苏 C-1977-145	③	①	①	③	②
光福	苏 C-1977-144	③	①	①	③	②
面粉厂	苏 C2-1977-153	④	②	②	③	②
上海金山	沪 C1-1971-84	③	①	①	③	②
西印庄	苏 C-1978-2006	④	②	②	③	②
前古木	苏 C1-1972-057	④	②	②	③	②

注：表中带圈的编号为磁性矿床预测各估算参数确定依据的编号(详见前文所述)。

第四节 铜矿地球化学定量预测研究

本次预测工作除采用地质体积法进行铜矿资源量预测外,还应用地球化学信息进行矿产资源定量预测,该方法是地质科学中重要的方法和手段,其主要任务是在已获取的勘查地球化学数据和资料(包括水系沉积物、土壤、岩石等)的基础上,总结、分析、评价区域的地质背景和成矿规律,建立地球化学找矿模型,圈定有利于成矿的预测区,估算其资源量,为评价区域的地质矿产与勘查工作的宏观部署提供地球化学依据。由于方法的不同,本方法铜矿资源量预测是在Ⅲ级成矿带基础上进行的,其预测区的划分,模型区、最小预测工作区的圈定也与地质体积法所圈定的范围不尽相同。

一、研究思路和技术路线

以成矿成晕地质、地球化学理论为指导,以江苏省已有的1:20万区域地球化学调查数据为主,综合利用1:5万、1:1万中大比例尺化探资料,以现代信息技术为手段,研究总结典型矿床的异常特征,建立成矿带(矿田)地球化学预测模型,为预测区的地球化学定量预测提供类比依据。技术路线如图6-22所示。

江苏省地球化学建模和资源量预测工作流程包括以下6个步骤,即数据处理、图形编制、模型建立、预测区圈定、资源量估算和资源量评价,简称为"建模—圈区—算量—编图"。

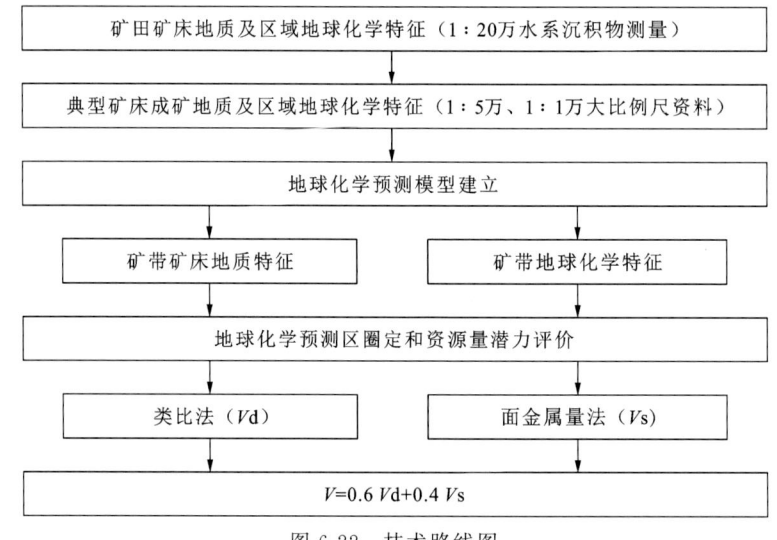

图 6-22 技术路线图

二、成矿地质、地球化学模型的建立

地球化学资源量预测的基本思想是相似类比,用于类比的对象——典型矿床的地质、地球化学模型的建立是进行成矿预测的基础,具有十分重要的意义。本次拟建立长江中下游(江苏段)铜多金属成矿带典型矿集区(以宁镇、宁芜矿集区为例)和全矿带的地质、地球化学模型,为铜矿地球化学资源量预测提供类比依据。

1. 宁镇矿集区

区内先后做过1:20万水系沉积物测量、1:5000至1:5万土壤测量,它们所反映的地球化学特征基本相同,异常元素组合以Cu、Mo、Pb、Zn、Au、Ag为主(图6-23至图6-25),呈北北西向展布,各元素异常又不同程度地显示了近东西向展布的趋势,分带明显。异常的范围、展布方向及分带性,分别与矿床的矿化范围、主要控矿构造、矿化带及矿体的延伸方向、成矿的分带性相吻合。

从宁镇铜多金属矿集区1:20万水系7分级地球化学图(图6-23)可以看出,Au与Ag具有一定的相似性,都表现出弧形带状的分布特征,异常分带较清晰,有多个浓集中心,高异常一般在铜矿床(矿点)附近出现。

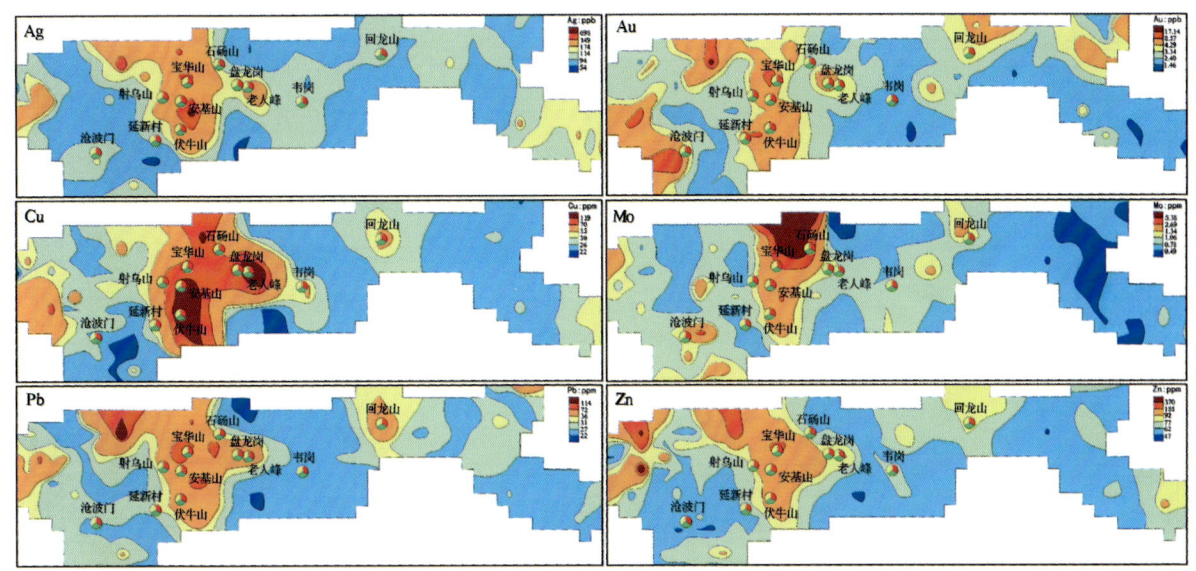

图6-23 宁镇铜多金属矿集区1:20万水系沉积物地球化学特征图

从图6-23、图6-24中可以看出,Cu、Pb、Zn、Mo异常有一定的相似性,特别是Cu和Mo、Pb与Zn异常展布几乎一致。异常具有弧形带状分布特征,在安基山矿床附近可见明显的半环状异常带。异常分带清晰,浓集中心明显,Cu的高异常与铜矿床(矿点)几乎能全部对应。

1:10万土壤测量圈定指示元素Cu、Pb、Zn、Mo、Ag的土壤地球化学异常总特征:异常主要展布在以陡山为中心,以黄村、黎家山、安基山、银孔山、射乌山为半径的范围内,在矿区及其附近,即花岗闪长斑岩和灰岩及砂页岩接触带地带,异常的浓集强度最高,并呈北北西向展布,其他石英闪长玢岩与围岩的接触带地段,异常呈零星展布,浓集程度低,一般只有外带、中带,内带少见,而每个元素,各有自己的浓集地段和展布形态(图6-25)。现分述如下。

(1)铜异常:异常出露广泛,但大致可分为两大浓集地段。

东部异常带:主要浓集地段为安基山铜矿区的中心部位,花岗闪长斑岩与下三叠统青龙组灰岩的接触带部位,异常的最大高值为7000×10^{-6},异常分为一个主体和几个小块体,沿北北西向延伸,整个异常带东西宽在1500m以上,南北向延伸在3000m以上,其中,主要的一个异常为矿区异常,其外带连成一体,大致1000m×2700m,外带宽度较窄,一般为200~500m;中带发育于其中,主要呈4个北北西向或南北向块体,与岩体及接触带的走向一致;内带,最大者与矿区深部矿体地段相吻合,其北西及南部猪头山一带,也见较小的内带异常在100~300m之间,其他小异常,一般只有外带,一小部分有中带,展布于主体异常西北部及西南部银孔山一带。

西部异常带:展布于射乌山、鸡笼山一带,为石英闪长玢岩与中下侏罗统象山群砂页岩接触带地段,一般只有外带、中带,内带小而少,浓集程度不高。最大的一片异常为射乌山东北坡一带,外带为一个整

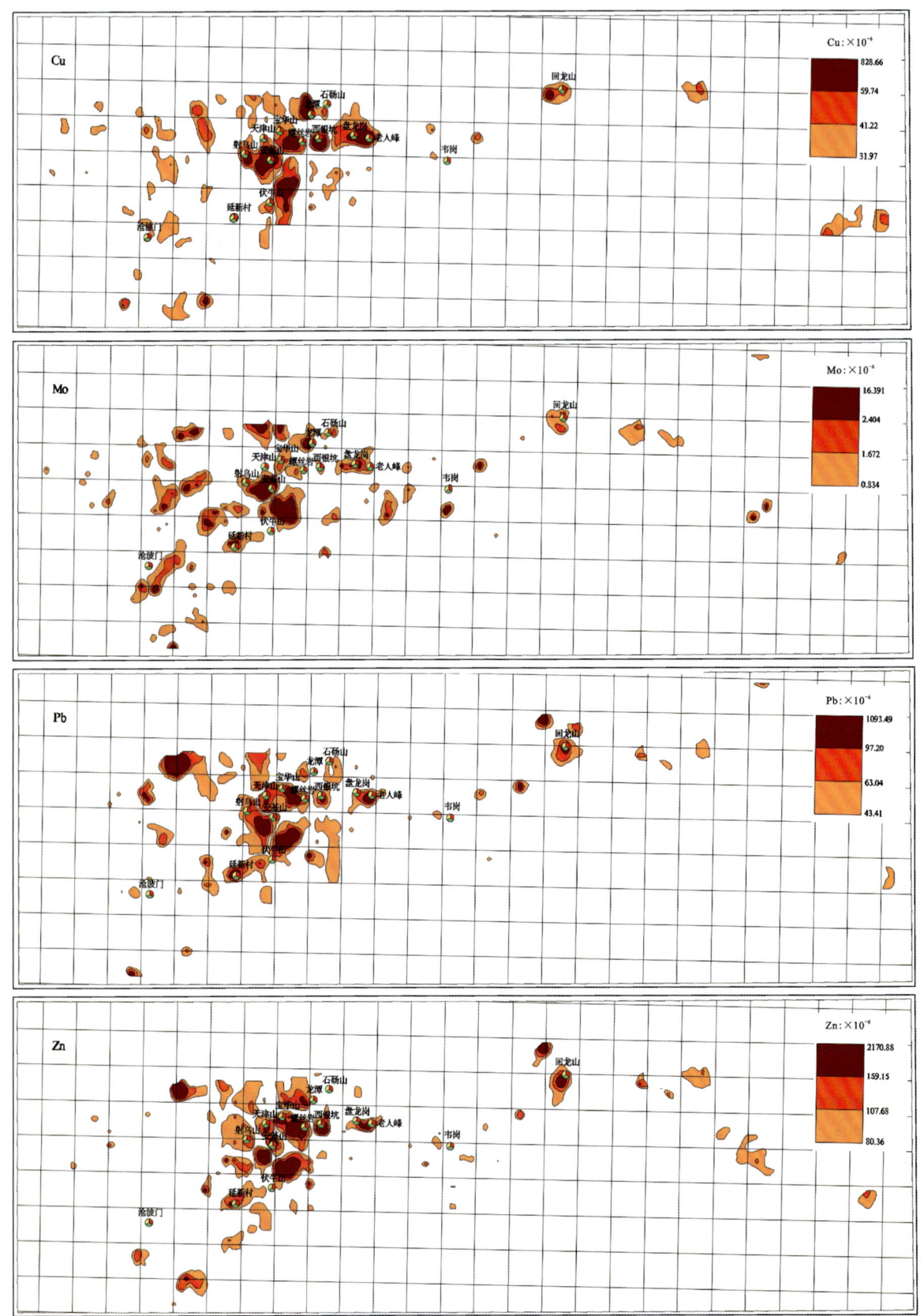

图 6-24 宁镇铜多金属矿集区 1∶5 万土壤地球化学特征

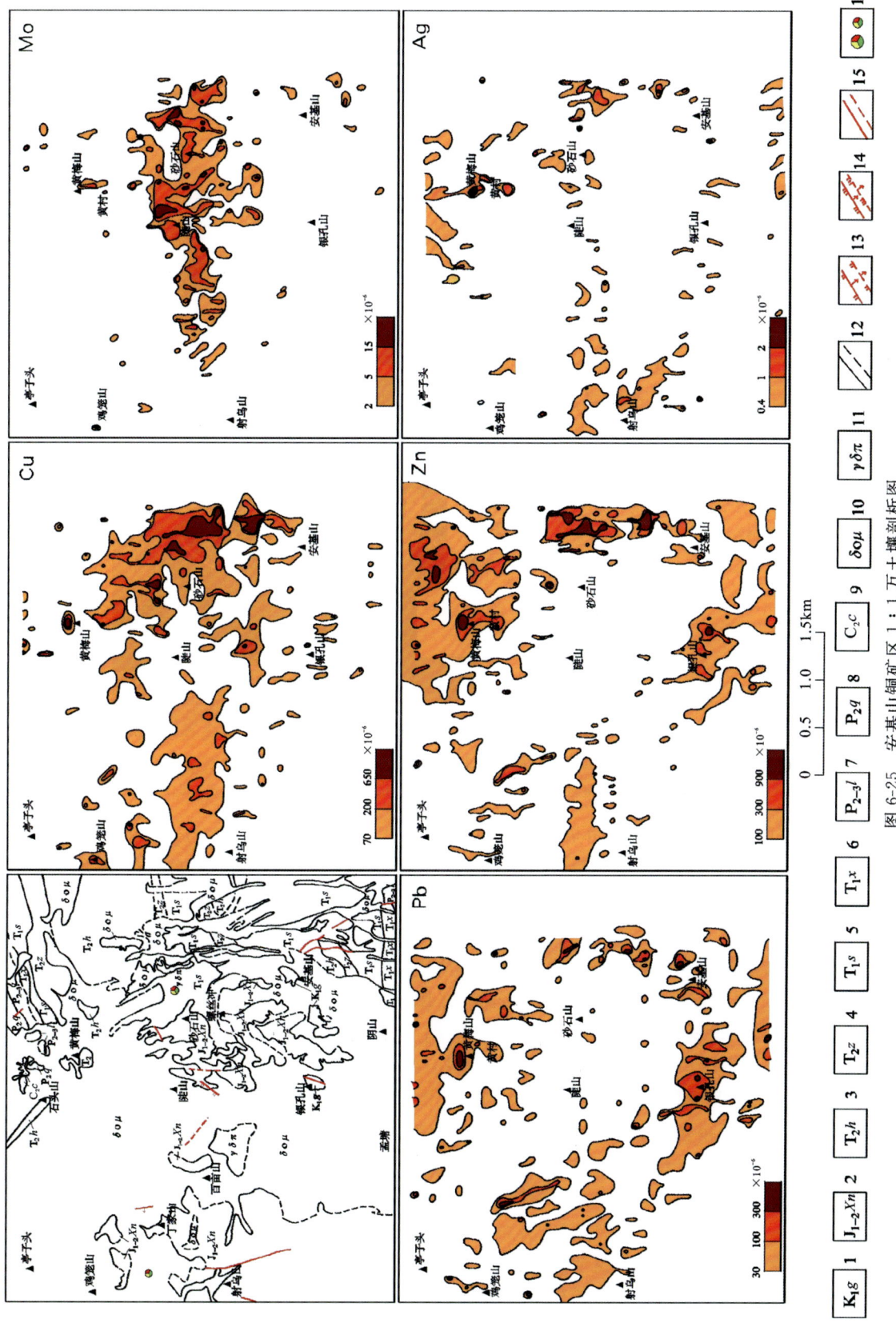

图 6-25 安基山铜矿区 1:1 万土壤剖析图

1. 葛村组；2. 象山群；3. 黄马青组；4. 周冲村组；5. 上青龙组；6. 下青龙组；7. 龙潭组；8. 栖霞组；9. 船山组；10. 石英闪长玢岩；11. 花岗闪长斑岩；12. 实测、推测地质界线；13. 实测、推测正断层；14. 实测、推测逆断层；15. 实测、推测性质不明断层；16. 铜矿床（点）

体,近似东西向,东西长 2200m,南北宽 700m,中带呈几个小块体,150m×70m 左右,一般可见北北西向延伸,与侵入体产状大致相同。西北鸡笼山一带,有两个小异常体,有一两个较小的内带异常。此外,小螺丝冲、黄村北部有两个较孤立的小异常,三带皆全,是局部浓集地段。

(2)银异常:异常的展布形态大致与铜异常相似,但浓集程度不高,范围相对较小,其展布形态为块状、透镜状、似脉状,一般长轴方向为北北西,与岩体的侵入形态及裂隙带相一致。其他异常,也可分为两个浓集地段。

东部异常地段:以安基山矿区为中心,银的外带、中带大致与铜的中带、内带吻合,呈几个小块状异常体,沿北北西向展布,一般为 200m×100m 左右,断续地往北延伸,黄村北部一带也有较明显的外带、中带银异常,即银的异常浓集中心比铜异常的浓集中心往西北偏,南部、西南部,异常小而微弱,大多数为外带异常。

西部异常地段:以射乌山一带展布为主,以几块较大异常体及一些零星的小异常为其分布特征,浓集程度不高,中带、内带少见,展布部位比铜异常偏南。

(3)铅、锌异常:其展布情况基本相似,异常展布于黄村北部、黎家山、安基山、银孔山、射乌山东坡一带,测区中心部位的陡山、螺丝冲一带基本无异常。总体来看,铅、锌异常呈一个中空的环状展布,其异常的展布形态为成群出现,各呈不相连的块体,一般为 300m×150m 左右。北部的黄村北部及南部银孔山一带,外带异常东西向延伸在 2000m 以上,南北宽 600m,但其中带一般为北北西向,全长 300m、宽 50m 左右,其形态受岩体的产状控制,呈不规则脉状,异常展布地段的岩性为石英闪长玢岩与泥灰岩、灰岩、砂页岩接触地段。西部射乌山一带,石英闪长玢岩与砂页岩接触地段,异常体的展布比较广,但中带、内带少见,浓集程度不高。东部安基山矿区的东部边缘至黄村一带,石英闪长玢岩与灰岩接触带地段,异常浓集程度高,内带异常分布比较大,在这一地段,锌比铅的浓集程度更高,而铅却在北部的黄村、南部的银孔山浓集比锌高,中带、内带展布较大。

(4)钼异常:展布于异常的中心部位,以砂石山、陡山、射乌山东北坡一带为主,外带异常呈东西向,为一个长 3000m、南北宽 1300m 的异常带,主要由一大片及几个小块体组成,受基底小背斜及侵入体的控制,异常地段主要岩石为砂页岩顶垂体及花岗闪长斑岩体的出露地段,其次为石英闪长玢岩体及东部的灰岩接触带地段。中带异常,呈北北西向,以透镜体状、脉状为主,也有几个块状的异常体,主要发育于主体异常的外带异常之内。内带,最高的浓集地段为砂石山、陡山一带,内带异常呈小块体及小透镜体展布。总的来看,钼异常的展布部位为其他异常的核心部位,其他元素的异常体,一般在其外围展布。

2. 宁芜矿集区

区内曾先后做过 1:20 万水系沉积物测量、1:1 万至 1:5 万土壤测量,它们所反映的地球化学特征基本相同,异常元素组合以 Cu、Au 为主,Pb、Zn 次之(图 6-26 至图 6-28)。呈北西向展布,各元素异常又不同程度地显示出近北东向展布的趋势,分带明显。

从宁芜铜多金属矿集区 1:20 万水系沉积物地球化学特征(图 6-26)可以看出,Cu、Au 异常分带清晰,见明显外带、中带、内带,浓集中心明显,异常与铜矿床(矿点)套合程度高。Ag、Mo、Pb、Zn 异常较弱,近似弧形分布,分带不明显,大部分异常只见异常外带,未见明显浓集中心。异常多出现于铜矿床(矿点)旁侧或远端。

从宁芜铜多金属矿集区 1:5 万土壤地球化学特征(图 6-27、图 6-28)可以看出,Cu、Mo 异常形态规整,浓集分带比较完整,外带、中带、内带清晰,异常与铜矿床(矿点)套合程度高。Pb、Zn 异常较弱,分带不明显,大部分异常只见异常外带,未见明显浓集中心。异常多出现于铜矿床(矿点)旁侧或远端。

长江中下游铜多金属成矿带(江苏段)矽卡岩、斑岩型地质地球化学找矿模型如表 6-34 所示,火山-次火山热液型地质地球化学找矿模型如表 6-35 所示。

长江中下游成矿带(江苏段)主要包括 6 个矿集区。在充分总结这些矿集区地质、地球化学特征的基础上,结合成矿带不同成因类型铜多金属找矿模型,建立长江中下游成矿带(江苏段)铜资源量预测模

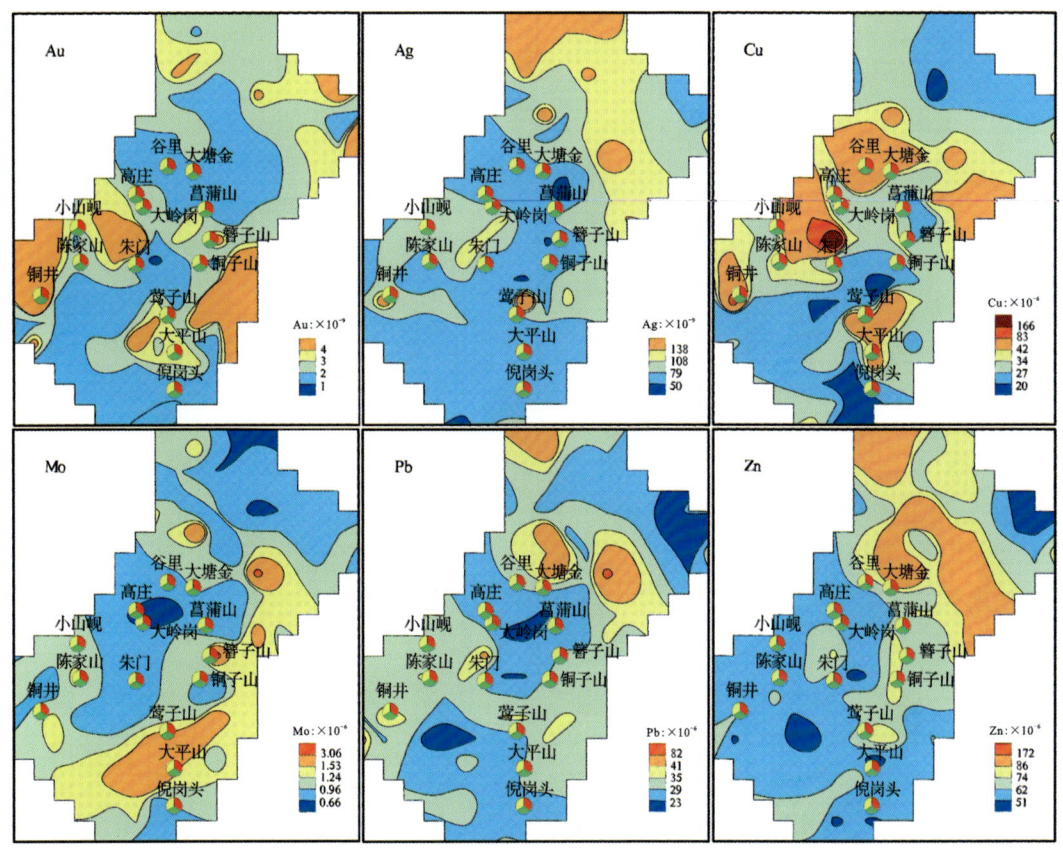

图 6-26　宁芜铜多金属矿集区 1∶20 万水系沉积物地球化学特征

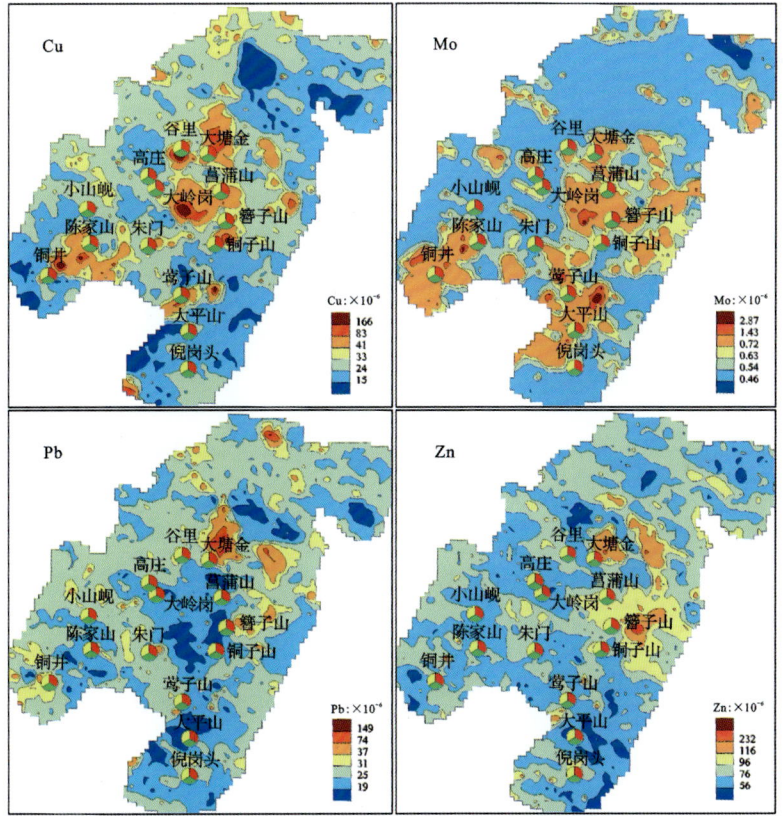

图 6-27　宁芜铜多金属矿集区 1∶5 万水系沉积物地球化学特征

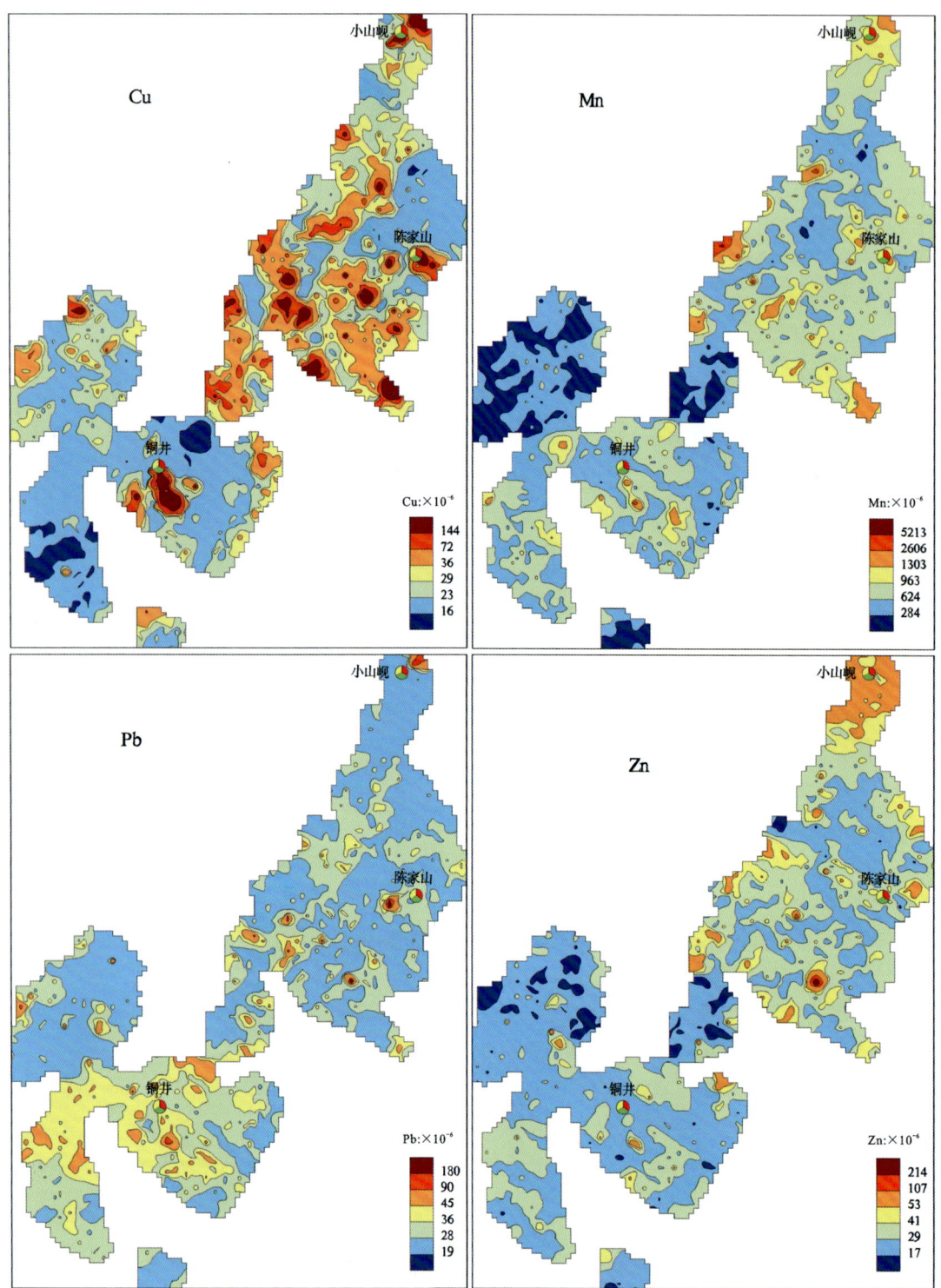

图 6-28 宁芜铜多金属矿集区 1∶1 万土壤地球化学特征

型,其内容包括:

(1)矿集区内 1∶20 万水系沉积物具有内带、中带、外带分带的元素为其主要的成矿元素和伴生元素,衬度异常量指示矿集区的主成矿元素。

(2)含矿中酸性岩体及其成矿作用是斑岩型、矽卡岩型铜多金属矿集区内成矿元素异常分布的主导因素,中偏碱性次火山岩及其成矿作用是火山-次火山热液型铜多金属矿集区内成矿元素异常分布的主导因素。

(3) Mo/(Mo+Pb+Zn)比值等值线图是评价斑岩型、矽卡岩型铜多金属矿床矿化剥蚀程度的良好指标,(Mo+Sn)/(Mo+Sn+Ag+Pb+Zn)比值等值线图是评价火山-次火山热液型铜多金属矿床矿化剥蚀程度的良好指标。

(4) 元素组合(Cu、Mo、Pb、Zn、Au、Ag)的平均衬值及 Cu、Mo、Au 累加衬值是圈定矿带内以 Cu-Mo-Au 矿化信息为主的预测区的良好指示剂。

(5) 元素内带、中带、外带分带清晰且与预测矿种存在相关性的元素组合作为制作标准样本的元素组合,计算其相似性指标,用来判别未知区的成矿信息。

表 6-34 长江中下游铜多金属成矿带(江苏段)矽卡岩、斑岩型地质地球化学找矿模型

地质特征	矿床类型	矽卡岩型、斑岩型
	地层	赋矿层位:以栖霞组、船山组、黄龙组为主,上青龙组、下青龙组次之
	构造	近东西向断裂;次级背斜核部及两翼虚脱部位,背斜核部被截切跌落部位(岩体中捕房体);侵入接触构造;屏蔽构造
	岩浆岩	以花岗闪长斑岩为主、石英闪长玢岩为次的含矿岩体;岩体前峰及边部与赋矿层接触带
	矿物组合	矿石矿物以黄铜矿、黄铁矿为主,其次为闪锌矿、方铅矿、辉钼矿、磁黄铁矿、磁铁矿
	围岩蚀变	矽卡岩化带;硅化绢云母化带
地球化学特征	土壤地球化学	元素组合:Cu、Mo、Pb、Zn、Ag、As(Sb、Bi、Cd);元素水平分带外带:Pb、Zn、Ag,内带:Cu、Mo、Ag
	岩石地球化学	花岗闪长斑岩中 Cu、Mo 浓度克拉克值大于 6(铜钼矿标志)。 原生晕 Au 元素组合异常,分带明显,范围大,浓集高,浓度分带好,峰值多,其中,Cu、Mo 异常组合(找斑岩型铜、钼矿标志),Pb、Zn、Ag 组合(找铜标志),Pb、Zn、Ag 组合(找铅、锌矿标志),Au、As、Pb、Zn 组合(找金标志)。 剥蚀程度标志:以 Cu、Mo 矿化为主,矿头晕为 Pb、Zn,矿中晕为 Cu、Ag,矿尾晕为 Mo。 元素对比值标志:Cu/Zn>100,Cu/Pb>20,Cu/(Ag×100)>30 为铜矿化标志,Cu/Zn、Cu/Pb<10 为铅锌矿化标志,10<Cu/Zn<100 为铜锌矿化标志,10<Cu/(Ag×100)<30 为含 Ag 的 Cu、Pb、Zn 矿化

表 6-35 长江中下游铜多金属成矿带(江苏段)火山-次火山热液型地质地球化学找矿模型

地质特征	矿床类型	火山-次火山热液型
	地层	侏罗系龙王山组、大王山组,白垩系娘娘山组火山岩、次火山岩
	构造	火山机构,区域性北北东向、北西向火山基底构造,北西向为主的次级构造破碎带
	岩浆岩	燕山期中偏碱性、碱性次火山岩与成矿有关(黝方霓辉正长斑岩、石英正长岩、粗安斑岩和粗面斑岩、假白榴石响岩、辉石安山玢岩、辉石闪长玢岩等)
	矿物组合	矿石矿物主要以黄铜矿、自然金、黄铁矿为主,其次有辉铜矿、铜蓝、斑铜矿、黝铜矿、赤铁矿、褐铁矿、磁铁矿,以及微量的方铅矿、闪锌矿、辰砂、银金矿和自然铋
	围岩蚀变	硅化、绢云母化,次有碳酸盐化、绿帘石化等
地球化学特征	元素组合	Cu、Au、Ag、Pb、Zn、Mo、Bi、As、Sb、Hg、Sn
	标志元素	Cu、Au
	异常特征	异常特征:分带明显,内带、中带、外带清晰,浓集中心明显。 剥蚀程度标志:以 Cu、Au 矿化为主,前缘晕为 As、Sb、Bi,矿头晕为 Pb、Zn、Ag,矿中晕为 Cu、Au,矿尾晕为 Mo、Sn

三、预测区圈定与可信度分级

参考项目组《矿产资源地球化学模型建立与定量预测方法技术二——以西藏冈底斯铜多金属成矿带试点成果为例》中预测区 7 分级标准，结合江苏省地质地球化学特征，本次预测区圈定分级指标概括为以下几条。

条件 1：元素组合与典型铜多金属矿床的相似度值大（累频分级≥95%）；

条件 2：已发现矿点（矿化点）；

条件 3：Cu-Mo-Pb-Zn-Au-Ag 平均衬值较大（累频分级≥95%）；

条件 4：Cu 衬值不低于 1.1（累频分级≥80%）；

条件 5：Cu、Mo、Pb、Zn、Au、Ag 中至少 3 个元素衬值不低于 1.1（累频分级≥80%）；

条件 6：Cu、Mo、Pb、Zn、Au、Ag 中至少 4 个元素衬值不低于 1.1（累频分级≥80%）。

由以上 6 条地质地球化学指标，根据有无相似度的准则划分为 A、C 两级；在 A 级中根据有无已知矿点（矿化点）的准则细分为 A、B 两级，为此预测区初步分为 3 级，具体分级标准如下。

A 级：满足条件 1、2、3、4、5；

B 级：满足条件 1、3、4、5（缺少 2）；

C 级：满足条件 3、4、6（缺少 1、2、5，必须满足 6）。

其中，可信度级别为：A＞B＞C。在 Excel 表格中使用条件检索功能，操作步骤如下：

（1）元素衬值大于 1.1 即认为是异常，通过 Excel 中 IF 公式的筛选（图 6-29），将每个样点 6 个元素衬值大于 1.1 的赋值为 1.1，否则赋值为 0。因此，对于衬值总和而言，若 6 个元素衬值均大于 1.1，则该样点的衬值和应为 6.6。

I3　=IF(O3>=1.1,1.1,0)+IF(P3>=1.1,1.1,0)+IF(Q3>=1.1,1.1,0)+IF(R3>=1.1,1.1,0)+IF(S3>=1.1,1.1,0)+IF(T3>=1.1,1.1,0)

H	I						
平均衬值	衬值总和	主成矿元素衬值					
		Cu衬值	Au衬值	Pb衬值	Mo衬值	Ag衬值	Zn衬值
0.796	2.200	1.122	0.612	0.395	0.934	0.600	1.114
0.980	1.100	0.982	0.861	0.935	0.935	1.141	1.026
1.066	3.300	0.709	1.472	1.140	0.775	1.503	0.798
0.916	2.200	0.745	1.153	1.149	0.667	0.978	0.801
1.094	2.200	0.895	1.004	1.387	0.779	1.478	1.021
0.853	1.100	0.966	0.778	1.137	0.662	0.599	0.976
0.871	0.000	1.065	0.741	0.847	0.887	0.646	1.041

图 6-29　元素衬值异常判断图

（2）通过衬值总和，运用 IF 公式可以筛选出衬值异常的元素个数。如图 6-30 所示，C 级衬值个数要达到至少 4 个（A、B 级的衬值个数要达到至少 3 个），因此，在 IF 公式中将衬值总和大于等于 4.4 的赋值为 4（A、B 级赋值为 3），达不到个数要求的赋值为 0。

G3　=IF(I3>=4.4,4,0)

F	G	H	I	O	P	Q	R
A、B级 衬值个数（3）	C级 衬值个数（4）	平均衬值	衬值总和	主成矿元素衬值			
				Cu衬值	Au衬值	Pb衬值	Mo衬值
0	0	0.796	2.200	1.122	0.612	0.395	0.934
0	0	0.980	1.100	0.982	0.861	0.935	0.935
3	0	1.066	3.300	0.709	1.472	1.140	0.775
0	0	0.916	2.200	0.745	1.153	1.149	0.667
0	0	1.094	2.200	0.895	1.004	1.387	0.779
0	0	0.853	1.100	0.966	0.778	1.137	0.662
0	0	0.871	0.000	1.065	0.741	0.847	0.887

图 6-30　元素衬值异常个数判断图

（3）对于每个样点的 5 组相似系数而言，若其中有一组达到所属典型矿床的相似系数累频 95% 对应的值,则其相似度值赋值为 1,也就是说该点至少与一个典型矿床相似,否则赋值为 0(图 6-31)。

E3 =IF(OR(IF(J3>=0.913,1,0),IF(K3>=0.858,1,0),IF(L3>=0.876,1,0),IF(M3>=0.941,1,0),IF(N3>=0.684,1,0))=TRUE,1,0)

D	E			典型矿床相似系数				
		A、B级	C级					
C级预测点	相似度(95%)	衬值个数(3)	衬值个数(4)	安基山	盘龙岗	观山	大平山	铜井
2.000	0.000	0	0	0.901	0.848	0.862	0.905	0.633
1.000	0.000	0	0	0.902	0.848	0.863	0.906	0.636
1.000	0.000	3	0	0.902	0.848	0.865	0.912	0.641
1.000	0.000	0	0	0.901	0.847	0.865	0.914	0.639
1.000	0.000	0	0	0.903	0.848	0.866	0.914	0.638
1.000	0.000	0	0	0.902	0.848	0.865	0.911	0.636
1.000	0.000	0	0	0.902	0.848	0.863	0.905	0.635
1.000	0.000	0	0	0.900	0.847	0.863	0.904	0.636

图 6-31　相似矿床判断图

(4)如图 6-32 所示,IF(E3＝1,1,0)—相似度得分为 1 的赋值为 1,否则赋值为 0;IF(F3＝3,1,0)—衬值个数得分为 3 的赋值为 1,否则赋值为 0;IF(H3＞＝1.275,1,0)—平均衬值达到累频 95%(1.275)的赋值为 1,否则赋值为 0;IF(O3＞＝1.1,1,0)—Cu 单元素衬值达到 1.1 的赋值为 1,否则赋值为 0。综合以上条件,若 A、B 级预测点得分为 4,即 4 项筛选准则均满足,则该样点可以确定为 A、B 级预测样点;同理,由于 C 级预测点缺少相似矿床,IF(E3＝1,1,0)的公式需改为 IF(E3＝0,1,0),那么最后结果相加得分为 4 的为 C 级预测样点。

C3 =IF(E3=1,1,0)+IF(F3=3,1,0)+IF(H3>=1.275,1,0)+IF(O3>=1.1,1,0)

A	B	C	D	E	F	G	H	I
坐标					A、B级	C级	平均衬值	衬值总和
横坐标x	纵坐标y	A、B级预测点	C级预测点	相似度(95%)	衬值个数(3)	衬值个数(4)		
431.659	3630.458	1.000	2.000	0.000	0	0	0.796	2.200
431.697	3632.457	0.000	1.000	0.000	0	0	0.980	1.100
431.773	3636.456	1.000	1.000	0.000	3	0	1.066	3.300
431.811	3638.455	0.000	1.000	0.000	0	0	0.916	2.200
431.849	3640.455	0.000	1.000	0.000	0	0	1.094	2.200
433.659	3630.420	0.000	1.000	0.000	0	0	0.853	1.100
433.697	3632.419	0.000	1.000	0.000	0	0	0.871	0.000
433.735	3634.418	0.000	1.000	0.000	0	0	0.876	0.000
433.772	3636.418	0.000	1.000	0.000	0	0	0.886	1.100
433.810	3638.417	0.000	1.000	0.000	0	0	0.861	0.000
433.849	3640.417	0.000	1.000	0.000	0	0	0.888	1.100

图 6-32　A、B 级预测点判断图

将满足 A、B、C 级条件的预测样点投点,与 Cu＋Mo＋Au 累加衬值图叠加,以最小成矿域最大成矿率的原则圈定预测区(在充分分析各地化图地球化学特征的基础上发现,预测样点与 Cu＋Mo＋Au 累加衬值图套合程度高),然后将 A、B、C 级预测区与地质图、建造构造图、地质矿产图叠加,排除成矿地质条件不利的预测区。

1. A 级预测区(A-YC-3)

如图 6-33 所示,A-YC-3 预测区面积为 29.41km^2。

A-YC-3 在 MapGIS 中所投预测样点,符合在 Excel 中设定的 A 级检索条件(图 6-33a):条件 1—至少与其中一个典型矿床的相似度值高(≥95%);条件 3—平均衬值不低于 1.275(≥95%);条件 4—Cu 衬值不低于 1.1(≥80%);条件 5—至少 3 个元素衬值不低于 1.1。预测样点与 Cu-Mo-Au 累加衬值图套合,按最小预测区最大含矿率原则圈定 A-YC-3 预测区范围。

在地质矿产图上对预测样点的成矿条件进一步优选评价可知,A-YC-3 预测区满足:成矿地质条件有利(岩体与碳酸盐接触带,断裂构造发育);条件 2—已发现 Cu 矿点(矿化点)。由相似矿床条件挑选可知,A-YC-3 预测区与安基山典型矿床和盘龙岗典型矿床相似,按就近原则选择盘龙岗为其相似矿床(图 6-33b)。

由剥蚀程度比值等值线图可知,A-YC-3 预测区剥蚀程度与盘龙岗相比高 5～6 个等级(盘龙岗剥蚀系数 0.05),因此剥蚀系数赋予 0.30(图 6-33c)。通过 Cu 异常原始值(图 6-33d),求取 A-YC-3 预测区

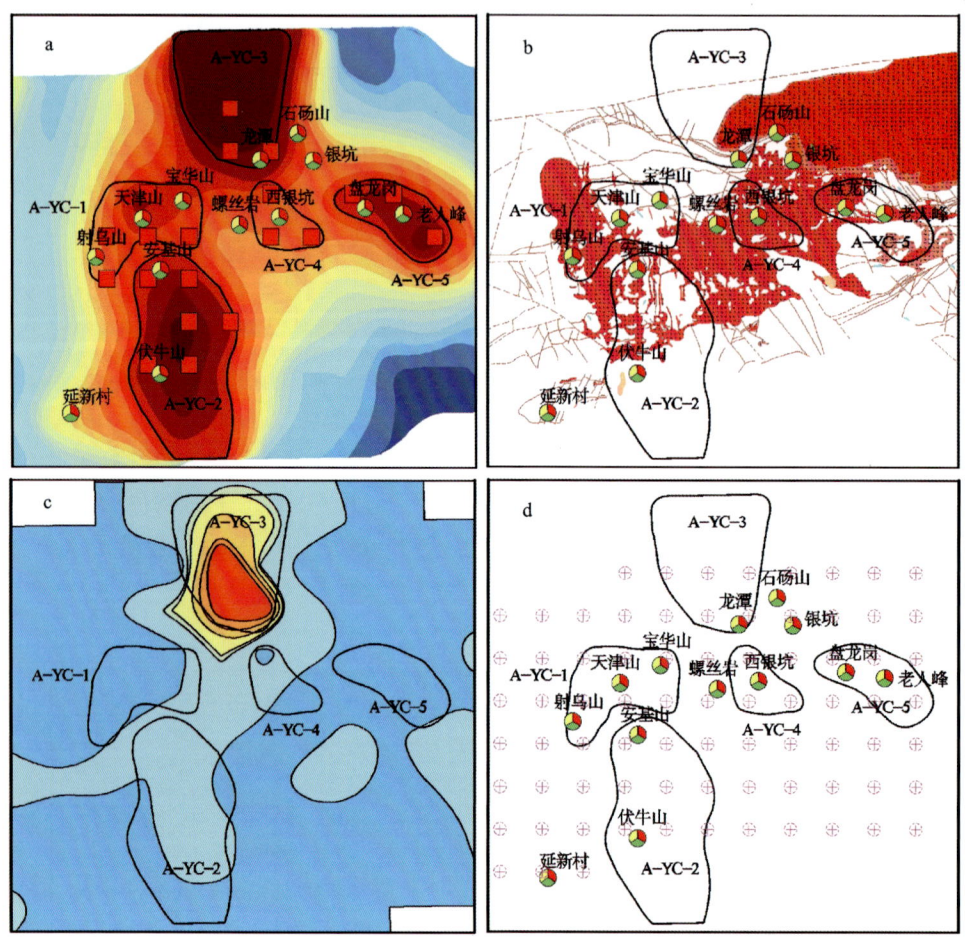

图 6-33 A 级预测区(A-YC-3)挑选要素图

a.满足条件 1、2、3、4、5 的样点(红色方格)及 Cu-Mo-Au 累加衬值图;b.地质矿产图;c.剥蚀程度图;d.铜元素采样点位置

异常规模和面金属量,计算资源量。

2. B 级预测区(B-YC-5)

如图 6-34 所示,B-YC-5 预测区面积为 16.46km²。

B-YC-5 在 MapGIS 中所投预测样点,符合在 Excel 中设定的 A 级检索条件(图 6-34a);条件 1—至少与其中一个典型矿床的相似度值高(≥95%);条件 3—平均衬值不低于 1.275(≥95%);条件 4—Cu 衬值不低于 1.1(≥80%);条件 5—至少 3 个元素衬值不低于 1.1。预测样点与 Cu-Mo-Au 累加衬值图套合,按最小预测区最大含矿率原则圈定 B-YC-5 预测区范围。

在地质矿产图上对预测样点的成矿条件进一步优选评价可知,B-YC-5 预测区满足:成矿地质条件有利(火山岩区、构造发育),但无已知矿化点,见图 6-34b。由相似矿床条件挑选可知 B-YC-5 预测区与大平山典型矿床相似。

由剥蚀程度比值等值线图可知,B-YC-5 预测区剥蚀程度与大平山典型矿床相当,因此剥蚀系数赋予 0.20(图 6-34c)。通过 Cu 异常原始值(图 6-34d),求取 B-YC-5 预测区异常规模和面金属量,计算资源量。

3. C 级远景区(C-YJ-7)

如图 6-35 所示,C-YJ-7 远景区面积为 37.03km²。

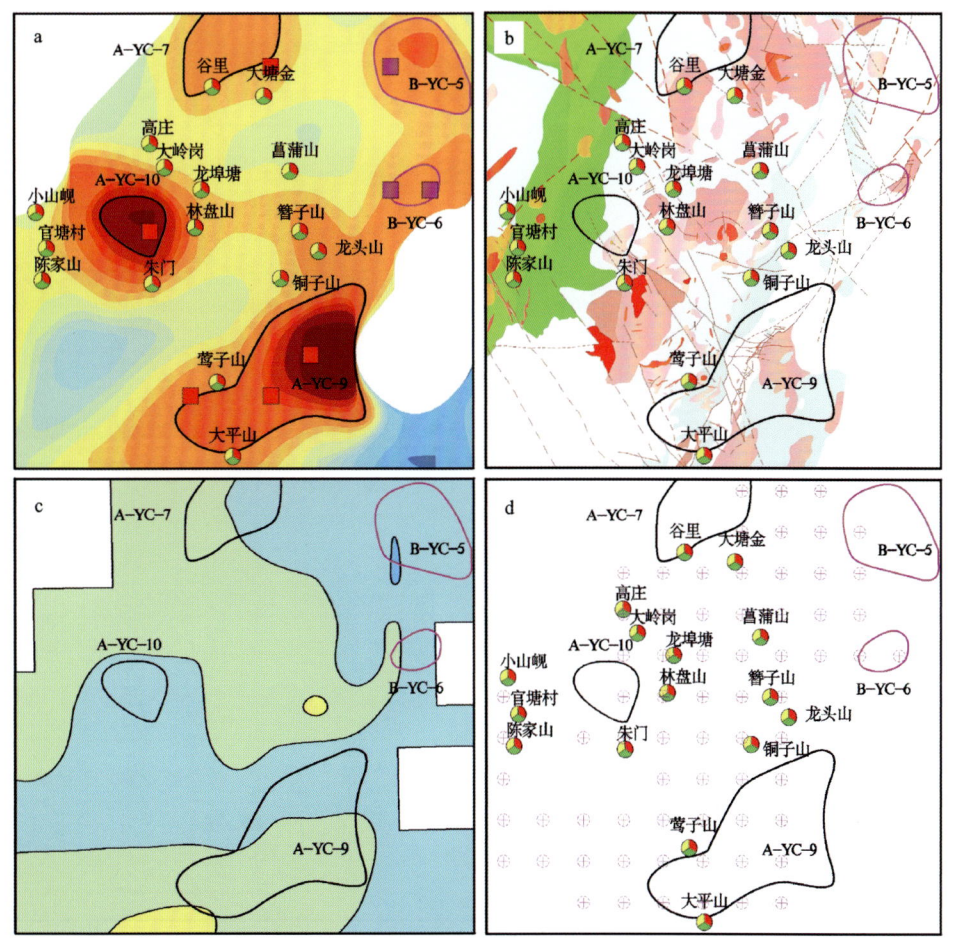

图 6-34 B 级预测区(B-YC-5)挑选要素图

a.满足条件 1、3、4、5 的样点(粉色方格)及 Cu-Mo-Au 累加衬值图;b.地质矿产图;c.剥蚀程度图;d.铜元素采样点位置

C-YJ-7 在 MapGIS 中所投预测样点,符合在 Excel 中设定的 C 级检索条件(图 6-35a):条件 1——与其中任何一个典型矿床的相似度值都不高(<95%);条件 3——平均衬值不低于 1.275(≥95%);条件 4——Cu 衬值不低于 1.1(≥80%);条件 6——至少 4 个元素衬值不低于 1.1。预测样点与 Cu-Mo-Au 累加衬值图套合,按最小预测区最大含矿率原则圈定 C-YJ-7 远景区范围。

在地质矿产图上对 C-YJ-7 远景区所在成矿条件进一步优选评价可知,C-YJ-7 远景区满足成矿地质条件有利(岩体与围岩接触带,断裂构造发育),但无已知矿化点(图 6-35b)。

由剥蚀程度比值等值线图知:C-YJ-7 远景区剥蚀程度等级与安基山(安基山典型矿床剥蚀系数 0.10)相比,低一个等级,因此剥蚀系数赋予 0.05(图 6-35c)。

由 Cu-Mo-Au 累加衬值图知:C-YJ-7 远景区的平均衬值强度大,异常面积大,分带清晰(图 6-35a),尽管 C-YJ-7 远景区在 Cu-Mo-Au 累加衬值图上有异常显示,也能算得异常规模及面金属量(图 6-35d),但因为没有与之相似的矿床,故不能计算资源量,只能作为有利的成矿远景区。

4. 成矿地质条件不利预测区

如图 6-36 所示,绿色方格点满足挑选条件 1、3、4、5,相似矿床为观山铜铅典型矿床,而观山典型矿床成矿与晚侏罗世—早白垩世粗安斑岩(次火山岩体)及溧水火山岩盆地火山机构内近东西向、北西向和北东断裂关系密切,而此预测区(绿色虚线)落在沉积岩区,而且构造不发育,成矿地质条件不利,因此被排除。按此条件排除成矿地质条件不利预测区 9 个。

按照上述预测区圈定和可信度分级的标准共圈定 A 级预测区 14 个,B 级预测区 13 个,C 级远景区 7 个。

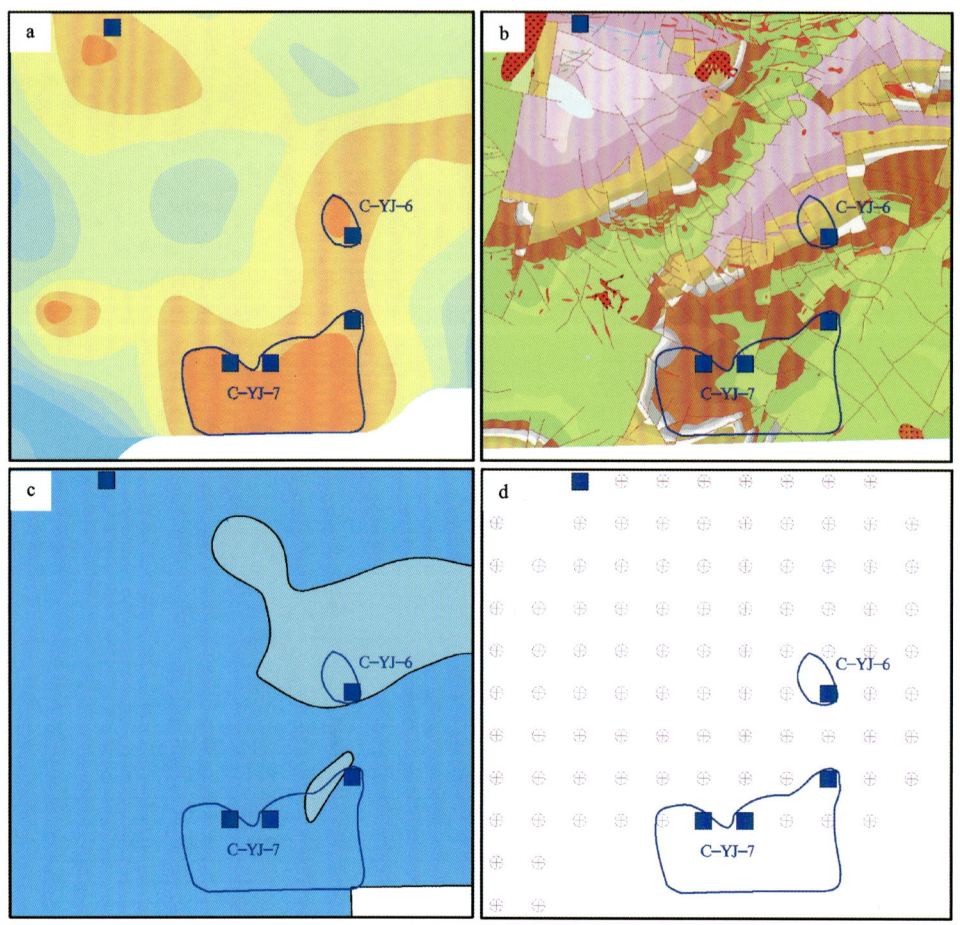

图 6-35　C 级远景区(C-YJ-7)挑选要素图

a. 满足条件 3、4、6 的样点(蓝色方格)及 Cu-Mo-Au 累加衬值图；b. 地质矿产图；c. 剥蚀程度图；d. Cu 元素采样点位置

鲁西成矿带、桐柏-大别-苏鲁成矿带由于没有典型矿床，在总结两个成矿带地质、地球化学特征的基础上，试图以安基山铜矿床作为此两个成矿带(徐州铜多金属矿集区、东海铜多金属矿集区)相似矿床，按照长江中下游铜多金属成矿带(江苏段)圈区原则，圈出 B 级预测区 4 个。

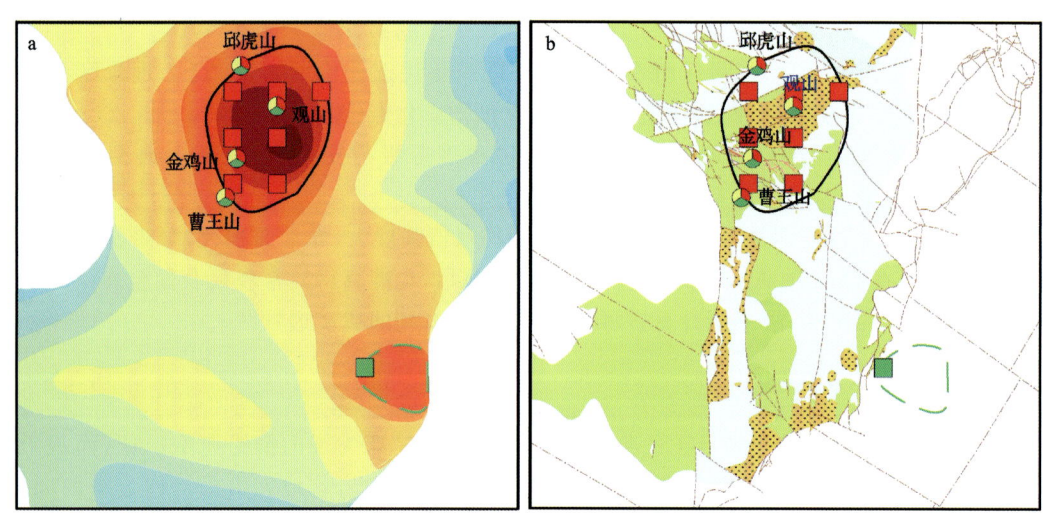

图 6-36　成矿地质条件不利预测区判断图

a. 满足条件 1、3、4、5 的样点(绿色方格)及 Cu-Mo-Au 累加衬值图；b. 地质矿产图

四、预测区资源量地球化学估算

本次长江中下游成矿带(江苏段)Cu资源量预测选择了5个有代表性的矿床(表6-36)。

表6-36 长江中下游成矿带典型矿床Cu资源量表

典型矿床名称	矿种	类型	典型矿床剥蚀度	探明储量(t)	典型矿床规模(Q)	典型矿床面金属量(P)
安基山	铜	矽卡岩型	0.10	359 591	9563.2961	8639.0868
盘龙岗	铜	斑岩型	0.05	45 940	3030.1855	2796.6090
观山	铜铅	陆相火山岩型	0.10	10 530	1043.8201	530.4153
大平山	铜	陆相火山岩型	0.20	44 356	1141.6464	675.7505
铜井	铜金	陆相火山岩型	0.15	7935	680.8452	408.8779

注:安基山典型矿床探明储量包括伏牛山铜矿床的储量,盘龙岗典型矿床的储量包括老人峰铜矿床的储量。

预测采用类比法和面金属量法如下。

类比法公式为:$Vd=[Q_{预测区}\times(1-F_{预测区})\times Pu_{已知}]/[Q_{已知}\times(1-F_{已知})]\times R_{相似系数}$

面金属量法公式为:$Vs=[P_{预测区}\times(1-F_{预测区})\times Pu_{已知}]/[P_{已知}\times(1-F_{已知})]\times R_{相似系数}$

最终资源量:$V=0.6Vd+0.4Vs$。

其中,$Q_{已知}$(异常规模)为典型矿床Cu异常面积(典型矿床异常范围由矿区边界、1:5万Cu地球化学异常图、1:1万Cu地球化学异常图、Cu-Mo-Au累加衬值图套合圈定)与Cu异常平均含量之积;$Q_{预测区}$为预测区面积与Cu元素平均含量之积;$P_{已知}$(面金属量)为典型矿床Cu异常面积与Cu异常平均值减去背景值之积;$P_{预测区}$为预测区面积与Cu元素异常平均值减去背景值之积;$Pu_{已知}$为典型矿床的探明资源量;$F_{已知}$为典型矿床剥蚀系数;$F_{预测区}$为预测区剥蚀系数;R为最佳相似矿床相似系数;Vd为预测区类比法预测资源量;Vs为预测区面金属量法预测资源量。

按照上述公式计算各A、B预测区的Cu资源量(表6-38至表6-40),共计Cu资源量1 468 608.178t(含已知资源量),除去长江中下游铜多金属成矿带(江苏段)已探明铜资源量528 863t(表6-37),本次预测Cu资源量939 745.178t。

表6-37 长江中下游成矿带(江苏段)已知铜矿床类型及探明储量表

矿集区	矿产地名称	主矿种	成矿类型	主矿种规模	探明储量(t)	合计(t)
宁镇	汤山镇安基山	铜矿	矽卡岩型	中型矿床	276 753	417 560
	汤山镇伏牛山	铜矿	矽卡岩型	小型矿床	58 892	
	句容市伏牛山	铜矿	矽卡岩型	小型矿床	23 946	
	下蜀镇盘龙岗	铜矿	斑岩型	小型矿床	37 800	
	仓头镇石砀山	铜矿	矽卡岩型	小型矿床	3031	
	下蜀镇老人峰	铜矿	热液型	小型矿床	8140	
	仓头镇铜山	铜矿	矽卡岩型	小型矿床	8998	

续表 6-37

矿集区	矿产地名称	主矿种	成矿类型	主矿种规模	探明储量(t)	合计(t)
宁芜	横溪乡大平山	铜矿	陆相火山岩型	小型矿床	44 356	80 101
	江宁县谷里	铜矿	陆相火山岩型	小型矿床	17 845	
	铜井镇铜井	铜矿	陆相火山岩型	小型矿床	7935	
	谷里高庄	铜矿	陆相火山岩型	小型矿床	5287	
	陆朗镇大岭岗	铜矿	陆相火山岩型	小型矿床	4678	
溧水	溧水县观山	铜矿	陆相火山岩型	小型矿床	10 530	22 242
	横溪乡横山	铜矿	矽卡岩型	小型矿床	11 712	
苏锡	光福迁里	铜矿	矽卡岩型	小型矿床	8960	8960
总计:528 863t						

五、预测资源量可信度评价

1. 预测过程可信度评价

预测区资源量计算的可信度由 4 个主要因素决定：一是对预测区的圈定及遴选；二是统计异常规模和面金属量时元素及元素异常值的选择（是单元素还是元素组合，是异常原始值还是标准化数据、衬度异常值等）；三是典型矿床异常范围的确定；四是最佳相似矿床的选择。

本次铜地球化学资源量预测的预测区圈定严格按照圈区模型所建立的 7 个条件进行遴选，并按照最小预测区最大成矿率的原则套合 Cu-Mo-Au 累加衬值图（满足遴选条件的预测分级点与 Cu-Mo-Au 累加衬值图套合程度最好）确定预测区范围，所圈定预测区覆盖绝大部分铜矿床、铜矿（化）点，预测区圈定合理。在统计预测区异常规模及面金属量时采用 Cu 元素原始值，避免了数据处理过程中的失真因素，同时也排除了其他元素值对 Cu 异常规模及面金属量统计的影响，进而也排除了对铜预测资源量的影响。对典型矿床异常范围的确定是套合矿区边界、1∶5 万 Cu 地球化学异常图、1∶1 万 Cu 地球化学异常图、Cu-Mo-Au 累加衬值图圈定，所确定典型矿床异常范围合理。对典型矿床的研究我们综合了 1∶20 万、1∶5 万、1∶1 万地球化学异常特征研究，横剖面、纵剖面分带研究，断面岩石地球化学异常图特征、钻孔数据、地质模型研究等，研究程度高；对相似矿床的选择按相似度值累频分级大于等于 95% 的挑选条件，并按就近、成矿条件最相似原则，挑选最佳相似矿床。

2. 预测结果可信度评价

对预测结果选取了包含典型矿床的几个预测区进行评价。如矽卡岩型、斑岩型预测区 A-YC-2 铜计算资源量 433 916.6219t，其中包括安基山铜矿床（探明资源量 276 753t）、句容伏牛山铜矿床（探明资源量 23 946t）、江宁县伏牛山铜矿床（探明资源量 58 892t），共计探明资源量 359 591t，A-YC-2 预测区铜预测资源量 74 325.6219t；预测区 A-YC-5 铜计算资源量 68 901.8422t，其中包括盘龙岗铜矿床（探明资源量 37 800t）、老人峰铜矿床（探明资源量 8140t），共计探明资源量 45 940t，A-YC-5 预测区铜预测资源量 22 961.8422t；预测区 A-YC-2 较预测区 A-YC-5 异常规模、面金属量值大，成矿地质条件更有利，铜预测资源量 A-YC-2 大于 A-YC-5 合理。

陆相火山岩型预测区 A-YC-8 铜计算资源量 13 628.4973t，其中包括铜井铜金矿床（探明资源量 7935t），

表 6-38 预测区地球化学法预测资源量统计表（按矿集区统计）

工作区	编号	相似矿床	村值异常元素组合（≥1.1）	相似系数	预测区异常规模（Q）	预测区异常面金属量（P）	剥蚀系数	资源量（Vd）	资源量（Vs）	$V=0.6Vd+0.4Vs$	按矿集区统计
宁镇	A-YC-01	安基山	Cu(2.0)-Au(3.7)-Pb(3.1)-Ag(2.5)-Zn(1.9)	0.925	1337.4846	933.1858	0.05	49 103.5420	37 925.5514	44 632.3458	
	A-YC-02	安基山	Cu(8.2)-Au(2.2)-Pb(2.5)-Mo(2.3)-Ag(4.9)-Zn(2.1)	0.933	12 261.3476	11 318.7993	0.10	430 151.1224	439 564.8711	433 916.6219	
	A-YC-03	盘龙岗	Cu(4.3)-Au(1.6)-Mo(23.4)-Ag(2.3)	0.884	3682.0946	2976.4931	0.30	36 361.6359	31 848.6346	34 556.4354	
	A-YC-04	安基山	Cu(3.1)-Pb(3.9)-Mo(1.3)-Ag(2.0)-Zn(2.9)	0.938	1024.1435	845.7737	0.10	36 121.4241	33 021.5905	34 881.4907	701 454.7057
	A-YC-05	盘龙岗	Cu(11.9)-Au(3.6)-Pb(1.9)-Mo(1.1)-Ag(3.4)-Zn(1.9)	0.911	4953.4890	4652.9875	0.05	68 415.0029	69 632.1011	68 901.8422	
	A-YC-06	盘龙岗	Cu(1.2)-Au(1.6)-Pb(2.5)-Zn(1.4)	0.858	568.6212	241.5167	0.05	7396.5996	3404.0330	5799.5729	
	B-YC-02	安基山	Cu(1.9)-Au(1.4)-Pb(1.2)-Mo(1.4)-Ag(1.8)-Zn(1.3)	0.915	146.7492	82.3933	0.05	5329.4087	3312.3431	4522.5825	
	B-YC-03	安基山	Cu(1.6)-Au(1.8)-Pb(1.4)-Mo(1.3)-Ag(1.8)-Zn(1.1)	0.917	1833.9269	1078.9024	0.05	66 747.2944	43 468.3893	57 435.7323	
	B-YC-04	安基山	Cu(1.4)-Au(9.5)-Pb(11.3)-Ag(8.4)-Zn(2.1)	0.916	528.5290	327.9196	0.05	19 215.2735	13 197.2950	16 808.0821	
宁芜	A-YC-07	大平山	Cu(2.4)-Pb(2.0)-Mo(2.1)-Ag(1.4)-Zn(1.5)	0.942	866.1474	441.9023	0.15	33 681.5744	29 031.6764	31 821.6152	
	A-YC-08	铜井	Cu(2.8)-Au(11.9)-Pb(1.3)-Ag(1.6)	0.889	1203.5692	890.6491	0.20	12 470.1415	15 366.0311	13 628.4973	
	A-YC-09	大平山	Cu(1.9)-Au(9.0)-Pb(1.2)-Mo(2.4)-Ag(1.1)-Zn(1.1)	0.964	1659.5382	671.8320	0.15	62 156.2849	42 511.2352	54 298.2650	
	A-YC-10	大平山	Cu(16.1)-Au(6.1)-Pb(1.6)-Ag(1.3)-Zn(1.2)	0.922	3108.0557	2941.4666	0.15	118 295.8237	189 142.7965	146 634.6128	289 257.1612
	B-YC-05	大平山	Cu(1.5)-Pb(3.2)-Mo(3.9)-Ag(2.4)-Zn(2.4)	0.922	924.9621	530.1530	0.15	35 205.0158	34 090.0114	34 759.0140	
	B-YC-06	大平山	Cu(1.6)-Pb(1.1)-Mo(1.6)-Ag(1.3)-Zn(1.4)	0.963	207.9068	117.4829	0.15	8265.0335	7890.3419	8115.1568	

续表 6-38

工作区	编号	相似矿床	村值异常元素组合(≥1.1)	相似系数	预测区异常规模(Q)	预测区异常面金属量(P)	剥蚀系数	资源量(Vd)	资源量(Vs)	V=0.6Vd+0.4Vs	按矿集区统计
溧水	A-YC-11	大平山	Cu(1.6)-Au(1.3)-Mo(3.5)-Zn(1.3)	0.941	409.7177	160.8967	0.25	12 482.8531	8281.7369	10 802.4066	26 574.2022
	A-YC-12	观山	Cu(2.9)-Au(4.4)-Pb(4.0)-Mo(2.1)-Ag(1.9)-Zn(1.5)	0.892	1668.7003	954.6886	0.10	15 015.7111	16 905.9223	15 771.7956	
	A-YC-13	安基山	Cu(2.7)-Au(4.9)-Pb(3.0)-Mo(2.0)-Ag(2.4)-Zn(3.1)	0.943	1727.2498	945.5791	0.15	57 842.1569	35 053.1407	48 726.5504	
	B-YC-07	安基山	Cu(16.8)-Au(1.4)-Pb(1.4)-Ag(1.7)-Zn(1.2)	0.932	3349.8970	3124.3614	0.05	123 916.6521	127 937.9074	125 525.1542	203 496.3043
宜溧	B-YC-08	安基山	Cu(1.7)-Mo(2.3)-Zn(1.4)	0.918	173.1274	50.0746	0.10	5975.9869	1913.3793	4350.9439	
	B-YC-09	安基山	Cu(1.8)-Au(1.4)-Pb(1.1)-Mo(2.8)-Ag(1.3)-Zn(1.2)	0.918	504.4753	153.4018	0.15	16 445.9989	5535.9283	12 081.9706	
	B-YC-10	安基山	Cu(1.2)-Au(2.6)-Pb(2.8)-Ag(2.1)-Zn(1.4)	0.928	132.8792	2.5891	0.05	4894.2629	105.5667	2978.7844	
	B-YC-11	安基山	Cu(1.4)-Au(1.8)-Pb(1.3)-Zn(1.6)	0.906	401.0031	74.1745	0.05	14 419.7667	2952.6020	9832.9008	
	A-YC-14	安基山	Cu(1.7)-Au(1.3)-Pb(4.5)-Ag(2.1)-Zn(7.7)	0.915	354.1248	128.7571	0.05	12 860.5554	5176.2395	9786.8291	
苏锡	B-YC-12	安基山	Cu(1.7)-Au(2.1)-Pb(2.0)-Mo(1.9)-Zn(1.2)	0.921	1544.5953	527.9927	0.10	53 490.3637	20 240.8408	40 190.5545	52 897.6738
六合	B-YC-13	安基山	Cu(1.8)-Au(5.9)-Pb(1.6)-Mo(1.3)-Ag(4.9)-Zn(7.3)	0.920	103.0282	41.0088	0.05	3762.0642	1657.6291	2920.2902	2920.2902
徐州	B-YC-01	安基山	Cu(7.7)-Au(3.0)-Pb(1.2)-Mo(5.6)-Ag(1.9)-Zn(1.4)	0.925	1426.7479	1063.2940	0.15	46 866.9413	38 664.5076	43 585.9678	43 585.9678
	B-YC-14	安基山	Cu(3.7)-Au(2.2)-Mo(3.4)-Zn(1.7)	0.419	8770.3838	7803.0148	0.25	115 146.9897	113 406.0394	114 450.6096	114 450.6096
	B-YC-15	安基山	Cu(4.6)-Pb(4.6)-Mo(2.6)-Ag(1.7)	0.380	1071.3570	109.3854	0.15	14 457.5747	1634.0313	9328.1573	
东海	B-YC-16	安基山	Cu(2.2)-Au(1.2)-Pb(3.8)-Mo(2.1)-Ag(1.9)	0.395	294.0486	129.8175	0.10	4367.3440	2134.3777	3474.1575	36 891.5533
	B-YC-17	安基山	Cu(22.9)-Pb(1.1)-Mo(1.4)-Ag(1.1)-Zn(1.4)	0.409	1860.3832	1458.8190	0.20	25 431.6418	22 075.6336	24 089.2385	

合计：1 468 608.1780t

第六章 矿产预测

表6-39 地球化学法A级预测区预测资源量统计表

编号	相似矿床	最佳相似元素组合	衬值异常元素组合（≥1.1）	相似系数	预测区异常视规模（Q）	预测区异常面金属量（P）	剥蚀系数	资源量（Vd）	测资源量（Vs）	V=0.6Vd+0.4Vs
A-YC-01	安基山	Ag-Bi-Cd-Cu-Mo-Pb-Zn	Cu(2.0)-Au(3.7)-Pb(3.1)-Ag(2.5)-Zn(1.9)	0.925	1337.4846	933.1858	0.05	49 103.5420	37 925.5514	44 632.3458
A-YC-02	安基山	Ag-Bi-Cd-Cu-Mo-Pb-Zn	Cu(8.2)-Au(2.2)-Pb(2.5)-Mo(2.3)-Ag(4.9)-Zn(2.1)	0.933	12 261.3476	11 318.7993	0.10	430 151.1224	439 564.8711	433 916.6219
A-YC-03	盘龙岗	Au-Bi-Cd-Cu-Zn	Cu(4.3)-Au(1.6)-Mo(23.4)-Ag(2.3)	0.884	3682.0946	2976.4931	0.30	36 361.6359	31 848.6346	34 556.4354
A-YC-04	安基山	Ag-Bi-Cd-Cu-Mo-Pb-Zn	Cu(3.1)-Pb(3.9)-Mo(1.3)-Ag(2.0)-Zn(2.9)	0.938	1024.1435	845.7737	0.10	36 121.4241	33 021.5905	34 881.4907
A-YC-05	盘龙岗	Au-Bi-Cd-Cu-Zn	Cu(11.9)-Au(3.6)-Pb(1.9)-Mo(1.1)-Ag(3.4)-Zn(1.9)	0.911	4953.4890	4652.9875	0.05	68 415.0029	69 632.1011	68 901.8422
A-YC-06	盘龙岗	Au-Bi-Cd-Cu-Zn	Cu(1.2)-Au(1.6)-Pb(2.5)-Zn(1.4)	0.858	568.6212	241.5167	0.05	7396.5996	3404.0330	5799.5729
A-YC-07	大平山	As-Au-Bi-Cu-Mo-Sb	Cu(2.4)-Pb(2.0)-Mo(2.1)-Ag(1.4)-Zn(1.5)	0.942	866.1474	441.9023	0.15	33 681.5744	29 031.6764	31 821.6152
A-YC-08	铜井	Au-Bi-Cu-Hg	Cu(2.8)-Au(11.9)-Pb(1.3)-Ag(1.6)	0.889	1203.5692	890.6491	0.15	12 470.1415	15 366.0311	13 628.4973
A-YC-09	大平山	As-Au-Bi-Cu-Mo-Sb	Cu(1.9)-Au(9.0)-Pb(1.2)-Mo(2.4)-Ag(1.1)-Zn(1.1)	0.964	1659.5382	671.8320	0.20	62 156.2849	42 511.2352	54 298.2650
A-YC-10	大平山	As-Au-Bi-Cu-Mo-Sb	Cu(16.1)-Au(6.1)-Pb(1.6)-Ag(1.3)-Zn(1.2)	0.922	3108.0557	2941.4666	0.15	118 295.8237	189 142.7965	146 634.6128
A-YC-11	大平山	Ag-As-Au-Cd-Cu-Mo-Pb-Sb	Cu(1.6)-Au(1.3)-Mo(3.5)-Zn(1.3)	0.941	409.7177	160.8967	0.25	12 482.8531	8281.7369	10 802.4066
A-YC-12	观山	Ag-As-Au-Cd-Cu-Mo-Pb-Sb	Cu(2.9)-Au(4.4)-Pb(4.0)-Mo(1.9)-Ag(1.5)	0.892	1668.7003	954.6886	0.10	15 015.7111	16 905.9223	15 771.7956
A-YC-13	安基山	Ag-Bi-Cd-Cu-Mo-Pb-Zn	Cu(2.7)-Au(4.9)-Pb(3.0)-Mo(2.0)-Ag(2.4)-Zn(3.1)	0.943	1727.2498	945.5791	0.15	57 842.1569	35 053.1407	48 726.5504
A-YC-14	安基山	Ag-Bi-Cd-Cu-Mo-Pb-Zn	Cu(1.7)-Au(1.3)-Pb(4.5)-Ag(2.1)-Zn(7.7)	0.915	354.1248	128.7571	0.05	12 860.5554	5176.2395	9786.8291

合计:954 158.8808t

表 6-40 地球化学法 B 级预测区预测资源量统计表

编号	相似矿床	最佳相似元素组合	衬值异常元素组合(≥1.1)	相似系数	预测区异常规模(Q)	预测区异常面金属量(P)	剥蚀系数	资源量(Vd)	资源量(Vs)	V=0.6Vd+0.4Vs
B-YC-01	安基山	Ag-Bi-Cd-Cu-Mo-Pb-Zn	Cu(7.7)-Au(3.0)-Pb(1.2)-Mo(5.6)-Ag(1.9)-Zn(1.4)	0.925	1426.7479	1063.2940	0.15	46 866.9413	38 664.5076	43 585.9678
B-YC-02	安基山	Ag-Bi-Cd-Cu-Mo-Pb-Zn	Cu(1.9)-Au(1.4)-Pb(1.2)-Mo(1.4)-Ag(1.8)-Zn(1.3)	0.915	146.7492	82.3933	0.05	5329.4087	3312.3431	4522.5825
B-YC-03	安基山	Ag-Bi-Cd-Cu-Mo-Pb-Zn	Cu(1.6)-Au(1.8)-Pb(1.4)-Mo(1.3)-Ag(1.8)-Zn(1.1)	0.917	1833.9269	1078.9024	0.05	66 747.2944	43 468.3893	57 435.7323
B-YC-04	安基山	Ag-Bi-Cd-Cu-Mo-Pb-Zn	Cu(1.4)-Au(9.5)-Pb(11.3)-Ag(8.4)-Zn(2.1)	0.916	528.5290	327.9196	0.05	19 215.2735	13 197.2950	16 808.0821
B-YC-05	大平山	As-Au-Bi-Cu-Mo-Sb	Cu(1.5)-Pb(3.2)-Mo(3.9)-Ag(2.4)-Zn(2.4)	0.922	924.9621	530.1530	0.05	35 205.0158	34 090.0114	34 759.0140
B-YC-06	大平山	As-Au-Bi-Cu-Mo-Sb	Cu(1.6)-Pb(1.1)-Mo(1.6)-Ag(1.3)-Zn(1.4)	0.963	207.9068	117.4829	0.15	8265.0335	7890.3419	8115.1568
B-YC-07	安基山	Ag-Bi-Cd-Cu-Mo-Pb-Zn	Cu(16.8)-Au(1.4)-Pb(1.4)-Ag(1.7)-Zn(1.2)	0.932	3349.8970	3124.3614	0.05	123 916.6521	127 937.9074	125 525.1542
B-YC-08	安基山	Ag-Bi-Cd-Cu-Mo-Pb-Zn	Cu(1.7)-Mo(2.3)-Zn(1.4)	0.918	173.1274	50.0746	0.10	5975.9869	1913.3793	4350.9439
B-YC-09	安基山	Ag-Bi-Cd-Cu-Mo-Pb-Zn	Cu(1.8)-Au(1.4)-Pb(1.1)-Mo(2.8)-Ag(1.3)-Zn(1.2)	0.918	504.4753	153.4018	0.15	16 445.9989	5535.9283	12 081.9706
B-YC-10	安基山	Ag-Bi-Cd-Cu-Mo-Pb-Zn	Cu(1.2)-Au(2.6)-Pb(2.8)-Ag(2.1)-Zn(1.4)	0.928	132.8792	2.5891	0.05	4894.2629	105.5667	2978.7844
B-YC-11	安基山	Ag-Bi-Cd-Cu-Mo-Pb-Zn	Cu(1.4)-Au(1.8)-Pb(1.3)-Zn(1.6)	0.906	401.0031	74.1745	0.05	14 419.7667	2952.6020	9832.9008
B-YC-12	安基山	Ag-Bi-Cd-Cu-Mo-Pb-Zn	Cu(1.7)-Au(2.1)-Pb(2.0)-Mo(1.9)-Zn(1.2)	0.921	1544.5953	527.9927	0.10	53 490.3637	20 240.8408	40 190.5545
B-YC-13	安基山	Ag-Bi-Cd-Cu-Mo-Pb-Zn	Cu(1.8)-Au(5.9)-Pb(1.6)-Mo(1.3)-Ag(4.9)-Zn(7.3)	0.920	103.0282	41.0088	0.05	3762.0642	1657.6291	2920.2902
B-YC-14	安基山	Ag-Bi-Cd-Cu-Mo-Pb-Zn	Cu(3.7)-Au(2.2)-Mo(3.4)-Zn(1.7)	0.419	8770.3838	7803.0148	0.25	115 146.9897	113 406.0394	114 450.6096
B-YC-15	安基山	Ag-Bi-Cd-Cu-Mo-Pb-Zn	Cu(2.1)-Pb(4.6)-Mo(2.6)-Ag(1.7)	0.380	1071.3570	109.3854	0.15	14 457.5747	1634.0313	9328.1573
B-YC-16	安基山	Ag-Bi-Cd-Cu-Mo-Pb-Zn	Cu(2.2)-Au(1.2)-Pb(3.8)-Mo(2.1)-Ag(1.9)-Zn(3.8)	0.395	294.0486	129.8175	0.10	4367.3440	2134.3777	3474.1575
B-YC-17	安基山	Ag-Bi-Cd-Cu-Mo-Pb-Zn	Cu(22.9)-Pb(1.1)-Mo(1.4)-Ag(1.1)-Zn(1.4)	0.409	1860.3832	1458.8190	0.20	25 431.6418	22 075.6336	24 089.2385

合计:514 449.2972t

A-YC-8 预测区铜预测资源量 5693.4973t；预测区 A-YC-9 铜计算资源量 54 298.265t，其中包括大平山铜矿床（探明资源量 44 356t），A-YC-9 预测区铜预测资源量 9942.265t；预测区 A-YC-12 铜计算资源量 15 771.7956t，其中包括观山铜铅矿床（探明资源量 10 530t），A-YC-12 预测区铜预测资源量 5241.7956t；预测区 A-YC-8、A-YC-9、A-YC-12 异常规模和面金属量相当，成矿地质条件也相当，铜预测资源量相差不大，说明铜预测资源量合理。

从矿集区尺度来看，宁镇矿集区铜计算资源量 701 454.7057t，探明储量 417 560t，预测资源量 283 894.7057t；宁芜矿集区铜计算资源量 289 257.1612t，探明储量 80 101t，预测资源量 209 156.1612t；溧水矿集区铜计算资源量 26 574.2022t，探明储量 22 242t，预测资源量 4332.2022t；宜溧矿集区铜预测资源量 203 496.3043t；苏锡矿集区铜计算资源量 52 897.6738t，探明储量 8960t，预测资源量 43 937.6738t。预测资源量从大到小与江苏省各矿集区按铜矿床形成的地质、构造条件排序相当。

六、地质体积法与地球化学法铜矿资源量预测结果比较

铜资源量预测地质体积法预测区圈定原则与铜资源量预测地球化学法圈定原则不一样，所以不能以最小预测区为单位进行逐一比较。江苏省及上海市地质体积法铜矿预测资源量 1 238 261.74t，较铜地球化学资源量预测法多预测 298 516.562t。仅就长江中下游（江苏段）铜预测资源量相比，地质体积法较地球化学法（类比法—面金属量法）多预测铜资源量 326 596.0149t。由于地质体积法为综合地质信息预测，而地球化学法仅就 Cu 异常区，对在地表无异常显示的地区无法预测（如隐伏矿体），而且也没有预测深度的概念，因此地质体积法预测较地球化学法预测更为全面。本次预测评价工作最终采用地质体积法预测资源量。

第七章 矿产预测成果汇总

第一节 铁矿预测成果

一、圈定的最小预测区分类统计

根据预测区成矿特点、已知矿床（点）分布情况、物化探异常信息等，将最小预测区划分为 A、B、C 三类。

A 类：成矿条件有利，区内已发现有小型以上规模矿床，重力或磁异常明显或较明显。
B 类：成矿条件有利，区内已发现矿点、矿化点，重力或磁异常明显或较明显。
C 类：成矿条件有利，重力或磁异常明显或较明显。

江苏省及上海市 12 个铁矿预测工作区共划分 129 个最小预测区，其中 A 类 31 个，B 类 30 个，C 类 68 个。见图 7-1，表 7-1。

表 7-1 江苏省及上海市铁矿预测类型及最小预测区数量一览表

预测工作区编号	预测工作区名称	预测方法类型	优选后最小预测区数量（个）			
			A 类	B 类	C 类	合计
3201401001	宁芜宁芜式陆相火山岩型铁矿预测工作区	火山岩型	7	8	6	21
3201401002	溧水宁芜式陆相火山岩型铁矿预测工作区	火山岩型	2	5	17	24
3201204002	宜溧韦岗式矽卡岩型铁矿预测工作区	侵入岩体型	4	7	1	12
3201204001	宁镇韦岗式矽卡岩型铁矿预测工作区	侵入岩体型	7	4	13	24
3201205001	苏州西部谈家桥式矽卡岩型铁矿预测工作区	侵入岩体型	3	1	6	10
3201202001	南通王浩式矽卡岩型铁矿预测工作区	侵入岩体型	1	1	3	5
3201203002	六合冶山式矽卡岩型铁矿预测工作区	侵入岩体型	2	1	1	4
3201203001	盱眙冶山式矽卡岩型铁矿预测工作区	侵入岩体型	0	1	2	3
3201201002	徐州利国式矽卡岩型铁矿预测工作区	侵入岩体型	4	0	3	7
3201201001	丰沛利国式矽卡岩型铁矿预测工作区	侵入岩体型	1	0	5	6
3201301001	丰沛鞍山式沉积变质型铁矿预测工作区	变质型	0	0	5	5
3201301002	东海新沂鞍山式沉积变质型铁矿预测工作区	变质型	0	2	6	8
全省合计			31	30	68	129

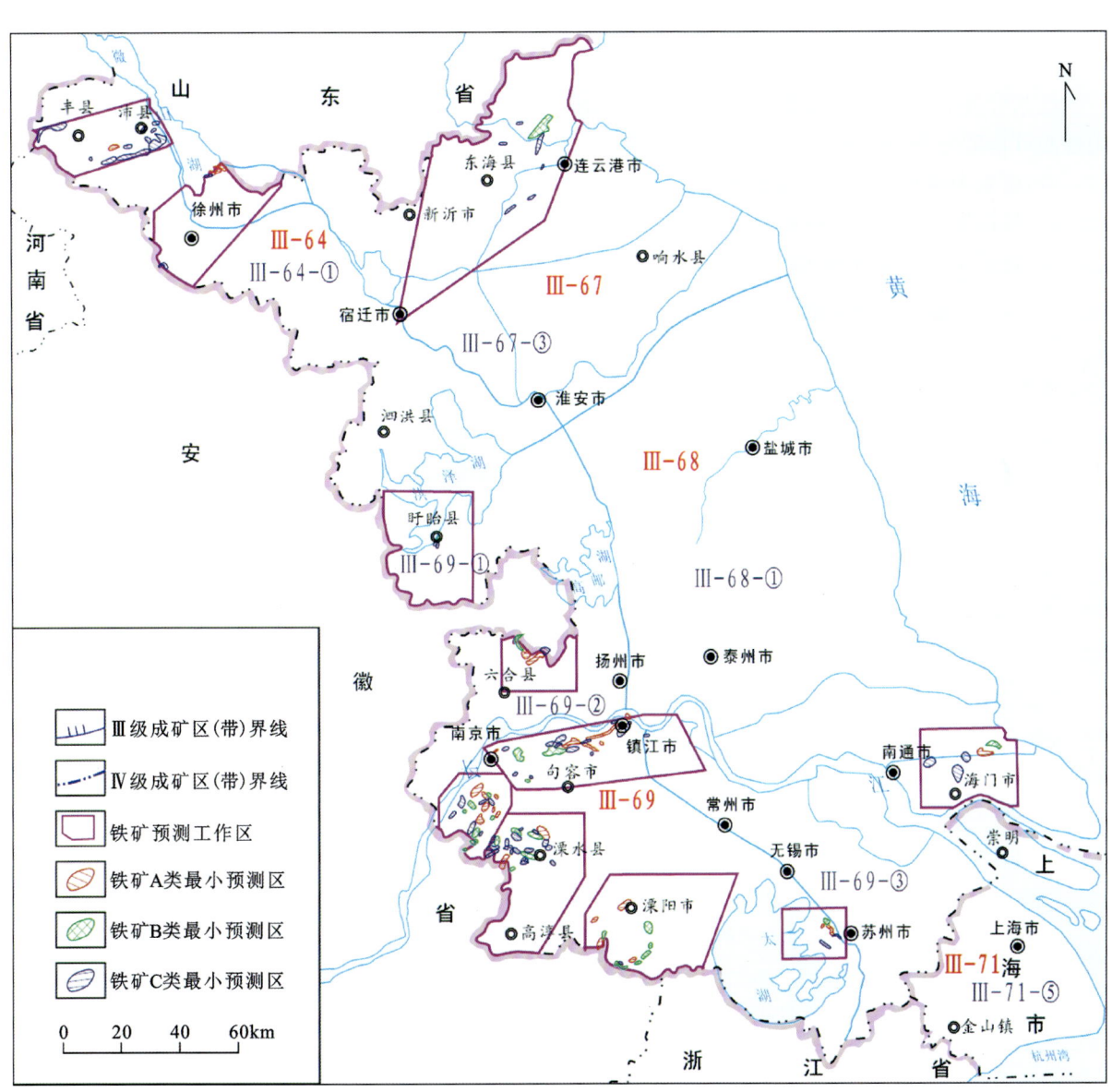

图 7-1　江苏省及上海市铁矿预测工作区及优选后最小预测区分布示意图

二、铁矿预测资源量统计

预测工作区资源量成果汇总

江苏省及上海市 12 个铁矿预测工作区预测资源量按资源量预测方法、深度、精度、矿床类型、可利用性和可信度分别统计如下：
(1)按资源量预测方法进行统计,见表 7-2。
(2)按深度、精度进行统计,见表 7-3。
(3)按矿床类型进行统计,见表 7-4。

表 7-2　江苏省及上海市铁矿资源地质体积法、磁法预测资源量统计表(不含已查明)

预测工作区编号	预测工作区名称	预测资源量($\times 10^4$ t)	
		地质体积法	磁法
3201401001	宁芜宁芜式陆相火山岩型铁矿预测工作区	53 375.36	1975.60
3201401002	溧水宁芜式陆相火山岩型铁矿预测工作区	3866.33	14 189.80
3201204002	宜溧韦岗式矽卡岩型铁矿预测工作区	985.07	4606.80
3201204001	宁镇韦岗式矽卡岩型铁矿预测工作区	16 881.17	11 737.90
3201205001	苏州西部谈家桥式矽卡岩型铁矿预测工作区	4758.52	1393.90
3201202001	南通王浩式矽卡岩型铁矿预测工作区	3851.79	18 446.00
3201203002	六合冶山式矽卡岩型铁矿预测工作区	3655.24	1095.20
3201203001	盱眙冶山式矽卡岩型铁矿预测工作区	458.13	0
3201201002	徐州利国式矽卡岩型铁矿预测工作区	7203.24	2839.50
3201201001	丰沛利国式矽卡岩型铁矿预测工作区	3624.90	4998.10
3201301001	丰沛鞍山式沉积变质型铁矿预测工作区	8115.37	0
3201301002	东海新沂鞍山式沉积变质型铁矿预测工作区	1128.78	1317.20
	全省合计	107 903.90	62 600.00

表 7-3 江苏省及上海市铁矿预测工作区预测资源量深度、精度统计表

预测工作区编号	预测工作区名称	500m以浅预测资源量（×10⁴t）				1000m以浅预测资源量（×10⁴t）				2000m以浅预测资源量（×10⁴t）			
		334-1	334-2	334-3	合计	334-1	334-2	334-3	合计	334-1	334-2	334-3	合计
320140100l	宁芜宁芜式陆相火山岩型铁矿预测工作区	18 496.80	1354.50	3166.63	23 017.93	27 153.83	2109.06	3686.87	32 949.76	28 029.40	11 604.17	13 741.79	53 375.36
3201401002	溧水宁芜式陆相火山岩型铁矿预测工作区	34.45	748.97	478.52	1261.94	1295.37	1131.23	1327.65	3754.25	1295.37	1131.23	1439.73	3866.33
3201204002	宜溧韦岗式矽卡岩型铁矿预测工作区	325.25	341.42	6.05	672.72	499.82	477.99	7.26	985.07	499.82	477.99	7.26	985.07
3201204001	宁镇韦岗式矽卡岩型铁矿预测工作区	2432.47	2338.79	2961.26	7732.52	4447.85	4584.52	5233.62	14 265.99	6142.67	4901.76	5836.74	16 881.17
3201205001	苏州西部谈家桥式矽卡岩型铁矿预测工作区	1160.13	902.76	991.21	3054.10	2382.47	1128.45	1247.60	4758.52	2382.47	1128.45	1247.60	4758.52
3201202001	南通王浩式矽卡岩型铁矿预测工作区	0	285.79	568.21	854.00	1445.30	985.98	1420.51	3851.79	1445.30	985.98	1420.51	3851.79
3201202003	六合冶山式矽卡岩型铁矿预测工作区	650.13	426.42	229.89	1306.44	1837.44	515.66	344.84	2697.94	2794.74	515.66	344.84	3655.24
3201203001	盱眙冶山式矽卡岩型铁矿预测工作区	0	77.68	297.62	375.30	0	100.99	357.14	458.13	0	100.99	357.14	458.13
3201201002	徐州利国式矽卡岩型铁矿预测工作区	0	0	824.14	824.14	4135.54	0	1419.34	5554.88	5783.90	0	1419.34	7203.24
3201201001	丰沛利国式矽卡岩型铁矿预测工作区	0	0	1242.02	1242.02	336.24	0	2835.57	3171.81	789.33	0	2835.57	3624.90
3201301001	丰沛鞍山式沉变质型铁矿预测工作区	0	0	0	0	0	0	0	0	0	0	8115.37	8115.37
3201301002	东海新沂鞍山式沉积变质型铁矿预测工作区	0	415.26	161.48	576.74	0	812.47	316.31	1128.78	0	812.47	316.31	1128.78
	全省合计	23 099.23	6891.59	10 927.03	40 917.85	43 533.86	11 846.35	18 196.71	73 576.92	49 163	21 658.70	37 082.2	107 903.90

表 7-4 江苏省及上海市铁矿预测工作区预测类型统计表

预测工作区编号	预测工作区名称	火山岩型（×10⁴ t）				矽卡岩型（×10⁴ t）				沉积变质型（×10⁴ t）			
		334-1	334-2	334-3	合计	334-1	334-2	334-3	合计	334-1	334-2	334-3	合计
32014010001	宁芜宁芜式陆相火山岩型铁矿预测工作区	28 029.40	11 604.17	13 741.79	53 375.36								
32014010002	溧水宁芜式陆相火山岩型铁矿预测工作区	1295.37	1131.23	1439.73	3866.33								
32012040002	宜溧韦岗式矽卡岩型铁矿预测工作区					499.82	477.99	7.26	985.07				
32012040001	宁镇韦岗式矽卡岩型铁矿预测工作区					6142.67	4901.76	5836.74	16 881.17				
32012050001	苏州西部诹家桥式矽卡岩型铁矿预测工作区					2382.47	1128.45	1247.60	4758.52				
32012020001	南通王浩式矽卡岩型铁矿预测工作区					1445.30	985.98	1420.51	3851.79				
32012030002	六合冶山式矽卡岩型铁矿预测工作区					2794.74	515.66	344.84	3655.24				
32012030001	盱眙冶山式矽卡岩型铁矿预测工作区					0	100.99	357.14	458.13				
32012010002	徐州利国式矽卡岩型铁矿预测工作区					5783.90	0	1419.34	7203.24				
32012010001	丰沛利国式矽卡岩型铁矿预测工作区					789.33	0	2835.57	3624.9				
32013010001	丰沛鞍山式沉积变质型铁矿预测工作区									0	0	8115.37	8115.37
32013010002	东海新沂鞍山式沉积变质型铁矿预测工作区									0	812.47	316.31	1128.78
全省合计		29 324.77	12 735.40	15 181.52	57 241.69	19 838.23	8110.83	13 469.00	41 418.06	0	812.47	8431.68	9244.15

(4)按预测资源量的潜在可利用性进行统计。根据江苏省铁矿开采经济技术条件及目前矿山实际开采情况,埋深在1000m以内的铁矿资源基本可利用,而1000m以下的暂不可利用,铁矿石种类上磁铁矿可以利用,而赤铁矿目前基本不可利用,另外南通铁矿预测工作区的各最小预测区因为水文条件的限制,也暂不可利用,具体统计见表7-5。

表7-5 江苏省及上海市铁矿预测工作区预测资源量潜在可利用性统计表

预测工作区编号	预测工作区名称	可利用($\times 10^4$t)			暂不可利用($\times 10^4$t)			暂不可利用原因
		334-1	334-2	334-3	334-1	334-2	334-3	
3201401001	宁芜宁芜式陆相火山岩型铁矿预测工作区	20 984.53	2109.06	3166.63	7044.87	9495.11	10 575.16	深度大,部分为赤铁矿,选矿困难
3201401002	溧水宁芜式陆相火山岩型铁矿预测工作区	1295.37	1042.95	1327.65	0	88.28	112.08	深度大
3201204002	宜溧韦岗式矽卡岩型铁矿预测工作区	499.82	477.99	7.26	0	0	0	
3201204001	宁镇韦岗式矽卡岩型铁矿预测工作区	4447.85	4584.52	5233.62	1694.82	317.24	603.12	深度大
3201205001	苏州西部谈家桥式矽卡岩型铁矿预测工作区	2382.47	1128.45	1247.60	0	0	0	
3201202001	南通王浩式矽卡岩型铁矿预测工作区	0	0	0	1445.30	985.98	1420.51	水文条件复杂
3201203002	六合冶山式矽卡岩型铁矿预测工作区	1837.44	515.66	344.84	957.30	0	0	深度大
3201203001	盱眙冶山式矽卡岩型铁矿预测工作区	0	100.99	357.14	0	0	0	
3201201002	徐州利国式矽卡岩型铁矿预测工作区	4135.54	0	1419.34	1648.36	0	0	深度大
3201201001	丰沛利国式矽卡岩型铁矿预测工作区	336.24	0	2835.57	453.09	0	0	深度大
3201301001	丰沛鞍山式沉积变质型铁矿预测工作区	0	0	0	0	0	8115.37	深度大
3201301002	东海新沂鞍山式沉积变质型铁矿预测工作区	0	812.47	316.31	0	0	0	
	全省合计	35 919.26	10 772.10	16 255.96	13 243.74	10 886.61	20 826.24	

(5)按可信度统计分析。以各预测工作区为单位,对各预测区的各级别资源总量进行可信度分析,分析方法是采用蒙特卡洛模拟(借助MORAS中的蒙特卡洛模拟模块进行),以宁芜334-1的资源量模拟为例,其模拟结果界面如图7-2所示,经过蒙特卡洛模拟后的各预测工作区资源量可信度统计如表7-6所示。

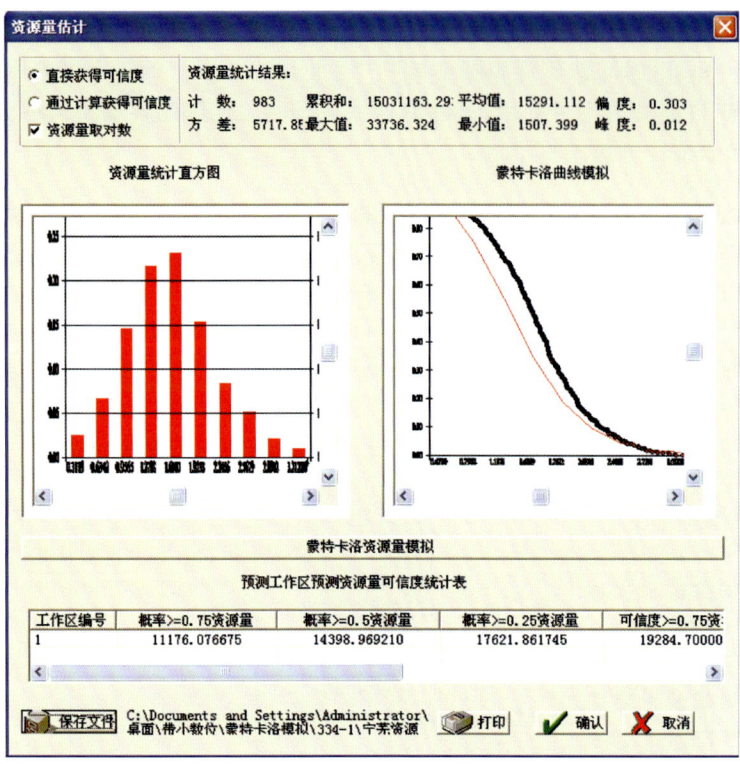

图 7-2 宁芜 334-1 铁矿预测资源量的蒙特卡洛模拟结果界面图

表 7-6 铁矿预测工作区预测资源量可信度统计表

预测工作区编号	预测工作区名称	≥0.75(×10⁴ t)			≥0.5(×10⁴ t)			≥0.25(×10⁴ t)		
		334-1	334-2	334-3	334-1	334-2	334-3	334-1	334-2	334-3
3201401001	宁芜宁芜式陆相火山岩型铁矿预测工作区	19 284.70	0	0	28 029.40	11 604.20	0	28 029.40	11 604.20	13 741.80
3201401002	溧水宁芜式陆相火山岩型铁矿预测工作区	1209.06	0	0	1295.37	1131.23	0	1295.37	1131.23	1439.73
3201204002	宜溧韦岗式矽卡岩型铁矿预测工作区	0	0	0	499.82	477.99	0	499.82	477.99	7.26
3201204001	宁镇韦岗式矽卡岩型铁矿预测工作区	1614.91	0	0	6142.67	4846.70	0	6142.67	4901.76	5836.74
3201205001	苏州西部谈家桥式矽卡岩型铁矿预测工作区	1599.03	0	0	2382.47	1128.45	0	2382.47	1128.45	1247.60
3201202001	南通王浩式矽卡岩型铁矿预测工作区	1445.30	0	0	1445.30	0	0	1445.30	985.98	1420.51
3201203002	六合冶山式矽卡岩型铁矿预测工作区	1370.32	0	0	2794.74	515.66	0	2794.74	515.66	344.84
3201203001	盱眙冶山式矽卡岩型铁矿预测工作区	0	0	0	0	100.99	0	0	100.99	357.14

续表 7-6

预测工作区编号	预测工作区名称	≥0.75(×10⁴ t)			≥0.5(×10⁴ t)			≥0.25(×10⁴ t)		
		334-1	334-2	334-3	334-1	334-2	334-3	334-1	334-2	334-3
3201201002	徐州利国式矽卡岩型铁矿预测工作区	975.60	0	0	5783.90	0	0	5783.90	0	1419.34
3201201001	丰沛利国式矽卡岩型铁矿预测工作区	0	0	0	789.33	0	0	789.33	0	2835.57
3201301001	丰沛鞍山式沉积变质型铁矿预测工作区	0	0	0	0	0	0	0	0	8115.37
3201301002	东海新沂鞍山式沉积变质型铁矿预测工作区	0	0	0	0	812.47	0	0	812.47	316.31
全省合计		27 498.92			49 163.00	20 617.69		49 163.00	21 658.73	37 082.21

第二节　铜矿预测成果

一、最小预测区分类统计

根据预测区成矿特点、已知矿床(点)分布情况、物化探异常信息等，将最小预测区划分为 A、B、C 三类。

A 类：成矿条件有利，区内已发现有小型以上规模矿床，化探异常明显或较明显。

B 类：成矿条件有利，区内已发现矿点、矿化点，化探异常明显或较明显。

C 类：成矿条件有利，化探异常明显或较明显。

江苏省及上海市 6 个铜矿预测工作区共划分为 69 个最小预测区，其中 A 类 10 个，B 类 24 个，C 类 35 个。见表 7-7，图 7-3。

表 7-7　江苏省及上海市铜矿预测类型及最小预测区数量一览表

预测工作区编号	预测工作区名称	预测方法类型	优选后最小预测区数量(个)			
			A 类	B 类	C 类	合计
3201401001	宁芜铜井式陆相火山岩型铜金矿预测工作区	火山岩型	4	9	3	16
3205401001	溧水五部式陆相火山岩型铜铅矿预测工作区	火山岩型	1	5	3	9
3204501001	溧水獛子洞式层控矽卡岩型铜金矿预测工作区	火山岩型	1	2	7	10
3204201001	上海金山金山式矽卡岩型铜铁矿预测工作区	侵入岩体型	1	0	3	4
3204202001	宁镇安基山式矽卡岩型斑岩型铜矿预测工作区	侵入岩体型	3	6	6	15
3204202002	宜溧安基山式矽卡岩型斑岩型铜矿预测工作区	侵入岩体型	0	2	13	15
铜为主矿种全省合计			10	24	35	69
3205502003	苏州西部地区吴宅式层控矽卡岩型铅锌矿预测工作区伴生铜	层控内生型	3	0	4	7
3205502001	宜溧吴宅式层控矽卡岩型铅锌矿预测工作区伴生铜	层控内生型	0	4	5	9
其他矿种伴生铜全省合计			3	4	9	16

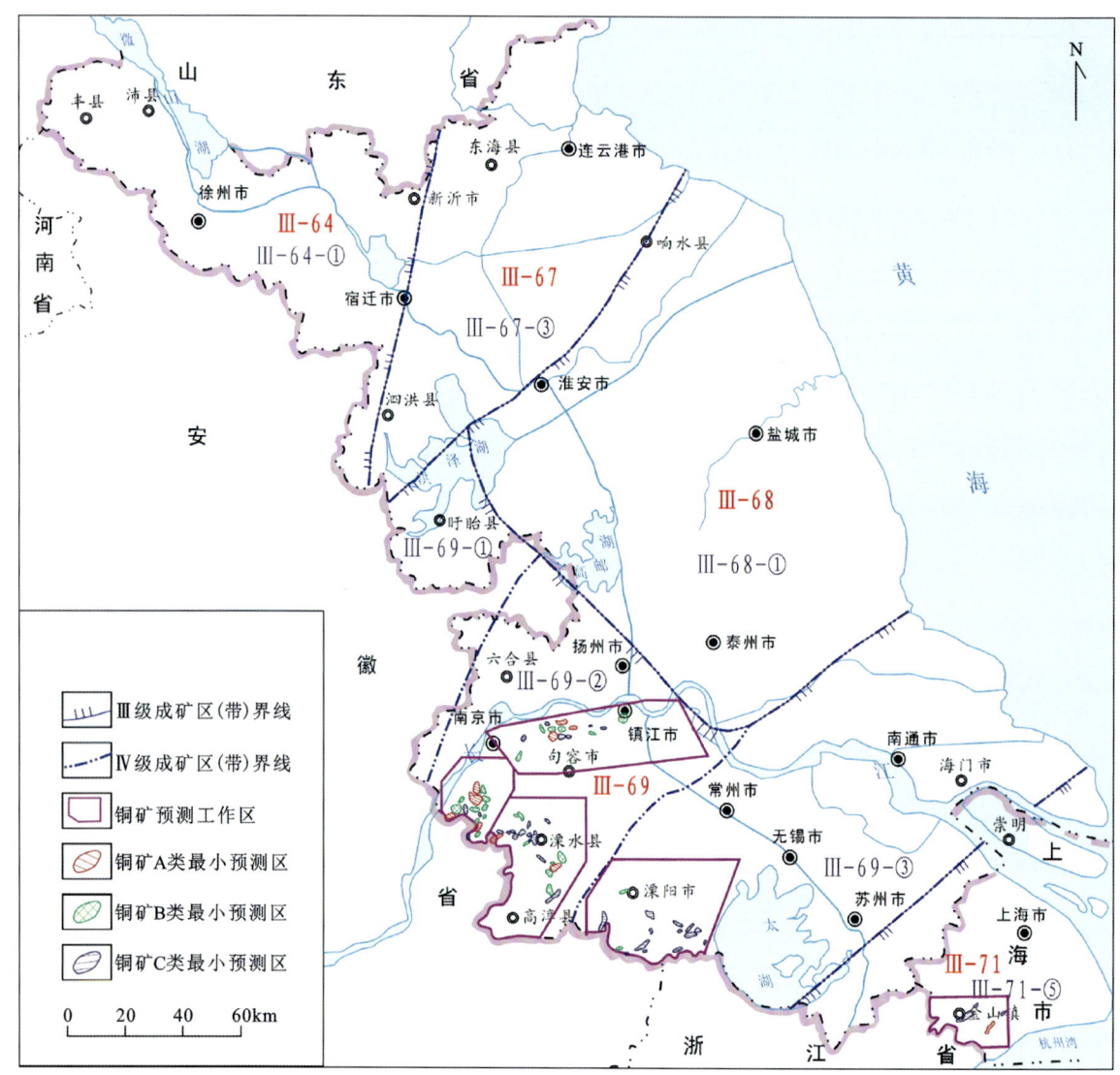

图 7-3　江苏省及上海市铜矿预测工作区及优选后最小预测区分布示意图

二、铜矿预测资源量统计

江苏省及上海市 6 个铜矿预测工作区预测资源量按照资源量预测方法、深度、精度、矿床类型、可利用性和可信度分别统计如下：

(1)按资源量预测方法进行统计，见表 7-8。
(2)按预测深度、资源量精度进行统计，见表 7-9。
(3)按预测类型进行统计，见表 7-10。
(4)按预测资源量的潜在可利用性进行统计。根据铜矿开采经济技术条件及目前矿山实际开采情况，本次预测资源量均为可利用资源，具体统计见表 7-11。
(5)按可信度统计分析。以各预测工作区为单位，对各预测区的各级别资源总量进行可信度分析，经过蒙特卡洛模拟后的各预测工作区资源量可信度统计见表 7-12。

表7-8 江苏省及上海市铜矿地质体积法预测资源量统计表（不含已查明）

预测工作区编号	预测工作区名称	预测资源量（t）	伴生Au预测资源量（kg）	伴生Fe预测资源量（×10⁴t）	伴生Zn预测资源量（t）
3201401001	宁芜铜井式陆相火山岩型铜金矿预测工作区	110 661.62			
3205401001	溧水五部式陆相火山岩型铜铅锌矿预测工作区	50 917.03			
3204501001	溧水灌子洞式层控矽卡岩型铜金矿预测工作区	43 606.00	2312.55		
3204201001	上海金山式矽卡岩型铜钼矿预测工作区	123 262.71	373.61	53.62	
3204202001	宁镇安基山式矽卡岩型斑岩型铜矿预测工作区	878 928.60			
3204202002	宜溧安基山式矽卡岩型斑岩型铜矿预测工作区	30 885.78			
3205502003	苏州西部地区吴宅式层控矽卡岩型铅锌矿预测工作区（伴生铜）	13 973.12			
3205502001	宜溧吴宅式矽卡岩型铅锌矿预测工作区（伴生铜）	5027.28			46 792.12
	全省合计	1 257 262.14			

表 7-9 江苏省及上海市铜矿预测工作区预测资源量深度统计表

预测工作区编号	预测工作区名称	500m以浅预测资源量(t)				1000m以浅预测资源量(t)				2000m以浅预测资源量(t)			
		334-1	334-2	334-3	合计	334-1	334-2	334-3	合计	334-1	334-2	334-3	合计
3201401001	宁芜铜井式陆相火山岩型铜金矿预测工作区	9593.12	40 096.83	2218.54	51 908.49	39 361.95	66 862.61	4437.06	110 661.62	39 361.95	66 862.61	4437.06	110 661.62
3205401001	溧水五部式陆相火山岩型铜铅锌矿预测工作区	0	20 454.07	5098.57	25 552.64	10 032.83	32 726.51	8157.69	50 917.03	10 032.83	32 726.51	8157.69	50 917.03
	溧水獾子洞式层控矽卡岩型铜金矿预测工作区	11 237.13	8404.99	23 963.88	43 606.00	11 237.13	8404.99	23 963.88	43 606.00	11 237.13	8404.99	23 963.88	43 606.00
3204501001	溧水獾子洞式层控矽卡岩型铜金矿预测工作区(伴生金)(单位kg)	595.91	445.75	1270.89	2312.55	595.91	445.75	1270.89	2312.55	595.91	445.75	1270.89	2312.55
	上海金山金山式矽卡岩型铜铁矿预测工作区	0	0	51 232.51	51 232.51	0	0	123 262.71	123 262.71	0	0	123 262.71	123 262.71
3204201001	上海金山金山式矽卡岩型铜铁矿预测工作区(伴生铁)(单位×10⁴t)	0	0	155.29	155.29	0	0	373.61	373.61	0	0	373.61	373.61
	上海金山金山式矽卡岩型铜铁矿预测工作区(伴生锌)(单位kg)	0	0	22.29	22.29	0	0	53.62	53.62	0	0	53.62	53.62
	上海金山金山式矽卡岩型铜铁矿预测工作区(伴生金)(单位t)	0	0	19 448.52	19 448.52	0	0	46 792.12	46 792.12	0	0	46 792.12	46 792.12
3204202001	宁镇安基山斑岩型铜矿预测工作区	44 688.04	241 638.42	64 531.62	350 858.08	129 843.05	379 380.03	114 154.91	623 377.99	273 390.41	462 024.99	143 513.20	878 928.60
3204202002	宜溧安基山斑岩型铜矿预测工作区	0	2177.07	22 942.35	25 119.42	0	3284.82	27 600.96	30 885.78	0	3284.82	27 600.96	30 885.78

表 7-10 江苏省及上海市铜矿预测工作区预测资源量矿产预测类型统计表

预测工作区编号	预测工作区名称	陆相火山岩型(t)				矽卡岩型(含斑岩型)(t)			
		334-1	334-2	334-3	合计	334-1	334-2	334-3	合计
320140101001	宁芜铜井陆相火山岩型铜金矿预测工作区	39 361.95	66 862.61	4437.06	110 661.62				
320540101001	溧水五部陆相火山岩型铜铅矿预测工作区	10 032.83	32 726.51	8157.69	50 917.03				
320450101001	溧水獾子洞式层控矽卡岩型铜金矿预测工作区	11 237.13	8404.99	23 963.88	43 606				
	溧水獾子洞式层控矽卡岩型铜金矿预测工作区(伴生金)(单位 kg)	595.91	445.75	1270.89	2312.55				
320420101001	上海金山式矽卡岩型铜金矿预测工作区					0	0	123 262.71	123 262.71
	上海金山式矽卡岩型铜铁矿预测工作区(伴生金)(单位 kg)					0	0	373.61	373.61
	上海金山式矽卡岩型铜铁矿预测工作区(伴生铁)(单位 ×10⁴ t)					0	0	53.62	53.62
	上海金山式矽卡岩型铜铁矿预测工作区(伴生锌)(单位 t)					0	0	46 792.12	46 792.12
320420202001	宁镇安基山式矽卡岩型斑岩型铜矿预测工作区					273 390.41	462 024.99	143 513.20	878 928.60
320420202002	宜溧安基山式矽卡岩型斑岩型铜矿预测工作区					0	3284.82	27 600.96	30 885.78

表 7-11 江苏省及上海市铜矿预测工作区预测资源量潜在可利用性统计表

预测工作区编号	预测工作区名称	可利用(t)				暂不可利用(t)		
		334-1	334-2	334-3	合计	334-1	334-2	334-3
320140101001	宁芜铜井陆相火山岩型铜金矿预测工作区	39 361.95	66 862.61	4437.06	110 661.62			
320540101001	溧水五部陆相火山岩型铜铅矿预测工作区	10 032.83	32 726.51	8157.69	50 917.03			
320450101001	溧水獾子洞式层控矽卡岩型铜金矿预测工作区	11 237.13	8404.99	23 963.88	43 606.00			
	溧水獾子洞式层控矽卡岩型铜金矿预测工作区(伴生金)(单位 kg)	595.91	445.75	1270.89	2312.55			
320420101001	上海金山式矽卡岩型铜金矿预测工作区	0	0	123 262.71	123 262.71			
	上海金山式矽卡岩型铜铁矿预测工作区(伴生金)(单位 kg)	0	0	373.61	373.61			
	上海金山式矽卡岩型铜铁矿预测工作区(伴生铁)(单位 ×10⁴ t)	0	0	53.62	53.62			
	上海金山式矽卡岩型铜铁矿预测工作区(伴生锌)(单位 t)	0	0	46 792.12	46 792.12			
320420202001	宁镇安基山式矽卡岩型斑岩型铜矿预测工作区	273 390.41	462 024.99	143 513.20	878 928.60			
320420202002	宜溧安基山式矽卡岩型斑岩型铜矿预测工作区	0	3284.82	27 600.96	30 885.78			

表 7-12 铜矿预测工作区预测资源量可信度统计表

预测工作区编号	预测工作区名称	≥0.75			≥0.5			≥0.25		
		334-1	334-2	334-3	334-1	334-2	334-3	334-1	334-2	334-3
3201401001	宁芜铜井式陆相火山岩型铜金矿预测工作区	39 361.95	7578.82	0	39 361.95	66 862.61	0	39 361.95	66 862.61	4437.06
3205401001	溧水五部式陆相火山岩型铜铅矿预测工作区	10 032.83	0	0	10 032.83	32 726.51	0	10 032.83	32 726.51	8157.69
3204501001	溧水獾子洞式砂卡岩型铜金矿预测工作区	11 237.13	0	0	11 237.13	8404.99	0	11 237.13	8404.99	23 963.88
	溧水獾子洞式层砂卡岩型铜金矿预测工作区伴生 Au(单位 kg)	595.91	0	0	595.91	445.75	0	595.91	445.75	1270.89
3204201001	上海金山式砂卡岩型铜铁矿预测工作区	0	0	0	0	0	0	0	0	123 262.71
	上海金山式砂卡岩型铜铁矿预测工作区伴生 Au(单位 kg)	0	0	0	0	0	0	0	0	373.61
	上海金山式砂卡岩型铜铁矿预测工作区伴生 Fe(单位×10⁴ t)	0	0	0	0	0	0	0	0	53.62
	上海金山式砂卡岩型铜铁矿预测工作区伴生 Zn(单位 t)	0	0	0	0	0	0	0	0	46 792.12
3204202001	宁镇安基山式斑岩型铜矿预测工作区	273 390.41	173 400.59	0	273 390.41	450 304.03	45 961.39	273 390.41	462 024.99	143 513.20
3204202002	宜溧安基山式斑岩型铜矿预测工作区	0	0	0	0	3284.82	0	0	3284.82	27 600.96

第三节 铅锌矿预测成果

一、最小预测区分类统计

根据预测区成矿特点、已知矿床（点）分布情况、物化探异常信息等，将最小预测区划分为 A、B、C 三类。

A 类：成矿条件有利，区内已发现有小型以上规模矿床，铅锌等化探异常明显或较明显。
B 类：成矿条件有利，区内已发现矿点、矿化点，铅锌等化探异常明显或较明显。
C 类：成矿条件有利，铅锌等化探异常明显或较明显。

江苏省及上海市 4 个铅锌矿预测工作区共圈定 29 个最小预测区，其中 A 类 6 个，B 类 9 个，C 类 14 个。见图 7-4，表 7-13。

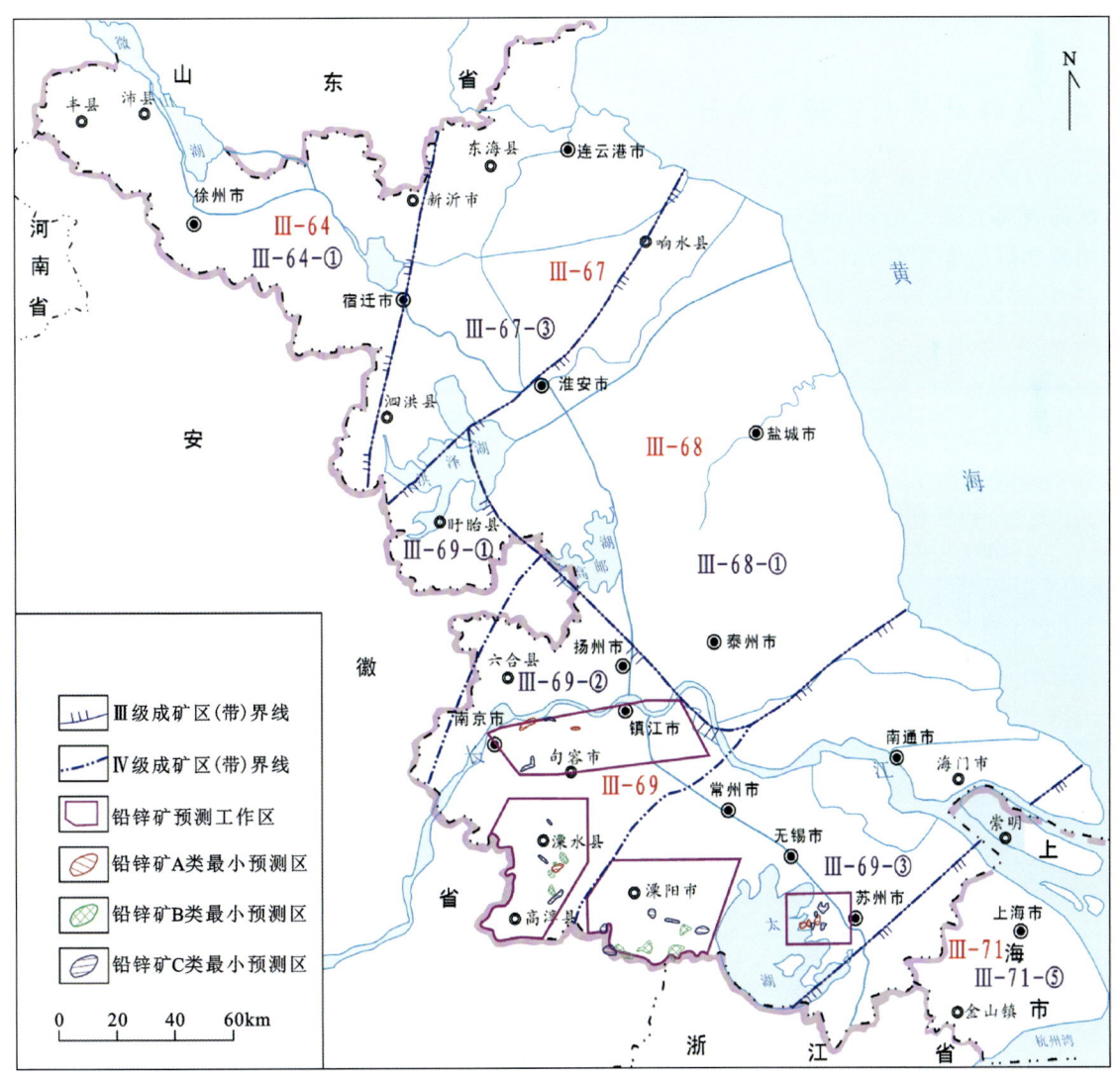

图 7-4　江苏省及上海市铅锌矿预测工作区及优选后最小预测区分布示意图

表 7-13 江苏省及上海市铅锌矿预测类型及最小预测区数量一览表

预测工作区编号	预测工作区名称	预测方法类型	优选后最小预测区数量(个)			
			A类	B类	C类	合计
3205601001	宁镇栖霞山式碳酸盐岩型铅锌矿预测工作区	复合内生型	2	0	2	4
3205401001	溧水五部式陆相火山岩型铅矿预测工作区	火山岩型	1	5	3	9
3205502001	宜溧吴宅式层控矽卡岩型铅锌矿预测工作区	层控内生型	0	4	5	9
3205502003	苏州西部吴宅式矽卡岩型铅锌矿预测工作区	层控内生型	3	0	4	7
	全省合计		6	9	14	29

二、铅锌矿预测资源量统计

江苏省及上海市 4 个铅锌矿预测工作区预测资源量按资源量预测方法、深度、精度、矿产预测类型、可利用性和可信度分别统计如下：

(1) 按资源量预测方法进行统计，见表 7-14。

表 7-14 江苏省及上海市铅锌矿地质体积法预测资源量统计表(不含已查明)

预测工作区编号	预测工作区名称	预测资源量			
		Pb(t)	Zn(t)	Cu(t,伴生)	Au(kg,伴生)
3205601001	宁镇栖霞山式碳酸盐岩型铅锌矿预测工作区	662 227.22	1 304 241.07	0	17 370.19
3205401001	溧水五部式陆相火山岩型铅矿预测工作区	110 125.67	0	0	0
3205502001	宜溧吴宅式层控矽卡岩型铅锌矿预测工作区	85 008.31	158 383.89	5207.28	0
3205502003	苏州西部吴宅式矽卡岩型铅锌矿预测工作区	110 963.49	166 853.75	13 973.12	0
	全省合计	968 324.69	1 629 478.71	19 180.4	17 370.19

(2) 按预测深度、资源量精度进行统计，见表 7-15。
(3) 按预测类型进行统计，见表 7-16(Cu 或 Au 为伴生)。
(4) 按预测资源量的潜在可利用性进行统计。根据铅锌矿开采经济技术条件及目前矿山实际开采情况，埋深在 1000m 以内的铅锌矿资源基本可利用，而 1000m 以下的暂不可利用，具体统计见表 7-17。

表 7-15 江苏省及上海市铅锌矿预测工作区预测资源量深度、精度统计表

预测工作区编号	预测工作区名称及矿种		500m 以浅预测资源量 (Pb,Zn,Cu:t,Au:kg)				1000m 以浅预测资源量 (Pb,Zn,Cu:t,Au:kg)				2000m 以浅预测资源量 (Pb,Zn,Cu:t,Au:kg)			
			334-1	334-2	334-3	合计	334-1	334-2	334-3	合计	334-1	334-2	334-3	合计
3203205601001	宁镇栖霞山式碳酸盐岩型铅锌矿预测工作区	Pb	9327.37	0	414 415.90	423 743.27	247 811.32	0	414 415.90	662 227.22	247 811.32	0	414 415.90	662 227.22
		Zn	14 280.67	0	820 638.22	834 918.89	483 602.85	0	820 638.22	1 304 241.07	483 602.85	0	820 638.22	1 304 241.07
		Au（伴生）	0	0	11 157.35	11 157.35	6212.84	0	11 157.35	17 370.19	6212.84	0	11 157.35	17 370.19
3205401001	溧水五部武陆相火山岩型铅矿预测工作区	Pb	0	33 149.42	10 386.97	43 536.39	21 937.32	71 569.19	16 619.16	110 125.67	21 937.32	71 569.19	16 619.16	110 125.67
3205502001	宜溧吴宅层控矽卡岩型铅锌矿预测工作区	Pb	0	37 492.78	47 515.53	85 008.31	0	37 492.78	47 515.53	85 008.31	0	37 492.78	47 515.53	85 008.31
		Zn	0	69 854.97	88 528.92	158 383.89	0	69 854.97	88 528.92	158 383.89	0	69 854.97	88 528.92	158 383.89
		Cu（伴生）	0	2217.28	2810.00	5027.28	0	2217.28	2810.00	5027.28	0	2217.28	2810.00	5027.28
3205502003	苏州西部吴宅式矽卡岩型铅锌矿预测工作区	Pb	36 655.52	0	51 488.90	88 144.42	46 223.70	0	64 739.79	110 963.49	46 223.70	0	64 739.79	110 963.49
		Zn	31 460.39	0	95 931.95	127 392.34	46 233.29	0	120 620.46	166 853.75	46 233.29	0	120 620.46	166 853.75
		Cu（伴生）	6801.76	0	2306.68	9108.44	10 882.81	0	3090.31	13 973.12	10 882.81	0	3090.31	13 973.12

表 7-16 江苏省及上海市铅锌矿预测工作区预测资源量矿产预测类型统计表

预测工作区编号	预测工作区名称及预测矿种		碳酸盐岩型 (Pb,Zn,Cu:t,Au:kg)				陆相火山岩型 (Pb,Zn,Cu:t,Au:kg)				矽卡岩型 (Pb,Zn,Cu:t,Au:kg)			
			334-1	334-2	334-3	合计	334-1	334-2	334-3	合计	334-1	334-2	334-3	合计
3205601001	宁镇栖霞山式碳酸盐岩型铅锌矿预测工作区	Pb	247 811.32	0	414 415.9	662 227.22								
		Zn	483 602.85	0	820 638.22	1 304 241.07								
		Au(伴生)	6212.84	0	11 157.35	17 370.19								
3205401001	溧水五部式陆相火山岩型铅锌矿预测工作区	Pb					21 937.32	71 569.19	16 619.16	110 125.67				
3205502001	宜溧昊宅式矽卡岩型铅锌矿预测工作区	Pb									0	37 492.78	47 515.53	85 008.31
		Zn									0	69 854.97	88 528.92	158 383.89
		Cu(伴生)									0	2217.28	2810.00	5027.28
3205502003	苏州西部吴宅式矽卡岩型铅锌矿预测工作区	Pb									46 223.70	0	64 739.79	110 963.49
		Zn									46 233.29	0	120 620.46	166 853.75
		Cu(伴生)									10 882.81	0	3090.31	13 973.12

表 7-17 江苏省及上海市铅锌矿预测工作区预测资源量潜在可利用性统计表

预测工作区编号	预测工作区名称及矿种		可利用 (Pb、Zn、Cu:t，Au:kg)			暂不可利用 (Pb、Zn、Cu:t，Au:kg)		
			334-1	334-2	334-3	334-1	334-2	334-3
3205601001	宁镇栖霞山式碳酸盐岩型铅锌矿预测工作区	Pb	247 811.32	0	414 415.90	0	0	0
		Zn	483 602.85	0	820 638.22	0	0	0
		Au（伴生）	6212.84	0	11 157.35	0	0	0
3205401001	溧水五部式陆相火山岩型铅矿预测工作区	Pb	21 937.32	71 569.19	16 619.16	0	0	0
3205502001	宜溧吴宅式层控矽卡岩型铅锌矿预测工作区	Pb	0	37 492.78	47 515.53	0	0	0
		Zn	0	69 854.97	88 528.92	0	0	0
		Cu（伴生）	0	2217.28	2810.00	0	0	0
3205502003	苏州西部吴宅式矽卡岩型铅锌矿预测工作区	Pb	46 223.70	0	64 739.79	0	0	0
		Zn	46 233.29	0	120 620.46	0	0	0
		Cu（伴生）	10 882.81	0	3090.31	0	0	0

（5）按可信度统计分析。以各预测工作区为单位，对各预测区的各级别资源总量进行可信度分析，分析方法是采用蒙特卡洛模拟（借助 MORAS 中的蒙特卡洛模拟模块进行）。经过蒙特卡洛模拟后的各预测工作区资源量可信度统计如表 7-18 所示。

表 7-18 铅锌矿预测工作区预测资源量可信度统计表

预测工作区编号	预测工作区名称及矿种		≥0.75 (Pb、Zn、Cu:t，Au:kg)			≥0.5 (Pb、Zn、Cu:t，Au:kg)			≥0.25 (Pb、Zn、Cu:t，Au:kg)		
			334-1	334-2	334-3	334-1	334-2	334-3	334-1	334-2	334-3
3205601001	宁镇栖霞山式碳酸盐岩型铅锌矿预测工作区	Pb	247 811.32	0	0	247 811.32	0	0	247 811.32	0	414 415.90
		Zn	483 602.85	0	0	483 602.85	0	0	483 602.85	0	820 638.22
		Au（伴生）	6212.84	0	0	6212.84	0	0	6212.84	0	11 157.35
3205401001	溧水五部式陆相火山岩型铅矿预测工作区	Pb	21 937.32	0	0	21 937.32	71 569.19	0	21 937.32	71 569.19	16 619.16
3205502001	宜溧吴宅式层控矽卡岩型铅锌矿预测工作区	Pb	0	0	0	0	37 492.78	0	0	37 492.78	47 515.53
		Zn	0	0	0	0	69 854.97	0	0	69 854.97	88 528.92
		Cu（伴生）	0	0	0	0	2217.28	0	0	2217.28	2810.00
3205502003	苏州西部吴宅式矽卡岩型铅锌矿预测工作区	Pb	46 223.70	0	0	46 223.70	0	0	46 223.70	0	64 739.79
		Zn	46 233.29	0	0	46 233.29	0	0	46 233.29	0	120 620.46
		Cu（伴生）	10 882.81	0	0	10 882.81	0	0	10 882.81	0	3090.31

第四节 金矿预测成果

一、最小预测区分类统计

根据预测区成矿条件、已知矿床（点）分布情况、化探异常信息等，将最小预测区划分为 A、B、C 三类。

A 类：成矿条件有利，区内已发现有小型以上规模矿床，化探异常明显或较明显。
B 类：成矿条件有利，区内已发现矿点、矿化点，化探异常明显或较明显。
C 类：目前尚未发现矿床（点），但成矿条件有利，化探异常明显或较明显。

江苏省及上海市 9 个金矿预测工作区共划出 85 个最小预测区，其中 A 类 8 个，B 类 15 个，C 类区 62 个。详见表 7-19，图 7-5。

表 7-19 江苏省及上海市金矿预测类型及最小预测区数量一览表

预测工作区编号	预测工作区名称	预测方法类型	优选后最小预测区数量（个）			
			A 类	B 类	C 类	合计
3204401001	宁芜铜井式陆相火山岩型铜金矿预测工作区	火山型	2	9	3	14
3211401001	溧水铜井式陆相火山岩型金矿预测工作区	火山型	1	1	6	8
3211604001	溧水西横山式破碎蚀变岩型金矿预测工作区	复合内生型	1	0	5	6
3211601001	宁镇汤山式卡林型金矿预测工作区	复合内生型	2	0	2	4
3211602001	宁镇新桥式铁帽型金矿预测工作区	复合内生型	1	1	11	13
3211602002	宜溧新桥式铁帽型金矿预测工作区	复合内生型	0	3	16	19
3211201001	宜溧侵入岩体内及接触带型金矿预测工作区	侵入岩体型	1	0	4	5
3211603001	徐州-利国焦家式破碎蚀变岩型金矿预测工作区	复合内生型	0	1	4	5
3211603002	东海-新沂焦家式破碎蚀变岩型金矿预测工作区	复合内生型	0	0	11	11
全省合计			8	15	62	85

二、金矿预测资源量统计

江苏省及上海市 9 个金矿预测工作区预测资源量按照资源量预测方法、深度、精度、预测类型、可利用性和可信度分别统计如下：

（1）按资源量预测方法进行统计，见表 7-20。

图 7-5　江苏省及上海市金矿预测工作区及优选后最小预测区分布示意图

表 7-20　江苏省及上海市金矿资源地质体积法预测资源量统计表（不含已查明）

预测工作区编号	预测工作区名称	地质体积法(kg)
3204401001	宁芜铜井式陆相火山岩型铜金矿预测工作区	26 708.13
3211401001	溧水铜井式陆相火山岩型金矿预测工作区	4144.05
3211604001	溧水西横山式破碎蚀变岩型金矿预测工作区	4604.26
3211601001	宁镇汤山式卡林型金矿预测工作区	3971.34
3211602001	宁镇新桥式铁帽型金矿预测工作区	7831.27
3211602002	宜溧新桥式铁帽型金矿预测工作区	6783.00
3211201001	宜溧侵入岩体内及接触带型金矿预测工作区	1533.31
3211603001	徐州-利国焦家式破碎蚀变岩型金矿预测工作区	11 085.76
3211603002	东海-新沂焦家式破碎蚀变岩型金矿预测工作区	9987.65

（2）按预测资源量的深度、精度进行统计，见表 7-21。

（3）按矿床预测类型进行统计，见表 7-22。

（4）按预测资源量的潜在可利用性进行统计。根据金矿开采经济技术条件及目前矿山实际开采情况，埋深在 1000m 以内的金矿资源基本都可利用，具体统计见表 7-23。

（5）按可信度统计分析。以各预测工作区为单位，对各预测区的各级别资源总量进行可信度分析，分析方法是采用蒙特卡洛模拟（借助 MORAS 中的蒙特卡洛模拟模块进行）。经过蒙特卡洛模拟后的各金矿预测工作区资源量可信度统计见表 7-24。

表 7-21 江苏省及上海市金矿预测工作区预测资源量深度统计表

预测工作区编号	预测工作区名称	500m以浅预测资源量(kg)			1000m以浅预测资源量(kg)				2000m以浅预测资源量(kg)			
		334-1	334-2	334-3	合计	334-1	334-2	334-3	合计	334-1	334-2	334-3	合计
3204401001	宁芜铜井式陆相火山岩型铜金矿预测工作区	58.20	12 603.80	802.90	13 464.90	2811.80	22 290.53	1605.80	26 708.13	2811.80	22 290.53	1605.80	26 708.13
3211401001	溧水铜井式陆相火山岩型金矿预测工作区	532.08	262.31	1710.77	2505.16	776.85	524.62	2842.58	4144.05	776.85	524.62	2842.58	4144.05
3211604001	溧水西横山式破碎蚀变岩型金矿预测工作区	2364.76	0	2239.50	4604.26	2364.76	0	2239.50	4604.26	2364.76	0	2239.50	4604.26
3211601001	宁镇汤山式卡林型金矿预测工作区	3753.48	0	217.86	3971.34	3753.48	0	217.86	3971.34	3753.48	0	217.86	3971.34
3211602001	宁镇新桥式铁帽型金矿预测工作区	0	1170.63	6660.64	7831.27	0	1170.63	6660.64	7831.27	0	1170.63	6660.64	7831.27
3211602002	宜溧新桥式铁帽型金矿预测工作区	0	10 395.13	59 146.14	69 541.27	0	10 395.13	59 146.14	69 541.27	0	10 395.13	59 146.14	69 541.27
3211201001	宜溧侵入岩体内及接触带型金矿预测工作区	0	23 667.31	134 662.15	158 329.50	0	23 667.31	134 662.15	158 329.50	0	23 667.31	134 662.15	158 329.50
3211603001	徐州-利国焦家式破碎蚀变岩型金矿预测工作区	0	2093.32	4689.68	6783.00	0	2093.32	4689.68	6783.00	0	2093.32	4689.68	6783.00
3211603002	东海-新沂焦家式破碎蚀变岩型金矿预测工作区	374.06	0	1159.25	1533.31	374.06	0	1159.25	1533.31	374.06	0	1159.25	1533.31
		0	5780.35	5305.41	11 085.76	0	5780.35	5305.41	11 085.76	0	5780.35	5305.41	11 085.76
		0	0	8212.89	8212.89	0	0	9987.65	9987.65	0	0	9987.65	9987.65

表 7-22 江苏省及上海市金矿预测工作区预测资源量矿床类型精度统计表

预测工作区编号	预测工作区名称	火山岩型 (kg)				卡林型 (kg)				铁帽型 (kg)				破碎蚀变岩型 (kg)				侵入岩体内及接触带型 (kg)			
		334-1	334-2	334-3	合计	334-1	334-2	334-3	合计	334-1	334-2	334-3	合计	334-1	334-2	334-3	合计	334-1	334-2	334-3	合计
3204401001	宁芜铜井式陆相火山岩型铜金矿预测工作区	2811.80	22 290.53	1605.80	26 708.13																
3211401001	溧水铜井式陆相火山岩型金矿预测工作区	776.85	524.62	2842.58	4144.05																
3211604001	溧水西横山式破碎蚀变岩型金矿预测工作区													2364.76	0	2239.50	4604.26				
3211601001	宁镇汤山式卡林型金矿预测工作区					3753.48	0	217.86	3971.34												
3211602001	宁镇新桥式铁帽型金矿预测工作区									Au	0	1170.63	6660.64	7831.27								
										Pb(t)	10 395.13	59 146.14	69 541.27								
3211602002	宜溧新桥式铁帽型金矿预测工作区									Zn(t)	23 667.31	134 662.15	158 329.50								
										0	2093.32	4689.68	6783.00								
3211201001	宜溧侵入岩体内及接触带型金矿预测工作区																	374.06		1159.25	1533.31
3211603001	徐州-利国焦家式破碎蚀变岩型金矿预测工作区													0	5780.35	5305.41	11 085.76				
3211603002	东海-新沂焦家式破碎蚀变岩型金矿预测工作区													0	0	9987.65	9987.65		0		

表 7-23 江苏省及上海市金矿预测工作区预测资源量潜在可利用性统计表

预测工作区编号	预测工作区名称	可利用 (kg)			暂不可利用 (kg)		
		334-1	334-2	334-3	334-1	334-2	334-3
3204401001	宁芜铜井式陆相火山岩型铜金矿预测工作区	2811.80	22 290.53	1605.80	0	0	0
3211401001	溧水铜井式陆相火山岩型金矿预测工作区	776.85	524.62	2842.58	0	0	0
3211604001	溧水西横山式破碎蚀变岩型金矿预测工作区	2364.76	0	2239.50	0	0	0
3211601001	宁镇汤山式卡林型金矿预测工作区	3753.48	0	217.86			
3211602001	宁镇新桥式铁帽型金矿预测工作区	Au 0 Pb(t) 0 Zn(t) 0	1170.63 10 395.13 23 667.31	6660.64 59 146.14 134 662.15			
3211602002	宜溧新桥式铁帽型金矿预测工作区	0	2093.32	4689.68	0	0	0
3211201001	宜溧侵入岩体内及接触带型金矿预测工作区	374.06	0	1159.25	0	0	0
3211603001	徐州-利国焦家式破碎蚀变岩型金矿预测工作区	0	5780.35	5305.41	0	0	0
3211603002	东海-新沂焦家式破碎蚀变岩型金矿预测工作区	0	0	9987.65	0	0	0

表 7-24 江苏省及上海市金矿预测工作区预测资源量可信度统计表

预测工作区编号	预测工作区名称	≥0.75 资源量 (kg)			≥0.5 资源量 (kg)			≥0.25 资源量 (kg)		
		334-1	334-2	334-3	334-1	334-2	334-3	334-1	334-2	334-3
3204401001	宁芜铜井式陆相火山岩型铜金矿预测工作区	2811.80	2742.83	0	2811.80	22 290.53	0	2811.80	22 290.53	1605.80
3211401001	溧水铜井式陆相火山岩型金矿预测工作区	776.85	0	0	776.85	524.62	0	776.85	524.62	2842.58
3211604001	溧水西横山式破碎蚀变岩型金矿预测工作区	2364.76	0	0	2364.76	0	0	2364.76	0	2239.50
3211601001	宁镇汤山式卡林型金矿预测工作区	1324.91	0	0	3753.48	0	0	3753.48	0	217.86
3211602001	宁镇新桥式铁帽型金矿预测工作区	0	0	0	0	1170.63	0	0	1170.63	6660.64
3211602002	宜溧新桥式铁帽型金矿预测工作区	0	0	0	0	2093.32	0	0	2093.32	4689.68
3211201001	宜溧侵入岩体内及接触带型金矿预测工作区	374.06	0	0	374.06	0	0	374.06	0	1159.25
3211603001	徐州-利国焦家式破碎蚀变岩型金矿预测工作区	0	0	0	0	0	0	0	5780.35	5305.41
3211603002	东海-新沂焦家式破碎蚀变岩型金矿预测工作区	0	0	0	0	0	0	0	0	9987.65

第五节 银矿预测成果

一、圈定的最小预测区分类统计

根据预测区成矿条件、已知矿床（点）分布情况、化探异常信息等，将最小预测区划分为 A、B、C 三类。

A 类：成矿条件有利，区内已发现有小型以上规模矿床，化探异常明显或较明显。

B 类：成矿条件有利，区内已发现矿点、矿化点，化探异常明显或较明显。

C 类：目前尚未发现矿床（点），但成矿条件有利，化探异常明显或较明显。

江苏省及上海市 2 个银矿预测工作区共划出 11 个最小预测区，其中 A 类 5 个，C 类 6 个。详见表 7-25，图 7-6。

表 7-25　江苏省及上海市银矿最小预测区按类别划分一览表

预测工作区编号	预测工作区名称	预测方法类型	优选后最小预测区数量（个）			
			A 类	B 类	C 类	合计
3212501001	宁镇栖霞山式碳酸盐岩型铅锌银矿预测工作区	复合内生型	2	0	2	4
3212502002	苏州西部吴宅式矽卡岩型铅锌银矿预测工作区	层控内生型	3	0	4	7
全省合计			5	0	6	11

图 7-6　江苏省及上海市银矿预测工作区及优选后最小预测区分布示意图

二、银矿预测资源量统计

江苏省及上海市 2 个银矿预测工作区预测资源量按照资源量预测方法、精度、深度、矿床类型、可利用性和可信度分别统计如下:

(1)按资源量预测方法进行统计,见表 7-26。

表 7-26　江苏省及上海市银矿地质体积法预测资源量统计表(不含已查明)

预测工作区编号	预测工作区名称	地质体积法(t)
3212501001	宁镇栖霞山式碳酸盐岩型铅锌银矿预测工作区	1802.17
3212502002	苏州西部吴宅式矽卡岩型铅锌银矿预测工作区	372.90
	全省合计	2175.07

(2)按预测资源量的精度进行统计,见表 7-27。

表 7-27　江苏省及上海市银矿预测工作区预测资源量精度统计表

预测工作区编号	预测工作区名称	预测资源量(t)		
		334-1	334-2	334-3
3212501001	宁镇栖霞山式碳酸盐岩型铅锌银矿预测工作区	521.92	0	1280.25
3212502002	苏州西部吴宅式矽卡岩型铅锌银矿预测工作区	232.27	0	140.63
	全省合计	754.19	0	1420.88

(3)按深度进行统计,见表 7-28。

表 7-28　江苏省及上海市银矿预测工作区预测资源量深度统计表

预测工作区编号	预测工作区名称	500m 以浅预测资源量(t)	1000m 以浅预测资源量(t)	2000m 以浅预测资源量(t)
3212501001	宁镇栖霞山式碳酸盐岩型铅锌银矿预测工作区	1289.04	1802.17	1802.17
3212502002	苏州西部吴宅式矽卡岩型铅锌银矿预测工作区	291.22	372.90	372.90

(4)按矿床类型进行统计,见表 7-29。

表 7-29　江苏省及上海市银矿预测工作区预测资源量矿床类型统计表

预测工作区编号	预测工作区名称	碳酸盐岩型(t)	矽卡岩型(t)
3212501001	宁镇栖霞山式碳酸盐岩型铅锌银矿预测工作区	1802.17	
3212502002	苏州西部吴宅式矽卡岩型铅锌银矿预测工作区		372.90

(5)按预测资源量的潜在可利用性进行统计。根据银矿开采经济技术条件及目前矿山实际开采情况,埋深在 1000m 以内的银矿资源基本可利用,而 1000m 以下的暂不可利用,具体统计见表 7-30。

表 7-30 江苏省及上海市银矿预测工作区预测资源量潜在可利用性统计表

预测工作区编号	预测工作区名称	可利用(t)			暂不可利用(t)		
		334-1	334-2	334-3	334-1	334-2	334-3
3212501001	宁镇栖霞山式碳酸盐岩型铅锌银矿预测工作区	521.92	0	1280.25	0	0	0
3212502002	苏州西部吴宅式矽卡岩型铅锌银矿预测工作区	232.27	0	140.63	0	0	0

(6)按可信度统计分析。以各预测工作区为单位,对各预测区的各级别资源总量进行可信度分析,分析方法是采用蒙特卡洛模拟(借助 MRAS 中的蒙特卡洛模拟模块进行)。经过蒙特卡洛模拟后的各预测工作区资源量可信度统计见表 7-31。

表 7-31 江苏省及上海市银矿预测工作区预测资源量可信度统计表

预测工作区编号	预测工作区名称	≥0.75(t)			≥0.5(t)			≥0.25(t)		
		334-1	334-2	334-3	334-1	334-2	334-3	334-1	334-2	334-3
3212501001	宁镇栖霞山式碳酸盐岩型铅锌银矿预测工作区	521.92	0	0	521.92	0	0	521.92	0	1280.25
3212502002	苏州西部吴宅式矽卡岩型铅锌银矿预测工作区	232.27	0	0	232.27	0	0	232.27	0	140.63

第六节 钼矿预测成果

一、最小预测区统计

根据预测区成矿条件、已知矿床(点)分布情况、化探异常信息等,将最小预测区划分为 A、B、C 三类。

A 类:成矿条件有利,区内已发现有小型以上规模矿床,化探异常明显或较明显。
B 类:成矿条件有利,区内已发现矿点、矿化点,化探异常明显或较明显。
C 类:目前尚未发现矿床(点),但成矿条件有利,化探异常明显或较明显。

江苏省及上海市 3 个钼矿预测工作区共划出 26 个最小预测区,其中 A 类 4 个,B 类 3 个,C 类 19 个。见表 7-32,图 7-7。

表 7-32 江苏省及上海市钼矿预测工作区分类分级统计表

预测工作区编号	预测工作区名称	最小预测区分类		预测资源量类别		
		类别	数量(个)	334-1 Mo(t)	334-2 Mo(t)	334-3 Mo(t)
3210202001	宁镇铜山式矽卡岩型钼矿预测工作区	A	3	10 955.34		
		B	1		406.31	
		C	10			8291.56

续表 7-32

预测工作区编号	预测工作区名称	最小预测区分类		预测资源量类别		
				334-1	334-2	334-3
		类别	数量(个)	Mo(t)	Mo(t)	Mo(t)
3210201001	宁镇谏壁式斑岩型钼矿预测工作区	A	1	17 032.12		
		B	1		13 381.04	
		C	7			20 541.92
3210201002	盱眙谏壁式斑岩型钼矿预测工作区	A	0			
		B	1		6597.82	
		C	2			3349.49

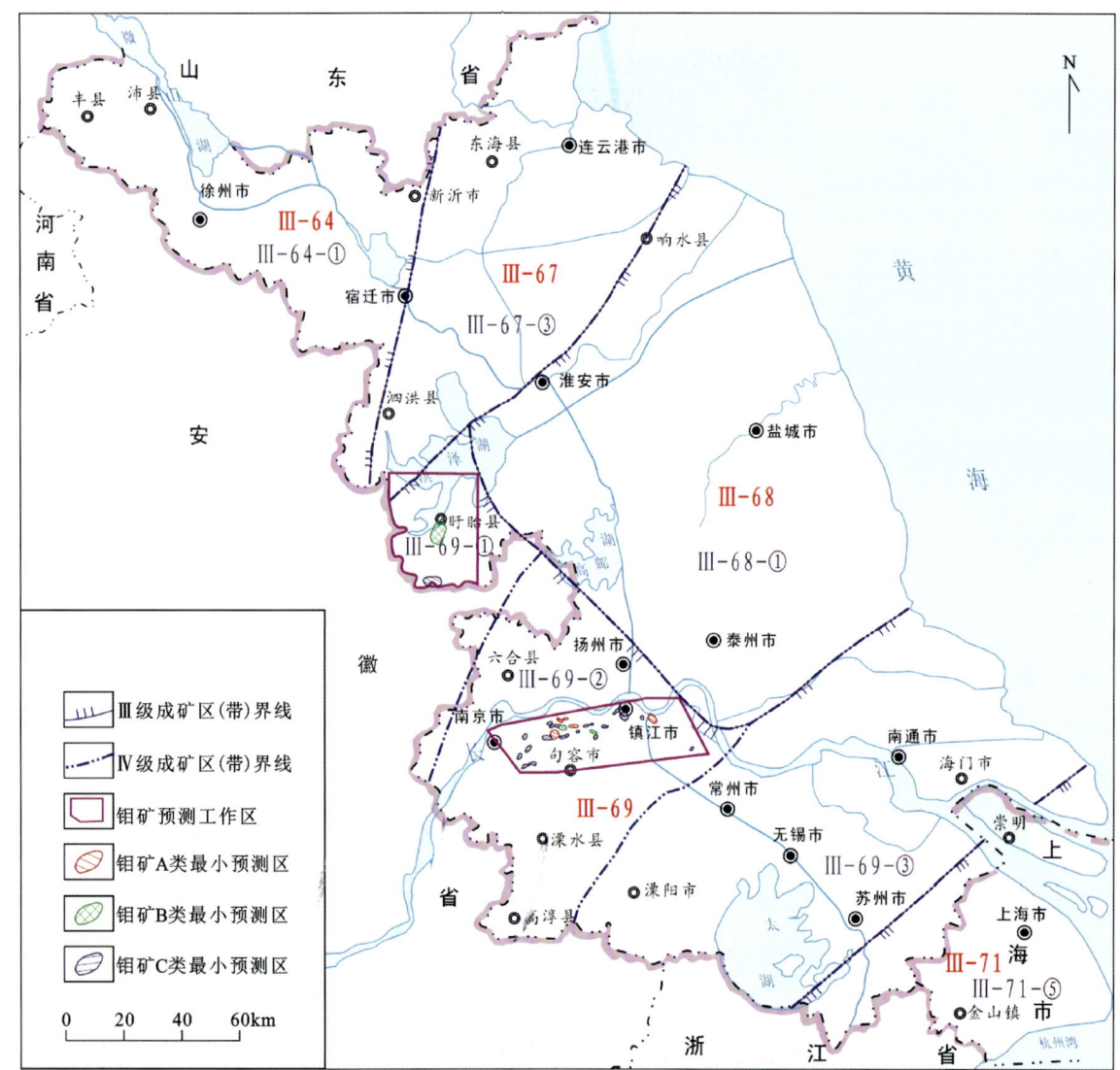

图 7-7 江苏省及上海市钼矿预测工作区及优选后最小预测区分布示意图

二、钼矿预测资源量统计

江苏省及上海市 3 个钼矿预测工作区预测资源量按照资源量预测方法、精度、深度、矿床类型、可利用性和可信度分别统计如下：

(1) 按资源量预测方法进行统计，见表7-33。

表7-33 江苏省及上海市钼矿资源地质体积法预测资源量统计表（不含已查明）

预测工作区编号	预测工作区名称	预测资源量(t)
3210202001	宁镇铜山式矽卡岩型钼矿预测工作区	19 653.21
3210201001	宁镇谏壁式斑岩型钼矿预测工作区	50 955.08
3210201002	盱眙谏壁式斑岩型钼矿预测工作区	9947.31
全省合计		80 555.60

(2) 按预测资源量的精度进行统计，见表7-34。

表7-34 江苏省及上海市钼矿预测工作区预测资源量精度统计表

预测工作区编号	预测工作区名称	预测资源量(t)			
		334-1	334-2	334-3	合计
3210202001	宁镇铜山式矽卡岩型钼矿预测工作区	10 955.34	406.31	8291.56	19 653.21
3210201001	宁镇谏壁式斑岩型钼矿预测工作区	17 032.12	13 381.04	20 541.92	50 955.08
3210201002	盱眙谏壁式斑岩型钼矿预测工作区		6597.82	3349.49	9947.31

(3) 按深度进行统计，见表7-35。

表7-35 江苏省及上海市钼矿预测工作区预测资源量深度统计表

预测工作区编号	预测工作区名称	500m以浅预测资源量(t)	1000m以浅预测资源量(t)	2000m以浅预测资源量(t)
3210202001	宁镇铜山式矽卡岩型钼矿预测工作区	6067.94	15 004.50	19 653.21
3210201001	宁镇谏壁式斑岩型钼矿预测工作区	18 463.76	37 709.64	50 955.08
3210201002	盱眙谏壁式斑岩型钼矿预测工作区	7866.49	9947.31	9947.31

(4) 按矿床类型进行统计，见表7-36。

表7-36 江苏省及上海市钼矿预测工作区预测资源量矿床类型精度统计表

预测工作区编号	预测工作区名称	斑岩型(t)				矽卡岩型(t)			
		334-1	334-2	334-3	合计	334-1	334-2	334-3	合计
3210202001	宁镇铜山式矽卡岩型钼矿预测工作区					10 955.34	406.31	8291.56	19 653.21
3210201001	宁镇谏壁式斑岩型钼矿预测工作区	17 032.12	13 381.04	20 541.92	50 955.08				
3210201002	盱眙谏壁式斑岩型钼矿预测工作区		6597.82	3349.49	9947.31				

(5)按预测资源量的潜在可利用性进行统计。根据钼矿开采经济技术条件及目前矿山实际开采情况,对1000m以下的钼矿资源作为暂不可利用。各预测工作区可利用性统计见表7-37。

表7-37 江苏省及上海市钼矿预测工作区预测资源量潜在可利用性统计表

预测工作区编号	预测工作区名称	可利用(t)				暂不可利用(t)			
		334-1	334-2	334-3	合计	334-1	334-2	334-3	合计
3210202001	宁镇铜山式矽卡岩型钼矿预测工作区	6442.07	270.87	8291.56	15 004.5	4513.27	135.44		4648.71
3210201001	宁镇谏壁式斑岩型钼矿预测工作区	7569.83	10 293.11	19 846.70	37 709.64	9462.29	3087.93	695.22	13 245.44
3210201002	盱眙谏壁式斑岩型钼矿预测工作区	0	6597.82	3349.49	9947.31				

(6)按可信度统计分析。以各预测工作区为单位,对各预测区的各级别资源总量进行可信度分析,分析方法是采用蒙特卡洛模拟法(借助MORAS中的蒙特卡洛模拟模块进行)。经过蒙特卡洛模拟后的各预测工作区资源量可信度统计见表7-38。

表7-38 江苏省及上海市钼矿预测工作区预测资源量可信度统计表

预测工作区编号	预测工作区名称	≥0.75(t)			≥0.5(t)			≥0.25(t)		
		334-1	334-2	334-3	334-1	334-2	334-3	334-1	334-2	334-3
3210202001	宁镇铜山式矽卡岩型钼矿预测工作区	10 955.34			10 955.34	406.31	3225.75	10 955.34	406.31	8291.56
3210201001	宁镇谏壁式斑岩型钼矿预测工作区	17 032.12			17 032.12	13 381.04		17 032.12	13 381.04	20 541.92
3210201002	盱眙谏壁式斑岩型钼矿预测工作区					6597.82			6597.82	3349.49

第七节 磷矿预测成果

一、最小预测区统计

根据预测区成矿特点、已知矿床(点)分布情况、物化探异常信息等,将最小预测区划分为A、B、C三类。

A类:成矿条件有利,区内已发现有小型以上规模矿床,重力或磁异常明显或较明显。
B类:成矿条件有利,区内已发现矿点、矿化点,重力或磁异常明显或较明显。
C类:成矿条件有利,重力或磁异常明显或较明显。
江苏省及上海市2个磷矿预测工作区共划分为14个最小预测区,其中A类4个,C类10个。见表7-39,图7-8。

表 7-39　江苏省及上海市磷矿预测类型及最小预测区数量一览表

预测工作区编号	预测工作区名称	预测方法类型	初步圈定预测单元数量（个）	优选后最小预测区数量（个）			
				A类	B类	C类	合计
3218301001	连云港-泗洪海州式沉积变质型磷矿预测工作区	变质型	11	3	0	8	11
3218401001	宁芜宁芜式玢岩型磷矿预测工作区	火山岩型	3	1	0	2	3
全省合计			14	4	0	10	14

图 7-8　江苏省及上海市磷矿预测工作区及优选后最小预测区分布示意图

二、磷矿预测资源量统计

江苏省及上海市 2 个磷矿预测工作区预测资源量按资源量预测方法、精度、深度、矿床类型、可利用性统计如下：

（1）按资源量预测方法进行统计，见表 7-40。

表 7-40　江苏省及上海市磷矿地质体积法预测资源量统计表（不含已查明）

预测工作区编号	预测工作区名称	预测资源量（×10⁴t）
		地质体积法
3218301001	连云港-泗洪海州式沉积变质型磷矿预测工作区	29 133.04
3218401001	宁芜式玢岩型磷矿预测工作区	1498.34

(2)各预测工作区按精度统计的资源量见表7-41。

表7-41 江苏省及上海市磷矿预测工作区预测资源量精度统计表

预测工作区编号	预测工作区名称	预测资源量($\times 10^4$ t)			
		334-1	334-2	334-3	合计
3218301001	连云港-泗洪海州式沉积变质型磷矿预测工作区	12 116.2018	0	17 016.8400	29 133.0418
3218401001	宁芜宁芜式玢岩型磷矿预测工作区	471.0468	0	1027.2900	1498.3368
全省合计		12 587.2486	0	18 044.1300	30 631.3786

(3)各预测工作区按深度统计的资源量见表7-42。

表7-42 江苏省及上海市磷矿预测工作区预测资源量深度统计表

预测工作区编号	预测工作区名称	500m以浅预测资源量($\times 10^4$ t)	1000m以浅预测资源量($\times 10^4$ t)	2000m以浅预测资源量($\times 10^4$ t)
3218301001	连云港-泗洪海州式沉积变质型磷矿预测工作区	11 573.67	29 133.04	29 133.04
3218401001	宁芜宁芜式玢岩型磷矿预测工作区	1206.60	1498.34	1498.34

(4)各预测工作区按矿床类型统计的资源量见表7-43。

表7-43 江苏省及上海市磷矿预测工作区预测资源量矿床类型、精度统计表

预测工作区编号	预测工作区名称	玢岩型($\times 10^4$ t)				沉积变质型($\times 10^4$ t)			
		334-1	334-2	334-3	合计	334-1	334-2	334-3	合计
3218301001	连云港-泗洪海州式沉积变质型磷矿预测工作区	0	0	0	0	12 116.20	0	17 016.84	29 133.04
3218401001	宁芜宁芜式玢岩型磷矿预测工作区	471.05	0	1027.29	1498.34	0	0	0	0

(5)按可利用性统计。根据江苏省及上海市磷矿开采经济技术条件及目前矿山实际开采情况,连云港-泗洪预测工作区埋深在1000m以内的磷矿资源基本可利用,而1000m以下的暂不可利用,其所有最小预测区含矿地质体推测埋深都在1000m以内,因此都当作可利用的;而宁芜预测工作区的磷矿因为矿石类型、开采条件及其经济价值等各种因素,目前作为暂不可利用的资源,具体统计见表7-44。

表7-44 江苏省及上海市磷矿预测工作区预测资源量潜在可利用性统计表

预测工作区编号	预测工作区名称	可利用($\times 10^4$ t)				暂不可利用($\times 10^4$ t)			
		334-1	334-2	334-3	合计	334-1	334-2	334-3	合计
3218301001	连云港-泗洪海州式沉积变质型磷矿预测工作区	12 116.20	0	17 016.84	29 133.04	0	0	0	0
3218401001	宁芜宁芜式玢岩型磷矿预测工作区	0	0	0	0	471.05	0	1027.29	1498.34

第八节 硫铁矿预测成果

一、最小预测区统计

根据预测区成矿特点、已知矿床(点)分布情况、物化探异常信息等,将最小预测区划分为 A、B、C 三类。

A 类:成矿条件有利,区内已发现有小型以上规模矿床,重力或磁异常明显或较明显。
B 类:成矿条件有利,区内已发现矿点、矿化点,重力或磁异常明显或较明显。
C 类:成矿条件有利,重力或磁异常明显或较明显。

江苏省及上海市 4 个硫铁矿预测工作区共划分为 44 个最小预测区,其中 A 类 10 个,B 类 3 个,C 类 31 个。见表 7-45,图 7-9。

表 7-45 江苏省及上海市硫铁矿最小预测区按类别划分一览表

预测工作区编号	预测工作区名称	预测方法类型	优选后最小预测区数量(个)			
			A 类	B 类	C 类	合计
3219401001	宁芜云台山式陆相火山岩型硫铁矿预测工作区	火山岩型	2	0	7	9
3219401002	溧水云台山式陆相火山岩型硫铁矿预测工作区	火山岩型	1	0	4	5
3219202002	苏州西部铜陵式矽卡岩型硫铁矿预测工作区	侵入岩体型	2	0	7	9
3219202001	宁镇铜陵式矽卡岩型硫铁矿预测工作区	侵入岩体型	5	3	13	21
全省合计			10	3	31	44

图 7-9 江苏省及上海市硫铁矿预测工作区及优选后最小预测区分布示意图

二、硫铁矿预测资源量统计

江苏省及上海市 4 个硫铁矿预测工作区预测资源量按照资源量预测方法、深度、精度、矿床类型、可利用性和可信度分别统计如下：

(1)按资源量预测方法进行统计，见表 7-46。

表 7-46　江苏省及上海市硫铁矿资源地质体积法预测资源量统计表(不含已查明)

预测工作区编号	预测工作区名称	预测资源量(矿石,×10⁴ t)	其他矿种共生硫铁矿(矿石,×10⁴ t)	其他矿种伴生硫(硫,×10⁴ t)
3219401001	宁芜云台山式陆相火山岩型硫铁矿预测工作区	8818.00		铁矿伴生:6.69
3219401002	溧水云台山式陆相火山岩型硫铁矿预测工作区	413.54		
3219202002	苏州西部铜陵式矽卡岩型硫铁矿预测工作区	1154.73	铁矿共生:578.30	
3219202001	宁镇铜陵式矽卡岩型硫铁矿预测工作区	4937.21	铅锌矿共生:1015.75 铜矿共生:921.16 铁矿共生:210.53	铜矿伴生:1.40

(2)各预测工作区按精度统计的资源量见表 7-47。

表 7-47　江苏省及上海市硫铁矿预测工作区预测资源量精度统计表

预测工作区编号	预测工作区名称	预测资源量(含共生硫铁矿,矿石量,×10⁴ t)			
		334-1	334-2	334-3	合计
3219401001	宁芜云台山式陆相火山岩型硫铁矿预测工作区	4001.09	0	4816.91	8818.00
3219401002	溧水云台山式陆相火山岩型硫铁矿预测工作区	129.64	0	283.90	413.54
3219202002	苏州西部铜陵式矽卡岩型硫铁矿预测工作区	621.97	0	1111.07	1733.04
3219202001	宁镇铜陵式矽卡岩型硫铁矿预测工作区	1700.76	655.13	4728.76	7084.65

(3)各预测工作区按深度统计的资源量见表 7-48。

(4)各预测工作区按矿床类型统计的资源量见表 7-49。

(5)按可利用性统计。根据江苏省及上海市硫铁矿开采经济技术条件及目前矿山实际开采情况，将 1000m 以下的当作暂不可利用的，此外，如岔路口硫铁矿因为在市区范围内，其所在的最小预测区的资源量也当作暂不可利用的。本次预测资源量的可利用性具体统计见表 7-50。

第七章　矿产预测成果汇总

表 7-48　江苏省及上海市硫铁矿预测工作区预测资源量深度、精度统计表

预测工作区编号	预测工作区名称	500m 以浅预测资源量（含共生硫铁矿，×10⁴t）				1000m 以浅预测资源量（含共生硫铁矿，×10⁴t）				2000m 以浅预测资源量（含共生硫铁矿，×10⁴t）			
		334-1	334-2	334-3	合计	334-1	334-2	334-3	合计	334-1	334-2	334-3	合计
3219401001	宁芜云台山式陆火山岩型硫铁矿预测工作区	1712.56	0	4314.01	6026.56	3547.33	0	4816.91	8364.24	4001.09	0	4816.91	8818.00
3219401002	溧水云台山式陆相火山岩型硫铁矿预测工作区	76.31	0	185.26	261.57	129.64	0	283.90	413.54	129.64	0	283.90	413.54
3219202002	苏州西部铜陵式矽卡岩型硫铁矿预测工作区	274.82	0	1007.72	1282.54	621.97	0	1111.07	1733.04	621.97	0	1111.07	1733.04
3219202001	宁镇铜陵式矽卡岩型硫铁矿预测工作区	15.44	271.39	3289.63	3576.46	1108.53	542.77	4728.76	6380.06	1700.76	655.13	4728.76	7084.65

表 7-49　江苏省及上海市硫铁矿预测工作区预测资源量矿床类型统计表

预测工作区编号	预测工作区名称	陆相火山岩型（×10⁴t）				矽卡岩型（含共生硫铁矿，×10⁴t）			
		334-1	334-2	334-3	合计	334-1	334-2	334-3	合计
3219401001	宁芜云台山式陆火山岩型硫铁矿预测工作区	4001.09	0	4816.91	8818.00				
3219401002	溧水云台山式陆相火山岩型硫铁矿预测工作区	129.64	0	283.90	413.54				
3219202002	苏州西部铜陵式矽卡岩型硫铁矿预测工作区					621.97	0	1111.07	1733.04
3219202001	宁镇铜陵式矽卡岩型硫铁矿预测工作区					1700.76	6551.3	47 287.6	70 846.5

表 7-50　江苏省及上海市硫铁矿预测工作区预测资源量潜在可利用性统计表

预测工作区编号	预测工作区名称	可利用（含共生硫铁矿，×10⁴t）				暂不可利用（含共生硫铁矿，×10⁴t）			
		334-1	334-2	334-3	合计	334-1	334-2	334-3	合计
3219401001	宁芜云台山式陆火山岩型硫铁矿预测工作区	3547.33	0	4816.91	8364.24	453.76	0	0	453.76
3219401002	溧水云台山式陆相火山岩型硫铁矿预测工作区	129.64	0	283.90	413.54	0	0	0	0
3219202002	苏州西部铜陵式矽卡岩型硫铁矿预测工作区	621.97	0	1111.07	1733.04	0	0	0	0
3219202001	宁镇铜陵式矽卡岩型硫铁矿预测工作区	900.08	542.7	4728.76	6171.61	800.68	112.36	0	913.04

(6) 按可信度统计。以各预测工作区为单位,对各预测区的各级别资源总量进行可信度分析,分析方法是采用蒙特卡洛模拟(借助 MORAS 中的蒙特卡洛模拟模块进行),经过蒙特卡洛模拟后的各预测工作区资源量可信度统计见表 7-51。

表 7-51　江苏省及上海市硫铁矿预测工作区预测资源量可信度统计表

预测工作区编号	预测工作区名称	≥0.75($\times 10^4$ t)			≥0.5($\times 10^4$ t)			≥0.25($\times 10^4$ t)		
		334-1	334-2	334-3	334-1	334-2	334-3	334-1	334-2	334-3
3219401001	宁芜云台山式陆相火山岩型硫铁矿预测工作区	4001.09	0	0	4001.09	0	0	4001.09	0	4816.91
3219401002	溧水云台山式陆相火山岩型硫铁矿预测工作区	129.64	0	0	129.64	0	0	129.64	0	283.90
3219202002	苏州西部铜陵式矽卡岩型硫铁矿预测工作区	621.97	0	0	621.97	0	0	621.97	0	1111.07
3219202001	宁镇铜陵式矽卡岩型硫铁矿预测工作区	1700.76	0	0	1700.76	655.13	0	1700.76	6551.3	4728.76

第九节　萤石矿预测成果

一、最小预测区统计

根据预测区成矿特点、已知矿床(点)分布情况、成矿条件等,将最小预测区划分为 A、B、C 三类。

A 类:成矿条件有利,区内已发现有小型以上规模矿床,成矿条件好。
B 类:成矿条件有利,区内已发现矿点、矿化点,成矿条件较好。
C 类:成矿条件有利,区内无矿点、矿化点,成矿条件一般。

江苏省及上海市 1 个萤石矿预测区共划分为 6 个最小预测区,其中 A 类 1 个,B 类 2 个,C 类 3 个。见表 7-52,图 7-10。

表 7-52　江苏省及上海市萤石矿最小预测区按类别划分一览表

预测工作区编号	预测工作区名称	预测方法类型	优选后最小预测区数量			
			A 类	B 类	C 类	合计
3222201001	苏州西部俞石泉式热液充填型萤石矿预测工作区	热液充填型	1	2	3	6
全省合计			1	2	3	6

图 7-10　江苏省及上海市萤石矿预测工作区及优选后最小预测区分布示意图

二、萤石矿预测资源量统计

（1）按资源量预测方法进行统计，见表 7-53。

表 7-53　江苏省及上海市萤石矿地质体积法预测资源量统计表（不含已查明）

预测工作区编号	预测工作区名称	地质体积法（×10⁴t）
3222201001	苏州西部俞石泉式热液充填型萤石矿预测工作区	129.63

（2）各预测工作区按精度统计的资源量见表 7-54。

表 7-54　江苏省及上海市萤石矿预测工作区预测资源量精度统计表

预测工作区编号	预测工作区名称	预测资源量（×10⁴t）			
		334-1	334-2	334-3	合计
3222201001	苏州西部俞石泉式热液充填型萤石矿预测工作区	36.42	23.68	69.53	129.63

(3)各预测工作区按深度统计的资源量见表7-55。

表7-55 江苏省及上海市萤石矿预测工作区预测资源量深度统计表

预测工作区编号	预测工作区名称	500m以浅预测资源量($\times 10^4$t)	1000m以浅预测资源量($\times 10^4$t)	2000m以浅预测资源量($\times 10^4$t)
3222201001	苏州西部俞石泉热液充填型萤石矿预测工作区	54.32	129.63	129.63

(4)各预测工作区按矿床类型统计的资源量见表7-56。

表7-56 江苏省及上海市萤石矿预测工作区预测资源量矿床类型统计表

预测工作区编号	预测工作区名称	热液充填型($CaF_2 \times 10^4$t)			
		334-1	334-2	334-3	合计
3222201001	苏州西部俞石泉热液充填型萤石矿预测工作区	36.42	23.68	69.53	129.63

(5)按可利用性统计。根据本省萤石矿开采经济技术条件及目前矿山实际开采情况,埋深在1000m以内的萤石矿资源基本可利用,而1000m以下的暂不可利用,具体统计见表7-57。

表7-57 江苏省及上海市萤石矿预测工作区预测资源量潜在可利用性统计表

预测工作区编号	预测工作区名称	可利用($\times 10^4$t)			暂不可利用($\times 10^4$t)		
		334-1	334-2	334-3	334-1	334-2	334-3
3222201001	苏州西部俞石泉热液充填型萤石矿预测工作区	36.42	23.68	69.53	0	0	0

(6)按可信度统计。以预测工作区为单位,对预测区的各级别资源总量进行可信度分析,分析方法是采用蒙特卡洛模拟法(借助MRAS中的蒙特卡洛模拟模块进行),经过蒙特卡洛模拟后的各预测工作区资源量可信度统计见表7-58。

表7-58 江苏省及上海市萤石矿预测工作区预测资源量可信度统计表

预测工作区编号	预测工作区名称	$\geqslant 0.75(\times 10^4$t)			$\geqslant 0.5(\times 10^4$t)			$\geqslant 0.25(\times 10^4$t)		
		334-1	334-2	334-3	334-1	334-2	334-3	334-1	334-2	334-3
3222201001	苏州西部俞石泉热液充填型萤石矿预测工作区	36.42	0	0	36.42	23.68	0	36.42	23.67	69.53

第十节 煤炭预测成果

一、煤炭资源预测块段(远景区)统计

江苏省煤炭资源主要分布于华北陆块南缘的徐沛地区和下扬子陆块的苏南地区,徐沛区分为徐州矿区和丰沛矿区,苏南区分为宁镇煤产地、常州煤产地、宜溧煤产地、锡澄虞煤产地和苏州煤产地,见图7-11。在比较全面地研究、认识全省煤田地质特征、控煤构造及聚煤规律的基础上,对上述7个主要矿

区、煤产地的深部及外围的主要煤层资源量进行了预测。预测含煤总面积1567km²,其中徐州矿区和丰沛矿区预测面积为722km²,占总面积的46%,苏南5个煤产地预测面积为835km²,占总预测面积的54%。全省参与预测的7个矿区或煤产地,共圈定预测块段78个。详见表7-59。

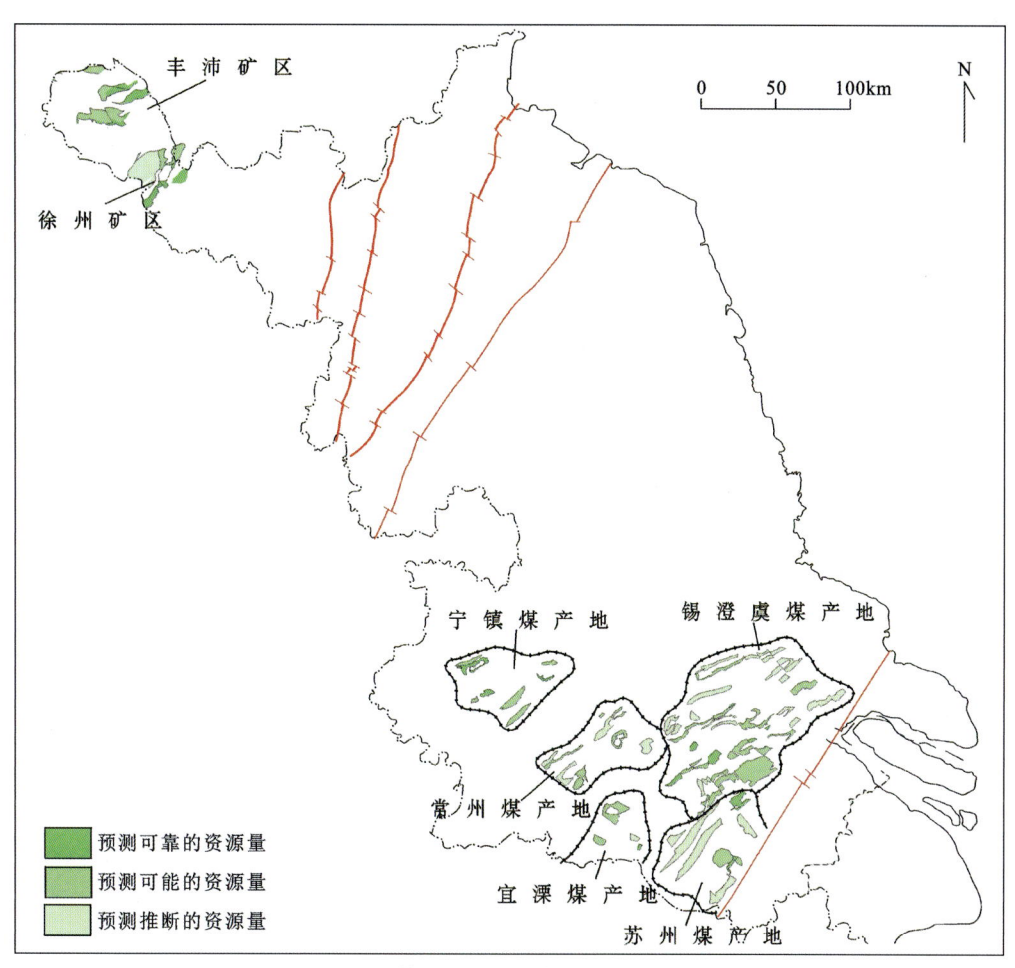

图7-11　江苏省及上海市煤炭预测资源分布图

表7-59　全省煤炭预测块段(远景区)数量统计表

Ⅲ级成矿区(带)	矿区或煤产地	预测含煤面积(km²)	预测块段(远景区)数(个)
Ⅲ-64鲁西(断隆、含淮北)金、铁、铝土矿、煤、金刚石成矿区	徐州矿区	342	7
	丰沛矿区	380	7
Ⅲ-69长江中下游铜、金、铁、铅、锌(锶、钨、钼、锑)、硫、石膏成矿带	宁镇煤产地	114	8
	常州煤产地	155	9
	宜溧煤产地	78	4
	锡澄虞煤产地	349	35
	苏州煤产地	149	8
全省合计		1567	78

二、煤炭预测资源量统计

江苏省预测潜在煤炭资源总量 53.53×10^8 t,其中徐沛煤田 38.60×10^8 t,占预测总量的 72%;苏南区为 14.93×10^8 t,占预测总量的 28%。

1. 按深度统计

全省 600m 以浅预测量为 2.91×10^8 t,占预测总量的 5.43%;600~1000m 预测量为 6.54×10^8 t,占预测总量的 12.22%;1000~1500m 预测量为 25.54×10^8 t,占预测总量的 47.71%;1500~2000m 预测量为 18.54×10^8 t,占预测总量的 34.64%。详见表 7-60。

表 7-60 全省煤炭预测资源量汇总表(按深度)

Ⅲ级成矿区(带)	矿区或煤产地	预测含煤面积(km²)	潜在资源量($\times10^4$ t)				
			0~600m	600~1000m	1000~1500m	1500~2000m	合计
Ⅲ-64 鲁西(断隆、含淮北)金、铁、铝土矿、煤、金刚石成矿区	徐州矿区	342	2446	12 261	91 207	96 227	202 141
	丰沛矿区	380	2260	5272	87 110	89 178	183 820
Ⅲ-69 长江中下游铜、金、铁、铅、锌(锡、钨、钼、锑)硫、石膏成矿带	宁镇煤产地	114	769	7208	10 616		18 593
	常州煤产地	155	1034	6145	21 188		28 367
	宜溧煤产地	78	908	6048	4178		11 134
	锡澄虞煤产地	349	9986	14 942	23 944		48 872
	苏州煤产地	149	11 672	13 516	17 150		42 338
全省合计		1567	29 075	65 392	255 393	185 405	535 265

2. 按预测资源量级别统计

按级别:可靠级(334-1)预测量为 20.07×10^8 t,占预测总量的 37.49%;可能级(334-2)预测量为 16.29×10^8 t,占预测总量的 30.44%;推断级(334-3)预测量为 17.16×10^8 t,占预测总量的 32.07%。详见表 7-61。

3. 按煤类统计

煤类齐全,预测资源总量中,气煤类占 35.32×10^8 t,为总量的 65.99%;焦煤类占 6.29×10^8 t,为总量的 11.75%;肥煤类占 3.72×10^8 t,为总量的 6.96%;贫煤类占 3.63×10^8 t,为总量的 6.77%,其他煤类各自占的比例很小。徐沛煤田以气煤类为主,少部分区段为肥煤和焦煤类;苏南区以焦煤、贫煤类为主,部分为肥煤、瘦煤、无烟煤等。两大煤田区均有天然焦分布。见表 7-62,图 7-12。

表 7-61 江苏省煤炭预测资源量汇总表（按级别） （单位：$\times 10^4$ t）

Ⅲ级成矿区（带）	矿区或煤产地	预测含煤面积（km²）	潜在资源量	资源量分级		
				334-1	334-2	334-3
Ⅲ-64 鲁西（断隆、含淮北）金、铁、铝土矿、煤、金刚石成矿区	徐州矿区	342	202 141	78 726	33 201	90 214
	丰沛矿区	380	183 820	114 611	69 209	0
Ⅲ-69 长江中下游铜、金、铁、铅、锌（锡、钨、钼、锑）、硫、石膏成矿带	宁镇煤产地	114	18 593	1535	6787	10 271
	常州煤产地	155	28 367	0	17 558	10 809
	宜溧煤产地	78	11 134	774	9041	1319
	锡澄虞煤产地	349	48 872	2982	15 207	30 683
	苏州煤产地	149	42 338	2048	11 934	28 356
全省合计		1567	535 265	200 676	162 937	171 652

表 7-62 江苏省预测煤炭资源量煤类统计汇总表 （单位：$\times 10^4$ t）

省份	潜在资源量									合计
	煤 种									
	气煤	气肥煤	肥煤	1/3焦煤	焦煤	瘦煤	贫瘦煤	贫煤	无烟煤	
江苏省及上海市	353 213	774	37 242	6226	62 899	18 457	1672	36 246	18 536	535 265
占总量（%）	65.99	0.14	6.96	1.16	11.75	3.45	0.31	6.77	3.46	

三、煤炭预测资源评价

1. 徐州矿区

含煤地层为石炭系太原组、二叠系山西组和石盒子组。共含稳定和较稳定煤层 5～7 层，煤层总厚 5.28～10.32m。矿区预测有景山、刘集、垞城深部、马坡东部、马坡西部、郑集深部、凤凰山 7 个块段。预测含煤面积 341.89km²。预测煤炭资源量为 20.21×10^8 t，其中 1000m 以浅预测量 1.47×10^8 t，1000～2000m 范围预测量 18.74×10^8 t；预测可靠级资源量占 7.87t，可能级资源量占 3.32×10^8 t，推断级资源量占 9.02×10^8 t。

煤种以气煤、气肥煤为主，有岩浆侵入影响的区段，如马坡和郑集区出现多种煤类及天然焦。

徐州矿区预测煤炭资源总量不算少，但 92.7% 分布在埋深 1000～2000m 范围内，8.6% 的较浅部分集中分布在湖区，部分煤层受岩浆岩的干扰破坏较严重。尽管如此，大部分资源仍然是有开发价值的。根据预测资源赋存情况，大部分区域可近期勘探，但一些埋藏较深、含煤性较差的区域，不宜在近期有过多的投入，可作为矿区发展远景规划之用。

2. 丰沛矿区

丰沛矿区被厚 150～480m 第四纪松散层所覆盖，为全隐伏煤田。含煤地层为上石炭统太原组及下二叠统山西组。矿区预测有丰东、沛西、郝寨、小屯-朱王庄、安国、张黄庄、首羡集-丁楼 7 个块段，含煤

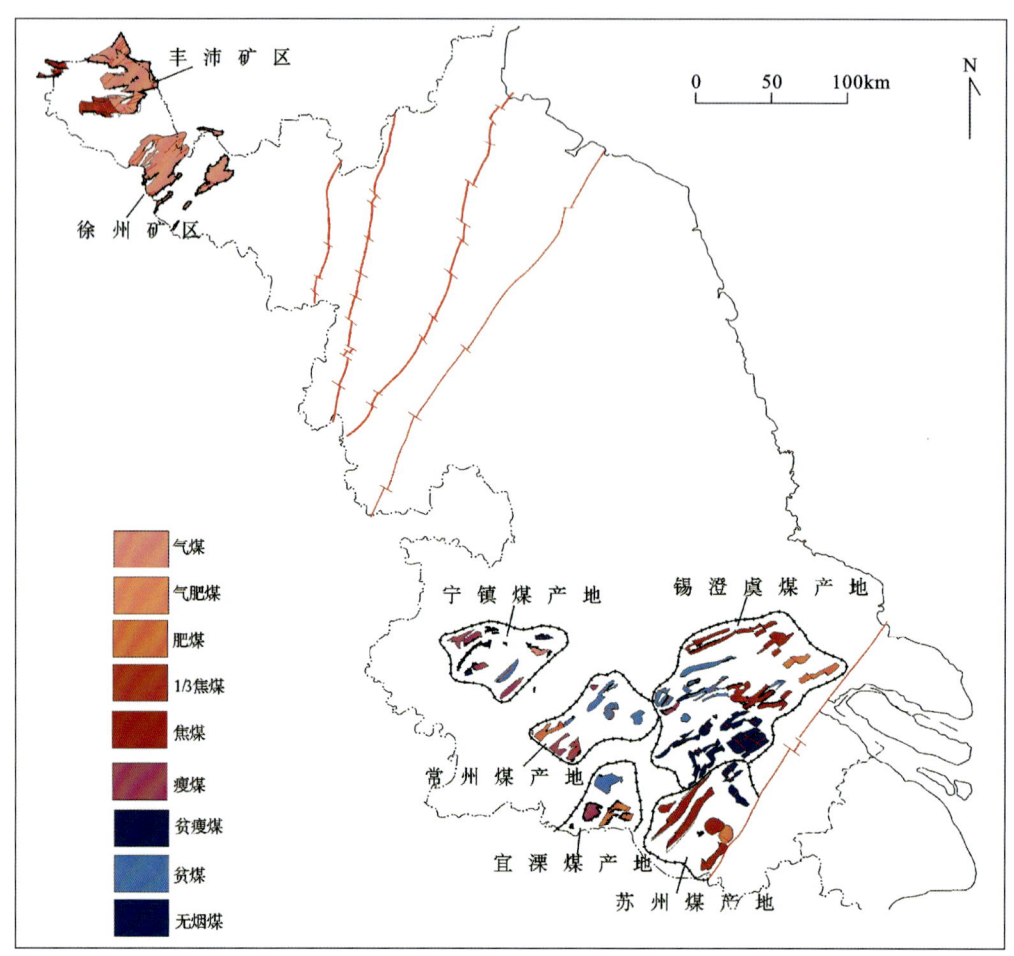

图 7-12 江苏省煤类分布图

面积 380.44 km²，基本分布在井田及勘探区的深部。

预测煤炭资源量为 18.38×10^8 t。其中 1000m 以浅资源量 0.75×10^8 t，1000～2000m 资源量 17.62×10^8 t；预测可靠级资源量占 11.46×10^8 t，可能级资源量占 6.92×10^8 t。

煤质以气煤为主，少部分地段出现焦煤类，受岩浆岩干扰破坏的区段常呈现多种煤类乃至天然焦。

矿区资源预测总量的 96% 分布于埋深 1000（或 1200）～2000m 的范围内，较浅部分仅占 4%，且主要分布在受岩浆岩干扰破坏较严重的丰东和沛西，开发难度较大。深部预测量多系井田延深远景区，勘探力度明显不足。因此，大部分预测区仍需进一步投入工作，部分资源量较多的区域可优先安排预查或普查。

3. 宁镇煤产地

含煤地层为下二叠统堰桥组。区内预测有钱家渡、钟山-灵山深部、淳化深部、团山深部、十里长山深部、古洞深部、句容及二圣桥 8 个块段，含煤面积 114.44km²。区内预测煤炭资源量为 1.86×10^8 t，其中 600m 以浅资源量 0.08×10^8 t，600～1500m 资源量 1.78×10^8 t；预测可靠级资源量占 0.15×10^8 t，可能级资源量占 0.68×10^8 t，推断级资源量占 1.03×10^8 t。

煤种以瘦煤、贫煤类为主，部分地段为气煤、无烟煤。

苏南二叠系煤层为不稳定薄煤层，且构造复杂。只能小井开发，埋深不能超过 600m。本区预测 600m 以浅资源量仅 769×10^4 t，零星分布在几个区，不具建井储量要求，占预测量 96% 的资源均分布在 600～1500m 范围，埋藏过深，不具现实意义。

4. 常州煤产地

常州煤产地上被厚 30～168m 第四系所覆盖,为一隐伏矿区。含煤地层为下二叠统堰桥组,含煤 5～6 层,为不稳定煤层。常州煤产地预测有导墅深部、奔牛深部、皇塘、横山岗、土山深部、卜戈深部、别桥、上黄深部和湖塘 9 个块段。预测含煤面积 154.50km²。预测煤炭资源量为 2.84×10^8 t。其中 600m 以浅资源量 0.10×10^8 t,600～1500m 资源量 2.73×10^8 t;预测可能级资源量 1.76×10^8 t;推断级资源量 1.08×10^8 t。平均含煤量 184×10^4 t/km²。

煤质除横山岗和土山深部两块段为肥煤外,均为瘦煤、贫煤类。

该区预测量级别较低,单位面积含煤量少(每平方千米仅含煤 184×10^4 t),96% 的预测量集中在 600～1500m 的深部。还有两个最终地质报告长期无人问津,按所预测的煤炭资源只能作为长远规划参考。

5. 宜溧煤产地

宜溧煤产地为半裸露区,地层出露较全。含煤地层为下二叠统堰桥组,含煤 1～3 层,属较稳定-不稳定煤层。宜溧煤产地预测有小张墅深部、烂塘界、白泥场湖内、周墅 4 个块段,含煤面积约 77.50 km²。煤产地预测煤炭资源量 1.11×10^8 t。其中 600m 以浅的预测量 0.09×10^8 t,600～1500m 预测量 1.02×10^8 t;预测可靠级资源量占 0.08×10^8 t,可能级资源量占 0.90×10^8 t,推断级资源量占 0.13×10^8 t。平均含煤量 144×10^4 t/km²。

煤种为高灰、高硫分瘦—贫煤类及气煤类。

宜溧煤产地 600m 以浅已基本勘探完毕,预测区储量的 92% 集中在 600～1500m 范围内,由于苏南不具备建大井生产的地质条件,除白泥场湖内近期尚需做些勘探工作外,其余预测地段难以作为近期勘探规划之依据。

6. 锡澄虞煤产地

锡澄虞煤产地属全隐藏区,第四系厚 100～300m。含煤地层为上二叠统龙潭组及下二叠统堰桥组,含煤 2～11 层。煤产地预测有孤山北、孤山南、郭园、新坝、平潮、唐闸、黄山、南闸、东青-郑陆、芙蓉、秦皇山、云花深部、周庄、沙昆、长华、塘桥北、塘桥南、农场、狼山北、狼山南、港口深部、顾山、常熟二区、张泾-港下、长安桥、前洲、藕塘-塘头、雪埝桥、羊尖-练塘、东亭、夏家边、坊前、新安、南方泉、后宅-望亭 35 个块段,含煤面积约 339.97km²。煤产地煤炭资源预测量 4.89×10^8 t,其中 600m 以浅资源量为 1.0×10^8 t,600～1500m 资源量为 3.89×10^8 t;预测可靠级资源量占 0.30×10^8 t,可能级资源量占 1.52×10^8 t,推断级资源量占 3.07×10^8 t。平均每平方千米储煤量 140×10^4 t。

煤种以贫煤—无烟煤类为主,部分为肥煤、焦煤类。

煤产地上覆 100～300m 第四纪松散层,预测煤量的 80% 埋藏在 600～1500m,每平方千米蕴藏煤量仅 140×10^4 t,综合分析,不具备小煤矿开采的技术条件,尚不能作为近期勘探规划之用。

7. 苏州煤产地

苏州煤产地于西山岛的徐石山及善人桥的砚石山一带有煤系出露,其余均为隐蔽区。含煤地层为二叠系龙潭组、堰桥组。苏州煤产地预测有金湾、横泾、渡村西、长沙岛、阳东、太湖一区、太湖二区、太湖三区 8 个块段,预测面积约 148.57km²。预测煤炭资源量为 4.23×10^8 t,其中 600m 以浅的资源量 1.17×10^8 t,600～1500m 资源量 3.06×10^8 t;预测可靠级资源量占 0.20×10^8 t,可能级资源量占 1.19×10^8 t,推断级资源量占 2.83×10^8 t。平均每平方千米蕴藏资源量 285×10^4 t。

煤种多为焦煤类,仅阳东为无烟煤类。

煤炭预测资源量主要分布于太湖水域,水深一般 3.00m 左右,第四系厚 60m 左右,勘探与开发技术条件均较复杂,加之处在苏州旅游风景胜地及水源保护区,尽管预测量于苏南相对较多,权衡利弊,亦难近期开发利用。

第十一节 江苏省重要矿产预测成果统计分析

一、最小预测区成果统计

江苏省及上海市铁等 10 个重要矿种的最小预测区类别及其数量统计如表 7-63 所示。

表 7-63 江苏省及上海市重要矿种最小预测区统计表

矿种	重要矿种最小预测区类别及其数量(个)			
	A 类最小预测区	B 类最小预测区	C 类最小预测区	合计
铁	31	30	68	129
铅锌	6	9	14	29
银	5	0	6	11
铜	10	24	35	69
金	8	15	62	85
钼	4	3	19	26
磷	4	0	10	14
硫铁矿	10	3	31	44
萤石	1	2	3	6
总计	79	86	248	413

二、预测资源量统计分析

1. 省级预测资源量统计分析

江苏省及上海市铁、铜、铅锌、银、金、钼、磷、硫、萤石等重要矿种(组)的不同深度预测资源量见表 7-64。通过与已查明资源量的对比分析,可知各矿种已查明资源量占预测资源总量(已查明资源量与预测资源量之和)的比值相对较小,各矿种相对于已知资源量仍有较大的资源潜力(图 7-13),但由于现有地质资料、工作程度以及认识的限制,各矿种 1000m 以深的资源量具有很大的不可预测性,因此此次潜力评价工作中,各矿种预测资源量主要集中在 1000m 以浅,仅铁、铜(钼)及硫铁矿在 1000~2000m 以浅有少部分预测资源量(图 7-14)。省内预测 2000m 以浅煤炭潜在资源量为 535 265×10^{4}t(0~600m 为 29 075×10^{4}t,600~1000m 为 65 392×10^{4}t,1000~1500m 为 255 393×10^{4}t,1500~2000m 为 185 405×10^{4}t)。

表 7-64 江苏省及上海市重要矿种预测资源量汇总表

矿种	单位	500m 以浅				1000m 以浅				2000m 以浅			
		334-1	334-2	334-3	合计	334-1	334-2	334-3	合计	334-1	334-2	334-3	合计
铁矿	×10⁴t	23 099.20	6891.60	10 927.20	40 918.00	43 533.90	11 846.40	18 196.70	73 577.00	49 163.00	21 658.70	37 082.19	107 903.90
铜矿伴生铁	×10⁴t	0	0	22.290	222.9	0	0	53.62	53.62	0	0	53.62	53.62
铁矿总计	×10⁴t	23 099.20	6891.60	10 949.49	40 940.29	43 533.90	11 846.40	18 250.32	73 630.62	49 163.00	21 658.70	37 135.81	107 957.52
铜矿	t	65 518.30	312 771	169 987	548 277.10	190 475	490 659	301 577.21	982 711.10	334 022.32	573 303.92	330 935.50	1 238 261.74
铅锌矿伴生 Cu	t	6801.76	2217.28	5116.68	14 135.72	10 882.81	2217.28	5900.31	19 000.40	10 882.81	2217.28	5900.31	19 000.40
铜矿总计	t	72 320.06	314 988.28	175 103.68	562 412.82	201 357.81	492 876.28	307 477.52	1 001 711.50	344 905.13	575 521.20	336 835.81	1 257 262.14
铅矿	t	45 982.90	82 223.50	523 807.00	652 013.70	315 972.30	109 062.00	543 290.40	968 324.70	315 972.30	109 062	543 290.40	968 324.70
金矿共生 Pb	t	0	10 395.13	59 146.14	69 541.27	0	10 395.13	59 146.14	69 541.27	0	10 395.13	59 146.14	69 541.27
铅矿总计	t	45 982.90	92 618.63	582 953.14	721 554.97	315 972.30	119 457.13	602 436.54	1 037 865.97	315 972.30	119 457.13	602 436.54	1 037 865.97
锌矿	t	45 741.10	69 855.00	1 005 099.00	1 120 695.00	529 836.10	69 854.97	1 029 788.00	1 629 479	529 836.10	69 854.97	1 029 788.00	1 629 479.00
铁矿共伴生 Zn	t	135 664.69	93 522.31	1 159 209.70	1 388 396.60	660 225.12	93 522.28	1 211 242.30	1 964 989.60	660 225.12	93 522.28	1 211 242.30	1 964 989.60
铜矿伴生 Zn	t	89 923.59	0	0	89 923.59	130 389.02	0	0	130 389.02	130 389.02	0	0	130 389.02
金矿共生 Zn	t	0	0	19 448.50	19 448.52	0	0	46 792.12	46 792.12	0	0	46 792.12	46 792.12
锌矿总计	t	0	23 667.31	134 662.20	158 329.50	0	23 667.31	134 662.20	158 329.50	0	23 667.31	134 662.20	158 329.50
银矿	kg	188.16	0	1392.10	1580.26	754.19	0	1420.88	2175.07	754.19	0	1420.88	2175.07
金矿	kg	7082.58	21 910.40	30 998.90	59 991.89	10 080.95	31 859.45	34 708.37	76 648.77	10 080.95	31 859.45	34 708.37	76 648.77
铜矿伴生 Au	kg	595.91	445.75	1426.18	2467.84	595.91	445.75	1644.50	2686.16	595.91	445.75	1644.50	2686.16
铅锌矿伴生 Au	kg	0	0	11 157.4	11 157.35	6212.84	0	11 157.35	17 370.19	6212.84	0	11 157.35	17 370.19
金矿总计	kg	7678.49	22 356.15	43 582.48	73 617.08	16 889.70	32 305.20	47 510.22	96 705.12	16 889.70	32 305.20	47 510.22	96 705.12
钼矿	t	0	10 357.24	22 040.95	32 398.19	14 011.90	17 161.80	31 487.75	62 661.45	27 987.46	20 385.17	32 182.97	80 555.60
磷矿	×10⁴t	212.89	0	12 567.40	12 780.27	12 587.25	542.77	18 044.14	30 631.39	12 587.25	655.13	18 044.14	30 631.39
硫铁矿	×10⁴t	2079.13	271.39	8796.61	11 147.13	5407.47	0	10 940.64	16 890.87	6453.46	0	10 940.64	18 049.23
其他矿种生硫	×10⁴t	6.39	0.20	0	6.59	6.73	0.40	0	7.134	7.57	0.53	0	8.09
萤石矿 (CaF₂)	×10⁴t	0.23	12.37	41.72	54.32	36.42	23.68	69.53	129.63	36.42	23.68	69.53	129.63

注:表中铁、磷、硫铁矿为矿石量,萤石为CaF₂量,其余矿种为金属量。

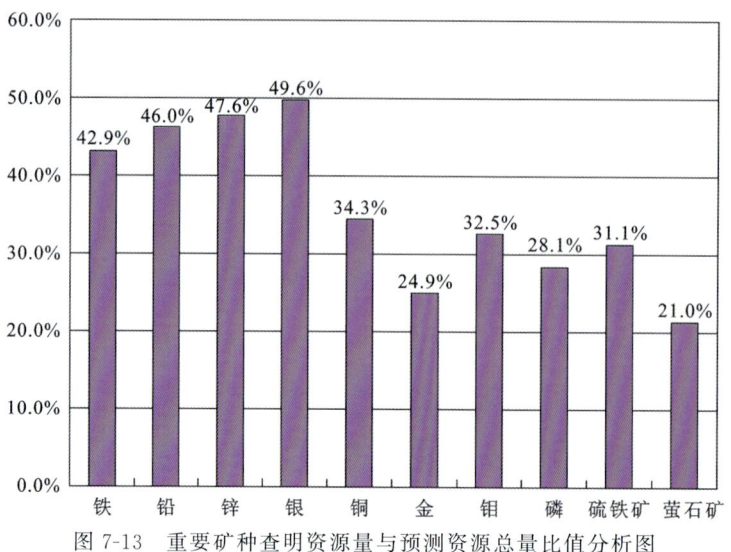

图 7-13 重要矿种查明资源量与预测资源总量比值分析图

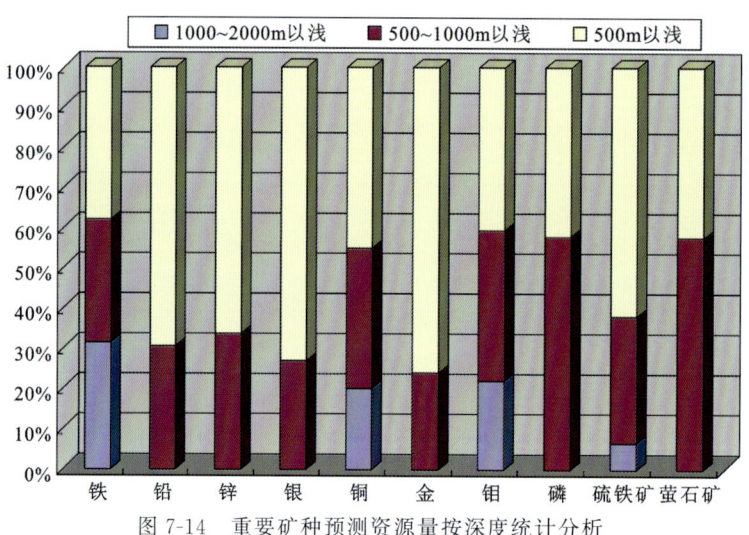

图 7-14 重要矿种预测资源量按深度统计分析

2. 全省预测资源量分类分级统计

全省重要矿种预测资源量按精度统计如表 7-65 所示,其中 334-1 主要是小型及以上规模矿产地的深部和外围预测资源量;334-2 主要是矿(化)点深部及外围的预测资源量,334-3 则主要是暂时没有发现矿(化)点的成矿有利区域的预测资源量。

表 7-65 江苏省及上海市各矿种预测资源量精度统计表

矿种	单位	预测资源量			
		334-1	334-2	334-3	合计
铁矿	×10⁴t	49 163.00	21 658.70	37 082.19	107 903.90
铜矿伴生铁矿	×10⁴t	0	0	53.62	53.62
铁矿合计	×10⁴t	49 163.00	21 658.70	37 135.81	107 957.52
铜矿	t	334 022.32	573 303.92	330 935.50	1 238 261.74
铅锌伴生 Cu	t	10 882.81	2217.28	5900.31	19 000.40

续表 7-65

矿种	单位	预测资源量			
		334-1	334-2	334-3	合计
铜矿合计	t	344 905.13	575 521.20	336 835.81	1 257 262.14
铅矿	t	315 972.30	109 062.00	543 290.40	968 324.70
金矿共生 Pb	t	0	10 395.13	59 146.14	69 541.27
铅矿合计	t	315 972.30	119 457.13	602 436.54	1 037 865.97
锌矿	t	529 836.10	69 854.97	1 029 788.00	1 629 479.00
铁矿共伴生 Zn	t	130 389.02	0	0	130 389.02
铜矿伴生 Zn	t	0	0	46 792.12	46 792.12
金矿共生 Zn	t	0	23 667.31	134 662.20	158 329.50
锌矿合计	t	660 225.12	93 522.28	1 211 242.30	1 964 989.60
银矿	t	754.19	0	1420.88	2175.07
金矿	kg	10 080.95	31 859.45	34 708.37	76 648.77
铜矿伴生 Au	kg	595.91	445.75	1644.50	2686.16
铅锌矿伴生 Au	kg	6212.84	0	11 157.35	17 370.19
金矿合计	kg	16 889.70	32 305.20	47 510.22	96 705.12
钼矿	t	27 987.46	20 385.17	32 182.97	80 555.6
磷矿	×10⁴t	12 587.25	0	18 044.14	30 631.39
硫铁矿	×10⁴t	6453.46	655.13	10 940.64	18 049.23
其他矿种伴生硫	×10⁴t	7.57	0.53	0	8.09
萤石矿(CaF₂)	×10⁴t	36.42	23.68	69.53	129.63
煤炭	×10⁴t	20 067.60	162 937.00	171 652.00	535 265.00

注：表中铁、磷、硫铁矿、煤炭为矿石量，萤石为 CaF_2 量，其余矿种为金属量。

3. 全省重要矿种预测资源量可利用性统计分析

全省重要矿种预测资源量可利用性统计见表 7-66，其中部分矿种资源量暂不可利用的原因主要为水文条件、矿石选冶条件、城市发展因素等，比如宁芜地区的部分赤铁矿就不可利用，南通地区王浩铁矿由于水文条件及深覆盖条件不可利用。

表 7-66 江苏省及上海市各重要矿种预测资源量可利用性统计表

矿种	单位	可利用资源量				暂不可利用资源量				可利用占比(%)
		334-1	334-2	334-3	合计	334-1	334-2	334-3	合计	
铁	×10⁴t	35 919.26	10 772.09	16 255.61	62 946.96	13 243.74	10 886.61	20 826.24	44 956.59	58.34
铜伴生铁	×10⁴t	0	0	53.62	53.62	0	0	0	0	100
铁合计	×10⁴t	35 919.26	10 772.09	16 309.23	63 000.58	13 243.74	10 886.61	20 826.24	44 956.59	58.36
铅	t	315 972.34	109 061.97	543 290.38	968 324.69	0	0	0	0	100
金共生铅	t	0	10 395.13	59 146.14	69 541.27	0	0	0	0	100

续表 7-66

矿种	单位	可利用资源量				暂不可利用资源量				可利用占比(%)
		334-1	334-2	334-3	合计	334-1	334-2	334-3	合计	
铅合计	t	315 972.34	119 457.1	602 436.52	1 037 865.96	0	0	0	0	100
锌	t	529 836.14	69 854.97	1 029 787.6	1 629 478.71	0	0	0	0	100
铁共伴生锌	t	130 389.02	0	0	130 389.02	0	0	0	0	100
铜伴生锌	t	0	0	46792.12	46 792.12	0	0	0	0	100
金共生锌	t	0	23 667.31	134 662.15	158 329.46	0	0	0	0	100
锌合计	t	660 225.16	93 522.28	1 211 241.87	1 964 989.31	0	0	0	0	100
银	t	754.19	0	1420.88	2175.07	0	0	0	0	100
铜	t	334 022.32	573 303.92	330 935.50	1 238 261.74	0	0	0	0	100
铅锌伴生铜	t	10 882.81	2217.28	5900.31	19 000.40	0	0	0	0	100
铜合计	t	344 905.13	575 521.20	336 835.81	1 257 262.14	0	0	0	0	100
金	kg	10 080.95	31 859.45	34 708.37	76 648.77	0	0	0	0	100
铜伴生金	kg	595.91	445.75	1644.50	2686.16	0	0	0	0	100
铅锌伴生金	kg	6212.84	0	11 157.35	17 370.19	0	0	0	0	100
金合计	kg	16 889.70	32 305.20	47 510.22	96 705.12	0	0	0	0	100
钼	t	14 011.90	10 563.98	31 487.75	62 661.45	13 975.56	3223.37	695.22	17 894.15	77.79
磷	×10^4 t	12 116.20	0	17 016.84	29 133.04	471.05	0	1027.29	1498.34	95.11
硫铁矿	×10^4 t	900.08	542.77	4728.76	61 716.09	800.68	112.36	0	913.04	87.11
萤石	×10^4 t	36.42	23.68	69.53	129.63	0	0	0	0	100
煤炭	×10^4 t	193 337	102 410	90 214	385 961	7339	60 527	81 438	149 304	72.11

注：表中铁、磷、硫铁矿、煤炭为矿石量，萤石为 CaF_2 量，其余矿种为金属量。

4. 全省各矿产预测类型预测资源量统计分析

江苏省铁、铜等 10 个矿种的各矿产预测类型的预测资源量如表 7-67 所示。根据各矿种矿产预测类型的预测资源量统计分析(图 7-15 至图 7-24)，铁矿预测资源量以陆相火山岩型为主，次为矽卡岩型；铅锌(银)矿以碳酸盐岩型(层控热液)为主，次为矽卡岩型；铜(金)矿以矽卡岩型为主，次为陆相火山岩型；金矿则以陆相火山岩型为主，次为破碎蚀变岩型、铁帽型以及卡林型等；钼矿以斑岩型为主，次为矽卡岩型；磷矿则以沉积变质型为主；硫铁矿以陆相火山岩型为主，次为矽卡岩型；萤石矿则为热液充填型。

表 7-67　江苏省及上海市重要矿种矿产预测类型预测资源量统计汇总表

矿种	矿产预测类型	预测工作区(个)	单位	500m以浅	1000m以浅	2000m以浅
铁矿	陆相火山岩型铁矿	2	×10⁴t	24 279.90	36 704.01	57 241.69
	矽卡岩型铁矿	8	×10⁴t	16 061.24	35 744.13	41 418.06
	沉积变质型铁矿	2	×10⁴t	576.74	1128.78	9244.15
铅锌银矿	层控热液型铅锌(银)矿	PbZn:1	t	Pb:423 743.30 Zn:834 918.90	Pb:662 227.22 Zn:1 304 241.10	Pb:662 227.22 Zn:1 304 241.10
		Ag:1		Ag:1289.04	Ag:1802.17	Ag:1802.17
	矽卡岩型铅锌(银)矿	PbZn:2	t	Pb:173 152.70 Zn:285 776.2	Pb:195 971.80 Zn:325 237.64	Pb:195 971.80 Zn:325 237.64
		Ag:1		Ag:291.22	Ag:372.90	Ag:372.90
铜矿	陆相火山岩型铜铅矿	Pb:1	t	Pb:55 117.72	Pb:110 125.67	Pb:110 125.67
		Cu:1		Cu:25 552.64	Cu:50 917.03	Cu:50 917.03
	陆相火山岩型铜矿	1	t	43 606.00	43 606.00	43 606.00
	矽卡岩型铜矿	3	t	427 210.03	777 526.48	1 033 077.09
金矿	陆相火山岩型铜金矿	Cu:1	Cu:t	Cu:51 908.49	Cu:110 661.62	Cu:110 661.62
		Au:2	Au:kg	Au:15 970.06	Au:30 852.18	Au:30 852.18
	微细浸染型(卡林型)金矿	1	kg	3971.34	3971.34	3971.34
	铁帽型-风化壳型金矿	2	kg	14 614.27	14 614.27	14 614.27
	破碎蚀变岩型金矿	3	kg	23 902.91	25 677.67	25 677.67
金矿	侵入体内及接触带型金矿	1	kg	1533.31	1533.31	1533.31
钼矿	矽卡岩型钼矿	1	t	6067.94	15 004.5	19 653.21
	斑岩型钼矿	2	t	26 330.25	47 656.95	60 902.39
磷矿	沉积变质型磷矿	1	×10⁴t	11 573.67	29 133.04	29 133.04
	陆相火山岩型铁磷矿	1	×10⁴t	1206.60	1498.34	1498.34
硫铁矿	陆相火山岩型硫铁矿	2	×10⁴t	6288.13	8777.78	9231.54
	矽卡岩型硫铁矿	2	×10⁴t	4859.00	8113.10	8817.69
萤石矿	愈石泉式热液充填型萤石矿	1	×10⁴t	54.32	129.63	129.63

注：表中铁、磷、硫铁矿为矿石量，萤石为CaF_2量，其余矿种为金属量。

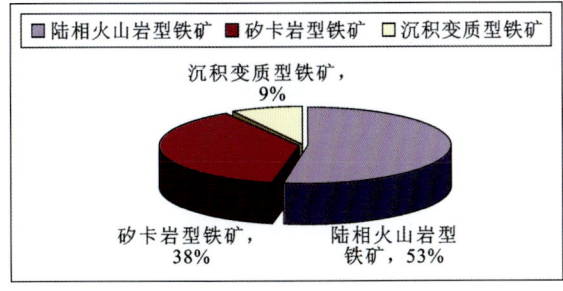

图 7-15　铁矿预测类型资源量统计图

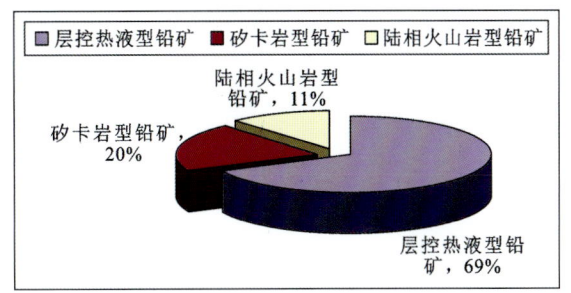

图 7-16　铅矿预测类型资源量统计图

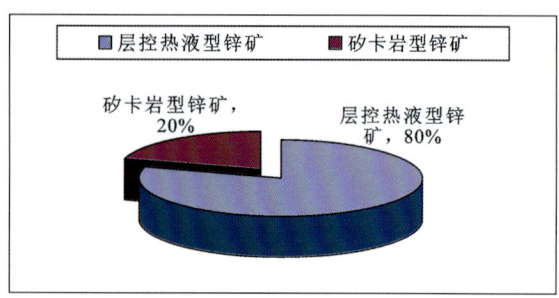

图 7-17　锌矿预测类型资源量统计图

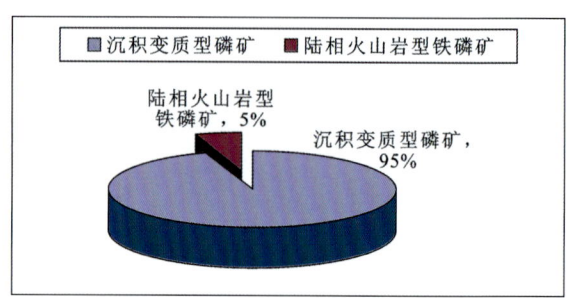

图 7-18　磷矿预测类型资源量统计图

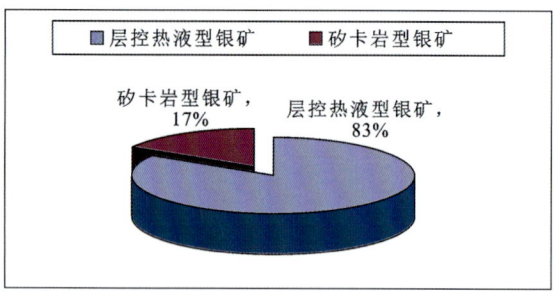

图 7-19　银矿预测类型资源量统计图

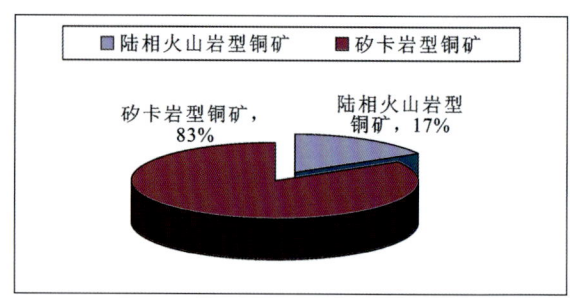

图 7-20　铜矿预测类型资源量统计图

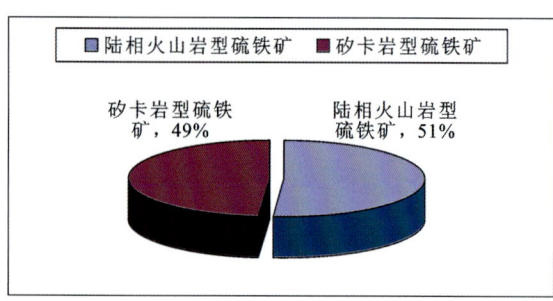

图 7-21　硫铁矿预测类型资源量统计图

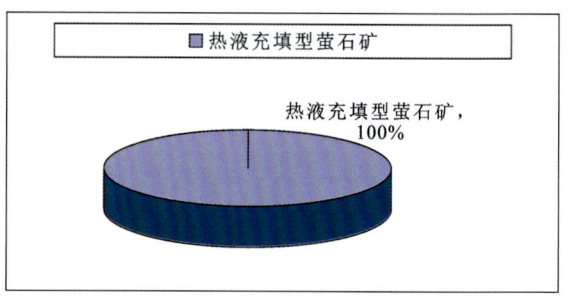

图 7-22　萤石矿预测类型资源量统计图

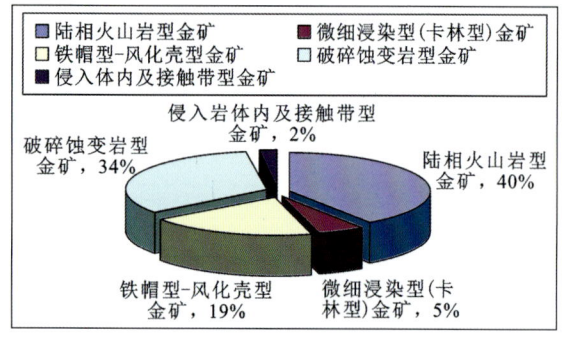

图 7-23　金矿预测类型资源量统计图

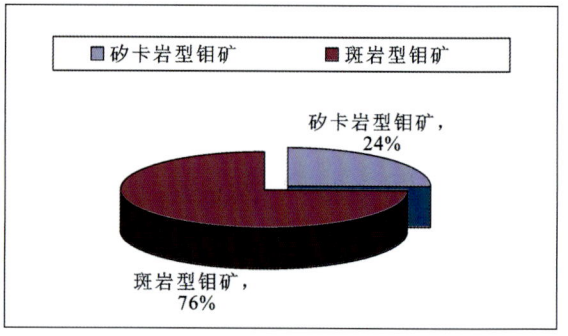

图 7-24　钼矿预测类型资源量统计图

5. 全省预测资源量可信度统计分析

全省铁、铜等 10 个矿种的预测资源量可信度统计如表 7-68 所示。

第七章 矿产预测成果汇总

表 7-68 江苏省及上海市重要矿种预测资源量可信度统计表

矿种	单位	≥0.75				≥0.5				≥0.25				合计
		334-1	334-2	334-3	合计	334-1	334-2	334-3	合计	334-1	334-2	334-3	合计	
铁	×10⁴ t	27 498.92	0	0	27 498.92	49 163.00	20 617.66	0	69 780.66	49 163.00	21 658.70	37 082.20	107 903.90	107 903.90
共伴生铁	×10⁴ t	0	0	0	0	0	0	0	0	0	0	53.62	53.62	53.62
铁合计	×10⁴ t	27 498.92	0	0	27 498.92	49 163.00	20 617.66	0	69 780.66	49 163.00	21 658.70	37 135.82	107 957.52	107 957.52
铅	t	315 972.34	0	0	315 972.34	315 972.34	109 061.97	0	425 034.31	315 972.34	109 061.97	543 290.40	968 324.70	968 324.70
共生铅	t	0	0	0	0	0	10 395.13	0	10 395.13	0	10 395.13	59 146.14	69 541.27	69 541.27
铅合计	t	315 972.34	0	0	315 972.34	315 972.34	119 457.10	0	435 429.44	315 972.34	119 457.10	615 355.48	1 037 865.97	1 037 865.97
锌	t	529 836.14	0	0	529 836.14	529 836.14	69 854.97	0	599 691.11	529 836.14	69 854.97	1 029 788.00	1 629 479.00	1 629 479.00
共伴生锌	t	130 389.02	0	0	130 389.02	130 389.02	23 667.31	0	154 056.33	130 389.02	23 667.31	181 454.3	335 510.63	335 510.63
锌合计	t	660 225.16	0	0	660 225.16	660 225.16	93 522.28	0	753 747.44	660 225.16	93 522.28	1 211 242.3	1 964 989.60	1 964 989.60
银	t	754.19	0	0	754.19	754.19	0	0	754.19	754.19	0	1420.88	2175.07	2175.07
铜	t	334 022.32	180 979.41	0	515 001.73	334 022.32	561 582.96	45 961.39	941 566.67	334 022.32	573 303.92	330 935.5	1 238 261.74	1 238 261.74
伴生铜	t	10 882.81	0	0	10 882.81	10 882.81	2217.28	0	13 100.09	10 882.81	2217.28	5900.31	19 000.40	19 000.40
铜合计	t	344 905.13	180 979.41	0	525 884.54	344 905.13	563 800.24	45 961.39	954 666.76	344 905.13	575 521.20	336 835.81	1 257 262.14	1 257 262.14
金	kg	7652.38	2742.83	0	10 395.21	10 080.95	26 079.10	0	36 160.05	10 080.95	31 859.45	34 708.37	76 648.77	76 648.77
共伴生金	kg	6808.75	0	0	6808.75	6808.75	445.75	0	7254.5	6808.75	445.75	12 801.85	20 056.35	20 056.35
金合计	kg	14 461.13	2742.83	0	17 203.96	16 889.7	26 524.85	0	43 414.55	16 889.7	32 305.2	47 510.22	96 705.12	96 705.12
钼	t	27 987.46	0	0	27 987.50	27 987.50	19 978.86	3225.75	51 192.07	27 987.46	20 385.17	32 182.97	80 555.60	80 555.60
磷	×10⁴ t	12 587.25	0	0	12 587.25	12 587.25	0	0	12 587.25	12 587.25	0	18 044.14	30 631.39	30 631.39
硫铁矿	×10⁴ t	6453.46	0	0	6453.46	6453.46	655.13	0	7108.59	6453.46	655.13	10 940.64	18 049.23	18 049.23
萤石	×10⁴ t	36.42	0	0	36.42	36.42	23.68	0	60.10	36.42	23.68	69.53	129.63	129.63

注：表中铁、磷、硫铁矿为矿石量，萤石为 CaF_2 量，其余矿种为金属量。

第八章　区域成矿规律总结

第一节　成矿区(带)及矿集区的划分

资料依据:《中国成矿区(带)划分方案》(徐志刚等,2008);《中国成矿体系与区域成矿评价成果报告》(陈毓川等,2004);江苏省"二轮"区划成果;江苏省及上海市资源潜力评价项目之成矿背景课题研究成果(建造构造、大地构造分区等)。

成矿区(带)及矿集区的划分原则与划分方法:

(1)以"全国重要矿产和区域成矿规律研究"项目于 2008 年出版的《中国成矿区(带)划分方案》为基础,在全国成矿区(带)(Ⅲ级)划分方案的基础上,划分成矿亚带(Ⅳ级),在成矿亚带内划分成矿远景区(Ⅴ级)。采用综合划分方法。

(2)单元界线不相互跨越,Ⅳ级不跨越Ⅲ级,Ⅴ级不跨越Ⅳ级。

(3)Ⅳ级单元的面积总和,应等于研究区总面积;Ⅴ级单元相当于矿集区(或矿田),单元之间可留空白区域。

四成矿单元边界的划分是一项比较复杂的工作,在符合划分原则的基础上,一般来说可以大致掌握如下:

(1)以沉积矿产为主的成矿单元以沉积相界为边界。

(2)以块体控矿为主的变质成矿单元以块体边界划分。

(3)断裂系统控矿的单元边界应扩展到成矿系统边界。

划分结果:根据全国矿产资源潜力评价项目办公室统一要求,本次省级划分着重Ⅴ级成矿远景区。依照上述划分原则和方法,江苏省及上海市共划分Ⅲ级成矿区(带)5 个(划分与全国统一),Ⅳ级成矿亚带 7 个(划分与华东大区一致)。在Ⅳ级基础上,根据矿种(矿组)的矿田或矿集区所处构造环境及矿产地质特征,进一步划分出与本次潜力评价矿种相关的成矿远景区(Ⅴ级)14 个。Ⅲ级、Ⅳ级采用全国统一的编号规则,Ⅴ级为省内连续编号$V_1 \sim V_{14}$(图 8-1、表 8-1、表 8-2)。

第二节　各区(带)成矿特征及成矿规律

本次工作,江苏省及上海市共划分Ⅲ级成矿区(带)5 个(划分与全国统一),Ⅳ级成矿亚带 7 个(划分与华东大区一致),在Ⅳ级基础上,进一步划分出与本次潜力评价矿种相关的成矿远景区(Ⅴ级)14 个。5 个Ⅲ级区带中Ⅲ-68 苏北(断陷)油气、盐类成矿区本次未进行评价工作。

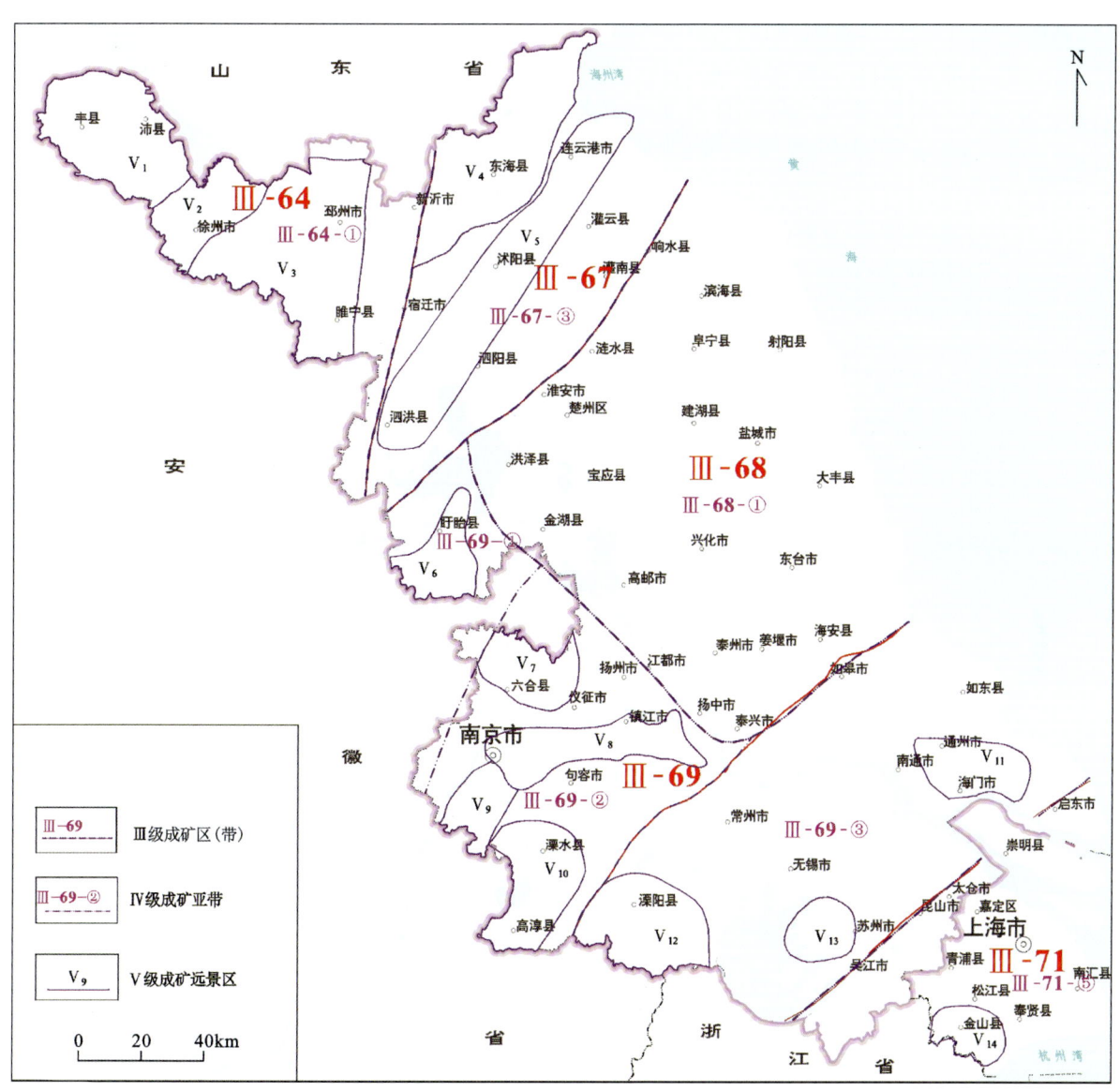

图 8-1 江苏省及上海市成矿区(带)与成矿远景区划分示意图

表 8-1 江苏省及上海市成矿区(带)划分一览表

Ⅱ级	Ⅲ级	Ⅳ级	Ⅴ级
Ⅱ-14 华北(陆块)成矿省	Ⅲ-64 鲁西(断隆、含淮北)金、铁、铝土矿、煤、金刚石成矿区(Ar_3;Pz_1;Pz_2;Ye)	Ⅲ-64-①鲁西金、铁、铝土矿、煤、金刚石成矿亚区	V_1 丰沛-四户隆凹铁、煤成矿远景区
			V_2 利国-班井铁、金、煤成矿远景区
			V_3 铜山张集-种羊场铁成矿远景区

续表 8-1

Ⅱ级	Ⅲ级	Ⅳ级	Ⅴ级
Ⅱ-7 秦岭-大别成矿省（东段）	Ⅲ-67 桐柏-大别-苏鲁（造山带）金、银、铁、铜、锌、钼、金红石、萤石、珍珠岩成矿带	Ⅲ-67-③苏鲁金、成矿亚带（Pt_1；Pt_2；Y）	V_4 东海-新沂金、铁、铅、锌、铜成矿远景区
			V_5 连云港-泗洪磷成矿远景区
Ⅱ-15A 下扬子成矿省	Ⅲ-68 苏北（断陷）油气、盐类成矿区（Kz）	Ⅲ-68-①苏北（断陷）油气、盐类成矿（亚）区	
	Ⅲ-69 长江中下游铜、金、铁、铅、锌（锶、钨、钼、锑）硫、石膏成矿带	Ⅲ-69-①庐江-滁州铜、金、铁、钼、铅、锌、银、硫成矿亚带（Y）	V_6 盱眙铁、铜、钼成矿远景区
		Ⅲ-69-②沿江铜、铁、金、多金属、硫成矿亚带（Y）	V_7 六合铁、铜成矿远景区
			V_8 宁镇铁、铜、铅、锌、银、金、钼、硫成矿远景区
			V_9 宁芜铁、铜、铅、锌、金、硫、磷成矿远景区
			V_{10} 溧水铁、铜、金、铅、锌成矿远景区
		Ⅲ-69-③宣城-苏州铜、钼、金、银、铅、锌成矿亚带（Y）	V_{11} 南通-启东铁成矿远景区
			V_{12} 宜兴-溧阳铁、铜、铅、锌、金成矿远景区
			V_{13} 苏锡铅、锌、银、铁、硫、萤石成矿远景区
	Ⅲ-71 钦杭东段北部铜、铅、锌、银、金、钨、锡、铌、钽、锰、海泡石、萤石、硅灰石成矿带（Pt_{2-3}；Z；∈；P_1；Ye；Yl）	Ⅲ-71-⑤天目山-金山铜、铅、锌、银、金、钨、锡、铌、钽、铁、萤石成矿亚带（Pt_{2-3}；Z；∈；Ye；Yl）	V_{14} 金山铜多金属成矿远景区

一、Ⅲ-64 鲁西（断隆、含淮北）金、铁、铝土矿、煤、金刚石成矿区

该成矿区在江苏省部分是以郯庐断裂为界，其西华北陆块南缘部分，全省划为一个Ⅳ级成矿亚（区）带：Ⅲ-64-①鲁西金、铁、铝土矿、煤、金刚石成矿亚区。

大地构造单元属华北陆块区鲁西陆块鲁西碳酸盐台地。以新太古界泰山岩群基底为特征，构造、岩浆岩和矿产属华北型。新太古界泰山岩群组成结晶基底，缺失古至中元古界沉积，新元古界至古生界（缺上奥陶统至下石炭统）组成盖层沉积，与基底不整合接触，中生界与古近系主要为陆相断陷盆地沉积，各时代地层间呈整合或假整合关系；区内脆性断裂发育，以近东西向、北东向、北西向隐伏断裂为主，彼此构成断块构造；中生代岩浆侵入作用强烈，多期断裂构造活动复杂。区内金属矿产主要成矿期有两个：新太古代，矿床类型为与太古宙硅铁建造有关的沉积变质型铁矿；中生代，矿床类型为与燕山期中酸性岩浆侵入活动关系密切的矽卡岩型铁多金属矿。本区为江苏省煤炭工业基地，包括徐州煤田和丰沛煤田，

第八章 区域成矿规律总结

表 8-2 江苏省及上海市 V 级成矿单元矿产地质特征表

V级成矿单元	成矿时代	IV级大地构造单元	成矿期构造环境	主要含矿建造	主要控矿因素	物化遥异常特征	主要矿床及成因类型
V_1 丰沛－四户隆凹铁、煤成矿远景区	Ar_3; Pz_2; Ye	徐淮陆内盆地	鲁西－淮北（拉张区）构造－岩浆带	太古宙含铁石英岩建造；古生代碳酸盐岩－陆缘碎屑岩建造；燕山早期闪长斑岩、石英闪长斑岩、角闪闪长斑岩等中酸性岩浆岩建造	接触交代型铁矿床与燕山早期闪长斑岩、石英闪长斑岩关系密切。东西向构造为主要导矿、储矿和容矿构造。矿床一般受区域复式褶皱中次级褶皱控制，矿体主要赋存在岩体接触带或围岩捕虏体的接触带内。赋矿地层主要为早中奥陶世碳酸盐岩地层。沉积变质型铁矿赋存于早新太古界泰山岩群含铁石英岩建造	区内共发现航磁异常 14 个	姜梨园铁矿床（接触交代型）
V_2 利国－班井铁、金、煤成矿远景区	Pz_2; Ye	徐州－宿县断块		古生代碳酸盐岩－陆缘碎屑岩建造；燕山早期闪长斑岩、石英闪长斑岩、角闪闪长斑岩等中酸性岩浆岩建造	燕山早期的中酸性侵入岩体是区内铁、铜（金）矿成矿的母岩，赋矿地层主要为中奥陶世侵入岩与围岩体产于岩与岩体的接触带中，或产于围岩岩隙房及触带内（内接触带），部分产于围岩裂隙中	区内共发现航磁异常 19 个，1:20 万水系沉积物测量结果表明，异常走向大致呈北东向，与地层走向基本一致。一类组合异常、3 类组合异常，异常走向大致呈北东向，与地层走向基本一致。一类组合异常是金银矿床指示元素；二类组合异常是高温气液结果表明硫化物矿床指示元素；三类指示元素。1:5 万土壤测量结果在利国矿区出现了 Cu、Pb、Zn、Cr、Sn、Mo 等多个元素异常，异常具有较好的分带性（内、中和外带）。1:20 万自然重砂测量结果出现了辰砂、自然金、黄铁矿、砷族等矿物异常。在利国矿区接触面和断裂附近出现了磁铁矿异常，在利国铁矿区花岗闪长斑岩附近出现了磁铁矿异常	吴庄铁矿床、利国铁矿床、塞山铁矿床（接触交代型）

续表 8-2

V级成矿单元	成矿时代	IV级大地构造单元	成矿期构造环境	主要含矿建造	主要控矿因素	物化遥异常特征	主要矿床及成因类型
V₃ 铜山张集一种羊场铁成矿远景区	Z	徐州－宿县断块	鲁西－淮北（拉张区）构造－岩浆带	新元古代陆缘碎屑岩－碳酸盐岩建造；前寒武纪（徐淮期）辉绿岩	铁矿体与前寒武纪（徐淮期）的辉绿岩有关，含矿围岩为淮河群碳酸盐岩，控矿构造为北东向断裂	航磁异常12个，水系沉积物测量结果表明，在辉绿岩与变质岩接触融带附近出现了反映铁组元素（Fe-Ti-Mn-Ti组合）组合异常；在辉绿岩附近出现了以磁铁矿为典型特征的重砂矿物高含量点	
V₄ 东海－新沂金、铅、锌、铜、铁成矿远景区	Pt₁₋₂；Y	苏北胶南断块	鲁东（中强挤压区）构造－岩浆带	云母片岩－石英岩－花岗片麻岩－榴辉岩变质岩建造；燕山期花岗岩和闪长岩类建造	地层主要为东海岩群变质表壳岩，呈岩片状、透镜状产于花岗质片麻岩中，其中武强山岩体一含磁铁石英岩的变质表壳岩。燕山期桃林花岗岩岩体北侧东向分布有各种类型的剪切岩，另外分布4岩体沿郯庐断裂东侧东向侵入人，另外分布有北东、北西、近南北、近东几几组切带发育。区内断裂方向有北东、北西、近南北、近东几几组	区内共发现航磁异常144个，1:20万水系沉积物测量表明，在塔埠－阿湖一带发育大面积的Cu-Mo-Pb等组合异常。区内局部发育有W、Sn组合异常，主要有蒋庄铁矿、金红石组合异常、任木沟铁矿、金红石II级组合异常、城头金矿、金红石II级组合异常、锆石I级组合异常、锆石II级组合异常、锆石II级组合异常	武强山铁矿（沉积变质型）、徐西多金属矿点（热液型）、竹墩金矿点（破碎蚀变岩型）
V₅ 连云港－泗洪磷成矿远景区	Pt₁₋₂	连云港－泗洪断块		绿色云母片岩－含磷大理岩建造	磷矿赋矿地层为中元古界锦屏岩群绿色云母片岩－含磷大理岩建造	区域磁场较平缓而单调，正磁场多为东海群分布区，负磁场多为海州群大致沿海州群高值带及磁场分布范围，锦屏岩群线展布。与锦屏倒转背斜异常相对应的北北东向宽缓重力高值带，布伽重力值一般为6～14mgal。磷矿体位于重力高值带旁侧成中心	锦屏磷矿、新浦磷矿（沉积变质型）

续表 8-2

Ⅴ级成矿单元	成矿时代	Ⅳ级大地构造单元	成矿期构造环境	主要含矿建造	主要控矿因素	物化遥异常特征	主要矿床及成因类型
V₆ 盱眙铜钼、铁成矿远景区	Y₁	滁巢断块	下扬子坳陷（拉张区）构造－岩浆带	震旦纪碳酸盐岩建造；燕山晚期二长花岗（斑）岩	金属矿与燕山期中酸性岩浆岩有关，成矿有利围岩为震旦纪－寒武纪碳酸盐岩	区内共发现航磁异常31个，南北向的老子山－桂五断裂附近分布着串珠状 Au-As-Hg-Sb 组合异常，在断裂附近发育有辰砂、重晶石、黄铁矿、自然金等重砂矿物异常	李家岗钼矿点（斑岩型）、石牛山铜矿点（矽卡岩型）
V₇ 六合铁、铜成矿远景区	Y₁	滁巢断块	下扬子坳陷（拉张区）构造－岩浆带	震旦－寒武纪碳酸盐岩建造；燕山晚期花岗闪长岩类	铁矿主要产在燕山期中酸性侵入岩与碳酸盐岩地层的接触带部位，受断裂、接触带构造控制	区内共发现航磁异常34个，水系沉积物测量结果表明，区内分布3个大面积的 Fe-Ti-Mn-V 组合异常。在玄武岩与地层接触带附近，发育有铁矿等重砂矿物异常	冶山铁矿床（矽卡岩型）
V₈ 宁镇铁、铜、铅、锌、银、金、钼、硫成矿远景区	Y₁	镇江－溧水断块	下扬子坳陷（拉张区）构造－岩浆带	古生代－中生代碳酸盐岩、碎屑岩建造；燕山期花岗闪长（斑）岩，石英二长岩	内生金属矿成因类型以矽卡岩型为主，其次是热液型、斑岩型及风化淋滤型等，成矿与燕山期中酸性侵入岩有关，控矿构造主要为近东西向断裂，岩体与碳酸盐岩接触带等	区内共发现航磁异常112个，化探异常主要受岩体接触带及其褶皱背斜翼部断裂控制，北西向断裂成矿的纵向裂隙以 Au-Mo-Pb-Zn-Sb-As-Ag-Hg 组合为特征，剥蚀的成矿岩体以 Cu-Au-Mo-Pb-Zn-Sb-As-Ag-Hg-Bi 元素组合为特征，围绕岩体异常呈似圆环状，有元素组合分带	韦岗铁矿（矽卡岩型）、安基山、伏牛山铜矿（矽卡岩型、层控热液型）、栖霞山铅锌银矿（卡林型）、南京汤山头银金矿（铁帽型）、铜山钼铜矿（矽卡岩型）、谏壁钼（钨）矿（矽卡岩型）、岔路口硫铁矿（矽卡岩型）

续表 8-2

V级成矿单元	成矿时代	Ⅳ级大地构造单元	成矿期构造环境	主要含矿建造	主要控矿因素	物化遥异常特征	主要矿床及成因类型
V₉ 宁芜铁、铜、金、锌、铝、锶、硫、磷成矿远景区	Y	镇江－溧水断块	下扬子坳陷（拉张区）构造-岩浆带	中生代钙碱性火山岩、碳酸盐岩-碎屑岩建造；大王山旋回的辉长（辉石）闪长玢岩、闪长玢岩，辉长闪长岩及辉长安山玢岩、粗安玢岩等	中生代火山岩盆地、北北东向及北北西向构造岩浆带控制区。大王山旋回的铁铜硫（辉石）闪长玢岩与铁铜矿的关系最为密切，龙王山旋回火山岩及次火山岩与铜井式金铜矿成矿关系密切，娘娘山旋回火山岩及次火山岩与铜井式金铜矿成矿有关	区内共发现航磁异常100个，1:20万，1:5万化探Fe₂O₃-Cu-Pb-Mn-As-P-Au 组合异常多处	梅山铁矿、吉山铁矿、凤凰山铁矿、铜井铜金矿、云台山硫铁矿（陆相火山岩型）
V₁₀ 溧水铁、铜、金、锶、铝、锌、硫成矿远景区	Y	镇江－溧水断块	下扬子坳陷（拉张区）构造-岩浆带	中生代钙碱性火山岩、碳酸盐岩-碎屑岩建造；大王山旋回的辉长（辉石）闪长玢岩、闪长玢岩，辉长闪长岩及辉长安山玢岩、粗安玢岩等	铁矿与龙王山旋回早期的角闪玢岩形成的火山口根部相有关，在火山口附近形成次火山热液型铜、金、铅、锌矿床和矿点。北北西向、北北东向断裂控制了火山-次火山活动，北东向、北西向的次级断裂成环状、放射状裂隙，为容矿构造，多金属矿体呈大脉状产于火山构造破碎带中	区内共发现航磁异常160个，局部磁异常与化探（北西向）异常带吻合（Sr-Cu-Mo-Zn-W-Au组合），金属成矿区有Cu、Pb、Zn、Ag化探异常分布	石坝、东岗铁矿、观山铜铝矿、金驹山铜铝矿、爱景山锶矿、卧龙山黄铁矿（陆相火山岩型）
V₁₁ 南通－启东铁成矿远景区	Y₁	南通断块	下扬子坳陷（拉张区）构造-岩浆带	古生代－中生代碳酸盐岩-碎屑岩建造；燕山期花岗岩类	铁矿体受燕山期侵入花岗岩体和早中寒武世碳酸盐岩的接触带控制	区内共发现航磁异常12个	王浩铁矿（矽卡岩型）

续表 8-2

V级成矿单元	成矿时代	IV级大地构造单元	成矿期构造环境	主要含矿建造	主要控矿因素	物化遥异常特征	主要矿床及成因类型
V₁₂ 宜兴-溧阳铁、铜、铅、锌、金成矿远景区	Y	太湖断块、滆湖断块	下扬子坳陷（拉张区）构造-岩浆带	中生代钙碱性火山岩；古生代—中生代碳酸盐岩-碎屑岩建造；燕山期辉长岩、辉长闪长岩、流纹斑岩	东部燕山期岩浆侵入-喷发活动强烈，对铁、铜等产有重要控制作用，岩体与围岩接触带控制岩内金属矿产的分布。西部金属矿床类型属火山喷溢型、火山热液型及次火山热液型。铁、铜矿体主要赋存于侵入岩体顶部及附近火山岩裂隙中	区内共发现航磁异常100个。1:5万土壤测量表明，区内有Cu、Pb、Zn、Mo异常，异常与铅、锌矿化有关。1:20万自然重砂测量结果表明，有2个锡异常带；1个铜异常带；1个铅异常区；8个黄铁矿异常区。它们与岩或矿化关系比较密切	中巷铁矿（陆相火山岩型）；土包山铁金矿；松岭铁矿（矽卡岩型）
V₁₃ 苏锡铅锌、银、铁、硫、萤石成矿远景区	Y	太湖断块	下扬子坳陷（拉张区）构造-岩浆带	古生代—中生代碳酸盐岩-碎屑岩建造；燕山期花岗岩、石英（花岗）斑岩和闪长玢岩	区域构造以北东向复式褶皱，推覆构造为特色，形成于印支期至燕山期的中酸性侵入岩与成矿关系密切。矿体在岩围地区出现以断裂控制，主要受北东向或东西向断裂构造裂隙，在岩体与地层接触带或北西向、碎屑岩和碳酸盐岩层间破碎构造	区内共发现航磁异常25个。花岗岩分布地含Pb、Mo较高，Cu、Zn较低。花岗岩外围地区出现以次的局部高值区，主要Mo、Cu为主。1:20万自然重砂测量表明，在岩体与地层接触边界，发育有大面积的黄铁矿、辰砂等重砂异常	谈家桥铁矿（矽卡岩型）；吴宅、迁里铅锌银矿（热液型、矽卡岩型）；潭山铅锌矿床（矽卡岩型）；俞石泉萤石矿（热液充填型）
V₁₄ 金山铁铜多金属成矿远景区	Y	吴江断块	苏（南）沪（南）浙（西）（弱挤压区）构造-岩浆带	新元古代金山岩群碳酸盐岩（矽卡岩）-碎屑岩（角岩）建造；燕山晚期花岗闪长岩	矿体主要赋存于岩体酸性矽卡岩中，少量赋于内接触带岩体裂隙中	重力表现为北西向重力梯级带，磁异常表现为北西陡南缓近等轴状异常，含矿砂卡岩表现为低阻高极化性特征	上海金山张堰铜矿床（矽卡岩型）

含煤地层主要为上石炭统太原组和下二叠统山西组、石盒子组。

该成矿带划分了3个与本次预测矿种相关的Ⅴ级成矿远景区：V_1丰沛-四户隆凹铁、煤成矿远景区、V_2利国-班井铁、金、煤成矿远景区、V_3铜山张集-种羊场铁成矿远景区。

（一）V_1丰沛-四户隆凹铁、煤成矿远景区

该远景区位于华北陆块区南缘丰沛近东西向隆起构造带，大地构造位置属华北陆块区鲁西陆块鲁西碳酸盐台地徐淮陆内盆地。除华山、栖山地区见零星基岩露头外，均隐伏于第四系之下，呈近东西向展布。

1. 地层

丰沛隆起带由东西向展布的基底岩石——新太古界泰山岩群古老变质岩组成结晶基底，岩性主要为花岗质片麻岩、斜长片麻岩、斜长角闪岩、黑云变粒岩夹角闪变粒岩、阳起片岩、石榴石石英岩组合；其上为古生代稳定盖层沉积，岩性主要为寒武系—奥陶系、石炭系—二叠系沉积，早古生代缺失上奥陶统至志留系，寒武系至中奥陶统以碳酸盐岩为主夹砂泥质碎屑沉积，一般分布于丰沛隆起的南侧。晚古生代缺失泥盆系至下石炭统，中石炭统至二叠系为区内含煤岩系，尤以下二叠统山西组、石盒子组最为重要，分布于丰沛隆起的中北部。中生代缺失三叠系沉积，侏罗系—白垩系为红色类磨拉石沉积建造与陆相火山沉积岩建造，碳酸盐岩类主要分布于局部断陷内。与矽卡岩型铁矿成矿有关的主要为碳酸盐岩沉积建造。

2. 岩浆岩

丰沛隆起带中的岩浆活动主要为燕山期中酸性岩浆的侵入与喷发活动。侵入岩主要为燕山早中期岩浆活动的产物，岩性为闪长岩、花岗闪长岩、花岗岩类等。岩体多沿地层侵入，在岩体与碳酸盐岩地层的接触带中往往形成接触交代型铁矿，为铁矿的有利成矿地段。

3. 构造

丰沛隆起带隐伏于第四系之下，为近东西走向的断裂隆起构造带。地层展布表现为一系列单斜构造，未见明显的区域性褶皱构造；断裂构造表现为近东西向断裂较为发育，与东西向构造伴生的一组北北西向张扭性断裂较为发育，它切割东西向构造线，使局部地段东西向构造或断裂被错移或牵引成弧形。

区内存在明显的正磁异常，且规模较大。金属矿产成矿类型主要有沉积变质型铁矿和矽卡岩型铁矿。

沉积变质型铁矿赋存于新太古界泰山岩群含铁矿石英岩建造，成矿期为新太古代。

矽卡岩型铁矿与燕山早期闪长玢岩、石英闪长斑岩关系密切。东西向构造为主要导岩、储岩和容矿构造，矿床一般受区域褶皱中次级褶皱控制，矿体主要赋存在岩体接触带或围岩捕虏体的接触带内。赋矿地层主要为早中奥陶世碳酸盐岩地层。成矿期为燕山早期。代表性矿床：姜梨园铁矿床（接触交代型）。

（二）V_2利国-班井铁、金、煤成矿远景区

该远景区位于华北陆块区南缘徐(州)-宿(县)弧形构造带的北段，大地构造位置属华北陆块区鲁西陆块鲁西碳酸盐台地徐州-宿县断块。区内地层主要为震旦系、寒武系、奥陶系、石炭系—二叠系，构造线方向以北东向、北北东向和北西向为主，断裂构造较紧密。含煤地层主要为上石炭统太原组和下二叠统山西组、石盒子组。

中生代燕山期中性—中酸性岩浆岩较发育，北西向断裂与北东向断裂的复合部位是主岩体上侵的通道，岩体对区内的金、银、铜、铁、多金属矿化起控制作用。以利国、班井为主的燕山早期中酸性侵入岩体是

区内铁、铜(金)矿成矿最有利的母岩,已发现的矽卡岩型铁多金属矿产均围绕岩体接触带分布(图8-2)。

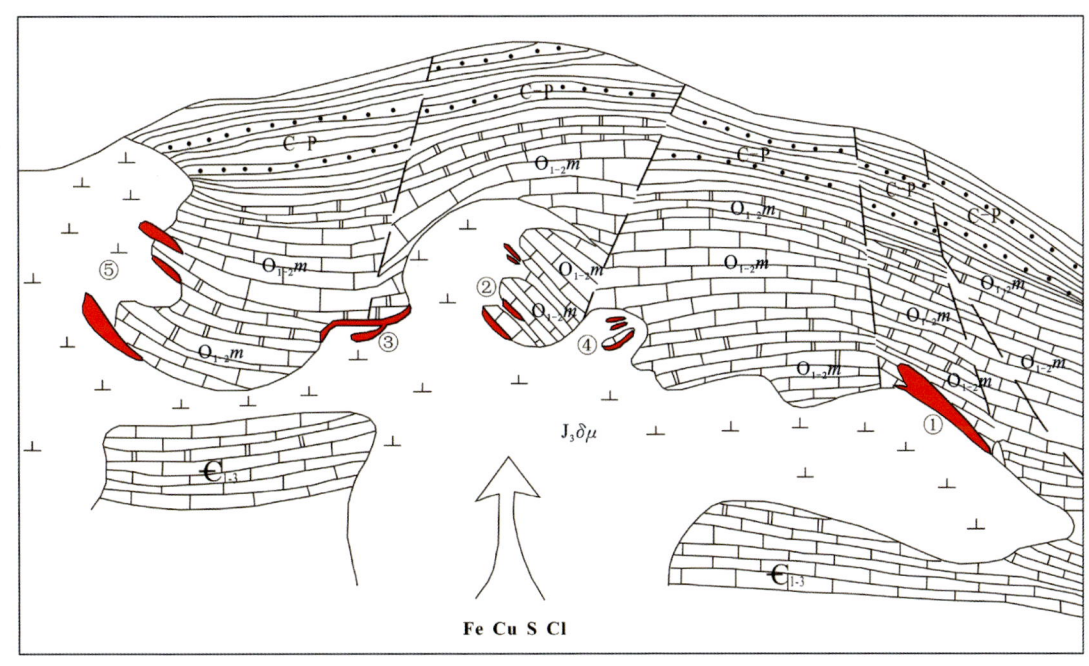

图 8-2 徐州地区利国式(邯邢式)矽卡岩型铁矿成矿模式图

1.石炭纪—二叠纪砂页岩;2.下奥陶统马家沟组碳酸盐岩;3.寒武纪碳酸盐岩;4.闪长玢岩;5.铁矿床。
①吴庄铁矿;②西马山铁矿;③墓山铁矿;④利国铁矿;⑤峒山铁矿

利国岩体位于远景区的北端,是多期岩浆活动的产物,其主体以中性—中酸性闪长岩类为主,岩石中镁含量普遍大于铁含量,具有富镁贫铁、高碱富钠特点。围岩主要为下奥陶统马家沟组碳酸盐岩,与此有关的接触交代型磁铁矿,是该区的主矿体,并伴生 Cu、Au、Co、Mo。代表性矿床:利国铁矿田。该区 Cu、Au 矿(化)点大多分布于主岩体西部,并与北西向断裂构造关系密切。

班井岩体位于远景区的南端,由班井、杨村、前二堡3个岩株体构成,属燕山期中酸性岩类。岩体对区内的金、银、铜、铁、多金属矿化起控制作用。该岩体是以接触交代的矽卡岩型铁、铜(金、银、钼)矿化为主,其围岩以寒武纪碳酸盐岩和碎屑岩为主。

(三)V_3 铜山张集-种羊场铁成矿远景区

该远景区位于利国-班井铁、金、煤成矿远景区(V_2)南东侧,基岩仅局部出露,大部分为第四系覆盖,主体由一系列北东向相间排列的复式褶皱构造组成。区内断裂构造发育,以北西向与北东向压性、压扭性断裂为主。区内震旦纪辉绿岩墙发育,多呈北东向沿断裂构造贯入,并有少量燕山期中酸性岩的侵入。主要含矿建造为新元古代陆缘碎屑岩-碳酸盐岩建造、前寒武纪(徐淮期)辉绿玢岩。成矿期为震旦纪,以热液交代充填型铁矿为主要成矿类型,由于规模很小,多为脉状,工业意义不大。

二、Ⅲ-67 桐柏-大别-苏鲁(造山带)金、银、铁、铜、锌、钼、金红石、萤石、珍珠岩成矿带

该成矿带江苏省内部分划为一个Ⅳ级成矿亚带:Ⅲ-67-③苏鲁金、铁成矿亚带。北以郯庐断裂为界,南界为响淮(响水-淮安)断裂带,苏鲁造山变质带南缘。大地构造位置属秦祁昆造山系大别-苏鲁造

山带苏鲁高压—超高压变质带。

区内地层主要由新太古代—元古宙变质地层和中新生代地层组成。变质地层主要由新太古界—古元古界东海岩群、中元古界锦屏岩群、中新元古界云台岩群等组成,共同组成区内变质基底;区内缺失震旦系至侏罗系,自白垩纪开始局部断陷盆地中沉积有中新生代地层。区内岩浆活动在新太古代—古元古代以中酸性岩浆侵入活动为主,中元古代则以中基性火山作用为主,中生代燕山期火山喷发与中酸性岩浆侵入活动均较强烈,新生代喜马拉雅期则以基性火山作用为主。前寒武纪地层普遍变质变形,以高角闪岩相-绿片岩相变质作用为主,西北部以超高压高角闪岩相-榴辉岩相变质作用为主,东南部则以高压绿片岩相变质作用为主;区内早期构造运动以韧性剪切变形构造发育为特征,以北东向、北北东向为主,晚期构造活动则以脆性断裂构造为主,为在前期剪切构造基础上发展而成。断裂方向主要为北东向、北北东向,晚期北西向断裂发育。

区内金属矿产以铁、金(铜多金属)为主。铁矿类型以沉积变质型为主,新太古界—古元古界东海岩群武强山组含铁石英岩为赋矿围岩。金矿类型以破碎蚀变岩型为主,成矿主要与燕山期中酸性岩浆侵入活动有关,主要受北北东—北东向断裂构造控制。区内榴辉岩型金红石矿资源丰富,已发现多个大型矿床,如毛北、小焦金红石矿床。榴辉岩的变质原岩为基性岩类,矿床是在高温、超高压环境下变质形成的。结合本区大地构造位置,应是华北板块和扬子板块碰撞、俯冲的结果。

海州式沉积变质型磷矿为区内重要的非金属矿产,赋矿层位为中元古界锦屏岩群,典型矿床为锦屏磷矿床。

该成矿亚带进一步划分出两个V级成矿远景区:V_4东海-新沂金、铅、锌、铜、铁成矿远景区、V_5连云港-泗洪磷成矿远景区。

1. V_4东海-新沂金、铅、锌、铜、铁成矿远景区

大地构造位置属苏鲁高压—超高压变质带苏北胶南断块。地层主要为新太古界—古元古界东海岩群变质岩系,呈岩片状、透镜状产于花岗质片麻岩中,其中武强山组为一套含磁铁石英岩的变质岩(图8-3)。燕山期桃林花岗岩体呈北东向沿郯庐断裂东侧分布,岩体分4次侵入,另外分布有各种类型的脉岩。区内断裂构造和韧性剪切带发育,断裂方向有北东、北北东、北西、近南北、近东西几组,北东向、北北东向控制了燕山晚期中酸性岩浆岩的侵入。岩性以花岗闪长岩、二长花岗岩为主,其次为花岗斑岩、闪长岩等,与金多金属矿化关系密切。

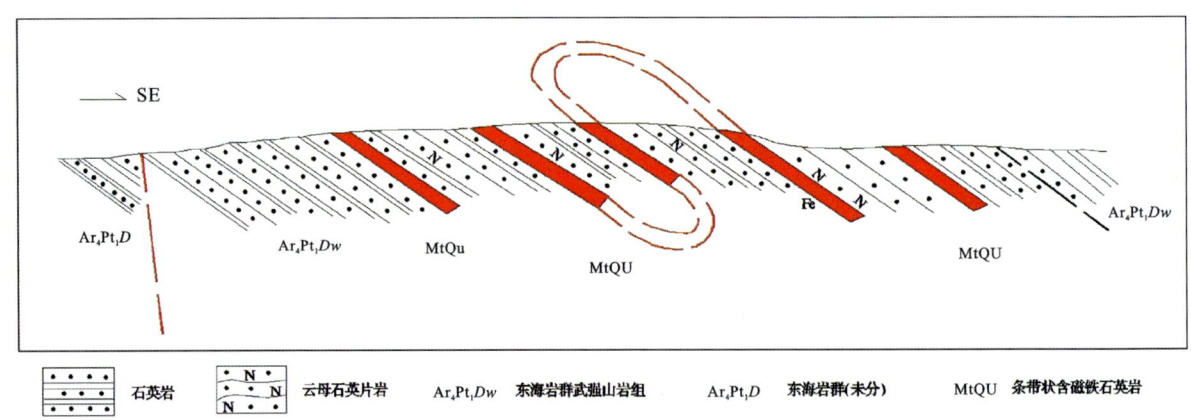

图8-3 东海-新沂地区鞍山式沉积变质型铁矿剖面示意图

东海岩群变质岩系中石英岩、片麻岩含金丰度较高,为金矿化形成提供了部分矿质。区内发育的北东向、北东东向韧性剪切带以及在此基础上形成的脆性构造破碎带,控制了区内金矿化的分布,形成破碎蚀变岩型金矿(化)点。

金矿化成矿作用过程:经过区域变质、韧性剪切,在变质热液多次作用下,可使含金变质岩的金初步

集中到有利地段,后经燕山期岩浆期后热液作用,使金进一步富集形成有工业价值的金矿体。

区内已发现磁异常多处,大多呈北东向分布,除少数由榴辉岩体引起外,多数由含铁石英岩引起。目前已发现的沉积变质型铁矿点有武强山、西印庄等处。

2. V_5 连云港-泗洪磷成矿远景区

大地构造位置属苏鲁高压—超高压变质带连云港-泗洪断块。区内分布的基底地层主要为中元古界锦屏岩群和中—新元古界云台岩群等元古宙变质岩系,呈北东—北北东向展布,其中,锦屏岩群为海州式沉积变质型磷矿的赋矿层位。本类型矿床形成是受多种因素综合作用及相互制约和转化所控制(图8-4、图8-5),主要是矿床的建造和改造。区内典型矿床为锦屏磷矿床,成矿时代为中元古代。

区内磷矿原始沉积是发生在古陆的边缘。吕梁运动,东海岩群遭受了褶皱隆起并使裸露区遭受风化剥蚀。随着地壳下沉和海侵,陆缘海分布,开始沉积了一系列的海相沉积物,磷质同时由海流带到浅海区聚积下来。根据地层顶底板出现的原岩性质,发现在矿体沉积前后的地壳振荡运动是比较频繁的,表现为海侵、海退反复出现,而且振荡的幅度又不大。在这多变的环境中,磷质容易聚沉。

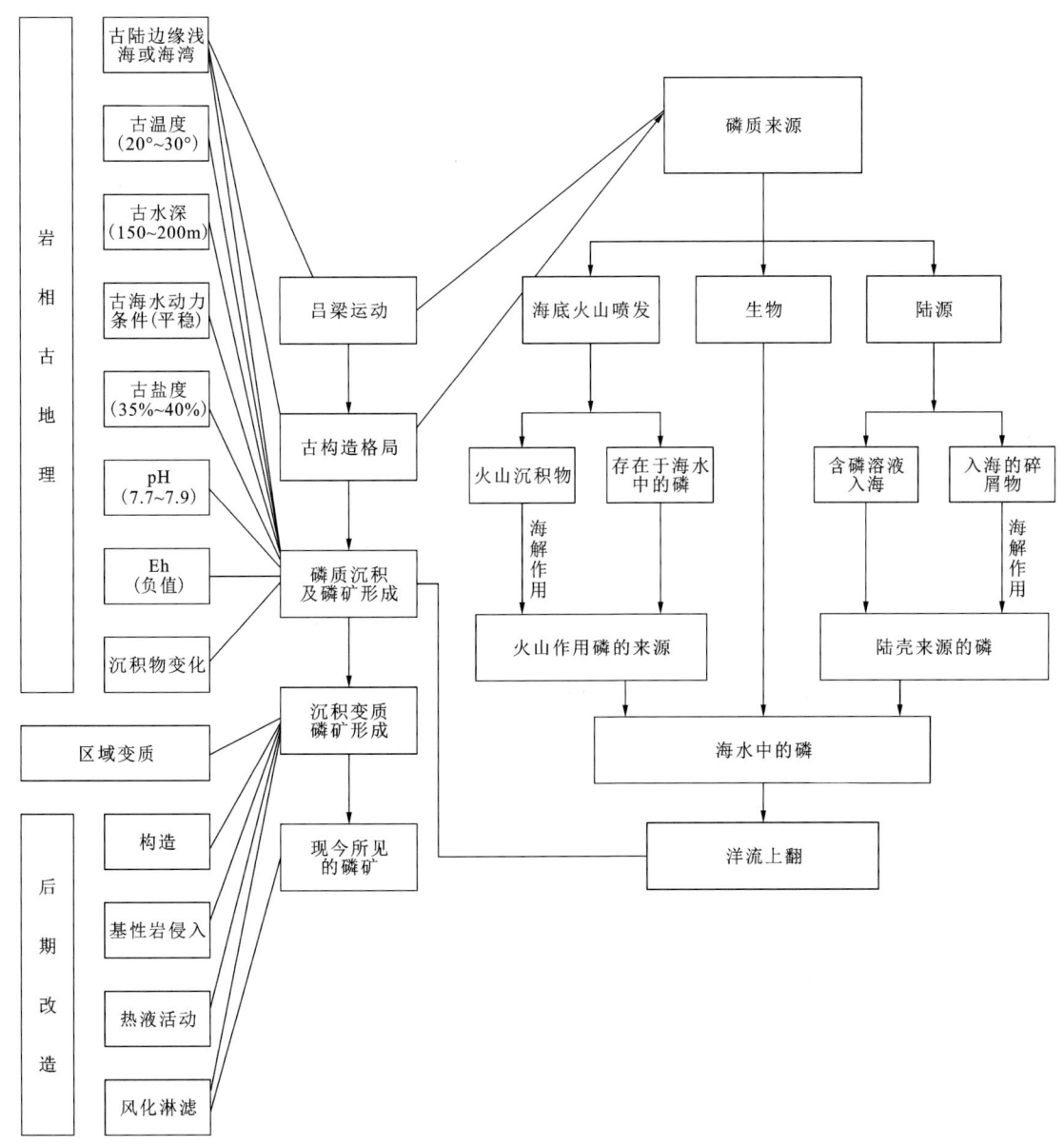

图8-4 海州式磷矿成矿模式图之一

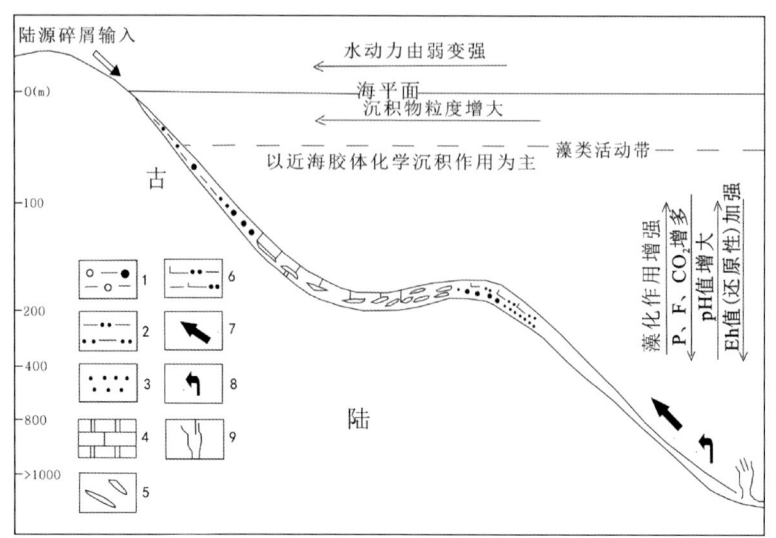

图 8-5 海州式磷矿成矿模式图之二

1.含砾泥砂岩;2.泥砂岩;3.磷质微粒;4.白云质灰岩;5.磷块岩;
6.沉凝灰岩;7.海进;8.洋流上翻;9.海底火山

锦屏岩群形成以后,经历了多次构造运动并伴随区域地质作用。在中温、中压条件下,矿物发生了明显的重结晶,矿物颗粒增大,碳酸盐中原始的隐晶质矿物转化为白云石、方解石晶体;原始沉积的胶磷矿形成了晶质磷灰石,形成一套变质矿物组合,岩石多具片理、片麻理等。区域变质作用不但改变了磷灰石的结晶形态,同时在变质过程中产生的热流体,也可使磷和某些元素富集。pH 值 7.0～8.0 的中性—弱碱性环境,Eh 值 0.1～0.3,表明磷矿主要是在弱还原条件下形成的。

磷矿形成以后,遭受了后期构造的改造作用,晚期叠加褶皱使矿体重复加厚,在褶皱轴面变形面使矿体发生大幅度弯曲滑动作用,其顶部所在区段矿体厚度加大,同时使翼部矿体变薄或无矿。小的褶皱仅局部影响矿体厚度的变化,锦屏倒转背斜控制矿体的空间分布,其转折端则是厚矿体赋存部位。经两期褶皱改造叠加,矿体多呈不规则透镜状或似层状。晚期叠加褶皱对矿层、矿体的产状变化亦有明显的改造和控制作用。因褶皱较开阔,使矿层、矿体在延深方向上呈波状起伏,在正常翼倾角较缓,而倒转翼则倾角较陡。

可见,两期褶皱对矿体均起加厚作用。原始沉积的磷矿体,一般几米至 10m 左右,层序亦较简单,经褶皱改造叠加,使矿层层数增多,总厚度加大,最厚可达 80m 左右。

区内断裂构造对矿体均起破坏作用,其破坏性主要取决于断裂的规模和所处的部位,以及断裂产状和矿层、矿体产状之间的关系。北东向断裂为走向断裂,与矿体走向基本一致,对矿体无明显的破坏作用。北北东向断裂不甚发育,且规模小,对矿体的改造作用不甚明显。北西向断裂在区内比较发育,斜角或近于直交切割矿层,如锦屏东山矿区,破坏了矿体的连续性。

三、Ⅲ-69 长江中下游铜、金、铁、铅、锌(锶、钨、钼、锑)、硫、石膏成矿带

该成矿带江苏省内部分为响水-淮安断裂到湖苏断裂(省内苏州-昆山断裂)之间部分,北东以苏北凹陷边缘为界。大地构造位置属下扬子陆块,苏皖前陆盆地和下扬子被动陆缘,处于中—新生代的下扬子拉张区。在郯庐断裂的控制下,从早燕山期以来一直处于拉张为主的状态。区内重要矿产成矿时代大多集中于 120～100Ma 的燕山中晚期。

中生代以前的矿产有华南陆表海阶段末期(T_2)残余海盆地沉积的石膏等盐类矿产,在火山盆地基

底地层中通常都有产出。

整个Ⅲ级成矿带进一步划分为Ⅲ-69-①庐江-滁州铜、金、铁、钼、铅、锌、银、硫成矿亚带,Ⅲ-69-②沿江铜、铁、金、多金属、硫成矿亚带,Ⅲ-69-③宣州-苏州铜、钼、金、银、铅、锌成矿亚带3个Ⅳ级成矿亚带。

(一) Ⅲ-69-① 庐江-滁州铜、金、铁、钼、铅、锌、银、硫成矿亚带

该成矿亚带主体在安徽境内,省内部分划为一个Ⅴ级成矿远景区:V_6盱眙铁、铜、钼成矿远景区。

该成矿远景区位于郯庐断裂带东侧,下扬子陆块苏皖中、新生代火山岩区中。中、新生代凹陷中沉积有中、新生代碎屑岩和堆积大规模火山岩。仅在局部隆起地区有新元古界张八岭岩群变质碎屑岩与震旦纪—寒武纪碳酸盐岩地层分布,并有燕山期中酸性岩浆岩侵入。区内已发现航磁异常多个,大多由基性火山岩引起,少数由中酸性岩(脉)体引起。该区金属矿产成矿作用较弱,目前仅发现个别铁、铜(钼)矿化点。成矿类型有矽卡岩型、斑岩型、热液充填型等,成矿期为燕山晚期(图8-6)。

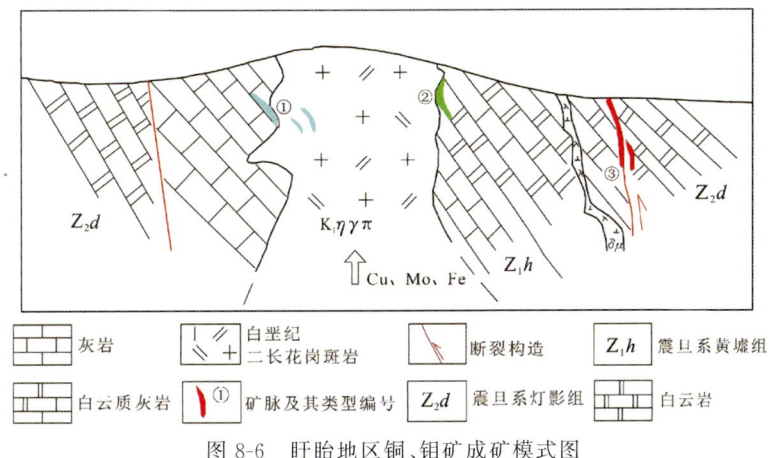

图 8-6 盱眙地区铜、钼矿成矿模式图
①李家岗斑岩型钼矿点;②石牛山交代充填型铜矿点;③圣人山充填铁矿(化)点

(二) Ⅲ-69-② 沿江铜、铁、金、多金属、硫成矿亚带

该亚带是长江中下游沿江成矿带的主要大中型铜铁硫金矿床分布地区,有长江中下游成矿带主体之称。矿床类型多,矿产地分布密集。带内地层除缺失中下泥盆统和部分下石炭统外,自前寒武系至第四系均有出露,其中石炭纪、二叠纪、早中三叠世碳酸盐岩与晚侏罗世至早白垩世陆相火山岩系为主要成矿与赋矿围岩。矿床均受追踪长江深断裂控制,虽岩浆岩系列、形成时代和成矿特征有所差异,但它们成矿统一于中生代燕山期强烈发育的构造-岩浆热事件中,形成长江中下游具有特色的最主要构造-岩浆岩成矿亚带。

江苏省内部分根据不同的成矿构造环境,划出 4 个与本次评价相关矿种的Ⅴ级成矿远景区:V_7六合铁、铜成矿远景区,V_8宁镇铁、铜、铅、锌、银、金、钼、硫成矿远景区,V_9宁芜铁、铜、铅、锌、金、硫、磷成矿远景区,V_{10}溧水铁、铜、金、锶、铅、锌成矿远景区。

1. V_7 六合铁、铜成矿远景区

该远景区位于郯庐断裂带东侧的江浦-冶山隆起带。区内岩浆活动强烈,燕山期中酸性侵入岩(花岗闪长斑岩、石英闪长岩、二长岩等)广泛分布,震旦纪—寒武纪碳酸盐岩地层为岩体所包围。区内金属矿产以铁为主,铜铅锌为铁矿床共伴生矿。铁矿主要赋存在燕山期中酸性侵入岩与碳酸盐岩地层的接触带部位,受断裂、接触带构造控制(图8-7)。区内已发现航磁异常数十个,大多由中酸性侵入体及铁矿

(化)体引起。已有中型铁矿床1个,小型铁矿床6个。矿床类型以矽卡岩型为主,成矿时代为燕山晚期(116Ma)。

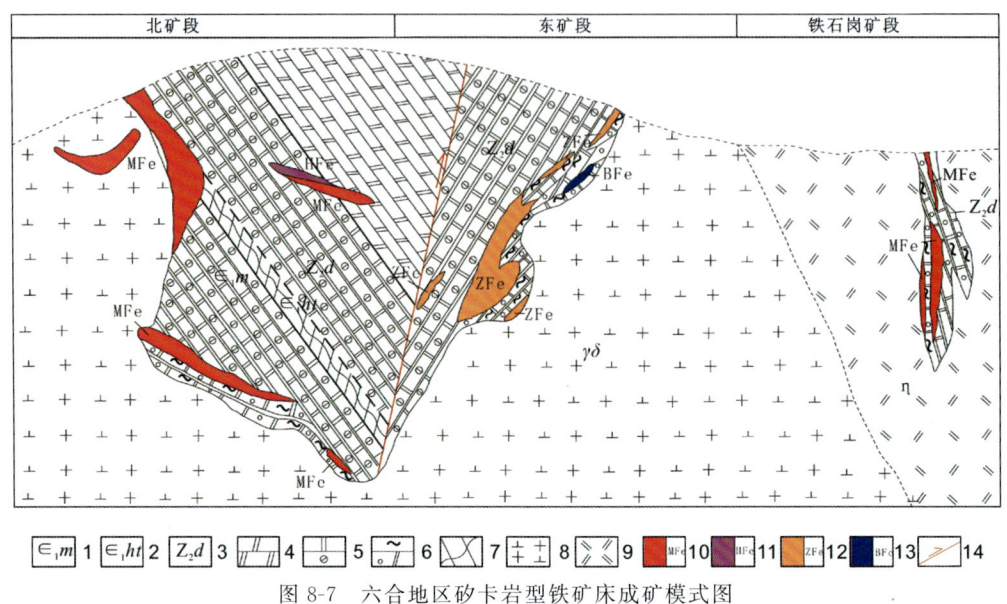

图 8-7 六合地区矽卡岩型铁矿床成矿模式图

1.寒武系幕府山组;2.寒武系荷塘组;3.震旦系灯影组;4.白云岩;5.白云石大理岩;6.矽卡岩;7.角岩;8.花岗闪长岩;9.二长岩;10.磁铁矿体;11.赤铁矿体;12.自熔性磁铁矿;13.硼镁铁矿;14.逆断层

2. V_8 宁镇铁、铜、铅、锌、银、金、钼、硫成矿远景区

该远景区位于下扬子陆块苏皖前陆盆地镇江-溧水断块宁镇条块状断隆。区内基底为中元古界埤城岩群变质岩,震旦系至中新生界出露齐全,与成矿关系密切且对成矿有利的地层及岩性主要是石炭系黄龙组、二叠系栖霞组、三叠系青龙组及周冲村组的碳酸盐岩。燕山中晚期侵入形成的岩浆岩以闪长岩、二长岩等中酸性岩类为主,岩性主要为石英闪长岩、石英闪长玢岩、花岗闪长斑岩、石英二长斑岩及二长花岗岩等,分布面积大,剥蚀程度高,岩体在深部连成一片。弧形构造与近东西向长江深断裂带网格状控制宁镇地区构造线方向、地层展布及矿床的分布。3个近东西向的复式背斜,2个复式向斜、纵向断裂及侵入接触带是主要的控矿构造。

区内物探异常特征为重磁同高,化探异常主要受岩体接触带及其褶皱背斜翼部的纵向断裂与北北西向断裂控制,隐伏成矿岩体异常以 Au、Pb、Zn、Sb、As、Ag、Hg 元素组合为特征,剥蚀的成矿岩体以 Cu、Au、Mo、Pb、Zn、Bi、As、Sb 元素组合为特征,围绕岩体异常呈似圆环状,有元素组合分带。

矿产种类以内生金属矿为主,主要有铅、锌、银、铁、铜、金、钼等,成因类型以矽卡岩型为主,其次是热液型、斑岩型及风化淋滤型等(图 8-8)。非金属矿产有石膏、硫铁矿、沸石等。金属矿成矿时代为燕山中晚期。

3. V_9 宁芜铁、铜、铅、锌、金、硫、磷成矿远景区

该远景区位于宁芜火山岩盆地的北段江苏省内部分,大地构造位置位于下扬子陆块的东南部苏皖前陆盆地,属沿江构造岩浆活动带的一系列火山岩盆地之一,东以方山-小丹阳断裂为界,与溧水、句容盆地毗邻。总体上为一北北东向复式向斜构造,仅盆地边部次级背斜中分布有中生界三叠系青龙组至侏罗系象山群等火山岩盆地基底地层,盆地中大部分地区为上侏罗统龙王山组、大王山组覆盖,盆地西部有下白垩统姑山组、白头山组、娘娘山组等分布,其他中新生代地层仅分布于后期局部坳陷之中,其中火山岩地层占出露面积的80%,岩性为一套由粗安质-安山质-石英安山质-英安质-石英粗面质的中基性—中酸性—碱性火山岩系,成层性良好,产状多较为平缓。区内与区域成矿关系密切的地层及岩性主

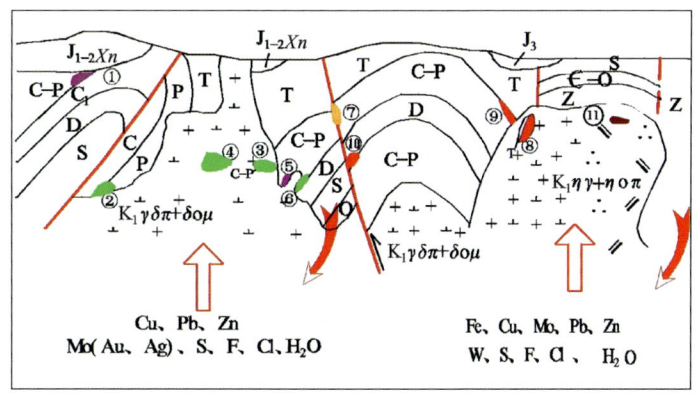

图 8-8 宁镇地区金属矿床区域综合成矿模式图

①栖霞山铅锌银矿；②伏牛山铜矿；③安基山铜矿（东）；④安基山铜矿（西）；⑤老人峰多金属矿；
⑥铜山铜钼矿；⑦丁钯岗金矿；⑧韦岗铁矿；⑨巢凤山铁矿；⑩磁山头-五洲山铁矿；⑪谏壁钼（钨）矿

要为周冲村组、黄马青组碳酸盐岩类建造、含钙质砂泥岩沉积建造、侏罗纪—白垩纪火山岩建造等，尤以大王山组与铁矿、姑山组和娘娘山组与铜金矿具有明显的成因联系。

岩浆活动主要集中于中生代燕山期，表现为大规模、多期次的岩浆侵入和火山喷发活动，以多旋回的强烈火山作用为主要特色，形成的岩浆岩也以火山岩为主，为龙王山、大王山、姑山、娘娘山等火山喷发旋回的产物，区内广泛分布，岩性主要为一套由粗安质-安山质-石英安山质-英安质-石英粗面质火山岩及相应的火山碎屑沉积岩等，火山岩成分从早到晚，由中基性向酸性、钙碱性向碱性过渡演化，各旋回火山活动大致均以强烈爆发开始，喷溢沉积结束，晚期均有相应成分的次火山岩、浅成侵入岩的产出。区内次火山岩十分发育，多产出于火山机构中心或环状断裂带中，与火山岩围岩呈岩相过渡渐变关系，一般面积不大，规模较小，但与铁铜多金属成矿关系紧密。区内次火山岩岩石类型主要有角闪闪长（安山）玢岩、辉石闪长（安山）玢岩、安山玢岩、闪长玢岩、英安斑岩、粗安斑岩、粗面斑岩，与火山岩相似，从早到晚，由中基性向酸性、钙碱性向碱性过渡演化，多呈小岩株、岩枝、岩脉、岩墙产出。其中辉石闪长玢岩岩体规模相对较大，以吉山、蒋门山、皇姑山、麒麟山、凤凰山岩体为代表，一般岩石富钠质，受北北东向与北西向断裂喷发带的控制，为区内铁矿成矿母岩。

区内褶皱构造简单，主要发育于火山岩系之下的基底地层中，所形成较大的区域性褶皱构造有宁芜向斜与凤凰山-乔木山倒转背斜，轴向北东东。断裂构造十分发育，主要是燕山运动以来，伴随强烈的火山-岩浆活动，形成了不同方向、不同性质的断裂系统。以北东向、北西向两组规模巨大，多贯穿全区，构成区内主要构造格架，大部分形成于燕山运动早期，同时伴有相当数量的北北东向、北东东向、北北西向、近东西向断裂，与区域主干断裂纵横交叉共同组成了区内断裂构造网格。以上构造多具多期活动的特征，一般北东—北北东向以压性或压扭性为主，北西—北北西向断裂则以张性至张扭性为主，北北西向与北东东向断裂为共轭的扭性断裂，均反映了区域长期受北西—南东向的压应力作用。与区域性主干断裂伴生的次级断裂则是区内铁、铜、金矿床（脉）的主要控矿构造，具体控制了区内火山机构、后期侵入岩体（脉）、多金属矿化体的空间分布。伴随区内强烈的岩浆侵入与喷发活动，火山构造的发育是区内构造的重要形式，也是区内多金属矿产的重要控矿构造。宁芜火山岩盆地本身就是一北东向的火山构造洼地，区内主干断裂控制了断裂岩浆侵入、喷发带的空间分布，形成了相应的构造喷发带，并具体控制了Ⅲ级火山岩区的分布，与受断裂交叉网格控制的火山口、火山岩穹隆及配套形成的环状、放射状断裂一起组成了区内不同级别的火山机构。

主要的铁铜硫金矿床及星罗棋布的矿点大部分皆位于构造岩浆成矿亚带中，受区内北东向、北北东向、北西向及其他断裂纵横交叉形成的断裂网格及火山机构控制。不同矿种、不同类型的矿床往往与一定旋回的火山-侵入活动有关。区内火山岩、次火山岩与围岩接触部位热液蚀变和热变质现象普遍而发育，与铁、铜、硫矿化关系密切。如玢岩型铁矿与燕山期侵位的次火山岩——辉石闪长玢岩具有强烈的成因联系,它们的分布受喷发-侵入活动[喷发中心或北北东向和北西向两组基底断裂(构造岩浆喷发带)]控制,围绕次火山岩侵入体可依次出现一组不同矿物组合铁矿床(玢岩铁矿系列)(图 8-9),在玢岩式磁铁矿矿床中都不同程度地含磷灰石,尤其是铁矿体边缘和下部浸染状矿石中含磷灰石较富,可综合利用;铜、金矿的产出多与燕山中晚期的碱性和弱碱性火山岩关系密切,与娘娘山旋回碱性的富钾火山岩具明显的成因联系,矿化体受次级断裂与火山机构的共同控制(图 8-10)。

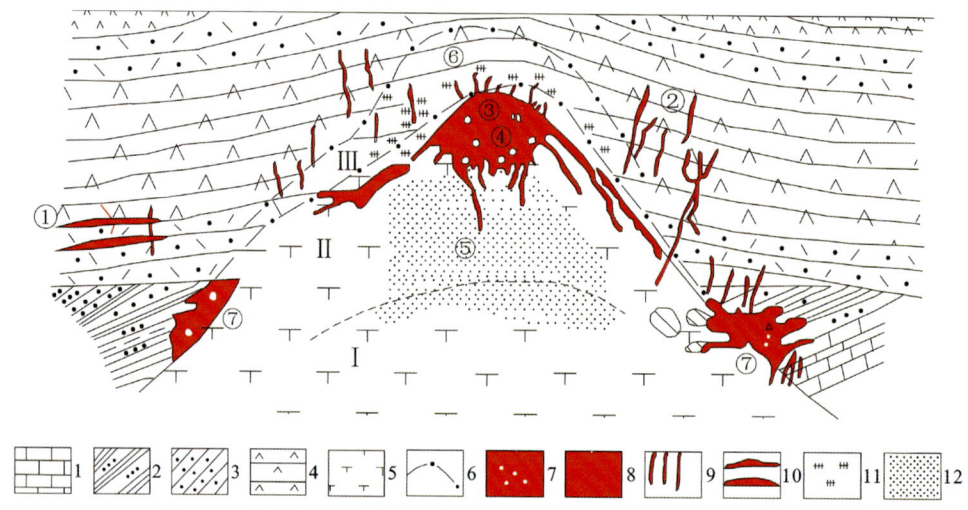

图 8-9　宁芜玢岩铁矿区域成矿模式图(引自《宁芜玢岩铁矿》,1980)

1.中下三叠统青龙组灰岩;2.上三叠统黄马青组砂页岩;3.中下侏罗统象山群砂岩;4.晚侏罗世—早白垩世火山岩;5.辉长闪长岩-辉长闪长玢岩;6.蚀变分带界线;7.角砾岩化及角砾状矿石;8.块状矿石;9.镜铁矿或磁铁矿;10.层状铁矿;11.黄铁矿;12.浸染状磁铁矿。①龙旗山式;②龙虎山式;③梅山式;④凹山式;⑤陶村式;⑥向山式;⑦凤凰山式。

Ⅰ.下部浅色蚀变带;Ⅱ.中部深色蚀变带;Ⅲ.上部浅色蚀变带

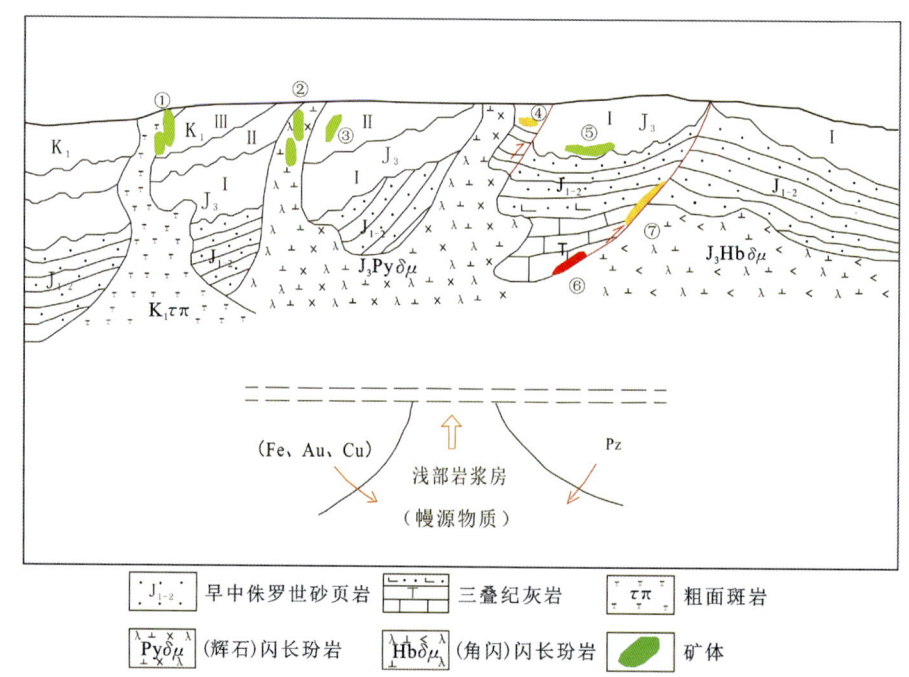

图 8-10　江苏省宁芜地区陆相火山岩型铜、金、多金属矿区域综合成矿模式图

①铜井铜金矿;②谷里铜矿;③大岭岗铜矿;④天台山硫铁矿;⑤大平山铜矿;⑥凤凰山铁矿;⑦云台山硫铁矿。

Ⅰ.安山岩旋回;Ⅱ.粗安岩旋回;Ⅲ.碱性岩旋回

4. V_{10} 溧水铁、铜、金、锶、铅、锌成矿远景区

该远景区位于溧水火山岩盆地及周边次级隆起带,西以方山-小丹阳断裂为界与宁芜火山盆地相邻,大地构造位置属下扬子陆块的苏皖前陆盆地,属沿江构造岩浆活动带的一系列火山岩盆地之一。

区内仅盆地边部次级背斜及局部隆起中分布有古生界上奥陶统—下志留统高家边组至侏罗系象山群等火山岩盆地基底地层,其中古生界志留系、泥盆系、石炭系、二叠系和中生界下三叠统分布于远景区东部茅山推覆体内;中生界中、上三叠统和中、下侏罗统分布于宁芜盆地东缘脊状隆起带中,另有一部分中、下侏罗统分布于溧水西部断块中,盆地中心大部分地区为上侏罗统龙王山组、大王山组和下白垩统姚家边组覆盖,区内与区域成矿关系密切的地层及建造主要为周冲村组、黄马青组碳酸盐岩类建造、含钙质砂泥岩沉积建造、早侏罗世含钙质碎屑沉积建造、侏罗纪—白垩纪火山岩建造等。

燕山期岩浆活动以多旋回的强烈火山喷发作用为主要特色,形成的岩浆岩以火山岩为主,为龙王山、大王山、姚家边、甲山等火山喷发旋回的产物,区内广泛分布。岩性主要为一套由粗安质-粗面质-玄武质-流纹质火山岩及相应的火山碎屑沉积岩等,火山岩成分由从早到晚、由中基性向酸性、由钙碱性向碱性过渡演化,各旋回火山活动大致均以强烈爆发开始,喷溢沉积结束,晚期均有相应成分的次火山岩、浅成侵入岩的产出。次火山岩多产出于火山机构中心或环状断裂带中,与火山岩围岩呈岩相过渡渐变关系,规模大小不等,一般出露面积均较小,但与区内铁、铜多金属成矿作用关系紧密。区内次火山岩岩石类型主要有角闪闪长(安山)玢岩、辉石闪长(安山)玢岩、安山玢岩、闪长玢岩、英安斑岩、粗安斑岩、玄武玢岩等,与火山岩相似从早到晚、由中基性向酸性、由钙碱性向碱性过渡演化,多呈小岩株、岩枝、岩脉、岩墙产出。其中角闪闪长玢岩、辉石闪长玢岩为区内铁矿主要成矿母岩。粗安斑岩是区内发育程度仅次于角闪闪长玢岩的又一类次火山岩,主要分布于火山岩盆地外缘周边地区,大部分为姚家边旋回的产物,主要受火山活动中心控制。岩石次生蚀变作用强烈,围岩接触带多有矽卡岩化、绿帘石化等深色蚀变,硅化、绢云母化、高岭土化等浅色蚀变,与铜金及多金属矿成矿作用关系密切。

溧水远景区所在的大地构造单元为下扬子古陆块苏皖前陆盆地,三叠纪前为一长期坳陷区,发育一套地台型稳定沉积,构造运动较弱;三叠纪以来,受太平洋板块俯冲挤压影响,区域构造演化进入大陆边缘活动带阶段,火山作用频繁,构造运动强烈,以断裂活动或断块作用为主,形成区域以断裂构造和火山构造为主的构造格架。断裂构造十分发育,构造形迹主要有北北东向、北东向、北东东向、东西向、北西西向、北西向、北北西向、南北向 8 组,组成区内网络状构造格局,将溧水火山岩盆地切割成多个"菱形断块"。其中北北东向断裂对区域沉积建造、火山喷发与岩浆侵入岩带的空间展布、后期断隆分布均有明显的控制作用;北西向断裂是区内最为发育的一组断裂构造,以张扭性、扭张性平移正断层为主,部分扭性平移断层,构造形迹数量多,且部分也为规模较大的区域性断裂,活动时间长,控岩控矿作用明显;其他方向的断裂构造多是在特定的构造活动期和特定地质条件下的产物,一般规模均较小,多为局部构造,发育数量不一,断裂性质复杂,对部分火山岩、后期侵入岩脉和部分铜多金属矿化,天青石、重晶石等热液充填脉有较明显的控制作用。伴随区内强烈的岩浆侵入与喷发活动,火山构造的发育也是区内构造的重要形式。溧水火山岩盆地本身就是一个于燕山运动早期形成的中侏罗世断陷基础上逐步形成的北北东向继承式火山构造洼地,区内北向与北西向主干断裂控制了岩浆侵入与喷发构造带的空间分布,形成了相应的断裂喷发带,并具体控制了Ⅲ级火山岩区的分布,与受断裂交叉网络控制的火山口,火山岩穹隆及配套形成的环状、放射状断裂一起组成了区内不同级别的火山机构。区内大部分矿床或矿点都与火山机构有密切的关系,部分火山构造直接控制了矿化体的空间赋存位置与矿体形态。

从内生矿产分布规律来看,燕山期的火山岩-次火山岩活动期是溧水地区主要内生矿床的成矿阶段。燕山晚期早阶段龙王山旋回火山(角闪安山岩)-次火山岩(角闪闪长玢岩)活动的热液期形成区内铁、铜、铅锌、多金属等系列矿床,玄武岩、辉石安山岩-玄武玢岩、辉石闪长玢岩活动的热液期形成该区铁、铜、黄铁矿系列矿床,燕山晚期的姚家边旋回火山岩(粗安岩)-次火山岩(粗安斑岩)活动的热液期形成铜多金属、金、锶、锗、铀系列矿床;空间上,矿床主要围绕着火山岩-次火山岩的活动中心产出(图 8-11)。

区域性的纵向断裂与横向断裂的交叉部位是控制火山岩活动的部位,也是控制成矿的主要部位。

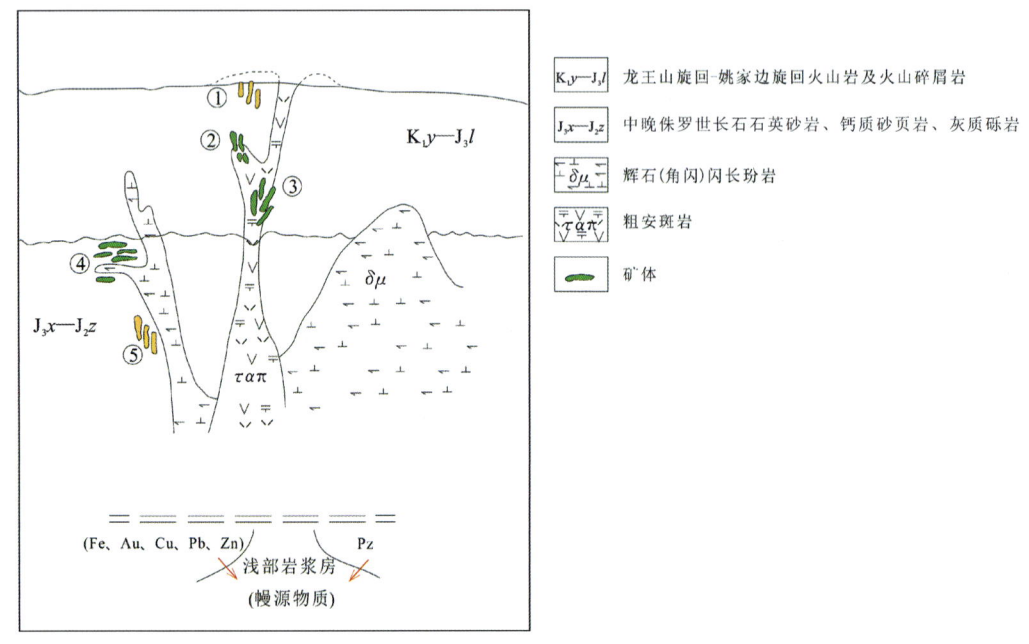

图 8-11 江苏省溧水地区铜金多金属矿区域综合成矿模式图
①金驹山金矿;②金牛山铀铜矿;③观山铜铅矿;④獾子洞铜金矿;⑤西横山(燕子口)金矿

(三) Ⅲ-67-③宣城-苏州铜、钼、金、银、铅、锌成矿亚带

该成矿亚带位于下扬子陆块,紧贴江南台隆,江苏省内部分为江南断裂(如皋-金坛断裂)与湖苏断裂(启东-昆山断裂)之间区域。大地构造单元属下扬子被动陆缘。结晶基底主要由中元古界上溪岩群组成,晋宁运动将其与苏皖前陆盆地拼合组成一个统一的整体,其后的沉积作用、岩浆作用和构造活动与苏皖前陆盆地基本一致。

该成矿亚带内构造以北东向为主,并有东西向与北北东向构造的叠加复合,较大的侵入岩体有庙西花岗岩体、苏州花岗岩体、城隍山石英斑岩(花岗斑岩)体等。江苏省内范围与成矿有关的侵入岩体为燕山期侵入中酸性—酸性岩类,岩性主要有花岗闪长岩、石英斑岩、花岗斑岩、花岗岩等。赋矿地层主要有石炭系—二叠系及下三叠统,部分地层中金属元素丰度较高,为成矿提供了部分物质来源。

控岩控矿构造为北东向、北北东向、东西向以及推覆构造,构造的复合部位是成矿的有利部位。岩体的侵入接触带、层间构造及逆掩(推覆)构造均属有利成矿构造。

成矿元素主要有铁、铌(钽)、铜、铅、锌、金、银、钼、锡、硫等,矿床类型主要有矽卡岩型、中—低温热液型矿床。成矿时代:苏州西部地区以燕山早期为主,而宜溧地区和南通地区则以燕山中晚期为主。

该亚带江苏省内部分划为3个Ⅴ级成矿远景区:V_{11}南通-启东铁成矿远景区,V_{12}宜兴-溧阳铁、铜、铅、锌、金成矿远景区,V_{13}苏锡铅、锌、银、铁、硫、萤石成矿远景区。

1. V_{11}南通-启东铁成矿远景区

该远景区为一隐伏隆起,处于下扬子被动陆缘南通断块,中新生代地层之下分布的主要为古生界寒武系、奥陶系、志留系、泥盆系、石炭系、二叠系及中生界三叠系,其中寒武系—奥陶系主要为灰岩、白云质灰岩和白云岩等碳酸盐岩建造,志留系—泥盆系主要为砂岩-粉砂岩-泥岩碎屑沉积建造,石炭系—三叠系主要为碳酸盐岩建造,其次为砂岩-粉砂岩等碎屑岩建造。

区域岩浆活动主要为燕山中晚期的中酸性岩浆的侵入,主要有闪长岩类与花岗岩类。岩浆活动与东西向及北东向断裂构造活动有关,总体受断裂构造带的控制,岩体多分布于两组断裂构造交切部位。

基岩中主要褶皱构造为南通-三余断裂隆起带,为南通-启东隐伏隆起的组成部分,主要由3个背斜与2个向斜构造构成,褶皱由古生代及早中生代地层组成,背斜核部揭示最老地层为寒武系,向斜核部揭露最新地层为三叠系青龙组。断裂隆起带南侧覆盖侏罗纪火山岩地层,北侧则沉积有白垩纪陆相碎屑沉积地层,隆起构造带总体走向北东东向,向北东翘起。区内断裂构造发育,主要有东西向、北东向、北西向3组,东西向断裂构造形成最早,北东向构造发育最为强烈,构造了区域构造基本形态,而北西向断裂构造则形成较晚,切割错断了前两组方向的断裂构造。

区内有较多的航磁异常分布。在王浩花岗岩体和早中寒武世碳酸盐岩的接触带上,已发现矽卡岩型铁矿床(图8-12),矿石以磁铁矿为主,另有少量辉钼矿、辉铋矿、硼镁铁矿等。

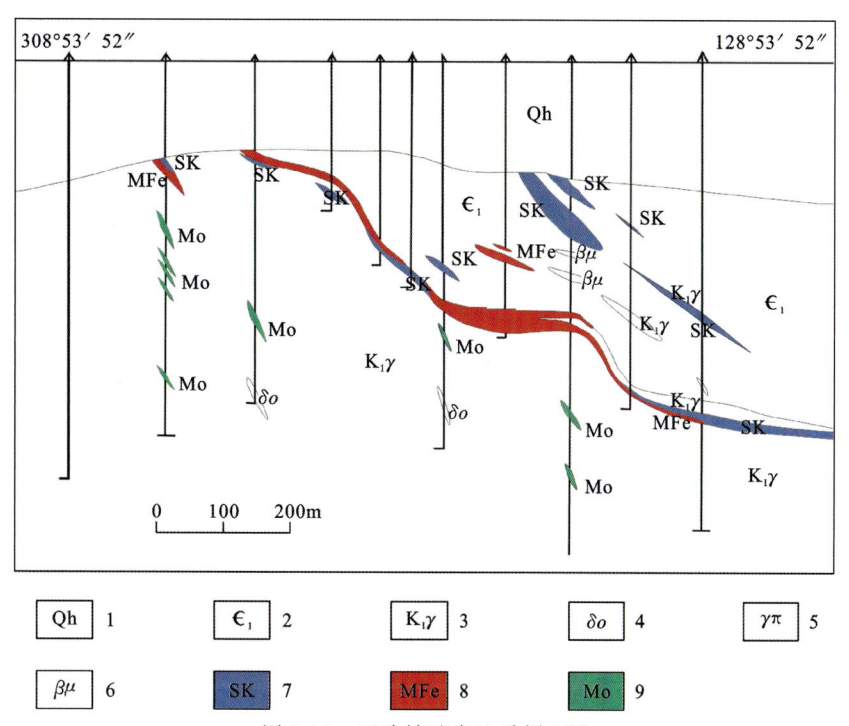

图8-12 王浩铁矿床地质剖面图

1.第四纪粉砂土;2.早寒武世大理岩;3.燕山晚期花岗岩;4.石英闪长岩脉;5.花岗斑岩脉;
6.辉绿玢岩脉;7.石榴石透辉石矽卡岩;8.磁铁矿体;9.钼矿(化)体

2. V_{12}宜兴-溧阳铁、铜、铅、锌、金成矿远景区

该远景区西为戴埠-社渚火山断陷盆地,东为中生代隆起区。东部隆起区广泛分布石炭纪、二叠纪、三叠纪碳酸盐岩地层。地层总体呈北东—北东东走向。北北东向与北西向、东西向断裂在区内交叉,燕山期岩浆侵入-喷发活动强烈。燕山期岩浆侵入-喷发活动对铁、铜等矿产均有重要控制作用,岩体与围岩接触带控制内生金属矿产的分布,成因类型多属矽卡岩型及热液交代充填型。西部矿床类型属火山喷溢型、火山热液型及次火山热液型。铁、铜矿体主要赋存于侵入岩体顶部及附近火山岩裂隙中,多呈透镜状及脉状。已发现的铁矿以矿点居多。

金属矿产以铁、铜、金为主,成矿期为燕山中晚期。区内内生矿产在时间上的演化与构造、岩浆及热液活动等多种因素有关,构造、岩浆及热液活动总的特点是"多期、多次",因此表现在成矿作用上也具有"多期、多次"的特点。晚侏罗世至白垩纪是本区构造、岩浆活动最强烈的时期,岩浆多次喷发和侵入,为内生矿产的形成提供了有利条件。首先是较中性的闪长岩类侵入,形成了铁、铜、金等多金属矿床;其次是较酸性的花岗闪长岩的侵入,形成重晶石、金、多金属等矿床(图8-13)。

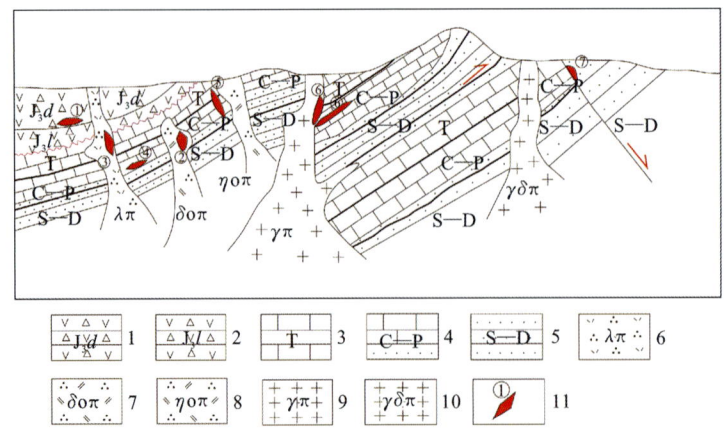

图 8-13 江苏省宜溧地区铜金多金属矿区域综合成矿模式图

1.大王山组粗安质火山岩及火山碎屑岩建造;2.龙王山组粗安质火山岩及火山碎屑岩建造;
3.青龙组碳酸盐岩建造;4.石炭纪—二叠纪碎屑岩及碳酸盐岩建造;5.志留纪—泥盆纪碎屑岩建造;
6.流纹斑岩;7.石英闪长斑岩;8.石英二长斑岩;9.花岗斑岩;10.花岗闪长斑岩;11.矿体。
①中巷铁铜矿;②土包山金铜矿;③松岭铁矿;④兔子山铁矿;⑤大贤岭金矿;⑥杨家村多金属矿;⑦吉多介金矿

区内各类型矿床(点),在空间分布上都具有方向性。含矿带主要有北北东(烟山-大贤岭-凤凰山金铁多金属成矿带)、近东西(中巷-土包山铁铜金成矿带)、北东 3 个展布方向。

同一含矿带内往往有多矿种共、伴生。它们在成因、形成时间及空间分布上都有密切的联系,是一个成矿系列中不同时期、不同阶段的产物。

3. V_{13} 苏锡铅、锌、银、铁、硫、萤石成矿远景区

该远景区位于扬子陆块区下扬子被动陆缘,太湖断块,南东毗邻吴江断块。区内元古宇、下古生界未见出露,上古生界至三叠系分布广泛,沉积一套三角洲-陆相碎屑岩建造、海陆交互相含煤碎屑建造、浅海碳酸盐岩建造,缺失中三叠统—中侏罗统。晚侏罗世沉积一套以角砾熔岩和英安岩为主的火山岩类建造,缺失早白垩世,晚白垩世沉积一套内陆湖泊相红色碎屑岩建造,新生代主要为近代河流、湖泊相碎屑沉积。

岩浆活动极为频繁,岩浆岩种类较多,侵入岩和火山岩均有出露,主要形成于印支末期至燕山期。形成的岩浆岩主要以中酸性岩类建造为主,花岗岩建造是区内最主要的侵入岩建造类型,大多为隐伏岩体,主要受隐伏基底断裂或北东—北北东向区域性断裂构造控制。区内主要岩体大多为燕山早期岩浆侵入作用的产物,以花岗岩类建造为主,多为 I 型或 A 型,花岗岩体多呈岩基状、岩枝状产出,形成侵入岩穹隆,岩体规模一般较大,与区域成矿作用关系密切。

构造受区域性北东向湖(州)苏(州)深断裂和北西向苏锡基底断裂共同制约,构造格架在原地体中以印支期短轴向斜为基础,外来地体则以推覆构造为特色,并叠加伴随中生代构造岩体所表现的环状构造格局。苏州西部印支褶皱以木渎短轴向斜为主要代表,轴向北西,四周圈闭成盆地,核部出露五通组,北东侧出露青龙组,并经后期构造叠加和岩浆活动,四周金墅二长花岗岩体侵入,核部为苏州花岗岩侵入。远景区内主要构造形式有东西向构造、北东向构造、北西向构造、北北东向构造、弧形断裂构造(火山机构)及推覆构造等,与成矿关系密切的构造则以弧形断裂构造(火山机构)、北东向构造及推覆构造为主。

矿产种类以铅、锌、银、铜、钽、铌、硫(锡)和高岭土为主,矿床成因类型主要有矽卡岩型、矽卡岩伴生热液型、斑岩型、火山热液型、钠长石花岗岩型和石英脉型等(图 8-14),与燕山期侵入岩浆活动关系密切,成矿作用多围绕侵入岩体呈环带状分布。

区内各类矿床在空间分布上常具环状分布特点。苏州西部地区旋扭构造控制各类矿产,多围绕多期次环状侵入岩体呈双环重叠分布,外环有组成城隍山矿田、阳北-新庄矿田的各矿床(点),主要成矿元

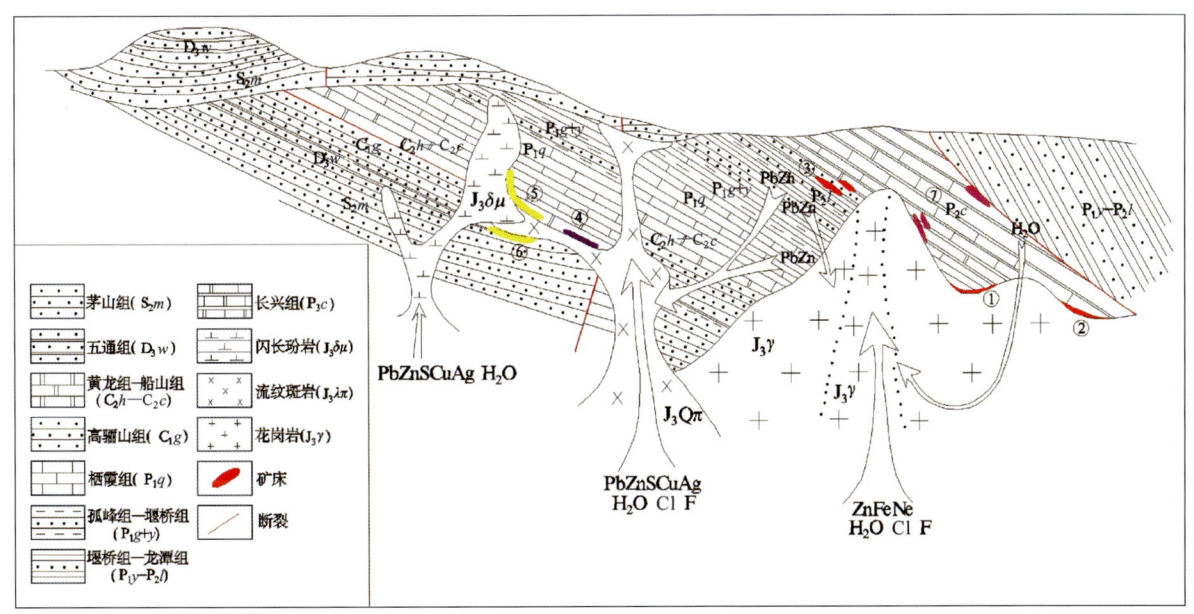

图 8-14 苏州西部地区多金属矿成矿模式图
①谈家桥锌铁矿床；②唐家墩铁矿床；③旺米山锌铁矿床；④小茅山多金属矿床；
⑤潭山铅锌黄铁矿床；⑥西迹山黄铁矿床；⑦俞石泉萤石矿

素为 Pb、Zn、Ag、Cu、Bi、S 等；内环为组成谈家桥矿田的各矿床(点)，主要成矿元素为 Zn、Fe、Sn、Mb、Ta 等。

此外，斑岩型、矽卡岩型、热液充填型 3 类矿体常可在同一矿区围绕岩体接触带的不同部位相继出现，形成成矿元素组合基本相同的"多型一体"矿床组合，如吴宅、迁理矿床均属以层控矽卡岩型为主的多型一体矿床组合。

四、Ⅲ-71 钦杭东段北部铜、铅、锌、银、金、钨、锡、铌、钽、锰、海泡石、萤石、硅灰石成矿带

该成矿带位于江-绍断裂以北，属扬子与华南两个成矿省的过渡部位，是钦-杭结合带的主要地段，属中—新生代时期的苏(南)皖(南)浙(西)弱挤压区。南华纪—中古生代属下扬子陆块东南被动陆缘，复理石建造；晚古生代为华南陆表海；中生代为华南挤压区北侧弱挤压区，沿基底断裂形成众多的北东向断陷盆地。侵入活动主要是早燕山期(T_3—J_2)。与火山岩同源侵入于断陷区的中酸性、酸性岩，与 Cu、Pb、Zn、Mo(Au、Ag)矿化相关；侵位于下古生代断隆区的花岗岩类，与 W、Be、Mo、Sn(Nb、Ta)相关。火山热液型高岭土、膨润土矿床，以及火山期后拉张环境中的热水型萤石矿床，是本区的重要非金属矿产。

该成矿带共划分为 5 个成矿亚带，江苏省苏昆断裂以东和上海市处于Ⅲ-71-⑤天目山-金山铜、铅、锌、银、金、钨、锡、铌、钽、铁、萤石成矿亚带。带内以金山铜多金属矿为中心划分了一个Ⅴ级成矿远景区：V_{14}金山铜多金属成矿远景区。

V_{14}金山铜多金属成矿远景区大地构造位置处于下扬子被动陆缘吴江断块，金属矿产以铜、铅锌、铁、金为主，成矿期为燕山晚期。成矿作用与燕山晚期(119Ma)中酸性岩浆侵入活动有关，岩性主要为花岗闪长岩，另有石英闪长玢岩、煌斑岩、二长花岗岩、花岗斑岩等，多呈小岩株、岩脉沿断裂构造带产出，其中花岗闪长岩与金属矿产成矿关系密切。基底构造以近东西向为主，盖层中断裂则以北东向、北西向断裂为主。金山-南汇断隆内的张堰-南汇断裂带为区内主要控岩控矿断裂构造。中元古界金山岩群角岩、白云质大理岩及矽卡岩为本区主要成矿围岩。矿床成因类型以矽卡岩型为主，矿体赋存于花岗

闪长岩体与金山岩群地层接触带矽卡岩中及接触带附近岩体中(图8-15)。代表性矿床：上海市金山张堰铜矿床。

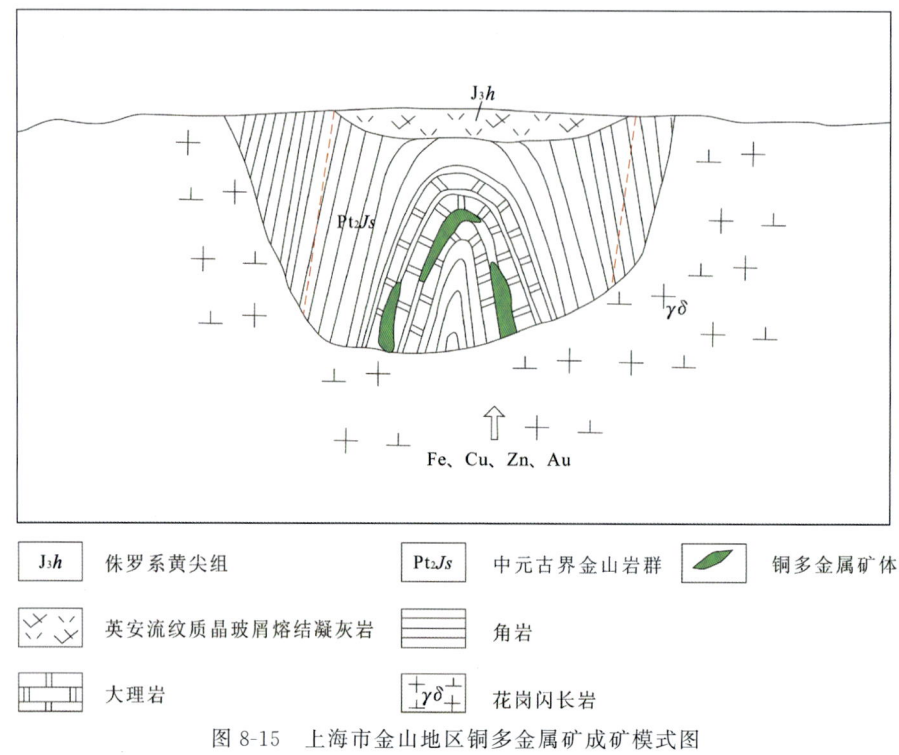

图8-15　上海市金山地区铜多金属矿成矿模式图

第三节　矿床成矿系列及成矿谱系

一、矿床成矿系列划分

成矿系列是矿床地质学科中研究区域成矿规律的一种学术思想，也是一种矿床的自然分类。成矿系列概念的核心观点是：认为矿床不是单独出现，而是成群、成不同类型组出现，也就是以不同成因、不同矿种，甚至属于不同地质建造的矿床组成的相互有成因联系的矿床组合的自然体出现。因此，成矿系列所研究的对象是时空域中矿床的自然体及其时空结构、形成地质构造环境、形成过程、演化规律以及矿床自然体之间存在的各种关系。通过对这些关系的研究、探索和掌握，应用于指导区域找矿，提高找矿效率，并在此过程中进一步提高对成矿规律的认识。

经典型矿床和区域成矿作用及矿床时空分布规律研究，江苏省及上海市内主要成矿系列(亚系列)划分情况如下(表8-3)。

1. 华北陆块南缘成矿系列厘定

江苏省徐州地区处于华北陆块南缘，属Ⅲ-64鲁西金、铁、铝土矿、煤、金刚石成矿区。区内分布有中—新太古界泰山岩群山草峪组含铁石英岩建造，目前尚未发现矿床。已知金属矿床主要为矽卡岩型及热液型铁、金等金属矿床(点)，矿床形成和空间分布与燕山早期中性—中酸性岩浆活动有关。煤矿主

表8-3 江苏省及上海市主要矿床成矿系列（亚系列）划分表

	矿床成矿系列	矿床成矿亚系列	矿床式及成矿类型	典型矿床
华北陆块南缘（江苏省内）	与中—新太古代沉积变质作用有关的铁矿床成矿系列（Ar₃₋₄-1）		鞍山式沉积变质型铁矿	利国铁矿床、塞山铁矿床
	与燕山期构造—岩浆活动有关的铁、铜矿床成矿系列（Mz-1）		利国式矽卡岩型铁矿	
	与石炭二叠纪沉积作用有关的煤、铜矿成矿系列（Pz₂-1）			丰沛煤田和徐州煤田（含煤地层为上石炭统太原组和下二叠统山西组，石盒子组过渡相—滨海平原相沉积地层）
苏鲁造山带（江苏省内）	与中—中元古代沉积变质作用有关的铁、磷、蓝晶石矿床成矿系列（Pt₁₋₂-1）		海州武沉积变质型磷矿	锦屏磷矿
			焦家式破碎蚀变岩型金矿	
长江中下游成矿带	与燕山期构造—岩浆活动有关的金、铜、铅、锌矿床成矿系列（Mz-2）	与燕山期壳幔同熔型中基性—中酸性陆相火山—次火山岩有关的铁、铜、锶、硫铁矿、膨润土矿床成矿亚系列（宁芜"玢岩型"亚系列）	①宁芜式陆相火山岩型铁矿床	梅山铁矿床、吉山铁矿床、麒麟山铁矿床、凤凰山铁矿床
			②"玢岩式"岩浆期后型硫铁矿床	秦山铁磷矿床
			③云台山式陆相火山岩型硫铁矿床	云台山硫铁矿
			④铜井式陆相火山岩型铜矿床	铜井铜金矿床、金驹山金矿床、观山铜铅矿
			⑤爱景山式陆相火山岩型膨润土矿床	爱景山膨润土矿床
			⑥甲山陆相火山岩型膨润土矿床	甲山铜（铅、锌）矿床
		与燕山中晚期壳幔同熔型中酸性侵入岩有关的铜、银、金、铁、钼、铅、锌、钨、硫铁矿床成矿亚系列（宁镇"斑岩型"亚系列）	①安基山铜式铜钼矿床	安基山铜（钼、铅、锌）矿床、盘龙岗铜钼矿床
			②铜山式矽卡岩型钼矿	铜山铜钼矿床
			③谏壁式斑岩型钼矿	谏壁钼（钨）矿床
			④大冶式（韦岗式）矽卡岩、冶山型硫铁矿床	韦岗铁（矽卡岩、冶山）铁矿床
			⑤铜陵式矽卡岩（岩浆式热液型）硫铁矿床	岔路口硫铁矿床
		碳酸盐岩容矿沉积岩容矿型铅、锌、银、金、镉、铅、锌、钼矿床成矿亚系列	①栖霞山式碳酸盐岩（层控热液型）铅锌银铜多金属矿床	栖霞山铅锌银矿床、甘家巷铅锌矿床
		铁帽型金矿	新桥式平山头式铁帽型金矿	汤山金矿床
		与燕山期壳幔同熔型中酸性火山—侵入岩有关的铅、锌、银、金、铁、高岭土矿床成矿亚系列	①吴宅式铅锌银矿床	平山头式银矿床
			②王浩式矽卡岩型铜矿床	吴宅铅锌银矿床、迂里铅锌矿床、茅山铅锌矿床、潭山铜钼硫矿床
			③土包山矽卡岩型金矿	王浩铁矿床
			④苏州式高岭土矿	土包山金铁矿床
		与燕山期A型花岗岩有关的铁、锡、钼、钼矿床成矿亚系列	①善安浜式钼（铌）矿	观山、阳东、白龙寺、戈家坞等高岭土矿
			②谈家桥式矽卡岩型铁矿床	善安浜钼（铌）矿
			③俞石泉式热液充填型萤石矿床	谈家桥锌铁矿床
				俞石泉萤石矿床
	与二叠纪沉积作用有关的煤成矿亚带（上海金山）；与燕山期壳幔—壳同熔型中酸性—酸性火成岩有关的铜、铅、锌、铁多金属矿成矿系列（Mz-4）		金山式矽卡岩型铜矿床	苏南成煤区（含煤地层主要为上二叠统龙潭组，含煤建造为砂岩—粉砂岩—泥岩等沉积建造）
天目山—金山侵入岩有关的铜、铅、锌、铁多金属矿成矿系列（Mz-2）				张堰铜矿床

要赋存于上石炭统太原组和下二叠统山西组、石盒子组的过渡相-滨海平原相沉积地层。成矿系列有：Ar_{3-4}-1 华北陆块南缘与中—新太古代沉积变质作用有关的铁矿床成矿系列（该系列目前已知矿床主要分布于邻省山东省）；Mz-1 华北陆块南缘与燕山期构造-岩浆活动有关的铁、金、铜矿床成矿系列；Pz_2-1 华北陆块南缘与石炭纪—二叠纪沉积作用有关的煤矿成矿系列。

2. 苏鲁造山变质带成矿系列厘定

江苏省内部分属Ⅲ-67桐柏-大别-苏鲁（造山带）金、银、铁、铜、锌、钼、金红石、萤石、珍珠岩成矿带，区内厘定出两个成矿系列：Pt_{1-2}-1 苏鲁造山带与古—中元古代沉积变质作用有关的铁、磷、蓝晶石矿床成矿系列；Mz-2 苏鲁造山带与燕山期构造-岩浆活动有关的金、铜、铅、锌矿床成矿系列。

3. 长江中下游成矿带（江苏段）成矿系列厘定

长江中下游地区（江苏段）铁、铜、金、铅锌多金属及硫等均属内生矿产，矿产的形成和空间分布与燕山期岩浆活动密切相关，常围绕岩浆火山-侵入活动中心展布，岩浆活动中心也是成矿活动中心。成矿系列划分：Mz-3 长江中下游与燕山期中性—酸性岩浆侵入-喷发作用有关的铁、铜、金、钼、铅、锌、银、多金属、硫铁矿、膨润土、高岭土、硅灰石矿床成矿系列，包括6个亚系列。6个主要成矿亚系列分别为：

(1)与燕山期壳幔同熔型中基性—中酸性—碱性火山-次火山岩有关的铁、铜、金、锶、硫铁矿、膨润土矿床成矿亚系列（宁芜"玢岩型"亚系列）。

(2)与燕山中晚期壳幔同熔型中酸性侵入岩有关的铜、钼、铅、锌、银、金、铁、硫铁矿矿床成矿亚系列（宁镇"斑岩型"亚系列）。

(3)碳酸盐岩等沉积岩容矿的铅、锌、银、金、铜、铋、硫铁矿床成矿亚系列。

(4)铁帽型金矿床成矿亚系列。

(5)与燕山期幔-壳同熔型中酸性—酸性火山-侵入岩有关的铅、锌、银、铁、铜、金、高岭土矿床成矿亚系列。

(6)与燕山期A型花岗岩有关的铁、锌、锡、铌、钽矿床成矿亚系列。

本区含煤地层主要为上二叠统龙潭组，主要分布于苏南地区，含煤建造为砂岩-粉砂岩-泥岩等沉积建造，划为：Pz_2-2 长江中下游与二叠纪沉积作用有关的煤矿成矿系列。

4. 天目山-金山成矿亚带（上海金山）成矿系列划分

上海金山地区处于Ⅲ-71-⑤天目山-金山成矿亚带东端，大地构造位置属下扬子被动陆缘，金属矿产以铜、铅锌、铁、金为主，成矿期为燕山晚期。成矿作用与燕山晚期（119Ma）中酸性岩浆侵入活动有关，矿床成因类型以矽卡岩型为主，矿体赋存于花岗闪长岩体与金山岩群碳酸盐岩地层接触带矽卡岩中及接触带附近岩体中。成矿系列划分：Mz-4 天目山-金山与燕山期幔-壳同熔型中酸性—酸性火山-侵入岩有关的铜、铅、锌、铁多金属矿床成矿系列。

成矿系列编号说明：本书对江苏省内成矿系列划分采用统一编号方式，即以地质时代的代号为基础，在横线之后加阿拉伯数字，在数字右边以上标数字表示亚系列。如Mz-3^1表示中生代第三个系列中第一亚系列。有的矿床成矿系列形成于某个主要时代，但其中个别亚系列的时间延续范围可能略有不同或当成矿时代有争议时，在亚系列中加以区别。多期次和多成因的矿床，取其主要的成矿时代和主要成矿作用。矿床成矿系列名称中金属矿种以元素符号命名，非金属矿产以中文名命名，重要者在前（图8-16至图8-18）。

二、矿床成矿谱系

江苏省内主要矿产形成时间主要是新太古代、古—中元古代和中生代燕山期构造旋回3个阶段，主

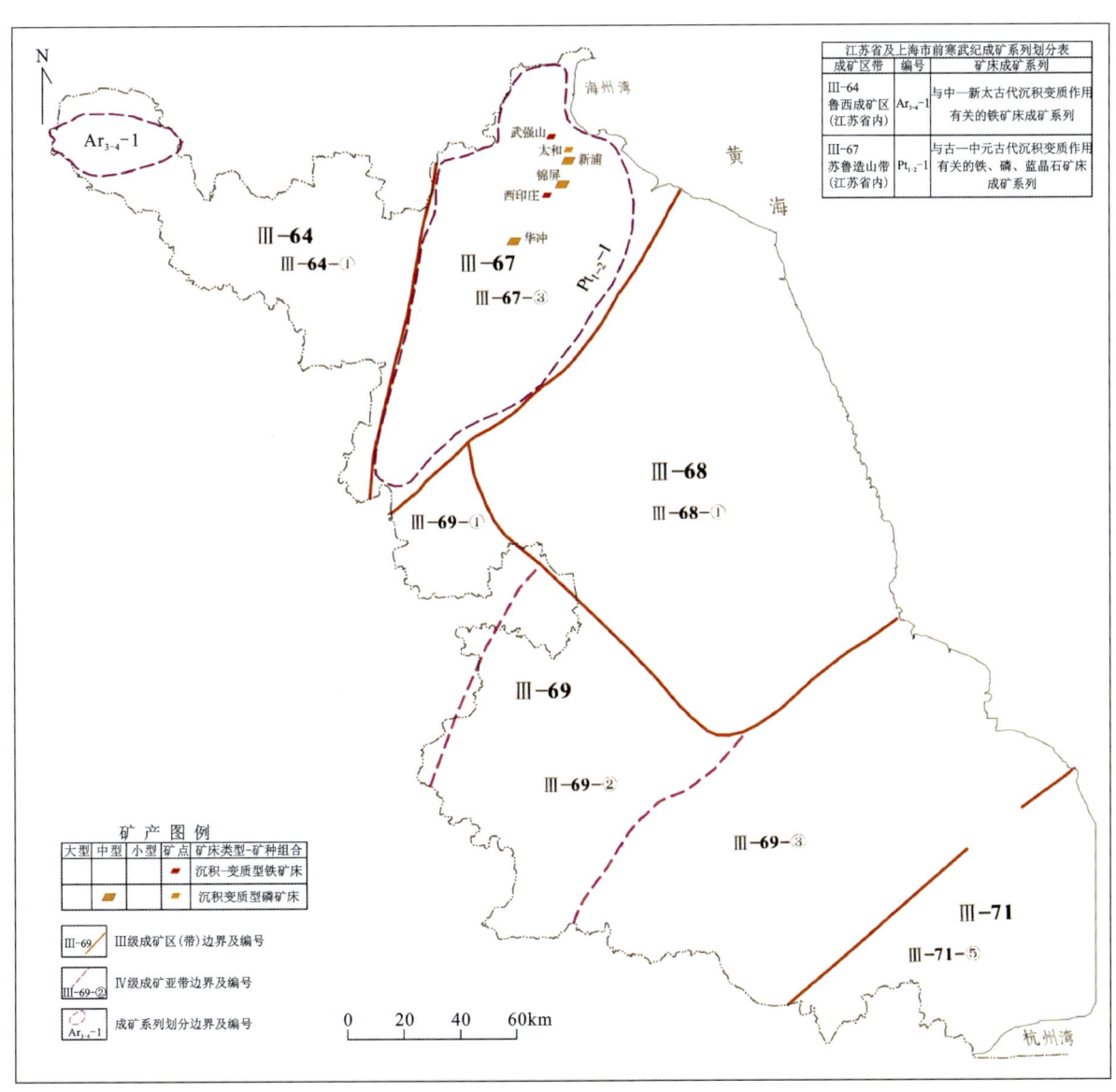

图 8-16 江苏省及上海市前寒武纪成矿系列分布简图

要成矿构造环境如下：

(1) 华北陆块南缘新太古代—中元古代台缘坳陷区属活动大陆边缘裂陷拉张地质构造环境，海底火山-沉积作用及区域变质变形改造，形成沉积变质型铁矿等受变质矿床。

(2) 元古宙，扬子陆块北缘（苏鲁造山带）处于大陆边缘的拉张裂陷及裂谷边缘海沉积环境，形成与俯冲碰撞相应的大量中酸性岩浆侵入及海底火山喷发-沉积，与已知的沉积变质型磷矿、铁矿等矿床有成因联系。

(3) 长江中下游构造-岩浆带范围内的宁芜中生代盆地属火山喷发上叠盆地构造成矿环境，铁、铜、金、硫等矿床形成与壳幔混源的中基性—中酸性喷出岩和次火山岩有关。

(4) 宁镇隆起属陆内隆起区的构造-岩浆带构造成矿环境，区内燕山期中酸性岩浆的侵位较低，主要内生金属矿床如铁、铜等都赋存在石炭纪、二叠纪和三叠纪碳酸盐岩与中酸性岩浆岩类接触带或地层层间界面上。

(5) 陆内隆、坳过渡带：宁芜中生代火山上叠盆地和宁镇陆内断隆区交接处的断隆一侧的以碳酸盐岩为容矿围岩的低温热液（超低温热液）型矿床，主要有栖霞山铅锌银矿床、汤山金矿床等，属于与碳酸盐岩有关的矿床成矿亚系列。

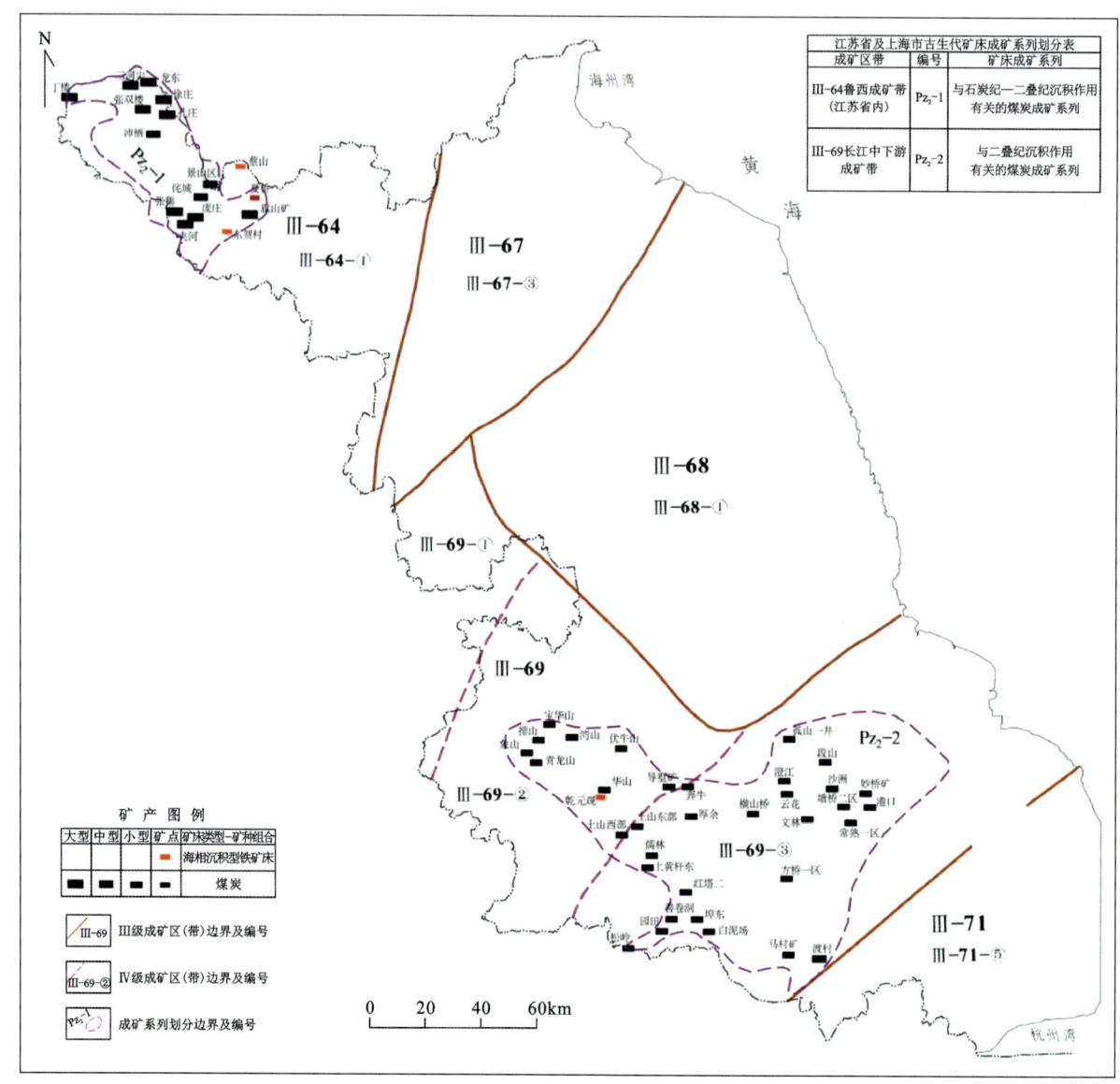

图 8-17 江苏省及上海市古生代成矿系列分布简图

(6)造山-推覆构造：苏州西部、宁镇山脉推覆构造、茅西断裂等推覆构造和逆冲断裂直接控制矿床的形成，成矿与燕山期构造旋回岩浆活动有关。

江苏省及上海市主要矿产成矿时空演化关系大致如下：五台-晋宁期，海相沉积作用形成沉积型铁、磷矿（矿源层），经区域动力变质变形作用，形成沉积变质型铁、磷矿床；晚古生代，陆表海及陆内坳陷沉积作用，形成煤炭等沉积矿床；三叠纪末，全省构造演化进入大陆边缘活动带的新阶段，特别是晚侏罗世—早白垩世时期岩浆侵入和火山活动强烈，伴随强烈的岩浆侵入和火山活动发生岩浆热液成矿、火山热液成矿和地热水成矿作用，以及对过往地质年代成矿作用的叠加改造，形成与燕山期岩浆侵入-喷发作用有关的铁、铜、铅、锌、银、金、钼等金属矿产和硫铁矿等非金属矿产，是本区成矿作用的鼎盛时期；新生代以后，地壳运动主要表现为沉积盆地的萎缩和断隆作用的进一步加剧。隆起区以往形成的金属硫化矿床因表生风化作用而进一步富集形成铁帽型金、银、铅、锌、锰等多金属矿床。陆内坳陷盆地沉积-蒸发作用形成油气、盐类矿产。

江苏省及上海市重要矿产区域成矿谱系见图 8-19。

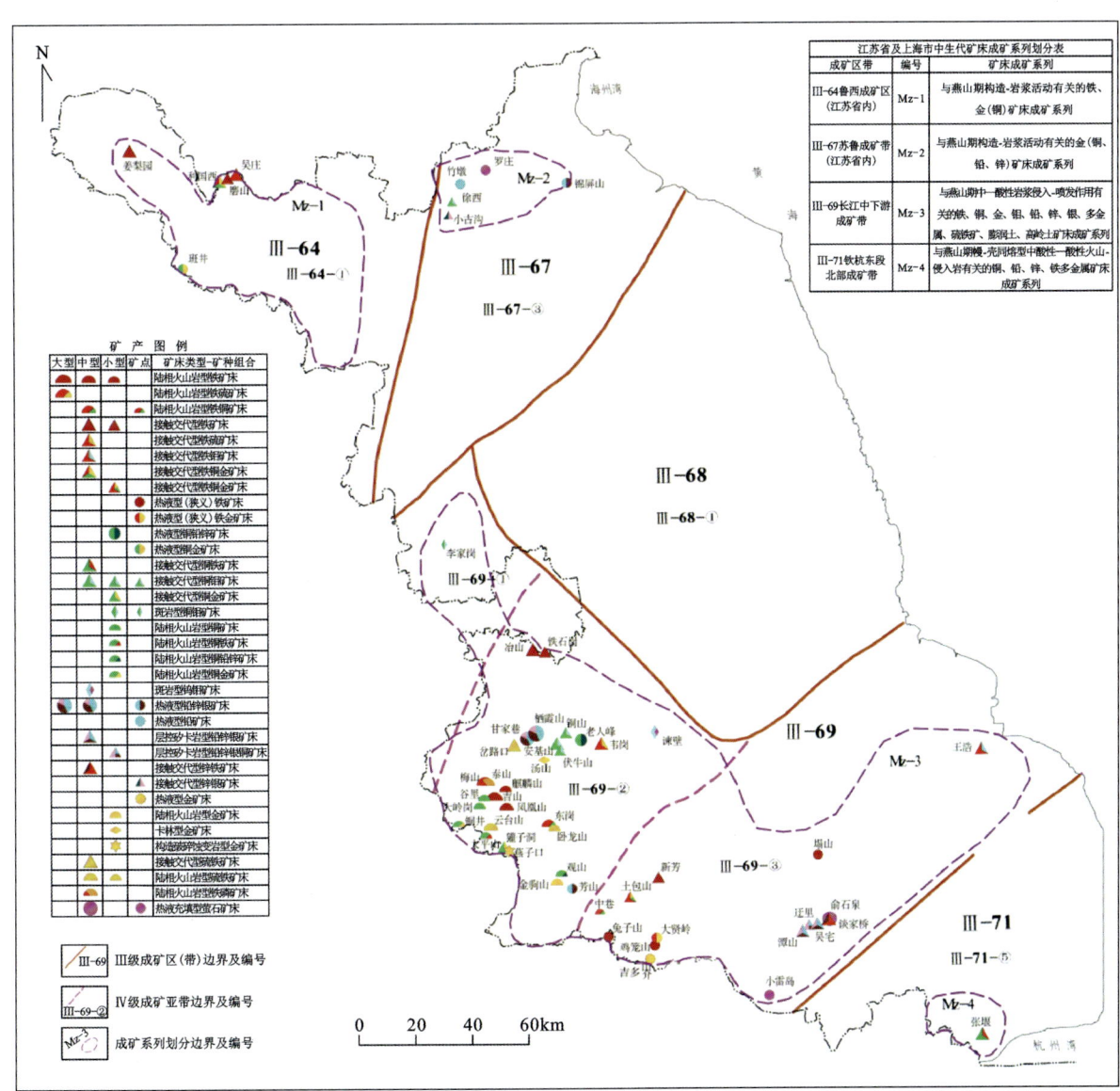

图 8-18　江苏省及上海市中生代成矿系列分布简图

第四节　区域成矿规律总结

一、控矿因素

江苏省及上海市主要金属矿床以内生矿床为主，矿床的产出受地层、构造、岩浆活动等地质因素的控制。

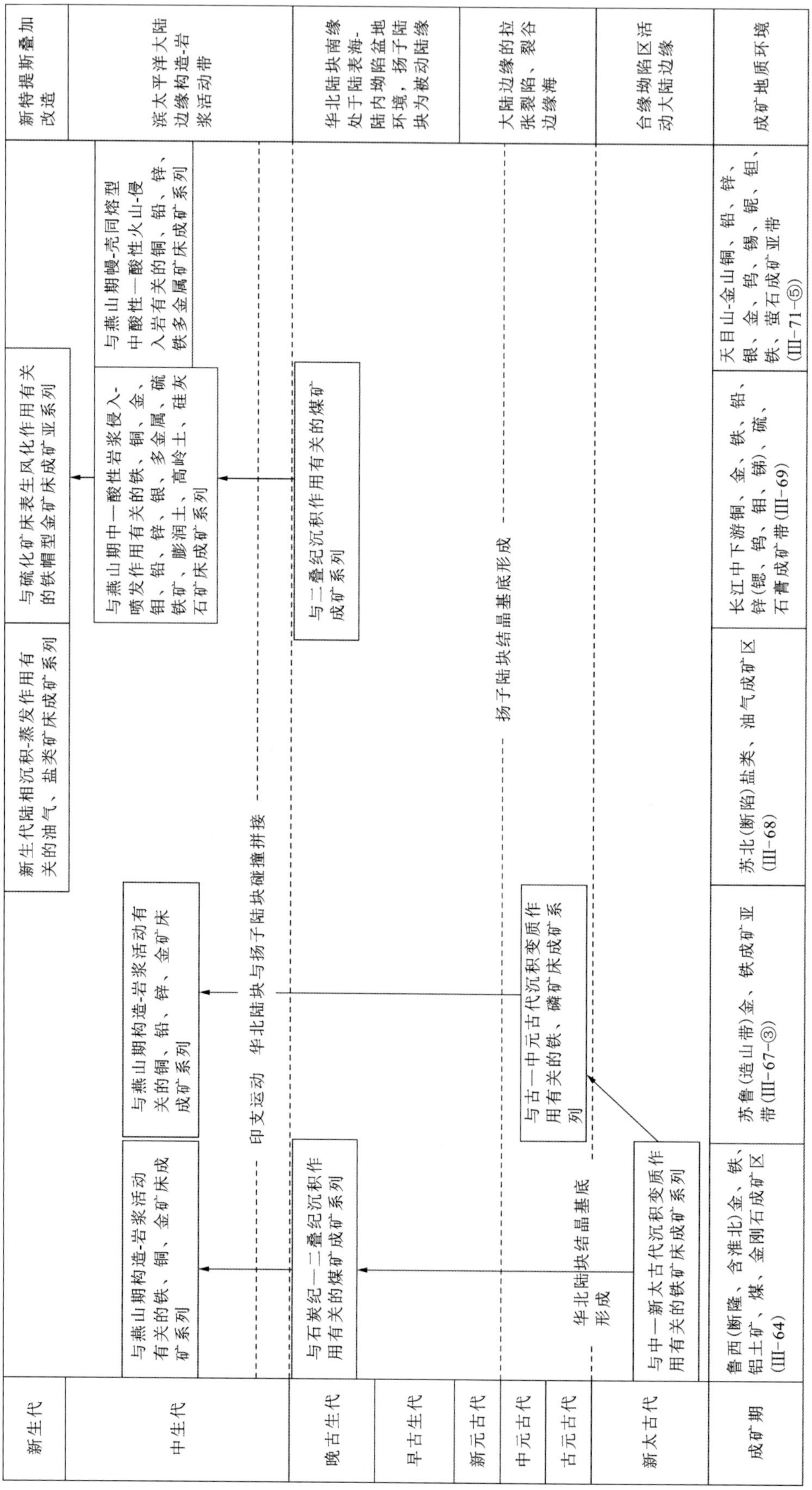

图 8-19 江苏省及上海市区域成矿谱系图

(一)构造与成矿

1. 大地构造控矿

各大地构造单元地质演化历史的差异控制了江苏省及上海市内金属矿产出总的格局。华北、扬子两个陆块区保存的沉积岩造成燕山期成矿的主要成矿环境,形成以矽卡岩型为主的铁铜金铅锌多金属等矿床;属秦岭大别造山带东延部分的苏鲁高压—超高压变质带,是寻找与变质作用成矿有关矿床的地区。

各单元边界断裂及单元中应力最大释放区发育的深大断裂,对成矿的控制作用十分明显,如郯庐断裂、长江深大断裂、江南断裂等。

2. 区域性构造控矿

印支-燕山期的褶皱、断裂运动使拉张区形成凹陷-断陷,而另一些地区因挤压成为隆起区。如苏南西部地区宁芜、溧水从凹陷-断陷继而发展成继承式、半继承式火山岩盆地,主要产出与火山活动有关的火山-次火山热液型铁矿和铜金矿,而毗邻的宁镇隆起区则以产出与岩浆热液成矿作用有关的铁、铜、多金属矿为主。白垩纪晚期,全省均因差异性升降运动形成一系列地垒、地堑。大多数断凹区,如苏北凹陷,沉积了巨厚的中新生代沉积地层,掩盖了下部构造层的矿化,目前具有开发意义的内生金属成矿区,大部分保存在由中新生代盆地分隔的隆起丘陵区中。

3. 局部构造控矿

局部构造指直接控制矿床或矿田的导矿、容矿(储矿)构造。

(1)层间构造控矿:各地层岩石存在物理、化学性质差异,在构造变动时形变效应不同,常造成有利于成矿的虚脱(滑脱)空间和层间破碎带。背斜翼部纵向断裂表现为先压后张特征,常形成于泥盆纪—三叠纪地层一定层位之间,受"硅钙面"控制,是江苏省重要的控矿构造。如苏南西部地区五通组石英砂岩与石炭纪—二叠纪灰岩之间,栖霞组与孤峰组之间等均存在有利成矿的层间构造。

(2)褶皱构造控矿:短轴背斜常为重要的控矿构造,如汤山金矿即产于短轴背斜环状断裂中。褶皱轴向偏转部位(如铜山铜钼矿),背斜翼部纵向逆断层(如伏牛山铜矿),复向斜中次级背斜(如安基山铜矿)等部位均是热液的良好通道及沉淀场所。

(3)断裂构造控矿:不同层次、不同方向的断裂,特别是几组断裂交会处是岩浆侵入及矿化活动的有利部位。

(4)岩体侵入接触带为矽卡岩型矿床的主要控矿构造。

(5)推覆构造控矿:断层面呈舒缓波状,是容矿的良好构造空间。如苏州双重推覆构造形成的"马石"或派生层间构造,以及上盘碎屑岩外来体构成屏蔽层,控制了重要矿床(体)的形成。

(6)不整合和假整合面也是控矿构造。如栖霞山铅锌银矿有部分矿体赋存于侏罗系象山群和上古生界不整合面及其与纵向断裂复合部位。

(7)岩体内部裂隙构造及破碎带是储矿的重要部位,如安基山矿区的斑岩型铜矿、谏壁斑岩型钼(钨)矿。

(8)火山构造控矿:形成于火山机构内的火山-次火山热液型矿床(如铜井铜金矿、观山铜铅矿),受火山构造所形成的环状、辐射状断裂控制。

(9)韧性剪切构造控矿:东海-赣榆地区变质岩中发育的韧性剪切构造与金矿的生成有密切的成因联系。

(二)地层与成矿

1. 地层的含矿性

华北地层区新太古界泰山岩群山草峪组和古元古界东海岩群武强山组变质岩内赋存沉积变质型铁矿,古生界奥陶系马家沟组白云质灰岩是邯邢式(利国式)矽卡岩型铁矿有利成矿围岩。

扬子和江南地层区铁矿成矿有利地层:震旦系黄墟组、灯影组,寒武系幕府山组,下石炭统高骊山组、中石炭统黄龙组、上石炭统船山组,下二叠统栖霞组,上二叠统长兴组,三叠系青龙组、周冲村组、黄马青组。

江苏省沉积型铜矿在苏南黄马青组,苏北王氏群中有所发现,但因品位低、规模小均无工业意义。而铜金元素富集层位虽然较多,证实为后期成矿提供物质来源的却较少,大都为一种可能性的分折,如徐州班井地区铜矿化普遍可能与该地早中寒武世灰岩、白云岩中铜较为富集有关;苏南地区铜矿可能与高骊山组铜比较富集有关。

铅锌银矿集中分布于宁镇和苏州地区,宁镇地区成矿元素 Cu、Pb、Zn、Ag、Mo 富集程度较高的地层有 K_2p、K_1g、$J_{1-2}Xn$、T_3f、T_1q、P_2d、P_2l、P_1g、C_1l、C_1g、D_3w、O_3w、O_2、O_1、$\in_1m$ 等。苏州地区为 K、T_{1-2}、P_2c、P_2l、P_1q、C_3c、C_2h、C_1g、D_3w。S_3m 等。苏州地区平均含量普遍高于宁镇同时代地层(组)的含量,尤其是重要控矿层位:黄龙组、船山组和栖霞组碳酸盐岩较明显。同一层位在不同地段存在明显的差异。

2. 矿床富集的围岩条件

(1)矿床富集的选择交代作用:有利于选择交代作用成矿的围岩主要为碳酸盐岩,碳酸盐岩的化学成分不同,所形成的接触交代矿物也不同,造成矽卡岩分带现象,对矿石矿物组分及性质起决定性影响。一般说来 MgO 含量高的岩石可以形成蛇纹石、透辉石、金云母等含镁矿物,铁铜钴矿化常与镁质矽卡岩有关;铁矿化常与钙质矽卡岩有关。

铅锌银矿床赋矿围岩多为晚古生代碳酸盐岩,其化学性质较活泼,易溶、性脆,在构造变动中易产生层间裂隙及破碎带等构造,增强了岩石的渗透性,利于含矿热液的流动及交代富集成矿,对矽卡岩型矿床尤为重要。

(2)岩石组合控矿:容矿层位常与岩石组合关系密切。如苏南五通组—黄龙组—栖霞组为砂页岩-白云岩-灰岩组合(海侵旋回),与铜、硫、金、铁矿产有关;孤峰组—龙潭组页岩-硅质岩-碳质岩组合(海退旋回)与铜、钼、硫、金有关;青龙组—周冲村组是白云岩-膏溶角砾岩-砂页岩组合,与铁矿有关。这些岩石组合有以下特点:①都有化学性质活泼的碳酸盐岩;②其顶底部有透水性差的屏蔽层;③有明显的岩性差异界面或假整合面;④部分组合中有膏岩层;⑤局部有成矿物质的初步富集。这些特点都有利于后期成矿作用进行。所以有利的岩石组合加封闭条件是决定容矿层位及矿床定位的重要因素,也是地层控矿的重要方面。

(三)岩浆岩与成矿

江苏省岩浆活动强烈,内生金属矿产均与岩浆岩有密切的成因联系,矿床的生成大多与岩浆活动有关,常常沿侵入接触带分布,成矿物质来源主要来自岩浆岩,因此,有利的岩浆岩条件是主要的控矿因素之一。

1. 侵入岩时空分布与成矿关系

1）华北岩区

加里东期基性岩分布于邳县—睢宁地区，侵入于淮河群中。矿化微弱，仅见热液型铁矿点及矿化，尚未发现工业矿体。

燕山早期中偏酸性侵入岩分布在徐州及丰沛地区，同位素年龄（1.60～1.40）亿年，岩体侵入于古生代地层中，是邯邢式铁矿及其伴生铜金矿的成矿母岩。

燕山晚期酸性侵入岩，同位素年龄（1.22～1.02）亿年，主要分布在苏皖交界的郝寨、丁里一带，见少数铜铅锌矿化点。

2）苏鲁造山带

燕山期中酸性侵入岩分布在赣榆—东海一带，见铜、金、多金属矿点，变质岩中发育的金矿化富集与该期侵入岩有关。

3）扬子岩区

燕山期中—中酸性岩浆岩主要分布在宁镇、宁芜及苏州地区，金属矿产成矿主要与燕山中—晚期浅成—超浅成侵入岩体有关。成岩成矿时间十分接近，表现了成岩成矿总体时间上的一致性。在空间关系上，岩体及与之有关的矿床一般常受同一断裂控制，都具带状分布、分段集结的特点，岩浆活动中心一般就是矿化中心。矿床分布一般不超出岩浆岩热力影响范围，并受围岩热变质晕等温线梯度变化控制，在不同的部位生成不同类型的矿床。

印支末期—燕山早期岩浆岩仅见于苏州西部，分布有城隍山花岗斑岩体和苏州花岗岩体，前者是层控矽卡岩型铅锌银矿成矿母岩，后者是矽卡岩型锌铁矿的成矿母岩。燕山中晚期中偏基性岩体主要分布于苏南西部宁芜、溧水，与"玢岩式"铁矿关系密切；燕山晚期中酸性岩体主要分布于宁镇地区，与碳酸盐岩（层控热液）型铅锌银矿，接触交代矽卡岩型及斑岩型铁、铜、钼矿等矿产关系密切。

2. 岩浆岩成矿专属性

1）岩石化学成分、微量元素含量与成矿关系

（1）与成矿有关的岩体一般均含碱高，如利国、宁镇等地花岗闪长岩含 K_2O+Na_2O 大多在 6.5～7.8 之间，均高于我国同类岩石平均值。

（2）苏南隆起区与成矿有关的花岗闪长岩 SiO_2 含量 59%～69%，$Na_2O/K_2O<1$～1.5，钙碱指数 56～59，属钙碱性岩类，并在高碱背景上富钾，此类岩体与铜矿关系密切，是铜矿的成矿母岩。而宁芜岩体是高碱背景上富钠，辉长闪长玢岩钠钾比更高，是玢岩铁矿的成矿母岩。铅锌多金属矿产主要与中酸性和酸性岩关系密切，岩石类型主要有石英闪长斑岩、花岗闪长斑岩、花岗斑岩及花岗岩等。前二者属钙碱岩系，以富碱贫铁为特征，岩石中 Cu、Pb、Zn、Ag、Mo 等成矿元素含量普遍偏高，其中石英闪长玢岩以 Pb、Zn、Ag 丰度高为特征，而花岗闪长斑岩则以 Cu、Mo 为主，Pb、Zn 次之。花岗斑岩为准铝质钙碱性至弱碱性过渡类型，花岗岩为准铝质弱碱性岩石，岩石中 Pb、Zn、Ag、Cu 等元素丰度亦偏高。上述岩石成矿元素含量均高于同类岩石克拉克值数倍至数十倍，反映岩浆原始成分富含 Pb、Zn、Ag 等成矿组分。这些岩体均属既有多期次特征，又有相变特征的中浅成杂岩体，对成矿特别有利，是江苏省铅锌（银）多金属矿的重要成矿母岩。

（3）含铜岩体一般铜原生晕大约 40×10^{-6}。如安基山矿区与铜有关的花岗闪长斑岩含 Cu 206.3×10^{-6}，Mo 8.8×10^{-6}，Pb 43.7×10^{-6}，Zn 78×10^{-6}；而与铅锌矿有关的石英闪长玢岩含 Cu 63.1×10^{-6}，Mo 8.8×10^{-6}，Pb 64.5×10^{-6}，Zn 111.73×10^{-6}，两类岩体成矿元素含量差异十分明显。

（4）苏州地区重熔型花岗岩，原岩主要为壳源物质，与铁、锌、锡、钨、铋、钼、铌、钽等矿产有关。

2）岩浆演化与成矿关系

苏南西部岩浆向富钠方向演化，与铁矿有关；向富钾方向演化，出现正长岩，与铜金矿化有关。

3）岩体规模、形态与成矿关系

江苏省侵入体形态呈岩基、岩株、岩枝、岩脉状产出，一般岩体上隆凸起，因成岩后剥蚀程度不一，出露大小有别，对矿体保存区别很大；岩体向上隆起的舌状前锋是气液和成矿物质相对集中的部位，也是岩体对围岩顶压及提供热源最强的地段，该部位岩体本身急剧冷却收缩，在接触带形成裂隙，有利于该矿液接触交代并使有用组分富集成矽卡岩矿床。此外，岩体与围岩接触的凸凹面，围岩呈半岛状捕房体，均可增加岩体与围岩的接触面积，增加含矿流体的渗透扩散效应。

（四）围岩蚀变与成矿关系

（1）岩体蚀变：近矿岩体的碱质交代作用强烈，铁矿主要为钠质交代，钠长石化主要出现在岩体浅部边缘，自岩体向含矿接触带逐渐增强，以面型分布为主，局部亦有线型者，主要发生于闪长岩类岩石中，形成钠长石化闪长岩类。矽卡岩型铜铅锌银矿床成矿母岩多具钾化、石英绢云母化、泥化、青磐岩化等蚀变。

（2）围岩蚀变：接触交代型矿床中普遍发育矽卡岩化，钙质、镁质、钙铁、钙铝质矽卡岩均可见，主要受围岩性质所制约，常呈似层状、透镜状，产于岩体与围岩接触带或其附近，厚度不大，与矿紧密伴生。

矽卡岩矿物组分不同，则矿化组合亦不一样。苏州地区钙铁辉石、钙铁榴石矽卡岩与铅锌银矿床关系密切，透辉石、钙铁榴石矽卡岩与锌铁矿床有关。宁镇地区透辉石石榴石矽卡岩和以钙铝榴石为主、钙铁榴石为辅的矽卡岩与铁铜为主的多金属矿床有关。矽卡岩期后的热液蚀变是矿化富集的重要标志，如叠加于矽卡岩之上的硅化、绢云母化、绿泥石化、黄铁矿化等是铅锌多金属矿的成矿标志。层控热液型矿床主要为中—低温的硅化、碳酸盐化、重晶石化、高岭土化、绢云母化等蚀变，多分布于矿体及其附近围岩中。

远矿围岩蚀变有大理岩化、角岩化、次生石英岩化等。

二、主要矿产资源产出的时间规律

1. 铁矿产出的时间规律

江苏省内铁矿成矿期主要有中—新太古代、古—中元古代和中生代。

中—新太古代，华北陆块已具雏形，华北陆块南缘处于台缘坳陷区活动大陆边缘，铁矿形成与沉积变质作用有关，赋矿层位主要有中—新太古界泰山岩群山草峪组变质岩系。

古—中元古代，苏鲁造山带（江苏省内）处于大陆边缘的拉张裂陷，沉积变质作用形成的铁矿赋存于古元古界东海岩群武强山组变质岩系。

中生代燕山旋回，全省处于滨太平洋大陆边缘构造-岩浆活动带，岩浆活动强烈。特别是晚侏罗世—早白垩世，多种成因的中性—中酸性侵入岩类和不同火山岩相的喷发岩类极为发育，与铁铜硫金等矿床有直接的成因联系。该成矿期是江苏省最为重要的铁矿成矿期，涵盖了目前已发现的全部小型规模以上铁矿床。如"玢岩铁矿"系列、利国式（邯邢式）铁矿、韦岗式（大冶式）铁矿等。

2. 铜金矿产出的时间规律

根据江苏省已知矿床成因分类研究，铜金矿主要是与岩浆作用有关的矿床，成矿时代略晚于有关岩体的成岩时代，往往是该期次岩浆活动之末。中生代燕山旋回是该省铜金矿的主要成矿期。

（1）徐州地区铁矿中的伴生铜金矿及班井地区的铜金矿化，与燕山早期侵入的（石英）闪长玢岩有关，燕山晚期构造-岩浆活动使金铜矿化进一步叠加富集。

(2) 东海-赣榆变质岩区金矿化,元古宙变质热液成矿作用形成了金的初步富集,主要成矿期为中生代,随燕山期中酸性岩的侵入,来自深部岩浆的成矿热液使金矿化第二次富集成矿。

(3) 苏南西部地区宁芜、溧水地区铜金矿与燕山中—晚期中酸性—碱性火山-次火山岩密切相关,主要成矿期为燕山晚期。宁镇地区铜金矿与燕山中晚期中酸性岩浆侵入活动关系密切,主要成矿期为燕山晚期,形成以铜为主的铜、金、铁、硫、多金属矿床。

苏南东部地区、上海金山地区铜多金属成矿与燕山晚期中酸性侵入岩密切相关。

(4) 进入新生代以后,燕山期形成的铜金硫化物在风化条件下,经表生氧化作用和次生富集形成铁帽型矿床,如平山头银金矿床。

3. 铅锌银矿产出的时间规律

江苏省铅锌银多金属矿床的形成是各种地质因素长期作用的结果。印支-燕山运动以前的沉积成矿作用,为主要成矿期准备了部分矿质原料和赋存空间,燕山期大规模岩浆侵入-喷发活动是形成工业矿床(体)的基本条件和前提。宁镇地区铅锌多金属矿与燕山中—晚期中酸性岩成矿时期关系密切,苏州西部印支末期—燕山早期中酸性岩成矿期与铅锌银矿关系密切。苏南西部火山-次火山热液充填型矿床(点)成矿期为燕山期。

由于构造-岩浆活动具多旋回发展演化特征,与成矿多期次、多阶段性构成有机联系,是该省矿床时间演化规律的总体特征。晚期成岩成矿时期的成矿活动常叠加在早期成岩成矿作用形成的矿床(体)上,致使矿化复杂化,矿石组分复杂,品位变富。

全省矿床主要经历沉积成矿作用和岩浆热液成矿作用两大时期。岩浆热液成矿作用基本上经历了硅酸盐阶段、氧化物阶段、石英硫化物阶段(或硫化物阶段)和碳酸盐阶段4个成矿阶段。硅酸盐阶段通常形成矽卡岩,伴有黄铁矿化;氧化物阶段和硫化物阶段是铁、铜、铅、锌矿化的两个主要成矿阶段,碳酸盐阶段有铅、锌(银)矿化。

4. 钼矿产出的时间规律

产于晚古生代二叠系大隆组上部黑色钙质碳质泥岩中海相沉积型钼矿化,为目前江苏省内发现的最早形成的钼矿化。

中生代形成的矽卡岩型和斑岩型钼矿为省内主要钼矿类型,成矿主要与燕山晚期岩浆侵入活动有关,成矿时代略晚于有关岩体的成岩时代,往往是该期次岩浆活动之末。

5. 磷矿形成时代

江苏省磷矿最早形成于中元古代早期,也是省内磷矿最主要成矿时期,晚震旦世、早寒武世、中志留世晚期、早石炭世和州期、早二叠世茅口早期都有磷矿沉积,燕山期岩浆期后的气液活动形成了内生磷矿和热液变质磷矿,新近纪—更新世晚期洞穴堆积形成的磷矿,是形成时代最晚的磷矿。

中元古代早期全省扬子海域在弱还原弱氧化的咸化过渡浅海带沉积了两个胶磷矿(磷锰矿)层,后经区域变质胶磷矿重结晶变为磷灰石,形成锦屏岩群的沉积变质型磷矿。

晚震旦世早期扬子海域北部,近苏胶古陆滨海-浅海带沉积了含磷灰石的砂岩,海域中部浅海带沉积了磷锰矿层或含磷锰泥质白云岩,形成了黄墟组下部低品位磷矿。晚震旦世晚期扬子海域处于弱还原弱氧化的咸化过渡海环境,在浅海-滨海带沉积了磷块岩,形成了幕府山组磷矿化。

中志留世晚期、早石炭世和州期,扬子海域滨海-浅海带沉积了含豆状胶磷矿的砂砾质粉砂岩和钙质砂砾岩,分别形成了下志留统坟头组上部及和州组底部的薄层磷矿。早二叠世茅口早期扬子海域浅海带沉积了含磷结核的页岩和硅质页岩,形成了下二叠统孤峰组结核状磷矿。

早寒武世沧浪铺期在近鲁西古陆的滨海带,古—中元古代剥蚀面上沉积了砂砾状、砂状及钙质砂状磷块岩,形成了下寒武统猴家山组底部磷矿。

燕山期中基性次火山岩浆期后的气液作用,在辉长闪长玢岩与火山岩接触带内侧,岩体顶部富集了磷灰石和磁铁矿,形成了次火山热液铁磷矿床。太古宇—古元古界洙边组上段片麻岩及榴辉岩中的磷灰石,经燕山期伟晶岩以后的热液作用再富集,形成热液变质磷矿。

新近纪—更新世晚期,徐州地区的古黄河沿岸灰岩的古喀斯特溶洞发育,鸟类等动物活动遗留物堆积形成了洞穴堆积磷矿,堆积物中含磷物质以胶磷矿和动物粪便等有机磷为主,偶见骨化石、蛋化石。

6. 黄铁矿产出的时间规律

江苏省黄铁矿以内生矿床最为重要,常与铁铜多金属等金属矿床共伴生,为燕山期岩浆-成矿作用不同阶段的产物。成矿时代:自燕山早期至晚期均有成矿,以燕山中晚期最为重要。

7. 萤石矿产出的时间规律

根据江苏省内已知萤石矿床(点)成矿特征分析,矿床主要受构造破碎带控制,成矿与燕山期中酸性—酸性岩浆岩侵入活动关系密切,成矿物质及热流体主要来源于深部岩浆。成矿类型属岩浆期后中低温热液充填型,成矿时代为燕山期,成矿期略晚于成岩期。

苏州西部地区萤石矿主要与燕山早期侵入的花岗岩(155～145Ma,K-Ar法)、花岗(石英)斑岩等有关,而省内其他地方萤石矿化主要与燕山晚期酸性岩浆侵入活动有关,如溧阳庙西花岗岩体(109.4Ma,K-Ar法)北侧小梅岭一带、江浦光山以及东海县桃林二长花岗岩体(118Ma,K-Ar法)附近罗庄等地萤石矿(化)点。

8. 煤炭产出的时间规律

江苏省内煤炭最早形成于早古生代寒武纪,在泥盆纪、石炭纪、二叠纪、侏罗纪以及古近纪均有不同程度的含煤岩系沉积,由于不同时期的沉积环境不同,形成的煤炭资源规模及质量相差甚远。

郯庐断裂以北华北地层大区(北区)的含煤地层为石炭系—二叠系,包括上石炭统本溪组、太原组,下二叠统山西组、中二叠统石盒子组、中上二叠统上石盒子组。其中最主要含煤地层为太原组、山西组和石盒子组。由于环境的不同,这些含煤地层的特征亦不同,它们是在从晚石炭世末的总体海进和从早二叠世至晚二叠世末的总体海退的过程中沉积的一套碎屑含煤地层。自晚石炭世早期起至晚石炭世末,徐州地区发生广泛海侵作用,地壳下沉,接受了一套台地-堡岛体系的含煤碎屑岩沉积,总体为陆表海障壁海岸环境,自早二叠世开始,直至晚二叠世末,本区处于一个总体海退过程中,海水不断退出,沉积了一套过渡环境下的三角洲体系的含煤碎屑岩及陆相碎屑岩。

响淮断裂以南扬子地层大区(南区)含煤地层较多,自老至新有:下寒武统幕府山组,上泥盆统五通组,下石炭统高骊山组、下二叠统栖霞组、中二叠统堰桥组、中上二叠统龙潭组,上三叠统范家塘组,中下侏罗统象山群,古近系阜宁组。扬子地层大区的含煤地层虽然较多,但具有工业意义的仅有二叠系,其他各时期的煤层薄,稳定性差,分布零星,均不具备开发利用价值。与北区相比,南区二叠纪的成煤环境比较单一,区内所有煤层均是在滨海平原泥炭沼泽环境中形成的,这一环境往往是在滨岸-浅海陆棚环境的基础上,由于基底断裂活动导致地壳上升,海水突发退出而逐步发育起来的。南区下扬子盆地二叠纪堰桥组—龙潭组是在总体海退的过程中形成的一套碎屑含煤岩系。在此海退过程中,含煤岩系沉积环境不断变化,分别经历了浅海陆棚环境、滨岸环境和滨海平原环境,形成了相应的浅海陆棚沉积体系、无障壁海岸沉积体系及滨海平原泥炭沼泽沉积体系,它们在剖面上作有规律地交替组合,构成一系列沉积旋回结构。

三、主要矿产资源空间分布规律

1. 铁矿空间分布规律

华北陆块南缘(江苏省内)铁矿形成主要与中—新太古代沉积变质作用、中生代构造-岩浆活动有关,其中沉积变质型铁矿主要分布于丰沛中—新太古界泰山岩群变质岩系分布区,铁矿体呈条带状赋存于石英片岩等变质岩中。矽卡岩型及热液交代充填型铁矿主要分布于徐州利国-班井地区和丰沛地区华(山)-栖(山)隆起带,铁矿体主要赋存于燕山期早期侵入的闪长玢岩等中性—中酸性岩体与古生界下奥陶统马家沟组碳酸盐岩接触带或附近矽卡岩中,部分赋存于接触带附近围岩裂隙中。代表性矿床有利国铁矿床、吴庄铁矿床、墓山铁矿床、姜梨园铁矿床。

东海-新沂地区属高压—超高压(造山)变质带,铁矿床形成与新太古代—古元古代沉积变质作用有关,含矿建造为古元古界东海岩群武强山组石英片岩、云母石英片岩等变质岩。已发现的沉积变质型铁矿点有武强山、西印庄等处。

长江中下游成矿带江苏段铁矿床形成与燕山期构造岩浆活动有关,区内铁、铜、金、多金属矿化常围绕岩浆侵入活动中心展布,岩浆活动中心即是成矿活动中心。铁矿床类型以陆相火山岩型、矽卡岩型为主。

宁芜-溧水火山岩盆地,为宁芜式陆相火山岩型铁矿分布区。铁矿形成与燕山期中基性—中酸性—碱性火山-次火山岩密切相关,矿床分布受火山岩盆地北北东和北西向两组基底断裂(构造岩浆喷发带)的控制,主要矿床在空间分布上呈成带出现、分段聚集的分布格局。自梅山-东岗北西向延伸的以铁(铜)为主的成矿带,汇集了数个大中型铁矿床,并在梅山-卧儿岗、吉山-凤凰山、东岗形成3个矿床富集段。与成矿关系最为密切的是晚侏罗世—早白垩世超浅成相富钠辉长(石)闪长玢岩、辉长闪长岩等次火山岩体,铁矿体多赋存于岩体内或岩体顶部与喷发岩(围岩)的"接触带"中,局部产于岩体附件围岩裂隙中。矿床类型以火山矿浆充填-高温气液交代型、次火山热液型最为重要,此外尚有火山沉积型及火山热液改造型等。代表性矿床有梅山、吉山、麒麟山、凤凰山、龙旗山等铁矿床。

宁镇(含六合、盱眙)为省内矽卡岩型铁矿重要成矿区,成矿与燕山中晚期中酸性岩浆侵入活动关系密切,铁矿床往往围绕岩浆活动中心展布,分布于花岗闪长(斑)岩、石英闪长(斑)等中酸性岩体与碳酸盐岩的接触带,代表性矿床有韦岗铁矿床(碳酸盐岩地层为下三叠统青龙组)、冶山铁矿床(碳酸盐岩地层为上震旦统灯影组、下寒武统幕府山组)。

苏锡(含南通)与燕山期中酸性—酸性火山-侵入岩有关的成岩成矿分区,矿床均围绕燕山期中酸性、酸性岩体与碳酸盐岩地层接触带分布。苏州地区矽卡岩型铁矿床围岩地层以二叠系长兴组为主,代表性矿床有谈家桥锌铁矿床、旺米山锌铁矿床、唐家墩铁矿床,南通地区矽卡岩型铁矿床以王浩铁矿床为代表,碳酸盐岩地层为下寒武统幕府山组。

2. 铜金矿空间分布规律

江苏省内生铜矿床大多有金共伴生,成因类型主要有接触交代型、火山-次火山热液型,金矿类型尚有构造破碎蚀变岩型、微细浸染型等,成矿与构造-岩浆活动有密切联系,矿床的分布受各类岩浆岩空间分布的制约。

陆相火山岩型铜金矿主要分布于宁芜、溧水等中生代火山岩盆地,矿床分布受火山活动中心的控制。其中:火山-次火山热液型矿床,矿体大多呈脉状分布于火山机构及旁侧断裂构造中,如铜井铜金矿、观山铜矿、金驹山金矿床,也有部分矿床分布于次火山岩体与火山岩接触带火山岩一侧,矿体受火山岩中微细构造裂隙控制,呈现"斑岩型"矿床特征,如大平山铜矿;次火山热液-层控矽卡岩型铜金矿主要分布于中酸性次火岩体与上侏罗统西横山组钙质砂砾岩接触带,矿体呈似层状分布,受地层层间构造控制,如獾子洞铜金矿床。

矽卡岩型(接触交代)铜金矿床,主要分布于宁镇、苏南及东部地区,受燕山期中酸性岩浆活动控制,分布于岩体与碳酸盐岩接触带及其附近,岩浆活动的多中心导致成矿活动的多中心。各成矿中心均有各自矿化类型的分布规律,但总体上从岩体中心向外有依次出现高温热液 Fe、Cu、Mo 矿化→中温热液 Cu、Pb、Zn、S 矿化→低温热液 Pb、Zn、Ag、Au(As、Sb、Hg)矿化的规律。其中安基山杂岩体周围发育的有序矿化保存较完全,岩体中发育细脉浸染状(斑岩型)矿化,岩体顶部有隐爆角砾岩型、脉状、网脉状矿化,在岩体与捕虏体或碳酸盐岩地层正接触带发育有矽卡岩型块状及细脉状矿化,在硅铝质围岩断裂中发育有大脉状矿化。当然由于岩浆的多次侵入,实际情况远比上述规律复杂,并常有互相重叠交替现象。

微细浸染型(卡林型)金矿主要分布于宁镇地区,受短轴背斜及构造破碎带控制,如汤山、仑山两处金矿床,矿体以似层状为主,部分脉状。常沿早中奥陶世泥质灰岩、泥质岩及其旁侧的层滑断面或不整合面分布,近地表因风化淋积可形成红土型和铁帽型金矿。

(中低温热液)破碎蚀变岩型金矿产于燕山期中酸性侵入体与沉积岩、变质岩接触带外带附近围岩中的硅化破碎带或构造裂隙中,矿床规模一般较小。

3. 铅锌银矿空间分布规律

江苏省铅锌银多金属矿产具成群、成带分布,分段集中的多中心分布特点,这是由于受岩浆活动中心控制所致。

宁镇地区有 4 个成岩成矿中心,自西往东分别为:①受板仓杂岩体控制的以铅锌银为主的成岩成矿中心,是该省最重要的铅锌银成矿中心;②受安基山中酸性杂岩体控制的以铜为主,伴生钼、铅锌等多金属成岩成矿中心;③受石马中酸性杂岩体控制的以铁为主,伴生铅锌铜的成岩成矿中心;④受谏壁中酸性、酸性杂岩体控制的以钼钨为主,伴生铜、铋矿化的成岩成矿中心。宁镇地区自西向东铅锌银矿化具渐趋减弱的趋势。

苏州地区受环形构造的控制,矿床在空间上呈"一圈""一带"相对集中分布的规律,受内环构造控制的苏州花岗杂岩体及其周边分布锌铁矿床(点),构成"一圈",属燕山早期成岩成矿中心。受外环构造带控制的花岗斑岩和中酸性次火山-侵入杂岩体,组成通安桥-潭山北东向构造岩浆岩带,控制了一系列铅锌银矿呈北东向带状分布,为印支期叠加燕山早期成岩成矿活动中心,是江苏另一重要铅锌银矿成矿带。

每一成岩成矿活动中心,自岩体内部→接触带→围岩,往往依次分布有不同的矿化类型。岩体内(顶)部出现细脉浸染型矿化,如吴宅矿床深部花岗斑岩中的斑岩型铅锌矿化;岩体与碳酸盐岩地层接触带则形成矽卡岩型铅锌多金属矿体,如城隍山岩体周围成群出现的矽卡岩型铅锌银矿床(点),苏州岩体"一圈"集中分布有锌铁矿床(点);远离岩体的围岩中则分布有碳酸盐岩(层控热液)型或中—低温裂隙充填型矿(化)体,如栖霞山铅锌银矿床(栖霞山矿区虽未发现侵入岩体,但据物探资料推测,2000m以下深部有较大规模的隐伏岩体,矿床的形成仍受深部岩体的控制)。这种不同型式的矿化,在空间上往往配套出现,构成不同成因类型矿床(体)共生规律。就某一活动中心来说,上述各类矿化并非完全具备,矿化强度亦不相同,具工业意义的矿化常为其中的一两种,其中以碳酸盐岩(层控热液)型和矽卡岩型最为重要。

碳酸盐岩(层控热液)型铅锌银矿(栖霞山式),主要分布于宁镇地区。矿体呈似层状、扁豆状、透镜状、不规则团块状赋存于不整合面、纵向压性断裂(一般为早期压性,晚期张性)构造、石炭纪—二叠纪碳酸盐岩地层层间破碎裂隙以及古岩溶构造。成矿元素复杂,矿石品位较富,储量规模大。

层控矽卡岩型铅锌银矿床(吴宅式),主要分布于苏州西部,矿体受印支-燕山期中酸性岩体(花岗斑岩、闪长玢岩)与石炭纪、二叠纪及三叠纪碳酸盐岩地层接触带控制,产于正接触带及近接触带围岩层间破碎构造中,多呈似层状、层状产出,与矽卡岩关系密切。矿石品位较富,矿床规模以中型为主。代表性矿床:苏州吴宅铅锌银矿床、迁里铅锌银矿床。

4. 钼矿空间分布规律

宁镇地区矽卡岩型钼矿主要与燕山晚期花岗闪长(斑)岩或石英闪长(斑)岩(K-Ar法,123~92Ma)有关,常与铜多金属共伴生,其分布受区域性构造及接触带构造控制,成矿有利地层及围岩为石炭系黄龙组和船山组、二叠系栖霞组碳酸盐岩,矿体呈透镜状和似层状分布于岩体与碳酸盐岩接触带矽卡岩中;而斑岩型钼矿主要赋存于燕山晚期二长花岗岩体中,区域性断裂控制了岩体的分布,矿体主要受接触带附近岩体内裂隙构造控制,多呈侧列式的群脉,不连续分布。成矿有利地层及围岩为震旦系灯影组白云质灰岩。

盱眙地区钼矿化以斑岩型为主,成矿与燕山晚期二长花岗(斑)岩有关,北东向断裂构造控制了岩体的分布。钼矿主要赋存于二长花岗(斑)岩中,部分产于接触带中,少量见于外接触带的震旦系黄墟组和灯影组白云质灰岩中。

东海-新沂地区郯庐断裂带东侧的桃林岩体,为燕山晚期侵入的中酸性岩体(K-Ar法,111Ma、118Ma、124Ma),岩性主要为二长花岗岩、花岗闪长斑岩、花岗斑岩。北北东向断裂构造控制了桃林岩体的侵入,岩体东侧与变质岩呈侵入接触,在接触带附近断裂构造中,见有钼矿化零星分布。

5. 磷矿空间分布规律

沉积变质型磷矿含矿地层(锦屏组)分布于连云港市浦南—宿迁—泗洪一线东南,响水—淮阴市女山湖一线西北地区,连云港市西部—沭阳县湖东—泗洪县洋河镇一带,磷矿体仅见于该带北段,连云港市大浦—锦屏、杨凤庄—刘顶、小李庄—买屯、顾庄、沭阳华冲等地,受北北东向和北东向倒转褶皱构造控制。

热液变质磷矿分布于新沂县和东海县境内牛山-阿湖倒转背斜部位,洙边组上段片麻岩分布区,榴辉岩、闪长岩、花岗闪长岩、伟晶岩发育,绿泥石化、绿帘石化、蛭石化强烈的地带。

内生磷矿分布于宁芜北段中生代火山岩盆地火山岩分布区及辉长闪长玢岩发育地带。

沉积磷矿含矿地层分布较广,黄墟组、灯影组和幕府山组等含磷地层分布于响水县—淮阴市—泗洪县双沟镇一线以南地区,出露于盱眙县青峰山、六合县冶山、江浦县大顶山、南京市幕府山、句容县仑山及丹徒县大港—武进县孟河等地,多处于复式背斜的轴部。

黄墟组下部低品位磷矿见于盱眙县青峰山和丹阳县嘉山;灯影组磷矿化见于江浦县大顶山和丹徒县石榴山;幕府山组磷矿化见于南京市幕府山和句容县仑山;孤峰组磷矿化主要分布于宁镇地区和茅山地区;猴家山组磷矿化仅见于铜山县磨石塘—小兔山一带。

洞穴堆积磷矿分布于铜山县、邳县西部及睢宁县西北部,新元古代和古元古代灰岩分布的地区,古岩溶溶洞发育的地段。

内生磷矿和变质磷矿的矿石矿物以磷灰石为主;沉积磷矿和洞穴堆积磷矿,除黄墟组磷矿的矿石矿物以磷灰石为主外,其余磷矿的矿石矿物都以胶磷矿为主。

6. 黄铁矿空间分布规律

江苏省黄铁矿资源主要分布于苏南的宁芜、宁镇及苏州西部地区,溧水地区也有少量分布。独立矿床以中型规模居多,成因有次火山热液型、接触交代矽卡岩型以及热液交代充填型,以次火山热液型最为重要。除独立形成矿床外,黄铁矿与内生铁铜多金属矿关系密切,常以共伴生形式出现,其规模以小型为主,如苏州西部多金属矿床中共伴生的硫铁矿,偶为中型,如栖霞山铅锌银矿、安基山铜矿共伴生硫铁矿。共伴生硫铁矿成因主要为接触交代矽卡岩型和中低温热液型。

宁芜成矿远景区硫铁矿主要受云台山-乔木山北东向压性断裂带及其次级断裂、岩层层间破碎带的控制,特别是压性断裂带中次级"S"形构造、帚状裂隙是矿体发育的地段。龙王山组富钠辉石安山岩、三叠系黄马青组和周冲村组泥灰岩、钙质粉砂岩、钙质白云岩及角砾状灰岩是区内黄铁矿的主要成矿围岩。与成矿有关的岩体为燕山期闪长玢岩类次火山岩体,沿断裂破碎带侵入。硫铁矿床类型为次火山热液型,规模以中、小型为主,成矿时代为燕山中晚期,代表性矿床为云台山硫铁矿床。云台山硫铁矿床产于走向北东向逆断层及北北东向正断层交会处附近,受构造及层位控制较为明显。矿体主要产于黄马青组碳酸盐段层间破碎带中,矿体产状与地层产状基本一致。呈不规则似层状、透镜状,少数脉状。

宁芜火山岩黄铁矿化普遍,在火山活动中心及玢岩铁矿外围常常强烈黄铁矿化形成黄铁矿贫矿体,局部可达富矿,亦可单独形成矿床。

溧水火山岩盆地位于宁芜火山岩盆地东侧,其成矿地质背景与矿化地质特征与宁芜地区有一定的相似性。区内黄铁矿一般呈浸染状、细脉状分布在火山岩-次火山岩分布区,硫铁矿体主要赋存于晚侏罗世火山岩系与基底地层之间喷发不整合面之上,其次为北西向断裂构造带中。上侏罗统龙王山组下段火山岩及火山碎屑岩为主要赋矿围岩,其次为中侏罗统陡山组长石石英砂岩和粉砂岩、上侏罗统西横山组砂砾岩等。燕山中晚期辉石闪长玢岩、角闪闪长玢岩等次火山岩体与成矿有关。区域成矿类型以次火山热液交代充填型为主。

宁镇成矿远景区硫铁矿成矿与燕山晚期花岗闪长斑岩、石英二长斑岩、闪长玢岩关系密切;近东西向逆断层控制了岩浆活动,其次级北东东向和北北西向断裂及接触带构造控制了矿体的展布;控矿层位主要为三叠系周冲村组、青龙组,石炭系—二叠系黄龙组、栖霞组等碳酸盐岩。矿体呈不规则似层状、透镜状、脉状等,矿石构造主要为块状、浸染状、细脉浸染状、条带状等,主要矿物为黄铁矿、磁铁矿、褐铁矿,少量磁黄铁矿、黄铜矿、多金属矿,矿体一般小而富,如岔路口硫铁矿床、盘龙岗硫铁矿床等,均为中、小型矿床。围岩蚀变有矽卡岩化、阳起石化、透闪石化、绿帘石化、绿泥石化、碳酸盐化、硅化等。硫铁矿床成因类型大多为矽卡岩型,少量为热液交代充填型。成矿时代为燕山晚期。

苏州地区黄铁矿床成因类型以矽卡岩型为主,少量为中低温热液充填交代成因。控岩构造为北东向通安桥-潭山断裂,逆掩断层(推覆构造)和次级东西向、北西向、北东向的断裂构造带为主要控矿构造,岩体与碳酸盐岩地层接触带、碳酸盐岩地层层间破碎构造为主要容矿构造,成矿母岩以燕山早期花岗斑岩(石英斑岩)、闪长玢岩等中酸性岩体为主。主要控矿围岩地层为石炭系黄龙组和船山组,二叠系栖霞组、长兴组等碳酸盐岩地层,其次为泥盆系茅山组砂岩。成矿时代为燕山早期。主要代表性矿床:潭山铅锌黄铁矿床、西迹山黄铁矿床。

7. 萤石矿空间分布规律

江苏省内萤石矿主要分布于苏州西部地区,其他地区也有零星分布。除苏州吴县俞石泉为一中型矿床外,其余皆为矿(化)点。

矿(化)体主要产于花岗岩类酸性岩体附近的破碎带中,大多呈脉状,少量为透镜状。也有产于中酸性—酸性岩体与碳酸盐岩接触带中,与接触交代矽卡岩型铁、铅锌多金属矿伴生的萤石矿化,如苏州谈家桥铁矿、小茅山多金属矿床等伴有萤石矿体,可综合利用。矿石矿物为萤石,脉石矿物为石英、方解石。矿石结构主要为他形粒状结构和交代结构。矿石构造主要有块状、角砾状、条带状构造。矿石自然类型主要为角砾状、条带状和致密块状。工业类型主要为含石英萤石矿、含方解石石英萤石矿。矿体一般含 CaF_2 50%左右,少量达70%以上。成因类型属中低温热液充填型。

省内萤石矿产资源远景有限,以苏州花岗岩体和城隍山石英斑岩(花岗斑岩)体周边地区为主,萤石品位较富,而省内其他地方的萤石矿化较弱,脉体规模小,萤石含量低(CaF_2 30%左右),无工业意义。

8. 煤炭空间分布规律

江苏省煤炭资源主要分布在徐州地区(徐沛煤田区)、苏南及沿江一带(苏南煤产地)。

北区:徐沛煤田区分布于徐州附近,属华北地层区(简称北区),为全省最重要的煤炭基地。主要含煤地层为太原组、山西组和石盒子组,3组总厚约370m,含煤24层左右,煤层总厚11.13～14.44m,一般 10m 左右,其中可采煤层 4~10 层,可采厚度 5~10m,一般常见为 7~8m,含煤系数为 3.6% 左右(表 8-4)。

表 8-4 太原组、山西组、石盒子组含煤特征一览表

组段	组段厚度(m)	含煤总数		含煤系数(%)	其中可采煤层		单层最大厚度(m)
		层数	一般厚度(m)		层数	一般厚度(m)	
石盒子组	96	1~8	0.20~6.45	2.1	1~3	0~5.07	12.00
山西组	115	3~7	1.40~8.87	4.4	1~4	0.60~6.00	11.68
太原组	160	8~15	2.86~6.30	2.6	1~6	0.79~4.30	3.86

各组地层的含煤特征在空间展布上有着很大的差异,垂向上总的表现为由下而上,煤层厚度由薄至厚,结构由简单至复杂,稳定性逐渐变差;平面上,自北向南,含煤层数逐渐增多,含煤层位逐渐抬高,富煤带有向南迁移的趋势。

太原组的含煤性全区差异不大,含煤 10 余层,均为 10 余厘米至 1m 左右的薄煤层,层位稳定,结构简单,多以灰岩为直接顶板。可采煤层徐州矿区为 1~3 层,丰沛矿区为 2~6 层,其中以底部 21 煤层发育最好,全区普遍分布,一般厚度小于 1m,局部达 1m 以上,均保持可采或大部分可采。发育于 21 煤层上部的 20 煤层和 17 煤层,层位较稳定,局部至大部分可采,亦为徐沛煤田较为重要的煤层(表 8-5)。

山西组含煤性最好,煤层分布广,单层厚度大,尤以 7 煤层最发育,全区可采,是本区最重要的可采煤层。但从平面分布来看,山西组煤层横向变化大,徐沛煤田各矿间差异显著,从北向南,含煤系数逐渐减小,煤层厚度逐渐变薄。同时,由于本区处于以山东兖州-滕县煤田为中心的富煤带的边缘,沉积时更近于滨岸地带,受潮汐作用的影响较强,使煤层厚度和结构变化复杂,分叉尖灭、冲刷缺失现象频繁出现,其主煤层由山东境内的"单层结构"发展到本区的"双重结构",即以 7、8 煤层为一个分煤组,9、10 煤层为另一个分煤组。

石盒子组是徐沛煤田的又一个重要含煤层段,含煤性较好,含煤 1~9 层,一般可采 1~3 层,其中只有一个主采层,普遍发育,基本保持可采,其余两层均不稳定,局部可采。平面分布上,差异明显,从北向南,含煤性逐渐增强,煤层厚度逐渐增大,结构也由极其复杂向简单转化。北部丰沛矿区,含煤性极差,煤层少,层位分散,几乎不含可采煤层;南部九里山区,含煤层数有所增加,可采 2~3 层,可采厚度达 2.71m 左右;贾汪区,含煤性最好,煤层层数多,可采厚度大,平均达 4.44m 左右,结构简单,以单一厚煤层为主,垂向分布上,自底部向上,煤层由透镜体逐渐发育成层状,且结构复杂化,分叉尖灭现象严重。

表 8-5 华北地层区主要煤层特征表

煤产地	地层	煤层编号		煤层厚度(m)	煤层结构	煤层稳定性	可采性	煤层类别
		新编号	原编号					
徐州	下石盒子组	1	中1或中2	0~6.85	较复杂	不稳定—较稳定	大部可采	薄—中厚煤层
		2	中3或中4	0.04~12.00	较复杂	较稳定—稳定	普遍可采	薄—中厚煤层
	山西组	7	B	0~6.11	简单—复杂	较稳定—稳定	大部可采	薄—中厚煤层
		9	C	0~4.05	较复杂	不稳定—较稳定	局部可采	薄—中厚煤层
	太原组	17	Ⅶ	0~1.45	简单	不稳定	局部可采	薄煤层
		18	Ⅷ	0~1.12	简单	不稳定	零星可采	薄煤层
		20	Ⅸ	0~2.52	简单	较稳定	局部可采	薄煤层
		21	Ⅹ	0~1.88	简单	较稳定	大部可采	薄煤层

续表 8-5

煤产地	地层	煤层编号		煤层厚度（m）	煤层结构	煤层稳定性	可采性	煤层类别
		新编号	原编号					
丰沛	下石盒子组	柴煤组		0~1.35	复杂	不稳定	不可采	
	山西组	7	B	0~11.68	较复杂	较稳定—稳定	普遍可采	薄—中厚煤层
		8	C	0~5.85	较复杂	不稳定—较稳定	大部可采	薄—中厚煤层
	太原组	17	7—3 8—2 9—2	0~1.80	较复杂	较稳定—稳定	大部可采	薄煤层
		18	Ⅷ、7—3下	0~1.18	简单	不稳定	局部可采	薄煤层
		20	Ⅸ	0~0.08	简单	不稳定	零星可采	薄煤层
		21	X10 11—1	0.24~3.25	简单较复杂	稳定	普遍可采	薄煤层

综观本区主要煤层的发育特征及其空间展布规律，可以看出，随着成煤环境的变迁，从晚石炭世至中二叠世，徐沛煤田共形成 3 个富煤带。

A：以太原组 17、21 煤层和山西组 7、9 煤层为主体，以丰沛矿区三河尖—龙东—姚桥—徐庄—张双楼一线为中心的富煤带。

B：以山西组 7、9 煤层和石盒子组 1、2 煤层的均衡发育且相对富集为特征，分布于九里山区中部张集—夹河—庞庄—张双楼一线为中心的富煤带。

C：以石盒子组的稳定厚煤层为主体，以贾汪区的大黄山—旗山—权台—潘家庵深部为中心的富煤带。

南区：苏南煤产地分布于苏南及沿江一带，属下扬子地层区（简称南区），含煤地层虽然较多，但具有工业意义的仅有二叠系，其他各时期的煤层薄，稳定性差，分布零星，均不具备开发利用价值。

南区二叠纪含煤地层为堰桥组和龙潭组，主要分布于苏南及沿江一带，苏北平原则有小范围保留，地表出露在宁镇山脉、茅山山脉、宜溧山区和太湖地区。含煤岩系总厚 10~580m，一般大于 300m。含煤 1~2 层至 10 余层不等，煤层总厚由 2~5m 至 10 余米，多为不稳定至极不稳定的透镜状、藕节状、鸡窝状等形态，局部相对较为稳定，出现层状至似层状。大多数为不可采煤层，常见可采或局部可采煤层 1~3 层，个别地段可达 5 层，其中有一层较普遍发育。可采厚度 14m，常见为 1~2m。

堰桥组为南区的主要含煤地层，从下往上分为 4 个段，煤层主要发育于上含煤段中。在局部煤产地（如云花、团山、九华山、孤山、滨海等）的砂岩段中，常可形成数层薄煤层，多不可采，局部达可采，如孤山一带，单层厚度可达 1m 以上，呈透镜状和藕节状，平面分布不稳定。

龙潭组为南区二叠纪另一个重要含煤地层，从下往上可分为 3 个段，分别为 B 含煤段、海相泥岩段和 A 含煤段，煤层主要赋存在 A、B 两含煤段中。由于受环境变化的影响，煤层赋存分带现象明显。

B 含煤段：主要分布于南带和北带。其中南带含煤 1~5 层，多为不稳定。

A 含煤段：分布特征类同于 B 含煤段，煤层赋存范围进一步缩小，中带、北带均不含煤层，只在南带的南部靠古隆起边缘赋煤较好，含煤 1~5 层，主要可采煤层 1 层，个别可达 2 层，煤层多分布于本段的上部。煤层层数及厚度有由南而北逐渐减少、减小的趋势，至无锡—常熟一带已不含煤层。

四、成矿关键性地质问题讨论

1. 宁芜-溧水火山岩盆地基底形成时代、地球化学成分和构造岩浆演化对成矿的制约研究

江苏宁芜-溧水地区位于长江中下游铁铜多金属成矿带的东部，也是长江中下游地区多金属矿产分布相对密集的地区,区内已发现铁、铜多金属矿床、矿(化)点154处,其中大中型矿床9处。宁芜地区成矿作用主要发生在燕山期,与火山活动有关,多属岩浆-岩浆期后热液矿床。区域矿产分布具明显的分区分带现象,大的矿带(矿田)的展布与大的断裂构造带或火山喷发带的展布相一致,矿床(体)则受派生的次级断裂构造和次级的火山构造控制。溧水火山岩盆地与宁芜盆地对比,区域地质背景与成矿地质条件相似,区内各种内生矿床(点)的分布与不同期的火山-侵入活动在时空上基本是一致的。与火山岩浆活动有关的矿产种类繁多,其中金属矿产主要有铁、铜、金、铅锌。区内各种内生矿床的形成与地层、控矿构造、火山活动密切相关。然而两盆地的成矿规模却大相径庭。

近年来,在宁芜火山岩盆地地质勘查工作中有几个重要的进展,如:盆地东缘含膏盐的周冲村组中发现和勘查了杨庄式、太平山式大中型磁铁矿矿床;在梅山铁矿床发现了与铁矿体共伴生的金、铜、钼矿体。这些发现对区域找矿勘查研究具有指导意义。但以往工作多局限于地表或浅部,对深部(500m以下)勘查研究不够深入,矿床综合研究滞后于找矿进展,应进一步加强成矿规律和矿床成因研究,尤其是盆地基底和构造岩浆演化与成矿关系研究。

前人在研究火山岩的源区方面,主要应用岩石地球化学数据以及传统的Rb-Sr同位素分析,然而最新的锆石Lu-Hf同位素分析可以快速且系统地反映岩浆源区的成分变化。对少量火山岩的锆石Lu-Hf同位素分析显示宁芜盆地不同地区火山岩的源区成分存在差异,这一特征有可能是影响Fe等元素能否富集成矿的因素之一。因此,随着科技测试手段的不断更新,宁芜-溧水地区火山岩盆地的岩浆岩时代及源区分析有待进一步重新厘定,这将为研究岩浆作用对成矿作用的制约提供更新、更可靠的依据。另外,对宁芜-溧水地区火山岩盆地基底的异同性缺乏研究,其深部是否如同浅部一样被方山-小丹阳断裂所隔开,还是另有联系,两个盆地火山岩基底的深部构造特征及演化对于区域成矿作用制约的异同性如何;两个火山岩盆地的根在何处,其盆地的基底形成时代与演化历史是否相同等都有待进一步研究探明。岩浆岩及其基底的地球化学成分和源区性质,成岩过程中的壳幔作用等特征对区域矿床(种)的制约等诸多问题尚待阐明。

2. 苏北新沂-泗洪郯庐断裂带及其两侧原生金刚石找矿预测研究

苏北新沂-泗洪郯庐断裂带及其两侧为我国三大金刚石找矿重点片区之一。郯庐断裂带控制了含矿金伯利岩的成带分布,形成了辽东-鲁南、苏北-皖北的原生金刚石成矿带,是我国金刚石原生矿找矿5个A类远景区之一。经多年普查,新沂-泗洪地区已发现小型金刚石砂矿床1处,矿点3处,砂矿伴有镁铝榴石、铬尖晶石、铬透辉石等原生金刚石指示矿物,但尚未发现原生金刚石矿床(点)。该区是否存在含金刚石母岩,直接影响到区内金刚石矿找矿方向。

本区金刚石的供源方向,历来有两种看法:一种观点认为有近源供给,也就是在新沂至宿迁一带存在着含金刚石的母岩;另一种观点认为古沂河上游山东供源,即来自山东的金刚石原生矿或古砂矿。经与山东对比,可发现本区砂矿中金刚石在粒级组合、平均重量及古金刚石(古砂矿)等方面有所不同,山东的以-1+0.5级为主,占75.2%,其次为-2+1级,占22.49%,平均质量2.73mg,而本区金刚石粒级主要为-2+1和-4+2两级,级别较山东为大,且少有古金刚石,部分晶面光滑,无裂纹,无次生破碎,搬运距离不远,表现为金伯利岩根部相的特征,表明附近可能有供源。新沂城岗、泗洪重岗山等地已出土的镁铝榴石、铬尖晶石等指示矿物均具有近源特征,说明区内存在金刚石含矿岩体的可能性极大。由于区域覆盖严重,给本区的金刚石原生矿找寻带来了困难。

针对含金刚石基性—超基性岩体的勘查研究,应重点研究找矿方法、含矿岩体的成岩成矿特征、岩体中原生金刚石含矿性及空间分布特征等,为找矿预测及勘查选区提供依据。

第九章 勘查部署工作建议

第一节 总体部署原则

勘查部署建议是根据各预测矿种的潜力评价结果综合汇总分析,并按照"区域评价、择优查证、重点勘查"3个层次统一部署勘查工作,同时靶区部署建议也要与"江苏省矿产资源总体规划(2008—2015)""江苏省地质勘查总体部署实施方案(2011—2015)""江苏省找矿突破战略行动方案(2012—2020)"相衔接,并要考虑沿江大中城市建设发展规划和交通建设发展规划对矿产资源的开发制约因素。在勘查部署工作过程中充分应用本次潜力评价成果,根据区域成矿地质条件、地质矿产工作研究程度,遵循从实际出发、力求最佳效益的原则,选择勘查技术方法,部署勘查工作量。总体技术路线是以点为主、点面结合、面上深入、重点突破。对具有较大资源潜力的预测区进行重点勘查,力求新增一批资源储量。

第二节 勘查工作部署建议

根据本省现有地质矿产工作程度,结合本次重要矿种潜力评价成果,省内重要成矿远景区矿产勘查部署建议分为:矿产远景调查、矿产勘查评价。同时针对本省地域特点,开展覆盖区找矿方法研究,重点围绕已有先进找矿理论和找矿方法的应用研究,为找矿突破提供方法技术支撑。

由于江苏省煤炭资源主要分布区徐州地区已被省相关部门规划为禁采区,不再设立新矿权,本次勘查部署建议不包括煤炭。

一、矿产远景调查

矿产远景调查是矿产勘查的前期基础工作,是为矿产预查直接提供靶区和新发现矿产地的区域找矿工作。旨在通过对成矿有利地段的实测调查,以及典型矿床、矿(化)点等的系统调查研究,大致查明区内成矿有关地质体的地质构造特征,分析区域成矿地质背景与成矿地质条件,发现新的矿化线索和矿(化)点,为物探和化探异常推断解释、成矿规律研究和找矿靶区圈定提供基础地质资料。解决矿产勘查后备选区紧缺问题,为政府矿产资源规划管理、提高矿产可持续供给能力提供基础保障,为提高国家勘查资金的投入产出效益、促进矿业可持续发展服务。

矿产远景调查部署的重点地区为宁芜、溧水、宁镇、宜溧、六合、盱眙、丰沛、徐州、赣榆—东海—新沂、连云港—泗洪等地区,主攻矿种为铁、铜、铅锌、金、磷等国家紧缺资源,工作内容以开展中大比例尺面积性和剖面性地质物化探测量为主,圈定找矿靶区。具体项目设置建议如下:

(1)丰沛地区铁矿远景调查。
(2)徐州地区铁、金(铜)多金属矿远景调查。
(3)东海-新沂地区铁金矿远景调查。
(4)连云港-泗洪海州式沉积变质型磷矿远景调查。
(5)江苏盱眙地区铁钼(铜)矿远景调查。
(6)江苏六合地区铁铜矿远景调查。
(7)江苏宁镇地区深部矿产资源远景调查。
(8)江苏宁芜地区深部矿产资源远景调查。
(9)江苏溧水地区铁铜金矿远景调查。
(10)江苏宜溧地区铁铜金多金属矿远景调查。

二、矿产勘查评价

在以往矿产勘查评价工作的基础上,充分利用本次矿产资源潜力评价成果,对于成矿地质条件良好、资源潜力较大的综合预测区,部署矿产勘查评价工作,工作程度以普查为主。工作内容主要为开展大比例尺面积性地质物化探测量、剖面性物化探测量、槽探、钻探等,以探获资源量为最终目标。

(1)丰县小刘集-卓庄铁矿普查。
(2)沛县至华山镇铁矿普查。
(3)贾汪镇-柳泉镇铁、金矿重点普查。
(4)金山镇-黑林镇破碎蚀变岩型金矿普查。
(5)青湖镇-双店镇-桃林镇破碎蚀变岩型金矿普查。
(6)新浦-大浦-化冲沉积变质型磷矿普查—详查。
(7)盱眙姜郢-磨盘山-老子山地区铁钼(铜)矿普查。
(8)六合小庙陈-冶山-铁石岗地区铁矿普查。
(9)宁镇小红山-岔路口-栖霞山-平山头地区铅锌银金铁硫矿普查。
(10)宁镇铜山-安基山-汤山-仓山地区铁铜金钼硫矿普查。
(11)宁镇韦岗-盘龙岗-五洲山-象山地区铁铜金铅锌银钼矿普查。
(12)宁芜梅山-吉山-凤凰山地区铁铜金磷矿普查。
(13)宁芜谷里-皇姑山-铜井地区铜金铁矿综合普查。
(14)宁芜云台山-天台山-乔麦山地区硫铁矿及铁铜金矿普查。
(15)溧水小梅山-獾子洞-西横山-洪蓝地区铁铜金矿普查。
(16)溧水马占山-观山-金驹山-枕头山地区铜铅矿及金矿普查。
(17)宜溧土包山-金山-兔子山地区铁铜金铅锌矿普查。
(18)宜溧烟山-大贤岭-小贤岭-小梅岭地区铁铜金铅锌矿普查。
(19)宜溧省庄-茶亭-耙子山-南山地区铜金铅锌多金属矿普查。
(20)禹山-杜沟金矿普查。
(21)双店-竹墩-马塔桥金矿普查。
(22)江苏省句容市仑山金矿普查。
(23)江苏省南京市江宁区西山头铅锌矿普查。
(24)江苏省南京市江宁区高庄-大岭岗-林木山铜金矿普查。
(25)夏家边-东岗铁(铜)矿勘查。

三、找矿理论和方法技术应用、成矿理论综合研究工作部署建议

以国土资源部《国土资源公益性行业科研专项》为依托,充分利用各类地质调查成果资料,重点开展成矿规律及找矿勘查模型研究,典型矿集区立体探测技术体系研究,老矿山深部及外围找矿方法技术研究,覆盖地区隐伏矿产勘查评价技术研究,紧缺战略性矿产资源快速综合勘查模型与找矿靶区优选研究。项目实施要和人才培养工程结合起来,通过项目实施增强国土资源科技自主创新能力。

开展深部探测技术应用示范研究,针对不同地质背景研究总结行之有效的深部勘查方法技术组合,为地质找矿突破提供科技支撑。

1. 重要矿集区勘查技术应用示范研究

重点围绕宁芜陆相火山岩型铁矿、宁镇碳酸盐岩(层控热液)型铅锌矿两个矿集区开展深部勘查技术应用示范研究,包括大深度钻探技术(>2000m)、地下物探技术、金属矿二维地震找矿方法技术、深穿透地球化学技术等的应用示范研究,针对不同地质背景研究,总结行之有效的深部勘查方法技术组合,并推广应用。

2. 宁芜、溧水火山岩盆地铁铜多金属成矿特征的对比研究

宁芜和溧水两个中生代火山岩盆地彼此相邻,但成矿规模却大相径庭。针对两区铁铜多金属矿成矿特征、成矿作用及成矿机制进行对比研究,总结成矿规律并进行找矿预测。

3. 宁镇中段斑岩型铜钼矿成矿规律研究及找矿预测

总结区内斑岩型铜钼矿成矿特征和成矿要素,开展燕山期中酸性岩体成矿专属性研究、岩浆热液成矿系统及成矿作用研究,总结成矿规律,建立斑岩型铜钼矿成矿模型并进行找矿预测。

4. 苏鲁超高压变质带原生金刚石成矿特征及找矿预测研究

重点针对郯庐断裂带两侧及苏鲁超高压变质带内金伯利岩、钾镁煌斑岩、柯石英榴辉岩等超基性—基性岩体成岩成矿特征、岩体中原生金刚石含矿性及空间分布特征等进行研究,提出找矿预测靶区。

5. 苏鲁超高压变质带中生代中酸性岩体成矿作用及成矿机理研究

针对桃林岩体等中生代中酸性岩体的岩石化学特征、成矿专属性、岩浆热液成矿系统等进行专题研究,研究其金属矿的成矿作用及成矿机理,并通过与邻省区同一成矿区(带)的成矿特征对比研究,建立本区找矿勘查模型并进行找矿预测。

6. 覆盖区勘查技术应用研究

重点围绕句容盆地、南通-泰州沿江地区、泗洪-沭阳3个地区开展厚覆盖区勘查技术应用研究,包括高温超导磁强计-瞬变电磁测量技术、新一代航空物探技术、金属矿二维地震找矿方法技术、深穿透地球化学技术等的应用研究,圈定找矿远景区,择优采用大深度钻探技术与地下物探技术进行验证。针对不同的基底地质背景研究,总结行之有效的覆盖区勘查方法技术组合,并推广应用。

第十章　未来开发工作预测

第一节　矿产资源供需分析

一、铁矿资源供需分析

改革开放以来,特别是进入新世纪以来,中国钢铁工业迅速发展,粗钢产量逐年递增。2001 年,中国粗钢产量达到了 1.51×10^8 t,2008 年更是达到 5.0049×10^8 t,8 年间中国粗钢产量增加了 3.49×10^8 t,增长了 3.31 倍。与此同时,中国粗钢产量占世界的比重也不断提高,2001 年为 17.8%,2008 年提高到了 37.6%,中国是名副其实的第一钢铁大国。近年来,随着我国钢产量的急剧增长,铁矿石的消费量逐年大幅攀升,我国是世界上最大的铁矿石消费国,也是世界上最大的铁矿石进口国。2005 年我国进口铁矿石 2.75×10^8 t,2011 年进口铁矿石 6.86×10^8 t,2011 年铁矿石对外依存度已达到 60% 左右。

而江苏省作为全国经济发达的地区,一直为全国排名前列的产钢大省,其 2011 年粗钢产量为 6838.8×10^4 t,生铁产量为 5303.5×10^4 t,因此对铁矿石的需求很大。而省内铁矿石的资源储量和产量却不容乐观,截至 2009 年底,江苏省保有铁矿资源储量仅为 $35\,570.4\times10^4$ t(不含上海管理的江苏梅山铁矿 $18\,648.8\times10^4$ t 保有资源量),而其中由于矿石类型、矿石品位及城市发展等多种因素的影响,能供开采的不足 1/3,且都为中小型矿山。江苏省 2007—2012 年的铁矿石年产量基本维持在 550×10^4 t 左右,而铁矿石需求量却随着钢铁产量的增加而在不断增加。如以 2009 年为例,其省内全年铁矿石消耗量就达到 7300×10^4 t,对外依存度达到了 92.6%,而到 2012 年,省内铁矿石自给率仅为 5% 左右。因此,随着经济的发展,可以预计江苏省的铁矿石消耗量将长期维持高位,并基本依靠外来供应,供求形势严峻。

二、铜矿资源供需分析

我国铜矿资源潜力巨大。据美国地质调查局(2012)数据,中国以 3000×10^4 t 的储量位居智利、秘鲁、澳大利亚、墨西哥、美国之后,与俄罗斯并列世界第六位。据中国国土资源部资料,截至 2010 年,我国铜查明资源储量 8040×10^4 t,储量降至 1097.2×10^4 t,静态保证年限不足 10 年。同时我国是全球最大的铜消费国,2002 年我国铜消费量为 250×10^4 t,占全球铜消费的 17%,已经取代美国成为全球第一铜消费国。据《中国有色金属工业年鉴》数据,2004 年我国精炼铜表观消费量实际达到 554×10^4 t,而同期精炼铜产量约为 220×10^4 t,缺口达 334×10^4 t。至 2010 年,表观铜消费量已达 792×10^4 t,占全球消费总量的比例继续上升,达到41.32%,同期精炼铜产量仅为457×10^4t,供应缺口已达335×10^4t。近10年来,我国铜产品进口总量大幅增长,2001年所有铜产品进口总量约为730×10^4t,2009年上升为1446×10^4t,较2001年的进口总量翻了1倍。从"六五"至"八五"15年间,我国铜的自给率(包括矿产铜、杂产铜)平均为65%。国内矿产铜的产量只能满足需求量的1/3左右。近10年,虽然我国加大了铜矿产的勘查力度,发现了许多新的铜矿床,铜的查明资源储量有了巨大增长,但新发现铜资源主要集中在西藏、新疆、云南等省(区),大型、超大型铜矿发现多位于青藏高原,资源利用性上受到了很大的限制,无法满足我国经济发展对铜的需求,今后相当长一段时间内仍将大量依靠进口解决铜矿供应不足的问题。

江苏省作为我国东部经济发达省份,同时也是资源消耗大省,对矿产资源需求量大,铁铜铅锌等金属供需矛盾突出,铜的自给率仅为2%,相当数量的铜依靠外省调入、进口和二次资源回收利用,对外依存度高。截至2008年底,全国铜矿查明储量8612.06×10^4t,全省已查明铜金属资源储量为65.49×10^4t,保有资源储量38.9×10^4t,在各省查明储量中排名第22位。2012年江苏省铜矿山仅剩4家,年产矿石量7.98×10^4t。而全省金属铜一年的消耗量约为55×10^4t,现有铜矿资源储量不足江苏省一年的消费量,急需勘探开发新的铜矿产地,以满足经济发展的需要。

三、铅锌矿资源供需分析

中国是全球最大的铅锌生产国和消费国,目前铅锌矿的产量不能满足国内冶炼行业的需要。2000年开始我国已从锌矿原料净出口国变为净进口国。据海关统计,2007—2009年我国锌精矿进口逐年增加,从215×10^4t增加到385×10^4t。这说明我国锌矿对外依赖度越来越高。

对于江苏省而言,则情况更加严峻,截至2009年底,省内铅保有金属量666 510.00t,矿石量2587.144×10^4t;锌保有金属量1 439 732.88t,矿石量3260.59×10^4t,目前铅锌矿生产矿山主要为栖霞山铅锌矿,其采选生产能力为35×10^4t/a。省内铅精矿2005年的产量为1.38×10^4t,2006年为2.51×10^4t,2007年为1.76×10^4t,2008年为1.22×10^4t,2009年为1.06×10^4t;根据矿山采选能力及品位推断,锌精矿年产量也不会超过2×10^4t。远不能满足省内需求,未来数年省内铅锌矿仍将维持对外较高依存度。

四、金矿资源供需分析

我国金矿资源空间分布具有区域集中性,受构造控制明显;成矿时间分布相对集中;矿床规模以中小型为主,矿石品位中等;伴生金占有比重大,矿床类型多;可供露天开采的金矿床数量少,规模小。近年来,在新疆地区、西南"三江"地区、陕甘川三角区发现了一批大型、特大型金矿,2006—2012年我国每年新增金矿资源储量约650t。我国已形成比较完整的黄金工业科研体系,但难处理金矿资源的开发利用技术仍是提高黄金产量的难点。近几年来,国家相继出台了一些促进黄金工业发展的措施。经过多年的努力,我国黄金工业已形成一定的生产规模和一批较稳定的产金基地,新区开发也在加紧进行,现在已具备坚实的发展基础和进一步发展的有利条件。中国黄金协会最新统计数据显示,2012年中国黄金产量已达到403.047t,比上年增加42.090t,增幅11.66%,再创历史新高,连续6年位居世界第一,全国主要的产金省(区)为山东、河南、江西、云南、内蒙古、甘肃等。

江苏省内金矿规模较小,大多是共伴生矿床。由于受探矿权和采矿权的限制,对金矿进一步深入勘探工作有所限制。但是近年在江苏还是发现了一些小型金矿床,如西横山金矿等,在徐州、东海-新沂地区也都有与山东省金矿比较相近的成矿地质条件和矿化线索。江苏为经济大省,工业生产及民间对金的市场需求较大,供需矛盾突出。

五、银矿资源供需分析

长期以来,大量纯度较高的银用于制造银币和装饰品。随着科学技术的发展,银已由传统的货币和首饰工艺品方面的消费,逐渐转移到工业技术的应用与发展领域,它在电子、计算机、通信、军工、航空航天、影视、照相等行业得到了广泛的应用。

江苏省目前没有独立的银矿,银基本都是和铅锌矿共伴生的,以江苏省栖霞山铅锌银矿最具代表性。栖霞山铅锌银矿年产银金属量在35~40t之间,销售收入已超过了铅和锌。目前栖霞山铅锌银矿的回收率在70%左右,随着技术的革新,银的回收率还会增加。目前省内银矿需求量依然很大,其产能不能满足市场需求。

六、钼矿资源供需分析

我国是世界上最大的钼资源国。根据中国有色金属工业协会统计资料,以钼金属量计算,我国的钼储量及基础储量分别为400×10^4t和980×10^4t,略高于矿产资源储量表统计数据。从中国境内的钼资源地理分布来看,河南省拥有钼探明资源储量最多,约占全国钼探明资源储量的34.8%;吉林省位居第二,约占全国探明资源储量的14.1%;陕西省位居第三,约占10.2%。上述3省合计占中国储量的近60%。我国国内对钼的需求量长期稳定于4000~5000t(金属量),合精矿1×10^4t左右的水平。就目前我国的生产能力来看,自给有余,且出口所占的比重较大。

江苏省钼矿规模小,品位低,单独开发经济意义较小,随着主要矿产铜、铁、铅锌等开发可以被综合开发利用。目前省内正在开采以铜钼为主的矿山只有1处,钼矿资源产量不能满足经济发展的需要。

七、磷矿资源供需分析

中国磷矿石的资源储量占世界第三位,但丰而不富,品位30%以上的富矿比例仅为9%。同时中国也是全球最大的磷矿生产国,2009年产量6020×10^4t,2010年产量6800×10^4t,2011年达到8122.4×10^4t,其中80%以上的磷矿石用于生产磷肥,目前基本维持供需平衡,但高品位磷矿石仍需要进口。

江苏省内截至2009年底磷矿石保有资源储量$11\,230.098\times10^4$t,矿石品位集中在12%~20%之间,除去宁芜地区的1077.9×10^4t磷矿因为矿石类型原因暂不可利用外,其余基本分布在连云港-泗洪地区且可利用,但品位较低。据资料,江苏锦屏、大浦和新浦3家矿山企业开采规模总计约为120×10^4t原矿/年,约占江苏磷矿需求量的15%,不能完全满足本省需求,特别是高品位磷矿短缺,目前省内磷肥企业大多为从外省调入。在未来数年中,由于农业生产对磷肥使用需求将呈小幅上升。因此,对磷矿石的需求也将小幅稳定上升。鉴于省内磷矿保有资源储量、资源潜力及矿石品位,高品位的磷矿石将长期短缺,不能满足需求。

八、硫铁矿资源供需分析

江苏省硫铁矿资源主要为中小型矿床,目前全省共有8家矿山占用硫铁矿资源,只有1家矿山(南京云台山硫铁矿)开采单一硫铁矿,其他7家在开采铁、铜、铅锌等主矿的同时开发共伴生硫铁矿,总计从业人员 9209 人,年生产矿石量 550.21×10⁴t,产品主要为硫精矿粉及硫酸,供应全省企业。全省硫铁矿总体矿床规模偏小,矿石品位不高,资源总量不足,加上受环境保护要求的制约,矿山开采率低,自给能力逐年降低,而江苏省化工工业极其发达,对硫等化工矿产资源需求强劲。

九、萤石矿资源供需分析

随着科技和国民经济的不断发展,萤石已成为现代工业中重要的矿物原料,许多发达国家把它作为一种重要的战略物资进行储备。中国萤石资源丰富,分布广泛,矿床类型繁多,资源储量、生产量和出口量均居世界首位。随着国民经济持续稳定的增长与世界经济的快速发展,国内外对各种资源的需求都在大幅上升,各种矿产品价格也随之上扬。伴随着萤石产品应用领域的不断拓展,国内外萤石需求量逐年上升,萤石矿市场不断走俏,价格保持在较高水平。近年来,我国萤石矿价格逐步与国际接轨,萤石精矿价虽有波动,但总体还是趋于稳定当中,并有缓慢提高的趋势。产品供不应求,前景非常可观。

江苏省萤石矿床只有苏州俞石泉萤石矿 1 处,目前并没有开采,省内所需萤石矿资源目前都依靠外省调入。

十、煤炭资源供需分析

江苏省人口众多,经济规模巨大,导致能源需求旺盛。江苏作为能源消费大省,每年全国约 7% 的能源量是被江苏省消耗掉的,其中江苏省的煤炭消费量在全国居第四或第五的位置。特别是从 2000 年开始,受经济快速发展的影响,江苏省能源消费总量增长幅度有所加快,到 2007 年,全省能源消费总量为 12 000 多万吨标准煤。其中原煤消费近 9000×10⁴t 标准煤。当年从外部,包括从国外进口和从外省调入能源 11 000×10⁴t 标准煤,比上年增长 20% 左右。同年,从省内调出近 2000×10⁴t 标准煤,进出相抵,江苏省净进入能源 9000×10⁴t 标准煤。由此可见,江苏省一次能源的自给自足率大约为 25%(李红,2008)。

从市场来看,煤炭需求仍然出现了较为强劲的上升趋势,2000 年时江苏省共消耗 8770×10⁴t,到 2005 年仅规模以上工业企业就消耗 16 490.6×10⁴t。从煤炭消费需求的行业分布结构来看,电力、建材、冶金和化工 4 行业煤炭消费量占全省煤炭消费总量的 80% 左右,其中江苏省电力装机主要为燃煤机组,90% 以上的燃料来自于煤炭(许瑞林等,2004)。

预测结果表明,全省煤炭需求"十二五"期间仍将较快增长,年平均增长率达 5.65%。根据预测,2020 年全省煤炭需求量为 30 412×10⁴t,2030 年为 52 685×10⁴t,2050 年达 158 117×10⁴t。但全省生产矿井和已关闭矿井占有储量 238 482×10⁴t,未利用储量只有 119 636×10⁴t,部分矿井已处于衰老阶段,今后煤炭年产量仅能维持 2500×10⁴t 左右。这样在煤炭需求不断上升的情况下,而自身产量保持稳定甚至下降,煤炭自给率必然会逐年下降。预计剩余可采储量按当前开采能力储采比为 100 左右。所以,绝大部分依靠区外资源,且需求总量大,自然供需矛盾会继续存在,甚至出现短期尖锐化。

第二节 矿产资源开发现状及未来开发预测

根据本次江苏省及上海市资源潜力评价对铁、铜、铅、锌、金、银、钼、磷、硫铁矿和萤石矿 10 个矿种(组)的研究成果及省内经济发展的需求,在分析各矿种组现有开发现状的基础上,系统规划了各矿种

(组)的开发基地(未来重点开发区),评价其潜在的产能效益和蕴藏的经济价值,具体分析了各矿种的未来可能开发基地、可利用资源量、潜在经济价值、产能规模及新增就业人数等指标,并就未来的开发情况作了简单预测。

其中各开发基地(未来重点开发区)潜在经济价值估算公式为:

$$V_q = Q \times P_1 \times P_2 \times P_3$$

其中:V_q 为潜在经济价值;Q 为预测可利用资源量[((预测资源总量—累计查明资源量)+累计保有资源量)×70%];P_1 为资源可靠程度(取 20%);P_2 为可采系数(铁、磷矿取 75%,铜、铅锌、金、银、钼、硫铁矿及萤石矿取 80%);P_3 为矿产品价格[铁矿石取 800 元/吨,铜取 6.9 万元/t,铅取 1.7 万元/t,锌取 1.8 万元/t,金取 28.5 万元/kg,银取 500 万元/t,品位 50%钼精矿 30 万元/t,磷矿石取 150 元/t,硫铁矿矿石取 120 元/t,萤石精矿(品位 97%)取 2000 元/t]。

一、铁矿资源开发现状及未来情况预测

铁矿资源属于江苏省的重要紧缺矿种,目前铁矿石年产量仅为 550×10^4 t 左右,开采矿山主要有梅山、韦岗、冶山、利国等几处大中型铁矿,主要集中在宁芜、宁镇、六合、徐州利国地区,全省铁矿石对外依存度达到 95%。为合理部署今后的勘查开发工作,尽快提高铁矿资源对该省经济发展的保障程度,在综合分析全省铁矿预测区成矿地质条件、勘查开发程度、预测资源量的基础上,优先选择本次预测资源量在千万吨以上且具备一定开采条件的丰沛、徐州利国、宁芜、宁镇、溧水以及六合冶山 6 个预测工作区作为全省 2013—2020 年铁矿资源勘查开发的重点地区和未来开发建设基地。

经测算,重点勘查开发区内预测可利用铁矿资源量为 $97\,650 \times 10^4$ t,潜在经济价值约 468.7 亿元。预计可新增铁矿产地 11 处,预计新增产能规模 650×10^4 t/a,可新增就业岗位 3200 个(表 10-1)。

表 10-1　江苏省及上海市铁矿未来预测开发基地预测产能概况一览表

预测开发基地	矿种	预测资源总量(矿石,$\times 10^4$t)	累计查明资源量(矿石,$\times 10^4$t)	累计保有资源量(矿石,$\times 10^4$t)	*预测可利用资源量(矿石,$\times 10^4$t)	潜在经济价值(万元)	预计新增矿产地(处)	预计新增产能规模(矿石,$\times 10^4$t/a)	新增就业人数(人)
丰沛地区	铁矿	5214.27	1589.37	1589.37	3649.99	175 199.47	2	60	500
徐州利国地区	铁矿	11 883.64	4680.40	2134.90	6536.70	313 761.50	1	80	300
六合冶山地区	铁矿	6298.18	2642.94	420.13	2852.76	136 932.43	1	50	300
宁镇中段地区	铁矿	18 844.32	1963.15	783.64	12 365.37	593 537.63	2	100	600
宁芜北段地区	铁矿	125 343.54	71 968.18	44 444.74	68 474.07	3 286 755.40	3	300	1000
溧水东岗地区	铁矿	5387.60	1521.27	1521.27	3771.32	181 023.36	2	60	500
合计		172 971.55	84 365.31	50 894.05	97 650.20	4 687 209.70	11	650	3200

*注:预测可利用资源量=[(预测资源总量—累计查明资源量)+累计保有资源量]×70%。

在列入本次重点勘查开发的 6 个预测区中,徐州利国、六合冶山、宁芜、宁镇目前都有正在开采的大、中型矿山,在近几年开展的危机矿山接替资源勘查项目工作中,多个矿山在其深部及外围均取得了不同程度的找矿突破,同时,近年来同在长江中下游成矿带的安徽庐枞地区发现了泥河、罗河等大型陆相火山岩型铁矿。由此说明,通过科学、合理的规划和部署,江苏省有望新增一批大、中型规模的铁矿资源基地,并扩大一些原有老矿山的资源规模,有效延长矿山服务年限,为江苏省矿业经济可持续发展提供资源保障。

二、铜矿资源开发现状及未来情况预测

江苏省已知铜矿产地主要分布于苏南地区的宁芜、溧水、宁镇以及溧阳等地区,截至2008年底,列入《江苏省矿产资源储量表》以铜矿作为主要矿产的小型以上矿产地共13处,矿产地规模以中、小型为主。这些矿床半数以上已得到开发利用,目前仍在开采的铜矿床有4处。

铜铅锌为国家经济建设重要矿产资源,铜矿资源尤为紧缺。为合理部署今后的勘查开发工作,尽快提高铜矿产资源对江苏省经济发展的保障程度,在综合分析全省铜矿各预测区成矿地质条件、勘查开发程度、预测资源量的基础上,优先选择本次预测资源量较大且外部条件较好的宁芜、溧水、宁镇预测工作区作为全省2013—2020年铜矿产资源勘查开发的重点地区和未来开发建设基地。

根据统计计算,宁芜地区铜矿预测可利用资源潜在经济价值在12亿元以上,溧水地区铜矿预测可利用资源潜在经济价值8亿元以上,宁镇地区铜矿预测可利用资源潜在经济价值达91亿元。3区彼此相邻,交通、水、电等外部开发条件好,劳动力充足。未来勘查及开发若能实现预期,预计可新增铜矿产地6处,新增产能铜矿石150×10^4 t/a,增加就业人员1200人。

未来铜矿预测开发基地及开发效益评估见表10-2。

表10-2 江苏省铜矿未来预测开发基地预测产能概况一览表

预测开发基地	矿种	预测资源总量(铜,t)	累计查明资源量(铜,t)	累计保有资源量(铜,t)	*预测可利用资源量(铜,t)	潜在经济价值(亿元)	预计新增矿产地(处)	预计新增产能规模(矿石$\times 10^4$ t/a)	新增就业人数(人)
宁芜地区	铜	190 762.62	80 101.00	55 234	116 126.93	12.82	2	50	400
溧水地区	铜	116 764.91	22 241.88	17 849	78 660.42	8.68	2	50	400
宁镇地区	铜	1 296 488.70	417 560.10	300 616	825 681.22	91.16	2	50	400
合计	铜	1 604 016.00	519 903.00	373 699	1 020 469.00	112.66	6	150	1200

*注:预测可利用资源量=[(预测资源总量-累计查明资源量)+累计保有资源量]×70%。

三、铅锌矿资源开发现状及未来情况预测

江苏省已知铅锌矿产地主要分布于宁镇、苏州地区。截至2008年底,列入《江苏省矿产资源储量表》以铅锌为主要矿产的小型以上矿产地8处,矿产地规模以大、中、小型为主。这些矿床半数以上已得到开发利用。目前在开采的铅锌矿床主要为栖霞山大型铅锌银矿,其铅锌采选生产能力为35×10^4 t/a。铅精矿及锌精矿年产量都不超过2×10^4 t,远不能满足需求,对外依存度较高。2013年8月,栖霞山大型铅锌矿深部和外围找矿取得突破,在已知矿山深部和外围累计新增铅锌矿石量420×10^4 t,平均品位接近19%,铅锌金属量约76×10^4 t,但不会从根本上改变江苏省铅锌矿资源量不足的问题。

为合理部署今后的勘查开发工作,尽快提高铅锌矿产资源对江苏省经济发展的保障程度,在综合分析全省铅锌矿各预测区成矿地质条件、勘查开发程度、预测资源量的基础上,优先选择本次预测资源量

较大且外部条件较好的宁镇预测工作区作为全省2013—2020年铅锌矿产资源勘查开发的重点地区和未来开发建设基地。

依据公式统计测算:宁镇地区铅锌矿预测可利用资源潜在经济价值总量达64.7亿元,区内交通、水、电等外部开发条件好,劳动力充足。未来勘查及开发若能实现预期,预计可新增铅锌矿产地2处;新增产能铅锌矿石40×10^4 t/a;增加就业人员400人。

未来铅锌矿预测开发基地及开发效益评估见表10-3。

表10-3 江苏省铅锌矿未来预测开发基地预测产能概况一览表

预测开发基地	矿种	预测资源总量（铅锌,t）	累计查明资源量（铅锌,t）	累计保有资源量（铅锌,t）	*预测可利用资源量（铅锌,t）	潜在经济价值（亿元）	预计新增矿产地（处）	预计新增产能规模（矿石,$\times10^4$ t/a）	新增就业人数（人）
宁镇地区	铅	1 352 720.90	690 493.68	437 479	769 794.354	20.94	2	40	400
	锌	2 653 491.39	1 349 250.32	863 667	1 517 535.649	43.71			

*注:预测可利用资源量＝[(预测资源总量—累计查明资源量)＋累计保有资源量]×70%。

四、金矿资源开发现状及未来情况预测

江苏省金矿资源相对较少,独立金矿床少,大多与铜铅锌矿床共伴生。所以金矿的勘探工作可以与其他多金属勘探工作一起进行。本区已发现金矿床(点)25个,其中小型矿床7个,矿点、矿化点18个。截至2008年底,全省已查明金矿资源储量(含伴生)为32 722.72 kg,保有资源储量为26 495 kg。目前正在开采的金矿企业只有1家,年产矿石量3×10^4 t左右。

在综合分析全省金矿各预测区成矿地质条件、勘查开发程度、预测资源量的基础上,优先选择本次预测资源量较大且外部条件较好的宁芜、溧水、宁镇预测工作区作为全省2013—2020年金矿产资源勘查开发的重点地区和未来开发建设基地。

依据公式统计测算:宁芜地区金矿预测可利用资源潜在经济价值在8亿元以上,宁镇地区金矿预测可利用资源潜在经济价值总量达16亿元以上,溧水地区金预测可利用资源潜在经济价值在4亿元以上。3区彼此相邻,交通、水、电等外部开发条件好,劳动力充足。未来勘查及开发若能实现预期,预计可新增金矿产地8处;新增产能金矿石11×10^4 t/a;增加就业人员450人。

未来金矿预测开发基地及开发效益评估见表10-4。

表10-4 江苏省金矿未来预测开发基地预测产能概况一览表

预测开发基地	矿种	预测资源总量（金,kg）	累计查明资源量（金,kg）	累计保有资源量（金,kg）	*预测可利用资源量（金,kg）	潜在经济价值（亿元）	预计新增矿产地（处）	预计新增产能规模（矿石,$\times10^4$ t/a）	新增就业人数（人）
宁芜地区	金	29 693.12	2984.99	411.14	18 983.49	8.66	2	3	100
溧水地区	金	14 108.96	3048.10	2881.80	9759.86	4.45	3	3	150
宁镇地区	金	53 994.93	24 822.13	21 704.30	35 613.97	16.24	3	5	150
合计	金	97 797.01	30 855.22	24 997.24	64 357.32	29.35	8	11	400

*注:预测可利用资源量＝[(预测资源总量—累计查明资源量)＋累计保有资源量]×70%。

五、银矿资源开发现状及未来情况预测

江苏省内目前没有发现独立银矿,基本都为与铅锌矿共伴生,已发现共伴生银矿床(点)11 个,其中中型 3 个,小型 7 个,矿(化)点 1 个。截至 2010 年底,全省已查明银矿为 2151.51t,保有资源储量约 1549.51t。省内目前正在开采铅锌银矿的矿山主要为栖霞山铅锌银矿。

在综合分析全省各预测区成矿地质条件、勘查开发程度、预测资源量的基础上,结合江苏省"十二五"矿产勘查开发规划,优先选择本次预测资源量较大且外部条件较好的宁镇预测工作区作为全省 2013—2020 年银矿产资源勘查开发的重点地区和未来开发建设基地。

宁镇地区已知伴生银矿产累计查明资源量 1712.46t,保有资源量为 1391.46t,本次预测资源总量为 3514.63t。依据公式统计测算,宁镇地区银矿预测可利用资源潜在经济价值达 17.88 亿元。区内交通、水、电等外部开发条件好,矿业较为发达,劳动力充足。未来勘查及开发若能实现预期,预计可新增矿产地 3 处;新增产能矿石量 60×10^4 t/a;增加就业人员 400 人。

未来银矿预测开发基地及开发效益评估见表 10-5。

表 10-5 江苏省银矿未来预测开发基地预测产能概况一览表

预测开发基地	矿种	预测资源总量(银,t)	累计查明资源量(银,t)	累计保有资源量(银,t)	*预测可利用资源量(银,t)	潜在经济价值(亿元)	预计新增矿产地(处)	预计新增产能规模(矿石,$\times10^4$t/a)	新增就业人数(人)
宁镇地区	银	3514.63	1712.46	1391.46	2235.54	17.88	3	60	400

*注:预测可利用资源量=[(预测资源总量—累计查明资源量)+累计保有资源量]×70%。

六、钼矿资源开发现状及未来情况预测

江苏已发现钼矿床(点)11 处,其中中型 1 处,小型 5 处,矿(化)点 5 处,截至 2010 年底,全省已查明钼矿资源量(金属量,含伴生)约 3.88×10^4 t,保有资源储量约 3.42×10^4 t。省内目前正在开采以铜钼为主的矿山只有 1 处。

在综合分析全省各预测区成矿地质条件、勘查开发程度、预测资源量的基础上,优先选择本次预测资源量较大且外部条件较好的宁镇预测工作区作为本省 2013—2020 年钼矿产资源勘查开发的重点地区和未来开发建设基地。

根据公式统计计算,宁镇地区钼矿预测可利用资源量约 7.336×10^4 t,潜在经济价值约 70.43 亿元。区内交通、水、电等外部开发条件好,矿业较为发达,劳动力充足。未来勘查及开发若能实现预期,预计可新增矿产地 4 处;新增产能矿石量 40×10^4 t/a;增加就业人员 400 人。

未来钼矿预测开发基地及开发效益评估见表 10-6。

表 10-6 江苏省钼矿未来预测开发基地预测产能概况一览表

预测开发基地	矿种	预测资源总量(钼,$\times10^4$t)	累计查明资源量(钼,$\times10^4$t)	累计保有资源量(钼,$\times10^4$t)	*预测可利用资源量(钼,$\times10^4$t)	潜在经济价值(亿元)	预计新增矿产地(处)	预计新增产能规模(矿石,$\times10^4$t/a)	新增就业人数(人)
宁镇地区	钼	10.94	3.88	3.42	7.336	70.43	4	40	400

*注:预测可利用资源量=[(预测资源总量—累计查明资源量)+累计保有资源量]×70%。

七、磷矿资源开发现状及未来情况预测

江苏省内目前开发的磷矿主要为锦屏磷矿、新浦磷矿、大浦磷矿等,集中分布在连云港-泗洪地区,规模为中小型,矿石品位较低,基本都在12%~20%之间。据资料,江苏锦屏、大浦和新浦3家矿山企业开采原矿规模总计约为120×10^4 t/a,约占江苏磷矿需求量的15%,不能完全满足全省需求,特别是高品位磷矿短缺,目前省内磷肥企业大多需从外省调入。在未来数年中,由于农业生产对磷肥使用需求将呈小幅上升,因此,对磷矿石的需求也将小幅稳定上升。鉴于省内磷矿保有资源储量、资源潜力及矿石品位,高品位的磷矿石将长期短缺,不能满足需求。

为合理部署今后的勘查开发工作,尽快提高磷矿资源对江苏省经济发展的保障程度,在综合分析全省磷矿各预测区成矿地质条件、勘查开发程度、预测资源量的基础上,优先选择本次预测资源量较大且外部条件较好的连云港-泗洪海州式沉积变质型磷矿预测工作区作为全省2013—2020年磷矿资源勘查开发的重点地区和未来开发建设基地。

依据公式统计测算:连云港-泗洪海州式沉积型磷矿预测工作区内预测资源潜在经济价值约37亿元。预计可新增磷矿产地5处,新增原矿产能规模200×10^4 t/a,可新增就业岗位800个。今后勘查若能达到预期,未来开发基地形成后,产能可提高到320×10^4 t 原矿/年左右,将大大缓解省内磷矿资源供求矛盾。未来磷矿预测开发基地及开发效益评估见表10-7。

表10-7 江苏省磷矿未来预测开发基地预测产能概况一览表

预测开发基地	矿种	预测资源总量(矿石,$\times10^8$ t)	累计查明资源量(矿石,$\times10^8$ t)	累计保有资源量(矿石,$\times10^8$ t)	*预测可利用资源量(矿石,$\times10^8$ t)	潜在经济价值(亿元)	预计新增矿产地(处)	预计新增产能规模(矿石,$\times10^4$ t/a)	新增就业人数(人)
连云港-泗洪地区	磷	4	1.08	1	2.74	37	5	200	800

*注:预测可利用资源量=[(预测资源总量—累计查明资源量)+累计保有资源量]×70%。

八、硫铁矿资源开发现状及未来情况预测

江苏省已知硫铁矿床(点)计有23个(包括共伴生),其中中型7个,小型10个,主要分布于宁芜、宁镇及苏州西部地区。截至2010年底,全省已查明硫铁矿石资源量(含共生)8154.35×10^4 t,保有资源储量6306.58×10^4 t,列入《江苏省矿产资源储量表》的独立及共生硫铁矿床半数以上已得到开发利用。由于矿山资源枯竭或城市建设压矿等原因,省内硫铁矿山多数已停采或关闭,目前仍在开采的独立硫铁矿床只有1处,作为共伴生资源综合利用正在开采的金属矿山有5处。

江苏省化工工业较为发达,对硫铁矿资源的需求量较大。为进一步提高硫铁矿资源对江苏省经济发展的保障程度,在综合分析全省各预测区成矿地质条件、勘查开发程度、预测资源量的基础上,优先选择本次预测资源量较大且外部条件较好的宁芜、宁镇预测工作区作为全省2013—2020年硫铁矿矿产资源勘查开发的重点地区和未来开发建设基地。

根据公式统计计算,宁芜地区硫铁矿预测可利用资源量7598.61×10^4 t,潜在经济价值总量14.59亿元;宁镇地区硫铁矿预测可利用资源量7480.51×10^4 t,潜在经济价值总量14.36亿元。两区彼此相邻,交通、水、电等外部开发条件好,矿业较为发达,劳动力充足。未来勘查及开发若能实现预期,预计可新增矿产地6~8处,新增产能硫铁矿石80×10^4 t/a,增加就业人员800人。未来硫铁矿预测开发基地

及开发效益评估见表10-8。

表10-8 江苏省硫铁矿未来预测开发基地预测产能概况一览表

预测开发基地	矿种	预测资源总量(矿石,$\times 10^4$t)	累计查明资源量(矿石,$\times 10^4$t)	累计保有资源量(矿石,$\times 10^4$t)	*预测可利用资源量(矿石,$\times 10^4$t)	潜在经济价值(亿元)	预计新增矿产地(处)	预计新增产能规模(矿石,$\times 10^4$t/a)	新增就业人数(人)
宁芜地区	硫铁矿	11 585.52	2767.52	2037.16	7598.61	14.59	4～6	60	600
宁镇地区	硫铁矿	11 604.05	4519.40	3601.79	7480.51	14.36	2	20	200
合计	硫铁矿	23 189.58	7286.92	5638.94	15 079.12	28.95	6—8	80	800

*注:预测可利用资源量=[(预测资源总量—累计查明资源量)+累计保有资源量]×70%。

九、萤石矿资源开发现状及未来情况预测

江苏省已发现萤石矿床(点)共7个,其中中型矿床1个,其余均为矿(化)点。矿床成因类型均属中低温热液型。截至2010年,列入《江苏省矿产资源储量统计表》的萤石矿产地仅有苏州俞石泉1处,已查明萤石矿资源量(CaF_2)34.5×10^4t,目前尚未开发。

苏州西部预测工作区中酸性岩体内及岩体周围铁矿和多金属矿床中萤石矿化普遍,本次预测评价共圈定最小预测区6个,预测2000m以浅萤石矿潜在资源量(CaF_2)为129.629×10^4t。由于苏州地区已规划建设为国家高新技术园区,以往设立的探矿权、采矿权正逐步取消,不再设立新的矿业权。因此,此处萤石矿资源不能进行勘查开发,预计今后江苏省对萤石矿的需求,将一如既往地依靠外部调入。

十、煤炭资源开发现状和未来情况预测

截至2009年底,江苏省保有探明煤炭资源量$360\ 272\times 10^4$t,其中,已利用资源量$238\ 701\times 10^4$t,尚未利用资源量$121\ 571\times 10^4$t;预测资源量达$535\ 265\times 10^4$t。

在探明保有资源中,目前正在生产以及在建的矿井只有23处,可利用资源量仅有$210\ 443\times 10^4$t,可采的储量仅为$64\ 689\times 10^4$t。近年来,全省年生产能力基本保持在2500×10^4t左右,以此估算,目前生产矿井的可采储量的开采工作也只能维持25年左右。此外,在开采过程中可能会有部分资源损耗,所以实际能采到的资源量更少。因此,全省进一步的煤炭勘查开发工作迫在眉睫。

自改革开放以来,江苏经济快速发展,与此相适应,能源的消耗也在急剧增长,煤炭的消费量也随之增长迅猛。目前江苏省近80%的能源及能源产品需要从外省调入或从国外进口。从发展趋势上来看,江苏省能源对外依存度还会逐步地加深。总的来看,江苏属缺煤省区之一,煤炭供需矛盾大。以往勘探程度高,煤炭开发程度亦高,已经探明的工业储量远远不能满足建井的需求。从本次预测成果分析,徐沛区预测总量相对较大,优等资源相对较多,具有一定开发前景。苏南区预测面积虽然很大,但预测储量有限,只占预测总量的28%,且分布零散,平均每平方千米仅含煤177×10^4t,含煤性差;而且预测资源量的52%集中分布在1000～1500m深度,上覆100～300m松散层,不适于小型煤矿开采。目前,苏南的所有矿井已先后关闭或停采。呈现这种状况的原因正如前述,主要是苏南地区的煤层薄且不稳定、单位面积储量少,构造条件复杂,覆盖的松散层较厚,建井开采的经济效益差,有的还涉及到水下采煤及环保问题等。实践证明,目前开采苏南煤炭资源的路子不可取。

第十一章 数据库建设

第一节 基础数据库维护

一、地质图空间数据库

地质图空间数据库的维护主要是对江苏省14幅1:20万地质图空间数据库进行了全面的更新和维护,补充了图外柱状图和剖面图,并对其中8个套改图幅重新进行了"原汁原味"建库,所有图幅都已替换为矿产资源潜力评价统一系统库。于2011年5月通过了全国矿产资源潜力评价综合信息集成项目组的验收。

二、矿产地数据库

在江苏省及上海市矿产资源潜力评价项目开展期间,新增矿产地为562处。目前江苏省矿产数据库中共有矿产地1253处。每次提交的成果数据,均通过中国地质调查局组织的评审验收,为江苏省矿产资源潜力评价,提供了较为丰富详细的地质矿产信息。

三、地质工作程度数据库

在江苏省及上海市矿产资源潜力评价项目开展期间,新增区域性基础地质属性2068条记录,矿区工作情况1322条记录,矿产地图层属性205条记录。目前江苏省地质工作程度数据库中共有区域性基础地质属性3869条记录,矿区工作情况3211条记录,矿产地图层属性643条记录。

四、航磁数据库

根据矿产资源潜力评价磁测资料应用技术要求,对总项目提供的航磁工区数据、收集的航磁、地磁资料,进行必要的数据处理后,形成磁测基础数据文件。

(1)对中国地质调查局下发的13个航磁工作区1:5万~1:100万剖面数据(包括了19个剖面数

据文件)和省级1∶20万航磁网格数据,均按照规定格式形成磁测基础数据文件,进入由中国地质调查局发展研究中心研发的RGIS3.0系统,形成以*.mdb为格式文件的数据库。

(2)将收集的1979年连云港-泗洪地区(26 824.5km^2)及1978年扬州-南通地区(10 450.34km^2)冶金1∶5万航磁ΔT平面等值线纸质资料进行数字化,形成网格数据文件,提交RGIS软件要求的网格数据文件。

(3)将收集的11份比例尺1∶1万~1∶2.5万地面磁测ΔZ平面等值线纸质报告资料,面积合计约3500km^2,通过MapGIS矢量化、挂接属性、坐标校正后进行数字化转换,得到经向坐标、纬向坐标、地磁异常(ΔZ)三列数据,形成文本文件。

数据质量符合矿产资源潜力评价相关技术规范、数据模型的要求。

五、区域重力数据库

根据矿产资源潜力评价重力资料应用技术要求,对总项目提供的江苏省1∶20万、1∶100万和上海市1∶20万、1∶100万4个重力成果数据文件按照重力数据入库要求装入由中国地质调查局发展研究中心研发的RGIS3.0系统,形成以*.mdb为格式文件的数据库;其中,江苏省1∶20万、1∶100万重力数据分别有21 413条和1199条记录,上海市1∶20万、1∶100万重力数据分别有1446条和71条记录,上述数据已经按《区域重力调查规范》(DZ/T 0082—93)要求进行了五统一。

矿产资源潜力评价项目实施过程中,收集了《江苏省宁镇地区1∶5万重力测量工作成果报告》《江苏省六合县—安徽省天长县重力普查工作成果报告》《江苏省苏州西部地区1∶5万重力测量工作报告》《江苏省溧水地区1∶5万重力测量工作报告》《江苏省南京南部地区物化探普查工作报告》《丰沛地区物探工作成果报告》,对收集到的纸质重力异常图在MapGIS平台上进行了数字化并入库,数据项内容包括经向坐标、纬向坐标和布格重力异常值3项。

数据质量符合矿产资源潜力评价相关技术规范、数据模型的要求。

六、区域化探数据库

江苏省原有的化探数据库为1∶20万化探数据库(Access格式),资料截止日期1989年,数据表中有2428个样品分析数据。

本次地球化学数据库的维护中收集了49幅江苏省1∶5万地球化学测量工作中的野外记录本、组合样品对照表、样品送样单、采样实际材料图、元素分析报告等原始资料。数据录入检查修改后将测区的样品按1∶5万图幅分开形成独立的文件,并导入Access中形成提交数据。样品数量32 660个,分析样品数据624 778个。这些数据已在江苏省矿产资源潜力评价项目的化探专题中得到应用。

七、自然重砂数据库

按照《自然重砂数据库建设工作指南》及全国重要矿产资源潜力预测评价项目《数据库维护工作技术要求》,对江苏省已经完成的9个标准图幅的1∶20万自然重砂数据库进行全面的数据核查和维护。在此基础上,并补充了宁镇、宁芜、溧水、宜溧、徐州、东海6个地区,共33个1∶5万标准图幅自然重砂数据采样点的数据进行入库,新入库数据严格按《1∶20万自然重砂数据库建设工作指南》进行。

通过自然重砂数据库维护工作与基础地质研究组、区域成矿规律研究组、矿产预测组紧密协调,为推断解释自然重砂矿物来源、矿床可能产出范围、圈定预测区范围、估算矿床数、划分预测区级别、预测区资源量级别提供信息。

八、遥感影像数据库

江苏省遥感影像数据库是采用项目办统一分发的数据。本次根据专题编图需要,购买了54景ASTER数据,按照遥感专题技术指南要求,编制了遥感专题图件。

第二节 成果数据库建设

江苏省及上海市矿产资源潜力评价涉及铁、铜、铅锌、金、磷、硫、钼、银、萤石矿9个矿种(组),涉及到东海-新沂、丰沛、徐州-利国、六合、溧水、南通、宁芜、宁镇、苏州西部、盱眙、宜溧、连云港-泗洪、上海金山共13个预测工作区(表11-1)。煤炭资源潜力评价成果数据库由煤炭专题组负责建设与维护。

表11-1 江苏省及上海市矿产资源潜力评价预测工作区情况表

矿种	预测工作区	比例尺
铁矿	江苏省东海-新沂预测工作区	1∶25万
	江苏省丰沛预测工作区	1∶5万
	江苏省徐州利国预测工作区	1∶5万
	江苏省六合预测工作区	1∶5万
	江苏省南通预测工作区	1∶5万
	江苏省宁芜预测工作区	1∶5万
	江苏省宁镇预测工作区	1∶5万
	江苏省苏州西部预测工作区	1∶5万
	江苏省盱眙预测工作区	1∶5万
	江苏省溧水预测工作区	1∶5万
	江苏省宜溧预测工作区	1∶5万
铜矿	江苏省溧水预测工作区	1∶5万
	江苏省宁芜预测工作区	1∶5万
	江苏省宁镇预测工作区	1∶5万
	江苏省宜溧预测工作区	1∶5万
	上海金山预测工作区	1∶10万
铅锌矿	江苏省溧水预测工作区	1∶5万
	江苏省宁镇预测工作区	1∶5万
	江苏省苏州西部预测工作区	1∶5万
	江苏省宜溧预测工作区	1∶5万
金矿	江苏省东海-新沂预测工作区	1∶10万
	江苏省溧水预测工作区	1∶5万
	江苏省宁镇预测工作区	1∶5万
	江苏省徐州利国预测工作区	1∶5万
	江苏省宜溧预测工作区	1∶5万
磷矿	江苏省宁芜预测工作区	1∶5万
	江苏省连云港-泗洪预测工作区	1∶25万

续表 11-1

矿种	预测工作区	比例尺
硫铁矿	江苏省溧水预测工作区	1∶5万
	江苏省宁芜预测工作区	1∶5万
	江苏省宁镇预测工作区	1∶5万
	江苏省苏州西部预测工作区	1∶5万
钼矿	江苏省宁镇预测工作区	1∶5万
	江苏省盱眙预测工作区	1∶5万
银矿	江苏省宁镇预测工作区	1∶5万
	江苏省苏州西部预测工作区	1∶5万
萤石矿	江苏省苏州西部预测工作区	1∶5万

各预测工作区图幅均采用1954年北京坐标系，高斯-克吕格投影方式，6度分带，比例变形因子1.00，投影原点纬度00°00′00″，假东偏移500 000m，假北偏移0.00m。其中东海-新沂预测工作区成图比例尺包括1∶25万（铁矿预测底图）和1∶10万（金矿预测底图），连云港-泗洪预测工作区成图比例尺为1∶25万，上海金山预测工作区成图比例尺为1∶10万，其余各预测工作区成图比例尺均为1∶5万。东海-新沂、丰沛、徐州利国、六合、溧水、南通、宁芜、宁镇、盱眙、宜溧、连云港-泗洪11个预测工作区投影原点经度为117°00′00″，苏州西部和上海金山2个预测工作区投影原点经度为123°00′00″。

省级成果图数据库比例尺为1∶50万，1954年北京坐标系，高斯-克吕格投影类型，投影原点经度为119°00′00″。

一、成矿地质背景专题图数据库

地质背景研究专题图数据库包括省级基础图件和预测工作区底图数据库，省级基础图件包括分幅1∶25万实际材料图、1∶25万建造构造图和省级大地构造相图；预测工作区底图包括火山岩性岩相构造图、预测工作区侵入岩浆构造图、预测工作区建造构造图。各类图件专业属性图层按照《全国矿产资源潜力评价数据库模型——成矿地质背景分册》中的规定进行属性内容填写。

1. 1∶25万实际材料图数据库

1∶25万实际材料图数据库是在MapGIS6.7平台上，依据《全国矿产资源潜力评价数据库模型——成矿地质背景分册》给各图层建立属性结构并赋属性，然后利用GeoMAG软件进行规范，形成1∶25万实际材料图数据库成果。

各图幅均采用1954年北京坐标系，高斯-克吕格投影方式，6度分带，比例变形因子1.00，投影原点纬度00°00′00″，假东偏移500 000m，假北偏移0.00m，成图比例尺1∶25万；徐州市幅、连云港市幅、南京市幅、常州市幅投影原点经度为117°00′00″，上海市幅投影原点经度为123°00′00″。

属性图层包括岩性、地质界线、断裂、韧性剪切带、褶皱、蚀变带、化石采样点、同位素年龄、岩石化学样品采样点、地球化学样品采样点、同位素样品采样点、地质点、地质剖面、钻孔、产状要素。

2. 1∶25万建造构造图数据库

1∶25万建造构造图数据库是在MapGIS6.7平台上，依据《全国矿产资源潜力评价数据库模型——成矿地质背景分册》给各图层建立属性结构并赋属性，然后利用GeoMAG软件进行规范，形成1∶25万建造构造图数据库成果。

各图幅均采用1954年北京坐标系，高斯-克吕格投影方式，6度分带，比例变形因子1.00，投影原点纬度 00°00′00″,假东偏移 500 000m,假北偏移 0.00m,成图比例尺 1∶25 万;徐州市幅、连云港市幅、淮安市幅、南京市幅、常州市幅投影原点经度为 117°00′00″,滨海农场幅、盐城幅、南通市幅、吕四镇幅、上海市幅、川沙县幅投影原点经度为 123°00′00″。

属性图层包括沉积岩建造、火山岩性岩相、火山构造、侵入岩、构造岩浆带、变质岩建造、大型变形构造、地质界线、断裂、韧性剪切带、褶皱、同位素年龄、产状要素。

3. 预测工作区地质构造专题图数据库

预测工作区地质构造专题图数据库是在 MapGIS6.7 平台上,依据《全国矿产资源潜力评价数据库模型——成矿地质背景分册》给各图层建立属性结构并赋属性,然后利用 GeoMAG 软件进行规范,形成预测工作区地质构造专题图数据库成果。根据各预测工作区地质基础及成矿条件,各矿种预测工作区涉及的图件类型包括建造构造图、侵入岩浆构造图、火山岩性岩相构造图、变质建造构造图。

建造构造图属性图层包括变质岩建造、沉积岩建造、侵入岩、火山岩性岩相、地质界线、断裂、韧性剪切带、褶皱、蚀变带、产状要素、同位素年龄、岩石化学样品采样点、地球化学样品采样点,以及依据工作技术要求引用的物化遥专题相关内容。各图层属性数据项按照《全国矿产资源潜力评价数据模型——成矿地质背景分册》中对应的数据表执行。

变质建造构造图属性图层主要包括变质岩建造、沉积岩建造、侵入岩、火山岩性岩相、地质界线、断裂、韧性剪切带、褶皱、蚀变带、产状要素、同位素年龄、岩石化学样品采样点、地球化学样品采样点、同位素样品采样点、各类标注,以及依据工作技术要求引用的物化遥专题相关内容。

侵入岩浆构造图属性图层主要包括侵入岩、构造岩浆带、沉积岩建造、火山岩性岩相、变质岩建造、地质界线、断裂、韧性剪切带、褶皱、蚀变带、产状要素、同位素年龄、岩石化学样品采样点、地球化学样品采样点、同位素样品采样点、各类标注,以及依据工作技术要求引用的物化遥专题相关内容。

火山岩性岩相构造图属性图层包括火山岩性岩相、火山构造、侵入岩、沉积岩建造、构造岩浆带、变质岩建造、地质界线、断裂、韧性剪切带、褶皱、蚀变带、产状要素、同位素年龄、岩石化学样品采样点、地球化学样品采样点、同位素样品采样点,以及依据工作技术要求引用的物化遥专题相关内容。

各图件属性图层详细情况同分幅实际材料图及分幅建造构造图,属性数据项严格按照《全国矿产资源潜力评价数据模型——成矿地质背景分册》中对应的数据表执行。

4. 大地构造相图数据库建设

江苏省大地构造相图数据库是在 MapGIS6.7 平台上完成数字化图件后,借助 GeoMAG 软件相关功能建立属性结构并赋属性,然后利用 GeoMAG 软件进行规范,形成江苏省及上海市大地构造相图数据库成果。

采用 1954 年北京坐标系,高斯-克吕格投影方式,投影原点经度 119°00′00″,投影原点纬度 00°00′00″,比例变形因子 1.00,成图比例尺 1∶50 万。

专业属性图层包括大地构造相单元(面)、大地构造相单元边界(线)、沉积岩建造组合(面)、火山岩岩石构造组合(面)、侵入岩岩石构造组合(面)、变质岩岩石构造组合(面)、岩石构造组合边界(线)、大型变形构造(线)、钻孔、产状要素、矿产地点以及引用的物探专业图层等。

完成的成矿地质背景专题编图及属性库成果如表 11-2 所示。

表 11-2 成矿背景地质专题编图及属性库建设成果表

图件分类	数据库	元数据
分幅实际材料图	5	5
分幅建造构造图	11	11

续表 11-2

图件分类	数据库	元数据
省级大地构造相图	1	1
预测工作区建造构造图	9	9
预测工作区变质建造构造图	2	2
预测工作区火山岩性岩相构造图	8	8
预测工作区侵入岩浆构造图	22	22
合计	58	58

二、成矿规律与预测成果数据库

成矿规律及矿产预测专题图数据库包括典型矿床成矿要素图、典型矿床预测要素图数据库、预测工作区成矿要素图、预测工作区预测要素图数据库、预测工作区矿产预测类型预测成果图数据库以及省级成果图数据库。各图件专业图层属性数据项严格按照《全国矿产资源潜力评价数据模型——成矿规律及预测分册》中对应的数据表执行。

1. 典型矿床成矿要素图及预测要素图数据库

本次矿产资源潜力评价选择研究的典型矿床有 35 个。其中铁矿 12 个：分别为江苏省吉山、梅山、凤凰山、麒麟山、东岗、王浩、中巷、韦岗、谈家桥、冶山、蟇山、龙旗山；铜矿 5 个：分别为江苏省安基山、獾子洞、盘龙岗、铜井和上海市金山张堰；铅锌矿 3 个：分别为江苏省观山、栖霞山、吴宅；金矿 5 个：分别为江苏省金驹山、平山头、汤山、土包山、燕子口；磷矿 2 个：分别为江苏省连云港市锦屏、南京市泰山；硫铁矿 3 个：分别为江苏省岔路口、潭山、云台山；钼矿 2 个：分别为江苏省谏壁、铜山；银矿 2 个：分别为江苏省栖霞山、吴宅；萤石矿 1 个：为江苏省苏州市俞石泉。

典型矿床成矿要素图及预测要素图数据库是在 MapGIS6.7 平台上，给各图层建立属性结构并赋属性，然后利用 GeoMAG 软件进行规范，形成江苏省及上海市典型矿产成矿要素图及预测要素图数据库。

采用 1954 年北京坐标系，高斯-克吕格投影方式，投影原点纬度 00°00'00″，6 度分带和 3 度分带，比例变形因子 1.00；成图比例尺为 1∶1 万～1∶1000。

典型矿床成矿要素图属性图层主要包括：沉积型层控内生型成矿沉积建造、风化壳成矿地质体、第四纪沉积型矿床成矿地质体、火山型矿床火山岩性岩相构造、变质型矿床成矿变质建造、层控"内生"型矿床成矿侵入体、层控"内生"型矿床成矿地质体、成矿侵入岩体岩相构造（适用于基性—超基性岩矿床）、成矿火山构造、成矿侵入角砾岩、成矿侵入接触构造、成矿断裂构造、成矿褶皱构造、成矿后构造。

在典型矿床成矿要素图的基础上，依据技术要求引用物探专题相关图层内容后即形成典型矿床预测要素图。

2. 预测工作区区域成矿要素图及预测要素图数据库

预测工作区区域成矿要素图及预测要素图数据库是在 MapGIS6.7 平台上，给各图层建立属性结构并赋属性，然后利用 GeoMAG 软件进行规范，形成各预测工作区区域成矿要素图及预测要素图数据库。

区域成矿要素图属性图层包括：依工作技术要求引用背景组图层及其属性、成矿区（带）图层（面）、成矿区（带）界线图层（线）、推断控矿构造带图层（线）、变质型矿产地成矿建造图层（面）、成矿后构造图层（线）、矿产地（点）。

在区域成矿要素图的基础上,依据技术要求引用物探专题相关图层内容后即形成对应的区域预测要素图。

3. 预测工作区矿产预测类型预测成果图数据库

预测工作区矿产预测类型预测成果图是在区域预测要素图的基础上,叠加了矿产预测类型最小预测区(面)、矿产预测类型最小预测区(线)等图层内容。

4. 省级矿产预测类型分布图数据库

省级矿产预测类型分布图数据库是在 MapGIS6.7 平台上,给各图层建立属性结构并赋属性,然后利用 GeoMAG 软件进行规范,形成江苏省及上海市矿产预测类型分布图数据库成果。

属性要素包括地质构造图类数据表、矿产地分布图类数据表、大地构造相单元边界数据表、成矿区(带)划分边界数据表、矿产预测类型划分数据表、矿产预测类型分布区范围数据表。

5. 省级区域成矿规律图数据库

省级区域成矿规律图数据库是在 MapGIS6.7 平台上,给各专业图层建立属性结构并赋属性,然后利用 GeoMAG 软件进行规范,形成江苏省及上海市区域成矿规律图数据库成果。

属性要素包括依据工作技术要求引用大地构造相图类数据表、成矿区(带)数据表、成矿区(带)界线数据表、矿产地特征数据表、找矿标志数据表、蚀变标志数据表、成矿时代数据表。

6. 省级矿产预测成果图数据库

省级矿产预测成果图数据库是在 MapGIS6.7 平台上,给各属性图层建立属性结构并赋属性,然后利用 GeoMAG 软件进行规范,形成江苏省及上海市矿产预测成果图数据库。

属性要素主要包括依据工作技术要求引用大地构造相图类数据表、成矿区(带)预测成果汇总数据表、某矿预测成果类数据表。

7. 省级矿产勘查工作部署图数据库

省级矿产勘查工作部署图数据库是在 MapGIS6.7 平台上,给各属性图层建立属性结构并赋属性,然后利用 GeoMAG 软件进行规范,形成江苏省及上海市矿产勘查工作部署图数据库成果。

专业属性要素主要包括预测区成果数据表、勘查工作部署建议区数据表、已有工作程度区数据表。

8. 省级矿种未来矿产开发基地预测图数据库

省级矿种未来矿产开发基地预测图数据库是在 MapGIS6.7 平台上,给各属性图层建立属性结构并赋属性,然后利用 GeoMAG 软件进行规范,形成江苏省及上海市矿种未来矿产开发基地预测图数据库成果。

专业属性要素主要包括未来勘查工作成果预测数据表、未来矿产开发基地预测数据表。

完成的成矿规律及矿产预测专题编图及属性库成果如表 11-3 所示。

表 11-3 成矿规律和矿产预测专题编图及属性库建设成果表

图件分类	数据库	元数据
典型矿床成矿要素图	35	35
典型矿床预测要素图	35	35

续表 11-3

图件分类	数据库	元数据
预测工作区区域成矿要素图	41	41
预测工作区区域预测要素图	41	41
预测工作区矿产预测类型预测成果图	41	41
省级成果图	47	47
合　计	240	240

三、物化遥自然重砂成果数据库

(一)重力专题成果数据库

重力专题成果数据库包括预测工作和省级重力工作程度图数据库、布格重力异常图、剩余重力异常图、重力推断地质构造图。

省级成果图比例尺为1:50万,1954年北京坐标系,高斯-克吕格投影类型,投影原点经度为119°00′00″。预测工作区成图比例尺包括1:25万和1:5万两种,1954年北京坐标系,高斯-克吕格投影类型。

1. 预测工作区(省级)重力工作程度图数据库

预测工作区重力工作程度图数据库是在 MapGIS6.7 平台上,给各测区区文件(2万.WP、5万.WP、10万.WP、20万.WP)建立属性结构并赋属性,然后利用 GeoMAG 软件进行规范,形成各预测区重力测量工作程度图数据库成果。

所有测区区文件的属性内容包括特征代码、图元编号、工区名称、行政省区名、工区面积、工作单位、完工时间、工作比例尺、重力系统、重力起算点、正常场公式、重力仪类型、重力观测精度、布格重力异常总精度、高程测量方法、高程测量精度,成果报告名称、成果报告完成时间、原始数据存放地等要素。

2. 预测工作区(省级)布格重力异常图数据库

预测工作区布格重力异常图数据库专业属性图层包括异常面、异常线、异常标注、异常符号4项内容,前3项由计算机自动生成。布格重力异常符号属性内容包括特征代码、图元编号、异常位置经度、异常位置纬度、异常形状、异常走向。

3. 预测工作区(省级)剩余重力异常图数据库

预测工作区剩余重力异常图数据库专业属性图层包括异常面、异常线、异常标注、异常符号4项内容,前3项由计算机自动生成。剩余重力异常符号属性内容包括特征代码、图元编号、异常位置经度、异常位置纬度、异常形状、异常走向、异常面积、异常强度、异常长度。

4. 预测工作区(省级)重力推断地质构造图数据库

预测工作区重力推断地质构造图数据库专业属性图层包括构造单元、断裂构造、盆地构造、岩体和地层。

构造单元属性内容包括特征代码、图元编号、编码、名称、级别、面积、边界出露情况、重力异常特征、成果时间、划分依据、可靠程度、备注。

断裂构造属性内容包括特征代码、图元编号、断裂编码、名称、断裂性质、长度、断层面走向、断层面倾向、延深、分级、出露情况、重力异常特征、成果提供单位、成果提供时间、断裂依据、可靠程度和备注。

盆地构造属性内容包括特征代码、图元编号、编码、名称、面积、盆地性质、基底性质、基底或目标层深度、成果时间、推断依据、可靠程度、备注。

岩体属性内容包括特征代码、图元编号、编码、名称、类型、形态、走向、顶面面积、顶面埋深、出露情况、成果时间、推断依据、重力异常特征、与矿产关系、可靠程度、备注。

地层属性内容包括特征代码、图元编号、编码、名称、性质、长度、宽度、厚度、埋深、成果时间、出露情况、推断依据、重力异常特征、可靠程度、备注。

完成的重力专题编图及属性库成果如表 11-4 所示。

表 11-4 重力专题编图及属性库建设成果表

图件分类	数据库	元数据
预测工作区重力类图件	218	218
全省类重力图件	4	4
合计	222	222

(二)磁测专题成果数据库

磁测专题成果数据库包括预测工作区(省级)磁法推断磁性矿产分布图数据库、预测工作区(省级)磁法推断地质构造图数据库、预测工作区(省级)磁异常范围分布图数据库、预测工作区(省级)航磁 ΔT 等值线平面图数据库、预测工作区(省级)航磁 ΔT 化极等值线平面图数据库、预测工作区(省级)航磁 ΔT 化极垂向一阶导数等值线平面图数据库;省级航磁(地磁)工作程度图数据库。

1. 预测工作区(省级)磁法推断磁性矿产分布图数据库

预测工作区(省级)磁法推断磁性矿产分布图数据库是在 MapGIS6.7 平台上,给各属性图层建立属性结构并赋属性,然后利用 GeoMAG 软件进行规范,形成各预测工作区或省级磁法推断磁性矿产分布图数据库成果。专业图层属性数据项严格按照《全国矿产资源潜力评价数据模型——磁测分册》中对应的数据表执行。

属性图层包括磁法推断磁性矿体范围(面)、磁法推断磁性矿体范围(线)、磁法推断磁性矿体范围(点)。

2. 预测工作区(省级)磁法推断地质构造图数据库

预测工作区(省级)磁法推断地质构造图数据库是在 MapGIS6.7 平台上,给各属性图层建立属性结构并赋属性,然后利用 GeoMAG 软件进行规范,形成各预测工作区或省级磁法推断地质构造图数据库成果。

属性图层包括磁法推断变质岩地层(面)、磁法推断火山岩地层(面)、磁法推断侵入岩体(面)、磁法推断变质岩地层边界(线)、磁法推断断裂构造(线)、磁法推断火山岩地层边界(线)、磁法推断侵入岩体边界(线)、磁法推断侵入岩体编号(点)、磁法推断变质岩地层编号(点)、磁法推断断裂构造编号(点)、磁法推断火山岩地层编号(点)。各图层属性数据项严格按照《全国矿产资源潜力评价数据模型——磁法分册》中对应的数据表执行。

3. 预测工作区(省级)磁异常范围分布图数据库

预测工作区(省级)磁异常范围分布图数据库是在 MapGIS6.7 平台上,给各属性图层建立属性结构并赋属性,然后利用 GeoMAG 软件进行规范,形成各预测工作区或省级磁异常范围分布图数据库成果。

属性图层包括磁异常范围(面)、磁异常范围(线)。各图层属性数据项严格按照《全国矿产资源潜力评价数据模型——磁法分册》中对应的数据表执行。

4. 预测工作区(省级)航磁 ΔT 等值线平面图数据库

预测工作区(省级)航磁 ΔT 等值线平面图数据库是在 MapGIS6.7 平台上,给各属性图层建立属性结构并赋属性,然后利用 GeoMAG 软件进行规范,形成各预测工作区或省级航磁 ΔT 等值线平面图数据库成果。

属性图层包括航磁 ΔT 等值线(面)、航磁 ΔT 等值线(线)、航磁 ΔT 等值线(点)。各属性图层数据项严格按照《全国矿产资源潜力评价数据模型——磁法分册》中对应的数据表执行。

5. 预测工作区航磁(省级)ΔT 化极等值线平面图数据库

预测工作区(省级)航磁 ΔT 化极等值线平面图数据库是在 MapGIS6.7 平台上,给各属性图层建立属性结构并赋属性,然后利用 GeoMAG 软件进行规范,形成各预测工作区或省级航磁 ΔT 化极等值线平面图数据库成果。

属性图层包括航磁 ΔT 化极等值线(面)、航磁 ΔT 化极等值线(线)、航磁 ΔT 化极等值线(点)。各属性图层数据项严格按照《全国矿产资源潜力评价数据模型——磁法分册》中对应的数据表执行。

6. 预测工作区(省级)航磁 ΔT 化极垂向一阶导数等值线平面图数据库

预测工作区(省级)航磁 ΔT 化极垂向一阶导数等值线平面图数据库是在 MapGIS6.7 平台上,给各属性图层建立属性结构并赋属性,然后利用 GeoMAG 软件进行规范,形成各预测工作区或省级航磁 ΔT 化极垂向一阶导数等值线平面图数据库成果。

属性图层包括航磁 ΔT 化极等值线(面)、航磁 ΔT 化极等值线(线)、航磁 ΔT 化极等值线(点)。各属性图层数据项严格按照《全国矿产资源潜力评价数据模型——磁法分册》中对应的数据表执行。

7. 省级航磁(地磁)工作程度图数据库

省级航磁(地磁)工作程度图数据库是在 MapGIS6.7 平台上,给各属性图层建立属性结构并赋属性,然后利用 GeoMAG 软件进行规范,形成江苏省及上海市航磁(地磁)工作程度图数据库成果。

属性图层为航磁(地磁)工作程度范围(面)。各属性数据项严格按照《全国矿产资源潜力评价数据模型——磁法分册》中对应的数据表执行。

完成的磁测专题编图及属性库成果如表 11-5 所示。

表 11-5 磁测专题编图及属性库建设成果表

图件分类	数据库	元数据
预测工作区磁法类图件	327	327
全省类磁法图件	8	8
合计	335	335

(三)化探专题成果数据库

化探专题成果数据库包括预测工作区(省级)单元素地球化学图数据库、预测工作区(省级)单元素地球化学异常图数据库、预测工作区(省级)地球化学组合异常图数据库、预测工作区(省级)地球化学综合异常图数据库。图件属性图层数据项严格按照《全国矿产资源潜力评价数据模型——化探分册》中对应的数据表执行。

1. 预测工作区(省级)单元素地球化学图数据库

预测工作区(省级)单元素地球化学图数据库是在 MapGIS6.7 平台上,给各属性图层建立属性结构并赋属性,然后利用 GeoMAG 软件进行规范,形成各预测工作区或省级单元素地球化学图数据库成果。

专业属性图层包括某元素含量分布等值线、某元素含量分布等值区。

2. 预测工作区(省级)单元素地球化学异常图数据库

预测工作区(省级)单元素地球化学异常图数据库是在 MapGIS6.7 平台上,给各属性图层建立属性结构并赋属性,然后利用 GeoMAG 软件进行规范,形成各预测工作区或省级单元素地球化学异常图数据库成果。

专业属性图层包括某元素地球化学异常边界(线)、某元素地球化学异常(面)、某元素地球化学异常代号标注(点)。

3. 预测工作区(省级)地球化学组合异常图数据库

预测工作区(省级)地球化学组合异常图数据库是在 MapGIS6.7 平台上,给各属性图层建立属性结构并赋属性,然后利用 GeoMAG 软件进行规范,形成各预测工作区或省级地球化学组合异常图数据库成果。

专业属性图层包括主成矿元素地球化学异常范围(面)、各元素地球化学异常边界(线)、矿产地等。

4. 预测工作区(省级)地球化学综合异常图数据库

预测工作区(省级)地球化学综合异常图数据库是在 MapGIS6.7 平台上,给各属性图层建立属性结构并赋属性,然后利用 GeoMAG 软件进行规范,形成各预测工作区或省级地球化学综合异常图数据库成果。

专业属性图层包括主成矿元素异常边界,主成矿元素异常范围面,主要伴生,共生元素异常下限,地球化学综合异常标注,成矿区(带),成矿区(带)界线,某矿矿产地特征,地质界线,断裂。

完成的化探专题编图及属性库成果如表 11-6 所示。

表 11-6　化探专题编图及属性库建设成果表

图件分类	数据库	元数据
预测工作区化探类图件	242	242
全省化探类图件	96	96
全省地球化学预测重要矿种的找矿预测图	7	7
合计	345	345

(四)遥感专题成果数据库

遥感专题成果图数据库包括全省1∶25万标准分幅成果图数据库、预测工作区成果图数据库和省级成果图数据库。

省级成果图比例尺为1∶50万,1954年北京坐标系,高斯-克吕格投影类型,投影原点经度为119°00′00″。预测工作区成图比例尺为1∶5万,1954年北京坐标系,高斯-克吕格投影类型。

1. 1∶25万遥感矿产地质特征解译图数据库

1∶25万矿产地质特征解译图数据库是在MapGIS6.7平台上,给各图层建立属性结构并赋属性,然后利用GeoMAG软件进行规范,形成1∶25万矿产地质特征解译图数据库成果。

属性图层包括遥感断层要素、遥感脆韧性变形构造带要素、遥感逆冲推覆滑脱构造要素、遥感环状要素、遥感块状要素、遥感色要素、遥感带状要素。

2. 1∶25万遥感羟基异常分布图数据库

1∶25万遥感羟基异常分布图数据库是在MapGIS6.7平台上,给各专业图层建立属性结构并赋属性,然后利用GeoMAG软件进行规范,形成江苏省及上海市1∶25万标准分幅遥感羟基异常分布图数据库成果。

专业属性图层为遥感羟基异常要素,属性数据项包括遥感异常名称、遥感异常面积、所处的地质构造环境、羟基异常性质、羟基异常强度。各属性数据项内容按照《全国矿产资源潜力评价数据模型——遥感分册》中对应的数据表执行。

3. 1∶25万遥感铁染异常分布图数据库

1∶25万遥感铁染异常分布图数据库是在MapGIS6.7平台上,给各图层建立属性结构并赋属性,然后利用GeoMAG软件进行规范,形成1∶25万标准分幅遥感铁染异常分布图数据库成果。

属性图层为遥感铁染异常要素,属性数据项包括遥感异常名称、遥感异常面积、所处的地质构造环境、铁染异常性质、铁染异常强度。各属性数据项内容按照《全国矿产资源潜力评价数据模型——遥感分册》中对应的数据表执行。

4. 预测工作区矿产地质特征与近矿找矿标志解译图数据库

预测工作区遥感矿产地质特征与近矿找矿标志解译图数据库是在MapGIS6.7平台上,给各图层建立属性结构并赋属性,然后利用GeoMAG软件进行规范,形成预测工作区遥感矿产地质特征与近矿找矿标志解译图数据库成果。

属性图层包括遥感断层要素、遥感脆韧性变形构造带要素、遥感逆冲推覆滑脱构造要素、遥感环状要素、遥感块状要素、遥感色要素、遥感带状要素、遥感近矿找矿标志要素。

5. 预测工作区遥感羟基异常分布图数据库

预测工作区遥感羟基异常分布图数据库是在MapGIS6.7平台上,给各图层建立属性结构并赋属性,然后利用GeoMAG软件进行规范,形成预测工作区遥感羟基异常分布图数据库成果。

属性图层为遥感羟基异常要素,属性数据项同标准分幅羟基异常分布图。

6. 预测工作区遥感铁染异常分布图数据库

预测工作区遥感铁染异常分布图数据库是在MapGIS6.7平台上,给各图层建立属性结构并赋属性,然后利用 GeoMAG 软件进行规范,形成预测工作区遥感铁染异常分布图数据库成果。

属性图层为遥感铁染异常要素,属性数据项同标准分幅铁染异常分布图。

7. 省级遥感构造解译图数据库

省级遥感构造解译图数据库是在 MapGIS6.7 平台上,给各属性图层建立属性结构并赋属性,然后利用 GeoMAG 软件进行规范,形成江苏省及上海市遥感构造解译图数据库成果。

属性图层包括遥感断层、遥感脆韧性变形构造带、遥感逆冲推覆滑脱构造、遥感环状等要素。

8. 省级遥感异常组合图数据库

省级遥感异常组合图数据库是在 MapGIS6.7 平台上,给各属性图层建立属性结构并赋属性,然后利用 GeoMAG 软件进行规范,形成江苏省及上海市遥感异常组合图数据库成果。

专业属性图层主要是遥感异常组合要素数据表。属性数据项包括遥感异常组合名称、异常面积、所处的成矿带背景、异常组合性质、异常组合类型。各属性数据项内容按照《全国矿产资源潜力评价数据模型——遥感分册》中对应的数据表执行。

完成的遥感专题编图及属性库成果如表 11-7 所示。

表 11-7 遥感专题编图及属性库建设成果表

图件分类	数据库	元数据
省级遥感异常组合图	1	1
省级遥感构造解译图	1	1
分幅遥感矿产地质特征解译图	11	11
分幅遥感羟基异常图	11	11
分幅遥感铁染异常图	11	11
典型矿床遥感矿产地质特征与近矿找矿标志解译图	4	4
预测工作区遥感矿产地质特征与近矿找矿标志解译图	35	35
预测工作区遥感羟基异常分布图	23	23
预测工作区遥感铁染异常分布图	23	23
合计	120	120

(五)自然重砂成果数据库

自然重砂成果数据库包括预测工作区自然重砂异常图数据库和省级自然重砂异常图数据库。

预测工作区或省级自然重砂异常图数据库是在 MapGIS6.7 平台上,给各图层建立属性结构并赋属性,然后利用 GeoMAG 软件进行规范,形成各预测工作区或省级自然重砂异常图数据库成果。

属性图层为自然重砂异常分布(面)。各数据项严格按照《全国矿产资源潜力评价数据模型——重砂分册》中对应的数据表执行。

完成的自然重砂专题编图及属性库成果如表 11-8 所示。

表 11-8　自然重砂专题编图及属性库建设成果表

图件分类	数据库	元数据
省级自然重砂异常图	31	31
预测工作区自然重砂异常图	103	103
合计	134	134

四、综合信息集成的数据库

基于省级矿产资源潜力评价资料性成果汇总建库管理系统(GeoPEX),完成了江苏省及上海市矿产资源潜力评价成果集成数据库建设,涵盖了成矿地质背景、成矿规律与矿产预测等 7 个专题的基础编图成果和铁、铜、铅、锌、金、磷、硫铁矿、钼、银、萤石矿 10 个矿种(组)潜力评价成果,累计图库数 1623 个。

入库后分别形成省级潜力评价基础编图成果图库(GEOPEXDB000.mdf)、铁矿种(组)潜力评价成果图库(GEOPEXDB001.mdf)、铜矿种(组)潜力评价成果图库(GEOPEXDB004.mdf)、铅矿种(组)潜力评价成果图库(GEOPEXDB005.mdf)、锌矿种(组)潜力评价成果图库(GEOPEXDB006.mdf)、钼矿种(组)潜力评价成果图库(GEOPEXDB010.mdf)、金矿种(组)潜力评价成果图库(GEOPEXDB011.mdf)、银矿种(组)潜力评价成果图库(GEOPEXDB012.mdf)、磷矿种(组)潜力评价成果图库(GEOPEXDB018.mdf)、硫矿种(组)潜力评价成果图库(GEOPEXDB019.mdf)、萤石矿种潜力评价成果图库(GEOPEXDB022.mdf)。

第三节　数据库质量

一、数据库质量控制原则

1. 全员、全过程质量控制原则

各专题图件建库过程中,严格执行数据库质量监控制度,及时发现和消除事前、事中和事后影响图件及属性数据质量的各种因素,并尽可能前置质量控制关口,加强对图件空间拓扑及属性数据重要内容、关键节点、薄弱环节的质量监控,每个阶段都填写了质量监控记录,切实将质量控制的目标落到实处。

2. 逐级、分类质量控制原则

逐级明确数据库建库质量控制的责任和要求,确保各阶段数据质量。各专题之间进行充分沟通和交流,尽可能采取有针对性的方法和措施,分类做好质量问题分析与诊断,确保质量控制工作切实有效。

3. 统一标准、严格执行原则

属性内容要由专业人员填写校对,数据质量、格式要严格执行全国统一标准,即《全国矿产资源潜力评价数据模型规范》。

二、数据库质量评述

1. 数据源质量

各专题组编图及建库所采用原始资料主要来源于全国项目办统一下发数据及江苏省已经过验收、汇交的各专题相关报告,资料来源可靠,符合项目要求。

2. 数字化图件质量

数字化图件严格按照数据库制图要求进行,保证了图形要素参数的正确性、空间位置的准确性;图层中没有遗漏和多余数据;所有的多边形必须封闭;图形矢量化时所用到的线型、花纹、色标、符号、图例及各种点的参数等均参考相关技术规定;参加拓扑图层利用 MapGIS 软件和全国矿产资源潜力评价综合信息集成专题组开发的 GeoTOK 进行了拓扑一致性检查,直至符合要求。

图件数字化完成后打印输出经过 100% 自检、100% 互检和 60% 专家组的检查及检查后的多次修改,完全符合各专业组编图技术要求及空间数据库要求。

3. 属性内容质量

为确保属性内容质量,属性内容由有丰富经验的专业人员严格按照全国矿产资源潜力评价相关技术要求采集,尽可能地采集完整的信息。属性采集后要经过检查、校对后才进行属性录入或属性挂接,从而严格地保证属性内容的真实、有效、正确,避免了返工。

4. 成果数据库质量

为确保属性内容录入的正确、完整,对所录入的每一个属性图层,一是进行机内检查,二是通过打印输出检查。图件结构、图层结构、属性结构、属性值域均利用 GeoMAG 软件进行检查,确保了数据库的质量。

(1)图层属性值域(主要指下属词)符合模型规定。
(2)图层属性结构、字段长度、类型与数据模型规定一致。
(3)图层名称符合数据模型规定。
(4)图件名称符合数据模型规定。
(5)图件地图投影参数正确,与数据模型规定一致。
(6)图件空间拓扑正确,应用全国项目办开发的 GeoTOK 软件进行反复检查、修改,直至消除所有拓扑错误,达到零缺陷状态,满足成果数据库的空间查询、分析、管理等操作。
(7)图件使用的 MapGIS 图件系统库与全国矿产资源潜力评价项目办规定的统一系统库一致。

5. 集成数据库质量

图件导入时确保矿种选择正确,数据库和需导入的图件分类一致。图件导入后检查导入的数量是否与图件数量一致,有不同图件工程文件名一样时会认为重复导入,必须修改工程文件名后重新导入,确保所有图件正确入库。

附件导入时确保每个附件挂靠正确。

第十二章 结 论

本次重要矿产资源潜力评价工作,是在现有地质工作的基础上,充分利用了本区基础地质调查和矿产勘查工作成果与资料,工作中充分应用现代矿产资源预测评价的理论方法和 GIS 评价技术。创新了矿产资源潜力评价方法体系,建立了矿床模型综合地质信息预测理论与方法,以地质矿产研究为主线,通过成矿地质背景研究、典型矿床和区域成矿规律研究,结合物探、化探、遥感、自然重砂等综合信息分析研究,确定预测要素,建立预测模型,通过模型区和预测工作区类比评价,圈定预测区,采用矿床模型综合地质信息体积法(含矿地质体综合地质参数法)估算资源量。技术要求科学合理、操作流程规范细致。最终成果的表达形式新颖而实用,以计算机技术为主要手段,对本次省级潜力评价收集利用的已有各类地质资料、研究形成的各类成果资料实现全程的信息化管理,所涵盖的信息资料十分丰富。

一、主要成果

1. 地质背景

(1)充分收集研究以往 1:25 万、1:20 万、1:5 万区域地质调查资料,开展了本区成矿地质背景的综合研究,按本次工作总体技术要求对省级范围地层、构造、岩浆岩重新进行了清理。

按照"五统一"的总体技术要求,完成 5 幅 1:25 万实际材料图、11 幅 1:25 万建造构造图的图形库与属性库建设及说明书编写。

(2)根据矿产预测类型划分成果及预测方法类型选择,完成了 41 个矿产预测类型预测工作区地质构造专题底图的图形库与属性库建设。专题底图类型涉及侵入岩浆构造图、变质建造构造图、火山岩性岩相图、综合建造构造图等。

(3)完成了江苏省及上海市 1:50 万沉积建造构造图、火山岩性岩相构造图、侵入岩浆构造图、变质建造构造图、大型变形构造图等建造构造专题底图的图形库与属性库建设,及省域 1:50 万大地构造相图的图形库与属性库建设。

(4)完成了《江苏省及上海市矿产资源潜力评价成矿地质背景综合研究报告》的编制。

2. 重力

(1)将总项目组提供的江苏省和上海市 1:20 万、1:100 万 4 个重力成果数据文件装入 RGIS3.0 系统,形成以 *.mdb 为格式文件的布格重力异常数据库(GravityData.mdb);对"江苏省宁镇地区 1:5 万重力测量工作成果报告"等 6 个 1:5 万重力测量工作成果报告中的布格重力异常图进行了数字化。首次获得省级范围重力资料系列电子图件及其属性库。

(2)按典型矿床、预测工作区、省级 3 个层次开展重力资料应用的综合研究与编图建库工作。重力反演盆地 37 个、反演侵入岩体 23 个、重磁联合反演典型矿床 7 个,推断地层 211 个、推断断裂构造 186 条、推断构造单元 9 个、推断盆地 51 个、推断岩体 72 个。编制各类图件 289 张、说明书 287 份,建立图件专题数据库 222 个。

（3）完成了 4 份阶段性或汇总性专题成果报告的编制。

3. 磁法

（1）收集整理了本区航磁、地磁等资料 30 余份，完成 15 个 1∶5 万～1∶100 万覆盖江苏省及上海市航磁工作区剖面数据和省级 1∶20 万航磁网格数据的入库工作，完成了 11 个地磁工作区 1∶1 万地磁等值线矢量化后数字化转换，面积合计约 3500 km^2，形成文本文件，首次获得省级范围磁法资料系列电子图件及其属性库。

（2）按典型矿床、预测工作区、省级 3 个层次开展磁测资料应用的综合研究与编图建库工作，利用磁测资料开展了地质构造的推断解释。编制各类图件 372 张、说明书 335 份，建立图件专题数据库 335 个。

（3）利用地磁（无地磁资料地区用航磁）数据，采用 RGIS 软件 2.5D 人机交互拟合方法对磁性矿产进行了定量预测。

（4）完成了 6 份阶段性或汇总性专题成果报告的编制。

4. 化探

（1）系统地完成了江苏省及上海市已有的中大比例尺地球化学测量资料以及重要异常查证资料的收集、整理与研究，首次建立了江苏省中大比例尺地球化学数据库，为本次矿产资源潜力评价与矿产预测靶区圈定提供了地球化学依据，同时为今后江苏省开展地球化学调查与研究工作构建了一个良好的数据平台。

（2）按典型矿床、预测工作区、省级 3 个层次开展化探资料应用的综合研究与编图建库工作，建立了 17 个典型矿床的地质-地球化学找矿模式。编制各类图件 491 张、说明书 349 份，建立图件专题数据库 345 个。

（3）对 1∶20 万区域化探水系沉积物测量、预测工作区 1∶5 万地球化学测量圈定综合异常进行了综合研究与解释。结合成矿地质条件的分析，与区域矿产分布的关系，将异常分为甲、乙、丙、丁 4 类，采用多种参数对甲、乙、丙 3 类异常进行了评价及评序。在此基础上在全省化探扫面范围内进行了成矿预测，共圈定找矿预测区 42 处，找矿靶区 33 处，为成矿规律研究及矿产预测提供了化探依据。

（4）建立了江苏省以铜矿为主的地球化学预测模型并开展了铜矿地球化学的定量预测方法研究。

（5）完成了 4 份阶段性或汇总性专题成果报告的编制。

5. 遥感

（1）在收集已有地质资料及中大比例尺遥感资料的基础上，开展了预测工作区及典型矿床的地质遥感解译工作，分析了遥感地质解译与成矿的关系，为矿产预测提供了遥感依据。

（2）按典型矿床、预测工作区、省级 3 个层次开展遥感资料应用的综合研究与编图建库工作，利用遥感资料开展了地质构造的推断解释。编制各类图件 182 张、说明书 137 份，建立图件专题数据库 120 个。

（3）建立了遥感异常信息提取流程及蚀变异常的提取模型。共提取羟基异常图斑 1161 个、铁染异常图斑 26 818 个、"羟基＋铁染"组合异常图斑 1272 个。

（4）以遥感要素为依据，结合区域地质和矿产资料，圈定 34 个找矿最小预测区，其中金矿 6 个、铜矿 20 个、铅锌矿 17 个、磷矿 1 个，为矿产预测提供了遥感支持。

（5）完成了 4 份阶段性或汇总性专题成果报告的编制。

6. 自然重砂

(1) 系统地整理了江苏省1∶20万自然重砂样品数据,对江苏省1∶20万自然重砂数据库进行了维护。系统地收集了徐州南部(及北部)、东海西部、盱眙、宜溧、宁镇、宁芜、溧水7个预测区38个1∶5万图幅自然重砂测量数据和样品鉴定记录,建立了江苏省1∶5万自然重砂数据库,为自然重砂找矿研究提供了良好的数据平台。

(2) 按典型矿床、预测工作区、省级3个层次开展自然重砂资料应用的综合研究与编图建库工作,建立了8个矿种不同预测类型的自然重砂特征矿物组合。编制各类图件136张、说明书136份,建立图件专题数据库134个。

(3) 省级范围选择了铜矿物、铅矿物、锌矿物、钼矿物、银矿物、砷矿物、自然金等27种矿物圈定单矿物自然重砂异常555处,其中Ⅰ级异常97处,Ⅱ级异常225处,Ⅲ级异常233处;圈定省级自然重砂综合异常44处,其中Ⅰ级异常15处,Ⅱ级异常19处,Ⅲ级异常10处。预测工作区圈定各类自然重砂异常968处。在此基础上,对Ⅰ级、Ⅱ级自然重砂异常进行了定性解释与评价,并划分了10个自然重砂异常带和17个自然重砂找矿远景区,为矿产预测提供了自然重砂依据。

(4) 完成了4份阶段性或汇总性专题成果报告的编制。

7. 成矿规律

(1) 在系统收集整理、分析研究已有矿产勘查、成矿规律研究成果的基础上,对全省矿产地数据库进行了更新和维护,提出了本次潜力评价的目标矿种为铁、铜、铅、锌、金、银、钼、磷、硫铁矿、萤石10个矿种(组),选择典型矿床35个(其中铁矿12个、铜矿5个、铅锌矿3个、金矿5个、磷矿2个、钼矿2个、银矿2个、硫铁矿3个、萤石矿1个)。

(2) 在分析目标矿种的成矿地质背景与成矿作用特征的基础上,对全省铁、铜、铅锌、金、银、钼、磷、硫铁矿、萤石等矿产预测类型进行了总结划分,编制了铁、铜、铅锌银、金、钼、磷、硫铁矿、萤石矿产预测类型分布图。研究确定的矿产预测类型预测工作区41个(其中铁矿12个、铜矿5个、铅锌矿4个、金矿8个、磷矿2个、硫铁矿4个、钼矿3个、银矿2个、萤石矿1个)。

(3) 按省级、预测类型预测工作区和典型矿床3个层次开展成矿规律的综合研究与编图建库工作,编制各类图件163张、说明书86份、数据库86个。

通过对典型矿床、预测工作区成矿作用特征、成矿要素空间分布特征的分析研究,分别总结了典型矿床和预测工作区成矿要素、成矿模式,为开展区域成矿规律研究总结及矿产预测奠定了基础。

(4) 通过本次研究,在全国Ⅲ级成矿区(带)划分的基础上,江苏省及上海市共划分出5个Ⅲ级成矿区(带)(与全国统一)、7个Ⅳ成矿亚带(与大区统一)、14个与本次评价目标矿种相关的Ⅴ级成矿远景区。

(5) 进一步开展全省单矿种区域成矿规律研究,完成江苏省及上海市铁、铜、铅锌、金、银、钼、磷、硫铁矿、萤石单矿种成矿规律图的编制与属性库建设。

(6) 以Ⅲ级成矿区(带)为基础,划分了省内重要矿产矿床成矿系列和亚系列,建立了区域成矿谱系,总结了区域成矿规律。

(7) 在单矿种成矿规律研究的基础上,总结了全省重要矿产区域成矿规律,编制了省级重要矿产区域成矿规律图。

(8) 完成了6份阶段性或汇总性专题成果报告的编制。

8. 矿产预测

全面系统地收集整理、分析研究了江苏省及上海市已有的矿产勘查、成矿规律研究、矿产预测等成果资料,在此基础上,按典型矿床、预测工作区、省级3个层次开展矿产预测的综合研究及编图建库工作,开展了省级预测成果的汇总,提出了未来矿产勘查综合部署的建议。

(1) 在典型矿床成矿规律、预测工作区区域成矿规律研究的基础上,合理选择了各预测工作区预测方法类型,为地质构造专题底图类型确定提供了依据。开展了典型矿床与预测工作区预测要素及预测模型的研究,系统地分析研究了重要矿种相关预测要素及空间分布特征,建立了典型矿床和预测类型预测工作区的预测模型,确定了相关预测变量,为最小预测区的圈定与优选、资源量估算提供了参数选择依据。

(2) 按省级、预测类型预测工作区和典型矿床3个层次开展矿产预测的综合研究与编图建库工作,编制各类图件212张、说明书136份、数据库136个。

(3) 完成全省铁、铜、铅、锌、金、磷、钼、银、硫铁矿、萤石矿10个矿种(组)的定量预测,对41个预测类型预测工作区进行了最小预测区的圈定与优选、资源量估算等,共圈定最小预测区413个,其中A类79个,B类86个,C类248个,对2000m以浅资源潜力进行了预测(表12-1)。预测结果表明本次预测相关矿种(组)的资源查明程度均在50%以下,显示江苏省尚有很大的资源潜力。

表 12-1　江苏省及上海市矿产资源潜力评价预测成果统计表

矿种	最小预测区数				资源潜力	累计查明资源储量	资源查明程度(%)
	小计	A	B	C			
铁(矿石量,$\times 10^8$t)	129	31	30	68	10.79	8.10	42.88
铜(金属量,$\times 10^4$t)	69	10	24	35	125.73	65.49	34.25
铅(金属量,$\times 10^4$t)	29	6	9	14	103.79	83.83	44.68
锌(金属量,$\times 10^4$t)					196.50	162.17	45.21
金(金属量,t)	85	8	15	62	96.71	32.72	25.28
磷(矿石量,$\times 10^8$t)	14	4	0	10	3.06	1.20	28.17
钼(金属量,t)	26	4	3	19	80 555.60	38 486.67	32.33
银(金属量,t)	11	5	0	6	2175.07	2319.51	51.61
硫铁矿(矿石量,$\times 10^4$t)	44	10	3	31	15 323.49	3401.03	1.82(独立)
					2242.74	3462.52	6.07(共生)
					8.09	42.01	8.39(伴生)
萤石(Ca_2F量,$\times 10^4$t)	6	1	2	3	129.63	34.50	2.10

(4) 根据预测成果,提出了全省铁、铜、铅锌、金、磷、钼、银、硫铁矿、萤石矿勘查工作部署建议,并对未来勘查开发工作进行了预测。

(5) 以Ⅳ级成矿亚带为基本单元,对省内单矿种预测成果进行了统计汇总,建立了重要矿种预测评价模型,编制了全省矿产预测类型谱系表。在全省单矿种(组)潜力评价成果的基础上,归并划分出33个重要矿产多矿种综合预测区。结合"江苏省矿产资源总体规划(2008—2015)""江苏省找矿突破战略行动方案(2012—2020)",提出了省内各Ⅳ级成矿亚带多矿种综合靶区勘查部署建议。

(6) 完成了18份阶段性或汇总性专题成果报告的编制。

9. 煤炭资源潜力评价

(1) 对江苏省华北型石炭纪—二叠纪含煤岩系和华南型二叠纪含煤岩系的地层层序、沉积环境和聚煤规律以及聚煤期古地理、古构造对沉积环境、聚煤规律的控制等,进行了较系统的分析研究;对控煤构造的成因机制等问题进行了探讨。

(2)按矿区(煤产地)、煤田区、省级3个层次开展煤炭成矿规律和矿产预测的综合研究及编图建库工作。编制各类图件84张、说明书84份、数据库84个。

(3)对7个主要矿区、煤产地的深部及外围(含"白"区或"死"区)的主要煤层资源量进行了预测。共圈定预测块段78个,预测含煤总面积1567km^2,预测潜在资源总量53.53×10^8t。在此基础上提出了江苏省未来煤炭勘查部署的建议。

(4)完成了《江苏省及上海市煤炭资源潜力评价成果报告》的编制工作。

10. 综合信息集成

(1)完成了江苏省1:20万地质图空间数据库、地质工作程度数据库、矿产地数据库、自然重砂数据库、化探数据库、重力数据库、航磁数据库的维护与更新。

(2)为其他专题组的基础数据、工具软件使用、数据加工处理、图件编辑处理、图库建设、元数据建立等提供技术支持。协助各专题组完成专题图件数据库建设1454个(不包括煤炭潜力评价成果数据库),其中成矿地质背景58个、重力222个、磁测335个、化探345个、遥感120个、自然重砂成果134个、成矿规律95个、矿产预测145个,完成了江苏省及上海市矿产资源潜力评价成果集成数据库建设,涵盖了成矿地质背景、成矿规律与矿产预测等7个专题的基础编图成果和铁、铜等10个矿种(组)潜力评价成果。

(3)完成了《江苏省及上海市矿产资源潜力评价综合信息集成研究报告》和《江苏省及上海市矿产资源潜力评价成果集成数据库使用说明》的编制工作。

11. 成果转化应用

项目实施8年来的实践充分证明了本次矿产资源潜力评价的成果具有较强的科学性和实用价值,已成为省级"地质找矿战略突破行动计划"实施方案编制、省级矿业权设置方案编制、省级"十二五"地质勘查规划编制、矿产远景评价专项、省级地质勘查基金项目设置的重要依据。

二、存在的问题

(1)本次矿产资源潜力评价,主要依据成矿地质背景条件及已有地质矿产工作程度,结合物化遥自然重砂综合信息资料,没有考虑地方基础设施建设、城市群发展等因素,所预测的资源量仅是一个"家底",对其可利用性很难作出确切的评述。

(2)本次矿产资源潜力评价所涉及的35个典型矿床,部分矿床因规模有限或为共伴生矿种,以往的研究资料较少,导致部分矿床成因理论的研究程度不够深入。

(3)本次矿产资源潜力评价系列图库与区域地质图空间数据库等其他地学数据库使用的系统库、属性结构及属性代码不统一,给地学数据库的统一使用带来了不便,数据整合困难。

主要参考文献

安徽省地质矿产局区域地质调查队.安徽地层志——前寒武系分册[M].合肥:安徽科学技术出版社,1985

常印佛,刘湘培,吴言昌,等.长江中下游铜铁成矿带[M].北京:地质出版社,1991

陈沪生,张永鸿.下扬子及邻区岩石圈结构构造与油气资源评价[M].北京:地质出版社,1999

陈沪生,周雪清,李道琪,等.中国东部灵壁-奉贤(HQ—13)地学断面图[M].北京:地质出版社,1993

陈华慧,等.遥感地质学[M].北京:地质出版社,1984

陈希祥,等.江苏省徐淮地区第四纪地质[M].北京:海洋出版社,1988

陈毓川,王登红,等.重要矿产和区域成矿规律研究技术要求[M].北京:地质出版社,2010

陈毓川,王登红,等.重要矿产预测类型划分方案[M].北京:地质出版社,2010

陈毓川,等.中国成矿体系与区域成矿评价[M].北京:地质出版社,2007

陈毓川,等.1:500万中国矿床成矿系列图[M].北京:地质出版社,1999

陈毓川,等.当代矿产资源勘查评价的理论与方法[M].北京:地震出版社,1999

陈毓川,等.中国矿床成矿模式[M].北京:地质出版社,1993

陈毓川,等.中国主要成矿区(带)矿产资源远景评价[M].北京:地质出版社,1999

陈郑辉,陈毓川,王登红,等.矿产资源潜力评价示范研究[M].北京:地质出版社,2009

程裕祺.中国区域地质概论[M].北京:地质出版社,1994

迟清华,鄢明才.应用地球化学元素丰度数据手册[M].北京:地质出版社,2007

党安荣.ERDASIMAGINE遥感图像处理方法[M].北京:清华大学出版社,2003

地质矿产部书刊编辑室.重砂测量、物探、探矿工程、室内整理及报告[M].北京:地质出版社,1981

都洵,张永康.东南区区域地层[M].武汉:中国地质大学出版社,1998

范正国,黄旭钊,熊盛青,等.磁测资料应用技术要求[M].北京:地质出版社,2010

甘甫平,王润生.遥感岩矿信息提取基础与技术方法研究[M].北京:地质出版社,2004

郭华东.遥感找矿方法与实践[M].北京:科学出版社,1995

霍本淑,房炳仁,等.河北省砂矿物图册[M].北京:地质出版社,1989

江苏省地方志编纂委员会.江苏省志——地质矿产志[M].南京:江苏科学技术出版社,1999

江苏省地质矿产局.江苏省及上海市区域地质志[M].北京:地质出版社,1984

江苏省地质矿产局.江苏省岩石地层[M].武汉:中国地质大学出版社,1997

江苏省地质矿产局.宁镇山脉地质志[M].南京:江苏科学技术出版社,1989

李景朝,董国臣,王季顺,等.自然重砂资料应用技术要求[M].北京:地质出版社,2010

刘燕君.遥感找矿的原理和方法[M].北京:宇航出版社,2004

刘英俊,曹励明,李兆麟,等.元素地球化学[M].北京:科学出版社,1984

马婉仙.重砂测量与分析[M].北京:地质出版社,1990

宁芜研究项目编写小组.宁芜玢岩铁矿[M].北京:地质出版社,1978

全国地层委员会.中国地层指南及中国地层指南说明书[M].北京:地质出版社,2001

任天祥,伍宗华,羌荣生.区域化探异常筛选与查证的方法技术[M].北京:地质出版社,1998

山东省地矿局.山东省岩石地层[M].武汉:中国地质大学出版社,1996

上海市地质矿产局.上海市区域地质志[M].北京:地质出版社,1988

孙鼐,彭亚鸣.火成岩石学[M].北京:地质出版社,1985

孙岩,施泽进,舒良树,等.层滑-倾滑断裂构造与油气地质研究[M].南京:南京大学出版社,1991

唐永成,吴言昌,储国正,等.安徽沿江地区铜金多金属矿床地质[M].北京:地质出版社,1998

童庆禧.中国典型地物波谱及其特征分析[M].北京:科学出版社,1990

王道华,等.长江中下游区域铜、金、铁、硫矿床的基本特征及成矿规律[M].北京:地质出版社,1987

王德滋,周新民.中国东南部晚中生代花岗质火山-侵入杂岩成因与地壳演化[M].北京:科学出版社,2002

王金渝,周荔青,等.苏浙皖石油天然气地质[M].北京:石油工业出版社,2000

向云川,任天祥,牟绪赞,等.化探资料应用技术要求[M].北京:地质出版社,2010

谢瑞征.江苏地震构造特征.第二届全国构造地质学术会议论文集第三卷[D].北京:科学出版社,1982

熊先孝,薛天星,商朋强,等.重要化工矿产资源潜力评价技术要求[M].北京:地质出版社,2010

徐海江,孟祥本,徐增亮.金矿重砂工作方法[M].北京:原子能出版社,1990

徐树桐,等.中国东部徐-淮地区地质构造格架及其形成背景[M].北京:地质出版社,1993

徐学思,吕成高,等.江苏省及上海市区域地质志[M].北京:地质出版社,1984

叶天竺,朱裕生,夏庆霖,等.固体矿产预测评价方法技术[M].北京:中国大地出版社,2004

叶天竺,等.成矿地质背景研究技术要求(全国矿产资源潜力评价技术要求系列丛书)[M].北京:地质出版社,2010

于学政,曾朝铭,燕云鹏,等.遥感资料应用技术要求[M].北京:地质出版社,2010

于学政,曾朝铭,张玉君,等.全国矿产资源潜力评价——遥感资料应用技术要求[M].北京:科学出版社,2010

翟裕生,池三川,姚书振.长江中下游铁矿床的构造控制及成矿模式[M].北京:地质出版社,1981

翟裕生,姚书振,等.长江中下游地区铁铜金成矿规律[M].北京:地质出版社,1992

翟裕生,姚书振,等.长江中下游铜金矿床矿田构造[M].北京:地质出版社,1999

张明华,乔计花,刘宽厚,等.重力资料解释应用技术要求[M].北京:地质出版社,2010

赵英时,等.遥感应用分析原理与方法[M].北京:科学出版社,2003

浙江省地矿局.浙江省岩石(全国地层多重划分对比研究)[M].武汉:中国地质大学出版社,1989

浙江省地质矿产局.浙江省区域地质志[M].北京:地质出版社,1989

阵沪生,张永鸿,等.下扬子及邻区岩石圈结构构造特征与油气资源评价[M].北京:地质出版社,1999

中国地质科学院地矿所.砂矿物鉴定手册[M].北京:地质出版社,1977

中国科学院地球化学研究所.宁芜型铁矿床形成机理[M].北京:科学出版社,1987

《中国矿床发现史》编委会.中国矿床发现史—江苏卷[M].北京:地质出版社,1996

朱亮璞.遥感地质学[M].北京:地质出版社,1994

朱述龙.遥感图像获取与分析[M].北京:科学出版社,2000

左群超,杨东来,陈郑辉,等.成矿规律研究数据模型(矿产资源潜力评价数据模型丛书)[M].北京:地质出版社,2011

左群超,杨东来,冯艳芳,等.成矿地质背景研究数据模型(矿产资源潜力评价数据模型丛书)[M].北京:地质出版社,2011

左群超,杨东来,黄旭钊,等.磁测资料应用数据模型(矿产资源潜力评价数据模型丛书)[M].北京:地质出版社,2011

左群超,杨东来,张明华,等.重力资料应用数据模型(矿产资源潜力评价数据模型丛书)[M].北京:地质出版社,2011

左群超,杨东来,李景朝,等.自然重砂资料应用数据模型(矿产资源潜力评价数据模型丛书)[M].北京:地质出版社,2013

左群超,杨东来,吴轩,等.化探资料应用数据模型(矿产资源潜力评价数据模型丛书)[M].北京:地质出版社,2011

左群超,杨东来,于学政,等.遥感资料应用数据模型(矿产资源潜力评价数据模型丛书)[M].北京:地质出版社,2011

左群超,杨东来,赵汀,等.矿产预测研究数据模型(矿产资源潜力评价数据模型丛书)[M].北京:地质出版社,2011

蔡伯良.江苏省铜井铜(金)矿地质特征及找矿潜力[J].工业技术,2009(9):101

陈先兵,张登明.江苏安基山铜矿的燕山期应力场及构造演化[J].矿产与地质,1994,8(6):440-444

陈毓川,陶维屏.我国金属、非金属矿产资源及成矿规律[J].中国地质,1996,8(9):10-13

储彬彬,罗立强,王晓芳.南京栖霞山铅锌矿区铅同位素示踪[J].地球学报,2012,33(2):209-215

崔峰.联合剖面歧变解释法在盘龙岗矿区的应用[J].江苏地质,1991(1):46-48

戴爱华,王华田,袁旭音.江苏溧阳土包山金矿的地球化学特征[J].江苏地质,1995,19(4):199-208

丁存根,张术根,马春,等.宁镇中段矽卡岩型矿床的闪锌矿及其地质压力计应用讨论[J].地质学刊,2009,33(2):124-129

丁毅.宁芜玢岩铁矿成因新论:同化作用,高侵位和铁质聚合[J].矿床地质,1992,11(3):196-202

杜旭东,漆家福,张一伟,等.中国东部晚侏罗世—早白垩世盆地火山岩系的确认及成盆构造背景分析[J].石油大学学报(自然科学版),2000,24(1):1-5

段超,李延河,袁顺达,等.宁芜矿集区凹山铁矿床磁铁矿元素地球化学特征及其对成矿作用的制约[J].岩石学报,2012,28(1):243-257

冯学知,袁有田.姜梨园铁矿成矿地质特征及成矿过程分析[J].地质学刊,2010,34(3):255-259

福建省闽南北地质大队.有关1:5万重砂测量问题的讨论[J].福建地质科技情报,1992(2):54-58

傅梅娟.谏壁含钼二长花岗岩地球化学特征及其成因[J].江苏地质,1990(2):35-38

高道明,赵云佳.玢岩铁矿再认识.安徽地质,2008,18(3):164-168

顾连兴,徐克勤.论长江中下游中石炭世海底块状硫化物矿床[J].地质学报,1986(2):176-188

何春林,吴新民.江苏浅覆盖区化探找矿方法试验研究[J].江苏地质,1995,19(1):39-42

何英.永乐-平江地区自然重砂矿物组合及其地质意义[J].贵州地质,2001,18(3):149-153

何裕盛.苏州西迹山地区隐伏硫铁矿藏综合预测[J].桂林冶金地质学院学报,1992,12(4):414-421

侯龙海.浅析宁芜北段铜矿地质特征、找矿前景与方向[J].地质学刊,2008,32(4):263-270

黄震,黄建平.江苏镇江韦岗铁矿区深部找矿前景分析[J].地质学刊,2008,32(3):184-188

姜月华,业治铮.江苏及邻区中生代含油气盆地的类型、沉积特征和地球动力学背景[J].火山地质与矿产,1999(1):1-13

蒋慎君,刘沈衡.栖霞山铅锌银矿床深部地质构造特征及成因过程模型初探[J].江苏地质,1990,14(3):9-14

李汉龙,郭洪锁.江苏省土包山金矿地质特征[J].江苏地质,1989,2:29-31

李锦伟,陈津华,曾键年,等.宁芜盆地吉山铁矿床辉长闪长玢岩SHRIMP锆石U-Pb定年及其地质意义[J].矿床地质,2012,31(6):1227-1236

李双建,石永红,王清晨.碎屑重砂矿物分析对库车坳陷白垩纪—第三纪物源变化的指示[J].沉积

学报,2006,24(1):28-35

李相民,孙国曦,仇慎平.安基山铜矿床地质-地球物理模型及其找矿意义[J].地质学刊,2009,33(1):28-34

梁伟杰,李任时,孟嵩,等.自然重砂数据库系统(ZSAPs1.0)的应用[J].吉林地质,2007,26(1):54-60

梁业恒,孙晓明,翟伟,等.江苏观山高硫型铜铅金矿床稳定同位素地球化学和成因意义[J].地质与勘探,2010,46(4):698-704

梁业恒,孙晓明,翟伟,等.江苏观山铜铅金矿床成矿流体地球化学和成因[J].矿床地质,2003,27(5):587-594

梁业恒,孙晓明,翟伟,等.江苏溧水观山高硫型铜铅金矿床$^{40}Ar/^{39}Ar$定年及其地质意义[J].高校地质学报,2010,16(2):143-148

林刚,许德如.在宁芜玢岩铁矿深部寻找大冶式铁矿的探讨——以宁芜铁矿南段为例[J].矿床地质,2010,29(3):427-436

林刚,朱纯六,许德如.宁芜南部成矿模式及对深部找矿的思考[J].大地构造与成矿学,2010,34(3):368-377

刘春涌,杨万志.新疆云雾岭地质、地球化学和自然重砂特征[J].新疆有色金属,2000(2):1-9

刘嵘,董月霞,潭靖,等.沉积岩中稳定重砂矿物的成岩蚀变特征及其指示意义[J].地质科技情报,2007,26(6):10-16

刘沈衡.南京栖霞山铅锌多金属矿床地球物理勘查模式[J].物探与化探,1999,23(1):72-78

刘沈衡.南京栖霞山铅锌多金属矿床重磁异常及矿床成因解释[J].地质找矿论丛,1991,6(1):76-84

刘湘培,常印佛,吴言昌.论长江中下游地区成矿条件和成矿规律[J].地质学报,1988,62(3):167-177

卢冰,胡受奚,蔺雨时,等.宁芜型铁矿床成因和成矿模式的探讨[J].矿床地质,1990,9(1):13-25

马春,王素娟.江苏镇江谏壁岩体特征与钼(钨)矿床类型[J].江苏地质,2003,27(3):152-158

马芳,蒋少涌,姜耀辉,等.宁芜地区玢岩铁矿Pb同位素研究[J].地质学报,2006,80(2):279-286

马芳,蒋少涌.与陆相火山岩有关的铁、铜、金矿床成矿地质特征及矿床成因[J].地质找矿论丛,2005,20(4):233-241

马公伟.对徐宿弧形构造成因的新认识[J].中国区域地质,1992(1):83-87

毛景文,段超,刘佳林,等.陆相火山-侵入岩有关的铁多金属矿成矿作用及矿床模型——以长江中下游为例[J].岩石学报,2012,28(1):1-14

梅友松.成矿规律若干问题研究[J].地质与勘探,2005,41(6):3-14

孟凡睿.40年来物探、化探工作回顾[J].江苏地质(增刊),1998:73-75

欧亦君.南京栖霞山优势铅锌矿产[J].江苏地质科技情报,1996,172(4):20-23

戚学祥.长江中下游燕山期岩浆岩成因与构造环境[J].中南冶金地质,1998,56(1):10-21

戚学祥,杜树三.长江中下游燕山期火山岩地质特征及其与成矿的关系[J].火山地质与矿产,2000,21(1):47-55

钱勤,李坤英.苏北盆地玄武岩地质年龄及地层时代[J].火山地质与矿产,1996,17(1—2):86-93

乔秀夫,等.北中国板块东部震旦系对比[J].中国区域地质,1996(2):135-142

邵家骥,黄姜侬,杨忠元,等.南京地区新生代玄武岩的期次、层序及时代[J].地质论评,1989,35(2):97-106

沈渭州,方一亭,倪琦生,等.南京汤山寒武系-奥陶系界线地层地球化学特征[J].地层学杂志,1996,20(3):175-182

施俊法.矿产勘查中矿床模型、区域构造与成矿规律研究的成就与挑战[J].国土资源科技进展,2000,3:7-17

石尚群,黄震方,缪本正,等.南京区域地壳稳定性评价[J].江苏地质,1989(1):29-35

舒良树,吴俊奇,刘道忠.徐—宿地区推覆构造[J].南京大学学报(自然科学版),1994,30(4):638-647

宋巧生,朱锡涛.苏州吴宅铅锌矿种银的赋存状态及其经济效益[J].江苏地质,1993,17(3—4):246-250

田建明,谢华章.江苏地区地震活动性图像的构造解释[J].地震地质,1996,18(3):252-257

王冬永.安基山铜矿床沉积围岩的控矿机理[J].西部探矿工程,2008,20(6):132-134

王桂梁,姜波等.徐州宿州弧形双冲-叠瓦扇逆冲断层系统[J].地质学报,1998,27(3):228-235

王华田,戴爱华.江苏土包山金铁矿床及其成矿机制[J].资源调查与环境,1993,14(2):22-36

王江涛.陕北北部水系自然重砂中铬尖晶石指示矿物特征及其分布[J].陕西地质科技情报,1999,24(1):25-26

王立本,季克俭,陈东.安基山和铜山铜(钼)矿床中辉钼矿的铼-锇同位素年龄及其意义[J].岩石矿物学杂志,1997,16(2):154-159

王元龙,张旗.宁芜火山岩的地球化学特征及其意义[J].岩石学报,2003,17(4):565-575

吴良芳,秦江红,孙国昌.獾子洞铜(金)矿成矿特征及找矿方向探讨[J].科技信息,2012(15):415-416

吴向阳,牟荣,石胜群,等.苏北盆地火成岩发育与构造演化[J].勘探家,1999,4(1):44-47

夏嘉生.江苏溧水火山岩盆地内金属矿床定位模式及找矿思路[J].江苏地质,1995,19(1):5-11

肖克炎,叶天竺,李景朝,等.矿床模型综合地质信息预测资源量的估算方法[J].地质通报,2010,29(10):1404-1412

肖克炎,张晓华,李景朝,等.全国重要矿产总量预测方法[J].地学前缘,2007,14(5):20-26

谢贵明,刘继东,范继璋.金重砂异常资料在大比例尺金矿找矿评价中的应用技术[J].黄金科学技术,2004,12(6):10-14

谢华章,田建明.长江中下游-南黄海地震带地震活动趋势分析[J].地震学刊,1998(3):1-6

熊先孝,姚超美,杨更生,等.宁芜向山-皇姑山地区构造及黄铁矿找矿研究[J].化工矿产地质,1999,21(1):15-23

熊先孝,姚超美.宁芜向山式硫铁矿地质及矿床成因新探[J].化工矿产地质,2001,23(2):93-100

徐忠发,曾正海.南京栖霞山铅锌银矿床成矿作用与岩浆活动关系探讨[J].江苏地质,2006,30(3):177-182

许继峰,王强,徐义刚,等.宁镇地区中生代安基山中酸性侵入岩的地球化学:亏损重稀土和钇的岩浆产生的限制[J].岩石学报,2001,17(4):576-584

许美辉,陈火炮.浅覆盖区综合重砂快捷找金方法[J].福建地质,2002,21(3):27-29

薛怀民.宁芜中生代火山岩地球化学特征及岩浆的成因与演化[D].中国科学院研究生毕业论文,1987

薛虎.宁镇山脉是"三背两向吗?"[J].地质论评,1985,31(2):165-171

严向军,刘勇,曾明中,等.湖北省自然重砂异常圈定及找矿指示意义浅析[J].资源环境与工程,2008,22(12):19-22

叶水泉,曾正海.南京栖霞山铅锌矿床流体包裹体研究[J].火山地质与矿产,2000,21(4):266-274

叶水泉.宁芜北段姑山组火山岩系的时代讨论[J].江苏地质,2000,24(4):210-214

叶水盛,董耀松.基于GIS的重砂空间信息合成[J].吉林大学学报(地球科学版),2005,35(1):131-135

岳文珍.皖南A型"庙西式"花岗岩初析[J].南京地质矿产研究所所刊,1987,8(3)

叶天竺,肖克炎,严光生.矿床模型综合地质信息预测技术研究[J].地学前缘,2007,14(5):11-19

殷友东,刘振红,盛如崇.宁芜云台山硫铁矿矿床地质特征及成因类型[J].化工矿产地质,1996,18(4):284-288

余成就,卢宇.含金重砂异常微水系地质分析方法及其应用[J].地质与勘探,1993,9:49-54

张玉君,杨建民,陈薇.ETM$^+$(TM)蚀变遥感异常提取方法研究与应用——地质依据和波谱前提[J].国土资源遥感,2002(4):30-36

张玉君,杨建民.基岩裸露区蚀变遥感信息的提取方法[J].国土资源遥感,1998(2):46-53

张玉君,曾朝铭,陈薇.ETM$^+$(TM)蚀变遥感异常提取方法研究与应用-方法选择和技术流程[J].国土资源遥感,2003(2):44-49

张哲儒,林传仙.宁芜型铁矿成矿作用的不可逆过程热力学研究[J].地球化学,1985(2):169-181

赵青友.江苏省南京市江宁区汤山金矿地质特征及找矿前景分析[J].矿产与地质,2012,26(1):52-61

赵玉琛.宁芜地区中生代火山岩地层划分及其特征[J].地质科学,1990,7(3):243-258

郑大中,郑若锋.镇江谏壁钼矿床钼的迁移成矿机理初探[J].江苏地质,2005,29(2):73-77

钟志成.漫谈重砂矿物的鉴定问题及实例[J].湖南地质,1989,8(2):61-64

周涛发,范裕,袁峰,等.宁芜(南京-芜湖)盆地火山岩的年代学及其意义[J].中国科学:地球科学,2011,41(7):960-971

朱锡涛.苏州吴宅矿体内高温硫化物组合的微观特征及其地质意义[J].江苏地质,1992,16(2):69-74

Хохряков Н А,刘丽玲.应用重砂的矿物-地球化学方法预测和寻找金矿床[J].地质地球化学,1992(5):20-25

主要内部资料

安徽、湖北、江西、江苏省地质矿产局,上海地质中心.长江中下游铜铁硫金(多金属)成矿带成矿远景区划,1986

安徽省地质局区域地质调查队.南京市幅1:20万区域地质调查报告,1977

安徽省地质局区域地质调查队.宣城幅、广德幅1:20万区域地质调查报告,1974

安徽省地质矿产局322地质队.小丹阳幅、慈湖镇幅1:5万区域地质调查报告,1985

北京金有地质勘查有限公司.江苏省南京市江宁区獾子洞铜金矿床详查地质报告,2004

长春科技大学.江苏徐州地区次火山岩型金矿找矿方向与靶区预测,1999

车树政,谢家莹.江苏溧水火山岩区域地质构造与火山活动基本特征,1981

地科院地矿所四室方法组.长江中下游地区找矿方法及矿产预测的研究,1976

地质矿产部地质遥感中心.连云港遥感综合调查成果报告,1988

地质矿产部第五物探大队.太湖地区找煤物探成果报告(1:20万),1969

地质矿产部第一综合物探大队103队.江苏省江宁县-安徽省当涂县横山工区金矿化探普查,1983

地质矿产部航空物探遥感中心.长江中下游地区矿田及矿区地质构造遥感专题研究报告,1990

地质矿产部航空物探遥感中心.长江中下游地区区域地质矿产遥感-岩浆热动力构造理论找矿专题研究报告,1990

地质矿产部航空物探遥感中心.长江中下游地区遥感地质编图及区域矿产研究报告,1990

地质矿产部航空物探遥感中心.江苏省苏州地区航空磁力测量成果报告(1:5万),1988

地质矿产部航空物探遥感中心.江苏苏南部地区航空物探(磁)勘查成果报告(1:5万),1994

地质矿产部航空物探遥感中心.江苏中部地区高精度航空磁测成果报告(1∶20万),1987

地质矿产部航空物探遥感中心.上海地区航空物探(磁)勘查成果报告(1∶10万),1992

地质矿产部航空物探总队.江苏省六合-盱眙地区航磁普查报告(1∶5万),1981

地质矿产部航空物探总队.下扬子地区构造航磁结果报告(1∶100万),1986

地质矿产部华东石油地质局第六物探大队.苏北黄桥地区地震普查成果报告,1985

地质矿产部华东石油物探大队.苏北南部地区60年扭秤测量成果报告(1∶10万),1961

地质矿产部华东石油物探大队.苏北中新台坳北部地区61年扭秤测图成果报告(1∶5万～1∶10万),1961

地质矿产部华东石油物探大队重力分队.江苏省苏南、浙北、浙江省肖、绍、宁、金、衢地区工作结果报告(1∶20万),1959

地质矿产部南京地矿研究所.江苏省宜兴—溧阳火山岩区成矿地质条件研究和靶区预测研究报告,1992

地质矿产部南京地质矿产研究所.长江中下游地区铁帽型金矿床,1992

地质矿产部南京地质矿产研究所.长江中下游区域铜、金、铁、硫矿床基本特征及成矿规律,1987

地质矿产部南京地质矿产研究所.长江中下游中酸性侵入岩与成矿,1990

地质矿产部南京地质矿产研究所.江苏省重要成矿区成矿预测和靶区优选,1995

地质矿产部南京地质矿产研究所.下扬子地区区域构造特征及其与铁、铜、硫矿产分布关系,1988

地质矿产部南京地质矿研究所等.长江中下游三叠系膏盐沉积环境与铁铜等多金属成矿作用的关系,1990

地质矿产部石油物探研究大队.江苏及邻区中、古生界沉积盆地及含油气性物探综合研究报告,1982

地质矿产部郯庐断裂中南段编图综合解释组.郯庐断裂带中南段物探、化探、遥感综合解释成果报告,1994

桂林冶金地质研究所矿床室.宁芜火山岩区铁矿成矿地质特征及找矿方向,1977.

国家地质总局航空物探大队904队.微山湖地区航空磁力测量成果报告(1∶5万),1974

湖北、江西、安徽、江苏等地矿局.长江中下游地区物探、化探、遥感综合成果报告,1996

华东地质研究所,江苏省地质矿产局第四地质队.苏州西部地区矽卡岩型铁、铜多金属矿成矿地质条件和找矿方向的研究,1975

华东地质研究所.宁镇地区铁、铜成矿规律及预测的初步报告,1972

华东石油地质局地质研究大队.下扬子含油气区构造区划与含油气远景研究,1985

江苏省地质调查研究院.1∶25万常州幅区域地质调查报告,2003

江苏省地质调查研究院.长江中下游成矿带江苏段研究成果报告,2001

江苏省地质调查研究院.长三角地区1∶25万基础地质遥感解译报告,2006

江苏省地质调查研究院.江苏1∶20万自然重砂数据库报告,2003

江苏省地质调查研究院.江苏1∶25万淮安市、盐城市幅区域地质与环境调查,2009

江苏省地质调查研究院.江苏省1∶25万淮安市幅、盐城市幅、滨淮农场幅区域地质调查报告,2008

江苏省地质调查研究院.江苏省1∶25万南京市幅区域地质调查报告,2003

江苏省地质调查研究院.江苏省1∶25万南通市幅区域地质调查报告,2003

江苏省地质调查研究院.江苏省1∶5万白塔埠幅、沙河镇幅、房山镇幅区域地质调查报告,2000.

江苏省地质调查研究院.江苏省1∶5万常州市幅、漕桥镇幅区域地质调查报告,1998

江苏省地质调查研究院.江苏省1∶5万城头幅、赣榆县幅区域地质调查报告,1999

江苏省地质调查研究院.江苏省1∶5万湟里镇幅、金坛县幅区域地质调查报告,2002

江苏省地质调查研究院.江苏省1∶5万昆山市、太仓市、安亭镇、吴江市、芦墟镇幅区域地质与环境

地质调查报告,2010

江苏省地质调查研究院.江苏省1∶5万南通市、南通县、小海镇、海门市幅区域地质与环境地质调查报告,2009

江苏省地质调查研究院.江苏省1∶5万双店幅、阿湖镇幅、阴平幅、华冲幅区域地质调查报告,2002

江苏省地质调查研究院.江苏省东北部地区1∶5万区调片区总结报告,2003

江苏省地质调查研究院.江苏省国土区域生态地球化学调查报告(1∶25万),2005

江苏省地质调查研究院.江苏省海岸带地质生态环境遥感调查报告,2005

江苏省地质调查研究院.江苏省溧阳市土包山矿区铁(金)矿详查地质报告,2012

江苏省地质调查研究院.江苏省南京市江宁区汤山金矿区黄栗墅矿段金矿产资源储量检测报告,2003

江苏省地质调查研究院.江苏省宁芜地区铅、锌、锡、金矿评价报告(1∶1万),2001

江苏省地质调查研究院.苏南及沿江地区1∶5万区调片区总结,1998

江苏省地质矿产调查研究所.江苏省1∶5万连云港市幅、东辛农场幅、墩尚幅、连云港镇幅区域地质调查报告,1994

江苏省地质矿产调查研究所.江苏省1∶5万戚墅堰幅、祝塘镇幅区域地质调查报告,1994

江苏省地质矿产调查研究所.江苏省1∶5万苏州市幅、甪直镇幅、光福镇幅、陆墓镇幅、昆山县幅区域地质调查报告,1995

江苏省地质矿产调查研究所.江苏省1∶5万堂里幅(1/3)、洞庭公社幅、吴江县幅区域地质调查报告,1994

江苏省地质矿产调查研究所.江苏省1∶5万乌江幅、江宁镇幅、全椒县幅、江浦县幅、新集幅区域地质调查报告,1994

江苏省地质矿产调查研究所.江苏省1∶5万新集镇幅、全椒县幅、江浦县幅、乌江镇幅、江宁镇幅区域地质调查报告,1994

江苏省地质矿产调查研究所.苏南地区志留纪—泥盆纪岩相古地理及沉积层控矿床研究,1993

江苏省地质矿产技术经济信息所.江苏省1∶5万张家港市幅、顾山镇幅区域地质调查报告,1995

江苏省地质矿产局.1∶5万望亭幅、陆墓幅、光福幅、苏州幅区域地质调查矿产调查报告,1982

江苏省地质矿产局.江苏省成矿远景区划及"九五"找矿地质工作布置建议,1995

江苏省地质矿产局.江苏省大地构造图说明书,1989

江苏省地质矿产局.江苏省东北部"海州式"磷矿第二轮成矿远景区划报告,1995

江苏省地质矿产局.江苏省金铜矿第二轮成矿远景区划报告,1995

江苏省地质矿产局.江苏省铅锌银矿第二轮成矿远景区划报告,1995

江苏省地质矿产局.宁镇山脉1∶5万区域地质调查报告,1984

江苏省地质矿产局.苏南铜金多金属矿勘查研究报告,1995

江苏省地质矿产局.宜溧地区1∶5万区域地质调查报告,1988

江苏省地质矿产局.宜兴-溧阳中生代火山岩盆地成矿地质条件和找矿方向预测研究报告,1991

江苏省地质矿产局成矿区划组.江苏省金属、非金属矿产成矿规律及预测研究报告,1980

江苏省地质矿产局地球物理、化学探矿大队.江苏省连云港地区1∶5万重力测量工作成果报告,1988

江苏省地质矿产局地球物理、化学探矿大队.江苏省宁镇地区1∶5万重力测量工作成果报告,1987

江苏省地质矿产局地球物理、化学探矿大队.江苏省徐海地区1∶20万区域重力调查工作总结报告,1984

江苏省地质矿产局地质研究所.长江下游(南京-长江口)河道演变遥感调查报告,1986

江苏省地质矿产局地质研究所.江苏省海岸带地貌及海岸线演变遥感解译报告,1989

江苏省地质矿产局地质研究所.江苏省苏州西部地区矽卡岩型铁、铜、多金属矿产资源总量预测及方法研究,1987

江苏省地质矿产局地质研究所.江苏省铁、铜、多金属、金矿资源总量预测及方法研究,1989

江苏省地质矿产局地质研究所.宁镇地区黄铁矿床伴生有益组分研究报告,1986

江苏省地质矿产局地质研究所.苏北原生金刚石成矿条件及找矿方向研究报告,1988

江苏省地质矿产局地质综合研究队.江苏省金矿化类型及区域找矿方向专题研究报告,1983

江苏省地质矿产局地质综合研究队.江苏省利国地区铁矿成矿地质条件和找矿方向专题研究报告,1980

江苏省地质矿产局地质综合研究队.江苏中生代火山岩地质及其成矿条件研究报告,1983

江苏省地质矿产局地质综合研究队.苏南地区卫星像片地质构造解译报告,1981

江苏省地质矿产局地质综合研究队.太湖流域围湖遥感调查报告(1∶20万),1986

江苏省地质矿产局第二地质大队.江苏省1∶5万长乐幅、上沛埠幅、高淳县幅、东坝幅区域地质调查报告,1986

江苏省地质矿产局第二地质大队.江苏省1∶5万丹阳县幅、奔牛镇幅区域地质调查报告,1995

江苏省地质矿产局第二地质大队.江苏省江宁县云台山黄铁矿区详细普查评价报告,1964

江苏省地质矿产局第二地质大队.江苏省溧水县、江宁县横山工区物化探工作小结(1∶1万~1∶5万),1987

江苏省地质矿产局第二地质大队.江苏省溧水县金驹山金矿区101-2号脉详细普查地质报告,1984

江苏省地质矿产局第二地质大队.江苏省溧阳地区金矿(化)类型及找金方向研究报告,1988

江苏省地质矿产局第二地质大队.江苏省溧阳市野猫山-土包山金矿普查地质报告,1988

江苏省地质矿产局第二地质大队.溧水地区1∶5万区调报告,1986

江苏省地质矿产局第二地质大队.溧阳、溧水地区金矿普查,1977

江苏省地质矿产局第二水文地质工程地质大队.徐淮盐地区水文地质工程地质综合评价报告,1985

江苏省地质矿产局第六地质大队.江苏省1∶5万陈家巡会幅、新沂县幅、郯城县幅、大埠幅区域地质调查报告,1986

江苏省地质矿产局第六地质大队.江苏省北部海州式磷矿成矿条件、分布规律、找矿方向专题研究报告,1981

江苏省地质矿产局第六地质大队.江苏省东海县代相铅矿化点初查简报(1∶1万),1987

江苏省地质矿产局第六地质大队.江苏省东海县桃林岩体特征与成矿关系研究报告,1985

江苏省地质矿产局第六地质大队.江苏省东海县禹山地区砂金普查报告(1∶1万),1987

江苏省地质矿产局第六地质大队.江苏省东海县禹山地区岩金异常查证报告(1∶1万),1996

江苏省地质矿产局第六地质大队.江苏省赣榆县吴家沟刚玉重砂异常检查小结(1∶1万),1995

江苏省地质矿产局第六地质大队.江苏省赣榆县武强山测区磁法工作小结(1∶25万),1979

江苏省地质矿产局第六地质大队.江苏省赣榆县西北部1∶5万化探、重砂资料整理及异常查证报告,1989

江苏省地质矿产局第六地质大队.江苏省锦屏磷矿(海州式)矿床地质特征研究报告,1987

江苏省地质矿产局第六地质大队.江苏省连云港云台—锦屏地区地球化学测量报告(1∶5万),1992

江苏省地质矿产局第六地质大队.连云港市南城工区地化测量小结(1∶1万),1990

江苏省地质矿产局第三地质大队.安基山铜矿区地球化学异常特征及成晕成矿机理的研究,1983

江苏省地质矿产局第三地质大队.江苏省1∶5万扬州市幅、镇江市幅区域地质调查报告,1995

江苏省地质矿产局第三地质大队.江苏省江宁县安基山矿田大比例尺(1∶1万)成矿预测报告,1991

江苏省地质矿产局第三地质大队.江苏省江宁县安基山铜矿地质成矿机理和模式,1983

江苏省地质矿产局第三地质大队.江苏省江宁县安基山铜矿区深部及外围铜矿普查地质报告,1993

江苏省地质矿产局第三地质大队.江苏省句容县盘龙岗铜矿区普查地质报告,1986

江苏省地质矿产局第三地质大队.江苏省句容县石砀山、铜山铜钼矿区(东段)普查评价报告,1966

江苏省地质矿产局第三地质大队.江苏省句容县铜山铜钼矿区(中段)地质勘探最终报告,1964

江苏省地质矿产局第三地质大队.江苏省宁镇地区石炭纪、二叠纪地层控矿条件研究,1984

江苏省地质矿产局第三地质大队.宁镇地区多金属矿的成矿条件及预测,1990

江苏省地质矿产局第三地质大队.宁镇地区多金属找矿预测研究报告,1984

江苏省地质矿产局第三地质大队.宁镇山脉中段铁铜钼铅锌硫矿化系列资源总量预测及方法研究,1987

江苏省地质矿产局第四地质大队.江苏省1:5万崇明县幅、沙溪镇幅、鹿河镇幅、梅李镇幅区域地质调查报告,1995

江苏省地质矿产局第四地质大队.江苏省1:5万马山幅、望亭幅、石塘湾幅、支塘镇幅、无锡市幅、常熟县幅区域地质调查报告,1989

江苏省地质矿产局第四地质大队.江苏省1:5万申港镇幅、江阴县幅区域地质调查报告,1993

江苏省地质矿产局第四地质大队.江苏省无锡市山军嶂工区地球化学测量成果报告(1:1万),1990

江苏省地质矿产局第四地质大队.江苏省吴县东渚乡小茅山多金属矿区吴宅矿段铅锌银矿勘探地质报告,1989

江苏省地质矿产局第四地质大队.江苏省吴县和合山工区土壤地球化学测量成果报告(1:1万),1988

江苏省地质矿产局第四地质大队.江苏省吴县潭山黄铁矿、铅锌矿矿区地质勘探最终报告,1967

江苏省地质矿产局第四地质大队.江苏省吴县潭山黄铁矿、铅锌矿矿区西矿段补充勘探地质报告,1977

江苏省地质矿产局第四地质大队.江苏省吴县唐家墩铁矿地质勘探总结报告,1978

江苏省地质矿产局第四地质大队.江苏省吴县俞石泉矿区萤石矿地质普查评价报告,1978

江苏省地质矿产局第四地质大队.苏州西部地区多金属矿的成矿条件及预测,1990

江苏省地质矿产局第五地质大队,江苏省地质矿产局区域地质调查大队.江苏省1:5万徐州市幅、大庙幅、桃山集幅区域地质调查报告,1984

江苏省地质矿产局第五地质大队.江苏省1:5万八义集幅、台儿庄(1/2)幅、岔河幅、汴塘集幅、邳城幅区域地质调查报告,1990

江苏省地质矿产局第五地质大队.江苏省1:5万前五段(1/2)幅、韩庄(1/2)幅、郑集幅(1/2)、贾旺幅、古邳镇幅区域地质调查报告,1978

江苏省地质矿产局第五地质大队.江苏省利国吴庄铁矿地质勘探报告,1975

江苏省地质矿产局第五地质大队.江苏省沛县姜梨园-魏老家铁矿普查评价地质报告,1981

江苏省地质矿产局第五地质大队.江苏省徐州利国矿田大比例尺(1:1万)铁(铜矿)成矿预测报告,1991

江苏省地质矿产局第五地质大队.江苏省徐州市利国铁矿区利国镇西矿带详查地质报告,1988

江苏省地质矿产局第一地质大队,江苏省地质矿产局第二地质大队.江苏省1:5万江宁县幅、慈湖幅、柘塘镇幅、天王寺幅、小丹阳幅、博望镇幅、溧水县幅区域地质调查报告,1986

江苏省地质矿产局第一地质大队.1:5万陈集(南)、仪征市幅(江北)区域地质调查报告,1994

江苏省地质矿产局第一地质大队.1:5万河桥、涧溪、穆店、旧铺、竹镇、马集、施官、六合、新集、仁和、瓜埠、陈集、仪征(北)幅区域地质调查报告,1986

江苏省地质矿产局第一地质大队.凤凰山式铁矿成矿规律及找矿方向研究报告,1979

江苏省地质矿产局第一地质大队.江宁县铜井地区金矿普查地质报告,1988

江苏省地质矿产局第一地质大队.江宁县西横山地区金铜普查,1992

江苏省地质矿产局第一地质大队.江宁镇幅、江宁县幅(西)、慈湖幅、柘塘幅(西)、小丹阳幅(北1/3)1:5万区域地质调查报告,1986

江苏省地质矿产局第一地质大队.江苏省1:5万涧溪幅、旧铺幅、竹镇幅、马集幅、仁和幅、六合县幅、陈集幅、瓜埠镇幅、仪征县幅区域地质调查报告,1986

江苏省地质矿产局第一地质大队.江苏省江宁县大岭岗铜矿地质勘探报告,1978

江苏省地质矿产局第一地质大队.江苏省江宁县云台山硫铁矿区云台山矿段(1—31线)详细补充地质报告,1985

江苏省地质矿产局第一地质大队.江苏省江宁县祖堂山地区地球化学土壤测量报告,1988

江苏省地质矿产局第一地质大队.江苏省南京市江宁县云台山硫铁矿区母鸡山矿段详细普查地质报告,1982

江苏省地质矿产局第一地质大队.宁芜北段、宁镇西段铁矿找矿方向研究,1987

江苏省地质矿产局第一水文地质大队.1:20万高邮幅、镇江幅区域水文地质普查报告,1980

江苏省地质矿产局丰沛铁矿专题研究组.江苏省丰沛地区铁矿成矿地质条件和找矿方向专题研究报告,1977

江苏省地质矿产局区调地质大队.江宁县、陆朗乡花塘化探异常验证小结(1:1万),1988

江苏省地质矿产局区调地质大队.江苏省1:5万社渚幅、张渚镇幅、鼎蜀镇幅、溧阳县幅、徐舍镇幅、宜兴县幅区域地质调查报告,1988

江苏省地质矿产局区调地质大队.江苏省1:5万薛埠镇幅、竹篑桥幅区域地质调查报告,1991

江苏省地质矿产局区调地质大队.江苏省高淳县漕塘化探异常二级查证报告(1:1万),1990

江苏省地质矿产局区调地质大队.江苏省江宁县皇姑山工区(1:1万)物化探总结报告,1975

江苏省地质矿产局区调地质大队.江苏省江浦地区1:5万地球化学测量报告,1993

江苏省地质矿产局区调地质大队.江苏省溧水县芝山化探异常二级查证报告(1:2万～1:2.5万),1990

江苏省地质矿产局区调地质大队.盱眙幅1:20万区域地质调查报告,1977

江苏省地质矿产局区域地质调查大队.江苏省1:20万常州市幅区域地质调查报告,1964

江苏省地质矿产局区域地质调查大队.江苏省1:20万连云港市幅区域地质调查报告,1965

江苏省地质矿产局区域地质调查大队.江苏省1:20万马鞍山市幅区域地质调查报告,1974

江苏省地质矿产局区域地质调查大队.江苏省1:20万区域化探报告,1988

江苏省地质矿产局区域地质调查大队.江苏省1:20万苏州市、无锡市幅区域地质调查报告,1976

江苏省地质矿产局区域地质调查大队.江苏省1:20万新沂市幅区域地质调查报告,1969

江苏省地质矿产局区域地质调查大队.江苏省1:20万盱眙县幅区域地质调查报告,1977

江苏省地质矿产局区域地质调查大队.江苏省1:20万徐州市幅区域地质调查报告,1977

江苏省地质矿产局区域地质调查大队.江苏省1:20万扬州市幅区域地质调查报告,1970

江苏省地质矿产局区域地质调查大队.江苏省1:5万南京市幅、汤山镇幅、上党镇幅、埠城镇幅、孟河镇幅、大港镇幅、扬中县幅区域地质调查报告,1984

江苏省地质矿产局区域地质调查大队.江苏省大地构造图及说明书(1:50万),1989

江苏省地质矿产局区域地质调查大队.江苏省基岩地质图及说明书(1:2万),1984

江苏省地质矿产局区域地质调查大队.江苏省区域矿产总结,1986

江苏省地质矿产局区域地质调查大队.南京、上党金异常查证小结,1988

江苏省地质矿产局区域地质调查大队.宁镇地区区域地球化学背景与成矿关系研究报告,1983

江苏省地质矿产局区域地质调查大队.吴县东山锡矿普查小结,1990

江苏省地质矿产局区域地质调查大队.盱眙县盱眙异常小结,1993

江苏省地质矿产局区域地质调查队.宁镇地区内生矿产成矿规律及预测研究报告,1983

江苏省地质矿产局实验室,第三地质大队.安基山铜矿岩体特征、蚀变与矿化关系的研究,1979

江苏省地质矿产局实验室,区调队,南京大学.宁镇地区岩浆岩与内生金属矿成矿关系研究,1989

江苏省地质矿产局铁矿专题研究小组.南京梅山、吉山铁矿成因及找矿方向,1960

江苏省地质矿产局物化探大队.江苏省溧水地区1∶5万金土壤地球化学测量成果报告,1988

江苏省地质矿产局物化探大队.江苏省溧水地区1∶5万重力测量工作报告,1992

江苏省地质矿产局物化探大队.江苏省南通地区1∶5万重力测量工作报告,1986

江苏省地质矿产局物化探大队.江苏省沭阳—泗洪地区1∶5万重力测量工作报告,1988

江苏省地质矿产局物化探大队.江苏省苏州西部1∶5万重力测量工作成果报告,1990

江苏省地质矿产局物探大队.江苏省丰沛地区物探工作成果报告(1∶1万),1978

江苏省地质矿产局物探大队.江苏省海门县王浩测区物探工作报告(1∶1万),1981

江苏省地质矿产局物探大队.江苏省溧水地区物化探总结报告(1∶1万),1978

江苏省地质矿产局物探大队.江苏省宁镇地区磁测找铁综合研究报告,1981

江苏省地质矿产局物探大队.江苏省铜山县利国地区铁矿普查一九七八年物探工作总结报告,1978

江苏省地质矿产局物探大队.江苏省新沂—东海物化探普查工作总结报告(1∶2万),1985

江苏省地质矿产局物探队区重分队.江苏省徐海地区1∶20万重力测量工作成果报告,1983

江苏省地质矿产局研究所.江苏省溧水横山地区西横山组沉积特征、含矿性及与成矿关系研究报告,1991

江苏省地质矿产局遥感站.江苏省苏、锡、常土地利用变化调查报告,1990

江苏省地质矿产局遥感站.宁镇地区遥感地质找矿研究,1990

江苏省地质矿产局综合研究队等.江苏省宁镇中段石马地区铁矿成矿条件及找矿方向初步研究报告,1981

江苏省地质矿产勘查开发公司.江苏省南京市江宁区汤山金矿区黄栗墅矿段闭坑(停采)地质报告,2006

江苏省地质矿产矿局物化探大队.江苏省江浦(县)地区1∶5万重力测量工作报告,1985

江苏省地质矿产矿局物化探大队.江苏省连云港地区1∶5万重力测量工作成果报告,1986

江苏省地质矿产矿局物化探大队.江苏省南京南部地区物化探普查工作报告(1∶5万),1984

江苏省地质矿产矿局物化探大队.江苏省宁镇地区1∶5万重力测量工作成果报告,1985

江苏省地质矿产矿局物化探大队.江苏省苏州西部地区1∶5万重力测量工作报告,1988

江苏省地质矿产信息研究所.江苏省遥感研究程度图,1988

江苏省地质矿产研究所.宁镇地区主要内生矿产构造控制专题研究报告,1983

江苏省地质矿产研究院.江苏省南京市江宁区汤山金矿区黄栗墅矿段金矿产资源储量检查报告(普查),2003

江苏省地质矿局第四地质大队.苏州西部地区1∶5万区域地质矿产调查报告,1981

江苏省地质矿局第一地质大队.江苏省江宁县汤山金矿区黄栗墅矿段生产性地质勘探报告,1998

江苏省地质矿局第一地质大队.江苏省江宁县汤山矿区金矿普查评价报告,1988

江苏省第六物探大队.苏北盆地泰州潜山带物探工作阶段总结及石油地质条件分析报告,1980

江苏省第三地质队.江苏省丹徒县韦岗铁矿地质勘探报告,1974

江苏省第四地质队.江苏省吴县谈家桥铁矿总结勘探报告,1973

江苏省化工地质队.岔路口硫铁矿区朝阳山矿段初步勘探地质报告,1985

江苏省化工地质队.岔路口硫铁矿区聚宝山矿段初步勘探地质报告,1988

江苏省计委国土处.江苏省国土资源遥感综合调查,2001
江苏省金源黄金有限责任公司.江苏省南京市铜井金矿区矿山地质勘探报告,2002
江苏省物探队.丰沛地区物化探工作成果报告,1978
江苏省物探队.江苏省溧水地区物化探工作总结,1979
江苏省冶金地质局814队.江苏省六合县冶山地区磁异常综合研究报告书(1:1万),1972
江苏省冶金地质局814队.江苏省南京南部地区物化探普查工作报告(1:1万),1984
江苏省冶金地质局814队.江苏省南京市栖霞山测区物化探普查工作报告(1:1万~1:2万),1985
江苏省冶金地质局814队.江苏省苏州西部测区物化探工作报告(1:1万),1986
江苏省冶金地质勘探公司805队.江苏省海门县王浩铁矿区Ⅰ矿段勘探地质报告,1992
江苏省冶金地质勘探公司806队.江苏省徐州市利国铁矿区峒山铁(铜)矿床详细勘探地质报告,1985
江苏省冶金地质勘探公司807队.江苏省江宁县吉山铁矿床地质勘探总结报告书,1974
江苏省冶金地质勘探公司807队.江苏省江宁县麒麟山铁矿床东庄矿段地质勘探报告书,1977
江苏省冶金地质勘探公司807队.江苏省江宁县卧儿岗铁矿床地质勘探总结报告,1974
江苏省冶金地质勘探公司807队.江苏省南京市泰山磷矿普查地质报告,1973
江苏省冶金地质勘探公司810队.江苏省南京市栖霞山铅锌矿区虎爪山矿段详细勘探地质报告,1980
江苏省冶金地质勘探公司813队.江苏省溧阳县周城中巷铁铜矿评价报告[普查],1977
江苏省冶金地质勘探公司地质研究所.江苏省层控矿床特征及成矿规律,1982
江苏省冶金地质勘探公司地质研究所.江苏省岩浆岩类型微量元素特征及其与成矿关系的研究,1982
江苏省冶金局地质勘探总队二队.江苏省溧水县观山铜铅矿地质勘探总结报告,1960
江苏冶金地质勘探公司813队.江苏省溧水县观山铜铅矿地质勘探总结报告(1、2号脉),1966
江苏冶金地质勘探公司地质研究所.江苏金属矿床成矿规律及成矿预测,1981
锦屏磷矿.江苏省连云港市锦屏磷矿深部详细勘探地质报告,1984
南京大学地球科学系.江苏溧水中生代火山杂岩岩石学研究及铜金矿产预测,1990
南京大学地球科学系.江苏省1:5万房村幅、双沟镇幅区域地质调查报告,2000
南京大学地质系.宁芜地区中生代火山岩特征及成矿作用探讨,1975
南京地质矿产研究所.江苏省宜兴-溧阳火山岩区成矿地质条件和靶区预测研究报告,1992
南京地质矿产研究所.江苏盱眙县一带金矿成矿条件研究及找矿靶区优选,1999
南京地质矿产研究所.中国东南部中生代陆相火山矿床的若干问题,1981
南京地质学校.江苏省1:5万老子山幅、盱眙县幅、蒋坝幅、河桥幅、穆店幅区域地质调查报告,1994
南京地质学校区调分队.江苏省1:5万宝埝镇幅区域地质调查报告,1991
南京市地质队.江宁凤凰山外围地质普查报告,1961
山东省地质局区域地质调查大队.江苏省1:20万赣榆县幅区域地质调查报告,1965
上海市地质处矿产地质勘查队.上海市金山县张堰铜矿床百家村矿段地质详查报告,1982
上海市地质调查院.1:25万上海市幅区域地质调查报告,2003
石油工业部华东石油勘探局301、303联队.苏北平原重力磁力详查总结报告(1:10万),1958
石油工业部华东石油勘探局304重磁分队.华东石油勘探局304队重磁力总结报告(1:20万),1960
肖克炎,王喜臣,李钟山,等.全国重要矿产总量预测技术要求,2007

冶金部江苏冶金地质勘探公司.徐州市利国矿区铜(金)成矿条件的研究,1983

冶金部物探公司航测大队.江苏省扬州—南通地区航空磁测成果报告(1∶5万),1978

冶金部物探公司航测大队.一九七九年江苏省连云港—泗洪地区航空磁测工作报告(1∶5万),1980

冶金部物探公司航测二队.江苏省南部地区航空磁测报告(1∶2.5万),1975

冶金工业部江苏冶金地质勘探公司807队.江苏省溧水县观山铜铅矿床6号脉带地质勘探报告书,1982

叶天竺,等.矿产资源潜力评价技术要求总论,2006

叶天竺,肖克炎,成秋明,等.矿产定量预测方法,2008

叶天竺,张智勇,肖庆辉,等.地质构造研究工作技术要求,2006

有色华东地质勘探公司研究所.栖霞山平山头金银矿床矿石物质组分和银金赋存状态查定,1988

张庆合,王成锡,杨东来,等.数据库维护工作技术要求,2007

浙江省地质矿产局遥感地质站.上海经济区海岸带遥感调查报告,1987

中国地质科学院.江苏省1∶25万连云港市幅区域地质调查报告,2002

中国科学院地质研究所.江苏省苏州花岗岩型钶铁矿矿床物质成分及稀有元素地球化学特征,1964

中国有色金属工业总公司华东地质勘探公司.江苏省溧水县东岗铁矿普查评价地质报告,1985

中国有色金属工业总公司华东地质勘探公司813队.江苏省镇江市谏壁钼(钨)矿床普查评价地质报告,1985

中国有色总公司华东地质勘探公司810队.江苏省南京市栖霞山矿区平山头银金矿段详查地质报告,1991